NORTH CAROLINA STUDIES IN THE ROMANCE LANGUAGES AND LITERATURES

SOME RECENT TITLES

LOPE DE VEGA'S «LO QUE PASA EN UNA TARDE», A CRITICAL, ANNOTATED EDITION OF THE AUTOGRAPH MANUSCRIPT, by Richard Angelo Picerno. 1971. (No. 105).

OBJECTIVE METHODS FOR TESTING AUTHENTICITY AND THE STUDY OF TEN DOUBTFUL «COMEDIAS» ATTRIBUTED TO LOPE DE VEGA, by Fred M. Clark. 1971. (No. 106).

THE ITALIAN VERB. A MORPHOLOGICAL STUDY, by Frede Jensen. 1971. (No. 107).

A CRITICAL EDITION OF THE OLD PROVENÇAL EPIC «DAUREL ET BETON». WITH NOTES AND PROLEGOMENA, by Arthur S. Kimmel. 1971. (No. 108).

FRANCISCO RODRIGUES LOBO: DIALOGUE AND COURTLY LORE IN RENAISSANCE PORTUGAL, by Richard A. Preto-Rodas, 1971. (No. 109).

RAIMON VIDAL: POETRY AND PROSE, edited by W. H. W. Field. 1971. (No. 110).

RELIGIOUS ELEMENTS IN THE SECULAR LYRICS OF THE TROUBADOURS, by Raymond Gay-Crosier. 1971. (No. 111).

THE SIGNIFICANCE OF DIDEROT'S «ESSAI SUR LE MERITE ET LA VERTU», by Gordon B. Walters. 1971. (No. 112).

PROPER NAMES IN THE LYRICS OF THE TROUBADOURS, by Frank M. Chambers. 1971. (No. 113).

STUDIES IN HONOR OF MARIO A. PEI, edited by John Fisher and Paul A. Gaeng. 1971. (No. 114).

DON MANUEL CAÑETE, CRONISTA LITERARIO DEL ROMANTICISMO Y DEL POSROMANTICISMO EN ESPAÑA, por Donald Allen Randolph. 1972. (No. 115).

THE TEACHINGS OF SAINT LOUIS. A CRITICAL TEXT, by David O'Connell, 1972. (No. 116).

HIGHER, HIDDEN ORDER: DESIGN AND MEANING IN THE ODES OF MALHERBE, by David Lee Rubin. 1972. (No. 117).

JEAN DE LE MOTE «LE PARFAIT DU PAON», édition critique par Richard J. Carey. 1972. (No. 118).

CAMUS' HELLENIC SOURCES, by Paul Archambault. 1972. (No. 119).

FROM VULGAR LATIN TO OLD PROVENÇAL, by Frede Jensen. 1972. (No. 120).

GOLDEN AGE DRAMA IN SPAIN: GENERAL CONSIDERATION AND UNUSUAL FEATURES, by Sturgis E. Leavitt. 1972. (No. 121).

THE LEGEND OF THE «SIETE INFANTES DE LARA» (Refundición toledana de la crónica de 1344), version, study and edition by Thomas A. Lathrop. 1972. (No. 122).

STRUCTURE AND IDEOLOGY IN BOIARDO'S «ORLANDO INNAMORATO», by Andrea di Tommaso. 1972. (No. 123).

STUDIES IN HONOR OF ALFRED G. ENGSTROM, edited by Robert T. Cargo and Emanuel J. Mickel, Jr. 1972. (No. 124).

A CRITICAL EDITION WITH INTRODUCTION AND NOTES OF GIL VICENTE'S «FLORESTA DE ENGAÑOS», by Constantine Christopher Stathatos. 1972. (No. 125).

LI ROMANS DE WITASSE LE MOINE. *Roman du treizième siècle.* Édité d'après le manuscrit, fonds français 1553, de la Bibliothèque Nationale, Paris, par Denis Joseph Conlon. 1972. (No. 126).
EL CRONISTA PEDRO DE ESCAVIAS. UNA VIDA DEL SIGLO XV, by Juan Bautista Avalle-Arce. 1972. (No. 127).
AN EDITION OF THE FIRST ITALIAN TRANSLATION OF THE CELESTINA, by Kathleen Kish. 1973. (No. 128).
MOLIÈRE MOCKED: THREE CONTEMPORARY HOSTILE COMEDIES, by Frederick W. Vogler. 1973. (No. 129).
INDEX ANALYTIQUE DE «CHATEAUBRIAND ET SON GROUPE LITTÉRAIRE SOUS L'EMPIRE» DE SAINTE-BEUVE, by Lorin A. Uffenbeck. 1973. (No. 130).
THE ORIGINS OF THE BAROQUE CONCEPT OF PEREGRINATIO, by Juergen S. Hahn. 1973. (No. 131).
THE «AUTO SACRAMENTAL» AND THE PARABLE IN THE SIXTEENTH AND SEVENTEENTH CENTURIES, by Donald T. Dietz. 1973. (No. 132).
FRANCISCO DE OSUNA AND THE SPIRIT OF THE LETTER, by Laura Calvert. 1973. (No. 133).
ITINERARIO DI AMORE: DIALETTICA DI AMORE E MORTE NELLA VITA NUOVA, by Margherita de Bonfils Templer. 1973. (No. 134).
L'IMAGINATION POÉTIQUE CHEZ DU BARTAS, ÉLÉMENTS DE SENSIBILITÉ BAROQUE DANS LA «CRÉATION DU MONDE», by Bruno Braunrot. 1973. (No. 135).
ARTUS DÉSIRÉ, PRIEST AND PAMPHLETEER OF THE SIXTEENTH CENTURY, by Frank Giese. 1973. (No. 136).
JARDÍN DE NOBLES DONZELLAS BY FRAY MARTÍN DE CÓRDOBA, by Harriet Goldberg. 1974. (No. 137).
LAS MEMORIAS DE GONZALO FERNÁNDEZ DE OVIEDO, Vols. I and II, by Juan Bautista Avalle-Arce. 1974. (Texts, Textual Studies, and Translations, Nos. 1 and 2).
A CONCORDANCE TO THE «ROMAN DE LA ROSE» OF GUILLAUME DE LORRIS, by Joseph R. Danos. 1975. (Texts, Textual Studies, and Translations, No. 3).
ESTUDIOS DE LITERATURA HISPANOAMERICANA EN HONOR A JOSÉ J. ARROM, edited by Andrew P. Debicki and Enrique Pupo-Walker. 1975. (Symposia, No. 2).
FRANCIS PETRARCH: SIX CENTURIES LATER, edited by Aldo Scaglione. 1975. (Symposia, No. 3).
MEDIEVAL MANUSCRIPTS AND TEXTUAL CRITICISM, by Christopher Kleinhenz. 1975. (Symposia. No. 4).
MOLIÈRE: TRADITIONS IN CRITICISM, by Laurence Romero. 1974. (Essays, No. 1).
STUDIES IN TIRSO, I, by Ruth Lee Kennedy. 1974. (Essays, No. 3).
VOLTAIRE AND THE FRENCH ACADEMY, by Karlis Racevskis. 1975. (Essays, No. 4).
GIDE'S ART OF THE FUGUE: A THEMATIC STUDY OF «LES FAUX-MONNAYEURS», by Karin Ciholas. 1975. (Essays, No. 6).

Send orders to:

International Scholarly Book Service, Inc.
P.O. Box 4347
Portland, Oregon 97208
U.S.A.

PUBLICATIONS OF THE DEPARTAMENT OF
ROMANCE LANGUAGES
UNIVERSITY OF NORTH CAROLINA

General Editor: ALDO SCAGLIONE

Editorial Board: JUAN BAUTISTA AVALLE-ARCE, PABLO GIL CASADO, FRED M.
CLARK, GEORGE BERNARD DANIEL, JANET W. DÍAZ, ALVA V. EBERSOLE, AUGUSTIN
MAISSEN, EDWARD D. MONTGOMERY, FREDERICK W. VOGLER

NORTH CAROLINA STUDIES IN THE
ROMANCE LANGUAGES AND LITERATURES

ESSAYS; TEXTS, TEXTUAL STUDIES AND TRANSLATIONS; SYMPOSIA

Founder: URBAN TIGNER HOLMES

Editor: JUAN BAUTISTA AVALLE-ARCE
Associate Editor: FREDERICK W. VOGLER

Other publications of the Department: *Estudios de Hispanófila, Hispanófila,
Romance Notes, Studia Raeto-Romanica*

NORTH CAROLINA STUDIES IN THE
ROMANCE LANGUAGES AND LITERATURES
Essays
Number 33

VIDA U OBRA
DE
PETRARCA

VOLUMEN I

VIDA U OBRA DE PETRARCA

I

LECTURA DEL *SECRETUM*

por

FRANCISCO RICO

Universidad Autónoma de Barcelona

NORTH CAROLINA STUDIES IN THE ROMANCE
LANGUAGES AND LITERATURES
UNIVERSITY OF NORTH CAROLINA
DEPARTMENT OF ROMANCE LANGUAGES
CHAPEL HILL
1974

Library of Congress Cataloging in Publication Data

Rico, Francisco.
  Vida u obra de Petrarca.

  (North Carolina Studies in the Romance Languages and Literatures: Essays; 33)

  Includes bibliographical references.

  CONTENTS: 1. Lectura del *Secretum*.
  1. Petrarca, Francesco, 1304-1374 - Criticism and interpretation. 2. Petrarca, Francesco, 1304-1374. *Secretum*. I. Title. II. Series.
  PQ4540.R5   851'.1   75-8562

ISBN: 978-0-807-89160-5

Dep. legal: B. 53.189 - 1974

1974. — Ariel, S. A., Avda. J. Antonio, 134
Esplugues de Llobregat (Barcelona)

TABLA

VIDA U OBRA DE PETRARCA

Para empezar	XIII
Registro	XIX

LECTURA DEL *SECRETUM*

Son paradojas...	3
Prohemium	7
Liber primus	39
Liber secundus	123
Liber tertius	249
Et sic liber «De secreto conflictu» continet tres libros	453

ÍNDICES

Obras de Petrarca	539
Principales nombres y textos citados	546

VICTORIAE
SEMPER
VITA ET OPERA

AC VOLUMEN HOC PRIMUM
IOSEPHO BILLANOVICH
FERNANDO LAZARO
UT ID CASTIGENT
MELIUSQUE REDDANT QUAM ACCEPERUNT

VIDA U OBRA DE PETRARCA

PARA EMPEZAR

Quizá sí, quizá acertaba Ernest H. Wilkins, tras una insigne andadura de medio siglo en fatigas y desvelos, cuando se decidía a proclamar de Francesco Petrarca: «Noi conosciamo le sue esperienze di vita con molta maggiore profondità che non quelle di qualsiasi altro essere umano vissuto prima di lui». Así la traducción, sancionada por el autor, donde en inglés rezaba: «We know far more about his experiences in life ...» No es matiz despreciable. Pero, en cualquier caso, sepamos 'más' o sepamos 'con mayor profundidad', como sea que abulte ese saber junto a nuestro saber «about the experiences of any human being who had lived before his time», confesaremos de mil amores que buena parte de cuanto sabemos sobre Petrarca nos lo enseñó el profesor Wilkins.

De cuyo nombre quiero acordarme, con entrañable respeto, para anotar aquí la duda que al punto suscita contraponer la frase recién copiada y una apostilla final a la ya clásica *Life of Petrarch*: «Our knowledge of the life of Petrarch is derived mainly from his own letters, of which nearly six hundred are extant, and from his other writings». Porque el cotejo de ambos textos acucia la interrogación latente en el último: si la fuente primaria para la biografía son los escritos petrarquescos, ¿qué llegaremos a conocer con una discreta firmeza? ¿La vida o bien la obra de Petrarca? *Dichtung oder Wahrheit?*

Hasta el crítico bisoño puede inventariar abundantes soluciones a la adivinanza. Jean Starobinski acotaría irreprochablemente que el retrato de un creador *par lui-même* no tiene por qué reproducir una realidad: le basta con producir una verdad. Observaría Georges Gusdorf que narrarse a sí mismo es un momento de la historia narrada. Renan subrayaría: «Ce qu'on dit de soi est toujours poésie». No pocos rehusarían trazar ninguna frontera significativa entre la vida y la obra de un artista. «Tout acte humain est expressif à quelque degré que ce soit», comenta Boris de Schloezer. De acuerdo con James Olney, incluso, vivir consiste en la querencia de ir ordenando una autobiografía, mientras Ortega y Gasset dictamina que todo hombre es «novelista de sí mismo, original o plagiario». Concurre Sartre, con disfraz de Antoine Roquentin: «un homme, c'est toujours un conteur d'histoires ..., il voit tout ce qui lui arrive à travers elles; et il cherche à vivre sa vie comme s'il la racontait».

¿A qué amontonar opiniones en pareja línea? El propio Petrarca nos ha legado cien testimonios de la incapacidad de divorciar vida y obra: «scribendi enim michi vivendique unus, ut auguror, finis erit». Ha pintado en cien tonos la *Erlebnis* de la composición, la integridad absoluta del quehacer literario: «Mira res dictu, scribere cupio nec quid aut cui scribam scio; et tamen —ferrea voluptas— papirus calamus atramentum nocturneque vigilie somno michi sunt et requie gratiores. Quid multa? crucior semper et langueo nisi dum scribo; sic —nova perplexitas— in quiete laborans in laboribus conquiesco. Durum pectus ac saxeum et quod vere deucalioneis ex lapidibus ortum putes, ubi totum membranis incubuit, ubi digitos oculosque lassavit, tum frigus estumque non sentit, tum sibi compositum lodice mollissima videtur metuitque divelli ...» O cien veces lo hallamos elaborando el acaecer cotidiano con igual primor que unos versos: si el *Bucolicum carmen*, verbigracia, nos presenta a «Silvano» cultivando el laurel y plañiendo el agostarse de ese símbolo de la amada y la poesía, los apuntes de jardinero muestran a Petrarca ocupado en mimar «vj lauros», para dolerse a la postre: «omnes penitus aruerunt».

Descendamos de las alturas, sin embargo. Demos por justo y santo que en un gran escritor importa menos el trasunto que la invención, la obra es la mayor dimensión de la vida, la vida tal vez se construye con idéntica vocación que la obra, y bla, bla, bla. Ahora, interesa navegar hacia distintos derroteros. «We know far more about his experiences in life ...» Pero, pues quien lo cuenta es él, ¿de veras sabemos tanto de la vida de Petrarca? De hecho, ¡cuánto ignoramos! En el largo período anterior a la Coronación —digamos—, en cerca de cuarenta años determinantes, una sombra envuelve a otra sombra. Por boca del humanista, ¿qué alcanzábamos de un empeño ingente como la restauración de Livio? Exhumando tal hazaña de la filología europea —y cumpliendo un logro no indigno de parangón—, Giuseppe Billanovich publicaba una violenta arremetida del joven Francesco contra Stefano y Giacomo Colonna, «ingratos penitus et pellaces», sobre ávidos de oro. ¿Qué hay detrás del ataque a señores habitualmente tan aplaudidos? ¿Enlaza con los velos que Petrarca puso siempre a los viajes por el Norte al servicio de los Colonna? ¿Cuáles fueron las circunstancias y la peripecia íntima de la entrada en la carrera eclesiástica que lo convirtió en «capellanus continuus commensalis» del Cardenal? Las disparo casi a ciegas; con todo, juzgo, son preguntas bien pertinentes para aquilatar las «experiences in life» y «our knowledge of the life of Petrarch ... derived ... from his ... writings»: preguntas (entre innumerables más vistosas) cuya respuesta Petrarca nos negó o apenas insinuó.

Las palabras ganan valor a la luz de los silencios. El concienzudo Wilkins dedicó al pie de setecientas páginas a indagar paso a paso la aventura petrarquesca desde 1351 a 1374. De la época precedente, aclaró episodios, precisó detalles o, en la canónica *Life of Petrarch*, articuló exactas referencias, a menudo con aspecto de sumario, pese a agotar prácticamente los datos accesibles. Mas basándose «mainly» en las declaraciones del poeta no le cabía redactar una *cronistoria* de la envergadura y minuciosidad de *Petrarch's Later Years*, por ejemplo, para los lustros que corren entre 1326 y 1341. Basta la anécdota para extraer unas elementales moralejas: solo a partir de un cierto momento comienza Petrarca a contársenos con alguna generosidad, se nos cuenta con enfoques y sentidos harto distintos, no es lícito equiparar en alcance las 'noticias' del libro I de las *Familiares* a las insertas en el libro XXI o en las *Seniles*, etcétera, etcétera. Cuanto Petrarca no dijo, entonces, invita a examinar con diligente cuidado cuanto dijo de sí, a inquirir por qué lo dijo, a escudriñar cómo y cuándo lo dijo, *e così via*.

No seré yo quien persiga las inagotables implicaciones de esos sencillos planteamientos, ni aun osaré indicarlas en este lugar. Los rodeos previos y las consideraciones inmediatas no aspiran sino a sugerir la inmensidad del terreno donde cerco una parcela. «[Do] we know far more ...?» Por lo menos, sabemos que Petrarca escribió caudalosamente sobre sí mismo: y la simple evidencia de que también calló mucho ya obliga a hacerse problema de que lo escribiera y a investigar con rigor el calibre de lo escrito. Hacia ahí caminaré: hacia la obra (una parte de la obra) cuyo tema es la vida de Petrarca. No se trata de apurar el asunto, resaltando, así, *obiter dicta* autobiográficos o entendiendo como «experiences in life» libros mayormente de cariz objetivo (*Africa, Rerum memorandarum* o *De remediis utriusque fortune*, pongamos por casos: tan discutibles en teoría cuanto obvios por contraste instantáneo con el *Secretum*, las *Rime sparse* o la *Posteritati*). Sin rechazar ningún subsidio, voy a ceñirme a libros donde autor y protagonistas se identifican fundamentalmente, donde Petrarca (quizá con máscara fácil de penetrar) se vuelve personaje de sí mismo. *Petrarca, según Petrarca* hubira sido un título aceptable para mi labor, de no haber jugado con una alusión nada maliciosa a los decimonónicos tomos de *Leben und Werke...*, *La vita e le opere...*, cimentados en criterios que conviene repensar a la altura de los tiempos (testigo Jean-Paul Sartre, con *L'idiot de la famille*, titánico, si controvertible). A caballo de la historia y la crítica, con métodos mutables al par que los textos, quisiera conducir la pesquisa a los motivos y los fines, a los materiales, las formas y los significados de las diversas 'autobiografías' de Petrarca; escrutar la secuencia, ni concorde ni completa, de las imágenes de sí propuestas por el escritor; llevar la exploración hasta las raíces perceptibles de la empresa petrarquesca de narrarse a sí mismo.

En particular me atrae la medida en que tal narrarse es también construirse («Les *Essais* m'ont fait tout autant que j'ai fait les *Essais*»), desarrollar en el lenguaje posibilidades no cristalizadas de otra manera, vivir en la literatura las «experiences» de una peculiar realidad. Como me atrae la dialéctica de memoria, consciencia e imaginación al hablar de sí, en el impulso no de mirarse al espejo sino de azogar el espejo para mirarse. O la fascinación de objetivar el *yo* y reconocerlo *otro*, agravar entonces la distancia y acrecer la autonomía poética de ese «altr'uom» (que «*je* est un autre» no lo descubrió Freud, ni Rimbaud, ni Nietzsche, ni Montaigne).

Ojo: aquí esbozo curiosidades mías, no encierro a Petrarca en casillero alguno; y en el título señalo una directriz de estudio, no reduzco al escritor a una fórmula. En la presente obra, lejos de «vagheggiare un Petrarca unilaterale» (tentación pulcramente denunciada por Natalino Sapegno), aspiro, a mi propósito, a bosquejar líneas de fuerza, situar cada *fragmentum* en el conjunto de la actividad de Petrarca, evaluar continuidades y rupturas con perspectiva amplia; pero evito la generalización y no pretendo dar con una llave para todas las puertas. Umberto Bosco, *quem honoris causa nomino*, cinceló un ensayo «complessivo» en que no hay párrafo sin interpretación luminosa. De ese trabajo insustituible, no obstante, me inquieta el designio de establecer el «centro spirituale del Petrarca», artista «senza storia», de «sciogliere l'unico nodo, dal quale dipendono tutte le fila della sua azione, del suo pensiero, della sua poesia». Pues el profesor Bosco procede con acuidad y tino exquisitos; pero no ha faltado quien inspirándose en tal designio, buscando «le point central d'où partent les divergences» de Petrarca, procurara «d'abord le définir *in se*», a costa «non pas de descendre le cours de l'histoire, mais de le remonter, voire de l'abolir». Y me estremece la idea de 'abolir la historia' y encadenar a Petrarca a un 'punto central'. Tal vez porque, tras asediar en un libro la fortuna del ἄνθρωπος μικρὸς κόσμος a través de los siglos, creo haber aprendido (con uno de mis escasos sentimientos políticos) que ningún hombre tiene otro 'centro' que la perpetua capacidad de cambio, ni es *in se* otra cosa que la libertad de ser: el Proteo, el «versipellis», el espléndido «pantomimus» dueño de transfigurarse a voluntad, celebrado por Giovanni Pico y Luis Vives. Amén de porque el itinerario de Petrarca, en tantas ocasiones dispuesto a comenzar de nuevo, se me antoja demostración mayúscula de esa virtualidad de ir variando y hacer historia.

En el deseo, mi *Vida u obra de Petrarca* ha de abarcar tres volúmenes. El primero versa sobre el *Secretum*. El segundo atenderá a los epistolarios del humanista, estructurándose en torno a las *Familiares*. El tercero debe discurrir básicamente del *Can-*

zoniere, con frecuentes incursiones en el resto de la poesía petrarquesca. Los *approaches* mudarán con los libros en cuestión, intentando, sin embargo, complementarse. Es obvio, verbigracia, que el ejercicio de disección que ahora presento para el *Secretum* (aun si válido, y está por verse) no se deja repetir con las *Familiares* en bloque: pero sí ofrece pistas para apreciarlas globalmente y templa instrumentos para la anatomía singular de algunas cartas. Diferentes técnicas, pienso, pueden aclarar mejor las diferentes facetas del asunto, sin amenguar la coherencia del diseño último. *Hoc est in votis*: Dios dirá.

Con estas páginas vuelvo al Petrarca de mis publicaciones prematuras, mas no abandono las tareas posteriores, realizadas o en curso: en especial, las investigaciones sobre la trayectoria del humanismo en España (de que es parte el *Censimento* de códices petrarquescos en la Península, bajo el patrocinio del Ente Nazionale Francesco Petrarca y de la Commissione per l'Edizione Nazionale delle Opere di Francesco Petrarca); y los tanteos en el laberinto del *ego* hecho género literario (en la latinidad medieval y en el *Libro de buen amor*, en la novela picaresca, al margen de tal o cual escarceo de tipología histórica y teórica). Sé que hoy abordo un sujeto difícil y no olvido mis limitaciones. De los verdaderamente expertos en Petrarca, en primer término de los maestros y colegas italianos con quienes ya he contraído no pocas deudas, me atrevería a pedir la noble ayuda de una crítica exigente. Ojalá la merezca.

Sant Cugat del Vallès,
Pascua de 1974

REGISTRO

Indico solo los textos regularmente citados. Otras referencias se hallarán en los lugares oportunos; con todo, uso sin mención explícita algunas ediciones fragmentarias (las de G. Martellotti, E. Bianchi y otros, en *Poesie* y en *Prose*) que mejoran las empleadas habitualmente. Los fragmentos transcritos de fuentes hoy sin autoridad se adaptan a la ortografía madura de Petrarca, según la reconstruyó esencialmente Vittorio Rossi; hago unas pocas excepciones a favor del sistema clásico, cuando sigo las *Opera* de 1554 y ello supone aclarar una duda o implica una determinada interpretación. Para no aumentar el trabajo de los tipógrafos (y el peligro de erratas, sin duda más que quisiera), he tenido una cierta tolerancia con la división de las palabras en sílabas, de línea a línea, y ocasionalmente he permitido la norma española donde la lengua en cuestión pedía la suya propia (verbigracia, he dejado *gui-dance,* en vez del correcto *guid-ance,* o bien *umanis-ta* en vez de *umani-sta,* etc.).

OBRAS COMPLETAS Y OBRAS SELECTAS:

Opera: *Francisci Petrarchae... opera quae extant omnia...,* Basilea, 1554. Hay reimpresión: The Gregg Press Incorporated, Ridgewood, New Jersey, 1965.

Poesie: *Rime, Trionfi e poesie latine,* ed. F. Neri, G. Martellotti, E. Bianchi, N. Sapegno, Milán-Nápoles, 1951 (La letteratura italiana, Storia e testi, VI).

Prose: *Prose*, ed. G. Martellotti, P. G. Ricci, E. Carrara, E. Bianchi, Milán-Nápoles, 1955 (La letteratura italiana, Storia e testi, VII).

Ediciones citadas:

Africa: *L'Africa*, ed. N. Festa, Florencia, 1926 (Edizione Nazionale delle Opere di Francesco Petrarca, I).

Bucolicum carmen: A. Avena, ed., *Il «Bucolicum carmen» e i suoi commenti inediti*, Padua, 1906 (Padova in onore di Francesco Petrarca MCMIV, I).

Véase *Laurea occidens*.

Canzoniere: *Canzoniere* [*Rerum vulgarium fragmenta*], ed. Gianfranco Contini, Turín, 1968³ (Nuova Universale Einaudi, 41).

Collatio... coram... Iohanne, Francorum rege...: C. Godi, «L'orazione del Petrarca per Giovanni il Buono», en *Italia medioevale e umanistica*, VIII (1965), págs. 45-83.

Collatio inter Scipionem, Alexandrum, Hanibalem et Pyrrum: G. Martellotti, «La *Collatio inter Scipionem Alexandrum Hanibalem et Pyrrum*», en *Classical, Mediaeval and Renaissance Studies in Honor of B. L. Ullman*, II (Roma, 1964), págs. 145-168.

Collatio laureationis: C. Godi, «La *Collatio laureationis* del Petrarca», en *Italia medioevale e umanistica*, XIII (1970), págs. 1-27.

Elegia ritmica: *Elegia ritmica in morte di Laura*, en E. H. Wilkins, *The Making of the «Canzoniere» and Other Petrarchan Studies*, Roma, 1951, págs. 302-303.

Familiares: *Le Familiari*, ed. V. Rossi, cuatro vols., el último al cuidado de U. Bosco, Florencia, 1933-1942 (Edizione Nazionale, X-XIII).

De gestis Cesaris: véase *De viris illustribus*.

De ignorantia: L. M. Capelli, *Pétrarque, Le traité «De sui ipsius et multorum ignorantia»*, París, 1906.

Invectiva contra eum qui maledixit Italie: ed. P. G. Ricci, en *Prose*, págs. 768-806.

Invectiva contra quendam magni status hominem sed nullius scientie aut virtutis: ed. P. G. Ricci, en *Prose*, págs. 694-708.

Invective contra medicum: ed. P. G. Ricci, Roma, 1950.

Laurea occidens: G. Martellotti, ed., *F. Petrarca, Laurea occidens (Bucolicum carmen, X)*, Roma, 1968.

Laurus amena: véase *Elegia ritmica*.

Metrice: *Epystole metrice*, ed. D. Rossetti, *Francisci Petrarchae poëmata minora*, II y III (Milán, 1831 y 1834).

La numeración se da según E. H. Wilkins, *The «Epistolae Metricae» of Petrarch. A Manual*, Roma, 1956.

Miscellaneae: E. H. Wilkins y Gius. Billanovich, «The Miscellaneous Letters of Petrarch», en *Speculum*, XXXVII (1962), págs. 226-243.

Oratio quotidiana: ed. L. Delisle, «Notice sur un livre annoté par Pétrarque», en *Notices et extraits des manuscrits de la Bibliothèque Nationale et autres bibliothèques*, XXXV, II (1896), págs. 393-408.

De otio religioso: G. Rotondi, *Il «De otio religioso» di Francesco Petrarca*, al cuidado de G. Martellotti, Ciudad del Vaticano, 1958.

Posteritati: ed. P. G. Ricci, en *Prose*, págs. 2-18.

Psalmi penitentiales: H. Cochin, ed., *Pétrarque, Les Psaumes pénitentiaux*..., París, 1929.

De remediis: *De remediis utriusque fortune*, en *Opera*, páginas 1-254.

Rerum memorandarum: *Rerum memorandarum libri*, ed. Gius. Billanovich, Florencia, 1945 (Edizione Nazionale, V).

Secretum: *De secreto conflictu curarum mearum*, ed. E. Carrara, en *Prose*, págs. 22-214.

En este volumen, una cifra entre paréntesis, sin más advertencia, remite a las páginas de la edición de Carrara. Nótese que en las referencias cruzadas a mi propio texto antepongo siempre la abreviatura *pág.* (así, una indicación como «sobre 136, cf. pág. 222» debe entenderse 'sobre la página 136 del *Secretum*, cf. mi página 222'). A lo largo de mi comentario, he ido señalando cuándo acaba una página y empieza otra en la edición de Carrara (donde las pares corresponden al original y las impares a la traducción), de suerte que pudieran situarse los pasajes citados sin necesidad de identificarlos uno a uno.

Seniles: *Rerum senilium libri*, en *Opera*, págs. 813-1070.

La numeración se da según E. H. Wilkins, *Petrarch's Correspondence*, Padua, 1960.

Sine nomine: P. Piur, *Petrarcas «Buch ohne Namen» und die päpstliche Kurie*, Halle/S., 1925.

Testamentum: T. E. Mommsen, *Petrarch's Testament*, Ithaca, 1957.

Triumphi: ed. F. Neri, en *Poesie*, 481-578.

Variae: G. Fracassetti, *Francisci Petrarcae Epistolae de rebus familiaribus et Variae*, III (Florencia, 1863), págs. 309-488.

De viris illustribus: ed. G. Martellotti, Florencia, 1964 (Edizione Nazionale, II).

En espera de que se complete la magna edición de Martellotti, cito la serie de vidas de Adán a Hércules por el texto de P. de Nolhac, «Le *De viris illustribus* de Pétrarque», en *Notices et extraits des manuscrits de la Bibliothèque Nationale...*, XXXI, 1 (1890), págs. 61-148; y el *De gestis Cesaris*, por el de L. Razzolini, *Francisci Petrarchae de viris illustribus vitae*, II (Bolonia, 1879).

De vita solitaria: ed. G. Martellotti, en *Prose*, págs. 286-590.

LECTURA DEL *SECRETUM*

Son paradojas de Jorge Luis Borges, y evoco una según vagabundea por la memoria, copio otra como quiere el azar de una versión inglesa. Predicaba el maestro a un aprendiz: «Si de veras le interesa Joyce, lea el libro de Harry Levin; y, *si no lo tiene a mano*, conténtese con el *Ulysses*». Viceversa, las *Crónicas de Bustos Domecq* cuentan de un sabio que un día acometió el estudio cabal de la *Commedia*; luego, «on 23 February 1931, it occurred to him that for it to be perfect, the description of the poem would have to coincide word for word with the poem... On mature reflection he eliminated the preface, the footnotes, the index, and the name and address of the publisher, and handed Dante's poem to the printers».

Tzvetan Todorov, cuyas inquisiciones a veces superan a Borges en fantasía (no en agudeza y arte de ingenio), ha enunciado menos sabrosamente los términos de la misma polaridad. Pues, «du fait qu'il écrit un nouveau livre» —dice—, «le critique supprime celui dont il parle»; mientras —demanda— «comment peut-on écrire un texte en restant fidèle à un autre texte, en le gardant intact?»

Ni fabulador sutil ni evangelista de la *poétique*, no mentiré que el dilema me haya angustiado, pero sí apuntaré que lo he sentido. Incapaz de enhebrar unas páginas al modo del precioso breviario de Levin (en cierta escala digno de reemplazar bastantes otras de Joyce) y alerta además a los peligros de quintaesenciar a Petrarca, precisamente a Petrarca; incapaz de dejar 'intacto' el *Secretum* (entiéndase: 'intacto' en la interpretación al uso), con frecuencia *trompe-l'oeil* sólo inteligible plenamente desde datos externos al texto (pronuncie quien guste el anatema oportuno); incapaz de ser infiel a un viejo amor por el libro y dispuesto a mantener la integridad del diálogo, decidido a respetar en cuanto cupiera la palabra de Petrarca (sin usurpar, claro, la tarea reservada a la gran Edizione Nazionale), finalmente he echado por el camino del medio, entre los brillantes extremos borgianos, entre las aporías de Todorov.

Casi me duele ya haber aducido tan vivaces puntos de referencia, porque no pueden sino acusar la modestia de la senda aquí seguida: una mera paráfrasis comentada, con apoyo en copiosas citas del *Secretum*. Ha sido la mía una lectura que buscaba siempre sorprender a Petrarca en el acto de la escritura, nítida intersección de vida y obra: descubrir los ingredientes de tal acto —del contexto a la textura, de las inspiraciones ajenas a los propósitos más peculiares—, para reconocer el sentido del conjunto. En el trabajo, de análisis antes que de síntesis, si de análisis acumulativo, he intentado que Don Beltrán no se perdiera en la gran polvareda, y, con miras a realzar la coherencia del *Secretum*, me he permitido algunas recapitulaciones e insistencias quizá un grado por encima de la cota rigurosamente necesaria. Nunca logró el humanista un libro mejor organizado, de mayor trabazón: y pienso que valía la pena el experimento de demorarse un poco en ir destrenzándolo y rehaciendo después la trama. Cosa distinta es que yo no haya sabido resolver los problemas de la compleja labor (así, verbigracia, al jerarquizar glosas o noticias entre el cuerpo y las notas al pie; o, al parafrasear, en los ensayos de sugerir tono y estilo del original, en vez de clasificarlos y calificarlos paso a paso).

Por singularmente provechosa —creo y espero—, quisiera destacar una dirección del *modus operandi*: el empleo sistemático de la concordancia. En efecto (aparte la atención a las recurrencias dentro del coloquio, naturalmente), la confrontación e incluso el simple registro de lugares paralelos del *Secretum* y otras piezas petrarquescas han brindado largo fruto: apreciar el alcance y las implicaciones de múltiples textos, dilucidar fuentes, ajustar las dataciones, subrayar intereses intelectuales y maneras literarias, denunciar persistencias y cambios de rumbo... A falta de las redacciones primitivas, el método de la concordancia llega a proporcionarnos una suerte de variantes ideales que toleran atisbos en el *fieri* del «trialogus» (y de los versos y prosas atingentes: se verá todavía, en los próximos volúmenes y en artículos en prensa, poniendo a contribución materiales ahora sencillamente ensartados al calce). Declaro complacido cuánto debe ese método al magisterio lejano, al plural modelo de Gianfranco Contini: si he aplicado mal la lección, la culpa será mía exclusivamente.

¿«Dilucidar fuentes», decía? Sí, y me importaba discernir parejos elementos de génesis y estructura (recuerdo a Tynjanov), de diacronía y sincronía (personales y estamentales), en proteica función de origen, vehículo y hasta horizonte del proceso literario. Entiendo que he acarreado no pocas novedades al respecto, pero sé que restan muchas por averiguar (máximamente, reminiscencias verbales). Como fuere, al deslindar préstamos y ecos he reparado más en el valor que les descubría Petrarca que en el correspondiente a los ámbitos primitivos. Las tradiciones y los motivos con huella en la obra, no me cabía sino identificarlos, ilustrarlos con alguna muestra y remitir a la bibliografía reciente. La alternativa era el infinito y apesgar una monografía asaz monótona por mis pecados, ignorancias y caprichos jergales.

En la unidad del tríptico proyectado, la presente «lectura continua» del *Secretum* aplaza para el último tomo ciertas cuestiones (por ejemplo, en orden al *Canzoniere*), mas, en particular, pospone a la segunda entrega diversos esclarecimientos inseparables de las conclusiones relativas a las *Familiares*. Aludo especialmente a una serie de observaciones sobre la peripecia y el entorno biográficos del humanista entre la cuarentena y la cincuentena. Con todo, una aportación esencial al respecto se ofrece ya al disipar el espejismo de la «crisis» de 1342-1343 y sentar los datos principales para la correcta reinserción de nuestro diálogo en la historia del vivir y crear de Petrarca.

Acabo con un abreviado inventario de gratitudes. Para buena parte de mi quehacer he disfrutado una generosa ayuda de la Fundación Juan March. La Universidad Autónoma de Barcelona me prestó más de dos facilidades. Eduard Soler Fisas se cansó en la final revisión de pruebas. Temeroso de un olvido (y aquí de Santa Bárbara y los truenos), no me atrevo a nombrar uno por uno a los amigos (tantos, en Europa y en América) de quienes me han llovido estímulos, favores y un maná de libros, microfilmes, xerocopias. Se las digo en cifra a todos, con decirle gracias solo a Jorge Guillén, por unos óptimos consejos lastimosamente desperdiciados.

PROHEMIUM

La acción superficial del *Secretum* puede compendiarse en bien pocas palabras (pero bien toscamente): una mujer y un anciano, pronto identificados como la Verdad y San Agustín, se aparecen a Petrarca; el Padre y el poeta traban un diálogo en tres jornadas, ante la muda presencia de la figura alegórica; y Petrarca, luego, consigna por escrito las incidencias del coloquio. Es legítimo contemplar la *redacción* como inserta en la *acción* de la obra: y no solo porque la última página insinúa una incógnita y esboza un programa cuya respuesta y cuyo cumplimiento coinciden en medida esencial con el hecho mismo de componer el *Secretum*, sino incluso porque el proemio, tras dibujar el marco esmeradamente y dar en cifra la sustancia de la conversación, escudriña complacido alcance, carácter, título, proceso, razón de ser y destino del libro, lo introduce en la trama como tal libro, lo justifica a partir de la 'anécdota' en él narrada. Así, acción y redacción se vinculan con tanta firmeza, que en principio nos invitan a considerarlas cercanas cronológicamente.

En efecto, en el arranque del prólogo, el autor indica que la aparición de la Verdad y el Santo ocurrió «nuper». El adverbio es en Petrarca tan escurridizo como en latín clásico,[1] pero aquí apenas cabe duda de que «nuper» deslinda un período brevísimo,

---

1. Verbigracia: «nuper» se usa en 1373, en la *Invectiva contra eum qui maledixit Italie*, para referir a 1347; y en 1367, en la *Senilis* X, II, para aludir a 1360 (cf. las notas de P. G. Ricci y G. Martellotti, en *Prose*, págs. 776 y 1.108). Ejemplos similares, fáciles de multiplicar, no apoyan la hipótesis de A. Foresti, «Il primo nucleo del *Canzoniere*», en *Convivium*, IV (1932), págs. 321-343, y E. H. Wilkins, *The Making of the «Canzoniere» and other Petrarchan Studies*, Roma, 1951, pág. 148, según la cual el «nuper» que aparece en el título de la versión chigiana del *Canzoniere* (i.e., *Francisci Petrarce de Florentia Rome nuper laureati fragmentorum liber*), de 1359-1362, apunta que la primera forma de la compilación lírica, de 1342, aproximadamente, llevaba el mismo epígrafe (cf. abajo, pág. 322, n. 242).

remite a un momento próximo en extremo, casi inmediato a la coyuntura en que el humanista toma la pluma. Esa conclusión nos impone la dialéctica interna del *Secretum,* al hacer de la redacción una consecuencia de la acción: círculo perfectamente cerrado, según apuntaba, del *incipit* al *explicit,* y viceversa. Importa, pues, fijar la fecha de esa acción. Y no resulta demasiado difícil, porque Agustín alza la voz justamente para reprochar que Francesco lleve dieciséis años en un necio cautiverio amoroso: «Ah demens! Ita ne flammas animi *in sextum decimum annum* falsis blanditiis aluisti?» (136). Nadie ignora hoy, y también lo sabrían muchos lectores de la época, que Petrarca conoció a Laura en «mille trecento ventisette, a punto / su l'ora prima, il dí sesto d'aprile» (CCXI, 12-13). Agustín y Francesco, por tanto, dialogan en el año que corre de abril de 1342 a abril de 1343. Cabe aún mayor precisión. En cierto pasaje, el protagonista confiesa haberse dedicado al estudio de los originales de Platón con auténtico calor... y escaso provecho, por la novedad de la lengua y por la ida repentina del maestro: «peregrine lingue novitas et *festinata preceptoris absentia* preciderunt propositum meum» (98). Ahora bien, Petrarca cuenta en otros lugares que recibió unas magras lecciones de griego de la boca de Barlaam, futuro obispo de Gerace. Tal aprendizaje sólo puede datarse en 1342, entre el regreso del humanista a Provenza, en primavera, y la partida de Barlaam desde Avignon a la sede calabresa, el 12 de noviembre: la «festinata preceptoris absentia» aludida en nuestra obra.[2] La acción del *Secretum,* por lo mismo, transcurre

---

2. Un útil cuadro de las estancias de Barlaam en Avignon, donde se recogen y mejoran las aportaciones de la bibliografía anterior, trae A. Pertusi, «La scoperta di Euripide nel primo umanesimo», en *Italia medioevale e umanistica,* III (1960), págs. 107-108 (para más información sobre el personaje, vid., del mismo Pertusi, *Leonzio Pilato fra Petrarca e Boccaccio,* Venecia-Roma, 1964, pág. 573, *s.v.*; D. J. Geanakoplos, *Byzantine East and Latin West,* Nueva York, 1966, pág. 201, *s.v.*; G. Schirò, «Giudizi di Massimo Margunio su Barlaam Calabro ed Emmanuele Crisolora», en *Pepragména toũ B' Diethnoũs Krētologikoũ Synedríou,* III [Atenas, 1968], págs. 224-226). Que las lecciones en cuestión no pueden ser de 1339 lo prueba la *Varia* XXV, donde queda claro que aquellas se interrumpieron como consecuencia de la elevación de Barlaam al episcopado: «Barlaam nostrum michi mors abstulit et, ut verum fatear, illum ego michi prius abstuleram; iacturam meam, dum honori eius consulerem, non aspexi; itaque dum ad episcopatum scandentem sublevo magistrum perdidi, sub quo militare ceperam magna cum spe». Debieron cesar, por otro lado, probablemente antes

en tres días situados entre el 12 de noviembre de 1342 y el 6 de abril de 1343.

La crítica moderna, prácticamente con unanimidad, ha arrimado o confundido acción y redacción, canonizando noticias por el estilo de la siguiente: «il *Secretum* fu composto tra l'autunno del 1342 e l'inverno del '43».[3] Hacia ahí orientan, claro, el «nuper» inicial y la dinámica intelectual y artística sugerida por el libro. Pero un examen cuidadoso de semejantes factores lleva en distinta dirección. Por un lado, de cuatro veces que se usa en el cuerpo del coloquio, «nuper» conlleva en no menos de dos casos datos cronológicos falsos, inconciliables con el entorno de 1342-1343.[4] Por otra parte, el íntimo engarce de acción y redacción prueba las dotes creadoras de Petrarca: sin embargo, cuando salimos del ámbito espiritual y estético trazado por el escritor, comprendemos que la fecha de redacción puede ser tan ficticia como ficticia es la acción, con la Verdad bajada del cielo y el debate entre San Agustín y Francesco. Y así parece haber ocurrido: Petrarca colocó acción y redacción del *Secretum* hacia la frontera de 1342 y 1343, pero compuso la obra años después.

Amén de otros múltiples indicios convergentes, un documento valiosísimo nos habla en ese sentido: el códice Laurenziano XXVI sinistra 9 (*olim* Santa Croce 696). Se trata de una miscelánea de piezas petrarquescas, la *subscriptio* de la primera de las cuales, los *Rerum memorandarum libri,* garantiza que el copista trabajaba sobre los autógrafos («... ego frater Thedaldus de Mucello ita transcripsi Padue ab exemplari de manu dicti domini Francisci», fol. 94 vo.),[5] mientras más abajo queda constancia de que lo hacía en 1378 («.,. Padue scriptus MCCCLXXVIII per fratrem Thedaldum de Mucello Ordinis Minorum», fol. 270). Los expertos han puesto por las nubes las transcripciones del

---

de la consagración episcopal de Barlaam, a 2 de octubre de 1342. Pero, como el *Secretum* habla de «absentia», debemos fijarnos más bien en el límite del 12 de noviembre.

3. E. Carrara, en *Prose,* pág. 1:162, donde se añade: «ritoccato tra il 1353 e il '58»; cf. abajo, n. 23.

4. Aparece un «nuper» en 66, 98, 172 y 202; para los casos de falsedad mencionados, cf. abajo, págs. 113, 186-188, 341, 405.

5. Cf. G. Billanovich, ed. *Rerum memorandarum,* pág. xvii, para esa *subscriptio.*

modesto franciscano responsable de ese volumen colecticio: Tedaldo della Casa, o del Mugello, «riesce a darci quasi una fotografia dei testi da cui deriva».[6] Devoto coterráneo «che del testo del maestro considerava sacra ogni linea», el concienzudo fray Tedaldo «ricopia esattamente tutto: anche dove la lezione lo tormenta per l'oscurità o addirittura gli ripugna perchè assurda; e provvidamente, ripetendo i segni di richiamo dell'originale o esplicitamente assicurandoci con una nota a margine che egli dell'originale ha materialmente seguito la disposizione, ci consente, oltre che di affidarci a lui con sufficiente fiducia, di ripresentarci con certezza per alcune pagine —quasi sempre quelle più interessanti, perché le più tormentate— la precisa fisionomia dell'autografo (cancellature, richiami, foglietti aggiunti, carte bianche)».[7]

Pues en el Laurenziano, sin duda fiel reflejo del original petrarquesco, el *Secretum* se abre así (fol. 208):

> De secreto conflictu curarum mearum liber primus incipit, facturus totidem libros de secreta pace animi, si pax erit.

Al margen de la inscripción se lee:

> Fac de secreta pace animi totidem, si pax sit usquam. 1358.

Tras la última frase de la obra, una nota reza (fol. 243):

> Explicit liber 3us domini Francisci Petrarche de secreto conflictu curarum suarum; et sic liber de secreto conflictu continet 3 libros.

---

6. E. Carrara, en *Prose,* pág. 1.163. Sobre Tedaldo y la calidad de sus transcripciones, así como sobre el códice citado, vid. en particular P. Piur, *Petrarcas «Buch ohne Namen» und die päpstliche Kurie,* Halle, 1925, págs. 265-269; F. Sarri, «Frate Tedaldo della Casa e le sue trascrizioni petrarchesche», en *Annali della cattedra petrarchesca,* IV (1933), págs. 40-82; G. Billanovich, ed. cit., págs. xi-xvii, lii-lvi, y *Petrarca letterato,* I, Roma, 1947, págs. 321-323, 360, además de «Una nuova lettera di Lombardo della Seta e la prima fortuna delle opere del Petrarca», en *Classical ... Studies in Honor of B. L. Ullman,* II (Roma, 1964), págs. 220-222; F. Mattesini, «La biblioteca francescana di S. Croce e Fra T. della Casa», en *Studi francescani,* LVII (1960), págs. 254-316.
7. G. Billanovich, ed. cit., págs. liv, xvi.

Y al margen se apostilla:

Modo 3. 1353. 1349. 1347.[8]

El testimonio es precioso. Intentemos apurarlo.

Empecemos por los materiales del folio 208. Evidentemente, en el modelo reproducido por fray Tedaldo, el epígrafe y el apunte marginal pertenecían a dos épocas distintas.[9] En una primera fase, se habían puesto el título estricto y la coletilla («facturus ...») en que Petrarca expresaba el propósito de per-

---

8. «L'ultima cifra dell'anno *1349* venne asportata nella rifilatura del volume, ma la lesse il Mehus (*Vita A[mbrosii] Traversarii*, [Florencia, 1759, pág.] 237), che ebbe tra mano il codice. In luogo di *Modo* egli dà *Omnino*, ma la sigla [*M* con *o* sobrepuesta] credo sia da risolvere in *Modo*»: concuerdo con la interpretación de R. Sabbadini, «Note filologiche sul *Secretum* del Petrarca», en *Rivista di filologia e d'istruzione classica*, XLV (1917), pág. 27, n. 3; añádase que actualmente también ha desaparecido el 4 de «1349».

9. El apunte marginal (aquí como en el fol. 243) era sin duda autógrafo, según se verá; el epígrafe, igual que el texto —en todo o en parte— y el *explicit*, pudo ser autógrafo o bien copia del autógrafo realizada por un amanuense. Me inclino por aquella posibilidad, a juzgar por la advertencia de Tedaldo en el fol. 94 vo. (arriba, pág. 9 y nota 5): advertencia que el franciscano hizo solo a propósito del primer texto de la miscelánea y no juzgó necesario repetir para los restantes, pese a tener el autógrafo a la vista (por ejemplo, para el *De ignorantia*), como tampoco la hizo en otras transcripciones (así la del *Africa*). Algún lugar dudoso, además (cf. verbigracia pág. 470, n. 56), sugiere que Petrarca no dio un *Secretum* el retoque final que justificaría mandarlo poner en limpio por un *scriptor*. Por todo ello, pienso que fray Tedaldo se basó en un autógrafo (cf. también P. Piur, *op. cit.*, pág. 268).

La edición crítica del diálogo —en que, tras la muerte de Enrico Carrara, ha de ocuparse la *mirabilis* Mirella Ferrari— quizá aporte algunas claridades a ese respecto. Pero las calas que he podido realizar en la tradición textual del *Secretum* (en bibliotecas de Italia, Alemania y España) no me han deparado ningún hallazgo importante al objeto esencial del presente estudio. «It must also be considered that no scholar seems yet to have found any early manuscripts preceding the text represented by Tedaldo's copy; and consequently we can hardly expect to be given variants that on their own authority could decide the problems of the genesis and structure of the *Secretum*. I therefore dare to hope that if and when more variants become avalaible, they will prove compatible with and complementary to the findings at which we arrive through a historical and literary criticism of Tedaldo's text.» Aunque mis «findings» se alejan a menudo de los suyos y nuestras concepciones del *Secretum* son bastante diversas, hago mías las palabras de Hans Baron, «Petrarch's *Secretum*: Was It Revised — and Why?», ahora en *From Petrarch to Leonardo Bruni. Studies in Humanistic and Political Literature*, Chicago y Londres, 1968, pág. 58, n. 21. Vid. además págs. 470-471 (y, ahí, n. 58).

geñar una obra gemela sobre la secreta y anhelada paz de su ánimo. Luego, en un segundo momento, al repasar las páginas del diálogo, el autor incluyó una nota al margen exhortándose a perseverar en el proyecto; y le añadió la data de la relectura: «1358». La dependencia y, por ahí, la posterioridad del apunte marginal respecto al epígrafe se prueban porque la acotación sobrentiende un elemento, «fac ... totidem [libros]», ahora no necesario por aparecer ya explícito en el encabezamiento: sin el «*facturus totidem libros*», en cambio, no se comprende el elíptico «fac ... *totidem*».[10] Por otra parte, «1358» no puede ser la fecha en que Petrarca «si ricopiava la redazione definitiva dei tre libri» (como se ha pensado):[11] si hubiera sido así, no se explica por qué iba a repetirse parte del contenido del epígrafe como nota al margen,[12] y con indicación del año en esta, no en aquel. Pero sí sabemos que el humanista databa con frecuencia los ladillos en que resumía o resaltaba ciertos pasajes de un texto: «Avinio. Ubi nunc sumus. 1335», en la *Chorographia* de Mela;[13] «Felix miser, qui hec sciens unde ista nescisti. 1355 novembr. 19», en el *Timeo*,[14] etc. La conclusión se me antoja segura: «1358» es la fecha en que Petrarca releyó el *Secretum* e insertó de su puño y letra el apunte marginal («Fac ...») en el códice copiado tiempo atrás.[15]

10. E. H. Wilkins, «Works that Petrarch Thought of Writing», en *Speculum*, XXXV (1960), pág. 570, opina: «The *facturus* clause ... was probably introduced by Tedaldo on the basis of Petrarch's marginal note, which he nevertheless copied *as* a marginal note». La explicación que doy en el texto anula —creo— la sugerencia de Wilkins; del método de Tedaldo, además, no cabe esperar una reconstrucción de ese género.
11. Vid. R. Sabbadini, «Note filologiche...», pág. 27, o Hans Baron, *From Petrarch...*, pág. 52.
12. Adviértase también la diferencia de tono entre el más decidido «facturus ... si pax erit» y el tímido y condicionado «fac ... si pax sit usquam». La repetición y la diferencia de tono postulan un lapso de tiempo entre el epígrafe y la nota.
13. Cf. G. Billanovich, «Dall' antica Ravenna alle biblioteche umanistiche», en *Annuario dell' Università Cattolica del S. Cuore, Anni accademici 1955-56/1956-57*, pág. 93.
14. En P. de Nolhac, *Pétrarque et l'humanisme*, París, 1907², II, pág. 142.
15. E. H. Wilkins, *Petrarch's Eight Years in Milan*, Cambridge, Mass., 1958, pág. 176, escribe: «At some time in 1358 Petrarch, having before him the autograph copy of the *Secretum* that he had been revising, looked at the title he had given it ... and wrote in the margin 'Fac...'» La frase «he had been

El folio 243 plantea problemas harto más arduos. No, desde luego, por cuanto se refiere al *explicit* en sí: [16] el «sic» precisa que el diálogo —tal como se halla en el Laurenziano— «continet 3 libros», porque el escritor no desechaba la idea de darle un complemento, también en tríptico, «de secreta pace animi». En la misma perspectiva mira el principio de la acotación (paralela y con toda probabilidad contemporánea a la del *incipit*): «Modo 3». 'Por ahora', viene a decir Petrarca, 'el *Secretum* consta solo de tres libros': donde sigue implicándose que más adelante deberían tener *pendant* en otros tantos sobre la paz del espíritu.

Pero ¿y las cifras inmediatas? Una interpretación se nos ofrece en seguida: puesto que el *explicit* habla de tres libros y la acotación insiste en que provisionalmente no pasan de tres, las tres cifras precisan las respectivas fechas de composición: 1353 para el primero, 1349 para el segundo, 1347 para el tercero.[17] Contra semejante hipótesis militan el desarrollo lineal y progresivo —con frecuentes recapitulaciones—, las esenciales correspondencias entre los varios núcleos, la trabada estructura del *Secretum*. La conjetura solo podría mantenerse sobre otra: suponer que Petrarca concibió un plan de la obra nimiamente detallado y lo fue realizando libro a libro por orden inverso, efectuando en la última etapa una honda revisión y harmonización

---

revising» queda poco clara, notablemente porque en la pág. 234 Wilkins observa: «The revised form of the *Secretum*, finished in 1358, as stated above (on p. 176), contains several passages that are presumably interpolations, but none, in my judgment, that are definitely assignable to the period of Petrarch's residence in Milan».

16. Naturalmente, la tercera persona del *explicit,* frente a la primera del *incipit,* de ningún modo arguye que el dechado de Tedaldo no fuera autógrafo: de hecho, sorprende más el «mearum» que el «suarum», habitual en las intitulaciones. Comentando el rótulo «Francisci Petrarce laureati *de sui ipsius et multorum ignorantia* liber incipit», notaba P. de Nolhac, *La bibliothèque de Fulvio Orsini,* París, 1887, pág. 290: «Ici, on le voit, Pétrarque est resté entièrement dans le rôle de copiste, qu'il s'imposait souvent, et a supprimé au titre tout mot personnel, comme *meum*». Cf. también pág. 454, n. 2.

17. Así lo creyeron L. Mehus, *loc. cit.* en la n. 8, y G. Voigt, *Die Wiederbelebung des Klassischen Alterthums,* Berlín, 1893[8], I, págs. 132, 134; y así yo mismo, en un artículo juvenil (escrito en 1962), «El *Secretum* de Petrarca: composición y cronología», *Boletín de la Real Academia de Buenas Letras de Barcelona,* XXX (1963-1964), págs. 105-130. P. Piur, *op. cit.,* pág. 268, entiende las cifras como «wahrscheinlich Daten der Redaktion der Einzelnen Teile»; cf. aún C. Segrè, *Studi petrarcheschi,* Florencia, 1911, pág. 7.

del conjunto (en la tercera jornada hay múltiples páginas indiscutiblemente posteriores a 1347). Sin embargo, si existió tal plan, hubo de ser tan minucioso, que entonces no se alcanza por qué fue plasmado en orden inverso.[18]

Veamos una nueva posibilidad. E. Carlini Minguzzi, aceptando que el *Secretum* se compuso en la época de la acción, juzgó que el libro primero había recibido enmiendas en 1353, el segundo en 1349 y el tercero en 1347.[19] Ocurrencia inaceptable: pues ¿quién corregiría una obra *ya acabada* empezando por el final (y con largos paréntesis)? A hilar más delgado, como sea, las tres cifras misteriosas difícilmente pueden referir a inserciones parciales[20] o retoques[21] en un original básicamente *ya redactado* en el otoño de 1342 o el invierno de 1343. Porque en ese caso no se comprende qué raros mecanismos mentales llevaron a Petrarca a consignar al revés, contra la prelación cronológica, las fechas de parejos cambios menores, y a olvidar el año de la redacción primitiva.

Hay que ofrecer una alternativa de mayor consistencia. Tomemos como punto de partida (después se nos corraborará por cien lugares) que el *Secretum* no se escribió (ni siquiera en escorzo) hacia las postrimerías de 1342 o los comienzos de 1343, años que para nada aparecen en nuestras acotaciones (sin embargo, tan ricas en otras datas). Procuremos reconstruir qué pudo pasar en la inteligencia de Petrarca en el instante (plausiblemente de 1358) en que apostilló: «Modo 3. 1353. 1349. 1347». El humanista, en esa circunstancia, ve el *Secretum* como un todo homogéneo —aunque tripartito—, como una unidad en espera de otra unidad afín y opuesta a la par: «de secreto conflictu curarum» / «de secreta pace animi». Y apunta un «Modo 3» que contempla tanto el trabajo unitario ya hecho como el trabajo

---

18. Como es obvio, el orden inverso excluye igualmente que el libro I sea de 1347, el II de 1349 y el III de 1353.
19. Cf. E. Carlini Minguzzi, *Studio sul «Secretum» di Francesco Petrarca*, Bolonia, 1906, págs. 45, 127.
20. Hacia ahí marcha el citado estudio de Hans Baron, págs. 51-101.
21. Vid. R. Sabbadini, «Note filologiche...», págs. 27-28: «coi tre anni [Petrarca] indicava forse tre riprese nei ritocchi del dialogo, seppure non volle segnare tre ritocchi apportati successivamente ai singoli libri, in maniera che il libro I sia stato ritoccato nel 1347, il II nel 1349, il III nel 1353. Comunque, a noi basta tener fermo che il *Secretum* fu composto nel 1342-43».

unitario que falta por hacer. Inmediatamente, anota el año en que ese todo homogéneo cobró la fisonomía que aún hoy conserva en el Laurenziano: «1353». Pero, de pronto, cae en la cuenta de que a la versión definitiva precedieron otros estadios del diálogo; y agrega: «1349. 1347».

Las tres cifras refieren, pues, no a inserciones o retoques, sino a redacciones y refundiciones cabales, de cuerpo entero. Solo si es así se entiende el orden inverso de las datas. Petrarca pensó primero en el año en que el *Secretum* sufrió la más amplia, decisiva reelaboración, en el año culminante en que —se diría lo más verosímil— se preparó el texto copiado por fray Tedaldo: «1353». En principio, seguramente no pretendía dar más indicaciones. Pero le asaltó un escrúpulo de hombre meticuloso: la obra había sido objeto de una redacción inicial y de una refundición, y valía la pena señalarlo. Y, entonces, puesto que había empezado por «1353», por la versión final (y más importante), determinó seguir un orden cronológico, sí, pero inverso: «1349» (refundición intermedia), «1347» (redacción inicial). No es la única vez que Petrarca asentó en cabeza el momento de un último *remaniement* y detrás hizo constar la existencia de una etapa previa. En los manuscritos del *Canzoniere* no faltan notas por el tenor de la siguiente: «*1368. maij. 19. veneris nocte concubia insomnis diu, tandem surgo; et ocurrit hoc vetustissimum ante XXV annos*».[22] En cualquier caso, que Petrarca atendiera en primer término a 1353 significa que la labor entonces efectuada en el *Secretum* fue capital; y que luego pusiera ese año en serie con los otros dos quiere decir que en 1349 y 1347 el coloquio pasó por sendas versiones de entidad equiparable. En esas versiones —insisto— hay que ver una refundición intermedia y la redacción inicial.

En resumen (mas con adiciones justificadas en el resto del presente volumen). Nada inclina a colocar la composición del *Secretum* en los límites de 1342 y 1343: mientras ninguna de tales fechas figura en las apostillas al códice Laurenziano, son muchos los pasajes —perfectamente ligados a extensos contextos—

---

22. Cf. solo E. H. Wilkins, *The Making of the «Canzoniere»*, páginas 172-173.

y los conceptos seminales que nos remiten a períodos posteriores. Por tanto, la data de redacción propuesta por Petrarca es ficticia, como ficticia es —por ejemplo— en numerosas *Familiares* en más de una ocasión íntimamente relacionadas con el *Secretum*. El diálogo se escribió en realidad en 1347, 1349 y 1353. Presumiblemente, la refundición de 1353 fue extraordinariamente intensa: por ello va por delante en la acotación al *explicit*, y por ello la obra resulta tan coherente, que, si bien abundan los lugares que nos llevan más acá de 1349, apenas hay medio de deslindar qué puede corresponder a ese año y a 1347. En 1353 debió también ejecutarse el manuscrito en que el humanista, en 1358, al releerlo, insertó las notas marginales al *incipit* y al *explicit* (y quizás alguna pequeña modificación o adición: pequeña, porque ni a una sola línea cabe atribuirle un *terminus post 1353* y porque la persistencia de tal cual laguna o error permite sospechar que la relectura fue rápida).[23] El manuscrito de 1353 con las apostillas de 1358 fue transcrito en 1378 por Tedaldo della Casa en el Laurenziano XXVI sinistra 9.

Pero volvamos a tomar el hilo. Compendiar la acción del *Secretum* es por fuerza obrar toscamente —observaba—, por cuanto nuestro libro pertenece al linaje de aquellos cuya riqueza alusiva, capacidad de sugerencia y pluralidad de implicaciones desafían todo resumen. Las páginas anteriores eran en buena medida un escolio al «nuper» que asoma en la vanguardia del prólogo. Restablezcamos ahí el adverbio y examinemos el párrafo entero:

> Attonito michi quidem et sepissime cogitanti qualiter in hanc vitam intrassem, qualiter ve forem egressurus, contigit nuper ut non, sicut egros animos solet, somnus opprimeret, sed anxium atque pervigilem mulier quedam inenarrabilis etatis et

---

23. Buena muestra de la desatención con que se han despachado bastantes problemas del *Secretum* es que siga repitiéndose el «ritoccato tra il 1353 e il '58» de E. Carrara (arriba, n. 3), pese a no haber ni un dato que apunte a ese período intermedio, y que se desdeñen por completo las referencias explícitas a 1347 y 1349. Vid., así, estudios —por lo demás ciertamente valiosos— como Umberto Bosco, *Francesco Petrarca*, Bari, 1961², pág. 296, y A. E. Quaglio, *Francesco Petrarca*, Milán, 1967, pág. 126.

luminis, formaque non satis ab hominibus intellecta, incertum quibus viis adiisse videretur; virginem tamen et habitus nuntiabat et facies (22).

La escena, por supuesto, tiene una noble ejecutoria en las letras europeas, de la tardía Antigüedad al otoño del Renacimiento: una visión [24] se ofrece al escritor sumido en cavilaciones. Pero la letra y el espíritu (aquí como en otros lugares) no toleran dudas respecto a las fuentes de que Petrarca bebió para esbozar el marco del *Secretum*. Cierto, el pasaje —en una prosa con pretensiones de elegancia,[25] si no siempre feliz,[26] y ornada con un eco de Cicerón—[27] nos remite derechamente al pórtico de los *Soliloquia* agustinianos, allí donde el solitario de Casicíaco, mientras re-

24. Hablo de «visión» —a propósito de Petrarca— en el sentido lato de 'percepción de cosas que exceden los términos naturales'. Nuestro humanista, sin embargo, sabía muy bien que Macrobio cuenta la «visio» entre las cinco variedades principales «omnium quae videre sibi dormientes videntur» (*Commentarium in Somnium Scipionis*, I, III, 2 y sigs., citado parcialmente en nota al Virgilio de la Ambrosiana, fol. 102), y quizá no le hubiera agradado que se aplicara al *Secretum* el rótulo de «visión», pues, en el deseo de hacer más vívido el expediente literario del encuentro con la Verdad y Agustín, pone interés en aclarar que no fue cosa de sueño. Sobre «visio» y otras voces afines, cf. H. Lucius, *La littérature «vissionnaire» en France du début du XVIe au début du XIXe siècle*, Bienne, 1970, págs. 17-25, aunque poco satisfactorio; sobre la «visión» y el «sueño», M. Weidhorn, *Dreams in Seventeenth-Century English Literature*, El Haya-París, 1970, págs. 48-52, aunque tampoco demasiado valioso.

25. Petrarca quiere dar una dramática solemnidad al párrafo con el reiterado uso del *cursus* (extendido a lo largo del prólogo): *planus* («vitam intrassem», «animos solet»), *tardus* («somnus opprimeret», «etatis et luminis», «nuntiabat et facies»), *velox* («sepissime cogitanti», «hominibus intellecta»), *trispondaicus* («forem egressurus», «adiisse videretur»). El empleo del *cursus* en nuestro proemio confirma la observación de Guido Martellotti, «Clausole e ritmi nella prosa narrativa del Petrarca», en *Studi petrarcheschi*, IV (1951), pág. 46: «Nella prosa narrativa il Petrarca sentiva più che altrove la necessità di sorregere il suo discorso con una solida impalcatura ritmica». Para los epistolarios petrarquescos, vid. el valioso trabajo de G. Lindholm, *Studien zum mittellateinischen Prosarhytmus. Seine Entwicklung und sein Abklingen in der Briefliteratur Italiens*, Estocolmo, 1963, págs. 110-124.

26. No se diría del mejor gusto el cruce de construcciones con *mihi* («... michi ... contigit ... ut ... videretur») y con *me* («somnus opprimeret [me]», «[me] adiisse»).

27. *De oratore*, I, I, 1: «*Cogitanti mihi saepenumero et memoria vetera repetenti perbeati fuisse, Quinte frater, illi videri solent ...*» Lo observó ya G. Wyss Morigi, *Contributo allo studio del dialogo all'epoca dell'umanesimo e del Rinascimento*, Monza, 1947, pág. 40.

flexiona ensimismado sobre el bien y el mal, oye la voz de la Razón y se enzarza con ella en incisivo debate.[28] No menos claras son las reminiscencias del Boecio «moestus» y «aeger» [29] a quien sorprende la irrupción de una mujer de aspecto prodigioso cuando medita en torno a los tiempos pasados y a la venida de la muerte.[30]

Al igual que los protagonistas de los *Soliloquia* y el *De consolatione Philosophiae,* Francesco también considera una cuestión bifronte (y con pareja polaridad temporal que en Boecio): cómo entró en la vida y cómo habrá de abandonarla. Pero no se trata de un discurrir sobre la ligera sentencia de Epicuro: «Nemo non ita exit e vita tamquam modo intraverit».[31] Nuestro personaje rumia un tema más grave, tenazmente asediado luego en el coloquio: la indigencia del hombre cuando nace y las angustias que le esperan cuando va a morir; dos motivos arquetípicos de una tradición que se deja cifrar en los epígrafes del primero y del último libro de un tratado celebérrimo: «De miserabili humane

---

28. *Soliloquia,* I, 1, 1: «*Volventi mihi* multa ac varia mecum diu ac *per multos dies* sedulo quarenti memetipsum *ac bonum meum, quidve mali evitandum esset,* ait mihi subito ... Ratio ...» Nótese básicamente que la última frase en cursiva, con los términos contrapuestos, la disyuntiva *-ve* y el sintagma perifrástico final, tiene exacto paralelo en Petrarca.

29. *De consolatione Philosophiae,* I, 1, verso 8, y I, 1, 8.

30. *Ib.,* I, 1, 1-2: «Haec dum mecum tacitus ipse *reputarem* ... *astitisse mihi* supra verticem *visa est mulier* reverendi admodum vultus, *oculis ardentibus* et ultra communem hominum valentiam perspicacibus, colore vivido atque *inexhausti vigoris, quamvis ita aevi plena* foret ut nullo modo nostra crederetur aetatis, statura discretionis ambiguae ... respicientiumque hominum frustrabatur intuitum». Carrara traduce el «inenarrabilis etatis et luminis» por «di età e splendore impareggiabile». Creo más bien que Petrarca refleja la presentación de la Filosofía por Boecio como mujer de edad difícilmente precisable (cf. E. R. Curtius, *Literatura europea y Edad Media latina,* México, 1955, págs. 155-156, y P. Courcelle, *La Consolation de Philosophie dans la tradition littéraire. Antécédents et postérité de Boèce,* París, 1967, pág. 50, para ese motivo); por ello explica luego que vestido y rostro, con todo, la daban a conocer como 'virgen'. Por otra parte, pienso que «luminis» alude quizá a la mirada, también a imagen de la Filosofía (cf. abajo, n. 41). En fin, la referencia a una belleza «non satis ab hominibus intellecta» probablemente es eco —adaptado a otro rasgo— de la insistencia de Boecio en que los hombres eran incapaces de apreciar la talla de la Filosofía (I, 1, 2; cf. P. Courcelle, *ibid.,* pág. 51).

31. Según creyó Carrara, 22, n. 1, a mi juicio erradamente: «il Petrarca ebbe qui presente un passo di Seneca (*Ep. ad Lucil.,* 22, 14-7) in cui si discute la proposizione di Epicuro».

conditionis ingressu» y «De damnabili humane conditionis egressu».[32] Petrarca, pues, en una corriente que con aluviones clásicos y cristianos nutre la espiritualidad medieval *de contemptu mundi*, practica (imperfectamente) la «meditatio mortis humaneque miserie» (34) que tanto le ponderará Agustín como camino «ad ... componendum ... animum» (28).[33]

Sin duda Francesco necesita restaurar el ánimo. Porque lo tiene enfermo.[34] Y si la aparición que nos refiere no puede contarse entre los «aegri somnia», evocados por Horacio,[35] la enfermedad del ánimo, a cambio, se manifiesta manteniéndolo en vela y ansioso, «anxius». Solo más adelante captaremos todo el alcance de esa presentación, pero ya ahora nos es dado vislumbrarlo. El escritor se halla absorto en lucubraciones sobre un asunto genérico, aunque en versión singularizada: piensa en la miseria del hombre, contemplándola en sí mismo. Pues también en el pintársenos «eger» y «anxius» hay generalidad y singularidad. Petrarca había leído «memoriter et cum affectu» la página de las *Enarrationes in Psalmos* (CII, 6) donde se explica que nacer es enfermar: «Quis enim non aegrotat in hac vita? Quis non languorem longum trahit? Nasci hic in corpore mortali incipere aegrotare est».[36] A tal luz, llamarse «eger», cuando se considera

---

32. Lotharii Cardinalis (Innocentii III) *De miseria humane conditionis*, ed. M. Maccarrone, Lugano-Padua, 1953, págs. 7 y 75.
33. Cf. abajo especialmente págs. 83-95, 170-174, etc., etc. Por si quedara alguna duda, nótese que en el *De otio religioso*, pág. 38, al resumir las fuentes y problemas de la 'miseria humane conditionis', Petrarca apunta como característico del tópico examinar «unde simus et quid simus quid ve futuri simus». Juzgo muy posible, por otra parte, que al comienzo del *Secretum* recordara concretamente la obra de Inocencio III, que a principios de 1354 manejaba para el *De remediis*, tan relacionado con nuestro diálogo y aun en particular respecto a la cuestión que ahora señalo (cf. solo abajo, págs. 170, n. 161, y 235, n. 359).
34. Adviértase que Petrarca da el ser vencido por el sueño como habitual en los espíritus enfermos: él niega que el sueño lo venciera, pero, de retruque, concede estar enfermo del ánimo.
35. *Ars poetica*, 7-8: «velut aegri somnia, vanae / fingentur species». A Petrarca posiblemente le rondaba por la cabeza el famoso dicho horaciano.
36. Vid. G. Billanovich, «Nella biblioteca del Petrarca», en *Italia medioevale e umanistica*, III (1960), pág. 10, y P. Courcelle, *Les Confessions de Saint Augustin dans la tradition littéraire. Antécédents et posterité*, París, 1963, pág. 347, n. 2. Para un amplio planteamiento histórico y teórico, cf. P. Laín Entralgo, *Maladie et culpabilité*, París, 1970, en especial págs. 72 sigs.

cómo se ha entrado «in hanc vitam», equivale casi a llamarse «homo».[37] Mas que semejante consideración le haga velar «anxius» es una muestra de la perversa estimativa que constituye un rasgo definitorio de Francesco en tanto *dramatis persona*, víctima de la acidia cristalizada en «anxietas».[38] Luego lo apreciaremos mejor. Retengamos ya, sin embargo, la exquisita cohesión del *Secretum*, cada uno de cuyos factores —desde las primeras palabras— enlaza con los restantes para iluminarlos y ser iluminado por ellos.[39]

Como sea, ante la luz no usada de la visión,[40] Francesco queda lleno de estupor, sin atreverse a alzar el rostro hacia los ojos de la maravillosa «mulier», destellantes de rayos. El lector advertido, amén de recuerdos de la *Consolatio Philosophiae*,[41] des-

37. O «peccator», tanto da. Cf. la *Oratio quotidiana* de Petrarca, en L. Delisle, «Notice sur un livre annoté par Pétrarque...», *Notices et extraits des manuscrits de la Bibliothèque Nationale...*, XXXV (1896), II, pág. 398: «parce peccatori, miserere languentis ..., egrotum sana ...»

38. Cf. abajo, págs. 201, 207, 220, 225-226. Por otro lado, como bien observa A. Fletcher, *Allegory. The Theory of a Symbolic Mode*, Ithaca-Londres, 1970, pág. 37, «anxiety is not a necessary ingredient of allegory, but it is the most fertile ground from which allegorical abstractions appear»; y vid. P. Piehler, *The Visionary Landscape. A Study in Medieval Allegory*, Londres, 1971, págs. 4 y 165, s. v. «anguish».

39. La lectura del *Prohemium* de nuestro libro plantea con especial intensidad el que Karl Viëtor consideraba problema central de toda hermenéutica y Paul Hernadi resumía últimamente con lucidez: «how can we fully understand individual parts of a text before the whole text has been fully understood and *vice versa?*» (cf. K. Viëtor, «Probleme der literarischen Gattungsgeschichte», *Deutsche Vierteljahrsschrift für Literaturwissenschaft und Geistesgeschichte*, IX [1931], pág. 441; y P. Hernadi, *Beyond Genre*, Ithaca-Londres, 1972, pág. 2). Ante ese dilema, he procurado dar una idea de las múltiples implicaciones del prólogo al *Secretum*, reservando para los correspondientes lugares del texto el análisis detallado de cada tema: tómese, pues, cuanto digo ahora como un simple sumario.

40. Parafraseo «insueta lux» con «luz no usada» recordando a fray Luis de León, *A Francisco Salinas*, 2, verso en general mal interpretado; pero cf. también Prudencio, *Peristephanon*, X, 955 (Cristo suele «donare caecis lucis insuetae diem»), y *Liber de nativitate Mariae*, IX, 2 («Virgo autem, quae iam angelicos bene noverat vultus et lumen caeleste insuetum non habebat, neque angelica visione territa, neque luminis magnitudine stupefacta ...»).

41. «Hec igitur me *stupentem* insuete lucis aspectum et adversus *radios, quos oculorum suorum sol fundebat*, non audentem oculos attollere ...» (22). Cf. *De consolatione Philosophiae*, I, I, 13: «obstupui visuque in terra defixo»; I, II, 4: «stupore siluisti?», «te ... stupor oppressit»; y respecto a la Filosofía, I, I, 1: «oculis ardentibus»; I, II, 2: «totis in me intenta luminibus»; I, III, versos 3, 9 y 10: «ut ... Phoebus / mirantes oculos radiis ferit».

cubre al punto que la aureola luminosa y la lumbre en la mirada —como el hecho de no poder contemplarlas de frente— son indicios de algún linaje de manifestación divina.[42] Pero la doncella habla reveladoramente. Que no tema el poeta ni se turbe por tan insólita hermosura: compadecida de sus extravíos («errores»), ha bajado desde muy lejos para traerle el auxilio oportuno.[43] «Satis superque satis —le diagnostica y pronostica— hactenus terram caligantibus oculis aspexisti; quos si usqueadeo mortalia ista permulcent, quid futurum speras si eos ad eterna sustuleris?»[44] Boecio, en otro tiempo, escrutaba el cielo, las verdades altas y perennes; mas, cuando Filosofía se apresta a consolarlo,

> declivem ... gerens pondere vultum
> cogitur, heu, stolidam cernere terram;

se impone, pues, limpiar «lumina eius mortalium rerum nube caligantia»,[45] para conducirlo «ad veram ... felicitatem, quam tuus

---

42. Mejor que otros infinitos testimonios sobre la conexión de luz cegadora y divinidad, conviene aducir, por sus coincidencias con el *Secretum,* un pasaje del *De otio religioso,* págs. 38-39: «Non est hominis per seipsum celeste misterium scrutari ... Divine nature omnipotentissimam maiestatem non tam scimus quam opinamur et contemplamur, 'invisibilia Dei per ea que facta sunt intellecta conspicientes' [Romanos, I, 20]; *attoniti* et veluti *solis luce mortales vincente oculos* hoc unum scimus ...: rem esse ineffabilem et incomprehensibilem ac nostris ingeniis inaccessam. Horror *stuporque* ferit animum ... Lippi et invalidi adhuc *tante lucis aciem ferre non possumus* et in ipsum lumen quod amamus *figere oculos non audemus* ...» Cf. n. 47.

43. «... tempestivum tibi auxilium latura descendi» (22). Cf. *De consolatione Philosophiae,* I, II, 1: «medicinae ... tempus est»; para el tema de los «remedia», abajo, pág. 211, n. 290.

44. El contraste es común en Petrarca; pero nuestro pasaje quizá coincide en particular con unos versos de la canción «I' vo pensando», tan próxima otras veces al *Secretum:* «Già sai tu ben quanta dolcezza porse / agli occhi tuoi la vista di colei ... / or ti solleva a piú beata spene, / mirando 'l ciel che ti si volve intorno, / immortal et addorno: / ché dove, del mal suo qua giú sí lieta, / vostra vaghezza acqueta / un mover d'occhi, un ragionar, un canto, / quanto fia quel piacer, se questo è tanto?» (CCLXIV, 37-38, 48-54). Difícilmente, por otra parte, podía olvidar Petrarca el esquema dual del *Somnium Scipionis* (cf. especialmente IV, 17: «Quaeso, inquit Africanus, quosque humi defisa tua mens erit? Nonne aspicis quae in [caeli] templa veneris?»; y vid. n. 60), tan presente en la conclusión del libro tercero.

45. *De consolatione,* I, II, versos 26 y 27; I, II, 6. Cf. *Oratio quotidiana,* pág. 397: «Aperi oculos meos ... terrenarum sordium nube caligantes»; *De otio*

quoque somniat animus, sed occupato ad imagines visu ipsam illam non potest intueri».[46] La situación de Francesco es harto similar. Tampoco a él (como sabremos) le faltó antaño alguna ocasión de otear los «divinitatis archana» (98). También él va a tener quien le disipe las tinieblas, brindándole doctrinas de no escasa trascendencia. De hecho, tales doctrinas —largamente elaboradas después— se hallan *in nuce* en el saludo de la misteriosa «virgo». Menciona, en efecto, los «errores»,[47] los «caligantes oculi» de Francesco, y pronto leeremos que el mal profundo del protagonista es el engaño respecto a sí mismo, la «perversa opinio»[48] y la plaga de «fantasmata»[49] o falsas «imagines» (64) que le nublan la vista, incapacitándolo para percibir nada con el ánimo «nimis occupato» (68).[50] Contrapone ella, a la par, las cosas «mortalia» y las cosas «eterna», y el texto nos mostrará que el obstáculo del personaje para remontarse a lo invisible son los toscos ligámenes terrenos,[51] mientras, paradójicamente, la meditación y asunción cabales de la miseria y de la mortalidad humanas guían sin pérdida a la aprehensión de lo eterno.[52]

Pero ¿quién es tan extraordinaria «mulier»? Petrarca, aún medroso, se lo pregunta con versos de la *Eneida*, probablemente introducidos en la escena, también, a favor de cierto comentario de Séneca (y cuyos ecos se dejarán oír todavía en otras coyunturas del diálogo):

---

religioso, pág. 103: «quemque nunc etiam caligantes oculos purgaturum spero ad reliqua que damnosa tarditate nondum video»; abajo, pág. 42, n. 11.

46. *De consolatione*, III, 1, 5.
47. La alusión a los «errores», en boca de la refulgente «mulier» (cf. n. 42), evoca una observación incidental de *Familiares*, XXIV, 1, 12: «ille etiam abunde felix cui *inter fuscas errorum nubes celestis* tandem *lux* affulserit». Es otro dato para comprender el sentido de la *mise en scène* del *Secretum* y no juzgarla meramente ornamental.
48. Cf. abajo, págs. 42, 46, 60, 207, 254, 271, 383. Por supuesto, el motivo en cuestión (como los señalados inmediatamente) impregna toda la obra; aquí remito solo a algunos lugares de mi texto en que lo destaco de modo singular.
49. Vid. en especial págs. 110-121.
50. Cf., así, págs. 116-119, 143.
51. Vid. págs. 81-82, 107, 146, 164, 167, etc.
52. Cf., por ejemplo, págs. 41 y n. 10, 81, 96, 185-186, 325, 384, 389, etc.

O quam te memorem, virgo? namque haud tibi vultus
mortalis, nec vox hominem sonat ...[53]

¿Quién es? Es —responde la aparición— aquella a quien el humanista retrató elegantemente «in *Africa* nostra»; aquella para quien construyó, nuevo Anfión,[54] una morada bellísima en los confines de Occidente, en la cumbre del Atlas, con arte admirable y manos de poeta. ¿Va a atemorizarlo tener frente a sí el rostro de la misma de quien con fino lenguaje se declaró antiguo conocedor y familiar?[55] Oír eso y comprender es uno para Francesco, «cunta versanti»:[56] quien le habla es la Verdad, cuyo palacio en las cimas del Atlas recuerda, ya, haber pintado (en realidad, aquí, más que de una labor pasada, Petrarca parece dar cuenta de un proyecto nunca cumplido).[57] ¿De dónde viene ahora?

---

53. *Eneida*, I, 327-328; vid. más abajo, pág. 275 y n. 93. En el Virgilio Ambrosiano, fol. 62 vo., como escolio a esos versos, Petrarca copia un pasaje de Séneca, *Ad Lucilium*, CXV, 4-5, que pudo aportar más de una sugerencia al prólogo del *Secretum* (y, quizá, incluso al arranque de la *Consolatio* de Boecio): «Si quis viderit hanc faciem altioremque fulgentioremque quam cerni inter humana consuevit ['el alma de un hombre bueno'], nonne velut numinis occursu obstupefactus resistat et, ut 'fas sit vidisse', tacitus precetur? Tum evocante ipsa vultus benignitate productus adoret ac supplicet, et diu contemplatus multum extantem superque mensuram solitorum inter nos aspici elatam, oculis mite quiddam, sed nihilominus vivido igne flagrantibus, tunc deinde illam Vergili nostri vocem verens atque attonitus emittat? 'O quam te memorem ...'», etc.
54. «... non segnius quam Amphyon ille Dirceus» (22); por supuesto, Petrarca toma el «Dirceus» de Virgilio, *Églogas*, II, 24.
55. Tampoco Boecio identifica en el pronto a la Filosofía, y ella evoca entonces la vieja relación que los une (*De consolatione*, I, II, 2 y sigs.).
56. «... cum michi cunta versanti ...» (22). Cf. *Rerum memorandarum*, I, 1: «Sed michi cunta versanti ...»
57. Según nuestro pasaje, ese proyecto abarcaba, cuando menos, *a*) una descripción de la Verdad, con quien el poeta afirmaría tener antiguo trato («quam pridem tibi sat familiariter cognitam arguta circumlocutione testatus es», 22), y *b*) una descripción de la «habitatio», del «palatium» de la Verdad en el Atlas. De *a* no hay el menor rastro en el *Africa*: y sería fácil reconocerlo, por las coincidencias con los rasgos que en el *Secretum* se prestan a la Verdad. En cuanto a *b*, en el libro III, cuando Lelio llega a Numidia y acude a entrevistarse con Sífax, se introduce bruscamente la descripción de un palacio, apenas insinuada (87-89), y de un «orbis», con constelaciones, dioses y héroes, criaturas mitológicas, el infierno (90-264). Varios estudiosos han pensado que ello se aviene mal con la mansión de Sífax y, basándose en el *Secretum*, han conjeturado que el fragmento (III, 87-264) figuró primitivamente en la laguna posterior al libro IV, como parte del relato de un viaje al reino de la

El poeta solo está seguro de que no puede llegar sino del cielo: «nisi celitus tamen venire nequivisse certus eram» (22-24).

Tras cuanto llevamos leído, cabía esperar esa observación. También la Filosofía se ofrece a Boecio «supero cardine delapsa».[58] Pero si en la *Consolatio* la figura alegórica no pasa de representar la perfecta sabiduría humana,[59] en el *Secretum* tiene más connotaciones divinas. Nos lo indicaba, antes de descubrir quién era, la «insueta lux» de la doncella; ahora, ya reconocida, no hay duda posible: «Itaque videndi avidus respicio, et ecce lumen *ethereum* acies humana non pertulit. Rursus igitur in terram oculos deicio ...» (24).[60] Por supuesto. La Verdad procede del cielo, con luz etérea irresistible para los ojos mortales,[61] porque es nombre de Dios, atributo de Dios, don de Dios. Que Él es, por ende, origen de toda verdad, Petrarca lo había aprendido en los *Soliloquia* agustinianos (I, xv, 27), decisivos en la génesis de nuestro diálogo: «Cum enim Deus veritas viva sit, cum, ut ait

---

Verdad, y de ahí se desplazó por azar al lugar que ahora ocupa (cf. la discusión de las varias teorías al respecto, con aportaciones propias, en A. S. Bernardo, *Petrarch, Scipio and the «Africa». The Birth of Humanism's Dream*, Baltimore, 1962, págs. 127-150); la transmisión textual y las razones presumibles del hiato que sigue al libro IV, con todo, no avalan en absoluto tal hipótesis (vid. G. Martellotti, ed., F. Petrarca, *La vita di Scipione l'Africano*, Milán-Nápoles, 1954, págs. 13-14). A reservas de volver sobre el problema en otro momento, apuntaré que en mi opinión los versos 87-264 del canto III estuvieron siempre donde aún se hallan, como un esbozo que Petrarca pensaría integrar en la presentación de la morada de Sífax (sería muy extraño, en efecto, que el acaso llevara esos versos a un contexto en que justamente era lícito esperar la descripción de un palacio); más tarde, quizá en la misma coyuntura de redactar nuestro proemio, pudo ocurrírsele aprovecharlos —donde todavía están o, mejor, en otra parte— para incluirlos en un episodio que comprendiera una pintura de la «habitatio» de la Verdad y de la misma Verdad personificada: pero jamás llegó a rehacer lo escrito (si efectivamente se proponía utilizarlo) ni a componer nuevos textos para estructurar semejante episodio. Según ello, el *Secretum* no atestigua la existencia en el *Africa* de una sección hoy perdida, sino trasluce un vago proyecto no realizado.

58. *De consolatione*, I, iii, 3.
59. Cf. P. Courcelle, *La Consolation de Philosophie...*, págs. 21-22.
60. Vid. *De consolatione*, I, i, 13: «visuque in terram defixo».
61. Cf. arriba, notas 42, 47. Para el lector del presente estudio, apenas hace falta recordar al paso que la verdad es tan afín a la luz y a la divinidad como las dos últimas entre sí. Inútil remontarse ahora a Platón y la Biblia, a Agustín y el Areopagita (cf. P. Dronke, en *Eranos* 41-1972, pág. 52). Basten de nuevo los textos del mismo Petrarca aducidos inmediatamente.

pater Augustinus, omne verum a veritate verum sit', hauddubie quicquid ab ullo verum dicitur, a Deo est».⁶² Como tampoco ignoraba que sin esa Verdad luminosa, sin Aquel «de quo dictum est [Salmos, XXXV, 10] 'In lumine tuo videbimus lumen' ..., frustra per tenebras humanitas lippa circumspicit».⁶³

Así, 'per tenebras ... lippus', sale Francesco a escena: y justamente se despide afirmando que sin la presencia de la Verdad el coloquio entero habría sido un vagar «operti tenebris per devia» (212). Una admirable consecuencia reina en la obra. A Petrarca no podía ocurrírsele construir una ficción equívoca en que apareciera como destinatario de una directa revelación del Señor; pero sí se proponía dejar claro que las lecciones recibidas por el protagonista del *Secretum* manaban de una fuente más alta que la Filosofía de Boecio (no en balde realzará la necesidad de la Gracia).⁶⁴ Entonces, si el achaque mayor de Francesco era engañarse, vivir entre «errores», y si la tradición a que se arrimaba el libro pedía la intervención de una figura alegórica, ¿cuál iba a desempeñar ese papel más adecuadamente que la Verdad, personificación próxima a otras consagradas de tiempo atrás («Philosophia», «Ratio», «Sapientia», «Phronesis», «Prudentia» y un largo etcétera), pero provista de mucha mayor carga sobrenatural, reflejo divino sin pretensiones de confundirse con la divinidad?

Francesco, pues, baja la mirada, incapaz de soportar pareja luz celestial; y la Verdad, «brevis spatii interviniente silentio»,⁶⁵ para tranquilizarlo, rompe a hablar, con mínimas preguntillas va empujándolo a discurrir con ella sobre abundantes temas. No sabemos cuáles. Pero sí se nos dice que gracias a la charla el poeta quedó «aliquantulum doctior», amén de con fuerzas para

---

62. *Familiares*, XXI, x, 12. La misma cita *ibid.*, III, xv, 1; *Invective contra medicum*, págs. 66-67; *Seniles*, I, v, pág. 822, y VII, I, pág. 898. Cf. K. Heitmann, *Fortuna und Virtus. Eine Studie zu Petrarcas Lebensweisheit*, Colonia-Graz, 1958, págs. 254-255; P. P. Gerosa, *Umanesimo cristiano del Petrarca. Influenza agostiniana, attinenze medievali*, Turín, 1966, págs. 351-352.

63. *Familiares*, XV, III, 11.

64. Vid. en especial 58, 62, 68, 100-102, 188, 208; y abajo, págs. 97, 189-190.

65. Cf. *De consolatione*, I, II, 3-4: «'Quid taces, pudore an stupore siluisti?' ... Cumque me non modo tacitum, sed elinguem prorsus mutumque vidisset ...»

contemplar «aliquanto ... securior» el rostro cuyo inefable resplandor lo estremecía antes y, ya sin azoramiento, lo deja preso de una pasmosa dulzura.[66] Con todo, aun en suspenso, pasea la vista a uno y otro lado, para averiguar si la Verdad lleva compañía o bien ha franqueado «incomitata» el solitario retiro.[67] Podría sorprendernos que Francesco se distrajera planteándose tal cuestión, si no cayéramos en la cuenta de que la posteridad medieval de Boecio gustó engalanar el pórtico de la *Consolatio* multiplicando las figuras que se aparecen al protagonista: varias, mas, con frecuencia, subordinadas a una principal, de superior dignidad.[68] Así en el *Secretum*. Pues, ojeando el lugar, Francesco descubre a un «virum iuxta grandevum ac multa maiestate venerandum». Inútil preguntar cómo se llama: todo, «religiosus aspectus, frons modesta, graves oculi, sobrius incessus, habitus afer sed romana facundia», todo, y en especial «dulcior quidam maiorque quam nonnisi hominis affectus», delata al gloriosísimo padre Agustín.

Ya se le agolpan los interrogantes al poeta en la punta de la lengua (con más solemnidad: «in extremum oris limen»), sin em-

---

66. «... spectare coram posse cepi vultum illum, qui nimio primum me splendore terruerat. Quem postquam sine trepidatione sustinui, dum mira dulcedine captus inhereo ...» (24). Vid. *De consolatione*, I, III, 1-2: «ad cognoscendam medicantis faciem mentem recepi. Itaque ubi in eam deduxi oculos intuitumque defixi ...»

67. «... circumspiciensque an quisquam secum afforet, an prorsus incomitata mee solitudinis abdita penetrasset ...» (24). Conviene precisar, pues la referencia ha sido interpretada mal (cf. abajo, pág. 177, n. 189), que esos «mee solitudinis abdita» son eco de las «exsilii nostri solitudines» de Boecio, *De consolatione*, I, III, 3; reflejan la «solitudo» en que transcurren los *Soliloquia* agustinianos, I, I, 1, y tienen equivalente en incontables visiones medievales, en particular de entre los siglos XII y XIV: desde el «locus» quietísimo y solitario, «cunctis extra cessantibus», donde busca retiro Adelardo de Bath y donde se le aparecen Filosofía y Filocosmía (*De eodem et diverso*, ed. H. Willner, *BGPhM*, IV, 1 [1903], pág. 5), hasta «lo solingo luogo d'una mia camera» donde ocurre la primera visión de la *Vita nuova* (III). Inútil, por tanto, buscar ahí más alusión que la obvia: el *Secretum* se desarrolla en un ámbito íntimo, fuera de ojos curiosos (cf. abajo, pág. 34, n. 99). Nótese, a la vez, que Petrarca probablemente usa el término «incomitata» por influencia del mismo pasaje de la *Consolatio*, I, III, 5, de donde toma la mención de la «solitudo»: «fas non erat *incomitatum* relinquere iter innocentis» (como por presión de Boecio, sin duda, escribe Enrique de Settimello, *De diversitate Fortunae et Philosophiae consolatione*, III, 13: «His predicta dea sedit comitata deabus ...»).

68. Vid. solo P. Courcelle, *La Consolation de Philosophie*..., págs. 51-57

bargo, cuando la Verdad pronuncia el nombre aquel de tan dulce sonido (con rebuscado adjetivo: «dulcisonum»): «Care michi ex milibus Augustine ...» Son palabras de cariñosa exhortación, que interrumpen el hondo meditar del Santo. Sabe él de Francesco, devoto suyo, y no se le oculta qué peligrosa y larga dolencia lo ha asaltado, tanto más mortal cuanto más ignorada del enfermo. ¿Quién mejor que Agustín, entonces, para sanar a tal moribundo? Pues Petrarca lo ha amado siempre sobremanera, y la enseñanza es más eficaz si llega de un maestro entrañable; por otra parte, el mismo Agustín soportó muchas penalidades similares mientras se hallaba cautivo en la cárcel del cuerpo (y no habrá olvidado las viejas miserias, con la dicha presente). Ea, «passionum expertarum curator optime» —le anima por fin la Verdad—, deja las meditaciones, rompe el silencio con tu sacra voz, tan grata, e intenta mitigar los graves «languores» de Francesco (24-26).

El parlamento tiene no escasa enjundia. El poeta es víctima de una «periculosa et longa egritudine ..., que eo propinquior morti est, quo eger ipse a proprii morbi cognitione remotior». Desde luego, también el «morbus» de Boecio consiste en una ignorancia respecto a sí y también en la *Consolatio* recuperar la salud equivale a conocer la «aegritudo».[69] Hemos entrevisto, además, que el mal primario de nuestro personaje reside en una estimativa equivocada de raíz. Y ahora conviene apuntar que manifestación importante de ese mal primario es el pecado de la acidia (o «egritudo»), entre cuyos síntomas cuenta una «pestis eo funestior, que ignotior causa».[70] Contra semejantes flaquezas habrá de ejercitar Agustín una terapéutica de la palabra: curar a Francesco será mostrarle que está enfermo, a través de una «doctrina»[71] de validez general, pero potenciada por la relación personal.[72] Relación, naturalmente, de doble trayectoria: amor de

---

69. *De consolatione*, I, VI, 17: «Iam scio, inquit, morbi tui aliam vel maximam causam; quid ipse sis nosse desisti. Quare plenissime vel aegritudinis tuae rationem vel aditum reconciliandae sospitatis inveni».

70. Vid. abajo, pág. 203 y n. 259.

71. «Habet autem hoc omnis doctrina, quod multo facilius in auditorum animum ab amato preceptore transfunditur» (24). E. Carrara, *ad loc.*, «per il costrutto», envía a Boecio, III, VII, verso 1: «Habet hoc voluptas omnis ...»

72. Cf. P. Laín Entralgo, *La curación por la palabra en la Antigüedad*

Francesco a Agustín y piedad de Agustín por Francesco. Relación, todavía, basada muy notablemente en la similitud de los dos interlocutores (por lo menos a propósito de ciertas «passionum expertarum»): en esa similitud, según comprobaremos, se halla una de las claves mayores para la correcta interpretación del *Secretum*.[73]

Agustín da signos de sorpresa: ¿por qué hablar él al enfermo, y no la Verdad, guía, mentora, dueña, maestra?[74] ¿Por qué? Porque un mortal oirá más fácilmente una voz humana; pero, de cualquier modo, para que sepa Francesco que cuanto el Santo diga lo dice asimismo la Verdad, ella asistirá a la conversación. De tal forma, el diálogo se va a desarrollar en tres pla-

---

clásica, Madrid, 1958, y *La relación médico-enfermo*, Madrid, 1964, excelentes libros que pueden dar pie a la captación de una serie de matices del *Secretum* ajenos a mi interés inmediato en el presente volumen.

73. Vid. especialmente abajo, págs. 72-77, 190-192, 260. También en la *Familiaris* II, ix se subraya esa relación de doble trayectoria y de similitud, particularmente en 14-15: «vere ne an falso Augustinum animo complectar, ipse novit. Est enim ubi nec fallere vult quisquam nec falli potest, unde devia vitemee erroresque cernentem misereri arbitror, presertim si adolescentie sue meminit ... Inde ['desde el cielo'] michi favet, inde me diligit. ... audebo et ego, qui homo sum, amorem humanum anime illius sacratissime, qui nunc celo fruitur, sperare». En nuestro proemio la Verdad, que se ha confesado también «errores tuos ['de Francesco'] miserata», le dice a Agustín: «et, nisi te presens forte felicitas miserarum tuarum fecit immemorem, multa tu ... huic similia pertulisti» (24); y en el cuerpo de la obra se insiste en que Agustín ha seguido siempre el vivir de Francesco, viéndolo, acompañándolo, favoreciéndolo, temiendo por él, satisfecho con él (36, 40, 86, 96, 100, 130, 144, 150, 172, etc.). Es, entre muchos (cf., v.gr., págs. 40, n. 5; 99; 114, n. 196; 213, n. 295), un importante contacto del *Secretum* y la epístola (donde casi sin duda se anuncia el libro tercero del diálogo: vid. abajo, pág. 261). Para la fecha y sentido de esa *Familiaris* (ostensiblemente datada «in etate adhuc tenera», aunque en realidad escrita en la madurez), vid., aparte el volumen segundo de la presente obra, F. Rico, «Responsio sera valde», en *Studi mediolatini e volgari* (en prensa); ahí y en el trabajo citado en mi pág. 42, n. 10, doy referencias bibliográficas sobre el influjo de Agustín en Petrarca complementarias de las aducidas más abajo.

74. «Tu michi dux, tu consultrix, tu domina, tu magistra...» (26). Imposible no recordar a Dante, *Inferno*, II, 140: «Tu duca, tu signore e tu maestro»; si pudiera demostrarse que se trataba de una influencia directa, existiría un punto de apoyo para pensar con P. Piehler (que no aduce ninguno), *The Visionary Landscape*, pág. 142, que «Petrarch's Augustine has a relationship to *Veritas* analogous to Vergil's relationship to Beatrice»; sospecho, como sea, que Dante y Petrarca recuerdan una misma fuente, quizás hímnica o litúrgica; cf. *De vita solitaria*, en *Prose*, pág. 506: «ita sensisse magistrum et ducem et dominum nostrum ['Cristo'] scimus».

nos: de la infabilidad y la omnisciencia de un ser celestial al engaño y la ignorancia de un mortal, a través de un varón santo, hombre al fin pero llegado del cielo, antaño sujeto a «miserias» y «pasiones» pero ahora avalado por la personificación de un atributo divino. Entre los dos planos extremos se da una tensión que incide, para dilucidarse, en el intermedio: la presencia de la Verdad sobrenatural exige referir a ella palabras y hechos del Francesco demasiado terreno, en dilema que Agustín procura resaltar. Así se afianza la validez ejemplar, abstractamente didáctica de la obra, sin robarle una vibración 'realista', casi novelesca (patente sobre todo en ciertos toques en el retrato —histórico o imaginario— de Agustín y de Francesco cuidados con mimo de gran artista). Por otra parte, en el preferir a Agustín como interlocutor y relegar la Verdad al silencio (aunque manteniéndola en el papel de última instancia) asoma una fatiga de tanto debate alegórico como se compuso en la Edad Media [75] y una adivinación de las maneras preferidas en el diálogo humanístico: [76] fatiga y adivinación que coexisten y no se anulan, al calor de una diversidad de inspiraciones congenial a nuestro autor. Agustín, por si fuera poco, encarna un arquetipo —mil veces plasmado literariamente— que hubo de ser asaz atractivo al Petrarca solicitado por contradictorios intereses intelectuales [77] y que —ahí está lo importante— convenía especialmente a la situación conflictiva en que se pinta al personaje de Francesco: el arquetipo del sabio anciano que se presenta para dar al héroe el consejo capaz de sacarlo de una zozobra o una perplejidad acongojadora.[78] Todavía más: la charla con el Padre, antes que con la Verdad, es solidaria y es óptima ilustración de un estilo de saber

---

75. P. Piehler, *The Visionary Landscape*, pág. 142, escribe del *Secretum:* «I believe ... that we are at this point in an age which genuinely felt itself more comfortable with a living figure rather than an allegorical abstraction for the *potentia* ['la aparición, en una visión'] of its spiritual dialogues».

76. Sobre el cual, aparte el clásico libro de R. Hirzel, *Der Dialog*, Leipzig, 1895, y el citado de G. Wyss Morigi (arriba, n. 27), cf. solo W. Rüegg, *Cicero und der Humanismus. Formale Untersuchungen über Petrarca und Erasmus*, Zurich, 1940, págs. 25-65; F. Tateo, *Tradizione e realtà nell' Umanesimo italiano*, Bari, 1967, págs. 223-421 (parte segunda: «Il dialogo morale»).

77. Vid. simplemente abajo, pág. 49, la cita de *Familiares*, XXIII, XII, 11.

78. Cf. C. G. Jung, *Psyche and Symbol*, Nueva York, 1958, pág. 73: «The

característico en grado sumo del talante petrarquesco, aplicado a «versari passim et colloqui cum omnibus qui fuerunt gloriosi viri» (habrá que volver sobre el particular).

De acuerdo, pues. «Et languentis amor ... et iubentis autoritas» fuerzan a Agustín a aceptar: [79] tomará la palabra. Así, mira benigno al poeta, lo alienta con un abrazo paternal, y ambos, a zaga de la Verdad, marchan «in secretiorem loci partem». Donde, sentados unos y otra, se abre un «sermo» ágil y extenso, en tres jornadas,[80] sin más testigo que la Verdad, «de singulis in silentio iudicante». Llegado a tal punto del proemio, Petrarca se detiene a hacer una única y capital advertencia sobre el contenido de la conversación:

> Ubi multa licet adversus seculi nostri mores, deque comunibus mortalium piaculis dicta sint, ut non tam michi quam toti humano generi fieri convitium videretur, ea tamen, quibus ipse notatus sum, memorie altius impressi (26).[81]

---

old man always appears when the hero is in a hopeless and desperate situation from which only profound reflection or a lucky idea ... can extricate him. But since, for internal and external reasons, the hero cannot accomplish this himself, the knowledge needed to compensate the deficiency comes in the form of a personified thought; that is in the shape of this sagacious and helpful old man ...»; P. Damon, *Twelfth Century Latin Vision Poetry*, tesis inédita, Universidad de California, 1952, pág. 13: «The formal structure of the medieval waking vision's manifest content appears to have been strongly conditioned by the stereotyping influence that [J. S.] Lincoln has noted [en *The Dream in Primitive Cultures*, Londres, 1935], and to conform in general to two principle 'culture-patterns' derived from the medieval cultural context. The first of these motifs is the apparition of an impressive and awe-inspiring figure, perhaps a deceased spiritual superior or respected friend, an unknow person of obvious authority, or a member of the celestial hierarchy» (*apud* P. Piehler, *op. cit.*, págs. 38-39).

79. Quizá hay aquí un vago eco verbal del Pseudo Séneca (Martín de Braga), *Formula vitae honestae*, I: «Non te moveat dicentis auctoritas ...»

80. «... sermo longior obortus atque in diem tertium, materia protrahente, productus est» (26). Cf. *Posteritati*, en *Prose* págs. 14-16: «certum michi deputavit diem, et a meridie ad vesperam me tenuit ['el rey Roberto']. Et quoniam, crescente materia, breve tempus apparuit, duobus proximis diebus idem fecit. Sic triduo excussa ignorantia mea, die tertio me dignum laurea iudicavit». Vid. abajo, pág. 37, n. 110.

81. Cf. *Familiares*, V, XVII, 4, con pareja andadura: «Multa ibi contra fortunam, multa contra hominum et presertim mei ipsius mollitiem invectus fueram ...»

Atención: no se piense que el Santo y Francesco hablaron de algo no registrado en el libro; al contrario, Petrarca deja en seguida constancia de haber copiado cuanto se dijo, sin omisión alguna («unumquodque ... dictum»). No, a leer bien, el texto es terminante: el autor gravó más hondo en la memoria los temas que le afectaban de cerca; pero mucho de lo discutido se refiere —simultánea o aun principalmente— a los hábitos de la época, a las tachas comunes a los mortales, a todo el género humano. Y en efecto: el análisis del *Secretum* certifica que «Francesco» [82] oscila entre ser trasunto del Petrarca de la realidad biográfica y representante de la condición humana (si con rasgos peculiares). Desde luego, son incontables los matices entre ambas posibilidades: y hay que sumarlos todos para dar cuenta de la unidad de «Francesco» como criatura literaria.[83]

Justamente el prólogo continúa narrando cómo el actor se convirtió en autor: porque no se perdiera el familiar coloquio, Francesco decidió ponerlo por escrito; [84] y no para contar el libro así nacido entre sus restantes obras ni por esperar gloria alguna gracias a él, sino para gustar en la lectura, cuantas veces le apeteciera, el dulce sabor que conoció una sola en el diálogo.[85] De

---

82. En los capítulos siguientes, normalmente *llamaré «Francesco» al protagonista del «Secretum», a la «dramatis personae», y «Petrarca» al autor, al individuo de carne y hueso de la vida real*; distinción que solo ocasionalmente uso a propósito del *Prohemium*.

83. Nótese ya, al respecto, que, si esa única advertencia sobre el contenido rebaja el carácter personal del *Secretum* (en vez de subrayarlo, como uno esperaría si mantuviera las posiciones de la crítica romántica), luego se destaca lo «familiare» del opúsculo: el *Secretum* —viene a decirse— es escrito dilecto de Petrarca, pero ello no implica que haya de entenderse siempre como «confesión» rigurosamente singular.

84. «Hoc igitur tam familiare colloquium ne forte dilaberetur, dum scriptis mandare institui, mensuram libelli huius implevi» (26). Cf. San Agustín, *Soliloquia*, I, 1, 1: «Ait ergo mihi Ratio: —Ecce, fac te invenisse aliquid; cui commendabis, ut pergas ad alia? *Augustinus.* —Memoriae scilicet. R. —Tantane illa est, ut excogitata omnia bene servet? A. —Difficile est, imo non potest. R. —Ergo scribendum est ...»

85. «Non quem annumerari aliis operibus meis velim, aut unde gloriam petam (maiora quedam mens agitat) sed ut dulcedinem, quam semel ex collocutione percepi, quotiens libuerit ex lectione percipiam» (26). Cf. *De otio religioso*, págs. 1-2: «sancto illi gaudio, quod *ex nostra conversatione percepi*, sola brevitas adversata est ... Nunc tandem in solitudinem propriam regressus et totius sacre *dulcedinis memor* quam apud vos ... hausi eamque nunc ipse

tal suerte, el «libellus» huirá el trato de las gentes y se contentará de haberse quedado con el poeta... Del actor hemos pasado al autor, por tanto, pero a un autor casi *malgré lui,* enfrentado a un libro que no acaba de ser enteramente suyo, por más que se ofrezca por muy íntimo compañero. Libro lleno de resonancias subjetivas al tiempo que objeto en cierta manera extraño, al que Francesco se dirige otorgándole un autónomo «tu» y un «meum» afectuoso; libro introducido, sutilmente, más que como el texto mismo que en breve vamos a leer, como sustituto de él, de la experiencia vital de un coloquio que —claro está— solo por la versión escrita conocemos. Innecesario ponderar que también así, al igual que renunciando a establecer antes cualquier otra frontera entre lo histórico y lo inventado (por ejemplo, al negar que la aparición de la Verdad y Agustín fuera sueño), con la insistencia en dar por auténtica una fantasía, Petrarca, en rigor artístico, desaparece: es «Francesco» quien redacta el *Secretum*.[86] Ya ello, advertir que nuestro pasaje —inevitablemente— está enunciado *in character,* quita fuerza a la buscada impresión de que el *Secretum* no se destinaba a ser leído por el público.[87] Pero, como esa sigue siendo moneda corriente entre la crítica,[88] valga solo insinuar que toda la artificiosa elaboración literaria de la obra no se explica sino dirigida al paladeo del lector (cuán distintos los todavía indescifrables «mémoriaux intimes» que el humanista de veras deseaba ocultar de ojos ajenos),[89] mientras buen número de otros factores únicamente tiene sentido en la medida en que pretende divulgar una determinada imagen de

---

mecum *in abscondito* ruminans ... Scribam ergo ...»; y compárese el pasaje inmediato de nuestro proemio que copio en el texto.

86. Y viceversa: esa «ficcionalización» del autor contribuye, paradójicamente, a dar más aires de verdad al cuadro alegórico obviamente ficticio. Compárese la precisión con que el *Triumphus Cupidinis*, I, 10-11, describe al autor y actor «già del pianger fioco, / vinto dal sonno».

87. Vid. también 186: «... quas [miserias] sciens sileo, ne audiar a quoquam, siquis forte aurem in hos sermones nostros intulerit». Por supuesto, nos las habemos con una actitud bien diferente de la que hace decir a Petrarca que compuso el *De vita solitaria* «non tam aliis quam michi» (*Familiares,* XVII, v, 3); cf. págs. 439-440 y notas 626-627.

88. Cf. así U. Bosco, *Francesco Petrarca,* pág. 296; H. Baron, *From Petrarch to Leonardo Bruni,* pág. 51, etc.

89. P. de Nolhac, *Pétrarque et l'humanisme,* II, págs. 283-292.

Petrarca (lo comprobaremos con lujo de detalles). No parece que el *Secretum* circulara en vida del escritor, cierto, pero nadie ignora que «he constantly refused to release the master copies of his writings»[90] (el *Africa* quizá sea el caso más instructivo). En cambio, sí lo anunció en repetidas ocasiones;[91] y, en efecto, Boccaccio sabía del libro entre 1347 y 1350, cuando aún se hallaba en la primera o segunda redacción;[92] Nelli esperaba verlo en 1354, recién llegado a la versión que conservamos;[93] o, en 1361, Barbato da Sulmona pedía con insistencia, si no el *Africa* o las *Metrice* inaccesibles, por lo menos un ejemplar de nuestro «trialogus».[94]

> Tuque ideo, libelle, conventus hominum fugiens, mecum mansisse contentus eris, nominis proprii non immemor. *Secretum* enim *meum* es et diceris; michique in altioribus occupato, ut unumquodque in abdito dictum meministi, in abdito memorabis (26).

El encabezamiento y el colofón del códice Laurenziano bautizan nuestra obra, no sin pompa, dando una cifra del asunto

---

90. H. Baron, *Fron Petrarch to Leonardo Bruni*, pág. 7.
91. Anuncios claros se hallan en *Familiares*, I, I, y II, IX; *Canzoniere*, CCCLX; otros testimonios, en *De otio religioso*, *Invective contra medicum*, *Familiares*, IV, I, etc., según iremos viendo.
92. «Composuit quidem ... *Dyalagum* quemdam, prosaice» (*Notamentum*, últimamente editado por C. Godi, en *Italia medioevale e umanistica*, XIII [1970], pág. 6); «Insuper edidit dialogum quendam prosayce tam mira ac artificiosa sermonum pulcritudine decoratum, ut appareat liquido, nil eum quod Tullius arpinas noverit latuisse» (*De vita et moribus domini Francisci Petracchi de Florentia*, ed. A. F. Massèra, Boccaccio, *Opere latine minori*, Bari, 1928, pág. 244). Cf. E. H. Wilkins, «Boccaccio's Early Tributes to Petrarch», *Speculum*, XXXVIII (1963), págs. 79-87 (aunque es seguro que *todo* el *Notamentum* es posterior a la *Metrica* I, XIV, y a la *Varia* XLIX, a las que sirve de introducción).
93. «Dic michi quando te in Affrica tua legam? quando in buccolicis omnibus? quando in comediis? et dyalogo?» (ed. H. Cochin, *Un ami de Pétrarque. Lettres de Francesco Nelli à Pétrarque*, París, 1892, pág. 217).
94. Ed. M. Vattasso, *Del Petrarca e di alcuni suoi amici*, Roma, 1904, pág. 14; para la fecha, E. H. Wilkins, *Petrarch's Later Years*, Cambridge, Mass., 1959, pág. 7. Cf. la respuesta de Petrarca en G. Billanovich y E. H. Wilkins, «The Miscellaneous Letters of Petrarch», *Speculum*, XXXVII (1962), pág. 233: «Plurima postulas, nec pauciora concederem libens, nisi famuli et scriptores, geminus vite mee labor et duplex bellum, impedirent; nitar tamen».

(y apuntando a la forma dialogada): [95] *De secreto conflictu curarum mearum*. Ahora, menos solemnemente, Francesco propone un título complementario, desde otra perspectiva: *Secretum meum*.[96] Petrarca conocía muchos escritos de doble epígrafe (sin salir, por caso, del *corpus* ciceroniano),[97] pero la dualidad de nombres debía ofrecerse aquí particularmente atractiva. Según notaba, el libro aparece en el *Prohemium* como tal libro, con una medida de objetividad, de vida independiente: «Tu ..., fugiens ..., contentus eris ...» Se trata, al fin, del viejo motivo del libro dentro del libro. Uno recoge «unumquodque in abdito dictum»: *Secretum meum*. El otro contiene al primero y cuenta cómo surgió: *De secreto conflictu curarum mearum*. Este narra un «conflictus», adjetivado «secretus». Aquel *es* un «secretum», sustantivo disémico: 'cosa celosamente reservada' y a la vez 'retiro, lugar apartado'. Importa realzar la acepción espacial, no en vano flanqueada de referencias convergentes («mee solitudinis abdita», «in secretiorem loci partem», «in abdito»):[98] el libro es un refugio donde recluirse a revivir la dulzura del diálogo; nuevamente, más que un texto, es una experiencia (de segundo grado), un ámbito que brilla con la luz de la Verdad:[99] *Secretum meum*.[100]

---

95. No se olvide que en la Edad Media «conflictus» se usa como sinónimo de 'debate' literario, y a menudo alegórico: *Conflictus Veris et Hiemis, Conflictus ovis et lini*, etc.

96. Yerra R. Sabbadini, «Note filologiche...», pág. 24, n. 1, al pensar que en vez de *Secretum* «veramente si dovrebbe dire *Secretus*, cioè *Secretus conflictus*, perchè il titolo genuino è *De secreto conflictu curarum mearum*».

97. Cf. P. Lehmann, «Mittelalterliche Büchertitel», en su *Erforschung des Mittelalters*, V (Stuttgart, 1962), págs. 1-93.

98. Tampoco cabe desatender que en el *Canzoniere*, CCXXXIV, 9, se escribe «il mio secreto» aludiendo a la «cameretta» de Petrarca.

99. En el *De vita solitaria*, Petrarca evoca la escena de la conversión de Agustín (tan decisiva en la andadura de nuestro diálogo primero; cf. abajo, págs. 65-77) y destaca que el Padre buscó «secretum orti angulum pro solitudine» (en *Prose*, pág. 440), parafraseando un texto contiguo al que en las *Confessiones*, VIII, VIII, 19, reza: «Neque enim *secretum meum* non erat, ubi ille aderat»; a continuación cita *In Iohannis Evangelium*, XVII, 11: «Difficile est in turba videre Cristum ... Visio ista *secretum* desiderat» (*ibid.*). Probablemente todo ello inclinó a Petrarca hacia el título en cuestión, quién sabe si tampoco ajeno al grito (y a las connotaciones religiosas) de Isaías, XXIV, 16: «Secretum meum mihi, secretum meum mihi. Vae mihi!»

100. En manuscritos cuando menos del siglo XV y en las antiguas edicio-

Con tales supuestos, Petrarca apenas tenía opción: de las dos formas usuales del diálogo antiguo, narrativa y dramática (según cada intervención de los interlocutores se acompañe o no de presentación y comentario en boca del autor), no podía elegir sino la segunda. Otra cosa, introduciendo un elemento adventicio, hubiera empañado la inmediatez de la percepción, la ilusión de asistir al coloquio (no simplemente leerlo). A Petrarca le interesa puntualizarlo: «Ego enim ne, ut ait Tullius, 'inquam et inquit sepius interponerentur, atque ut coram res agi velut a presentibus videretur', collocutoris egregii measque sententias, non alio verborum ambitu, sed sola propriorum nominum prescriptione discrevi. Hunc nempe scribendi morem a Cicerone meo didici; at ipse prius a Platone didicerat» (26). Es significativo que la cita de Tulio contamine el *Lelio* y las *Tusculanas*: donde el uno habla de «ut tamquam a praesentibus coram *haberi sermo* videretur»,[101] Petrarca inserta un giro de las otras, «quasi *agatur res*»[102] (el tecnicismo teatral que Cicerón emplea para explicar que ha recurrido a la «vetus et Socratica ratio» de dar un equivalente —no un relato— del diálogo tal cual se desarrolló).[103] Es significativo —digo—, porque remacha que el *Secretum* es «res», un complejo de elementos, más que mero «sermo». Pasemos por alto que la práctica originaria de Platón y Cicerón no fue anteponer el nombre de cada personaje a las palabras que le hacían pronunciar,[104] y mejor atendamos al deleite con que se reivindica

---

nes, el *Secretum* se intitula también *De contemptu mundi*: el mismo *incipit* ya daba pie a tal denominación (cf. arriba, pág. 19), por lo demás con múltiples justificaciones en el resto de la obra, según iremos viendo.

101. *Laelius de amicitia*, I, 3. Lorenzo Valla, en el *De professione religiosorum*, también parafrasea: «Quae disputatio, quemadmodum in alio opere *De libero arbitrio* fecimus, sine 'inquam' et 'inquit' exposita est. Itaque qui legunt haec, non legere auctorem, sed duos disputantes audire se et videre existiment» (en *Opera omnia*, Turín, 1962, II, pág. 290).

102. *Tusculanas*, I, IV, 8: «sic eas [disputationes] exponam, quasi agatur res, non quasi narretur».

103. Cf. J. Andrieu, *Le dialogue antique. Structure et presentation*, París, 1954, pág. 286.

104. Vid. J. Andrieu, *op. cit.*, págs. 299-300 y *passim*. Con todo, si Petrarca hallaba ya con la «propriorum nominum prescriptione» diálogos narrativos como el *Fedón* (en la traducción que él conocía; cf. abajo, pág. 82, n. 100), las *Partitiones oratoriae* le llegaron sin ella y trabajó en insertar regularmente «le sigle C(icero) e M(arcus) davanti alle battute dell'uno e dell'altro interlo-

el linaje clásico del procedimiento. Pero observemos también que si el humanista recalca que se ha servido del patrón dramático («quasi agatur res») no es solo por conveniencias artísticas de la ficción urdida, sino igualmente porque sin duda le rondaba por la cabeza el modelo narrativo («quasi narretur»). Cierto, Petrarca pretende apoyar el curso del *Secretum* en los diálogos dramáticos de Cicerón (en especial, a juzgar por la cita, el *Lelio* y las *Tusculanas*), pero de hecho está harto más en deuda con un par de diálogos narrativos: los *Soliloquia* y el *De consolatione Philosophiae*. La casi inexistencia de verdadero intercambio de ideas y la falta de individualidad de los protagonistas en las piezas ciceronianas, reducidas a unos pocos y extensos discursos a una voz,[105] no pueden haber engendrado la animadísima conversación y la rica fisonomía de Agustín y Francesco en el *Secretum*. Como para algunos ingredientes del fondo,[106] para la forma Petrarca sugiere unas fuentes y seguramente bebe más en otras.[107] Porque esa animación y esa riqueza alegadas sí se aproximan mucho a un arquetipo donde se combinan los *Soliloquia* y la *Consolatio*. El contacto no se da únicamente, con ambas obras, en la vivacidad del coloquio y, con la de Boecio particularmente, en la enjundia personal, biográfica (histórica o forjada *ad hoc*): afecta además a otra serie de rasgos esenciales. Ya hemos visto unos cuantos al escudriñar la *mise en scène* alegórica. Añadamos que si el protagonista de los *Soliloquia* habla con la Razón, la Edad Media (así un pensador tan caro a Petrarca como Abelardo) no dejó de interpretar que la Filosofía de Boecio era la Razón: [108] y con

---

cutore» (G. Billanovich, «Il Petrarca e i retori latini minori», *Italia medioevale e umanistica*, V [1962], pág. 124).
105. Cf. por ejemplo J. Andrieu, *op. cit.*, pág. 313.
106. Vid., así, abajo, págs. 88-95, 184-188.
107. Por supuesto, se trata de algo imposible de aquilatar, pero, en cambio, la actitud mental con que Petrarca recreó a San Agustín debió de ser por el estilo de la confesada en el *De amicitia*, I, 4: «Genus autem hoc sermonum, positum in hominum veterum auctoritate, et eorum illustrium, plus nescio quo pacto videtur habere gravitatis. Itaque ipse mea legens sic adficior interdum, ut Catonem, non me loqui existimem»; cf. abajo, pág. 76.
108. Abelardo, *Expositio in Hexaemeron*, VI, en *PL*, CLXXVIII, col. 760: «Quasi ergo aliquis secum loquens se et rationem suam quasi duo constituit, cum eam consulit, sicut Boetius in libro *De consolatione Philosophiae* vel Augustinus in libro *Soliloquiorum*». (Incidentalmente: el influjo de los *Solilo-*

la razón se identifica el San Agustín del *Secretum* en momentos cruciales.[109] Los *Soliloquia,* en tres jornadas,[110] son una busca de la Verdad («quaeri veritas»),[111] a través de un diálogo clarificador, con la guía de la Razón: el *Secretum,* en tres jornadas, «è anch' esso un dialogo fra l'autore ed un personaggio che lo costringe a ragionare e gli richiama di continuo il tema e la meta della ricerca, la Verità».[112] Pero el Agustín petrarquesco coincide a la par con la Filosofía de Boecio en el papel de médico («curator» abundante en «remedia»),[113] fiel lazarillo hacia la luz y, nota-

---

quia en Boecio me parece más plausible de lo que opina Courcelle, *La Consolation...,* pág. 340, n. 1.) O recuérdese que una de las más ceñidas imitaciones de Boecio, por Pedro de Compostela, es el *De consolatione* RATIONIS: cf. F. Rico, «Las letras latinas del siglo XII en Galicia, León y Castilla», *Abaco,* 2 (1969), págs. 58-68 (pero, como barruntaba en la n. 102, hay que retrasar la fecha de esa obra).

109. Cf. abajo, págs. 49-50.

110. Los libros son dos, pero la tripartición en jornadas queda clara en I, XIV, 24 y II, I, 1 (vid. abajo, pág. 123, n. 1). En tres días de diálogo se escinde el agustiniano *De beata vita,* rebosante en cuestiones y soluciones que encontraremos páginas adelante (el deseo universal de felicidad, lograda en el «modus» del sabio de ribetes estoicos, etc.); pero las coincidencias estructurales con el *Secretum* apenas van más allá de la tripartición: cf. sin embargo abajo, pág. 260. Para algún notable contacto con otros diálogos de Cassicíaco, concretamente el *De ordine* y el *Contra Academicos,* vid. págs. 415-416.

111. Vid. solo el resumen de II, VII, 14.

112. Lo observa atinadamente Francesco Tateo, *Dialogo interiore e polemica ideologica nel «Secretum» del Petrarca,* Florencia, 1965, pág. 18. Cf. también N. Iliescu, *Il Canzoniere Petrarchesco e Sant' Agostino,* Roma, 1962, pág. 43: «Il suo diretto modello [del *Secretum*] sono i *Soliloquia,* più che le *Confessioni*: per la stessa forma dialogata, per il dibattito sulle varie forme della vanità, per il carattere di intimità (*Soliloquia-Secretum*) e per la presenza della Verità». U. Moricca veía en los *Soliloquia* un dechado de los debates del cuerpo y el alma, tan populares en la Edad Media (cf. *Obras de San Agustín,* ed. F. García, I [Madrid, 1946], pág. 470); gusto medieval tienen en el *Secretum* la limitación de los interlocutores a dos y, como señaló G. Wyss Morigi, *op. cit.,* págs. 35-40, la concepción del diálogo como choque de principios opuestos, pese a la raíz psicológica que en ello pueda haber: de otras formas afines de debate, en la obra petrarquesca, espero tratar en los volúmenes segundo y tercero.

113. Cf. arriba, pág. 21 y n. 43. Con más vasta perspectiva ha escrito P. Piehler, *The Visionary Landscape,* pág. 19: «Medieval visionary allegory offers its readers participation in a process of psychic redemption closely resembling, though wider in scope than, modern psychotherapy. This process typically includes the phases of crisis, confession, comprehension and transformation». En efecto, ese esquema se ajusta bastante al *Secretum;* pero, antes que los rasgos arquetípicos a que atiende el prof. Piehler, me interesan aquí las tra-

blemente, consolador, cuyo empeño es «qua ope languores tam graves emollire», cuyo primer impulso lo lleva a mirar a Francesco «benigne ..., paterno refovens complexu» (26). Bastantes más coincidencias iré acotando. Pero las indicadas, de la *cornice* a los personajes y la andadura del diálogo, legitiman ya hablar del *Secretum* como «consolatio» [114] e imitación de los *Soliloquia*. Sumemos, todavía provisionalmente, las reminiscencias clásicas, los datos medievales, los anticipos renacentistas hasta aquí espigados. De los antiguos a los humanistas, pasando por los «founders of the Middle Ages», toda una legión de hombres ilustres puede campar por el *Secretum* como por terreno propio.

«Ac ne longius vager, his ille me primum verbis aggresus est» (26). Sí, oigamos cuanto Agustín —cuanto un saber de siglos y siglos— ha de decir a Francesco.

---

diciones culturales que lo alientan y las formulaciones literarias en que Petrarca las hace cristalizar.

114. Sobre el género, y aunque se desatienda a Petrarca, vid. C. Favez, *La consolation latine chrétienne*, París, 1937, y, aparte el libro de Courcelle (con amplia bibliografía, págs. 383-402), el estudio de P. von Moos citado abajo, pág. 93, n. 134, y las referencias contenidas en J. Conley, ed., *The Middle English «Pearl». Critical Essays*, Notre Dame-Londres, 1970, págs. 50-72, 272-287.

LIBER PRIMUS

El umbral del libro primero nos devuelve al principio mismo del *Secretum,* tornando en problema y objeto de polémica cuanto allí se nos ofrecía a título de mera descripción. En el prólogo, el autor se confesaba perplejo y embebido en meditaciones: «Attonito michi quidem et sepissime cogitanti qualiter in hanc vitam intrassem, qualiter ve forem egressurus ...» (22). Ahora, Agustín, con acentos de conmiseración doblada en reproche, nos lo pinta indeciso y olvidado precisamente de las cuitas de la vida y de la certeza de la muerte en que el poeta se decía absorto: «Quid agis, homuncio? quid somnias? quid expectas?[1] miseriarum ne tuarum sic prorsus oblitus es? an non te mortalem esse meministi?» (28). Las *interrogatiunculae* un poco destempladas del Padre equivalen a poner en cuestión el estado de ánimo y las cavilaciones de Francesco, apuntan el argumento último de la obra y anuncian tonos y directrices esenciales del diálogo.

Cierto: Agustín trata a Francesco de «homuncio», vale decir, empieza por enrostrarle la debilidad y pequeñez de la condición humana. El propio Petrarca se aplicó tal término más de una vez. En la *Posteritati*, por ejemplo, lo une a un adjetivo que nos sitúa en un contexto similar al del *Secretum,* a la sombra de la muerte: «Vestro de grege unus fui autem, mortalis homuncio»;[2] en el *De vita solitaria,* lo califica de suerte que subraya con trazo grueso las connotaciones de caducidad e insignificancia implícitas en la voz: «terrenus, ne dicam terreus, homuncio».[3] En ambos casos, como en nuestro *incipit,* el sustantivo se emplea para sin-

---

1. Compárese con el *incipit* de la primera epístola *Sine nomine:* «Quid agis, bone vir? quid agis, pater optime? quid agis, oro te? quid cogitas? Quem rebus exitum, quem presenti naufragio finem speras?» (ed. P. Piur, *Petrarcas «Buch ohne Namen» und die päpstliche Kurie,* pág. 165).
2. En *Prose,* pág. 2. Cf. abajo, pág. 396 (cita de 200).
3. *Ibidem,* pág. 346.

gularizar al autor, paradójicamente, a través de un rasgo generalizador. A idéntica tierra de nadie, a medio camino entre la concreción y la indefinición, nos llevan las palabras inmediatas: «quid somnias? quid expectas?» «Sogni e speranze —se ha dicho— sono il tema ricorrente della poesia petrarchesca».[4] Es exacto, y quien quiera comprobarlo no tiene sino leer en el primero de los *Rerum vulgarium fragmenta* el lamento por «le vane speranze» y la declaración de «che quanto piace al mondo è breve sogno». Pero el último verso indica bien a las claras que el poeta afirma de sí una verdad de validez universal. En efecto, si en cierta epístola asegura que toda su vida no ha pasado de un sueño, una fantasmagoría (o, por lo menos, así se lo parece al releer al Obispo de Hipona),[5] en otros lugares proclama que tal ocurre siempre, sin excepción;[6] y, paralelamente, si «le vane speranze» son características del lírico del *Canzoniere*, también ocurre que «omnes idem fere morbus habet ...: spes inanes et fallaces».[7]

Por ende, leída a la luz de todo el *corpus* petrarquesco, la línea inicial del diálogo nos introduce en un dominio ambiguo, nos enfrenta a un Francesco que es —que puede ser— a la vez

---

4. F. Tateo, *Dialogo interiore e polemica ideologica nel «Secretum» del Petrarca*, pág. 20.

5. *Familiares*, II, ix, 16: «Melius dixisses illa [Augustini dicta] relegenti totam michi vitam meam nichil videri aliud quam leve somnium fugacissimumque fantasma». Casi es inútil subrayar el interés del pasaje: bajo el influjo de los «Agustini dicta» del *De vera religione* (a tal obra parece aludirse especialmente, en efecto, pues a una cita de ella, con prominente mención de la procedencia, sigue el texto aducido), a Petrarca se le revela ser su vida el «somnium» y el «fantasma» que lo turban, según le muestra el Santo, respectivamente, al principio y al final del libro primero del *Secretum*, tan en deuda con ese tratado agustiniano, según veremos. Es un vínculo más entre nuestra obra y la carta en cuestión.

6. Cf. *Familiares*, VIII, viii, 5: «Somnus est vita quam degimus, et quicquid in ea geritur, somnio simillimum»; y A. Farinelli, *La vita è un sogno*, Turín, 1916, I, págs. 89-92. Nótese, por otro lado, que en el proemio negaba Petrarca que el sueño lo hubiera vencido («somnus opprimeret», 22): ahora, Agustín viene a indicar que, de todos modos, aquel estado era un soñar despierto.

7. *Familiares*, III, ii, 1-2. Véase también, v.gr., *ibid.*, XI, xii, 9: «hec [futuri expectatione presens perdere] in quibus pene pariter omnes erramus»; y XV, v, 8, donde es explícita la equiparación de lo particular y lo general: «omnes fere non solum meas sed omnium spes curasque mortalium unus habet exitus: in nichilum desinunt».

el hombrecillo inquieto de la vida real y un emblema de la humanidad. A lo largo de la obra, la ambigüedad se irá resolviendo ocasionalmente en uno o en otro sentido. Pero, por el momento, en el pórtico del libro, importa solo reconocer la fluctuación de la figura protagonista. Incluso la amonestación que en seguida le dirige San Agustín («miseriarum ne tuarum sic prorsus oblitus es?»),[8] a juzgar por el antecedente del prólogo y por el desarrollo posterior, alude a unas miserias que son tanto las peculiares de Petrarca cuanto las comunes a la totalidad de los hombres. Y, desde luego, la admonición contigua («an non te mortalem esse meministi?»)[9] incide en el plano de la más rotunda generalización.

En cualquier caso, ahí, el Padre saca a relucir ya un tema básico, un *leitmotiv* del *Secretum*: hechos, sueños y esperanzas apartan a Francesco de la reflexión salvadora sobre la deleznable condición humana y, principalmente, sobre la ineludibilidad de la muerte (donde lo uno y lo otro se implican entre sí). Tal es la premisa y el punto de llegada del coloquio, nutrido por el minucioso análisis de cómo y por qué el protagonista no logra alcanzar la «cogitatio illa». Por supuesto, en el arranque, Francesco niega haber preterido esa doble meditación (y es lógico que lo niegue, pues en ella lo hemos visto ocupado al aparecérsele la Verdad): al contrario —protesta—, no solo no la descuida, sino que jamás se le presenta sin un escalofrío de espanto. Pero Agustín no puede prestarle fe: si pudiera, el poeta ya habría hecho no poco por sí y habría ahorrado al Santo buena parte de la tarea por cumplir. Porque nada lleva tanto al desprecio del mundo ni es tan útil para restaurar el ánimo como el recuerdo de la miseria propia y la contemplación de la muerte,[10]

---

8. Posiblemente suena aquí un eco de la *Eneida*, IV, 267, verso reelaborado en las *Familiares*, VII, xii, 2 («heu cece *rerumque oblite tuarum!*») y en el *Bucolicum carmen*, VIII, 4 («ingrate atque oblite mei rerumque mearum»), aparte evocado en otro lugar del *Secretum* (206; cf. abajo, pág. 413).
9. Cf. *De vita solitaria*, en *Prose*, pág. 356: «Semper te meminisse mortalem ...»; *Familiares*, XVI, vi, 19 (ms.): «scias te hominem esse mortalem».
10. «Ad contemnendas vite huius illecebras componendumque inter tot mundi procellas animum nichil efficacius reperiri quam memoriam proprie miserie et meditationem mortis assiduam» (28). En el *De vera religione*, III, 3, se da por enseñanza de Platón ser necesario «sanandum ... animum ad intuendam incommutabilem rerum formam ..., quam non crederent esse ho-

mientras penetren hondo, hasta las entrañas. Y sin duda es aquí donde Francesco yerra, como muchos más (lo comprobaremos por largo a no tardar).

Dos puntos de notable importancia para la comprensión de las próximas páginas dejan sentados las palabras de Agustín («vereor ne in hac re, quod in multis animadverti, te ipse decipias», 28): el escollo mayor con que tropieza Francesco en el camino «ad ... componendum ... animum» es un engaño radical respecto a sí mismo, un error producido por una «perversa opinio» (como se explicará en seguida y se remachará en el libro segundo); y, por otro lado, semejante engaño es anejo a la condición del hombre. Ambos puntos van a realzarse a continuación, unas veces conceptual, explícitamente, y otras mediante sutiles procedimientos formales y retóricos. Así, la noción del engaño puede ponderarse con una imagen («Quid caliginis [11] intervenit?», 30), o con una cita bíblica («cecis ducibus [12] ad lucem te perventurum esse confidis», 34), mientras la generalidad de ese

---

mines, cum ipsa vere summeque sit: 'cetera nasci, occidere, fluere, labi' [Cicerón, *Orator*, III, 10]». Me pregunto si Petrarca, en el pasaje citado, no tiene presente en cierta medida la letra y el espíritu de ese texto agustiniano. En el libro II, 98 y 102, en cualquier caso, se demorará sobre unas líneas vecinas a él, para descubrirnos con claridad meridiana cómo se establece el vínculo —ahora insinuado— entre la visión de la forma inmutable de las cosas y la meditación de la muerte (cf. abajo, págs. 185-186). Debe notarse que en el manuscrito del *De vera religione* poseído y apostillado por nuestro humanista (Parisino latino 2201) la primera frase que he transcrito lleva la siguiente glosa: «Sanandum animum ad intuendam divinitatis excellentiam, de quo apud eundem, *De doctrina Cristiana,* libro I» [en especial, x]; la segunda frase se destaca con un rasgo marginal y con una advertencia: «conside[ra]», fol. 24 vo. (L. Delisle, «Notice sur un livre annoté par Pétrarque...», pág. 404, núm. 42; y F. Rico, «Petrarca y el *De vera religione*», en *Italia medioevale e umanistica*, XVII [1974], núms. 6, 83-84, 118).

11. La metáfora es muy típica de Cicerón y en las *Tusculanas* se prodiga a más de un propósito afín al de los escarceos preliminares del *Secretum*: v.gr., «eademque [philosophia] ab animo tamquam ab oculis caliginem dispulit» (I, XXVI, 64); «hic error et haec indoctorum animis offusa caligo est» (V, II, 6). El contexto petrarquesco, por otro lado, nos lleva a Boecio, *De consolatione,* I, VI, 21: «eam mentium constat esse naturam, ut, quotiens abiecerint veras, falsis opinionibus induantur, ex quibus orta perturbationum caligo verum illum confundit intuitum...»; y cf. arriba, pág. 21, n. 45.

12. Mateo, XV, 14: «caeci sunt et duces caecorum»; y cf. *De vita solitaria,* en *Prose,* pág. 394: «ceci, cecis ducibus, per abrupta rapimur ...»; *Familiares,* IV, XII, 28: «Latet alte veritas abscondita, caliginosa nube circumcludimur, casu regimur, ceci cecis ducibus innitimur ...» (y comp. *Africa,* IX, 211).

error se pone de manifiesto mediante el tránsito del *yo* al *nosotros*, del *tú* al *vosotros* (recurso que se presta a efectivos modos de intensificación: «Vos autem, insensati, tuque adeo ingeniosus ...», 30). Hay más: tal planteamiento es indisociable del marco alegórico de la obra. Pues, en efecto, si el tema de que se parte es el engaño y la meta propuesta es la certeza, ¿quién sino la Verdad iba a presidir el curso del debate?[13]

El plural de que echa mano el Santo suena categórico: nada le sorprende y disgusta más en los hombres («o mortales!») que la indulgencia para con sus miserias y la desatención respecto a la muerte (no otro es el «impendens periculum» aducido),[14] frutos principales del tal error. La incomprensión, apenas insinuada, de Francesco halla respuesta en un ejemplo encadenado a manera de silogismo: ningún enfermo hay tan loco como para no querer la salud; nadie es tan remiso que no se esfuerce en conseguir lo que desea; luego, de igual forma, quien se sepa mísero querrá no serlo, trabajará por lograrlo e inevitablemente lo conseguirá. La raíz, pues, está en cobrar conciencia del mal: ¡y esa raíz es la que el género humano se arranca del pecho! Con todo, Francesco no cree haber llegado a una base lo suficientemente firme para proseguir la discusión y, en términos técnicos que pretenden hacer justicia al rigor lógico de que blasona Agustín, propone demorarse «in precedentibus»: «Consequentiam istam ego non video» (30). ¿Acaso no ambicionamos y procuramos con ahínco innumerables cosas que de ningún modo obtenemos? El Padre puede concederlo en otros terrenos, pero no en el que ahora transitan, «quia qui miseriam suam cupit exuere, modo id vere pleneque cupiat, nequit a tali desiderio frustrari». Proposición inadmisible, salta Francesco, desmentida por cualquiera que se vuelva a mirarse a sí mismo: a unos nos faltan bienes, a otros

---

13. Cf. más arriba, págs. 22-25, 37.
14. Lo prueba el paralelismo con las dos intervenciones anteriores de Agustín, donde también se da la dualidad de 'miseria' y 'mors', pareja presente, además en otros muchos lugares (cf. n. 137). Por otra parte, a menudo Petrarca aplica a la muerte el participio «impendens», dentro (186) y fuera del *Secretum* (vid. n. 165), según el modelo de Cicerón (*De senectute*, XIX, 67, y XX, 74; *De finibus*, I, XVIII, 60), e «impendens periculum» vuelve a llamarla al final de nuestro libro I (cf. n. 216). Compárese, v.gr., *Canzoniere*, CXXVIII, 99: «et la morte n'è sovra le spalle».

nos sobran males, y unos y otros, por lo mismo, hemos de reconocernos desdichados. Todos quieren descargarse del peso de desgracias como la mala salud, el exilio o la cárcel, pero muy pocos lo alcanzan: «Dubitari igitur meo iudicio non potest quin multi quidem inviti nolentesque sint miseri» (30-32). Agustín se pone serio: Francesco no diría tan zafias necedades si tuviera presentes las sentencias de los filósofos, si las hubiera leído para reglar su vida, no para emplearlas en la busca del vano aplauso del vulgo. «Nunc unum illud indignor, quod fieri quenquam vel esse miserum suspicaris invitum». Y ahora es el poeta quien levanta la voz: ¿no es verdad que la pobreza, la deshonra y «alia ... que puntantur esse miserrima» acontecen a disgusto de quienes las sufren? ¿Qué mejor prueba de que conocer y aborrecer el mal quedan a nuestro arbitrio, mientras liberarse de él depende de la fortuna? Para Agustín, eso pasa de error y raya en desvergüenza: nadie se volverá desgraciado por culpa de semejantes azares. Lo han demostrado los filósofos, con Cicerón a la cabeza: solo la virtud hace feliz al alma, y solo el vicio, por tanto, puede hacerla infeliz. Francesco no vacila en identificar esa doctrina: «ad stoicorum precepta me revocas, populorum opinionibus aversa et veritati propinquiora quam usui» (34). Pero tampoco duda el Santo en atajar a quien tal dice: ¿cómo llegar a la luz entre los delirios del vulgo? Únicamente si Francesco abandona la vía trillada merecerá oír el elogio de un «sic itur ad astra».[15] Y se diría que el verso de Virgilio afecta al poeta más que las razones anteriores; porque, al fin, otorga: «stoicorum sententias publicis erroribus preferendas esse non dubito». Se ha encontrado al cabo un lugar de coincidencia: «nisi vitio miserum non esse neque fieri».

Así discurre la escaramuza preliminar de la «altercatio» (36). Pero ¿qué sentido debemos reconocerle? O bien, ¿podemos extraer de ella alguna pista para determinar cuál es la función de Francesco en el conjunto del *Secretum*? Para el profesor Tateo, nuestro personaje, en el fragmento recién examinado,[16] no tiene

---

15. «Macte nova virtute puer: sic itur ad astra» (*Eneida*, IX, 641); cf. *Africa*, I, 387: «macte animi virtute, puer».

16. Importa precisarlo, porque, en otros momentos del *Secretum*, Tateo

otra enjundia propia que la incapacidad de entender a Agustín: no enfrenta una razón a otra razón,[17] sino revela «la 'tardità', la 'disattenzione', la 'grossolanità'» típicas del vulgo; «perché Agostino non poneva il problema delle miserie umane, ma di liberarsi dall' angoscia che provoca l'errata valutazione di esse». O en palabras más lapidarias: la actitud de Petrarca «è il fruto di una volgare incomprensione».[18]

No niego que hay apreciaciones muy exactas en el análisis de Tateo, pero la conclusión tal vez no acaba de hacer plena justicia a una materia compleja en extremo. Para empezar, cuando inquirimos el trasfondo doctrinal y las fuentes del episodio, pronto se echa de ver que Francesco —pese a ser víctima, sí, de un yerro «volgare»— no se reduce a una mera negación de las tesis del Padre, sino que afirma una posición de entidad autónoma, bien fácil de catalogar. En efecto, es evidente que el debate del Santo y el poeta, aun con marco agustiniano e injertos de Séneca (según iremos comprobando), refleja la controversia de la moral estoica y la moral peripatética trabada en las páginas de las *Tusculanas*.[19] El arte del humanista, fiel a una idea ágil y matizada de la *imitatio*,[20] sabe transfigurar el modelo, marcando ciertas líneas de desarrollo, atenuando otras, variando

---

(cuyo librito es quizá el más valioso estudio reciente sobre el diálogo petrarquesco) sí ve admirablemente la carga ideológica positiva que acarrea Francesco; incluso, si bien entiendo, las págs. 21-24 de *Dialogo interiore e polemica ideologica...* contradicen la más rica perspectiva de Tateo en las págs. 59-61.

17. «Se invece consideriamo come l'opposizione di Francesco scaturisca più dall' incomprensione del delicato ragionamento del Santo, che non da una 'ragione' diversa, vedremo che i rimproveri, talvolta molto gravi, di Agostino corrispondono ad un atteggiamento polemico dello scritore di fronte alla sua controfigura e servono anzi a caratterizzarne con evidenza i limiti», *Dialogo interiore...*, pág. 21.

18. *Ibidem*, págs. 22-23, 24. Aparte los argumentos doctrinales que en seguida aduciré, una simple observación sobre el desarrollo del diálogo bastaría para refutar el último aserto: es Francesco —no Agustín— quien dice «estoicas» las tesis del Santo; imposible, entonces, hablar de estricta «incomprensione».

19. Vid. J. E. Seigel, *Rhetoric and Philosophy in Renaissance Humanism*, Princeton, 1968, págs. 52-56, 61.

20. Cf. solo las referencias reunidas en August Buck, *Die humanistische Tradition in der Romania*, Berlín-Zurich, 1968, pág. 139 y n. 36, y J. E. Seigel, *ibid.*, págs. 50-51.

las perspectivas. Pero la dependencia de Cicerón se da en el mismo núcleo de la reflexión petrarquesca.[21]

El cotejo no permite dudas. En las *Tusculanas* se insistía en que cuanto se ofrece como un mal al espíritu afligido proviene realmente de la voluntad y de la opinión errónea: «edocuit tamen ratio ... ut videremus, quicquid esset in aegritudine mali, id non naturale esse, sed voluntario iudicio et opinionis errore contractum» (III, xxxviii, 80). Así, quien sabe que toda perturbación procede «ex iudiciis opinionum et voluntatibus», sabe también que el único remedio es liberarse del engaño original: «hunc errorem quasi radicem malorum omnium stirpitus philosophia se extracturam pollicetur» (IV, xxxviii, 82-83). Por ahí marcha la ortodoxia estoica [22] y por ahí puede explicar Agustín, reteniendo conceptos e imágenes de Cicerón, pero dándoles un enfoque peculiar (cf. más abajo, pág. 69), que el primer obstáculo de los hombres «ad contemnendas vite huius illecebras» (28) es un engaño, el de no reconocerse míseros, siendo así que en advertirlo se halla la raíz de la salvación, «radix humane salutis»: «Vos autem, insensati, tuque adeo ingeniosus in perniciem pro-

---

21. D. Phillips, «Petrarch's Doctrine of Meditation», en los poco accesibles *Vanderbilt Studies in the Humanities*, I (1951), págs. 260-263, ve en el debate en cuestión «the very issue wich divided [en los siglos xiii y xiv] Aristotelian from Augustinian views of morality, the question of the influence of choice and outer action upon the inner spirit» (pág. 261), pues «whereas Augustinians leaned toward emphasis upon subjective exercises of prayer and meditation, Thomistic moral theology tended toward an emphasis upon rational choice and objective discipline» (pág. 260). No negaré que en el *Secretum* pueda haber un eco muy lejano de esa controversia (cf. simplemente P. O. Kristeller, *Renaissance Thought*, II [Nueva York, 1965], pág. 56, aunque lo dicho ahí sobre Petrarca se aplica solo al *De ignorantia:* vid. ídem, *Eight Philosophers of the Italian Renaissance*, Stanford, 1966, pág. 17); pero pienso que el espíritu y la letra de nuestras páginas apuntan inequívocamente en el sentido que señalo en el texto: a otra conclusión solo puede llegarse, como hace Phillips, a fuerza de extrapolaciones e inseguros sobrentendidos. De hecho —y no me demoraré en más argumentos—, Agustín aparece en el diálogo como portavoz de la razón (cf. págs. 49-50), sobre cuya importancia y aun primado insiste a menudo (vid. solo págs. 88, n. 119; 225; 234-238). Como digo, cabe que Petrarca tuviera noticia de la polémica en cuestión, pero, en tal caso, no tomó partido: en el *Secretum* conviven las dos actitudes en litigio.

22. Vid. también, v.gr., Séneca, *Epístolas*, XXVIII, 9: «Initium est salutis notitia peccati»; se trata de una cita de Epicuro, y en el curso de un panegírico de Epicuro la incluye Petrarca en *Rerum memorandarum*, III, 77, 11.

priam, e pectoribus vestris salutiferam hanc radicem ... extirpare nitimini» (30).

La felicidad, se lee aún en las *Tusculanas*, exige un cúmulo de bienes, sin falta ninguna: «cum beatum dicimus, subiecta notio est nisi secretis malis omnibus cumulata bonorum complexio» (V, x, 29); «omne beatum est, cui nihil deest, et quod in suo genere expletum atque cumulatum est» (V, xiii, 39). Francesco recoge esos principios para dejar constancia de la desdicha de los mortales y proponer el ideal de la beatitud: «Pauci admodum sunt, qui non multa sibi deesse provideant ... Siquidem et bonorum cumulatissimus acervus felices facit, et quicquid inde decesserit pro ea parte necesse est efficiat infelices» (30). Ahora bien, los peripatéticos tienen por «miserrimus» a quien soporta o teme «amissio suorum, graves dolores corporis, perdita valetudo», «exilium», «paupertas», «ignominia», «mors aut dolor», etc. (V, vi, 15-16, 29, etc.), y razonan que no cabe ser feliz en medio de parejas penalidades, males auténticos que no puede descartar la razón, antes dependen de las veleidades de la fortuna (V, ix, 24-25). Pues a tales enseñanzas se arrima Francesco decididamente:

> Quam multi enim sunt, quos vel corporis adversa valitudo, vel carorum mors, vel carcer, vel exilium, vel paupertas, perpetuis premit angoribus, aliaque huius generis, que sicut enumerare longum est, sic tolerare difficile atque miserrimum, que ... abiecisse non licet (30; cf. pág. 475, n. 73).
>
> Quis ... est, qui non intelligat egestatem, dolores, ignominiam, denique morbos ac mortem aliaque huius generis, que putantur esse miserrima, invitis accidere plerunque, volentibus autem nunquam? Ex quo verum fit miseriam propriam et novisse et odisse facillimum, depulisse non ita; quod prima duo nostri arbitrii, tertium hoc sit in potestate fortune (32).

Muy de distinto modo piensan los estoicos. Para ellos no hay otro mal que el vicio: «nihil est malum nisi quod turpe atque vitiosum est» (II, xii, 29, etc.); y la felicidad, por lo mismo, no necesita sino de la virtud (V, i, 1 y *passim*), bien fijo y permanente, imposible de perder (V, xiv, 40), ante el cual debe doblegarse incluso la Fortuna: «Fortuna ipsa cedat necesse est» (V, xxv, 72). Cuanto se aleja de semejante planteo no tiene más valor que los desatinos del vulgo (V, x, 31). El Santo no solo se hace eco de esas argumentaciones, sino que las autoriza remontándolas al manantial de donde brotan: «Nam si sola virtus animum felicitat, quod et a Marco Tullio et a multis sepe validissimis rationibus demonstratum est, consequentissimum est ut nichil quoque nisi virtutis oppositum a felicitate dimoveat» (32-34).

Los mismos protagonistas, así (recuérdese la apostilla contigua: «ad stoicorum precepta me revocas»), dejan claro de qué escuela es portavoz Agustín. Y el escrutinio de las fuentes, puestas a contribución en forma tan meridiana,[23] nos obliga a deducir que Petrarca sí asume una «'ragione' diversa» (cf. arriba, n. 17), aunque equivocada: se alista, resueltamente, en el bando de los peripatéticos. La filiación también se echará de ver con diafanidad en el libro segundo. Mas, por si fuera poco, disponemos de una epístola de los últimos años de residencia en Milán (*Familiares*, XXIII, xii)[24] que arroja luz vivísima sobre el problema y, notablemente, sobre la interpretación del escarceo inicial del *Secretum*. Como aquí se da por indiscutible que no hay enfermo que no desee la salud y que todos buscan «miserie sarcinam ... deponere», allí se dogmatiza que «nemo miser esse vult»[25] y que «tum maxime felices fieri optamus dum miserrimi

---

23. Cabe añadir que el patrón de las *Tusculanas* determina también ciertos rasgos del movimiento dialéctico del pasaje. Por tres veces en tres páginas se insiste en la necesidad de ilación entre premisas y consiguientes («Consequentiam ... non video», «in eo se se miseros fateantur consequens est», 30; «consequentissimum est ...», 34). F. Tateo, que solo se fija en el primer caso reseñado, ve aquí el uso «scolastico con cui si indicava il rapporto logico fra i termini del sillogismo» (pág. 21, n. 1). En realidad, Petrarca refleja las continuas llamadas a la *consequentia*, el proceder *consentaneum* y la *constantia* filosófica por parte de Cicerón (V, 18, 21, 22, 24-26, etc.; y cf. *De finibus*, V, xxviii, 83). Como se advertirá, el influjo estoico afecta a la sustancia y a la manera del razonamiento.

24. Cuando aludo a la fecha de una carta sin aducir bibliografía, debe entenderse que existe al respecto un consenso de los estudiosos, reflejado en los imprescindibles trabajos de E. H. Wilkins, *The «Epistolae Metricae» of Petrarch*, Roma, 1956, y *Petrarch's Correspondence*, Padua, 1960.

25. Tal vez Petrarca recordaba, dándole la vuelta, el «Beati prorsus omnes esse volumus» del *Hortensio*, muy usado por San Agustín (vid. sobre todo *Confessiones*, X, xxi, 31) y aducido por nuestro humanista en una carta del 1 de enero de 1354 (*Familiares*, XVII, x) que gira toda ella sobre el problema

sumus». En el caso específico sobre que versa la carta, añade el humanista, hablando «stoice», puede aventurarse que existe un cierto bien en los achaques de Guido Sette y ningún mal, por supuesto, en el vigor con que los sobrelleva (son conceptos que sin duda hubiera suscrito Séneca): [26] porque se diría cosa averiguada (según apoya un préstamo de las *Tusculanas,* II, xxv, 61) «nil bonum nisi virtutem, nil malum esse nisi vitium». Sin embargo, el vulgo, el «sensus» y toda la tropa de filósofos acaudillada por Aristóteles disienten de ese parecer «magno clamore». Nadie se sorprenda: «si delectatio, si sanitas, si membrorum integritas bona sunt, et quecunque bonis opposita mala sint oportet, utique molestiam corporis et morbum et dolorem mala esse consequens est». Luego ¿a qué partido inclinarse? El humanista vacila: «ad summam sic me invenio, ut sepe ratio stoica, sensus michi perypatheticus semper sit» (§§ 1, 3, 5, 6, 11).

El paralelismo de la epístola y el arranque de nuestro diálogo confirma un aspecto que ya nos había sido revelado —por boca de Agustín habla el estoicismo— y otro que habíamos tenido que averiguar gracias a indicios nada misteriosos: Francesco es vocero de la moral peripatética. Pero, sobre esa base, la *Familiar* aducida nos permite ampliar el ámbito de significado atribuible a ambos personajes: el Santo es —además— la razón; y Petrarca, el sentido y el sentimiento.[27] Y mientras la carta dilucida que la actitud del humanista corresponde igualmente a las creencias del vulgo, el *Secretum,* tildando aquella a la vez de concesión a los «publicis erroribus», introduce los factores de una nueva dicotomía: la doctrina del Padre se aproxima a los imperativos de la verdad, en tanto Francesco condesciende a los extravíos de la costumbre («precepta ... veritati propinquiora

---

de la voluntad, con más de un singular contacto con el *Secretum* (cf. las notas 39, 64, 74 y 215); y vid., por supuesto, Séneca, *De vita beata,* I, 1, y *passim.*

26. Cf. solo *Ad Lucilium,* LXVII, 4: «Non sum tam demens ut aegrotare cupiam: non incommoda optabilia sunt, sed virtus qua perferuntur omnia»; también en el epígrafe de la carta petrarquesca se lee «non dolorem ipsum sed patientiam doloris optabilem»; otro tanto en *Familiares,* XVI, VI (febrero, 1353).

27. Conviene recordar que una dualidad similar se da en los *Soliloquia,* con la escisión del autor en «Augustinus» y la «Ratio», empeñados en una búsqueda incansable de la Verdad: se trata de un ligamen esencial entre nuestro diálogo y el de la obra agustiniana; cf. arriba, pág. 37.

quam usui», 34). En los protagonistas del coloquio se confrontan, pues, el estoicismo y el peripatetismo, la «ratio» y el «sensus», las exigencias de la verdad y los «vulgi deliramenta», la teoría y la práctica, los ideales y los usos comunes. Por ello juzgaba un tanto simplista la inferencia del profesor Tateo: la posición del poeta no es llanamente «il fruto di una volgare incomprensione» (arriba, pág. 45), antes implica un contenido positivo y compendia toda una compleja gama de valores. No en balde advertíamos desde las primeras líneas una fluctuación en la figura del poeta: una fluctuación —podemos precisar ya— llena de matices que dilatan el alcance del libro y lo enriquecen como testimonio del vivir, pensar y crear petrarquescos.

De tiempo atrás la crítica se ha preguntado si en los dos términos —Francesco y Agustín— del desdoblamiento operado en el *Secretum* por nuestro escritor deben verse los «momenti di un eterno contrasto».[28] La materia se presta a caer en la peligrosa verborrea en que con frecuencia han parado las especulaciones sobre el *dissidio* de Petrarca. Pero, ciñéndonos a los textos y a los resultados de la investigación más exigente, podemos ofrecer una respuesta con suficientes garantías de rigor. Hemos visto, en el preámbulo sujeto a escrutinio, que Agustín y Francesco (amén de desempeñar otros posibles papeles) alzan respectivamente las banderas del estoicismo y el peripatetismo, en una batalla en que la victoria y la simpatía del autor para con la causa defendida corresponden obviamente al primero. Ahora cumple poner el dato en relación con un factor que ya tuvimos ocasión de observar (arriba, págs. 9 y sigs.) y que todavía habrá de ocuparnos a menudo: mientras la acción del *Secretum* está explícitamente fechada en 1342, todo parece indicar que la redacción de la obra tuvo lugar años después, entre 1347 y 1353. Pues bien, se impone admitir que a propósitos iguales o afines a los discutidos en nuestro texto Petrarca nunca llegó a adoptar un criterio estable, mantenido sistemáticamente,[29] y que tal vez el

---

28. F. Tateo, *ibid.*, pág. 15; cf. A. Tripet, *Pétrarque ou la connaissance de soi*, Ginebra, 1967, págs. 104, 166-169.
29. Vid. sobre todo K. Heitmann, *Fortuna und Virtus. Eine Studie zu Petrarcas Lebensweisheit*, págs. 249-259 (libro de primera importancia, por la cantidad de materiales que reúne y comenta, si bien no siempre cabe se-

único principio que permite dar cuenta de sus contrapuestos asertos es el que leíamos hace un instante: «sepe ratio stoica, sensus michi perypatheticus semper». Pero también se diría evidente, en cualquier caso, que el énfasis en las doctrinas estoicas, explícitamente asumidas, concordadas y defendidas *como tales,* no hace acto de presencia en las etapas iniciales de la labor petrarquesca y solo en los aledaños del 1350 aflora cada vez con más fuerza en los escritos del humanista.[30] A esa luz, el diálogo

---

guirlo en las interpretaciones; como se observará, con frecuencia remito a él para documentar determinados particulares, ofreciendo, sin embargo, distinta explicación del asunto tratado).

30. La observación —capital— se debe a la perspicacia de Hans Baron, «The Evolution of Petrarch's Thought: Reflections on the State of Petrarch Studies», ahora en *From Petrarch to Leonardo Bruni. Studies in Humanistic and Political Literature,* págs. 22-23, 46-47. Corrigiendo implícitamente viejos errores de su artículo «Franciscan Poverty and Civic Wealth as Factors in the Rise of Humanistic Thought», en *Speculum,* XIII (1938), págs. 6-11, Baron acepta en especial el importante descubrimiento de G. Billanovich, *Petrarca letterato,* I: *Lo scrittoio del Petrarca,* de acuerdo con el cual el núcleo del libro segundo de las *Familiares,* es decir, la «lunga catena di *consolatoriae* e di *hortatoriae*» (pág. 53), consta de «componimenti inventati tra il '50 e il '51» (pág. 48). Y, sobre ese cimiento, construye una sólida teoría: «in addition to the report on the Mont Ventoux ascent [IV, 1], it is most, if not all, of the alleged *consolatoriae* and *hortatoriae* of the young Petrarch that turn out to be the products of a later period, either *in toto* or in essential parts. As long as the series of *consolatoriae* and *hortatoriae* in the first few books of the *Familiares* were still regarded as genuine sources of Petrarch's thinking in his early years, they seemed to demonstrate that a pervasive mood of resignation and pessimism, almost identical with the outlook of the late *De remediis,* had enveloped Petrarch's life from the beginning. This impression was produced especially by the letters found in the first half of the second book (II, 2-8). Here the superscription to every letter, reminding the reader of the wisdom known from the *De remediis,* directs him to the wearisomely uniform teaching of the letters themselves: that a true sage, proud and immovable in his ataraxy, is not affected by exile, loss of property, or the dead of beloved friends; that he may wish not to have been born into this wretched world, but will not highly regard or lament fortune and will never succumb to passion. To most of the passages and letters in the early books of the *Familiares* marked by this outlook we may now assign the beginning of the 1350's as the earliest possible time of origin» (págs. 22-23); así, «the modern criticism of the *Familiares* has helped to remove from their first books all traces of Petrarch's later stoicism» (pág. 46). Aquí, importa notar que esas *consolatoriae* y *hortatorie* pululan (se irá viendo) de coincidencias con el *Secretum;* el cual, por otra parte, gracias a las fechas proporcionadas por el ms. Laurenziano, nos muestra que, si esas epístolas son de hacia 1350-1351, el estoicismo que las anima *puede* llevarse hasta 1347 (pero no más atrás: cf. la siguiente nota 36); o viceversa:

del Agustín estoico y el Francesco peripatético se deja entender como el diálogo del Petrarca de hacia 1350 (tres años más o menos) y el Petrarca de 1342 (en parte real, en parte dibujado desde la nueva perspectiva).

En efecto, las confesiones de fe estoica por parte de Petrarca nos llevan uniformemente a épocas más cercanas a 1350 que a 1340. Así, desde Roma, en otoño de ese mismo 1350, le escribe a Boccaccio que, si bien le place pasear al modo peripatético, en la doctrina se decanta mayormente del lado del estoicismo: «plerunque stoicorum sententias anteponens».[31] A un período no lejano ha de remontarse la declaración de que respecto a la estima de las riquezas y el placer, y aun en general, se queda en primer término con la opinión de los estoicos: «et in hac opinione stoicus quam perypateticus et in omnibus stoicus multo quam epycureus esse malim».[32] De 1350 o 1351 es el dictamen que califica a la Stoa de «secta philosophorum fortis et mascula»,[33] y de los alrededores de 1354, el que sostiene que sus

---

el estoicismo que inspira el *incipit* y tantos momentos más del diálogo, a la luz de las cartas, autoriza a pensar que esas secciones, perfectamente conexas, fueron redactadas más bien en 1349 o 1353. En cualquier caso, nos movemos sin dificultad dentro de los límites cronológicos fijados en la copia de Tedaldo della Casa.

31. *Familiares*, XI, I, 10 (texto gamma).
32. *Familiares*, III, VI, 1. En cuanto alcanzo, solo Hans Baron ha propuesto una fecha en concreto para esa carta: 1337-1339, cosa obviamente inaceptable («Franciscan Poverty...», pág. 6, n. 3; no recogido en E. H. Wilkins, *Petrarch's Correspondence*). Pienso que la pieza debe ser próxima a las datadas por Billanovich en 1350-51; varios motivos corroboran esa opinión: el ir enderezada «ad amicum», a un anónimo amigo con todas las apariencias de ser ficticio, a juzgar por la inconsistente pregunta que dirige a Petrarca, quien responde con una severa *hortatoria* del mismo corte de las coleccionadas en el libro II; la continua dependencia del *De finibus* ciceroniano, que el humanista no conoció hasta fines de 1343 (cf. abajo, pág. 140); las dos citas prominentes de Plauto, *Captivi*, sobre la última de las cuales —recordada en el título— parece haberse confeccionado de hecho toda la epístola (para el momento en que Petrarca leyó a Plauto, vid. U. Bosco, «Il Petrarca e l'umanesimo filologico», *GSLI*, CXX [1943], págs. 68-70; S. Prete, «Plauto, Terenzio e il Petrarca», en *Studi petrarcheschi*, V [1952], págs. 85-94; pero hay bastante que matizar en esos estudios, habida cuenta de que la redacción de *Familiares*, IV, xv, no puede ser anterior a 1345).
33. *Familiares*, I, VII, 13; la datación es de Billanovich, *Petrarca letterato*, págs. 48-49.

miembros «virilius philosophantur».³⁴ Las proclamaciones similares, como insinuaba, se extienden casi hasta las vísperas de la muerte,³⁵ pero inútilmente se buscarán antes (digamos) de 1345.³⁶

No solo eso. En el repertorio petrarquesco, las cuestiones debatidas en el pasaje que venimos contemplando suelen fallarse de acuerdo con el Agustín del *Secretum* (y casi *ipsissimis verbis*) en años más próximos al de 1350 que al correspondiente a la acción ficticia de nuestro diálogo. El Padre, por caso, niega que nadie pueda ser desgraciado sin quererlo («indignor, quod fieri quenquam vel esse miserum suspicaris invitum», 32); y en epístolas que datan de principios, mediados y finales de la década del cincuenta, la idea se reitera en forma no menos paladina. Verbigracia, con aire de sentencia tajante, intemporal y no ne-

---

34. *De remediis*, II, XIII, pág. 140. Para la cronología me atengo a E. H. Wilkins, *Petrarch's Eight Years in Milan*, págs. 66 y 235, mejor que a K. Heitmann, «La genesi del *De remediis utriusque fortune* del Petrarca», *Convivium*, n.s., I (1957), págs. 9-30 (en especial, 19 y 25).

35. Cf. solo *Seniles*, XV, III (de 1369). Una anotación ocasional, posterior a 1356 (cf. A. Petrucci, *La scrittura di Francesco Petrarca*, Ciudad del Vaticano, 1967, pág. 121), a un ms. de San Cipriano, con todo, observa: «Inter stoicorum et Cristianorum rationem multum interesse» (*apud* E. Pellegrin, «Nouveaux manuscripts annotés par Pétrarque», *Scriptorium*, V [1951], página 269).

36. Desde luego, en todos los estadios de la obra de Petrarca puede hallarse tal o cual sentencia estoica, tal o cual convicción aprendida del estoicismo (o, para el caso, de cualquier otra escuela filosófica); lo nuevo hacia 1350 es la densidad del pensamiento estoico, la individuación manifiesta de las teorías estoicas (ya aceptadas, ya sujetas a renuente discusión), el hacerse problema importante la identidad y el alcance del estoicismo. Cf. pág. 155, n. 109, para un ejemplo de cómo en el *Secretum* se inserta en un esquema estoico cierta enseñanza acogida muy a otro título en los *Rerum memorandarum* (y vid. arriba, n. 22). En el *De otio religioso*, un pasaje imposible de datar, págs. 92-93, contradice tanto a estoicos como a peripatéticos para situar en la eternidad el sumo y único bien, a zaga del *De civitate Dei*. En el *De vita solitaria*, pág. 536, unas líneas que pudieran ser posteriores a 1350 (pues se hallan próximas y bien ligadas a una cita de Quintiliano) alaban a Cicerón por haber mostrado cómo «dolorem corporis patientia vincere, egritudinem mestitiamque animi ratione depellere, extirpare morbos et morborum causas, et quod maxime philosophiam totam, ut verbo eius utar, illustrat, virtutem ad bene beateque vivendum nullis adminiculis egere, sed se se esse contentam ..., contra sententiam maximorum hominum»; pero ni ahí ni en ningún otro lugar se menciona a los estoicos ni se echa de ver la impregnación de estoicismo que caracteriza a los textos indudablemente de hacia 1350 y fechas posteriores.

cesitada de autoridad (aunque nos evoque el tono de Cicerón): «invenies neminem esse miserum, nisi qui se miserum fecit»,[37] y «non est ille miser nec erit quidem, nisi se faciat»;[38] o bien con un maridaje de las *Tusculanas* y un título de San Juan Crisóstomo: «Omnia mala hec tibi, o stultissime, procurasti», pues ocurre «nisi a semet ipso neminem ledi posse».[39] El Santo explica aún que «si sola virtus animum felicitat ..., consequentissimum est ut nichil quoque nisi virtutis oppositum a felicitate dimoveat» (34); y las *Familiares* de entre 1350 y 1352 repiten fielmente tal doctrina. Cierta vez, incluso, se revelan las mismas fuentes que en el *Secretum*: «video in rebus mortalium ... eam [virtutem] solam beatos facere quos amplectitur miserosque quos deserit, et pedibus, ut aiunt, in hanc stoicorum sententiam totus eo»;[40] en otros momentos, la expresión apenas difiere en nada de las palabras de Agustín: «Virtus sola potens est hec omnia prestare; per illam assequeris ut ubique letus ac felix vivas ...: nulla autem re nisi animo felicem aut miserum fieri scias»;[41] porque sucede que nada «in vita bonum nisi virtus, aut

---

37. *Familiares*, II, III, 3 (1350-51). Cf. en general Cicerón, *Paradoxa*, II.
38. *Familiares*, XXI, IX, 18 (de 1359).
39. *Familiares*, XVII, x, 4 (de 1 de enero de 1354). En la misma página (32) del *Secretum* que comento, Agustín exclama: «Quomodo enim, amens, ille tibi philosophice sanctissimeque voces exciderunt: 'neminem his, que paulo ante nominabas, miserum fieri posse'»? K. Heitmann, «Augustins Lehre in Petrarcas *Secretum*», en *Bibliothèque d'Humanisme et Renaissance*, XXII (1960), pág. 51, n. 4, al mencionar de pasada el *Quod nemo laeditur nisi a se ipso* y anotar nuestro pasaje, opina: «Man geht wohl (bei Berücksichtung des Zusammenhanges) nicht fehl mit der Annahme, dass hier auf die erwähnte Schrift des Johannes Chrysostomos angespielt wird». Me parece muy probable, ciertamente, que Petrarca recordara ahí la obra del Crisóstomo, y más en concreto un par de líneas (= *PG,* LII, col. 462; cf. 464, 465) que en una traducción medieval inédita reza: «Ostendamus quomodo nichil horum que supra diximus nocere potest prudenti viro nec corrumpere virtutem» (citado por el propio Heitmann, *Fortuna und Virtus,* pág. 215, n. 74, quien, sin embargo, no lo pone en conexión con el *Secretum*). Nótese que en *Familiares,* XVII, IV, 13 (de 1353), Petrarca escribe: «ut *sanctis philosophisque* visum est, nisi ipse [animus] se leserit ab altero ledi nequit»; ello concuerda con lo dicho en el *Secretum:* «philosophice sanctissimeque voces». Aparte esas dos *Familiares,* de 1353-54, Petrarca solo vuelve a citar el libro de San Juan en el *De remediis,* II, LXXVII, pág. 191: lo cual parece indicar que no lo conoció hasta la década de los cincuenta, o por lo menos señala el período en que más se interesó por él.
40. *Familiares,* XI, III, 10 (de 1351).
41. *Familiares,* XV, VII, 21 (de 1352, con adiciones de 1356).

malum ... nisi virtutis oppositum, dici debet ...: neminem ... miserum fecit adversitas».[42]

Henos aquí, por tanto, con que la escisión de Petrarca en los dos interlocutores del *Secretum* no es, desde luego, un simple «espediente tecnico e didascalico»,[43] antes asume un rico significado doctrinal y vital. Agustín y Francesco tienen múltiples sentidos que no se niegan, sino que se potencian entre sí. Una lectura en profundidad nos mostraba en el Santo a un paladín del estoicismo, la «ratio», la verdad; y, en el humanista, a la voz de la moral peripatética, el «sensus», la costumbre... Pero ello no implica que uno y otro *sean* símbolos de ninguna abstracción: más bien sucede que ambos están pensados como dramatizaciones de unas actitudes tan complejas, tan abundantes en matices cuanto la propia vida de los hombres y, sobre todo —ni que decir tiene—, cuanto la propia vida de Petrarca. En las frases con que comienza el diálogo, observábamos que el arte y el tino del autor logran combinar finísimamente lo general y lo particular. Otro tanto ocurre en las páginas que llevamos leídas; mas ahora podemos discernir también dos planos cronológicos. San Agustín (sin perder individualidad, como comprobaremos) habla con las palabras que el Petrarca de hacia 1350 consideraba más ajustadas al modelo ideal de pensamiento y acción; Francesco le replica con las palabras que el Petrarca de 1342 hubiera podido usar enfrentado a semejantes imperativos.

De ahí los titubeos, las incomprensiones momentáneas, el estupor de Francesco; de ahí la firmeza de Agustín. Quizá Petrarca nunca llegó a superar el conflicto de la razón estoica y el sentir peripatético (recuérdese la apostilla de 1358 al epígrafe de la obra, en el códice Laurenziano: «fac de secreta pace animi

---

42. *Familiares*, II, IV, 11-12, y vid. XVI, VI, 14 (1353); cotéjense también los textos de 30 y 32 citados arriba, pág. 47, con *Sine nomine*, IX (finales de 1351), pág. 195, donde se distinguen dos tipos de «persecutiones», voluntarias e involuntarias: «Patimur autem nolentes exilium, paupertatem, rapinas, morbos, carcerem, servitutem, ignominiam, vincula, supplicia, secures, gladios et mortem. Volentes vitiorum iugo premimur...»; vid. además K. Heitmann, *Fortuna und Virtus*, págs. 179-181, 218-220.

43. Tateo, *op. cit.*, pág. 15 (exponiendo diversas posibilidades de interpretación).

totidem [libros], si pax sit usquam»). Como sea, al redactar el *Secretum,* encarnaba las certezas de la «ratio» en San Agustín y las impresiones del «sensus» en Francesco. Pero certezas e impresiones son igualmente 'verdaderas'. Pues si el tal conflicto se hacía sentir hacia 1350, Agustín, en efecto, lo desentraña lúcidamente; y si no había aflorado con nitidez en 1342, el escollo con que tropieza Francesco, ciego, es precisamente el de engañarse a sí mismo. Petrarca reinterpreta el pasado a la luz del presente: Francesco no es una pura ficción, pero aparece pintado con colores que no son exactamente los mismos con que el humanista se retrataba en 1342, porque está visto con perspectivas e imperativos de hacia 1350. Agustín, por otra parte, no se identifica lisa y llanamente con las exigencias intelectuales de Petrarca en esa época: es el personaje que ha llegado a semejantes exigencias al través de unas situaciones parejas a las de Francesco, que acumula etapas como las de Francesco y, con ellas, alcanza una nueva (el texto nos lo va a explicar en seguida, en páginas cuyo cabal entendimiento es decisivo). En las memorias y en todo género afín, «se superponen obligatoriamente a los sucesos y a las reacciones anímicas que en su momento provocaron en el actor, las que ahora provoca en el autor la evocación de aquellos hechos lejanos: ahora *contemplamos* lo que entonces *vivimos.* Han cambiado nuestros gustos, nuestras pasiones, nuestro organismo; la experiencia y los cambios biológicos nos han dado una visión del mundo distinta de la que teníamos entonces... Las dos visiones del mundo, la de entonces y la de ahora, corren por el papel nítidamente paralelas».[44] Aquí yacen sin duda una de las razones fundamentales y uno de los más válidos aciertos en la elección de la forma dialogada para el *Secretum.* El debate de dos personajes era intrínsecamente el vehículo literario más adecuado para recoger esa duplicidad que caracteriza a toda reflexión más o menos autobiográfica. Si además la situación reflejada (real o ficticia) era radicalmente conflictiva (vale

---

44. A. Alonso, *Materia y forma en poesía,* Madrid, 1960², págs. 330-331. Como ilustración de ese principio pueden servir varias secciones de B. Romberg, *Studies in the Narrative Technique of the First-Person Novel,* Estocolmo, 1962, W. Shumaker, *English Autobiography,* Berkeley, 1954, y F. Rico, *La novela picaresca y el punto de vista,* Barcelona, 1973²; vid. págs. 149-150 y el capítulo final.

decir, si Francesco —el Petrarca de 1342— se dice inmerso en un «conflictus curarum», y si Agustín —el Petrarca de hacia 1350— adopta respecto a él una disposición polémica), entonces se acrecentaban la eficacia y la propiedad del planteamiento dialógico. «On ne connaît pas —se ha dicho— d'autobiographies qui aient été écrites [à la seconde personne] entièrement; mais le procédé apparaît parfois de manière fugitive dans des *discours* que le narrateur adresse au personnage qu'il fut, soit pour le réconforter s'il est en mauvaise posture, soit pour le sermonner ou le répudier.»[45] El *Secretum* no es exactamente una autobiografía (ni por los materiales usados, ni por la manera de emplearlos): pero el diálogo que lo teje es la más sabia forma de 'institucionalizar' y 'sistematizar' esa posibilidad ocasional del género autobiográfico.

Por otro lado, el recurso a un diálogo protagonizado por dos figuras de identidad bien conocida (que sin dejar de ser ellas mismas acarrean una dilatada gama de connotaciones) permitía dar a la obra una viveza y un interés de acción dramática,[46] dotar de un atractivo cuasi novelesco a lo que en otro caso tal vez no hubiera pasado de un árido contraste de ideas. No cabe duda de que el escritor supo prestar una jugosa humanidad a los interlocutores (y la contrapartida, no poco oportuna, fue mantener presente pero muda a la Verdad, alegoría pura, de suerte que no diluyera la densidad personal del intercambio). Incluso en el fragmento analizado, pese a la consciente búsqueda de un encadenamiento lógico para los conceptos (cf. la anterior n. 23), la vida rezuma por todas partes. Desde el mismo arranque, con las briosas *interrogatiunculae* de Agustín, priva una animación que se plasma en exclamaciones («Utinam meminisses ...!»), vocati-

---

45. Philippe Lejeune, «Le pacte autobiographique», en *Poétique*, núm. 14 (1973), pág. 140; cf. idem, *L'autobiographie en France*, París, 1971, págs. 72-80.

46. A. S. Bernardo, «Dramatic Dialogue and Monologue in Petrarch's Works, II», *Symposium*, VII (1953), págs. 111-118, examina solo «a few of the qualities that characterize the dialogue of the *Secretum*. Each in turn serves as a means of enlivening the dialogue and making it appear more natural. This not only commands the attention and interest of the reader, but indicates Petrarch's concern for aesthetic appeal even in a work bearing the title [sic] of *De contemptu mundi*» (pág. 118). Como se juzgará por esa conclusión, el profesor Bernardo se queda en la corteza del asunto, sin tratar las razones más hondas que justifican el diálogo del *Secretum*.

vos («o mortales», 28; «insensati!»), interjecciones coloquiales («Pape, quid ego audio?», 30). Hasta una cuestión de método dialéctico se resuelve en una apasionada reprimenda y en una alusión biográfica (donde importa notar que los temas apuntados como *obiter dicta* serán más tarde núcleos de la discusión: tan inteligentemente se traban los elementos del diálogo): «si illas philosophorum veras saluberrimasque sententias, quas mecum sepe relegisti, memorie commendasses; si ... tibi non aliis laborasses, et lectionem tot voluminum ad vite tue regulam, non ad ventosum vulgi plausum et inanem iactantiam traduxisses,[47] tam insulsa et tam rudia ista non diceres» (32). Los *motus animi* caldean el ambiente. El Santo se impacienta por la torpeza de Francesco y, aunque se propone condescender con ella («tarditati tue mos gerendus est»), no puede reprimir réplicas cargadas de reproche («Quid caliginis intervenit, quid ve nunc dubietatis aboritur?», 30), ni riñas más directas («Longius retro revocandus es ... Provectioris te quidem ingenii arbitrabar», etc.). A ellas responde el poeta con un rubor que le invade el rostro, como de niño a quien reprende el ayo: rubor que se borra ante una afirmación que se le antoja intolerable, en una mutación que Agustín juzga un tránsito de la «verecundia» a la «impudentia» (32). La coloración afectiva, así, se deja ver por doquiera. Y es que los personajes no se limitan a enunciar ciertas proposiciones del arsenal estoico o peripatético, sino que toman partido, se envuelven emocionalmente. El Padre no solo define la necedad de los hombres, sino que se sorprende y disgusta ante ella («admiror», «exhorreo», 28); no solo rebate una opinión de Francesco, sino que lo hace irritado («indignor»), y Petrarca se duele de que se le trate «satis mordaciter» (32), etc., etc. Todo ello es perfectamente comprensible e incide con justeza en lo más hondo de la cuestión que aquí se agita: los argumentos tienden

---

47. Cf. *De remediis*, I, XLIV, pág. 56: «—Scribo libros. —Melius fortassis illos legeres, optime autem in vite regulam lecta converteres: tunc enim est utilis notitia literarum, dum in actum transit ... Haec omnia, nisi ad vitam referantur, quid sunt aliud quam inanis instrumenta iactantiae inutilisque labor ac strepitus?» Comp. *Tusculanas*, II, IV, 11: «qui disciplinam suam non ostentationem scientiae, sed legem vitae putet?» Vid. también A. Noferi, «Letture del Petrarca», en *L'esperienza poetica del Petrarca*, Florencia, 1962, págs. 97-111; y abajo, págs. 87, 134-138, 151, 233, 303, 326, 367, 384.

ad hominem, porque la meta de Agustín es que la «cogitatio illa» que, según él, no aprovecha a Petrarca por tratarla «superficietenus», como una abstracción (pronto lo aclarará), penetre «in ossibus ipsis ac medullis» (28), sea asumida íntegra y vitalmente, auténticamente.

Volvamos a tomar el hilo. Las dotes de persuasión de Agustín han hecho mella en Francesco, quien ya no duda que las doctrinas estoicas deben preferirse a los descarríos del vulgo y admite «nisi vitio miserum non esse neque fieri». Mas ¿qué deducir de ahí? Pues muchos —como él mismo— se ven incapaces de descargarse el yugo de los vicios por más que lo intenten: y son misérrimos a disgusto, «dolentes optantesque contrarium». El Santo se apresura a recordar el punto de partida, que ahora puede robustecer con las conclusiones alumbradas por el debate: para elevarse por encima de los agobios de la condición mortal, el primer paso es la «meditatio mortis humaneque miserie», y el segundo, un «desiderium vehemens studiumque surgendi»; una vez se ha iniciado así el camino, nada cuesta llegar a la cima por la que tantos suspiran (34). Con todo, el poeta, tembloroso, se atreve a oponer el testimonio de su experiencia. La Verdad y el propio Agustín pueden abonarlo: muchas veces y con no pocas lágrimas ha dado él en esa doble meditación, pero inútilmente (ni siquiera el llanto ha logrado lavarlo de tachas).[48] ¿Cómo aceptar, entonces, que solo es desdichado quien desea serlo? «Contrarium in me tristis experior.»

El Padre, fiel a la técnica de replantear los asertos iniciales a la nueva luz obtenida en la discusión, tiene aquí un excelente asidero para situar el engaño que se da en Francesco (e «in multis», 28) dentro de las coordenadas filosóficas que hace poco

---

48. «... cum lacrimis sordes meas diluere nisus sum» (36); tal declaración, introducida poco antes de referir que Francesco lee siempre las *Confessiones* «non sine lacrimis» (cf. *Familiares,* X, III, 56, y XVIII, v, 8) e inserta en un marco inspirado en las *Confessiones* en medida importante (cf. abajo, págs. 66 y sigs.), no puede menos de recordar el dístico de Petrarca que han conservado la *Senilis* VIII, 6, y varios códices de la autobiografía agustiniana: «Hunc celer ad fontem deserta per arida pergat / quisquis eget lacrimis, quibus impia crimina tergat» (cf. P. de Nolhac, *op. cit.,* II, pág. 195-196, y N. Iliescu, *Il Canzoniere petrarchesco e Sant' Agostino,* pág. 53); vid. *Psalmi penitentiales,* II, 11-12 («Fontes limpidi scaturiant... et dialuantur macule vetuste...»), y pág. 65, n. 61.

han quedado trazadas. La experiencia del humanista —viene a decir— nada vale: está equivocada *a radice,* porque «est ... in animis hominum perversa quedam et pestilens libido se ipsos fallendi, quo nichil potest esse funestius in vita» (36). La expresión tiene fuerza de cita: esa «perversa ... et pestilens libido» es la «opinionum perversitas» a que los estoicos reducían todo mal [49] (cf. arriba, pág. 46). No cabe atribuir al azar que Petrarca insista en tal doctrina justamente en las *Familiares* ficticias de hacia 1350, rendido tributo al estoicismo espigado en Cicerón: «nec mea solum est, sed illustrium philosophorum sententia, quicquid in hac vita patimur molesti, non tam ex ipsa rerum natura, quam ex nostre mentis imbecillitate sive, ut eorum etiam verbis utar, ex opinionum perversitate procedere».[50] Ni nos sorprende, pues ya hemos hallado importantes coincidencias entre el *Secretum* y ese grupo de *consolatoriae* y *hortatoriae* (coincidencias que suponen proximidad cronológica), que el juicio de Agustín reaparezca en una de ellas con idéntico lenguaje y construcción: «est quedam in animis mortalium ... miserabilis et funesta perversitas ..., quo nichil excogitari potest ... dementius».[51]

La concatenación se diría irreprochable. El Padre sigue apegado «ad stoicorum precepta» y contemplando a Francesco desde los imperativos que el Petrarca real debía sentir más acuciantes por la época —digamos— de la última estadía en Provenza. La identificación de la «perversa ... libido» prepara el desarrollo esencial del libro segundo sobre la «perversa opinio» que daña al poeta (82 y sigs., 108, 116) y, obviamente, constituye una de las claves de la obra toda. Página tras página, en efecto, va a repetirse que Francesco yerra a infinidad de propósitos. Pero ahora resulta meridiano cuál es la forma primaria de tal error: mentirse a sí mismo, convertirse en enemigo de sí mismo. Los hombres —precisa Agustín— temen con razón la deslealtad de

---

49. El «pestilens» del *Secretum* halla equivalente en otros textos petrarquescos, tal *Seniles,* VIII, III, pág. 923 («Mitto opinionum pestiferam vim...»), y *De remediis,* II, cxxiv, pág. 244 («ut pestes alie ..., falsa ... opinio»).
50. *Familiares,* II, II, 6.
51. *Familiares,* II, IV, 4. Cf. K. Heitmann, *Fortuna und Virtus,* págs. 98-103; y, aquí mismo, págs. 154 y sigs., 207, 254, 271, 383, etc.

los amigos: ¡cuánto más no debieran asustarlos los embustes propios en que se complacen! [52] Para Francesco, el caso se presenta de muy otra manera: él no recuerda haberse engañado nunca, quienes lo engañan son los demás. Por supuesto, el Santo no deja escapar tan bonita ocasión; las palabras de Francesco le brindan el mejor ejemplo de la tesis que pretende probar: «Nunc te maxime fallis, cum nunquam te ipsum fefellise gloriaris» (36). Releguemos a un poco más abajo la demostración de Agustín. Por el momento urge percibir cómo se marca el acento en el tema del engaño de los hombres para consigo mismos y cómo, paralelamente, se tornan más directas las exigencias de verdad: al par que se remacha la noción de *fallere*,[53] se subraya la meta de la *veritas*. Justamente en nuestro contexto se hallan las únicas apelaciones del primer libro a la Verdad que contempla la

---

52. «Si enim familiarium dolos iure pertimescitis, proptereaquod et fallentium autoritas remedium preripit cautele, et aures vestras assidue vox eorum blanda circumsonat, quorum utrunque in aliis cessare videatur; quanto magis proprias fraudes formidare deberetis, ubi et amor et autoritas et familiaritas ingens est, quod se quisque plus extimet quam valeat, plus diligat quam oporteat, nunquam preterea deceptus a deceptore separetur» (36); cf. *Psalmi penitentiales*, V, 6 («Intus et extra michi ipse sum molestus, utrobique hostes domesticos inveni, qui me pessundederunt») y VII, 15 («Ne quando extollar inconsulte et michi de me mentiar»), o *De remediis*, I, II, en *Prose*, pág. 614 («habes hostem tuum domi, quodque est peius delectabilem ac blandum»). El prof. Tateo, *op. cit.*, pág. 26, n. 1, recuerda a Séneca, *De tranquillitate animi*, I, 15-16 (y yo completo el texto que él aduce con la importante interrogación final): «familiariter enim domestica aspicimus et semper iudicio favor officit. Puto multos potuisse ad sapientiam pervenire, nisi quaedam in se dissimulassent, quaedam opertis oculis transiluissent ... Quis sibi verum dicere ausus est?» Quizá sean también pertinentes el *De consolatione Philosophiae*, III, v, 14 («Quae vero pestis efficacior ad nocendum quam familiaris inimicus?»), y el *De civitate Dei*, XIX, v (con la cita de Cicerón, *In Verrem* II, I, xv: «Qui porro inter se amiciores solent esse, vel debent, quam qui una etiam continentur domo? Et tamen quis inde securus est, cum tanta saepe mala ex eorum occultis insidiis extiterint, tanto amariora, quanto pax dulcior fuit, quae vero putata est, cum astutissime fingerentur. Propter quod omnium pectora sic attingit, ut cogat in gemitum, quod ait Tullius: 'Nullae sunt occultiores insidiae, quam hae quae latent in simulatione officii, aut in aliquo necessitudinis nomine. Nam eum qui palam est adversarius, facile cavendo vitare possis; hoc vero occultum, intestinum ac domesticum malum non solum existit, verum etiam opprimit, antequam prospicere atque explorare potueris'. Propter quod etiam divina vox illa: 'Et inimici hominis, domestici eius'», etc.).

53. Cf. solo en el párrafo ya citado la gradación de matices y las figuras etimológicas: «libido ... fallendi», «familiarium dolos», «fallentium autoritas», «proprias fraudes», «deceptus a deceptore», «fefelli», «fefellissent», etc.

escena,[54] y cuya presencia se siente tan inmediatamente, que Petrarca se dirige a un tiempo a ella y a Agustín [55] (circunstancia excepcional en el conjunto del diálogo). Justamente ahí se exhorta a Francesco a asumir un ánimo «veritatis avidum» [56] y se le recuerda que ha convenido en demorarse «circa veritatis studium pura cum simplicitate» (40). Justamente se recurre a elegantes *adynata* para ponderar el abismo insalvable que separa la Verdad del error.[57] Quizás en ningún otro pasaje se capta mejor la pertinencia del marco alegórico para un debate entre personajes de humanidad tan robusta (cf. arriba, págs. 23 y sigs.). Nos las habemos, en fin, con unas páginas sutilísimas que sin desviarse del concreto problema discutido, sin necesidad de abrir un paréntesis, no solo por cuanto dicen sino también por cuanto sugieren

---

54. Cf. «testis est michi hec» (36), «coram Veritate loquimur» (38), y la próxima n. 55.
55. «Ut *videtis*» (36).
56. «Animum induce non contentionis sed veritatis avidum» (38). Cf. *De civitate Dei*, IX, v («ut ait Tullius [*De oratore*, I, XI, 47], verbi controversia iam diu torqueat homines Graeculos contentionis cupidiores, quam veritatis») y XIV, IX, 1 («cupidiores esse contentionis, quam veritatis»). Obviamente, el giro se había quedado grabado en la memoria de Petrarca, y —pienso— antes por releerlo en un par de capítulos agustinianos en extremo pertinentes al tema de los inicios del *Secretum* (las pasiones, según estoicos y peripatéticos) que por un recuerdo directo del *De oratore*. Cf. *De otio religioso*, pág. 98: «Vos estis illi, de quibus idem Augustinus alibi [*De vera religione*, VII, 12]: 'qui neque in sacris philosophantur neque in philosophia consecrantur'; quos profecto, ni fallor, disputandi ardor tumorque agitat, non veri querendi studium exercet»; *Familiares*, I, VII, 3 (contra los terministas: cf. n. 112): «summam voluptatem ex contentione percipiunt, quibus non verum invenire propositum est, sed altercari»; en el Parisino latino 2.201, fol. 25 vo., al margen de *De vera religione*, III, 5 (al fin), Petrarca anotó: «Contra disputantes ad ostentationem scientie potius quam ad inquisitionem veri».
57. «Prius celum tellusque miscebitur, prius astra concident Averno, et amica nunc invicem elementa pugnabunt, quam hec que inter nos diiudicat falli queat» (40). Para la tradición del motivo, cf. E. Dutoit, *Le thème de l'adynaton dans la poésie antique*, París, 1937, y la bibliografía secundaria (destinada en especial a completar las referencias de E. R. Curtius) que trae Peter Dronke, *Poetic Individualy in the Middle Ages*, Oxford, 1970, págs. 19 y 62; para nuestro autor, J. G. Fucilla, «Petrarchism and the Modern Vogue of the Figure *Adynaton*», en *Zeitschrift für romanische Philologie*, LVI (1936), págs. 671-681 (y ahora en el volumen *Studies and Notes*, Nápoles-Roma, 1952), y P. Camporesi, «Il tema dell' *Adynaton* nel *Canzoniere* del Petrarca», en *Studi Urbinati*, XXVI (1952), págs. 199-202. Compárese *Africa*, II, 282-283: «Prius in Stigias convulsa paludes / astra cadent ...» (en nota, N. Festa recuerda a Claudiano, *Carmina*, XV, 383: «prius astra chaos miscebit Averno ...»).

con arte refinado, concentran algunos de los patrones fundamentales para medir el contenido entero del *Secretum*: buena parte de cuanto sigue deberá verse en la perspectiva de la tensión entre el engaño individual y la verdad inmutable [58] que ahora se instaura con particular notoriedad.

Pero ¿cuál es ese engaño en que Francesco incide «maxime» precisamente cuando se vanagloria de no engañarse? Agustín lo explica remontándose a la misma base de la «altercatio» y aduciendo un argumento que, si bien está en línea con todo lo dicho antes, introduce un concepto nuevo y altera el rumbo de la discusión. Se trata de probar «neminem in miseriam nisi sponte corruere» (36). Pues bien: a nadie se le puede obligar a pecar, porque el pecado es acción voluntaria, porque si falta la voluntad falta el pecado. Y ¿no ha concedido ya el poeta que sin pecado no hay miseria? El desplazamiento de una palabra por otra, en el pronto, apenas se advierte, pero no por ello afecta menos al curso del razonamiento. «Nisi vitio miserum non esse neque fieri», se había dicho; y se parafrasea: «Sine peccato autem nemo fit miser» (38). *Peccatum* ha sustituido a *vitium,* y, en consecuencia, nos entramos casi sin darnos cuenta en una esfera de nociones más resueltamente cristianas (y seguiremos adelante por ese

---

58. No puedo suscribir el juicio de tan inteligente estudiosa como Adelia Noferi, «Note al *Secretum*», en *L'esperienza poetica del Petrarca*, Florencia, 1962, págs. 252-253, sobre el sentido de la Verdad en nuestra obra: «nel *Secretum* si ricerca una verità non filosofica, ma morale e psicologica; non una verità universale, assoluta, immobile ..., ma una verità personale, individuale, estremamente incerta e mobile, in continuo farsi e disfarsi, tutta affidata all' 'esperienza'». Ya vimos que precisamente en términos filosóficos los «precepta» de Agustín se dicen «veritati propinquiora» (34) y que por relación a ellos se descalifica e invalida la engañosa experiencia de Francesco; más adelante leeremos: «veritas autem una atque eadem semper est», frente a la variable «opinio» (134; cf. mi pág. 270). En ese contraste reside en gran medida la sustancia del diálogo. De hecho, la propia Sra. Noferi reconoce: «Di contro a la voce di Agostino ..., che richiama a una verità assoluta, la voce di Francesco nel *Secretum* riporta continuamente il problema ad una istanza di verità relativa, legata alle circostanze individuali» (pág. 258). A su vez, Tateo, *op. cit.*, pág. 26, escribe: «La *Verità* presente al colloquio, in nome della quale tutto il dialogo si svolge, non rappresenta la verità dottrinale, ma la 'sincerità' della coscienza, come si vede dal richiamo che continuamente vien fatto alla sua testimonianza». Sin embargo, invocar a la Verdad como testigo de la sinceridad de una confesión no implica despojarla de su papel esencial de «dux ..., consultrix ..., domina ..., magistra» (26): es solo un aspecto de un contenido más amplio.

camino). Desde luego, la dependencia del estoicismo no se borra de un plumazo: los «sapientes» que aseguran «peccatum esse voluntariam actionem» y en el pecado ponen la causa de la desgracia siguen siendo en cierto modo los que, según las *Tusculanas* (v.gr., IV, xxxv, 76), enseñaban «nullam [perturbationem] esse ... nisi voluntariam» (y cf. arriba, pág. 46). Pero a la vez, más decisivamente, tales «sabios» son quienes defienden e ilustran la ortodoxia de la Iglesia: en concreto, las palabras del Agustín del diálogo («cum velint sapientes peccatum esse voluntariam actionem, usque adeo ut si voluntas desit, desinat esse peccatum», 38), repiten a la letra, con levísimo retoque, las palabras del Agustín auténtico del *De vera religione* (XIV, 27: «usque adeo peccatum voluntarium est malum, ut nullo modo sit peccatum, si non sit voluntarium»), apostilladas por nuestro humanista, en el Parisino latino 2.201 (fol. 30 vo.), con un terminante: «Tollite excusationes: nemo peccat invitus».[59]

Francesco se ve obligado a replegarse («fateri cogor, quod initium miserie mee ex proprio processit arbitrio»), tanto más fácilmente cuanto que las concesiones ya hechas a la doctrina estoica se corroboran ahora con la cita del *De vera religione*. No obstante, aún tiene arrestos para tratar de obtener una atenuación que pueda favorecerle. Sin duda son innumerables quienes se han dejado caer en el mal por su voluntad, pero —arriesga— yacen derribados contra ella. Francesco viene situando la cuestión en un terreno intermedio entre lo particular y lo general. Acaba de admitir, por ejemplo, que la miseria procede del propio albedrío; y puntualiza: «hoc in *me* sentio in *aliis*que conicio».[60] Pues ahora enuncia en términos amplios «innumerabiles sponte prolapsos non sua tamen sponte iacere», pero se muestra más enérgico en la singularización: «quod de me ipso fidenter affirmem. Idque michi datum arbitror in penam ut, quia dum stare

---

59. Para el origen de ese dicho, cf. F. Rico, «Petrarca y el *De vera religione*», nota al núm. 130. Vid. también *De otio religioso*, pág. 100: «Quid deinde preter peccatum superest, quod cum sit voluntarium nec aliunde quam ab ipsa anima profectum solum hominis proprium esse constat?»; *De remediis*, II, XCIII, pág. 211: «Nisi enim peccati iugum sponte subiissetis ...» Sobre la moral del «consensus» y la «intentio», Chenu, *L'éveil de la conscience*..., págs. 17-30.

60. Cf. *Familiares*, XXIII, XII, 14: «quod in me quidem sentio, in aliis auguror».

possem nolui, assurgere nequeam dum velim» (38).[61] Esa firmeza es trasunto de una convicción hondamente sentida; y, en efecto, la prosa que la sustenta (unas pocas líneas después de la revelación de que «frustra fuit» todo intento de lavar las viejas culpas «cum lacrimis», 36) no hace sino poner en latín los versos de una patética *canzone*:

> Ma infin a qui niente mi releva
> prego o sospiro o lagrimar ch'io faccia:
> e cosí per ragion conven che sia,
> ché chi, possendo star, cadde tra via,
> degno è che mal suo grado a terra giaccia.
>
> (CCLXIV, 9-13)

Agustín se apresura a destruir esa falsa dicotomía del *Canzoniere* y de nuestro libro, nuevo testimonio del error que nubla los ojos de Francesco: «*cadere* et *iacere*» son cosas diversas, cierto, pero «*voluisse* ... et *velle*» se reducen a una sola. El humanista objeta otra vez poniéndose a sí mismo como ejemplo de la regla genérica: «nil magis aversum proprie voluntati» que la miseria en que yace —proclama—, «sed ultra non valeo» (38). El Santo corrige: «ubi *ultra te non posse* dixisti, *ultra te nolle* fatearis». Petrarca insiste: ¡cuántas veces quiso y no pudo, cuántas lloró en vano! Pero Agustín, si reconoce que no faltó el llanto, niega que le acompañara la voluntad: las lágrimas no bastaron para hacer cambiar de propósito a Francesco. Uno se encastilla en un «nequivisse»; el otro lo impugna con un «imo verius noluisse». El Padre, con todo, se hace cargo clarísimamente de las angustias del poeta, pues él mismo se halló enzarzado en parejas dudas, cuando se esforzaba por mudar de vida. De nada le sirvió mesarse los cabellos, retorcer los dedos, llenar el cielo de suspiros: solo cuando una intensa meditación le reveló toda su miseria, llegó a querer plenamente; y, entonces,

---

61. En la *Oratio quotidiana* que más abajo habrá aún que mencionar varias veces, Petrarca escribe: «Tange lapidem cordis mei, unde exeant fontes lacrimarum, quibus abluantur peccatorum meorum vulnera [cf. arriba, pág. 59, n. 48] que te spectante michi ipse intuli, miserrimus et proprie salutis inimicus ... Erue animam meam ex hoc tartaro, ubi eam vivendo *sponte* demersi» (L. Delisle, «Notice...», pág. 397).

querer y poder se dieron a un tiempo, y con pasmosa rapidez se trocó «in alterum Augustinum» (40). A Petrarca, en cambio, le ocurre como al Eneas virgiliano: «mens immota manet, lacrime volvuntur inanes».[62] Pero el relato de la conversación de Agustín, que Francesco conoce bien por las *Confessiones* y tilda de «miraculum», ha conmovido al humanista: decidido ya a confiarse sin recelo a la autoridad de su interlocutor, está presto a admitir «veram illam fuisse sententiam grandevumque progressum, ut miseriarum suarum perfecta cognitio perfectum desiderium pariat assurgendi», porque «desiderium potentia consequitur» (42-44): *Q. E. D.*

Las páginas que acabo de resumir, donde la figura del Santo cobra un relieve tan nítido, tan significativo (pronto lo comprobaremos en varios planos), no son una simple ilustración *à l'appui* del movimiento dialéctico en la sección del libro primero que llevamos examinada. O mucho me equivoco, o sucede exactamente al revés: ese movimiento dialéctico está pensado de suerte que venga a desembocar en la escena inolvidable de la conversión en el huerto de Milán. En otras palabras: Petrarca recordó inicialmente los más célebres capítulos de las *Confessiones* y de ellos extrajo un esquema teórico que le sirvió para poner en marcha el diálogo. Releamos el silogismo preliminar del Padre: «sicut qui se miserum alta et fixa meditatione cognoverit cupiat esse non miser, et qui id optare ceperit sectetur, sic et qui id sectatus fuerit, possit etiam adipisci», «modo id vere pleneque cupiat» (28-30). Y ahora cotejémoslo con el pasaje donde el propio Agustín reduce a los términos esenciales el más importante episodio de su vida: «idem ille qui fueram mansi, donec alta tandem meditatio omnem miseriam meam ante oculos congessit. Itaque postquam plene volui, ilicet et potui» (40). La coinciden-

---

62. *Eneida*, IV, 449. E. Carrara, 42, n. 2, anota: «il Petrarca intendeva dunque che le 'vane lacrime' fossero dello stesso Enea, non di Didone e della sorella che cercavano in vano di trattenerlo». Así parece ser, en efecto; pero adviértase que la interpretación se halla en San Agustín, *De civitate Dei*, IX, IV, 3 («Talem describit etiam Virgilius Aeneam: 'Mens ... inanes'»), en un capítulo donde precisamente se trata la «sententia» de estoicos y peripatéticos sobre las perturbaciones del ánimo (cf. la anterior n. 56). Y no se olvide que los especialistas discuten aún hoy el sentido del verso: cf., por ejemplo, W. F. Jackson Knight, *Roman Vergil*, Harmondsworth, 1966, pág. 252.

cia entre el planteo teórico y el caso concreto es demasiado apretada (incluso afecta al lenguaje) para suponer que aquel precedió a este. Solo la relación inversa (Petrarca 'vio' primero el momento de la conversión y luego construyó un andamiaje conceptual rematado por tal momento) permite explicar el proceso que lleva del *incipit* a ese ápice de nuestro libro primero, y de un Francesco escéptico a un Francesco convencido.

Solo en semejante perspectiva, por añadidura, se advierte en qué capital medida todo el debate que hemos contemplado se inscribe en un marco agustiniano. De las *Confessiones,* en efecto, provienen el punto de partida y la conclusión hasta aquí alcanzada. En las *Confessiones* descubría Petrarca la etapa decisiva en la mutación del Santo: «a fundo arcano alta consideratio traxit et congessit totam miseriam meam in conspectu cordis mei» (VIII, XII, 28); y, en consecuencia, leyendo el texto a la luz de ciertas sugerencias clásicas y de la tradición piadosa medieval (insistiremos en ello),[63] instituía la «memoria proprie miserie» y la «meditatio mortis» como condición inexcusable «ad ... componendum ... animum» (28). En las *Confessiones,* al fin y al cabo escritas para que nadie «dormiat in desperatione et dicat: *Non possum*» (X, III, 4), aprendía que las zozobras de Agustín procedían de una falta de voluntad plena, pues, en el dominio moral, querer totalmente, poder y obrar son una misma cosa:

> Nam non solum ire [in placitum et pactum tecum, Deus meus,] verum etiam pervenire illuc nihil erat aliud quam velle ire, sed velle fortiter et integre, non semisauciam hac atque hac versare et iactare voluntatem parte adsurgente cum alia parte cadente luctantem ... Non faciebam, quod et incomparabili affectu amplius mihi placebat et mox, ut vellem, possem, quia mox, ut vellem, utique possem. Ibi enim facultas ea, quae voluntas, et ipsum velle iam facere erat ... Imperat animus corpori, et paretur statim; imperat animus sibi, et resistitur ... Imperat, inquam, ut velit, qui non imperaret, nisi vellet, et non facit quod imperat. Sed non ex toto vult, non ergo ex toto

---

63. Petrarca pudo recordar también *Confessiones,* VI, XVI, 26: «Nec me revocabat a profundiore voluptatum carnalium gurgite nisi metus mortis et futuri iudicii tui, qui per varias quidem opiniones, numquam tamen recessit de pectore meo».

imperat ... Nam si plena esset, nec imperaret, ut esset, quia iam esset ... Nec plene volebam nec plene nolebam ... (VIII, VIII-X, 19-22);

y de esas líneas extraía Petrarca el ágil contraste del «cadere» y el «iacere», del «voluisse» y el «velle», del «non posse» y el «nolle», fallado a favor del querer «plene», en el sentido de que «desiderium potentia consequitur».[64]

Pues bien, para nuestro autor, las tesis desarrolladas entre ese punto de partida y esa conclusión tan fieles a la letra de las *Confessiones* no disonaban de las enseñanzas que había ido espigando en las obras del Obispo de Hipona (aunque, claro es, tampoco tenían por qué ajustarse enteramente a la 'ortodoxia' definitiva del sistema agustiniano, a las formulaciones a menudo tardías que hoy —con una perspectiva global que Petrarca no podía poseer— consideramos la quintaesencia del agustinismo).[65] Un caso alguna vez discutido por la crítica pondrá de manifiesto el tino de Petrarca. En efecto, el Agustín maduro del *De civi-*

---

64. En *Familiares,* XVII, x, 15 y sigs., Petrarca transcribe por largo esos lugares de las *Confessiones* y sentencia también: «Possumus ergo, si volumus, ad felicitatem ire; hoc est illa agere que nos ad felicitatem veramque libertatem animi perductura cognoscimus; sed ita demum, si vere si plene si constanter si bona fide volumus. Ceterum velle ipsum fors non statim nostri erit arbitrii; quod etsi liberum acceperimus, libertatem ipsam sic peccati mole pressimus et consuetudinis pessime vinculis astrinximus, ut sine presentissima Dei ope vix ad honesta consurgat, tam multa sunt que retrahunt et obsistunt»; y, tras citar aún a San Agustín («Nam non solum ire», etc.), añade: «Unum valde me pregravat, ne in totum velim quod ex parte volo et plene velle, nisi fallor, volo» (§§ 22, 24). Cf. *ib.,* IV, I, 15; X, v, 4-5; *De remediis,* I, CXXI; n. 215.

65. Así, cuando K. Heitmann, «Augustins Lehre in Petrarcas *Secretum*», págs. 34-53, contrasta el antiestoicismo del *De civitate Dei* y el estoicismo del Agustín petrarquesco, no se da cuenta de que también está oponiendo el Agustín de las primeras obras, que había adoptado diversos motivos estoicos, tal la doctrina de la felicidad humana (cf. G. Verbeke, «Augustin et le stoïcisme», en *Recherches Augustiniènnes,* I, 1958, suplemento de la *Revue des Études Augustiniènnes,* págs. 67-89), y el Agustín que posteriormente mudó posiciones al respecto. Y el caso es que para Petrarca, él mismo solicitado alternativamente por la «ratio» estoica y el «sensus» peripatético, uno y otro Agustín tenían igual valor, tan agustiniano se sentía con el uno cuanto con el otro, incapaz de percibir —por falta de subsidios eruditos— en qué medida el *De civitate Dei* —digamos— venía a superar el *De vera religione.* Tendremos ocasión de aprovechar y discutir otros aspectos del meritorio artículo del profesor Heitmann.

tate Dei (frente al estoicismo de otros Padres,⁶⁶ a quienes al parecer no se ignora en el *Secretum*) ⁶⁷ había impugnado acremente varias ideas estoicas, en especial las proposiciones sobre la irrealidad de los males humanos: «Quae mala Stoici philosophi miror qua fronte mala non esse contendant ...» (XIX, IV, 4). A tal luz, ¿es lícito postular que el Agustín histórico contradice al Agustín de nuestro diálogo? ⁶⁸ Pienso que no. Porque el Agustín ficticio jamás niega la existencia del mal, del dolor, del sufrimiento: niega que tengan fuerza para hacer al hombre íntimamente desgraciado («neminem his ... miserum fieri posse», 32); y ya veremos más adelante qué singular versión nos ofrece de la doctrina de la *apatheia* (vid. págs. 175-176, 182-183).

Añádase que la «consideratio» salvadora, reveladora de la «miseria» hasta entonces inadvertida, según las *Confessiones*, había de equivaler para Petrarca a un anular de raíz la «perversa ... libido» de engañarse a sí mismo, la «opinionum perversitas» estoica.⁶⁹ Pues claro que el escritor podía hallar también en las *Tusculanas* invitaciones a meditar la indigencia constitutiva de la naturaleza humana: «Nihil est enim quod tam optundat elevet-que aegritudinem quam perpetua in omni vita cogitatio nihil esse quod non accidere possit, quam *meditatio conditionis humanae,* quam vitae lex commentatioque parendi, quae non hoc adfert, ut semper maereamus, sed ut nunquam. Neque enim, qui ... *inbecillitatem generis humani cogitat,* maeret, cum haec cogitat, sed tum vel maxime sapientiae fungitur munere» (III, XVI, 34; cf. XIV, 30, XXV, 60, XXXII, 77; y abajo, pág. 208). Y por ahí podía conciliar a Cicerón y las *Confessiones*, para progresar en la línea de la espiritualidad medieval y las lecciones *de contemptu mundi* (cf. abajo, págs. 170-174). Así, en el diagnóstico

---

66. Cf. solo J. Stelzenberger, *Die Beziehungen der frühchristlichen Sittenlehre zur Etik der Stoa,* Munich, 1933; M. Spanneut, *Le Stoïcisme des Pères de l'Église, de Clément de Rome à Clément d'Alexandrie,* París, 1957.
67. Cf. la anterior n. 39 sobre San Juan Crisóstomo.
68. Como hace decididamente Charles Trinkaus, «*In Our Image and Likeness*». *Humanity and Divinity in Italian Humanist Thought,* Londres, 1970, págs. 7-8, tan útil, por lo demás, para la fortuna de los temas aquí en cuestión.
69. Cf. aún *De otio religioso,* pág. 98: «ex hac, inquam, proprie imbecillitatis oblivione omnis huiusque vel similium opinionum orta perversitas» (y confróntese *De consolatione Philosophiae,* I, VI, 18 y 21).

(la existencia de un error radical) y en la terapéutica (una meditación iluminadora), al Agustín petrarquesco le era lícito marchar del brazo con los estoicos.

Por lo demás, en cuanto a la superación subjetiva de los males (ya fueran objetivamente verdaderos o falsos), apenas había problema: al humanista no le faltaban textos del Agustín histórico coincidentes por completo con los asertos estoicos. Si en las *Tusculanas* se leía no haber otro mal que el vicio ni otra felicidad que la virtud, y el Santo del coloquio así lo reiteraba (cf. arriba, pág. 47), el *De vera religione* rezaba lapidariamente: «cum omnis anima rationalis aut peccatis suis misera sit, aut recte facte factis beata, ... nullum malum est naturae universae, sed sua cuique culpa fit malum» (XXIII, 44).[70] Y puesto que el pecado es voluntario, y ya hemos comprobado que el *Secretum* lo dice con las palabras del *De vera religione* (cf. pág. 64),[71] la virtud y la felicidad que necesariamente la acompaña están al alcance de quien en verdad desee lograrlas: querer, en ese terreno, es poder. Lo enseñaban —según hemos visto— las *Confessiones*,[72]

---

70. Cf. también, v.gr., *De libero arbitrio*, I, XIII («Voluntate vitam beatam, voluntate miseram degimus»).

71. Prueba inmejorable del error de óptica con que a veces se ha tratado la cuestión del agustinismo del *Secretum* (cf. la n. 65) es que C. Trinkaus, *op. cit.*, pág. 9, al citar ese pasaje que he mostrado ser repetición casi literal del *De vera religione*, comenta: «Again a most un-Augustinian position is attributed to Augustinus ...»

72. G. A. Levi, «Pensiero classico e pensiero cristiano nel *Secretum* e nelle *Familiari* del Petrarca», en *Atene e Roma*, XXXV (1933), págs. 66-68, objeta que el «postquam plene volui, ilicet et potui» con que Petrarca hace resumir a San Agustín el instante clave de la conversión traiciona el texto de las *Confessiones*, pues descuida la operación de la Gracia: «Il Petrarca cita Agostino, e leva ciò che gli è maggiormente proprio, il principio mistico... Crede che Sant' Agostino sia pervenuto alla conversione per via puramente naturale ...» Con todo, los pasajes de las *Confessiones* que he aducido insisten diáfanamente en la identidad de 'querer' y 'poder', y, por mucho que en otros momentos se marque el acento en la fuerza de la Gracia, ahí justamente, en el relato de la conversión, se la implica pero no se le concede una atención comparable a la que destaca el motivo de la voluntad plena (vid. también, v.gr., *De libero arbitrio*, I, XIII, 29: «Ex quo conficitur ut quisquis recte honesteque vult vivere, si id se velle prae fugacis bonis velit, assequatur tantam rem tanta facilitate, ut nihil aliud ei quam ipsum velle sit habere quod voluit»; cotéjese con ello, por caso, *De spiritu et littera*, XXXI, 53). Y otro tanto ocurre en el *Secretum*, donde la acción decisiva de la Gracia queda implícita en nuestro pasaje, mientras se explaya prominentemente en otros lugares (cf. K. Heit-

y nada oponían los estoicos.⁷³ Agustín y los filósofos antiguos no se anulaban entre sí: y, en los momentos de peligro, Petrarca, convencido de que siempre era posible la concordia de unos y otros, estaba allí para limar las aristas.

Así se nos revela la génesis, por lo menos, del tercio inicial del libro primero: Petrarca debió quedar prendado por la intensidad y la belleza de las páginas de las *Confessiones* en que Agustín refiere el gran trance de la conversión; analizándolas con cuidado, abstrajo de ellas una armazón de presunta validez universal —cualquier pecador que medite sobre la propia miseria puede vencer el mal y mudar de vida gracias a una voluntad plena—, la reforzó con materiales estoicos y la hizo culminar —como demostración práctica de la tesis— en el relato de la misma escena que la había inspirado; y ese relato —tanto o más que aquella armazón— acaba por doblegar la resistencia de Francesco.

Conceptos y afectos se entrelazan a lo largo del camino. El razonamiento procede por etapas bien deslindadas, ambos interlocutores tienen perfecta conciencia del cambiante terreno que pisan y a cada paso hacen un alto para comentar las incidencias de la andadura dialéctica: una digresión y un retorno «ad primordia» (34), una recapitulación y un cabo suelto que se ata («ut dicere ceperam», 36), el tira y afloja de una concesión que espera

---

mann, «Augustins Lehre...», pág. 48 y n. 4). A su vez, sin conocer los estudios de Levi ni de Heitmann, C. Trinkaus, *op. cit.*, pág. 9, opina que Petrarca malentendió los capítulos pertinentes de las *Confessiones,* «for St. Augustine unmistakably wished his readers to believe that a divine intervention, a miracle had taken place with the opening of the Scriptures to a text that led to his immediate conversion»; pero uno diría que Trinkaus no ha leído la evocación de la escena en el *Secretum*, pues allí exclama Francesco: «illius ... ficus salutifere, cuius hoc sub umbra contigit *miraculum*, immemor esse non possum» (40).

73. Cf. en particular Séneca, *Ad Lucilium,* CXVI, 8: «Satis natura dedit roboris, si illo utamur, si vires nostras colligamus ac totas pro nobis, certe non contra nos concitemus. *Nolle* in causa est, *non posse* praetenditur»; y nótese que Petrarca posiblemente tomaba muy en cuenta el principio del libro IV del *De consolatione Philosophiae,* donde Boecio insiste en que el virtuoso tiene siempre el poder de ser feliz (v.gr., I, 7: «cognosces semper quidem potentes esse bonos ..., bonis felicia ... contigere»; II, 2 y sigs., 24, etc.). Compárese J. M. Rist, *Stoic Philosophy,* Cambridge, 1969, págs. 219-232, y A. J. Voelke, *L'idée de volonté dans le stoïcisme,* París, 1973.

contrapartida, un sentirse a punto de caer en una trampa y tratar al contrincante de «versutior», el propósito de discurrir «cum quantalibet ... simplicitate» (38), un exhorto a cumplir las condiciones pactadas (40), etc., etc. Lo común y lo peculiar continúan entreverándose (cf. arriba, págs. 41, 64): en ocasiones, el Santo engloba a Francesco en un plural que abarca a todos los mortales («vestra ... intentio», 34; «pertimescitis ...», 36, etc.), mientras el poeta calla «de reliquis hominibus», rearguye con su caso particular («in me tristis experior», 36) y en él quiere que se comprueben los predicados abstractos («quoniam de me ipso mentio fuerat», 38). Porque los acentos personales se vuelven progresivamente más nítidos, y si Agustín expresa no poca confianza en el talento de Francesco, este declara tener desde mozo tal opinión del Padre, como para estar dispuesto a reconocerse equivocado si llega a disentir de él (36). Por ahí, al través de una paulatina personalización, se arriba a uno de los momentos capitales del libro primero. Es necesario reconsiderarlo en detalle.

Francesco alega haber derramado muchas lágrimas en el frustrado empeño de abandonar el vicio y la desdicha aneja; y el Santo le explica que las lágrimas de nada sirven si no van al par de un deseo absoluto de enmienda: él lo sabe muy bien —añade, comprensivo— porque pasó por las mismas desazones.

> Nec tamen admiror te in his nunc ambagibus obvolutum in quibus olim ego ipse iactatus, dum novam vite viam carpere meditarer. Capillum vulsi, frontem percussi digitosque contorsi; denique complosis genua manibus amplexus amarissimis suspiriis celum aurasque complevi largisque gemitibus solum omne madefeci.[74] Et tamen hec inter idem ille qui fueram mansi, donec alta tandem meditatio omnem miseriam meam ante oculos congessit. Itaque postquam plene volui, ilicet et potui, miraque

---

74. Otra paráfrasis de *Confessiones*, VIII, VIII, en *De vita solitaria*, página 440: «Ubi amarissime secum loquens, inter singultus et lacrimas, inter vulsum capillum percussamque frontem et consertis digitis amplexum genu, et quecunque magnus ac sanctus dolor elicit, tandem semel de se statuit unde in perpetuum exultaret»; y la cita literal del texto en cuestión en *Familiares*, XVII, x, 15. Cf. P. Courcelle, *Les «Confessions» de Saint Augustin dans la tradition littéraire. Antécédents et postérité*, págs. 338, 343.

et felicissima celeritate transformatus sum in alterum Augustinum, cuius historie seriem, ni fallor, ex *Confessionibus* meis nosti (40).

El pasaje es importante. Hasta aquí, Francesco ha aducido más de una vez su particular experiencia, y aun ha puesto al Padre por testigo de ella. Ahora, en cierto modo, se cambian los papeles. Agustín saca a plaza su propia biografía y la identifica con la del poeta. Cuanto evoca de sí es también una descripción del estado de Francesco. El pasado del Santo se repite y confirma en el presente del humanista, mientras la transformación «in alterum Augustinum» postula e invita al trueque 'in alterum Franciscum'.

Francesco recuerda al punto la «historie seriem», cuyo emblema es la higuera simbólica que presenció la conversión del Divino Africano: «Novi equidem, illiusque ficus salutifere, cuius hoc sub umbra contigit miraculum, immemor esse non possum» (40). Hace bien en recordarla: con precisa referencia, que forma un significativo *pendant* con la alusión inmediatamente anterior al episodio del huerto milanés (biografía frente a biografía, árbol frente a árbol: analogía y diferencia), Agustín apostilla al «laureatus poeta» que ni mirto, ni yedra, ni aun laurel [75] deben tocarle más el ánimo, «tandem aliquando in portum ex tam multis tempestatibus revertenti», que la memoria de aquella higuera, «per quam tibi correctionis et venie spes certa portenditur» (42). Imposible no mencionar ya la más célebre de las *Familiares* (IV, 1),[76]

---

[75]. «Recte quidem; nec enim mirtus ulla nec hedera, denique dilecta, ut aiunt, Phebo laurea, quamvis ad hanc poetarum chorus omnis afficitur tuque ante alios, qui solus etatis tue contextam eiux ex frondibus coronam gestare meruisti, gratior esse debet animo tuo ... quam ficus illius recordatio ...» Cf. la *Collatio laureationis*, XI, 1, ed. Carlo Godi, en *Italia medioevale e umanistica*, XIII (1970), pág. 23 y nota *ad loc.* (sin cita de nuestro pasaje): «Laurea igitur, et cesaribus et poetis debita, est sertum ex frondibus laureis intextum, licet poeticum illud interdum ex mirtho, interdum ex edera fieret, interdum ex vitta simplici fieret, quas omnes diversitates ego ipse, in epistola quadam, his duobus versiculis collegi: 'Nunc tamen et lauri mirtusque hedereque silentur, / sacraque temporibus debita vitta tuis'».

[76]. Cuyo sentido, fuentes, fecha, etc., han sido últimamente objeto de un magistral estudio de Giuseppe Billanovich, «Petrarca e il Ventoso», en *Italia medioevale e umanistica*, IX (1966), págs. 389-401, que anula en buena parte la bibliografía anterior.

la ficticia narración del ascenso al monte Ventoux, en cuya cumbre imaginó Petrarca haber revivido el «miraculum» del jardín de Milán, a la sombra de la higuera: abrir al azar las *Confessiones* —como Agustín la Biblia— y dar con un pasaje que le enseñara —como el Santo en el *Secretum*— «nichil preter animum esse mirabile», forzándolo a volver «in [se] ipsum interiores oculos» [77] y a considerar la «nobilitatem animi nostri, nisi sponte degenerans ab originis sue primordiis aberrasset» (§§ 28, 29, 32).[78] Hallazgo que de ningún modo pudo juzgar fortuito, «recolens quod idem de se ipso suspicatus olim esset Augustinus, quando in lectione codicis Apostoli, ut ipse refert, primum sibi illud occurrit: 'Non in comessationibus et ebrietatibus ...' Quod iam ante Antonio acciderat ...» (§§ 30-31).[79] La higuera, así, es presagio esperanzado de enmienda y perdón tanto en el *Secretum* como en la epístola. ¿Recuerda el uno a la otra? ¿Anticipa el uno un motivo que la otra desarrollaría? En cualquier caso, la relación entre ambos parece segura. Porque, en la cima del Ventoux, Petrarca reflexionaba: «Nondum enim in portu sum, ut securus preteritarum meminerim procellarum. Tempus forsan veniet, quando eodem quo gesta sunt ordine universa percurram, prefatus illud Augustini tui [*Confessiones,* II, 1, 1]: 'Recordari volo transactas feditates meas et carnales corruptiones anime mee, non quod eas amem, sed ut amem te, Deus meus'» (§§ 19-20). El propósito de escribir una historia de los males pasados, ya de vuelta al puerto, tras graves tempestades (como dicen el diálogo y la carta), y de hacerlo precisamente bajo la guía de San Agustín, ¿no es afín al que informa el *Secretum*? Por lo menos, cabe afirmar que aquí y en otros lugares aun menos dudosos

---

77. Cf. *De consolatione Philosophiae*, III, xi, vs. 1 y sigs.: «Quisquis profunda mente vestigat verum / cupitque nullis ille deviis falli, / in se revolvat intimi lucem visus», etc.

78. De todos esos motivos iremos hallando el paralelo en el *Secretum;* ahora, nótese solo que el «sponte degenerans» de la carta nos lleva a los pasajes del diálogo, recién comentados, en torno al «sponte corruere», «innumerabiles sponte prolapsos» (38), etc., y donde también se recurre a la imagen primaria de la epístola: «ad tollendumque se se altius», «ad id, quo vestra suspirat intentio, ascensum ...» (34).

79. Cf. *De otio religioso*, pág. 44: «quod sibi contingere posse quis miretur, cum contigerit Augustino, quod ex *Confessionibus* suis constat, et iam ante contigisset Antonio...?»; y vid. abajo, n. 80.

la *Familiar* y nuestro libro primero se suponen mutuamente, respondiendo como responden al mismo designio de recrear una autobiografía calcada sobre la aventura agustiniana.

Justamente en ese sentido van las líneas siguientes. El Padre podía haber sacado a colación muchos otros ejemplos del valor de una «alta ... meditatio» y el poder de una voluntad plena, pero consideró que bastaría esbozar la peripecia entrañable del jardín milanés: «unico tamen eoque domestico exemplo contentus fui» (42). En cierta misiva, Petrarca había apuntado: «Me quidem nichil est quod moveat quantum exempla clarorum hominum»; como máximo y definitivo testimonio de la fuerza de los ejemplos, mencionaba nada más y nada menos que el caso de Agustín, exaltado ante el temple de Victorino e inducido a consultar la Sagrada Escritura, «ficus ... sub umbra», por haber oído que la conversión de Antonio había resultado de una lectura casual del Evangelio: «quem vite callem arriperet diutissime fluctuanti Augustino, et Antonii Egiptii et Victorini rethoris ac martyris profuit exemplum, nec non et illorum duorum in rebus agentium apud Treveros repentina conversio»; y concluía el humanista: «video enim quam multis exempla contulerint ad virtutem, et quid in me agam sentio».[80] Con tales antecedentes, claro es que Francesco debía aplaudir el recurso al «domestico exemplo» de Agustín, y que había de llegarle a lo hondo,

> eo presertim quia, licet per maximis intervallis, quanta inter naufragum et portus tuta tenentem, interque felicem et miserum esse solent, quale quale tamen inter procellas meas fluctuationis tue vestigium recognosco. Ex quo fit ut, quotiens *Confessionum* tuarum libros lego, inter duos contrarios affectus, spem videlicet et metum, letis non sine lacrimis interdum legere me arbitrer non alienam sed propriam mee peregrinationis historiam (42).

La revelación es extraordinariamente instructiva, según vamos a señalar. Pero antes conviene tener presentes unas frases del *De otio religioso*. En las vacilaciones del espíritu —cuenta Petrarca—, las *Confessiones* lo empujaron «ad amorem veri»;

---

80. *Familiares*, VI, IV, 3, 13 y 14; y cf. *Seniles*, VIII, VI, pág. 929.

y no dejaría de salirle un libro parejo si pusiera por escrito esas vacilaciones: «inter fluctuationes meas, quas si percurrere cepero et michi confessionum liber ingens ordiendus erit, Augustini *Confessionum* liber obvius fuit».[81] ¿Acaso el *Secretum* no responde en buena medida a semejante planteo? En el diálogo, Francesco hallaba «inter procellas» un rastro de la «fluctuatio» agustiniana[82] y, por lo mismo, leía las *Confessiones* como propias; en el *De otio religioso,* pensaba en narrar sus «fluctuationes» en una obra gemela de las *Confessiones.* ¿No será el *Secretum* esa obra, la forma en que acabó por cuajar el proyecto todavía difusamente concebido en el *De otio?* El primitivo *De otio* es de 1347; el relato de la ascensión al Ventoux, indisociable de nuestro diálogo, como ya se ha visto y se comprobará más por largo, se escribió hacia mediados de 1353. Con un mínimo de rigor, no puede atribuirse al azar que el códice Laurenziano dé 1347 y 1353 como fechas extremas en la redacción del *Secretum.*

Esa red de coincidencias (*Secretum*; *Familiares*, IV, I, y VI, IV; *De otio religioso*) nos introduce en el corazón de la leyenda agustiniana de Petrarca, amorosamente mimada por el poeta. Y los textos de que partíamos acaban de precisarnos cómo ha de entenderse el desdoblamiento del autor en los dos interlocutores del *Secretum.* En primer término, el Agustín de antaño se equipara al Francesco de hogaño; y, en consecuencia, pese al mar de dudas en que malvive, Francesco puede prometerse esperanzadamente un futuro similar al de Agustín («correctionis et venie *spes certa* portenditur»).[83] Después, el cotejo entre la conversión a la sombra de la higuera y la coronación con el ramo del laurel simboliza a la vez una confluencia y una disparidad

---

81. *De otio religioso,* pág. 104.
82. Para *fluctuatio* y *fluctuare* en las *Confessiones,* cf. P. Courcelle, *op. cit.,* págs. 96 y 478 (añádase VIII, x, 23). Petrarca gusta tanto de utilizar el sustantivo y el verbo a propósito del Santo (cf. también *De otio religioso,* pág. 66: «quisquis Augustinum similiter fluctuatum in *Confessionibus* eius adverterit») como a propósito de sí mismo, cuando se sitúa en un contexto agustiniano (*Secretum*, I, 68: «mira fluctuatione»; *Familiares,* II, ix, 17: «Voluntates mee fluctuant ...»); vid., además, abajo, pág. 120.
83. Cf. también N. Iliescu, *Il «Canzoniere» petrarchesco e Sant' Agostino,* pág. 107.

biográficas. Por fin, simétricamente, es el Francesco de hogaño quien se equipara al Agustín de antaño y suspira por alcanzar el puerto que luego alcanzó Agustín. Nos enfrentamos, pues, con un sutil intercambio de personalidades y un cruce efectista de planos temporales, con un juego de espejos cuyas imágenes se reflejan al través de los tiempos. Agustín fue lo que es Francesco, Francesco puede y debe ser lo que es Agustín. Cada uno, sin ceder en individualidad, contiene al otro en cierta manera: en una etapa distinta de su trayectoria. Y así vemos encarnado humanamente lo que nos sugería conceptualmente el careo del *Secretum* con otras piezas del *corpus* petrarquesco: en el acusador estoico y el acusado peripatético [84] dialogan también el Petrarca de hacia 1350 y el Petrarca de 1342, los ideales del presente y las amarguras del pasado, con una tensión de concordancia y diversidad, de planos cronológicos contrapuestos, equivalente a la que en las últimas páginas analizadas se establece entre las biografías de Agustín y Francesco. Una mano maestra organiza harmónicamente todos los factores del diálogo.

Ese momento de máxima identificación entre el Santo y el poeta marca nuevos rumbos al diálogo. Francesco decide seguir a Agustín por encima de cualquier obstáculo, sin discusiones.[85]

---

84. Ya sabemos que estoicismo y peripatetismo son solo dos aspectos de un más amplio sistema de valores; cf. arriba, págs. 48 sigs.

85. «Haud hoc postulo —replica el Padre—. Sicut enim quod doctissimus quidam ait: 'Nimium altercando veritas amittitur', sic ad verum multos sepe perducit modesta contentio» (42). En los *Rerum memorandarum*, II, 91, se cita ese verso entre otros también tomados de las *Saturnales*, II, VII, 10-11, y calificados (de acuerdo con Macrobio y Gelio, *Noches áticas*, XVII, XIV) como «Publii sentenție»; igualmente, en el *De sui ipsius et multorum ignorantia*, en *Prose*, pág. 736, se aduce en tanto «ille Publii mimus». Pero en *Familiares*, I, VII, 3, se dice ser «Varronis proverbium». Y es obvio que a Varrón se le atribuye en el *Secretum*, pues Petrarca no llamaría «doctissimus» a Publilio Siro («Publius quidam», v.gr., en *Familiares*, VI, I, 1), y sí, en cambio, solía llamárselo a Varrón: cf. «de Marco Varrone, Romanorum omnium longe doctissimo» (*Collatio laureationis*, II, 8, ed. C. Godi, pág. 14); «vir doctissimus Varro ... sine ulla dubitatione» (*Rerum memorandarum*, I, 14, citando a Agustín y Cicerón); «cum de Varrone prope nichil appareat, doctorum tamen omnium consensu doctissimus Varro est» (*Familiares*, XXIV, VI, 5), etc. La *Familiar* I, VII, se compuso en 1350 o 1351, según mostró Billanovich, *Petrarca letterato*, I, págs. 49 y sigs., y el *Secretum* nos lleva sin dificultad a 1347-1353. Según ello, Petrarca se atendría primero, en los *Rerum memorandarum*, a la atribución de Macrobio y Gelio; después, una fuente desconocida (no las *Sententiae Varro-*

Uno diría que el recuerdo de la escena del huerto milanés lo ha mudado, como mudó al mismo Agustín y al fingido alpinista del Ventoux, abriéndole horizontes, dándole una inédita acuidad: ahora siente vívidamente cuanto antes dudaba o no entendía, ahora se empapa en «la coscienza di aver volontariamente peccato» e intuye «che il destino della propria esistenza dipende dal più intimo atto della propria anima, la volontà».[86] La convicción recién ganada de que el poder es consecuencia del querer lo sume en un asombro retrospectivo: «noluisse hactenus quod semper voluisse crediderat!» Pero el Santo, para liquidar el asunto, dispone todavía de una baza: «fateor et ipse te voluisse nonnunquam». ¿Por qué entonces el poder no ha seguido al querer? Páginas atrás, la polémica es cifraba en una diferencia —real o supuesta— de conceptos (*cadere/iacere, non posse/nolle*) o de tiempos verbales (*velle/voluisse*); aquí, el problema se resuelve en un matiz léxico (pero de capitales implicaciones para el ánimo) formulado con términos de las *Pónticas* (III, 1, 35).[87] «An non succurrit illud Ovidii:

velle parum est; cupias, ut re potiaris, oportet?»

Francesco concuerda, con una salvedad: «Intelligo, sed et desiderasse putabam». Y el Padre dictamina rotundamente: «Fallebaris» (44). Exactamente otro tanto se decía Petrarca a sí

---

nis, como creía Sabbadini [cf. U. Bosco, «Il Petrarca e l'umanesimo filologico», págs. 72-73, n. 1], sino alguna otra colección de las que dieron al verso gran popularidad: vid. H. Walther, *Carmina medii aevi posterioris latina*, II: *Proverbia sententiaeque latinitatis medii aevi*, II/3 [Gotinga, 1965], núm. 16.932) lo induciría a ahijar el dicho a Varrón, en la carta y en el diálogo; por fin, sin que podamos explicar la razón (que quizá tuvo que ver con su anhelante búsqueda hasta de los mínimos retazos varronianos: cf. G. Billanovich, «Petrarca e Cicerone», en *Miscellanea Giovanni Mercati*, IV [Ciudad del Vaticano, 1946], págs. 103-105, y *Un nuovo esempio delle scoperte e delle letture del Petrarca*, Krefeld, 1954, págs. 41, 44), dejó de confiar en la fuente en cuestión y, en el *De ignorantia*, volvió a la autoridad de Macrobio y Gelio. Esa hipótesis me parece más plausible que la que forzaría a deducir la fecha tradicional del *Secretum*: un inexplicable ir alternando la atribución de Varrón a Publilio Siro.
 86. F. Tateo, *op. cit.*, págs. 27-28 (y cf. 29-30).
 87. Con todo, Petrarca quizá se acordaba, además, del *De civitate Dei*, XIV, VIII, donde, al explicar que los estoicos hacen que el sabio responda a las perturbaciones del deseo con la voluntad, se examina y ejemplifica el distinto valor de *velle* y *cupere*.

mismo en la subida al Ventoux: para alcanzar la vida beata, hay que ir elevándose paso a paso, «de virtute in virtutem»; e «in summo finis est omnium et vie terminus ad quem peregrinatio nostra disponitur.[88] Eo pervenire volunt omnes, sed, ut ait Naso,

velle parum est; cupias, ut re potiaris, oportet.

Tu certe —nisi, ut in multis, in hoc quoque te fallis— non solum vis sed etiam cupis. Quid ergo te retinet?» (§ 13). En la epístola y en el diálogo la línea del pensamiento es una sola: la intensidad del deseo decide el logro o el fracaso (según explica Ovidio); pero siempre amenaza el engaño cuando se trata de aquilatar tal intensidad: Petrarca así lo temía en el Ventoux, y Agustín así se lo confirma a Francesco; si en el *Secretum* quedaba claro que el poeta erraba a multitud de propósitos, la *Familiar* deja constancia de que se engaña «in multis»: y si poco después, ya en la cima del monte, Petrarca iba a hallar respuesta al «quid ... te retinet?» gracias a las *Confessiones,* también en el coloquio Agustín contestará pronto a la misma pregunta.

Por el momento, Francesco acepta el dictamen de Agustín. Mas al Padre no le basta un «credo» dicho quizás antes por respeto que por convencimiento: quiere que la certeza de no haber aspirado a la salvación con el empeño requerido sea para el poeta una vivencia, no un vano asentir a la autoridad, y para lograrlo le anima a consultar a la conciencia, «optima virtutis [89] interpres ..., infalibilis et verax ... operum cogitationumque pensatrix». Es una nueva llamada a la interioridad, solidaria de la larga cadena de exhortaciones a penetrar en lo más hondo de sí mismo, a volverse hacia sí y huir de toda dispersión, que constituye uno de los temas primarios del *Secretum.* Desde luego, no cabe invitación más agustiniana («noli foras ire, in te

---

88. Un pasaje del *De otio religioso,* pág. 92, arroja luz sobre ese texto y el símbolo central de la carta: «ad Deum per virtutes nitimur; sic equidem dictum est [Salmos, LXXXIII, 8]: 'Ibunt de virtute in virtutem; videbitur Deus deorum in Syon'. Virtus semita, Deus finis videndus in Syon, quem 'montem sanctum' Scriptura teste [Salmos, II, 6, etc.] didicimus, ut sciamus ad hanc beatificam visionem ascensu animi et sacris atque altis cogitationibus opus esse».

89. «Cosi il codice Laurenziano; altri codici hanno 'veritatis'», anota Carrara, 44, n. 2.

ipsum redi, in interiore homine habitat veritas»;[90] «intus ipsi menti praesidentem consulimus veritatem»,[91] etc.), más pertinente y harmónica (en tanto brinda un doble contrapunto al diálogo, presenciado por la Verdad superior, silenciosa, y confirmado por la íntima verdad), ni tampoco más efectiva. Pues la luz de la conciencia ilumina al punto a Francesco: «Nichil enim unquam clarius intellexi quam nunquam me satis ardenter optasse libertatem et miseriarum finem» (44).

Por supuesto —comenta el Padre—, quien «ardenter cupit» (*ibid.*) no regateará esfuerzos para alcanzar la meta ambicionada. En el dominio de que se trata, «optare» implica ir abriéndose camino por una senda fatigosa,[92] porque semejante «desiderium» tiene una cara positiva y una cruz negativa, se nutre tanto de asunciones cuanto de renuncias. Hay que extinguir todo deseo distinto del de la suma felicidad, pues solo así puede amársela por sí misma.[93] Pero ¡qué pocos lo consiguen! Pocos, ciertamente,

---

90. *De vera religione,* XXXIX, 72. En el Parisino latino 2.201, fol. 95, al margen de esa frase, Petrarca anotó: «Seneca»; cf. F. Rico, «Petrarca y el *De vera religione*», nota al núm. 151.

91. *De magistro,* XI, 38. Cf. P. P. Gerosa, *Umanesimo cristiano del Petrarca,* Turín, 1966, pág. 353; A. Tripet, *Pétrarque ou la connaissance de soi,* págs. 62-63, 73 y *passim.*

92. «Iter laboriosum»; cf. *Familiares,* IV, I, 13: «arcta, ut aiunt [Mateo, VII, 14], ad illam [vitam beatam] ducit via»; XII, III, 5-7; pág. 163.

93. «*Aug.* —Nulli potest desiderium hoc absolute contingere nisi qui omnibus aliis desideriis finem fecit. Iam intelligis quam multa et varia sunt que optantur in vita, que prius omnia nichili pendenda sunt, ut sic ad concupiscentiam summe felicitatis ascendas, quam profecto minus amat qui secum aliquid amat, quod non propter ipsam amat. *Franc.* —Agnosco sententiam» (46). Comenta aquí Carrara, 46, n. 1: «è l'opinione di Platone che il Petrarca conosceva direttamente —attraverso traduzioni latine di alcune opere— o indirettamente, soprattutto attraverso l'opera di Cicerone». Pero más bien creo que Petrarca piensa en algún texto muy concreto, que no he sabido localizar. La tal «sententia» podría ser perfectamente del San Agustín que escribe que nada debe amarse por sí mismo, sino por Dios («quod enim propter se diligendum est, in eo constituitur vita beata», etc., *De doctrina christiana,* I, XXII, 20, etc.); asiente al dictado de Platón respecto al sumo bien, «quo referentes omnia quae agimus, et quod non propter aliud, sed propter se ipsum appetentes, idque adispicentes, nihil quo beati simus, ulterius requiramus: ideo quippe et finis est dictus, quia propter hunc caetera volumus, ipsum autem nonnisi propter ipsum» (*De civitate Dei,* VIII, VIII); o define que «illud enim est finis boni nostri, propter quod appetenda sunt caetera, ipsum autem propter seipsum» (*ibidem,* XIX, I, 1). También cabe que el humanista recordara la doctrina del sumo bien expuesta en el *De consolatione Philosophiae,* v.gr., III,

saben imponerse el freno de la razón [94] y proclamar que nada tienen en común con el cuerpo («nil ... comune cum corpore»), con las cosas visibles,[95] que se desviven por otras más altas.[96] En el mejor de los casos, cuando se acallan las pasiones, en la misma medida en que el alma puja por remontarse al cielo, el cuerpo y las tentaciones la inclinan a la tierra: y los hombres se desgarran entre impulsos opuestos.[97] ¿Cómo elevar «ad supera», a la visión de lo eterno, un «integer animus»? Agustín no cesa de repetirlo: «Ad hunc terminum profecto meditatio illa perducit, quam primo loco nominaveram, cum mortalitatis vestre recordatione continua» (46-48).[98]

Es una bella página. Engarzada exactamente en el centro del libro primero, toma y desarrolla el motivo del *incipit* («ad ... componendum ... animum ... nichil efficacius ... quam ... meditationem mortis»), para pasar a ilustrarlo, y anticipa la sustancia del *explicit* (en torno a la lucha de alma y cuerpo, a la

---

II, 2 («Id autem est bonum, quo quis adepto nihil ulterius desiderare queat»); x, 7 y sigs., etc. Vid. abajo, pág. 271, n. 75.

94. Sobre el «frenum rationis», cf. más abajo, págs. 102, 157, 237, 271, y K. Heitmann, *Fortuna und Virtus*, pág. 136.

95. «Que videntur cunta sordescunt», en el ms. Laurenziano, fol. 212, y en la edición de Carrara (46); «iucunda cunta», en las antiguas *Opera omnia*. Lo primero encaja mejor en el contexto, pero también podría ser un error de copia, por haplología.

96. «Ad feliciora suspiro» (46). Cf. *Psalmi penitentiales*, II, 16: «Lugeam penitens de commissis, ad feliciora suspirem ...»

97. «Necesse enim est ut, quantum animus ad celum propria nobilitate subvehitur, tanto mole corporea et terrenis pregravetur illecebris; ita, dum et ascendere et in imis permanere cupitis, neutrum impletis in alterna distracti». Para la primera parte del período, cf. abajo el comentario sobre I, 64-68 (y compárese el texto de *Familiares*, IV, 1, 32, aducido antes, pág. 74). La segunda parte nos recuerda el motivo del *cadere* y el *iacere*, con su correlato en las *Confessiones* (cf. mis págs. 65-71), e incide en el tema central, enunciado en el título, del «conflictus curarum».

98. Solo el pasaje en cuestión podría ofrecer algún asidero a la teoría de D. Phillips, «Petrarch's Doctrine of Meditation», pág. 274, según la cual «by meditation on death Petrarch meant consideration of the essential meaning of life. This meaning was contained in truth about the soul itself». Pero nótese que la presente disquisición aconseja la «cogitatio mortis», sin más trámite, como paso «ad supera», mientras las posteriores observaciones sobre el alma (64-68) buscan solo explicar los obstáculos con que tropieza tal «cogitatio», y no son un fin en sí mismas; si a algo va unida la meditación de la muerte y de la miseria humana es a la contemplación de los misterios divinos, según aquí se apunta y aclara el diálogo segundo (98), a la confianza en la misericordia del Señor y al conocimiento de sí.

incapacidad de ver con el espíritu, no con los sentidos). No podemos por menos que recordar el *Fedón,* allí donde Sócrates pinta la vida del sabio como una progresiva aproximación al supremo bien desligando el alma de la comunidad con el cuerpo (ἀπολύων ... τὴν ψυχὴν ἀπό τῆς τοῦ σώματος κοινωνίας = «absolvens ... animam a corporis communione», 65*a*),[99] encerrándose en la inteligencia y despreciando cuanto se puede captar con los ojos (66*a*), haciendo de la existencia un aprendizaje para morir ἀποθνῄσκειν μελετῶσι= «defungi student», 67 *e*), una «meditatio mortis» (80 *e*).[100] En cualquier caso, si también resuenan ecos estoicos, agustinianos, bíblicos, el tono de la página es predominante e inequívocamente platónico.[101]

Pero he aquí que ya se ha sembrado el germen de una «nova

---

99. El texto latino es el editado por L. Minio-Paluello, en *Corpus Platonicum Medii Aevi: Plato Latinus,* II, Londres, 1950.

100. Una suerte de resumen de todo ello traen las *Tusculanas,* I, xxx, 72 y sigs., lugar que Petrarca cita en el libro III, 210. Y pareja concatenación de ideas sugería el *De vera religione* (cf. arriba, pág. 41, n. 10, y abajo, páginas 185-186). Con todo, no es imposible que Petrarca tuviera en cuenta precisamente el *Fedón* (al que quizá tuvo acceso, siquiera pasajeramente, en otro manuscrito distinto del estudiado por L. Minio-Paluello, «Il *Fedone* latino con note autografe del Petrarca», en *Rendiconti della Classe di Scienze morali, storiche e filologiche, Accademia nazionale dei Lincei,* VIII, iv [1949], páginas 107-113). Compárese la cita explícita que en el *De otio religioso,* pág. 65, se inserta en unos párrafos de desarrollo muy próximo a nuestro texto: «pondus carnis sordidum et grave animam miseram imbecillem mole sua premit et suffocat ... Tale est illud philosophicum Ciceronis sexto *Rei p.* de animi ad celum ascensu agili: 'id enim' inquit 'ocius faciet, si iantamen cum erit inclusus in corpore eminebit foras et ea que extra erunt contemplans quam maxime se a corpore abstrahet'. Tale est quod et disiungi a corporibus et ea tanquam peregrini incolere iubemur. Tale demum est universale platonicum illud in *Phedrone,* 'nil aliud esse philosophiam nisi meditationem moriendi': ubi due designantur mortes, altera nature, virtutis altera; quarum primam nec ullatenus arccessendam nec timendan, sed equo animo expectandam dicunt, secundam vero omni studio appetendam, quo genere moriendi vestri precipue usi sunt, voluptatum et cupidinum omnium obliti, ita viventes in corpore quasi iam membrorum ergastulo evasissent ...» (nótese que, para mayor concomitancia, no falta aquí ni un paralelo del «qui omnes cupiditates extinxerit» del *Secretum,* 46). Claro que en el pasaje del *De otio* Petrarca sigue de cerca el comento de Macrobio al *Somnium* ciceroniano, I, xiii, 5-8, pero ello no impide que en nuestro diálogo se remontara más o menos directamente al original platónico: al contrario, los contactos del *Secretum* con el *Fedón* se destacan al confrontar los textos paralelos del *De otio* escritos a zaga de Macrobio.

101. Aparte lo apuntado en las notas anteriores, remito a más abajo, págs. 88-89, 108-110, 115-116.

lis». Francesco (aunque, escarmentado, anteponga la misma prudente salvaguardia que en el Ventoux: «Nisi et hic fallor») cree cultivar a menudo la meditación que le recomienda Agustín y se admira de que pueda pensarse otra cosa: «Ergo ego de morte non cogito?» La respuesta a tal interrogante no se anda con rodeos: «Perraro quidem, idque tam segniter, ut in imum calamitatis fundum cogitatio ipsa non penetret». Y el «Contra credideram» del poeta se ataja con un diagnóstico sin atenuantes: «Non quid credideris, sed quid credere debueris attendo» (48). Podemos asegurar que el Petrarca real sentía la angustia de alcanzar ese *debe ser* propuesto por el Padre. Pues en una plegaria suya, que en el manuscrito del *De vera religione* lleva la fecha de 1335 (1 de junio) y en otros códices se intitula *Oratio quotidiana,* justamente pide a Cristo la gracia de un reflexionar sobre la muerte que le llegue hasta las mismas entrañas: «meditationem exitus mei precordiis meis immite».[102] La meditación, leemos en el *Secretum,* ha de entrar «in ossibus ipsis ac medullis» (28), «in imum ... fundum»: el paralelismo con la *Oratio* («precordiis meis») no puede ser más evidente, ni cabe mejor prueba de que el diálogo da en ocasiones un trabajado eco literario a problemas espirituales que para el auténtico Petrarca fueron de primera importancia. Desde luego, no hay duda de que la *cogitatio de morte* se contaba entre ellos. Si en 1335 el humanista le concedía un puesto destacado en la súplica *quotidiana,* en 1370 (4 de abril) le reservaba nada menos que el lugar de honor en la introducción de su testamento: «Sepe de eo mecum cogitans ..., de novissimis scilicet ac de morte, que cogitatio neque superflua esse potest neque nimium festina, cum et mors omnibus certa sit et hora mortis incerta ...».[103] Entre ambos extremos (y para aducir solo testimonios íntimos o casi íntimos, no destinados a ningún amplio círculo de lectores),[104]

---

102. Ed. L. Delisle, «Notice sur un livre...», pág. 398.
103. *Apud* T. E. Mommsen, *Petrarch's Testament*, Ithaca, N. Y., 1957, pág. 68.
104. Con todo, no cabe olvidar ahora (pues es el único momento del *Secretum* en que el tema va unido a una indicación cronológica) el reproche de Agustín a Francesco en nuestro libro tercero, 150: «Meministi quantus in illa etate [= infantia pueritiaque] timor Dei, quanta mortis cogitatio ...?» Cf. mi comento *ad locum* y la siguiente nota 144b.

apostillaba el catálogo de las miserias humanas compilado por Plinio con una exclamación no sospechosa de insinceridad: «Audi, superbe amens *moriture*!» [105] De la juventud a la vejez, pues, Petrarca tuvo siempre la «cogitatio mortis» como práctica e ideal en continua exigencia de perfeccionamiento.

Precisamente el *Secretum* prosigue fijando la meta de esa meditación. En la métrica *Ad seipsum* (I, XIV, 53-55) se lee:

... qui meminisse putat se
mortis et impavido spectasse novissima vultu,
fallitur aut furit ...

Y ahora se puntualiza que si la conciencia de Francesco no le muestra haberse engañado al apreciar la frecuencia y profundidad de sus cavilaciones sobre el morir, habrá que atribuirlo a un confuso planteo de la cuestión. Agustín va a intentar corregirlo, en párrafos de elaborada retórica que contrastan con la concisión y rapidez del coloquio que los introduce (48). Nadie —explica el Santo— puede escapar a la evidencia de la fragilidad humana: [106] a diario la atestiguan el dolor y las fiebres,[107] los entierros de los amigos (de nuestra edad o, sobre todo, más jóvenes, más robustos, más hermosos).[108] ¿Quién, ante semejante

105. En *Pétrarque et l'humanisme*, II, pág. 73.
106. «Nemo tan demens est, nisi sit idem prorsus insanus, cui non interdum conditio proprie fragilitatis occurrat; qui non, si interrogetur, respondeat se esse mortalem et caducum habitare corpusculum» (48). Cf. *De otio religioso*, 38, 64: «En fragilitas nostra ante oculos nostros semper; nichil agimus quod non nos humane conditionis admoneat atque miserie ...», «fragilitas quidem adest nota omnibus nisi dissimulent»; *Familiares*, VIII, IV, 14 y 17: «Sensit in se quisquam ... quam caducum corpus inhabitet ..., nemo est, qui non se mortalem sciat ...», «si ratio non movet, moveant nos exempla, que undique vel nolentibus oculis se offerunt et vel exclusa se ingerunt, vel admissa precordiis insident, nec facile nisi contemptu impio et oblivione mortifera divelluntur» (son párrafos introducidos en la corrección alfa, ausentes del original gamma).
107. «Id enim et membrorum dolor et febrium tentamenta testantur ...» (48). Dolor corporal y fiebres iban frecuentemente emparejados en la tradición de los repertorios en torno a la miseria humana (tema a que nos referiremos más adelante); así en el Pseudo Anselmo (Roger de Caen), *Carmen de mundi contemptu*, en PL, CLVIII, col. 703: «nos capitis laterumque dolor febrisque fatigat», etc.
108. La mención de los frecuentes entierros y, al poco, de las pestes que trae el aire insano («ex funeribus amicorum, que assidue preter oculos vestros eunt», 48; «celi pestilentis afflatus», 50) nos evoca la métrica *Ad seipsum*

espectáculo, va a prometerse la inmunidad? La muerte no perdona a emperadores, reyes, ni magnates,[109] y comprobarlo sobrecoge el corazón y obliga a pensar en el propio destino. Súmense a ello la saña de bestias y hombres, las guerras, las ruinas,[110] los torbellinos, las pestes, los peligros de la tierra y del mar... ¿Dónde volver los ojos sin hallar una imagen de la muerte?[111]

A Francesco se le antoja que todo ello no hace sino confirmar cuanto él mismo opina («nullus hominum crebrius in has revolvitur curas», 48), e, impaciente, interrumpe al Padre a deshora. A deshora, porque falta ni más ni menos que la conclusión: aunque abunden los acicates externos, «paucos invenies sat pro-

---

(I, XIV): «Funera crebra quidem, quocunque paventia flecto / lumina, conturbat aciem» (7-8); «hic pestifer annus ... mortique favet densissimus aer» (20, 22). La coincidencia (y cf. también pág. 84) nos llevaría a ver en el *Secretum* un recuerdo de la plaga de 1348, si estuviéramos seguros de ser la *Ad seipsum* posterior a esa fecha (y personalmente tengo algunas reservas al propósito, pese a G. Ponte, «Datazione e significato dell'epistola metrica *Ad seipsum*», en *RLI*, LXV [1961], págs. 453-463); hacia ahí inclinan más bien los contactos con *Familiares*, VIII, VI y VII (notas 106, 111, 165). Vid. además Séneca, *Ad Polybium*, XI, 1: «Cotidie praeter oculos nostros transeunt notorum ignotorumque funera...»

109. Al aducir la muerte de los poderosos, Petrarca fija la atención en un solo caso ejemplar: los disturbios populares que marcaron las exequias de César, según contaba Suetonio, *Caesar*, 84-85.

110. «Accedunt et magnarum edium ruine, quas bene quidam ait olim tutelam hominum fuisse, nunc esse periculum» (50). No acierto a determinar a quién cita Petrarca aquí (y tal vez tiene presente también en *Seniles*, XV, III, pág. 1.032: «quae ad tutelam humani generis facta erat, ad eiusdem excidium versa est»). En cualquier caso, al mismo autor o a otro relacionado con él recordaría F. de Quevedo, *Obra poética*, ed. J. M. Blecua, I (Madrid, 1969), «Roma antigua y moderna», núm. 137, vv. 58-59, 74-76: «pues, vencidos del tiempo y mal seguros, / peligros son los que antes fueron muros»; «hoy ruinas desiguales / ... ya caducan y, mortales, / amenazan donde antes admiraron».

111. «... quibus undique circumsepti non potestis oculos advertere, ubi non eis occurrat proprie mortalitatis effigies» (50). Como remate del parlamento de Agustín, rico en cláusulas paralelas, en repeticiones de creciente tensión, en juegos fonéticos («tentamenta testantur», 48; «belluarum furor ... rabiesque bellorum», 50), Petrarca introduce un calco de los versos (citados en II, 104) que en la *Eneida*, II, 368-369, cierran la descripción del estrago de Troya: «crudelis ubique / luctus, ubique pavor et plurima mortis imago» (cf. también Ovidio, *Tristes*, I, XI, 23: «Quocumque adspicio, nihil est, nisi mortis imago»; y Séneca, *Ad Lucilium*, XII, 1). Igualmente en *Familiares*, VIII, VII, 1, a propósito del año de la peste, escribe: «quonam vertar? undique dolor, terror undique. In me uno videas quod de tanta urbe apud Virgilium legisti, nam 'crudelis ... imago'».

funde cogitantes esse sibi necessario moriendum» (50). Pocos, pues —salta el humanista—, conocen la «diffinitio hominis», pese a que de puro repetida fatiga los oídos y aun las columnas de las escuelas. Agustín no desaprovecha tan bonita oportunidad de lanzar una andanada contra la dialéctica del escolasticismo coetáneo, blanco siempre expuesto a los dardos de Petrarca; más concretamente: contra los lógicos 'moderni', prole ockhamista, amamantada en Oxford y París, que hacía 1350 se infiltraba en Italia.[112] Censura la «dyaleticorum garrulitas», alimentada en insulsos manuales, orgullosa e ignorante, incapaz de ir más allá de un tópico mal aprendido. La diatriba contra los terministas cobra acentos bíblicos: «Quid semper frustra laboratis, ah miseri, et inanis tendiculis exercetis ingenium?»[113] ¿Por qué (y ahora se escucha al fondo la voz de filósofos ilustres), olvidando la realidad en favor de las palabras, envejecéis en niñerías?[114] ¡Si por lo menos el mal no saliera de vosotros, en vez de

---

112. El asunto ha sido tratado reiteradamente: cf. solo G. Gentile, «La filosofia del Petrarca», en sus *Studi sul Rinascimento*, Florencia, 1936², páginas 13-17; P. O. Kristeller, «Il Petrarca, l'umanesimo e la scolastica», *Lettere italiane*, VII (1955), págs. 367-388, y *Eight Philosophers of the Italian Renaissance*, Stanford, 1966, págs. 16-18 (aparte otras obras suyas); G. Saitta, *L'umanesimo*, Florencia, 1961², págs. 73-117; P. P. Gerosa, *Umanesimo cristiano del Petrarca*, págs. 180-245. Pero ha sido Eugenio Garin (a quien ya se debían importantes sugerencias, en *L'umanesimo italiano*, Bari, 1965, págs. 29-35, y en otros lugares) el estudioso que mejor ha precisado la filiación de los «dialécticos» atacados por Petrarca y el contexto intelectual italiano en que se da la polémica: vid. en particular «La cultura fiorentina nella seconda metà del 300 e i *barbari britanni*», en la *Rassegna della letteratura italiana*, LXIV (1960), págs. 185-187 (y compárese C. Vasoli, *La dialettica e la retorica dell'Umanesimo*, Milán, 1968, págs. 9-12, e «Intorno al Petrarca e ai *logici moderni*», en *Antiqui und moderni*, ed. A. Zimmermann, Berlín-Nueva York, 1974, págs. 142-154). Ahí, Garin señala una serie de *Familiares* (I, II, VII, XII; X, V; XVI, XIV) donde la discusión se intensifica: pues bien, esas cartas son de 1350-1353 y coinciden esencial y literalmente con nuestro pasaje del *Secretum*, como ya se ha visto y aún se comprobará.

113. Cf. Job, IX, 29 («Quare frustra laboravi?») y XXXIX, 16. Por otro lado, véase, v.gr., *Familiares*, I, II, 18: «Respice et hos qui in altercationibus et cavillationibus dyaleticis totum vite tempus expendunt seque inanibus semper questiunculis exagitant ...»

114. «Quid, obliti rerum, inter verba senescitis, atque inter pueriles ineptias albicantibus comis et rugosa fronte versamini?» (52). Es tema favorito de Petrarca, en buena parte llegado de Calcidio, *Comentario al Timeo*, CCIX (*CPMA*, IV, pág. 226): «Hos Aristoteles 'senes pueros' vocat, quod mens eorum a mente puerili minime differat» (vid. E. Garin, «La cultura fiorentina...»,

corromper a tantos jóvenes de talento![115] Claro es que quienes practican tal «studiorum monstrum» no saben lo que dicen cuando repiten «hominem ... esse animal ... rationale ... mortale».[116] El Santo [117] lo explica de suerte que proporciona una excelente ilustración a una de las creencias más caras a Petrarca: ningún saber es digno de tal nombre si no desemboca en la práctica de la virtud, ninguna lectura vale la pena si no nos hace mejores.[118]

---

pág. 187, y «Medio evo e tempi bui...», en *Concetto, storia, mitti e immagini del Medio Evo*, ed. V. Branca, Florencia, 1973, pág. 213). Cf., así, *Rerum memorandarum*, III, 47, 3 («Quid nunc diceres, Domiti, quando philosophia posthabita et neglecta, garrulitatem pro virtutes sectantes omnes se certatim ad dyaleticam transtulerunt, nec pudet in puerilibus senescere sapientie studium professos?»); *Familiares*, I, vii («Contra senes dyaleticos»), 15-18; *Invective contra medicum*, págs. 52, 53 («ut eas didicisse laudabile, sic in eisdem senescere puerile est»; «et que stultitia maior quam totos dies inter puerilia volutari senem...?»); y abajo, págs. 138, 363, 384-385, 424, 435-436, 503 sigs.

115. «Vobis utinam solis vestra noceret insania, et non nobilissima sepe adolescentium ingenia corrupisset!» (52). Cf. *Seniles*, XII, ii, pág. 1.008: «stomachosum illud ergo Parisiense et Oxomiense [*sic*], quod mille iam destruxit ingenia».

116. Petrarca aduce también esa célebre definición en las *Invective contra medicum*, pág. 71, y en el *De remediis*, II, cxvii, pág. 233 (*Metus*. —«Timeo mori». *Ratio*. —«Mori times, animal rationale mortale, atqui si primum vere esses, secundum, ut arbitror, non timeres ...»); pese a que su popularidad (vid. simplemente P. Delhaye, ed. G. de Saint Victor, *Microcosmus*, Lille-Gembloux, 1951, pág. 35, n.) no permite hablar de una «fuente» en concreto, la forma en que se incluye en el *Secretum* recuerda en particular el *De consolatione Philosophiae*, I, vi, 14-15. Nótese, por otro lado, que en las *Confessiones*, IV, xvi, 28, San Agustín señala la inutilidad de saber qué «est homo» según los predicamentos aristotélicos: «Quid hoc mihi proderat ...?»

117. Aquí parece haber una ligera inconsecuencia (que pudiera denunciar una relaboración en cuanto va de la pág. 50, «Paucis ergo ...», hasta la 54, «... paucos cognitionem aut meditationem ydoneam sortitos»; en el texto primitivo, en tal caso, el «paucos invenies sat profunde cogitantes» de Agustín enlazaría con el «Ego me hactenus ex paucis rebar» de Francesco, 54; pero la hipótesis no se impone). En efecto, ha sido Francesco quien ha advertido que, si no reflexionan sobre la muerte, es porque pocos conocen la definición del hombre; en cambio, ahora afirma: «Ita omnibus diffinitio nota est», y al Santo corresponde aclararle que conocerla equivale a cultivar la «cogitatio mortis». Parece como si Petrarca hubiera descuidado un poco la mecánica del diálogo, llevado por el ardor antiterminista. (Notaré, al paso, que Francesco juzga al Santo «dicendi studio evectus», 52, por la saña contra los dialécticos; cf. *Familiares*, XVI, xiv, 13 [de 1353], tratando la misma cuestión: «o si scires quantus me nunc urget impetus, quantus dicendi calor accendit ut de his copiosissime disseram ...»)

118. Aparte la bibliografía citada en la n. 112, cf. K. Heitmann, *Fortuna und Virtus*, págs. 113-115.

Pues entender la «veram de diffinitione hominis atque utilem scientiam» supone ver en la vieja proposición de las *summae* y las enciclopedias no un aserto teórico, sino una norma ética, una guía de la conducta: implica regirse por la razón y someterle los apetitos, para diferenciarse de los brutos;[119] exige no perder de vista ni un instante la certeza de que hay que morir, gobernarse por ella y, así, «peritura despiciens», suspirar por la plenitud de otra vida en que crecerá la razón y cesará la mortalidad (52).

Francesco —diga él lo que quiera— no es de los pocos que han conseguido esa madurez de conocimiento y meditación. Sin duda la experiencia y los libros[120] le han hecho pensar en la muerte más de una vez, pero no con la necesaria hondura y tenacidad. Las palabras de Agustín sobre los testimonios de la fragilidad humana (48-50) sugieren bien a qué tipo de experiencia se alude; y, por otra parte, abundan los textos en que Petrarca indica menos vagamente de qué libros se trata ahora. Así, en el *De otio religioso,* la cavilación sobre el morir se pone bajo la enseña del *Fedón* (a través de Macrobio) y en harmonía con las lecciones del Eclesiástico (VII, 40): «Nulla tamen utilior quam proprie mortis cogitatio; neque enim de nichilo dictum est: 'Memorare novissima tua et in eternum non peccabis'».[121] Las *Invective contra medicum* concuerdan explícitamente las enseñanzas profanas y religiosas, en unas líneas de parti-

---

119. «Siquem videris adeo ratione pollentem ut secundum eam vitam suam instituerit, ut sibi soli subiecerit appetitus, ut illius freno motus animi coherceat, ut intelligat se se per illam tantum a brutorum animantium feritate distingui, nec nisi quatenus ratione degit nomen hoc ipsum hominis mereri ...» (52). En ello se había venido insistiendo desde antiguo (cf., por ejemplo, San Agustín, *De ordine,* II, xi, 31, y F. Rico, *El pequeño mundo del hombre: varia fortuna de una idea en las letras españolas,* Madrid, 1970, pág. 85, etc.), y el Renacimiento lo glosaría una y otra vez (cf. G. Paparelli, *Feritas humanitas divinitas. Le componenti dell'umanesimo,* Messina-Florencia, 1960, capítulos I, II y IV, págs. 23-47, 67-72, en especial); en cambio, no recuerdo que se hubiera comentado de la forma en que lo hace Petrarca el «mortale» de la antigua «diffinitio» (cf. incluso el distinto enfoque —pese al tono moralizante— de San Bernardo, *De consideratione,* II, iv, 7, en *PL*, CLXXXII, col. 746).

120. Petrarca insiste a menudo sobre esa doble fuente de conocimiento: la «longa lectio» y la «experientia magistra»; cf. K. Heitmann, *Fortuna und Virtus,* págs. 109-110, y abajo, págs. 168, 185.

121. *De otio religioso,* págs. 65 (cit. en la n. 100) y 78.

cular interés, pues, como en el *Secretum,* son el corolario de una embestida contra los dialécticos que envejecen «inter puerilia», mientras «pro eterna vita, pro felicitate, pro gloria brevem hanc miseramque vitam alto animo pacisci, ea demum vera philosophia est, quam quidam nichil aliud nisi cogitationem mortis esse dixerunt. Que philosophie descriptio, quamvis a paganis inventa, cristianorum tamen est propria, quibus et huius vite contemptus et spes eterne et dissolutionis desiderium esse debet».[122] Era fácil, en efecto, conjugar a «paganos» (Platón, *Tusculanas,* Séneca...) y «cristianos» (del «memento mori» litúrgico al *De meditatione mortis* de Ruperto de Deutz, y aún más acá, según veremos). En las *Invective,* Petrarca tenía presente el «desiderium ... dissolvi et esse cum Christo» de la carta a los Filipenses (I, 23). Pero en las *Seniles* resulta más evidente que las principales autoridades al respecto, para nuestro humanista como para Ambrosio o Jerónimo,[123] eran el *Fedón* y la epístola primera a los Corintios (XV, 31): «Hec Platonis, hec post eum philosophorum excellentium doctrina est, qui philosophiam ipsam omnemque sapientium vitam meditationem mortis esse diffiniunt; quod et Paulus sentiebat apostolus, ubi se quotidie mori ait ...»[124] Petrarca gustaba de remontarse a las fuentes más antiguas e ilustres; con todo, otros libros y otros autores de inferior prestigio posiblemente le enseñaron tanto sobre la «cogitatio mortis» como los grandes maestros que se complacía en citar.

Cierto: a la pregunta de Francesco sobre qué sea «alte descendere» en la meditación de la muerte, Agustín responde que no basta oír distraído el nombre de la *mors* (aunque ninguno más ingrato),[125] ni considerar a trazos gruesos la realidad que

---

122. *Invective contra medicum,* págs. 53-54.
123. Cf. Ambrosio, *De excessu Satyri,* II, 35 y sigs.; Jerónimo, *Epístolas,* LX, 14.
124. *Seniles,* I, v, pág. 821; el texto continúa con la cita del *De excessu Satyri,* II, 40, «Sit quidem quotidianus in nobis usus affectusque moriendi», etcétera, pasaje que en el Parisino latino 1757 Petrarca apostilló con un «Optimum consilium et philosophicum»: cf. K. Heitmann, *op. cit.,* pág. 166 (con otras referencias oportunas).
125. «Dicam (quamvis iam vulgo persuasum sit atque etiam e medio philosophorum grege clarissimi testes accesserint) mortem inter tremenda principatum possidere, usque adeo ut iampridem nomen ipsum mortis auditu tetrum atque asperum videatur» (54). La alusión a los filósofos que conceden a la

designa. Hay que demorarse representándose uno a uno, concretamente, intensamente, los miembros y los dolores del moribundo. Hay que desgranar el triste rosario de imágenes que se ofrecen prontamente a quien haya presenciado una agonía.[126] En eso consiste «satis alte descendere»,[127] y no en repetir las

---

muerte la primacía «inter tremenda» parece remitir a la *Ética a Nicómaco,* III, vi, 6 (1.115 *a* 27), es decir, a «illud vulgatissimum Aristotelis ..., *mortem* esse *ultimum terribilium*» *(Familiares,* III, x, 7).

126. «Quam ob causám non sine alto consilio in quibusdam devotis religionibus atque sanctissimis, usque etiam ad hanc etatem, que bonis moribus inimica est, illa consuetudo perdurat quod ad cernendum corpora defunctorum, dum lavantur preparanturque sepulture, eiusdem rigidi propositi professores intersint, ut scilicet triste miserandumque spectaculum oculis subiectum et memoriam semper admoneat et animos superstitum ab omni spe mundi fugacis exterreat» (54-56). Uno se siente tentado a conjeturar que Petrarca tuvo noticia de tal «consuetudo» en una de las dos estancias en la cartuja de Montrieux (1347, 1353): los *Statuta Ordinis Carthusiensis,* en efecto, prescriben que al morir un monje acudan «cuncti» y entonen diversas preces «interea defunctus abluitur et induitur» (ed. L. Holstenius, *Codex regularum monasticarum et canonicarum,* II [Augsburgo, 1769], págs. 317-318). Costumbres similares pueden hallarse en otras órdenes; así, ya a finales del siglo VIII, los casinenses asisten a los amortajamientos, prorrumpiendo «continue» en cantos fúnebres «dum lavantur, vestiuntur, ordinantur [defuncti]» (ed. K. Hallinger, *Corpus consuetudinum monasticarum,* I [Siegburg, 1963], pág. 135). Con todo, se diría más probable que Petrarca pensara precisamente en la «consuetudo» de los cartujos: recuérdese cómo evoca a su hermano Gerardo, único superviviente de la peste, atendiendo en Montrieux a los moribundos «et gelida corpora lavantem» *(Familiares,* XVI, ii, 6). La carta es de enero o febrero de 1353; Francesco había sabido del admirable comportamiento de Gerardo durante el período de residencia en Padua, pero hasta entonces no le escribió sobre el particular; y nada tendría de extraño que en el abril inmediato, en la visita a la Cartuja, hubiera charlado con su hermano sobre el tema poco antes tratado en la epístola. Claro está que una conversación al propósito pudo tener lugar también en 1347, por mera curiosidad o con cualquier pretexto ocasional (¿y cuál mejor que el «memento mori» con que se saludaban los cartujos?): y si fue en Montrieux donde el escritor supo del rito en cuestión, parece más plausible que ello ocurriera en 1347 que en abril de 1353, cuando el libro I del *Secretum,* verosímilmente, ya se había acabado (es fácil que date de principios de ese año, en coincidencia con la citada *Familiaris* XVI, ii; cf. abajo, pág. 348, n. 339). Aunque, por supuesto, no caben certezas al respecto, la alusión a la «consuetudo» mencionada se inserta bien en el cuadro de las relaciones de Petrarca con el cenobio de Montrieux.

127. Como otras veces, D. Phillips, «Petrarch's Doctrine of Meditation», págs. 269-270, busca en el texto implicaciones muy dudosas: «Under the guise of describing the characteristics of ideal meditation, the author emphasized the need for bringing the mind into contact with the inner kernel of the will. Yet the psychological reference of Petrarch's thought is obscured by the lite-

trivialidades con que tan grave tema suele despacharse corrientemente: [128] «pretervolant enim illa, non insident» (54-56).

El núcleo de la admonición del Padre, obviamente, está en el minucioso retrato de las angustias de la hora postrera:

> Immorari diutius oportet atque acerrima meditatione singula morientium membra percurrere; et extremis quidem iam algentibus media torreri et importuno sudore diffluere, ilia pulsari, vitalem spiritum mortis vicinitate lentescere. Ad hec defossos natantesque oculos, obtuitum lacrimosum, contractam frontem liventemque, labantes genas, luridos dentes, rigentes atque acutas nares, spumantia labia, torpentem squamosamque linguam, aridum palatum, fatigatum caput, hanelum pectus, raucum murmur et mesta suspiria, odorem totius corporis molestum, precipueque alienati vultus horrorem (54).

---

rary device of translating ideas into a discourse where Franciscus and Augustine discuss the concrete and specific attributes of meditation upon death». ¡Sorprendente razonamiento, descubrir el énfasis del autor en un asunto ni siquiera mencionado y rechazar como disfraz secundario el tema que se repite en cada página y en cuya minuciosa ilustración viene a culminar todo el debate anterior!

128. «Hoc est igitur quod 'satis alte descendere' dicebam, non dum forte consuetudinis causa mortem nominatis, dum 'nil morte certius, nil hora mortis incertius' ceteraque huius generis usu quotidiani sermonis iteratis» (56). Que la frase en cuestión se dé como propia de la lengua común garantiza que no se trata de una referencia al *De senectute*, XX, 74 (citado en III, 198); a la séptima meditación del pseudo San Anselmo («Nihil enim morte certius, et nihil hora mortis incertius», texto transcrito en el apócrifo agustiniano *De spiritu et anima*, PL, XL, col. 800 [y vid. 816], bien conocido del humanista: cf. F. Rico, «Petrarca y el *De vera religione*», núm. 148 y n.); a San Bernardo (PL, CLXXXII, col. 240, y cf. A. Wilmart, *Auteurs spirituels et textes dévots du Moyen Age latin*, París, 1971², pág. 179), o a cualquier otro autor que reiterara el tópico (cf., sin ir más lejos, *Familiares*, III, VIII, 6: «Mors certa est, hora mortis incerta»; o, con elaboración poética, *Africa*, VI, 895-897: «heu vita incerta labori / dedita perpetuo, semperque heu certa nec unquam / sat mortis provisa dies»); parece claro, en cambio, que Petrarca pensaba en la fórmula habitual en los testamentos (incluido el suyo; cf. nota 103): «Poiché nulla è più certo della morte e nulla è più incerto dell'ora della morte ...» (cf. A. Sapori, *Studi di storia economica*, Florencia, 1955³, I, págs. 223 y sigs., etcétera, y M. Liborio Ferruci, «Il sentimento della morte nella spiritualità dei secoli XII e XIII», en *Convegni del Centro di Studi sulla Spiritualità Medievale*, V: *Il dolore e la morte nella spiritualità dei secoli XII e XIII*, Todi, 1967, pág. 56).

No es difícil reconocer aquí el mismo esquema a cuya *amplificatio* se habían entregado con ardor tantos autores de la Edad Media, atenidos a los consejos del Eclesiástico («Memorare novissima»; «memor esto, quia mors non tardat», etc.) y dispuestos a volver del revés, con motivo de la muerte que todo lo trastorna, el viejo canon forjado por la Antigüedad para la descripción elogiosa del hombre.[129] Petrarca hubo de hallar semejante esquema en los escritos de algunos *moderni* a quienes salvaba del desdén que en general sentía por cuanto produjeron los siglos medios. Por ejemplo, en el ritmo *De die mortis*, de San Pedro Damián, «vir haud dignitate clarior quam lingua»:[130]

> Gravi me terrore pulsas, vitae dies ultima,
> moeret cor, solvuntur renes, laesa tremunt viscera,
> tui speciem dum sibi mens depingit anxia.
>
> Quis enim pavendum illud explicet spectaculum,
> cum, dimenso vitae cursu, carnis aegrae nexibus
> anima luctatur solvi, propinquans ad exitum?
>
> Perit sensus, lingua riget, resolvuntur oculi,
> pectus palpitat, anhelat raucum guttur hominis,
> stupent membra, pallent ora, decor abit corporis ...[131]

Por ejemplo, en el sermón *In parabolam de villico iniquitatis*, de San Bernardo, varón notable «doctrina et sanctitate», maestro de meditación, cuyas enseñanzas, en coincidencia con cuanto se leía «in *Phedrone*» (Petrarca establece el paralelo explícitamen-

---

129. Para el tal canon (que Petrarca conocería especialmente por el *De natura deorum*, II, 54 y sigs., quizá recordado en los *Psalmi Penitentiales*, IV, 14: «tu membra [hominis] miris ordinibus collocasti»), cf. por ejemplo A. J. Festugière, *La révélation d'Hermès Trismégiste*, II (París, 1949), páginas 79, 89, 401-403, 609; una información completa sobre el tema se hallará en mi próximo libro sobre Hernán Pérez de Oliva y el Renacimiento.

130. *De vita solitaria*, en *Prose*, pág. 474; cf. *Pétrarque et l'humanisme*, págs. 61-62; E. H. Wilkins, *Petrarch's Later Years*, Cambridge, Mass., 1959, págs. 22-23; y A. Zini, «La fortuna di San Pier Damiani nel Petrarca e nel Boccaccio», en *Studi su San Pier Damiani, in onore del Card. A. G. Cicognani*, Florencia, 1961, págs. 133-165.

131. En *PL*, CXLV, col. 977, y *Analecta Hymnica*, XLVIII, pág. 62.

te), exhortaban a entrar en religión con sola el alma, dejando el cuerpo a la puerta: [132]

> Mors, inquam, ipsa est crux horribilis, ad quam quotidie festinas et non attendis. Vide quomodo mors te crucifigit. Crura distenduntur, manus et brachia decidunt, pectus anhelat, cervix languescit, labia spumant, oculi stupescunt, vultus horrescunt, facies exsudat et morte tacta pallescit ...[133]

Aunque las concordancias sean en varios casos llamativas, no pretendo insinuar que Petrarca dependiera de Pedro Damián, de Bernardo o de uno y otro. Aquí, Petrarca echa mano, sencillamente, de un *topos* acuñado durante siglos por la espiritualidad cristiana, en contextos y con fines no poco diversos, de los primeros cluniacenses a los moralistas barrocos (valgan los ejemplos, fáciles de sustituir). Los comentaristas del pasaje en cuestión (y de todo el desarrollo sobre los novísimos), fieles al arquetipo convencional de Petrarca 'precursor' y 'pionero', han tendido a ver en la pintura de las postrimerías un anticipo de actitudes y géneros característicos de épocas posteriores: la 'nueya' sensibilidad respecto a la muerte juzgada típica del Cuatrocientos (ya se hable de renacentismo temprano, ya de otoño de la Edad Media) y explayada principalmente en las *artes moriendi*; [134] la técnica propia de los *Ejercicios* de San Ignacio; [135] «un tono quasi secentesco».[136] Pero si nos atenemos al texto, desde las

---

132. *De remediis*, II, XL, pág. 164; *De vita solitaria*, en *Prose*, pág. 462; y *De otio*, pág. 65 (texto entreverado con el que aduzco en la n. 100).
133. En *PL*, CLXXXIV, col. 1.027.
134. Cf. C. Trinkaus, «Petrarch's Views on the Individual and His Society», *Osiris*, XI (1954), esp. págs. 172-175, y A. Tenenti, *Il senso della morte e l'amore della vita nel Rinascimento*, Turín, 1957, págs. 49-60. Sobre el género en cuestión, vid. R. Rudolf, *Ars Moriendi*, Colonia-Graz, 1957, y N. L. Beaty, *Ars Moriendi. The Craft of Dying. The Literary Tradition of the Ars Moriendi in England*, Yale, 1971; muchos materiales de interés conexo en P. von Moos, *Consolatio. Studien zur mittellateinischen Trostliteratur über den Tod*, Munich, 1971-72, cuatro vols. Varias referencias al *Secretum*, pero en términos demasiado simplistas, se hallan en D. R. Howard y M. R. Dietz, ed. y trad., Lothario dei Segni, *On the Misery of Human Condition. De miseria humane conditionis*, Indianápolis, 1969.
135. G. A. Levi, «Pensiero classico e pensiero cristiano...», pág. 69; C. Trinkaus, «*In Our Image and Likeness*», pág. 12.
136. F. Tateo, *op. cit.*, pág. 30, n. 1, a propósito de G. A. Levi.

frases iniciales del prólogo (cf. arriba, pág. 18), pronto advertiremos que la «meditatio mortis» se nos ofrece continuamente como el anverso de una moneda cuyo reverso es la consideración de las miserias humanas.[187] Ese constante emparejamiento nos permite situar la versión de Petrarca en una corriente bien determinada de entre las muchas que recurrieron a idéntico lugar común. Pues ese emparejamiento es uno de los rasgos que definen la tradición del «contemptus mundi».[138] En efecto, «chi vol lo mondo desprezzare/sempre la morte dea pensare»:[139] y pieza importante en los tratados *de contemptu mundi* es el examen de los tormentos que preceden (y pueden seguir) a la muerte. A una veta en el filón del «menosprecio del mundo» (según podemos cifrarla, por caso, en el capítulo del pseudo Bernardo «De miseria hominis, horrore mortis et districtione supremi Iudicis»[140] o en el entero *De miseria humane conditionis* de Inocencio III) hay que arrimar sin duda la página recién escrutada (y bastantes otras del diálogo), no tanto por el recurso en sí al consabido tópico descriptivo (presente en varias tradiciones), cuanto por hallarlo aliado a otros motivos esenciales del género, desde la reflexión sobre la indigencia del hombre, muy en particular (cf. también abajo, págs. 170-174), a la exhortación a la interioridad, a la conciencia de sí, al descubrimiento de un reino del espíritu (vid. arriba, págs. 80-82, y más adelante, 185-186),[141] e incluso por el estilo que lo sirve, con la acumulación enumerativa bordada de rimas, paralelismos, aliteraciones (cf. además, pág. 173, para el pasaje en cierto modo simétrico). El testimonio de los antiguos manuscritos y ediciones resulta

---

137. Cf. en especial 28, 34, 46-48, 70, 76, 90-94, 130, 138, 186, 208-212, y mis comentarios *ad loc.*
138. La bibliografía en torno a dicha tradición se ha multiplicado extraordinariamente en los últimos tiempos, a menudo por vía de polémica. Mejor que enumerar los diversos estudios de R. Bultot, G. di Napoli, R. Gregoire, etcétera, remitiré a los documentadísimos trabajos de F. Lazzari reunidos ahora en *Mistica e ideologia tra XI e XIII secolo,* Milán-Nápoles, 1972 (para la «meditatio mortis», en especial págs. 119-129).
139. *Laude di Cortona,* en *Poeti del Duecento,* ed. G. Contini, Milán-Nápoles, 1960, II, pág. 52.
140. *Meditationes piissimae de cognitione humanae conditionis,* II, en PL, CLXXXIV, cols. 487-489.
141. Comp. F. Lazzari, *op. cit.,* pág. 62 y *passim.*

precioso: las gentes más próximas al pensamiento y al sentimiento petrarquescos no vacilaron en rebautizar al *Secretum* con el título *De contemptu mundi*. Mas no nos apresuremos a aprovechar la comprobación para encasillar a Petrarca más acá o más allá de las fronteras de una vaga 'modernidad' (para el «contemptus mundi», simplemente, no las hubo).[142] Mejor preocupémonos de reconocer el sentido de los párrafos que ahora analizamos en el conjunto del libro primero.

Prosigamos, pues. Francesco acepta el modelo de *cogitatio* propuesto por Agustín y ya intuido por él mismo; pero desea una señal de que cuando intente practicarlo no caerá en el engaño [143] que el Padre le había denunciado desde el principio (28):

142. Así, aunque parece claro que la presentación de la agonía por el procedimiento de «singula morientium membra percurrere» se inspira en particular en los viejos modelos *de contemptu mundi*, no es improbable que al amplificar ese esquema Petrarca respondiera también a ciertos estímulos realistas que empezaban a hacerse sentir en el arte coetáneo (vid. un buen repertorio de reproducciones en T. S. R. Boase, *Death in the Middle Ages. Mortality, Judgment and Remembrance*, Londres, 1972, págs. 96 y sig.). En tal sentido cabe entender una apostilla a Plinio, publicada y comentada por P. de Nolhac, *Pétrarque et l'humanisme*, II, pág. 78: «Le texte mentionne plus loin, parmi les ouvrages du peintre grec [Apeles], les portraits de mourants qu'il avait executés (*exspirantium imagines*); il y a en marge: *Qualem nos hic unam habemus preclarissimi artificis*. Il est difficile de risquer une supposition sur l'auteur du tableau où se trouvait cette image, qui était peut-être, si nous cherchons un sujet familier aux artistes d'alors, celle du Christ en croix ou de saint François sur son lit de mort; nous avons du moins ici l'indication d'une seconde peinture possédée par le poète, à côté de la Madone de Giotto mentionnée par son testament. On peut même deviner en sa remarque un jugement favorable sur cette recherche de l'expression, qui fut un des caractères de la peinture de son temps». Para algún útil punto de cotejo, cf. las contribuciones de E. Garin y A. Tenenti al tomito *L'umanesimo e il problema della morte*, extracto del *Giornale critico della filosofia italiana*, LII (LIV) (1973), págs. 178-203, y P. Ariès, *Western Attitudes toward Death: From the Middle Ages to the Present*, Baltimore, 1974.

143. «Assentior eo facilius quia multa, que mecum tacitus agitare soleo, nunc te loquente recognosco. Signum tamen aliquod memorie mee, si videtur, imprime, quo admonitus posthac de me ipse michi non mentiar [cf. *Psalmi penitentiales*, VII, 15: «Ne quando extollar inconsulte et michi de me mentiar ...»], nec erroribus meis interblandiar» [cf. *ibid.*, I, 19: «et in peccatis michi blanditus sum»] (56). En *Familiares*, VII, XII, 1-2, en un lamento «de expectati amici morte», Petrarca llora las vanas esperanzas perdidas y se promete no volver a engañarse con ilusiones: «'Heu demens, heu cece rerumque oblite tuarum' [cf. arriba, nota 8] quotiens mecum dixi, 'vide hic, nota, attende, subsiste, recogita, *imprime signum* fixum, mansurum indelebile; memento fraudis huius et illius ...'». El texto gamma de la carta es de 1348.

alejarse de la virtud, por creer falsamente haberla obtenido y no aspirar «ulterius». ¿Cuál es entonces la señal infalible? Consiste, sencillamente, en lograr que la meditación de la muerte, extendida al juicio y al infierno (para formar la terna de los novísimos regularmente examinados en los escritos *de contemptu mundi*),[144] transporte al poeta al mismo corazón de la realidad que evoca ('loco movere'). Que le haga sentirse helado, temblar, palidecer, como si de hecho agonizara; aterrarse, como si se viera ante el Supremo Juez o en medio de los tormentos del Averno. Que le ponga ante los ojos «hec simul omnia ... non ut ficta sed ut vera, non ut possibilia sed ut necessario inevitabiliterque ventura et pene iam presentia» (56).[144b] Pero esa reflexión vivísima no debe conducir al abandono (por incapacidad de soportar tan duros pensamientos, hay que entender) ni a la desesperación: ha de llevar a una confianza plena en que la mano de Dios no dejará de acudir en auxilio de quien se le presenta «surgendi ... avidus et propositi tenax assiduusque» (58).

Nada cuesta identificar aquí una de las constantes que dan forma al libro primero: Agustín vuelve sobre un asunto expuesto demasiado tajantemente para Francesco y, al ilustrarlo y concretarlo, se concentra en uno de sus aspectos, pero lo complementa sacando a luz más sucintamente algún otro de los factores implícitos. Es una técnica de despliegue y recapitulación alternados, en oportuno reflejo de los zigzagueos del ánimo; es un suelto trenzar y destrenzar una materia, como si se careciera de un plan de desarrollo bien acotado, pero no de una segura

---

144. La filiación se echa de ver por lo tradicional del lenguaje y de los motivos empleados por Petrarca. Entre los muchos ejemplos posibles, así, baste cotejar lo que sobre el Juicio se lee en el *Secretum* y en el *De miseria humane conditionis*: «nullam in ingenio eloquentia ve, nullam in opibus aut potentia, nullam denique in forma corporis aut in mundi gloria spem habendam; nec corrumpi posse, nec falli iudicem nec placari» (56); «tunc non proderunt opes, non defendent honores, non suffragabuntur amici», «Quis enim non timeat iudicem potentissimum, sapientissimum et iustissimum? Potentissimum quem nemo potest latere, iustissimum quem nemo potest corrumpere» (III, xx y XVIII).

144b. En *Familiares*, XXIV, 1, 11, Petrarca cuenta que siendo «adolescens» leía con extraordinaria atención las sentencias de poetas y pensadores sobre la brevedad de la vida y la inexorable llegada de la muerte: «Que cum scole atque evi comitibus quedam quasi *somnia* viderentur, michi iam tunc ... et *vera et pene presentia* videbantur ...»

intuición esencial (no obstante, la trabada textura del conjunto del libro no permite dudar que Petrarca veía ese plan con nitidez). El Padre empezó por enunciar que una profunda meditación de la muerte producirá inevitablemente la posibilidad de elevarse por encima de la propia miseria: y a continuación hubo de explicar por qué nadie es desdichado involuntariamente. Tornó luego a la proposición inicial: y tuvo que aclarar que al «desiderium vehemens studiumque surgendi» (34; «surgendi avidus», acabamos de leer) sigue por fuerza la facultad del conseguirlo, pues querer es poder. Ahora, todavía dentro del silogismo preliminar (28), ha enseñado en qué estriba la hondura de la «cogitatio mortis»: y ha precisado que la ayuda divina nunca falta a una voluntad firme. Así queda patente una faceta de la cuestión que hasta el momento se había dado por supuesta o sutilmente insinuado (por ejemplo, en la palabra «miraculum» para describir la conversión del Santo o en el mismo hecho de haber seleccionado el caso de Agustín y buscado inspiración en las *Confessiones* para demostrar que «desiderium potentia consequitur», 44), con la intención de explayarla más adelante y más de una vez: el libre albedrío del hombre va de la mano con la gracia de Dios.[145] No hay, pues, conflicto «tra la fiducia stoica nella potenza del volere, e il pensiero agostiniano»[146] (o, escuetamente, la ortodoxia de la Iglesia).

La doctrina del Padre (según el cual enfrentarse con los novísimos «non ut ficta sed ut vera ... et pene iam presentía» constituye la señal de «non frustra ... meditatum esse», 58) parece una aplicación extrema del concepto de *meditatio* elaborado con el apoyo de la Escritura por la espiritualidad medieval. En ella, *meditari* —comenta un gran especialista— «implies thinking of

---

145. Recuérdese la nota en que Petrarca resume la sustancia del *De vocatione omnium gentium* pseudo-ambrosiano: «Tractat hic liber difficillimam questionem a multis et ab Augustino precipue integro volumine agitatam, quod inscribitur *De gratia et libero arbitrio*. Quarum, ni fallor, disputationum omnium hec summa est: Et gratiam Dei esse et arbitrii libertatem, nec unam per alliam tolli ...» (Nolhac, II, págs. 204-205; y vid. la continuación abajo, pág. 190, n. 217). Cf. E. Pellegrin, «Nouveaux manuscrits...», pág. 272; P. P. Gerosa, *op. cit.*, págs. 344-348; K. Heitmann, «Augustins Lehre...», página 48.

146. G. A. Levi, «Pensiero classico...», pág. 69.

a thing with the intent to do it; in other words, to prepare oneself for it, to prefigure it in the mind, to desire it, in a way, to do it in advance, briefly, to practice it».[147] Ahora bien, Francesco no solo persiste en afirmar que él ha cultivado semejante meditación de la muerte («nec unquam sine horrore», 28), sino que añade haberlo hecho de acuerdo con los cánones definidos por Agustín. El testimonio es impresionante: cuando llega la noche, cuenta el poeta, a menudo adopta la postura del moribundo y se representa con cruda viveza cuanto de espantable rodea al trance supremo, hasta el punto de creerse ya en el Tártaro. Entonces, enajenado, más de una vez se incorpora y rompe en voces de angustia: «Heu quid ago? quid patior? cui me exitio fortuna reservat?[148] Miserere, Iesu, fer opem,[149]

> eripe me his, invicte, malis...,
> da dextram misero, et tecum me tolle per undas,
> sedibus ut saltem placidis in morte quiescam».

Henos aquí con unos versos de la *Eneida* (VI, 365, 370-371) trocados en plegaria y con un pasaje capaz por sí solo de dar sentido a la imprecisa noción de «humanismo cristiano». Unas líneas más atrás tropezábamos con una pintura de la otra vida que combinaba la mitología pagana y la escatología católica: la mezcla, a fuer de repetida, no resulta especialmente indicativa.[150]

---

147. J. Leclercq, *The Love of Learning and the Desire of God*, Nueva York, 1962, pág. 25 (y cf. 289); vid. además D. Phillips, «Petrarch's Doctrine of Meditation», págs. 266-271, con útiles referencias, aunque al servicio de una tesis —a mi entender— descaminada. Escritas las págs. anteriores, leo a E.-W. Kohls, «*Meditatio mortis* chez Pétrarque et Erasme», en *Coloquia Erasmiana Turonensia*, París, 1972, I, págs. 303-311, trabajo bastante ligero, cuyo principal valor, por lo que ahora interesa, consiste en confirmar mi idea sobre el origen del tema de la *meditatio mortis* en el *Secretum*, al mostrar que también en Erasmo se da dentro del marco del *De contemptu mundi*.
148. Cf. *Metrice*, I, XIV, 1-2: «Heu michi, quid patior? quo me violenta retorquent / fata ...?» (e *ibid.*, I, x, 1).
149. Cf. *Psalmi penitentiales*, V, 10: «Succurre, accelera, fer opem et miserere mei».
150. «Stridor ac gemitus Averni et sulphurei amnes et tenebre et ultrices Furie, postremo universa simul Orchi pallentis immanitas», etc. (56); compárese *Africa*, III, 242 y sigs., y *Familiares*, X, III, 5 («quicquid aliud ad exterrendum corda mortalium poetarum ingeniis cogitatum est»). La intrusión de elementos mitológicos en la imaginación cristiana del otro mundo se da ya en

Pero ahora la situación cambia. Un dato externo (en apariencia) puede ser elocuente: por primera vez en el *Secretum*, la cita destacada de un poeta no se aduce como *auctoritas* ni se flanquea de doctas referencias, antes bien se integra espontánea y naturalmente en la expresión de un *motus animi* apasionado. Y es que Petrarca había convertido esas líneas de Virgilio en una suerte de jaculatoria que debía repetir frecuentemente. Ya en la vejez, en 1366, no tenía empacho en confesarle a Boccaccio que la gracia divina le había apartado de la lujuria, «post Iubileum», merced a las frecuentes súplicas: «Scit me Christus liberator meus verum loqui, qui sepe michi cum lachrymis exoratus, flenti ac misero dextram dedit secumque me sustulit, iuxta illud poeticum: 'Sedibus ut saltem placidis in morte quiescam'».[151] Mucho antes, aconsejaba a los cartujos de Montrieux pedir el «celeste auxilium» de la diestra de Dios exclamando «cristiano ore poeticum illud ... ad invictum vere, quod ad suum vere victum et profugum ille naufragus apud Virgilium exclamabat: 'Eripe ... quiescam'».[152] En una carta a Guido Sette, llena de claves para la comprensión de nuestro diálogo (cf. arriba, pág. 48), invitaba al amigo a la confianza en el Redentor: «Ille aderit et dextram porriget laboranti, quotiens ad eum poeticum illud cristiana pietate clamaveris: 'Eripe me his, invicte, malis'».[153] Por supuesto, si predicaba a los demás, no se olvidaba a sí mismo: «Adhuc de fine sum incertus, vivoque in spe trepida, sepe ad Victorem mortis exclamans: 'Eripe ... quiescam'».[154] Petrarca, pues, había hecho de las palabras virgilianas una oración a Jesús. El texto sin duda facilitaba la cosa: el «eripe me» hacía pensar en los

---

los más antiguos epitafios (cf. R. Lattimore, *Themes in Greek and Latin Epitaphs*, Urbana, 1962, págs. 313 y sigs.) y persiste a lo largo de toda la Edad Media (y aún más acá), de la himnografía a Dante, de la literatura de visiones al teatro litúrgico; particular influencia ejerció la escatología del libro VI de la *Eneida* (cf. P. Courcelle, «Les Pères de l'Église devant les enfers virgiliens», en *Archives d'histoire doctrinale et littéraire du Moyen Âge*, XXII (1955), págs. 5-74; para Petrarca, 18 y 52).

151. *Seniles*, VIII, I, pág. 915.
152. *De otio religioso*, pág. 67.
153. *Familiares*, XXIII, xii, 20.
154. *Ibid.*, II, ix, 17. El contexto (§§ 16-20) ofrece importantes coincidencias con el *Secretum* (cf. ya arriba, págs. 28, n. 73, y 40, n. 5).

Salmos;[155] el motivo de la «dextra» divina tenía abundantes paralelos en la Biblia y, unido al «tecum me tolle per undas», forzaba a recordar la escena evangélica en que la mano del Señor rescata a Pedro de las olas;[156] «invictus» era calificativo usual para Cristo.[157] Por otra parte, Virgilio, «anima naturaliter christiana», tenía un notorio prestigio de profeta de la Buena Nueva. La misma Iglesia hubiera querido poder apropiárselo y expresaba tal sentimiento en una secuencia «in conversione Pauli Apostoli, ad missam», que hacía las delicias de Petrarca:

> Ad Maronis mausoleum
> ductus [*sc.* Paulus] fudit super eum
> pie rorem lacrime:
> «Quem te, inquit, reddidissem,
> si te vivum invenissem,
> poetarum maxime!»[158]

No se olvide que nuestro humanista razonaba cierta vez que si Cicerón hubiera sido católico sonarían en la liturgia «dulciora et sonantiora preconia ...»[159] Pues, a falta de los himnos de Tulio y Marón, Petrarca se contentaba con hacer del primero fuente del *De vera religione* (cf. abajo, pág. 117) y con usar los versos del segundo para impetrar la gracia de Dios. Así se fundían en el crisol del espíritu «pietas» y «sapientia».

---

155. Donde el giro aparece más de una docena de veces. Cf. cómo Petrarca toma y elabora el motivo, desde la *Oratio quotidiana* (ed. cit., pág. 398: «eripe me, predulcis Ihesu, de laqueo hostis mei et de faucibus mortis huius»), a las *Epystole metrice*, I, VI, 152-155 («spes nulla supertes, / ni Deus ... me ... / eripiat manibusque suis de faucibus hostis / avulsum hac saltem tutum velit esse latebra») y XIV, 122-123 («Quis me de faucibus hostis / eripiat?»); los *Psalmi penitentiales*, I, 27 («eripe me de faucibus inferni») y III, 7 («Eripe me servitio hostis tui»); o las *Seniles*, XVI, VIII, pág. 1.061 («de necessitatibus meis eripiar ...»).

156. Mateo, XIV, 24-34.

157. Petrarca lo explica en la *Oratio quotidiana*, pág. 397 («Ostende michi quam invictissimus sis, qui mortem vincentem omnia superasti»), en perfecta harmonía con las exégesis habituales; y en nuestro libro III, 188, menciona la «invicti Liberatoris dextra».

158. *Apud* Nolhac, I, pág. 148. Cf. B. M. Peebles, «The *Ad Maronis mausoleum*», en *Classical ... Studies in honor of B. L. Ullman*, II (Roma, 1964), págs. 169-198.

159. *De ignorantia*, ed. Capelli, pág. 52, y en *Prose*, pág. 728.

La meditación de la muerte arranca a Francesco, «preter hec», muchos otros lamentos, «frenetici in morem», ya en soledad o ya en compañía. ¿Por qué, entonces, no saca de ella ningún provecho? Una pregunta y una comprobación obsesionan al poeta. La pregunta es la misma que se formulaba en el Ventoux: «Que cum ita sint, quid ergo me retinet?»; pero, si allí la premisa era la convicción de *cupere* una nueva vida, aquí, discutido ya tal asunto, el dato que se da por adquirido es la sinceridad de la reflexión sobre los novísimos. La comprobación consiste en advertir que «ista ... cogitatio» no le produce sino molestias y terrores: «ego autem idem sim adhuc qui fueram prius» (la frase sin duda prolonga la resonancia agustiniana del «idem ille qui fueram mansi» [cf. arriba, pág. 72], y, en otro momento, quizá cercano, pero de distinta perspectiva, Petrarca casi la traduce al vulgar vuelta del revés: «era in parte altr'uom da quel ch'i' sono»).[160] No solo sigue siendo el mismo, añade, sino tal vez más desdichado que quien nunca pasó por pareja experiencia y, por tanto, disfruta los placeres presentes sin miedo del futuro: «michi vero et finis incertus sit et nulla voluptas, nisi talibus amaritudinibus respersa, proveniat». Agustín rechaza enérgicamente la suposición: «Noli, precor, ubi gaudendum est dolere»;[161] el pecador debe juzgarse tanto más desdichado cuanta mayor satisfacción encuentre en obrar mal. Francesco cree entender por qué: porque nadie da en la senda de la virtud si no le incita a ello la espina de alguna tristeza; en otro caso, la única razón para no llamar más feliz a quien se goza despreocupado en obrar mal que a quien ni conoce la alegría ni la espera sería que el llanto sabe más amargo al final de la risa.[162] El Padre lo

---

160. Cf. *Variae,* IX, ed. Fracassetti, III, pág. 321: «non sum qui fueram» (R. Sabbadini, *Le scoperte dei codici latini e greci...,* I, Florencia, 1967², pág. 24, piensa en Propercio, I, XII, 11, y en el *Pamphilus*); *Familiares,* XXIV, I, 24: «nil est michi quale tunc fuerat ...»; *Metrice,* I, VI, 47: «iamque alter erat» (y I, I, 47 y sigs.; III, XXVII, 28 y sigs.); *Canzoniere,* CXIX, 9: «solo per lei tornai da quel ch' i' era», etc., y art. cit. en pág. 272, n. 83.
161. Anota Carrara, pág. 58, n. 2: «si ricordi il dantesco: 'e piange là dove esser de' giocondo' (*Inf.,* XI, 45)».
162. Francesco acaba de decir que no halla «nulla voluptas, nisi talibus amaritudinibus respersa» (58), y ahora conjetura «quod in finem risus sit luctus acerbior» (60). En la primera frase hay un seguro eco del *De consolatione Philosophiae,* II, pr. IV, 20: «Quam multis amaritudinibus humanae felicitatis

interpreta de diverso modo: la caída del que suelta por completo el freno de la razón es más dura que la del que lo retiene débilmente;[163] en cualquier caso, «de alterius sperandum, de alterius conversione desperandum sit» (60).[164]

Francesco así lo cree también. Pero teme que con el paréntesis se haya olvidado la cuestión capital: «Quid est quod me retinet?» Es, todavía, la perplejidad del Ventoux, pero ahora con un elemento interpuesto: «cur michi uni cogitatio mortis intensa non profuit?» A buscar una respuesta a tales interrogantes va a dedicarse la conclusión del libro primero. Agustín, para empezar, ensaya una explicación poco perspicaz: quizá el meditar la muerte no beneficia al poeta porque la considera cosa lejana, aunque de ningún modo puede serlo;[165] quizá, como

---

dulcedo respersa est!» (cf. *Familiares,* VIII, II, texto gamma, ed. V. Rossi, II, pág. 195: «omnisque dulcedo multis amaritudinibus respersa est»; e *ibid.,* X, III, 11: «quam laboriosa dulcedo et quantis amaritudinibus aspersa»); y la segunda también pudiera llevarnos a Boecio, III, pr. VII, 3: «tristes vero esse voluptatum exitus». Pero el contexto recuerda además al *De miseria humane conditionis,* I, XXII: «Mundana quippe felicitas multis amaritudinibus est respersa. Noverat hoc qui dixerat [Proverbios, XIV, 13]: 'Risus dolore miscebitur et extrema gaudii luctus occupat'» (cf. *Rime,* LXXXI, 88; *Seniles,* IV, v, pág. 870, y XV, III, pág. 1.034). Nótese que en el contexto de esas líneas el *De miseria* trata cuestiones («Quod corpus dicitur carcer anime»; «De vicinitate mortis») con paralelo en las próximas páginas del *Secretum* (60, 64). Cf. abajo, pág. 280, n. 112.

163. «Gravior casus» (60) es sintagma común en Petrarca, si bien a otro propósito; cf. más abajo, pág. 215, n. 299.

164. La idea de que caer el pecador «in merorem» (58) es indicio no desdeñable de una futura conversión parece haber tenido bastante difusión (cf. F. Rico, *La novela picaresca y el punto de vista,* págs. 76-78).

165. «Primum quippe quia de longinquo forsitan illa consideras que, tum propter brevissime vite cursum tum propter incertos et varios casus, longinqua esse non possunt» (60). Cf. Cicerón, *De senectute,* XIX, 68: «appropinquatio mortis, quae certe a senectute non potest longe abesse»; San Jerónimo, *Cartas,* LX, 14: «Debemus igitur et nos animo praemeditari quod aliquando futuri sumus, et quod —velimus nolimus— abesse longius non potest». Por lo demás, cf. *Familiares,* VIII, IV, 15-16, texto alfa (los pasajes faltan en el original gamma, de 1349): «Fallit miseros aristotelicum illud; ait enim: 'Que longe valde, non timentur; sciunt enim omnes quod morientur; sed quia non prope, nichil curant'. Hec ille vir tantus in *Rethoricis* [1382 *a* 25-27] ... Nam quid falsius quam longe valde mortem credere, que ne unquam longe sit, vite brevitas facit? ut semper impendeat supraque caput sit, facit humanorum casuum mira vis, ineluctabilis eventus, infinita varietas. Nichil ergo homines mortem curant, non quia est, sed quia creditur longinqua; si enim scirent quam prope est —quod necessario scirent, nisi ultro oculos averterent—, puto ... timere mortem inciperent ...» Son motivos que aparecen a menudo en el *corpus* pe-

tantos, se engaña [166] (según sentencia el clásico),[167] prometién-

---

trarquesco, aislada o conjuntamente. Compárese, así, el texto del *Secretum* y de la epístola citada con *Familiares*, I, 1, 2: «Que quidem expectatio [mortis] quam brevis futura sit, nescio; hoc scio, quod longa esse non potest»; *ibid.*, III, x, 9: «'Sed prolatande mortis studium solet esse mortalibus ...' Primum, oro te, quantula ista dilatio est! deinde, quot et quam duris casibus exposita!»; *De otio religioso*, pág. 64: «vite brevitas mortem vicinam, incertitudo autem semper cervicibus impendentem faciat»; *Testamentum,* ed. Mommsen, pág. 68: «mors ipsa ... per varios et ambiguos rerum casus semper nobis impendet, ... procul esse non potest»; *Seniles*, XIII, xiv, pág. 1.025: «Illa ... propter imbecillitatem mortalium et vite brevitatem et varietatem casuum omnibus prope est et longe esse non potest».

166. «Omnes enim ferme 'in hoc fallimur ...'» Agustín ofrece un nuevo ejemplo del engaño radical de los hombres, que había dictaminado al principio del diálogo (cf. págs. 42 y sigs.). Ejemplo, por otra parte, con numerosos paralelos en Petrarca; cf. *Familiares*, IX, xiv, 5-6: «Non nos fallat longioris vite spes ... Cessent spes inanes, nemo nos fallat, imo vero nos ipsi nosmet ipsos non fallamus ...»; *De otio religioso*, pág. 64: «Qua in re innumerabiles falluntur, sive, ut verius dicam, scientes et volentes delectabilem in errorem incidunt et se se fallendi studio ultro inherent, nec nisi flentes et coacti a placitis, licet falsis, opinionibus avelluntur ...» (y sigue con la misma cita de Cicerón con que continúa la epístola anterior); *De remediis*, I, 1 («De etate florida et spe vite longioris»), en *Prose*, pág. 606: «En prima mortalium vana spes, que multa hominum milia et fefellit et fallet»; *Familiares*, XVII, iii, 42, etc.

167. Léase el pasaje íntegro: «Omnes enim ferme 'in hoc fallimur' ut ait Cicero 'quod mortem prospicimus': quem textum correctores quidam, an verius corruptores, mutare voluerunt negationem verbo preponentes, et 'mortem non prospicimus' dicendum esse firmantes. Ceterum qui mortem omnino non aspiciat sani capitis nullus inveniri; re autem vera *prospicere* 'procul aspicere' est» (60). Nos hallamos ante una curiosa combinación de inexactitud y exactitud: inexactitud, porque la frase no es de Cicerón, sino de las *Epístolas a Lucilio*, I, 2; exactitud, porque la tradición textual registra efectivamente la variante señalada por Petrarca (aunque no se recoge en la edición de L. D. Reynolds, Oxford, 1965). El error es difícil de explicar en nuestro humanista, que conocía tan perfectamente el pasaje de Séneca (y sin duda el análogo de *Ad Marciam*, XXI, 7) como para indicar lecturas divergentes, y que debía tenerlo en cuenta en el *De otio*, pág. 64: «quasi non sit tutius adventantem hostem [*sc.*, 'la muerte'] *prospicere* ...» (R. Sabbadini, «Note filologiche...», pág. 29, registra la etimología *prospicere* < *procul aspicere* en el *Catholicon* de Juan de Génova). Según he comprobado en el ms. Laurenziano, fol. 214 vo., y ya comunicó Enrico Carrara a U. Bosco, «Il Petrarca e l'umanesimo filologico», págs. 109-110, n. 3, «si tratta ... di un passo dubbio, in cui 'Cicero' è aggiunto da Tedaldo, nella sua copia, in un secondo momento; altri codici omettono il passo o rimediano alla men peggio» (cf. R. Sabbadini, *ibid.*, pág. 30). Como una adición personal no se concibe en los hábitos de trabajo de fra Tedaldo (cf. arriba, pág. 10), hay que suponer un fallo de memoria o *lapsus calami* por parte del autor. Pero ello no pudo ocurrir sino en el último estadio de la redacción (1353, en mi planteamiento), pues, de haberse deslizado antes el yerro (en 1347 o 1349), es incomprensible que no se hubiera enmendado en la revisión ulterior. Esas

dose una larga vida,[168] «canitiem ... et longos ... annos» (en voz de la *Eneida*, X, 549), fiado en la complexión vigorosa y la sobriedad. Pero Francesco corta en seco semejantes conjeturas (por lo demás, tímidamente arriesgadas por el Padre): «Noli, queso, de me talia suspicari. Avertat Deus hanc insaniam:

  me ne huic confidere monstro,

quod apud Virgilium famosissimus ille magister maris ait» (60-62).[169] De sobras sabe él que navega por aguas tempestuosas, a merced de las olas, sin más esperanzas que la misericordia del Señor, único que puede conducirlo a puerto (y, aquí, la metáfora marinera, tan grata a Petrarca, recoge los ecos del aún próximo «eripe me ..., tolle per undas», y los une con suprema elegancia a la paráfrasis de un carísimo dicho de Séneca).[170] Justamente

---

líneas, por tanto, han de pertenecer a la versión final de la obra; y cabe preguntarse si lo revisado en ella no sería, aproximadamente, cuanto separa el «quid ... me retinet?» de la pág. 60 y el de la pág. 62: párrafo, pese a la confusión, bien ensamblado en el curso del libro, según subrayo en seguida. No creo que las omisiones y correcciones señaladas puedan remontarse a un arquetipo petrarquesco anterior al transcrito por fra Tedaldo.

168. «... illam vivendi metam sibi quisque proposuit, ad quam et si perveniri possit per naturam, tamen paucissimi pervenerunt». Cf. en particular *De remediis*, I, 1, en *Prose*, pág. 606: *Gaudium et Spes.* —«Est tamen et modus aliquis et vite meta, quam sapientes statuerunt viri». *Ratio.* —«Metam vite statuere, non qui accipit, sed qui dat illam Deus potest. Intelligo autem: septuagesimum aut, si natura potentior, octuagesimum cogitatis annum, atque ibi metam figitis ..., quo quam rari veniant videmus ...»

169. Cf. *Familiares*, VIII, 1, 10: «... *me ne huic confidere monstro?* Hoc apud Virgilium [*Eneida*, V, 849] ille famosus nauta in mari dicit, hoc apud se ipsum sapiens vir dicet in vita».

170. «... ille magister maris ait. Et ego, in mari magno sevoque ac turbido iactatus, tremulam cimbam fatiscentemque et rimosam ventis obluctantibus per tumidos fluctus ago. Hanc diu durare non posse certe scio nullamque spem salutis superesse michi video, nisi miseratus Omnipotens prebeat ut gubernaculum summa vi flectens antequam peream litus apprehendam, qui in pelago vixerim moriturus in portu» (62). Los pasajes petrarquescos similares en lenguaje o concepto son demasiado frecuentes para dar aquí ni siquiera una muestra representativa (vid. únicamente M. Boni, en *Studi petrarcheschi*, II, pág. 176, y M. Casali, en *Lettere italiane*, XX, pág. 374). Nótese, sin embargo, que la frase final se inspira en Séneca, *Epístolas*, XIX, 2, al igual que una línea del libro II, 116, y también *Familiares*, VIII, IV, 23 (la misma carta en cuya refundición posterior a 1349, sobre todo, venimos hallando y descubriremos todavía repetidas coincidencias con el *Secretum*: cf. abajo, pág. 221, n. 320);

esa conciencia de un vivir azaroso, en constante peligro, lo ha librado de la loca ambición en que muchos perecen [171] y le ha hecho pensar en las postrimerías «non ut longe distantibus, sed mox affuturis, iamiamque presentibus» (vale decir, en los términos en que Agustín le recomendaba la *meditatio mortis*). Nunca se le han ido de la memoria los versos (de ilustre progenie latina) que de mozo escribió a un compañero:

loquimur dum talia, forsan
innumeris properata viis, in limine mors est.[172]

¿Qué no dirá ahora, «et experimento rerum et etate provectior»? Ciertamente, la explicación del Santo no iba por buen camino. El

---

Misceláneas, XI, ed. Billanovich-Wilkins, pág. 234 («si forte datum est, ut qui in pelago vixerim, moriar in portu»); *Epistole metrice*, I, xiv, 117-118 («Vixisti in pelago nimis irrequietus iniquo; / in portu morere ...»); *Canzoniere*, CCCLXV, 9-10 («sí che, s'io vissi in guerra ed in tempesta, / mora in pace ed in porto ...»). Por lo demás, repárese en el juego fonético «*ma*gister *ma*ris ... in *ma*ri *ma*gno ...» y en la cuidadosa construcción de todo el párrafo.

171. «Quis enim furor est omnem etatem in laboribus et in paupertate transducere, ut inter tot curis coacervandas divitias statim moriar?» Vid. *De remediis*, I, xc, pág. 91: «Profecto autem magna [pars] mortalium acervandis vite adminiculis anxia inter ipsos apparatus rerum moritur» (para mayor parecido, todo el capítulo desarrolla la imagen de la penosa navegación de la existencia, y la frase citada se introduce afirmando: «Est enim presens vita simillima proceloso mari, illius finis in littore, huius in morte, uterque portus recte dicitur»); y cf. abajo, pág. 164, n. 132.

172. A los modelos de tal esquema citados por U. Bosco, *Francesco Petrarca*, pág. 64 (Horacio, *Odas*, I, xi, 7-8: «dum loquimur fugerit invida / aetas»; Ovidio, *Amores*, I, xi, 15; Séneca, *Epístolas*, LVIII, 22), añádase San Jerónimo, *Cartas*, LX, 19. Aparte *Canzoniere*, LVI, 3 («Ora, mentre ch'io parlo, il tempo fugge») y *De remediis*, I, i, en *Prose*, págs. 610, 612 («ex quo loqui cepimus, mutatio aliqualis incessit, et modo per singulos sillabarum tractus vite aliquid excidit»; «nunc maxime raperis»), véase *Familiares*, XXIII, xii, 23 («dum confabulamur et circumspicimus, transit dies non sentientibus nobis»; «ante expectatum hospes erit in limine»), y XXIV, 1, 24, 27 («sicut hic calamus movetur sic ego moveor, sed multo velocius», etc.; «continue morimur, ego dum hec scribo, tu dum leges», etc.); cf. *Rerum memorandarum*, III, 80, 5, líns. 31-32. Para el «in limine», cf. además *De otio religioso*, págs. 64, 94 («cum illa mors sit in foribus»; «et mors et infelicitas sint semper in foribus»); *Africa*, I, 309 («in limine Mors est»); *Familiares*, IV, xi, 2 («peroportuna febris affuit, qua duce, letus usque ad ipsum mortis limen accesi. Sed cum transire vellem, in foribus scriptum erat: 'Noli adhuc, nondum venit hora tua'»; cf. *Canzoniere*, CXX); *De remediis*, I, i, en *Prose*, pág. 608: «dum longinqua fingitur, [senectus] in foribus est».

Francesco del diálogo asegura: «Quicquid video, quicquid audio, quicquid sentio, quicquid cogito ad hoc unum refero»; y el Petrarca de infinitos textos (unos pocos, aducidos en las últimas notas), en efecto, rezuma angustia por el paso de los días, la brevedad de la existencia, por el huir irreparable del tiempo.[173]

El pasaje es interesante por más de un concepto: tiene calor, tersura, buen decir; perfila a los interlocutores, un Agustín de pronto vacilante y un Francesco ahora más enérgico, cargado de razones (toda una veta esencial de la sensibilidad petrarquesca); enlaza con las consideraciones e imágenes previas (el «impendens periculum», 28; la «perversa ... libido se ipsos fallendi», 36; las menciones de 'procellae' y 'tempestates', 28, 42) y tiende ya un puente hacia el libro segundo (donde se discutirán los motivos, aquí apuntados, del «complexionis vigor», la «vite modestioris observantia» [60] y el deseo «opum magneque potentie» [62] por parte del poeta). Sin embargo, en nada avanza en la solución del dilema central. Hay que rumiar de nuevo (incluso reiterando el cauteloso «nisi ... te fallis» inserto en la *Familiar*; cf. arriba, pág. 79) la incertidumbre del Ventoux: «Quod, si in hac cogitatione non fallor, ad hec questio illa superest: *quid ergo me retinet?*» (62). El Padre va a intentar otra respuesta. Pero, antes, se congratula con apropiada antítesis apenas retórica[174] de ver a Francesco tan bien enderezado a la salvación,[175] y, tomando el hilo de un asunto ya debatido, le asegura la ayuda divina si verdaderamente quiere «vetustum servitutis iugum ... excutere»,[176] si convierte la «voluntas» en «desiderium» (62-64).

---

173. Cf. especialmente U. Bosco, *op. cit.*, págs. 54-67; F. Tripet, *Pétrarque, ou la connaissance de soi*, págs. 75-87; G. Caione, *Il sentimento del tempo nel «Canzoniere» del Petrarca*, Lecce, 1969; F. Betti, «Il motivo della fuga del tempo nei *Trionfi* e nel *Canzoniere* di F. Petrarca», en *Forum Italicum*, II (1968), págs. 206-213.

174. «Humiles Deo gratias age, qui te tam salubribus habenis frenare stimulisque tan pungentibus solicitare dignatur». Cf. *Familiares*, IX, IV, 6 («nullum [animal homine] peius quem nature stimuli impellant nec frena contineant rationis») y II, IX, 31 («utinam in amando non magis freno quam calcaribus egeremɔ»).

175. «Vix enim possibile fuerit ut, quem cogitatio mortis habet tam quotidiana, tam presens, hunc mors eterna contingat» (62).

176. No se trata del yugo amoroso de III, 162; de las *Metrice*, I, VI, 45-46 («indignans tantum in mea colla tot annis / femineo licuisse iugo») o de mu-

«Ita fiet», promete el humanista (donde la promesa se suma al augurio del Santo para sugerir al lector, como tantas otras veces,[177] un feliz futuro para el personaje: porvenir del actor que es la imagen ideal del presente del autor). Y Agustín descorre al fin el velo: «Scis quid cogitationi tue officiat?»

Como tantas veces, la incógnita se despeja gracias al expediente de profundizar y personalizar una afirmación anterior (vid. pág. 81, n. 97). Sucede que el alma de Francesco, «celitus bene instituta», ha perdido mucho de la nobleza primitiva «ex contagio corporis», como olvidada del propio origen y del supremo Creador. Virgilio, divinamente inspirado, cantó que del contacto con el cuerpo nacen las pasiones y ese olvido de lo mejor de la naturaleza humana (*Eneida,* VI, 730-734):

> Igneus est illis vigor et celestis origo
> seminibus, quantum non noxia corpora tardant
> terrenique hebetant artus, moribundaque membra.
> Hinc metuunt cupiuntque dolent gaudentque, neque auras
> respiciunt, clause tenebris et carcere ceco.[178]

¿No reconoce ahí Francesco el monstruo de cuatro cabezas que acecha a todos los hombres? Sí, ahí se trata de los cuatro vientos contrarios que arrebatan la tranquilidad: las cuatro pasiones del alma. Pues, en efecto, así se cumple en los mortales el dicho del

---

chas piezas del *Canzoniere* (véase la voz correspondiente en las *Concordanze* preparadas por la Accademia della Crusca), sino del «vitiorum iugum» ya aludido en 34, de probable ascendencia bíblica (vid. solo Gálatas, V, 1: «State, et nolite iterum iugo servitutis contineri»). Cf. *Oratio quotidiana,* ed. cit., pág. 397 («ne ... illa [*sc.* 'anima'] servitutis ultime iugum perferat»); *Familiares,* V, XVIII, 3 («Sed ponderibus meis premor, et invaluit in me durum inveterate consuetudinis iugum; a cuius servitute quis liberabit me miserum, nisi Dominus ...?») y XXIII, III, 13 («Invaluit inme vetuste consuetudinis durum iugum, in quo discutiendo utique multus sum ...»); *Psalmi penitentiales,* I, 12 («vetustum iugum excutere meditatus sum»); *Canzoniere,* LXXXI, 2-3 («'l fascio antico / de le mie colpe e de l'usanza ria»); arriba, págs. 55, n. 42, 64, n. 59.

177. Cf. págs. 76, 179-180, 192, 221, 242, 284-285, 307-308, 341-342, etc.

178. Petrarca vuelve a menudo sobre uno o varios versos de ese pasaje (copiosamente anotado en el Virgilio ambrosiano): así en apostillas a Casiodoro (L. Delisle, «Notice...», págs. 400-401, núms. 11 y 15); *Familiares,* II, v, 4; *De remediis,* II, pról., pág. 125, y LXIV, pág. 180; cf. las notas 182, 186.

Apóstol: «Corpus, quod corrumpitur, aggravat animam, et deprimit terrena inhabitatio sensum multa cogitantem» (64).

Por supuesto, la frase no es de San Pablo («el Apóstol» por excelencia), sino del libro de la Sabiduría (IX, 15). La fuente ha traicionado a Petrarca: en el *De civitate Dei*, XIV, III, capítulo ahora seguido de cerca, niega el autor que la carne sea la causa «in malis moribus *quorumcumque* vitiorum»; concede, no obstante, que el «corpus ... corruptibile aggravat animam», y lo confirma con un pasaje paulino introducido de suerte que produjo el comprensible error de nuestro humanista («Unde etiam *idem apostolus* ... inquit ...»). Pero ¿Petrarca ha traicionado a la fuente? [179] Pienso que no. Más bien ha espigado en ella ciertas proposiciones y las ha matizado y glosado en una perspectiva peculiar, que, si bien se aleja un poco del texto, no lo contradice. En el *De civitate Dei* hay un aserto tajante: «qui *omnia* animae mala ex corpore putant accidisse, in errore sunt». Esa «sentencia de Platón» es la que Virgilio parece celebrar «luculentis versibus» (730-732), amén de sugerir (733-734) que las cuatro perturbaciones del ánimo (deseo, temor, alegría y tristeza) son «quasi origines *omnium* peccatorum atque vitiorum». En realidad, «aliter se habet fides nostra»: la corrupción de la carne, que agobia al alma, es la pena y no la causa del pecado original. De suerte que «quaedam incitamenta vitiorum et ipsa desideria vitiosa» provienen «ex ... corruptione carnis»; pero «non ... omnia vitae iniquae vitia tribuenda sunt carni».[180]

Pues bien, Petrarca no rompe esa línea de pensamiento, sino que retiene cuanto puede conciliarse con el bíblico «corpus ... aggravat animam». Precisamente por ello, no señala el trasfondo griego de los versos de Virgilio [181] (para no tener que impugnar,

---

179. Según postula K. Heitmann, «Augustins Lehre...», págs. 38-43, siempre dispuesto a exigir de Petrarca un sistematismo que le era ajeno (cf. también *Fortuna und Virtus*, págs. 125-128, y C. Trinkaus, *op. cit.*, pág. 14), como, en general, era ajeno a los humanistas posteriores. Creo que en el texto quedan claras las razones de mi discrepancia.

180. Cf. P. Courcelle, «Les Péres de l'Église devant les enfers virgiliens», págs. 50-51.

181. Como sí hace en el Virgilio de la Ambrosiana, fol. 144: «... Virgilium in multis esse platonicum certum est, et hec atque his similia qualiacunque sentire, licet poetico more ipsarum rerum faciem velet» (*Francisci Petrarcae Vergilianus codex...*, praef. I. Galbiati, Milán, 1930). Si no me engaño,

como el *De civitate Dei,* el dualismo platónico), antes los tiene por concebidos «divinitus». Parte, sí, de una síntesis de la teoría de Platón y de la doctrina cristiana: el alma ha sido creada en el cielo,[182] pero en el curso de la vida, «longo iam tractu temporis», los gravámenes del cuerpo la han ido entorpeciendo, haciéndola «velut proprie originis ac superni Conditoris immemorem» (donde el *velut* reduce a una mera ficción, aun si de hecho se aludiera a tal idea, los discursos sobre la «reminiscencia» al estilo de Macrobio, *In Somnium Scipionis,* I, XI, 11 y sigs).[183] Petrarca no se sitúa en el vasto ámbito que enfrenta el *De civitate Dei,* de ningún modo pretende dilucidar —como allí— el origen de *todos* los pecados y vicios: [184] se refiere simplemente, en términos que nunca cabría tachar de heterodoxos, al conflicto de la carne y el espíritu, débil la una, presto el otro (Mateo, XXVI, 41; Gálatas, V, 17, etc.); a las pasiones que puede provocar la carga del cuerpo, al olvido del Creador que pueden producir los «terreni ... artus». A las palabras de la *Eneida* concede solo el alcance que autoriza el versículo bíblico,

---

la nota pertenece al primer período de trabajo petrarquesco sobre dicho manuscrito (hacia 1338).

182. Cf. *Familiares,* XV, IV, 13: «Non dicam 'celestem originem' animarum, quod Virgilius ait, neque, quod ait Cicero, 'animum' nobis 'datum ex illis sempiternis ignibus' quos 'sidera et stellas' appellamus, ut similitudine quadam, quod Senece placet, ex ignium volubilitate celestium animarum inde nascentium volubilitas excusetur; sed hoc dico, creatas simulque corporibus infusas animas a Deo esse; Dei 'sedem in celo' esse, quod ait Psalmista ...»

183. Petrarca nunca debió de sentir gran simpatía por tales supuestos; comentando a Casiodoro («Nec de illis sumus qui dicunt recolere magis animas quam discere» = PL, LXIX, col. 1.287), escribe: «Dampnat opinionem veterum philosophorum, quam Tullius in primo *Tuscul.* Socrati, Boetius in *Consolatione* adtribuit Platoni, ubi ait [III, XI, versos 15-16]: 'Nam si Platonis musa sonat verum, Quod quisquis discit immemor recordatur'» (L. Delisle, «Notice...», pág. 401, núm. 14, confrontado con el original). De hecho, el texto del *Secretum* ahora en cuestión no dice cosa muy distinta que la *Familiaris* IV, I, 32, al proclamar «nobilitatem animi nostri, nisi sponte degenerans ab originis sue primordiis aberrasset».

184. Cuando adopta semejante tesitura, repite fielmente a Agustín: «Hec autem et que sequuntur de quatuor animi passionibus luculenter platonice dixisse Virgilium, fidem vero nostram aliud habere, ut non caro corruptibilis animam peccatricem fecerit, sed peccatrix anima carnem corruptibilem, probat Augustinus *De civitate Dei,* libro 14', prope principium» (Virgilio ambrosiano, fol. 144 vo.). La letra de la glosa me parece mucho más tardía que la de la apostilla citada en la n. 181.

según la exégesis del *De civitate Dei* (referida a «ciertas incitaciones y deseos viciosos»). Convencido de que «vero omnia consonant»,[185] entiende, así, a Virgilio (y Platón) a la luz de la Escritura. Por lo demás, es de ella de donde surge la auténtica solución al embarazoso «quid ... me retinet?» Las consideraciones que flanquean inmediatamente las líneas virgilianas son un simple preámbulo, en el cual Petrarca no desdeña la ocasión de formular con rigor el esquema de las cuatro perturbaciones del ánimo (objeto de otras incontables disquisiciones suyas)[186] y de preparar el terreno, con un par de imágenes («quadriceps illud monstrum», «quattuor velut flatibus aversis ...»), a los escarceos alegóricos de los libros segundo y tercero. Pero el núcleo del argumento está en el desarrollo de la cita sagrada.

«... et deprimit terrena inhabitatio sensum multa cogitantem.» ¿Cómo ocurre ello? Entradas una a una a través de los sentidos, incontables especies e imágenes de las cosas visibles se apiñan atropelladamente en lo más íntimo del alma, con tal variedad y discordia, que la abruman y confunden. Ahí se incuba esa plaga de 'fantasmata' que disipan y desgarran la inteligencia con una fatal prodigalidad de sugerencias que cierran el camino a las reveladoras meditaciones por donde se asciende a la única y suprema luz (64-66).[187] Sabiendo como sabemos hasta qué punto ciertos factores del *Secretum* calcan la autobiografía del Obispo de Hipona (arriba, págs. 66 y sigs.), no podemos por

---

185. Cf. K. Heitmann, *Fortuna und Virtus*, págs. 254-255.
186. «Discerno clarissime quadripartitam animi passionem, que primum quidem, ex presentis futurique temporis respectu, in duas scinditur partes; rursus quelibet in duas alias, ex boni malique opinione, subdistinguitur» (64). Sobre las fuentes y elaboraciones petrarquescas de ese esquema, abundantes materiales en K. Heitmann, *ibid.*, págs. 89 y sigs.; y añádase A. Rossi, «Un inedito del Petrarca: il Terenzio», en *Paragone*, núm. 170 (Letteratura), 1964, pág. 19.
187. «Conglobantur siquidem species innumere et imagines rerum visibilium, que corporeis introgresse sensibus, postquam singulariter admisse sunt, catervatim in anime penetralibus densantur; eamque, nec ad id genitam nec tam multorum difformiumque capacem, pregravant atque confundunt. Hinc pestis illa fantasmatum vestros discerpens laceransque cogitatus, meditationes clarificis, quibus ad unum solum summumque lumen ascenditur, iter obstruens varietate mortifera» (64-66). Nótese que «species» era el tecnicismo escolástico para designar las 'formas de los objetos que actúan sobre los sentidos'; pero parece claro, por otra parte, que Petrarca se atiene al *De vera religione* y no conoce o no considera las especulaciones sobre «species» y «phantasmata» por el estilo de Santo Tomás, *Summa theologica*, I, LXXIX, LXXXV, etc.

menos de pensar en las *Confessiones,* VII, I, 1, allí donde Agustín recuerda: «Clamabat violenter cor meum adversus omnia phantasmata mea, et hoc uno ictu conabar abigere circumvolantem turbam immunditiae ab acie mentis meae; et vix dimota in ictu oculi ecce conglobata rursus aderat et irruebat in aspectum meum et obnubilabat eum ...» Es fácil que Petrarca tuviera presente esa página, pero, en cualquier caso, la inspiración mayor la halló en otra obra agustiniana. Cierto, apenas el Padre ha enunciado su glosa del texto escriturístico, Francesco le interrumpe: «Huius quidem pestis [fantasmatum], cum sepe alias,[188] tum in libro *De vera religione,* cui nichil constat esse repugnantius, preclarissime meministi». En ese tratado, en efecto, tropezó nuestro humanista con un conjunto de enseñanzas en torno a los «fantasmas» que le interesó particularmente, según garantizan los reclamos, sumarios, «nota», que en los márgenes del Parisino latino 2.201 destacan muchos de los lugares en cuestión. En él descubrió que las falsas «imagines rerum visibilium, quae nobis ab hoc sensibili mundo per corpus impressae varias opiniones erroresque generarent», se oponen al conocimiento de la verdad, que no puede ser captada «ullo phantasmate» (III, 3). En él leyó que los «phantasmata», venerados a veces en lugar de Dios, «nihil sunt aliud quam de specie corporis corporeo sensu attracta figmenta, quae memoriae mandare, ut accepta sunt, vel partiri vel multiplicare ... facillimum est, sed

---

188. Petrarca seguramente piensa en particular en el citado paso de las *Confessiones* (cf. además, III, VII, 12), aunque también puede tomar en cuenta otros textos en que Agustín vuelve sobre el asunto, más de una vez para establecer las relaciones de «phantasiae» y «phantasmata» (vid. simplemente *Index omnium quae ... ab A. Augustino dicta sunt,* Venecia, 1584, sign. 0 o 2). Es posible incluso que recordara el apócrifo *De spiritu et anima,* XXXII (en *PL,* XL, cols. 801-802: «Removeat ergo [anima] a consideratione sua omnes notitias quae per corporis sensus extrinsecus capiuntur ... Propterea phantasiis corporalium imaginum deformatur, eisdemque alte impressis etiam soluta a corpore non exuitur ... Removet se ab his sensibus certo intervallo temporum et eorum motus quasi per quasdam ferias reparans, rerum imagines quas per eos hausit, secum catervatim et multipliciter versat ...»); pero no cabe afirmar, con D. Phillips, «Petrarch's Doctrine...», pág. 273, que, si bien nuestro autor cita el *De vera religione* «as the source of this conception ..., there is no close resemblance between the pertinent sections of that work and his own, whereas his statements follow almost literally the discussion of these topics in the *De spiritu et anima*» [!].

cum verum quaeritur cavere et vitare difficile» (X, 18). En él aprendió que el ánimo cree a veces entender, cuando de hecho está «umbris illusus phantasmatum», encerrado en el ámbito de las «visibilium rerum imagines»; y sucede que la «temporalium ... specierum multiformitas ab unitate Dei hominem lapsum per carnales sensus diverberavit et mutabili varietate multiplicavit eius affectum: ita facta est abundantia laboriosa et si dici potest copiosa egestas, dum aliud et aliud sequitur et nihil cum eo permanet», y así, en espera de la Resurrección, «corpus, quod corrumpitur, aggravat animam, et deprimit terrena inhabitatio sensum multa cogitantem» (XX, 40-XXI, 41). Pues de ahí y de otros pasajes [189] (el sentido y la letra no ofrecen duda) sacó Petrarca en sustancia el comento al versículo bíblico. La impresión que le causó la doctrina de los «phantasmata», en la primera lectura del *De vera religione,* tuvo rápido eco en la *Oratio quotidiana,* con la patética súplica a Cristo: «Obrue acies fantasmatum quibus obsideor ...» [190] Años después, nuestro autor volvió sobre el libro, al preparar el *De otio religioso,* para cuyas páginas seleccionó justamente la condena agustiniana de quienes tienen en la cabeza «nichil aliud quam fantasmata» producidos por un vivir pecaminoso (LIV, 105) y realzó el consejo de evitar «hec ... fantasmata tumoris et volubilitatis» que zarandean el espíritu de aquí para allá e impiden ver la constante unidad de Dios (XXXV, 65).[191] No otra cosa apunta el *Secretum* al aseverar que la «pestis ... fantasmatum» atasca el paso «ad unum solum summumque lumen».[192] Pero *Secretum* y *De otio* ofrecen

---

189. Aparte los aducidos abajo, tomados del *De otio religioso,* cf. XXXIV, 63; XXXVIII, 69; XXXIX, 73; XL, 74; XLIX, 95; L, 99; LI, 100; LV, 107.

190. L. Delisle, «Notice...», pág. 398.

191. *De otio religioso,* págs. 7 y 43. Cf. también *De vita solitaria,* en *Prose,* pág. 322: «ubi sane veritas queritur, ficta fantasmata loqui piget».

192. No entiendo, pues, por qué G. A. Levi, «Pensiero classico...», pág. 70, halla inconciliable el «riassunto petrarchesco» y la doctrina del *De vera religione* que habla «dell'opposizione che è tra il molteplice e il mutevole non solo del complesso dei sensibili, ma di ogni sensibile, e l'uno eterno ed immutabile che è Dio». Más atinado me parece P. P. Gerosa, *Umanesimo cristiano del Petrarca,* pág. 91: «Si potrebbe bensì osservare che alquanto diverso è il punto di vista dei due autori: Agostino considera il moltiplicarsi ed il mancare delle forme e degli affetti sensibili; il Petrarca invece pone mente alla dispersione della volontà dietro quelli, alla coscienza che ne rimane confusa e impe-

todavía una coincidencia significativa, al complementarse con sendos puntos de vista al propósito que venimos tratando: el *Secretum* define la acción negativa de la «pestis illa fantasmatum ..., iter obstruens» a la iluminadora meditación de la muerte; y el *De otio,* invitando igualmente a la conversión «ad unum stabile bonum verumque», precave contra los fantasmas que se infiltran por las ventanas de los sentidos («hinc est —precisa— ut de salute anime cum oculis paciscendum sit, ut nec illi periculosis aspectibus iter pandant et illa excubet in limine apertisque licet foribus fantasmatum cuneos arceat») y añade que una de las armas más eficaces para lograr la victoria es la «meditatio mortis».[193]

La concentración en el motivo de los «phantasmata» y la similitud o complementariedad en su tratamiento permiten conjeturar que el *Secretum* y el *De otio religioso* (cuyas primitivas versiones, según todos los indicios,[194] son casi contemporáneas) responden a un mismo período de interés por el *De vera religione*: período que debe situarse hacia 1347.[195] Petrarca había leído la obra por primera vez antes de junio de 1335. El Francesco del *Secretum,* sin embargo, quisiera hacer creer que el tratado agustiniano le ha venido a las manos en las fechas ficticias en que transcurre la acción del diálogo: «In quem librum nuper incidi, a philosophorum et poetarum lectione digrediens, itaque cupidissime perlegi: haud aliter quam qui videndi studio peregrinatur a patria, ubi ignotum famose cuiuspiam urbis limen ingreditur, nova captus locorum dulcedine passimque subsistens, obvia queque circumspicit». La falsedad, palmaria, es

---

dita, oppressa e straziata. Ma si vede bene che, in fondo, si tratta di una medesima situazione spirituale, di cui l'uno riguarda piuttosto le cause e l'altro gli effetti». En efecto, Petrarca, como suele, criba la fuente y, sin contradecirlos, da nuevos enfoques a los materiales procedentes del cernido. Diversas sugerencias —quizá demasiado sutiles— sobre el análisis petrarquesco de los «fantasmas», en A. Noferi, *L'esperienza poetica del Petrarca,* pág. 278-282.

193. *De otio religioso,* pág. 79.

194. A los contactos ya señalados, iré añadiendo otros muchos y en varios casos resaltaré la común dependencia respecto al *De vera religione*; cf. así páginas 115, 190, 196.

195. El estudio detenido del Parisino latino 2.201 tiende a confirmar esa datación impuesta por el examen de ambas obras; cf. F. Rico, «Petrarca y el *De vera religione*».

un nuevo testimonio de que no cabe tomar en serio la declaración de ser el *Secretum* escrito no destinado al público (cf. arriba, págs. 32-33); y, por otra parte, invita a desconfiar de las restantes precisiones cronológicas del coloquio. Pero más importante que detectar la superchería cronológica es advertir el sentido que el humanista pretende darle: Petrarca se nos presenta metido hasta las cejas en filósofos y poetas, y solo por excepción, casi por casualidad, pisando la tierra desconocida y sorprendentemente hermosa de un libro como el *De vera religione*. En Petrarca, es un fingimiento, un jalón más en la ideal autobiografía intelectual que fue creándose, no sin contradicciones; [196] en Francesco, es una concesión que va a motivar otra de Agustín. El poeta ha dicho cuánta dulzura halla en una materia que en principio le es ajena; y el Padre revela al punto que para componer esa obra recurrió largamente a manantiales que según las ideas al uso parecían propios de Francesco e insólitos en un Doctor de la Iglesia. Nos hallamos ante una transacción conciliadora, en que Petrarca simbolizaba, dramatizándola en el intercambio de los personajes, la concordia perpetuamente posible de «pietas» y «sapientia». Se registra ahora el mismo talante, el mismo *atteggiamento*, que en el *De otio religioso* (y no por azar a propósito de unas ideas inspiradas en el *De vera religione* y también puestas a contribución en el *Secretum*; cf. abajo, pág. 196) lleva a proclamar, a beneficio de los cartujos de Montrieux: «ut interdum oratione soluta inter seculares sacris stilum testimoniis condire soleo, sic inter ecclesiasticos et religiosos viros secularibus literis delector (que et prime et aliquandiu michi sole fuerunt et ubi consonant nostris nescioquid oportuni admodum, licet peregrini, auxilii videtur accedere)».[197] Esa dicotomía del Petrarca real se encarna aquí (donde de nuevo tocamos una de las razones esenciales de la forma dialógica y asistimos a otra suerte de transferencia entre las figuras de ambos interlocutores; cf. arriba, pá-

---

196. Así, en *Familiares*, II, IX (carta atribuida a 1336, aunque casi con seguridad es muy posterior), teóricamente seis años antes de la supuesta acción del *Secretum*, se alardea de una ya vieja familiaridad con las obras de San Agustín, mencionando explícitamente el *De vera religione* (§ 15). Cf. arriba, pág. 28, n. 73.
197. *De otio religioso*, pág. 71.

ginas 73-77) en el Francesco que confiesa deleitarse con el *De vera religione* y en el Agustín que rápidamente interviene para notar: «Atqui licet aliter sonantibus verbis, secundum catholice veritatis preceptorem decuit,[198] reperies libri illius magna ex parte philosophicam [199] precipueque platonicam ac socraticam fuisse doctrinam ...» ¿En qué se fundaba Petrarca para poner tal declaración en boca del Padre? [200] Sin duda en unos parágrafos introductorios a la obra, en los cuales Sócrates, aun si en medio de errores, aparece como incitador a la busca de «unum Deum» invisible, «quem solum supra mentes nostras esse et a quo omnem animam et totum istum mundum fabricatum [201] postea suavius ad legendum quam potentius ad persuadendum scripsit Plato». Platón, sí, el maestro capaz de enseñar «non corporeis oculis, sed pura mente veritatem videri»; «sanandum esse animum ad intuendam incommutabilem rerum formam»; «esse aliquid, quod neque istis videatur oculis nec ullo phantasmate cogitetur ...» (II, 2-III, 3).[202] Quizá todo ello se nos antoje demasiado poco para hablar de una inspiración socrática y platónica «magna ex parte» en el *De vera religione*. Mas a Petrarca le ocurría de otro modo. Él, con una especie de irenismo, pasaba por encima de las retinencias del texto respecto a Sócrates y Platón. En el *Secretum* prefería subrayar lo que unía a lo que

---

198. Cf. *De otio*, pág. 8: «quam sententiam [*Eneida*, VI, 652-655] Augustino [*De vera religione*, LIV, 104, 1-10], utcunque aliis licet verbis, qualia pium et catholicum virum decent, astipulante firmatam cernitis ...»

199. Para el contraste *catholice / philosophic[e]*, como, en el lugar del *De otio* recién citado en el texto, *secularibus / nostris*, compárese K. Heitmann, *Fortuna und Virtus*, pág. 255 y n. 22.

200. «Io non so che cosa intendesse precisamente dicendo che la dottrina del *De vera religione* è principalmente socratica e platonica», se sorprende G. A. Levi, art. cit., pág. 70.

201. «... fabricatum esse constaret. Postea ...» traen las ediciones anteriores a la de K.-D. Daur, en el *Corpus Christianorum*, serie latina, XXXII (Turnhout, 1962), por la que cito y que coincide aquí con el códice petrarquesco.

202. En III, 5, habla Agustín de los jóvenes de que renuncian al matrimonio y abrazan la vida casta, «quod cum fecisset Plato, usque adeo perversam temporum suorum timuit opinionem, ut perhibeatur sacrificasse naturae, ut tamquam peccatum illud aboleretur»; en su códice, Petrarca acotó esas líneas, en el margen derecho, con una línea curva coronada por tres puntos y con un «audi»; en otra lectura bastante más tardía, volvió a destacarlas con un signo distinto, en el margen izquierdo, donde también se lee PLATO.

separaba a Agustín y los filósofos griegos (poco antes había hecho algo similar con Virgilio, la Biblia y el *De civitate Dei*; cf. arriba, pág. 109).²⁰³ En el Parisino latino 2.201 llegaba a más: no solo acotaba con un fervoroso «Platonis doctrina» la línea sobre la imposibilidad de ver la verdad con los ojos corpóreos, no solo apostillaba «vere et sancte et pie» la referencia a «aliquid» inaprehensible por los sentidos «nec ullo phantasmate», sino que incluso interpolaba un atrevido «tam» en el dictamen del original sobre Platón, de forma que se leyera «postea *tam* suavius ad legendum quam potentius ad persuadendum scripsit Plato»,²⁰⁴ y, perpetrada la enmienda, aprobaba: «bene, dico, scripsit ...» ²⁰⁵

No solo eso. Petrarca había rastreado la «Platonis doctrina» prologal a lo largo de todo el *De vera religione*; desde luego, no le había sido difícil identificarla en los reiterados reproches del autor a los «non valentibus intueri mente veritatem» (XVI, 31), en las advertencias de que la «vera et prima unitas non oculis carneis ... sed mente intellecta conspicitur» (XXX, 55), etc., etc.²⁰⁶ Ese desciframiento en clave platónica ²⁰⁷ le había sugerido establecer una concordancia —todavía otra— con cierta observación ciceroniana sobre las toscas creencias en torno al más allá (*Tusculanas*, I, XVI, 37-38). Y en el Parisino latino 2.201 reflejó su interpretación en una nota proemial destinada a servir de guía en el itinerario a través del *De vera religione* (nota que

---

203. También ahora, para establecer el vínculo, pudo Petrarca atender a la coincidencia de unos y otros con un texto bíblico, II Corintios, IV, 18, es decir, con el «precepto illi vulgatissimo: 'Nolite amare que videntur, sed que non videntur; que enim videntur, temporalia sunt; que autem non videntur, eterna'» (*De remediis*, I, LXIX, en *Prose*, pág. 624), muy repetido en sus obras (cf. K. Heitmann, *Fortuna und Virtus*, pág. 196 y n. 270) y justamente citado en el *De vera religione*, III, 4.

204. La misma enmienda fue introducida por un corrector del Casinense 169 L (238), según puede comprobarse en el aparato crítico de la edición Daur, pág. 188; convendrá examinar ese códice en sus posibles relaciones con el petrarquesco.

205. Cf. «Petrarca y el *De vera religione*», núms. 63, 64, 114.

206. Vid. en particular XXXI, 57 y sigs., y XXXIX, 72, entre otros muchos lugares pertinentes.

207. A lo largo de la vida, Petrarca conservaría la imagen de Platón como aquel que veía «oculis ... animi, quibus invisibilia cernuntur, et quibus ipse, ut philosophus fretus acerrimis atque clarissimis, multa vidit» (*De ignorantia*, en *Prose*, pág. 736).

en alguna medida equivale a la declaración de la «scribentis intentio» con que a menudo se iniciaba la *enarratio* de los *auctores*):

> Ingredienti libri huius materiam prodesse poterit plurimum sententiam illam habere pre oculis, quam etsi non cristianus, in ceteris tamen magnus et singularis vir, Cicero scripsit in *Tusculano,* libro I, errores temporum suorum perosus,[208] his verbis: «Nichil enim animo videre poterant, ad oculos omnia referebant. Magni autem est ingenii revocare mentem a sensibus et cogitationem a consuetudine abducere». Cum similibus eiusdem vel aliorum philosophorum sententiis.[209]

Pues bien, en el *Secretum* se borda acto seguido sobre el cañamazo de tal nota.[210] Tras apuntar la filiación filosófica, sobre todo platónica y socrática, del *De vera religione,* continúa Agustín: «Et nequid tibi subtraham, scito me, ut opus illud inciperem, unum maxime Ciceronis tui verbum induxisse. Affuit Deus incepto, ut ex paucis seminibus messis opima consurgeret. Sed ad propositum revertamur». Claro está que la última frase no es dique suficiente para la curiosidad de Francesco: la mención

---

208. Cf. *De viris illustribus,* XXII («Cato»), 16: «quasi mores civium perosus».

209. L. Delisle, «Notice...», pág. 403, núm. 39; F. Rico, «Petrarca y el *De vera religione*», núm. 111.

210. Cuya fecha exacta es imposible precisar, aunque cabe situarla entre 1335 y 1337, según indico en el estudio ya citado. Petrarca desarrolló también esa apostilla en el primitivo *De vita solitaria* (1346), en *Prose,* pág. 352: «Quid hic prestigii est, nisi quia quem presentem corde credimus oculis non videmus, eoque relabimur in quo veteres Cicero, qui Cristum certe non noverat, arguebat ubi ait: 'Nichil animo videre poterant, ad oculos omnia referebant'? Quod si et nobis accidit et consilium optamus, idem nobis audiendus est Cicero, non quod alii precipue ex nostris desint, cum Augustinus ex hoc maxime librum *Vere religionis* michi textuisse videatur; sed iuvat in re nostra peregrinum [cf. el pasaje del *De otio religioso* citado en mi pág. 114], ut ita dixerim, hominem audire, presertim cum unus idemque locus sit ubi et vulnus aperuit et medicamenta composuit. Ait enim: 'Magni autem est ingenii revocare mentem a sensibus, et cogitationem a consuetudine abducere'». La timidez con que se señala aún el paganismo de Cicerón y se insinúa sólo la inspiración ciceroniana del *De vera religione,* mientras lo primero se omite y lo segundo se afirma en el *Secretum,* parece indicar que la versión de la nota en el tratado es anterior a la del diálogo. La primera parte de la cita de las *Tusculanas* reaparece, al cabo de los años, en la *Invectiva contra eum qui maledixit Italie,* en *Opera,* pág. 1.180.

del autor favorito exige que antes de volver al tema el poeta se entere de qué «verbum ... tam preclaro operi ... prebuit materiam». El Padre da una cumplida respuesta: «Cicero siquidem in quodam loco, iam tunc errores temporum perosus, sic ait: 'Nichil animo videri poterant, ad oculos omnia referebant; magni autem est ingenii revocare mentem a sensibus et cogitationem a consuetudine abducere'. Hec ille. Ego autem hoc velut fundamentum nactus, desuper id quod tibi placuisse dicis opus extruxi». Y Francesco interviene satisfecho de reconocer el pasaje y comprobar su intuición de que ha sido fecundo dentro de los escritos de Agustín: «Teneo locum: in *Tusculano* est; te autem hoc Ciceronis dicto et illic et alibi in operibus tuis delectari solitum animadverti; nec immerito; est enim ex eorum genere, quibus cum veritate permixtus lepos ac maiestas inest».[211] Pocos testimonios arrojan más luz sobre el *modus procedendi* petrarquesco que la metamorfosis de la apostilla al manuscrito Parisino en la admirable página del *Secretum*. La escueta glosa ha cobrado vida gracias a una hábil elaboración literaria: el Santo indica la deuda con Marco Tulio y corta bruscamente para volver «ad propositum»; pero ya se ha creado una expectación, una urgente impaciencia por parte de Francesco, quien ruega cortésmente al Padre que le informe al respecto y, una vez saciado el deseo de saber más, respira ufano al corroborarse lo que él barruntaba y termina con una reflexión muy personal, casi resumiendo el alcance último de todo el contexto en el juicio de que el dicho ciceroniano reúne verdad, perspicacia y grandeza de tono. Es sintomático (y muestra hasta qué punto importa ver facetas de Petrarca en los *dos* interlocutores) el modo en que nuestro humanista se complace en poner una idea propia sobre el Agustín histórico en los labios del Agustín del diálogo. Una idea, precisamente, conciliadora de religión y filosofía antigua, dominios cuya harmonía se ha acrecido en el trasvase desde el códice (y, casi con seguridad, desde el *De vita solitaria*; cf. la nota 210) hasta el *Secretum*. Pues ahora ya no se siente la necesidad de justificar que Cicerón, «etsi non cristianus», «qui Cristum certe

---

211. Cf. *Familiares*, VI, IV, 1: «Exemplis abundo ..., quibus ... cum delectatione insit autoritas».

non noverat», haya inspirado a un gran maestro católico. E incluso se llega a presumir que el «verbum» en cuestión subyace «et illic et alibi» a otras obras del Obispo de Hipona.[212]

Por lo demás, con la cita de las *Tusculanas* aflora formulado por una autoridad incontrovertible un tema que venía latiendo, desde el umbral del *Secretum,* en la imagen del Francesco cuyos ojos atienden solo a las cosas «mortalia», sin alzarse «ad eterna» (22), nublados de «caligo» (30); el Francesco guiado «cecis ducibus» (34), temeroso de proclamar: «que videntur cunta sordescunt» (46). Por aquí enlazan en parte las premisas estoicas del inicio y los escarceos platonizantes del final: el engaño radical y la cortedad de vista del poeta son dos manifestaciones de una misma enfermedad (no en balde se habla de «pestilens libido» para el uno y de «pestis» para la otra). Y así se abona el terreno para desarrollos esenciales de los libros segundo y tercero, trátese de la «perversa opinio» que trae desasosegado a Francesco o de los ídolos de barro con que una estimativa mortal lo distrae, alejándolo de la senda salvadora, de las metas eternas e invisibles.

Pero Agustín vuelve ya al punto que había quedado en el aire y se dispone a concluir (con palabras —importa advertirlo— cuyas implicaciones no se descubrirán por completo sino al acabar el libro siguiente: al tratar de él las dilucidaremos). La «pestis» aludida amenaza con perder a Francesco: el ánimo, cargado de fantasmas «multisque et variis ac secum sine pace pugnantibus curis» (no es casual que el epílogo del libro primero defina tan nítidamente el «conflictus curarum» que da título al diálogo), no sabe qué atender antes, qué rechazar, qué aceptar (cf. *De vera religione,* X, 18, y XXI, 41, citados arriba). Le faltan vigor y tiempo (66), le ocurre como al labrador que siembra tantas plantas en una parcela, que las unas estorban a las otras: en el alma atareada de Francesco nada útil echa raíces, nada da fruto (y la recreación de la parábola evangélica [213] nos lleva a enhebrar unitariamente varios momentos del coloquio: ahora son semillas

---

212. De hecho, Agustín lo cita solo en *Epístolas,* CXXXVII, II, 5 (como puede comprobarse en el índice de M. Testard, *Saint Augustin et Cicéron,* París, 1958, vol. II); pero, con la perspectiva que adopta, claro es que Petrarca podía relacionarlo con incontables dichos agustinianos.

213. Mateo, XIII, 3-8.

que no germinan; antes era una raíz que los hombres, insensatos, se arrancan del pecho; pronto serán simientes que no fructifican). Y el poeta, «nusquam integer, nusquam totus», se ve arrastrado a un lado y a otro «mira fluctuatione»: en la fluctuación que con palabras emotivas nos reveló —y ahora suena oportunamente el eco de aquella capital escena— gemela a la del atormentado Agustín del jardín milanés (cf. arriba, pág 76, n. 82).[214] ¿Cómo va entonces a pensar en la muerte? Por mucho que se abisme en meditar sobre ella (o, en feliz paradoja, incida en cualquier «cogitatio» de las que también conducen «ad vitam») y por mucho que le ayude la innata penetración del espíritu, la «turba curarum», violentamente, lo obligará a volver sobre sus pasos, porque la excesiva agitación quebranta «tam salutare propositum». De tal forma nace en Francesco una «intestina discordia», probablemente concebida sobre el patrón del «bellum intestinum» que describía el *De civitate Dei*, XIX, IV, 2-3 (recordando el bíblico «corpus corruptibile aggravat animam ...»), y en todo similar al «intestinum ... bellum» que Petrarca atribuía a Agustín «illo conversionis sue die et in illa saluberrima, sed difficillima conflictatione animi», cuando para pasar «ad meliorem vitam» debía apoyarse en «sola voluntate».[215] Por semejante des-

214. Vid. también *De remediis*, II, LXXV, págs. 189-190: «De discordia animi fluctuantis».

215. *Familiares*, XVII, x (1 de enero de 1354); tras citar el versículo de la Epístola a los Romanos que en seguida transcribo en el texto, Petrarca comenta: «Quid enim ipse pater Augustinus, quid agebat illo conversionis sue die et in illa saluberrima, sed difficillima conflictatione animi, dum ad meliorem transire vitam vellet nec transiret; quibus estuabat angoribus, quibus stimulis urgebatur? Et tamen pestifero tenebatur freno ne transiret, quo non magno apparatu, sed sola voluntate transeundum erat ... Libet tanti viri illius angustias meminisse et intestinum illud animi sui bellum, in quo, sicut dignum erat, pars tandem victa deterior clarissimum et eternum meliori prebuit triumphum ...» (§§ 12-13). En nuestro texto del *Secretum* se dice exactamente: «oritur ... illa intestina discordia de qua multa iam diximus». Sin duda ello refiere a las páginas sobre el «non posse» y el «nolle» y sobre la crisis previa a la conversión de Agustín; así lo confirma la citada *Familiar* XVII, x, donde después de evocar ese mismo problema y ese mismo episodio (cf. notas 39, 64, 74), se escribe: «Hinc ille pestifer torpor ac perplexitas animorum, de quibus multa iam diximus ...» (§ 21). Es, por supuesto, la situación de Francesco en las postrimerías del libro primero: situación igualmente tildada de «torpor» (ya a punto de ser vencido, siquiera parcialmente) y que forma *pendant* con todo el núcleo antes organizado sobre el motivo de la escena en el jardín milanés (cf. arriba, págs. 73 y sigs.).

peñadero cae el alma en la «anxietas», en la angustia y en la irritación consigo misma, «dum horret sordes suas ipsa nec diluit, vias tortuosas agnoscit nec deserit, impendensque periculum metuit nec declinat». Las tres elegantes cláusulas paralelas nos recuerdan el dilema de las *Metamorfosis,* VII, 20-21 («Video meliora, proboque, / deteriora sequor»),[216] y, más aún, de la Epístola a los Romanos, VII, 19 («Non enim quod volo bonum, hoc facio: sed quod nolo malum, hoc ago»). Mas lo importante es que en ellas se recogen algunos presupuestos de que partió el diálogo y la nueva actitud que la discusión ha alumbrado en el poeta. Aquí, en efecto, se retrata al Francesco que ya no niega ser mísero «sponte», por más que figure entre los «dolentes optantesque contrarium» (34) e intente «cum lacrimis sordes ... diluere» (36); el Francesco que no acaba de decidirse a tomar el «iter laboriosum», igual que otros tantos a quienes increpa el Padre: «dum et ascendere et in imis permanere cupitis, neutrum impletis in alterna distracti» (46); el Francesco que ahora no puede ser acusado de olvidar el «impendens periculum» (28) de la muerte, pero tampoco logra enfrentarlo como debiera. Al humanista no le cabe sino asentir al diagnóstico de Agustín: «Heu mi misero! Nunc profunde manum in vulnus adegisti. Istic dolor meus inhabitat, istinc mortem metuo».[217] Y como cobrar conciencia del mal es «radix ... salutis» (30), el Santo ve en esa confesión un principio de mejoría: «Bene habet! torpor abscessit».[218] Pero harto han hablado ya; será conveniente posponer

---

216. Como es sabido, el célebre texto ovidiano se parafrasea al final de la canción *I' vo pensando,* final que no deja de recordarnos la conclusión de nuestro libro primero: «ché co la morte a lato [*Secretum,* 68: 'impendensque periculum metuit nec declinat'] / cerco del viver mio novo consiglio [*ibid*: 'inops consilii'] /, e veggio 'l meglio, et al peggior m'appiglio» (CCLXIV, 134-136).
217. Cf. *Psalmi penitentiales,* VI, 10: «Illic vulnus situ putruit; illic vite mee metuo ...»
218. «Le parole di Agostino accennano ad un risultato positivo in Francesco ... E non c'è dubbio che il Petrarca abbia concepito la nuova discussione del libro succesivo come resa possibile da un ardire e da una fiducia che all' inizio del libro precedente erano inconcepibili. Il compiaciuto commento del Santo richiama evidentemente il primo di quei punti ch'egli aveva enunciati come i gradi verso la liberazione dalla miseria», comenta F. Tateo, *Dialogo interiore...,* pág. 33; y se pregunta: «Ma c'è stato veramente in Francesco questo così importante mutamento?» Sí, entiendo yo; pero nótese que el

la conversación hasta el otro día y, en tanto, permitirse un respiro en silencio. Nada más oportuno para el abatimiento de Francesco: «quies et silentium» (68).[219]

Explicit liber primus.

---

cambio consiste en una iluminación, en una inédita capacidad de comprender temas y problemas, que hace posible el examen de los libros II y III, pero por el momento no entraña más que buenos auspicios. Y adviértase que no solo Francesco no es ya el mismo que al principio, sino que también Agustín ha ido rectificando y ajustando su juicio y terapéutica respecto a él a medida que avanzaba el coloquio.

219. ¿Es casual la coincidencia con II Macabeos, XII, 2: «non sinebant eos in silentio agere et quiete»?

LIBER SECUNDUS

Ha pasado un día, y el diálogo se abre enlazando impecablemente con las últimas estampas del libro primero.[1] Agustín inquiere si el descanso ha templado el «languor» de Francesco, si le ha dado ánimos y confianza: «prefert enim non leve salutis indicium spes languentis».[2] Así ha ocurrido, en efecto, y el poeta lo espera todo de Dios: «Quid de me sperem non habeo: spes mea Deus est».[3] Una inédita serenidad se trasluce: no suena ya el grito angustioso del náufrago sin ninguna «spes salutis» salvo la libérrima misericordia del Señor (62), sino la voz más tranquila de quien se sabe reo, pero, ávido de liberarse, vive «spei plenus quod Dei dextera potens promptaque sit» (58), en espera de la gracia (pronto objeto de singular atención). El Santo aprueba ese talante (no en vano lo recomendaba páginas atrás) y torna a tomar el hilo con un sutil resumen del diagnóstico arriba formulado, a vueltas de un anticipo del desarrollo inmediato (68-70). Una muchedumbre hostil —explica— cerca y amenaza tu-

---

1. La escena se inicia con un «Satis ne feriati sumus?» Carrara, 68, n. 1 (seguido por Tateo, *Dialogo interiore*..., pág. 18), aduce el arranque del segundo libro de los *Soliloquia* agustinianos, II, I, 1: «Satis intermissum est opus nostrum ...» De hecho, ese texto se recuerda más bien al final del libro primero («iam *satis* hodiernum colloquium absque *intermissione* protulimus ...»), al cual se vincula directamente el principio del segundo. Cf. arriba, pág. 37, n. 110.
2. El dicho debe sin duda entenderse en un sentido similar al del aforismo de Séneca, *Fedra*, 249 («Pars sanitatis velle sanari ...»), y, por ahí, nos remonta no solo a alguna proclamación ocasional (44: «virtutis desiderium pars est magna virtutis»), sino a todo el planteamiento del primer diálogo (cf. arriba, págs. 43 y sigs.); vid. aún *De remediis*, I, CXIX, pág. 120: «Prima enim et maxima pars virtutis est bonum velle, quod nisi precesserit non sequetur virtus».
3. Vid. *Psalmi penitentiales*, IV, 23: «salvam fac animam meam, nil iam de propriis viribus sperantem»; *Canzoniere*, CCCLXV, 14: «Tu sai ben che'n altrui non ò speranza»; y, en especial, *Oratio quotidiana*, pág. 397: «ne quid de me ipso confisus, spem totam iaciam in Te».

multuosamente a Francesco. En tal aserto, el énfasis respecto al gran número de enemigos al acoso remite a la descripción de las incontables sugerencias de las cosas visibles, la inmensa turba de 'fantasmas' y la infinidad de preocupaciones diversas que abruman al humanista;[4] por otra parte, la insistencia en las imágenes de asedio y combate prolonga la visión del «conflictus curarum» evocado en las postrimerías del coloquio anterior.[5] Pero las palabras de Agustín, según indicaba, son a la vez resumen y anticipo. Han recordado los múltiples males, ya definidos, que rodean insidiosos a Francesco; y ahora le anuncian que todavía quedan por tratar bastantes otros aún más temibles y, como aquellos, inconciliables con la necesaria «cogitatio mortis»: así, desde el umbral, toda la discusión del libro segundo se pone en la perspectiva del *leitmotiv* del *Secretum*, se concibe como un análisis de los obstáculos que impiden una fructífera meditación de la muerte.[6]

La noticia de que van a revelársele peligros de harto mayor empaque y cantidad de cuanto él sospecha aterroriza al poeta: si se ha engañado, también (cf. arriba, págs. 42, 46, etc.), al apreciar la gravedad de la situación; si ante ella no se ha asustado en la medida en que debía, entonces, ¿«quid iam spei reliquum est»? La esperanza recién ganada parece a punto de derrumbarse. Una oportuna admonición del Padre, recordando que «ultimum malorum omnium desperatio est»[7] y que no hay motivo para

---

4. Cf., en I, «... species innumere ... catervatim ... densantur», «nec tam multorum ... capacem» (64), «varietate mortifera», «multisque et variis ... curis» (66), «ad tam multa ...», «in angusto multa ...», «turba curarum variarum ...» (68); y, en II, «multa te obsident, multa circumstrepunt ..., quot ... validis hostibus circumsidearis ...», «tam multis obsessum» (68-70).

5. Vid., en I, «discerpens laceransque cogitatus» (64), «sine pace pugnantibus curis ... oppresus» (66), «turba ... pellente», «intestina discordia» (68); y, en II, «obsident», «circumstrepunt», «hostibus circumsidearis», «condensam ... aciem», «hostium», etc. (68-70). Cf. además *Psalmi penitentiales*, VI, 1 y sigs.: «Circumvallarunt me inimici mei, perurgentes me cuspide multiplici ...»

6. «Videbis profecto cogitatio illa salubris, ad quam te nitor attollere, quot adversantibus cogitationibus victa sit» (70).

7. «... desperatio est, ad quam nemo nisi ante tempus accesit» (70). Cf. *Familiares*, II, III, 25 («gravissimum malorum omnium, desperationem») y XXI, IX, 20 («nunquam desperatio sera fuit»). Vid. también la meditación sobre el pecado al frente del Parisino latino 1.994 (21 de marzo de 1337), *apud* P. de Nolhac, «Fac-similés de l'écriture de Pétrarque», *Mélanges d'ar-*

desesperarse, consigue sosegar a Francesco.[8] Y ya puede Agustín empezar a mostrarle cuántos aguzan el hierro contra él (*Eneida*, VIII, 385-386), cuántos lazos le tiende el mundo,[9] cuántas vanas ilusiones y cuitas inútiles lo desazonan. La primera de semejantes asechanzas es la soberbia...

Pero conviene hacer un alto. La mención de la soberbia aconseja señalar ahora que todo el segundo diálogo del *Secretum* tiene por pauta el esquema de los siete pecados capitales. Soberbia, envidia, avaricia, gula, ira, lujuria y acidia, en efecto, son los núcleos sucesivamente tratados en torno a los cuales van cobrando forma un retrato espiritual del protagonista y una variada gama de reflexiones sobre la naturaleza humana. Apenas hemos reconocido tal pauta, adquieren un nuevo significado las metáforas bélicas con que el Santo adelantaba la materia del coloquio.[10] De pronto, advertimos que ese lenguaje guerrero (además de continuar y hacer más vívida la pintura del «conflictus curarum»

---

cheologie et d'histoire, VII (1887), lám. IV, 1 («Considerare debemus assidue peccata que fecimus ..., medici celestis auxilium implorantes ... Desperatio primum, malorum omnium extremum ...»); *De otio religioso*, pág. 25 («ad desperationem, malorum omnium extremum»); *De remediis*, II, CXVIII, pág. 236 («summum illud et extremum malum ..., desperatio»); otras referencias (menos próximas a nuestro texto) en K. Heitmann, *Fortuna und Virtus*, pág. 79. Para útiles indicaciones sobre la trayectoria del motivo, cf. S. Snyder, «The Left Hand of God: Despair in Medieval and Renaissance Tradition», *Studies in the Renaissance*, XII (1965), págs. 18-59; añádase que la definición tan reiterada debía ser tradicional (vid. H. Walther, *Proverbia sententiaeque latinitatis medii aevi*, núm. 32.085 a: «ultima omnium malorum dira desperatio est»; J. Lange, *Polyanthea*, Lyon, 1669, col. 739). Vid. abajo, pág. 241, n. 371.

8. «Sciebam, sed memoriam terror abstulerat» (70), es un eco verbal de Boecio, *De consolatione Philosophiae*, I, pr. VI, 10: «Audieram ..., sed memoriam maeror hebetavit».

9. «Vide quos tibi mundus laqueos tendit» (70). Cf. *Canzoniere*, CCCLX, 51: «mille lacciuoli in ogni parte tesi».

10. Reléase ahora íntegro el pasaje algunos de cuyos elementos destacaba en las notas 3 y 4: «Multa te obsident, multa circumstrepunt, tuque ipse quot adhuc aut quam validis hostibus circumsidearis ignoras. Quod igitur evenire solet condensam procul aciem cernenti, ut contemptus paucitatis hostium fallat; quo vero propius accesserint, quoque distinctius subiecte oculis cohortes effulxerint, prestringente oculos fulgore, metus crescat et minus debito timuisse peniteat, idem tibi eventurum reor. Ubi ante oculos tuos hinc illinc prementia teque circunvallantia, mala coniecero, pudebit te minus doluisse minus ve metuisse quam decuit, parciusque miraberis animum, tam multis obsessum, per medios hostium cuneos erumpere nequivisse. Videbis ...» (cf. n. 6).

que cierra el primer libro) viene determinado por la tradicional representación de los vicios con figura y pertrechos de combatientes, popularísima en el arte y las letras medievales.[11] Así, el simple recurso a las imágenes militares para aludirlos apunta que los «circunvallantia mala» que van a discutirse son precisamente los pecados capitales. Como tantas veces, Petrarca extrae el máximo partido de una veta expresiva que se hubiera dicho exhausta, sugiriendo con singular finura el meollo de la conversación contigua, sin necesidad de incidir en la identificación explícita de los «hostes» en cuestión, al modo de cualquier imitador vulgar de Prudencio (por el contrario, cuando más adelante nos ofrezca algo remotamente similar a una *psychomachia*,[12] la lucha de la Ira y la Razón, dotará a todo el desarrollo de excepcional originalidad).

En un cierto momento del libro primero, por otro lado, observábamos que *vitium* era sustituido por *peccatum* y que con tal cambio se nos introducía en un ámbito más decididamente cristiano (cf. arriba, págs. 63 y sigs.). De las *Tusculanas* pasábamos a las *Confessiones*, el *De civitate Dei*, el *De vera religione*; y pasábamos casi insensiblemente, gracias a una segura voluntad de concordia: la misma que llevaba a aclarar la idea platónico-estoica de las cuatro pasiones del alma, aducida a través de Virgilio, con el bíblico «Corpus, quod corrumpitur ...» (vid. páginas 107 y sigs.). Pues bien, un desplazamiento hacia una órbita más tajantemente religiosa, un desplazamiento homólogo al que convierte el *vitium* en *peccatum*, se opera en el tránsito del primero al segundo diálogo. En él, Petrarca podía haberse concentrado en el escrutinio de los cuatro afectos o «perturbationes animi» («cupiditas et gaudium», «metus et dolor»),[13] el «quadriceps ...

---

11. Cf. A. Katzenellenbogen, *Allegories of the Virtues and Vices in Medieval Art*, Nueva York, 1964²; R. Tuve, «Notes on the Virtues and Vices», en *Journal of the Warburg and Courtauld Institutes*, XXVI (1963), págs. 264-303, y XXVII (1964), págs. 42-72 (y, más en general, el libro de la misma autora *Allegorical Imagery. Some Medieval Books and their Posterity*, Princeton, 1966, págs. 57-143). En Petrarca, vid., por ejemplo, *Familiares*, XII, II, 6; XIX, XVI, 10-11; XX, I, 5 y sigs., textos todos con abundantes coincidencias con nuestra página.

12. Vid., por otra parte, *Africa*, II, 73 y sigs.

13. *De remediis*, I, pról., pág. 6. Cf. arriba, págs. 107, n. 178; 110, n. 186.

monstrum» mencionado previamente (64); pero prefirió atenerse al esquema cristiano de los siete pecados capitales. Evidentemente percibía un parentesco entre afectos y pecados.[14] Por lo menos, en alguna ocasión los había reunido, dándoles un lugar relevante entre los 'hostes mille' que debemos combatir: «hinc alienis et externis motibus quatimur, hinc intrinsecis et nostris superbia attollit, metus deicit, spes suspendit, cupiditas inflammat, gaudium dilatat, dolor angustat, livor inficit, gula solicitat, accedit ira preceps et —quotidianum ac blandum malum— adamantinos animos flexura luxuries».[15] Ese parentesco de pasiones y pecados, a ojos del autor, sin duda contribuía a vincular las últimas páginas del libro primero al conjunto del segundo (cf. abajo, páginas 197, 200). Y, desde otro punto de vista, hace más significativo el que se rechazara la posibilidad de insistir en el esquema de progenie clásica. No se olvide que en el verano de 1343 Petrarca ponía manos a la obra en los *Rerum memorandarum libri,* que pensaba articular, según el plan expuesto en el ciceroniano *De inventione,* en torno a las virtudes cardinales y los vicios opuestos,[16] con deliberada exclusión de las virtudes teologales («e quindi gli argomenti tipicamente religiosi») y aun de cuanto no procediera «ex secularibus literis».[17] Unos años después, había dejado de fingirse ignorante en materias sacras (ficción de raíces no doctrinales, sino profesionales, estéticas, retó-

---

14. Como es sabido, se ha postulado como origen del canon de los pecados capitales una combinación de los vicios cardinales y los afectos estoicos: cf. J. Stelzenberger, *Die Beziehungen der frühcristlichen Sittenlehre...* (citado arriba, pág. 69, n. 66), págs. 379-398, y S. Wenzel, «The Seven Deadly Sins: Some Problems of Research», en *Speculum,* XLIII (1968), págs. 2-3.
15. *Rerum memorandarum,* III, 84, 2 (y vid., en parejo sentido, *Familiares,* XV, XIV, 8): adviértase que «cupiditas» es a la vez afecto y pecado, mientras «dolor» vale también 'acidia' (vid. abajo, págs. 199-200); para otros engarces del afecto «dolor» con los siete pecados, en general, cf. *De remediis,* II, x, pág. 137, y CV-CXI, págs. 222-225. Aparte ahí, Petrarca da listas de los «vitia capitalia» (nunca coincidentes en el orden) en *De otio religioso,* págs. 14, 78 (y vid. 9 y sigs.), y *Familiares,* VI, I, 12; compárese además *De vita solitaria,* en *Prose,* pág. 574. Particular importancia tiene notar aquí que el autorretrato inicial de la *Posteritati* se pliega en buena medida al esquema de los pecados capitales: codicia, gula, lujuria, soberbia, ira (*Prose,* págs. 4-6).
16. G. Billanovich, ed. *Rerum memorandarum,* págs. CXXIV-CXXX (la cita inmediata, en CXXVII).
17. *Ibidem,* I, 25, 16.

ricas), y no le dolía recurrir públicamente (privadamente siempre lo hizo) a temas y modos del saber cristiano, «preter morem veterum quos in multis sequi soleo».[18] Y en vez de rematar los *Rerum memorandarum* con la sección sobre los vicios sugerida por el *De inventione,* construyó nuestro diálogo segundo sobre la armazón de los siete pecados. Del proyecto de los *Rerum memorandarum* al *Secretum,* así, se da exactamente el género de desplazamiento que —notaba— sustituye el *vitium* por el *peccatum.* Por ahí, más que a los *Rerum memorandarum* esforzada y se diría que artificialmente profanos, el *Secretum* se acerca al *De vita solitaria* y al *De otio religioso,* rebosantes en «sacris ... testimoniis»[19] y motivos piadosos conjugados con otros de la Antigüedad grecolatina.

En el siglo XIV, los siete pecados habían hecho un largo recorrido por las más diversas sendas.[20] ¿Cabe situar en alguna de ellas la versión petrarquesca del *tópos*?[21] A mi juicio, la res-

---

18. *De vita solitaria,* en *Prose,* pág. 588. A reservas de volver sobre ello con calma, precisaré que, cuando hablo de razones «profesionales, estéticas, retóricas», para evitar cuestiones y formas específicamente religiosas, pienso, por un lado, en el juvenil prurito petrarquesco de singularizarse como *especialista* en el dominio clásico, como *erudito* en un área cultural bien delimitada (más tarde, los herederos de Petrarca definirán paladinamente ese *status;* cf. solo P. O. Kristeller, *Renaissance Thought,* [I], Nueva York, 1961, págs. 72, 102 y n. 25, etc., y R. Avesani, «La professione dell' 'umanista' nel Cinquecento», en *Italia medioevale e umanistica,* XIII [1970], págs. 205-232); y, por otra parte, reparo en una suerte de *purismo* que se resistía a caminar por terrenos en que no pudiera apoyarse en las muletas de los autores antiguos (situación que con el tiempo caricaturizaría el *Ciceronianus,* por fin accesible en la excelente edición de P. Mesnard, en *Opera omnia D. Erasmi...,* I, II [Amsterdam, 1971], en especial págs. 636 y sigs.).

19. Cf. arriba, pág. 114 y n. 197.

20. Vid. en especial M. W. Bloomfield, *The Seven Deadly Sins. An Introduction to the History of a Religious Concept, with Special Reference to Medieval English Literature,* East Lansing, Michigan, 1952.

21. Nótese que el motivo de los vicios (y las virtudes) fue *tópos* específicamente retórico (véase, así, últimamente Sister J. M. Lechner, *Renaissance Concept of the Commonplaces,* Nueva York, 1962), como Petrarca sabía muy bien (*De vita solitaria,* en *Prose,* pág. 324: «ambiunt civitates, declamant in populis, multa de vitiis, multa de virtutibus loquuntur ... Verum hec nobis non rethorice scola sed vite est ...»; todo el contexto merecería cita); pero es sintomático, al propósito que en seguida veremos, que incluso en el ámbito de la preceptiva apareciera a menudo dependiente de los hábitos de la confesión (vid., por ejemplo, C. Faulhaber, *Latin Rhetorical Theory in Thirteenth and Fourteenth Century Castile,* Berkeley, 1972, pág. 132).

puesta ha de ser positiva. En efecto, en nuestro libro, Agustín va a ir tomando la iniciativa y enfrentando a Francesco con cada uno de los vicios capitales. En ciertos casos, no costará demasiado llegar a un acuerdo sobre si el poeta incurre, no incurre o está en peligro de caer en él; otras veces, Francesco negará haberla cometido, y el Padre, anatomizándola con ejemplos y distingos, le descubrirá que no es tan ajeno como supone a la tacha en cuestión. Pues bien, tal proceder ¿acaso no entronca ostensiblemente con la teoría y la práctica coetáneas del sacramento de la penitencia? Por no perdernos en épocas más remotas, baste recordar que «in the two centuries following the Fourth Lateran Council [1215] the capital vices or 'deadly sins' were the most widely used scheme according to which a priest was thaught to ask about the sins of his penitent».[22] Infinitos manuales de casuística y *summae confessorum* adiestraban al clérigo en la técnica de explorar el alma del penitente, con frecuencia demasiado ignorante o irreflexivo para caer en la cuenta de que había incidido en pecados cuya simple enumeración y descripción, en un interrogatorio hábil, debían despertarle ecos de contrición; la catequesis, oral o escrita, recomendaba incansablemente al laico usar un procedimiento paralelo en el examen de conciencia y, por supuesto, en el mismo confesionario. Como leíamos, el método más común era desgranar la lista de los «crimina capitalia», en formas por el estilo de la siguiente: «Primo interroget sacerdos discretus: 'Amice, fuisti superbus?' Si dicat quod sic, audiat in quo et qualiter. Si dicat quod non, dicat ei ... : 'Tu forte non novisti quid sit superbia, sed pauci sunt sine ipsa ... Fecisti umquam vel dixisti aliquid pro laude mundana vel honore seculari habendis? Tu pugnasti umquam scienter veritatem?'» Etcétera, etcétera.[23] Y parece obvio que en principio Agustín procede con Francesco como si de un penitente atolondrado se tratara. Dejemos al margen, por el momento, la

---

22. S. Wenzel, «The Seven Deadly Sins...», pág. 13 (y 9, 18); cf. también, del mismo autor, *The Sin of Sloth*. *«Acedia» in Medieval Thought and Literature*, Chapel Hill, N. C., 1967, págs. 69-73, 197-199; M. W. Bloomfield, *op. cit.*, págs. 387-388; E. B. Strong, «The *Rimado de Palacio*: López de Ayala's Rimed Confession», *Hispanic Review*, XXXVII (1960), págs. 442-447.
23. *Apud* E. B. Strong, art. cit., pág. 443.

exquisita elaboración estilística e intelectual. Nadie confundirá el libro segundo del *Secretum* con un anodino *Modus confitendi*: pero ello no impide percibir que la sustancia última de nuestro coloquio se inspira en los usos de la confesión contemporánea. Por supuesto, los elementos 'penitenciales' encajan ajustadamente en el engranaje de la obra toda: el diálogo, las acusaciones *ad hominem,* el contraste de doctrinas genéricas e implicaciones personales, el desmenuzar cada asunto en una tipología y el proponer remedios, todos esos y otros eran rasgos de la confesión coincidentes con esenciales líneas de desarrollo del *Secretum*. De ahí que nunca tengamos la impresión de hallarnos con un factor sobreañadido, sino que, aun reconociendo la filiación, en el patrón 'confesional' advirtamos un orgánico cristalizar del diseño originario. Inútil preguntarse si tal patrón se pensó al tiempo de concebir ese diseño (por mi parte, así lo creo) o se ofreció como una posibilidad en el curso de la redacción. Lo importante e inmediatamente verificable es el buen arte con que Petrarca supo aprovechar módulos ajenos para una creación tan peculiar como el *Secretum*.[24]

Volvamos al texto que dejamos en el aire. El primer enemigo que acecha a Francesco —decía— es la soberbia.[25] Por supuesto, tal posición de preeminencia no se debe al capricho ni tiene ningún motivo personal (aunque personal sea, sí, el matiz del desarrollo). «Initium omnis peccati est superbia», dictaminaba el Eclesiástico (X, 15); y en el aserto, corroborado por los más ilustres doctores del catolicismo [26] y pieza esencial para explicar

---

24. El acierto es más visible si se coteja nuestro libro, por ejemplo, con el *De confessione Christiana,* donde un autor por lo demás tan interesante como Sicco Polenton no llega a conciliar el diálogo humanístico con el esquema de catecismo, y todo se queda en incoloros parlamentos del «Sacerdos» y minúsculas y borrosas intervenciones del «Peccator» (cf. C. Trinkaus, *«In Our Image and Likeness»*, págs. 616-626).

25. Vid. en general K. Heitmann, *Fortuna und Virtus,* págs. 150-157; y *De remediis,* II, cxi, pág. 125 («De superbia»), donde, desde luego, se hallarán significativos puntos de contacto con el *Secretum,* desde la cita del Eclesiástico hasta la mención de que «per hanc ['superbia'] ... ille pulcherrimus creatus corruit».

26. Cf. W. M. Green, «'Initium omnis peccati superbia'. Augustine on Pride as the First Sin», *University of California Publications in Classical Philology,* XIII, núm. 13 (1949), págs. 407-432.

la caída de los ángeles malos,[27] se basaron desde San Gregorio numerosas «sufficientiae vitiorum» que hacían brotar de la soberbia los restantes pecados capitales.[28] En las palabras con que Agustín entra en materia, así, importa percibir el eco de la sentencia bíblica, el recuerdo de la vieja tradición que la asociaba a la rebeldía de Lucifer y la concordancia con las disquisiciones de los moralistas: [29] eco, recuerdo y concordancia que subrayan, en el arranque, el ortodoxo enfoque religioso del asunto.

Sucede que muchos pretextos se dan cita para alzar al poeta en las funestas alas de la jactancia, atosigándolo: so color de la nobleza del ánimo, lo llevan a olvidar su tantas veces probada debilidad y le impiden otro pensamiento que no sea enorgullecerse y fiar en las propias fuerzas, satisfecho de sí mismo hasta el diabólico aborrecimiento del Creador (70). La soberbia, en suma, conspira contra la doble reflexión en que el Santo quiere sumir a Francesco, contra la «meditatio mortis humaneque miserie» (34): pues, por un lado, lo vuelve «fragilitatis immemor»,[30] y, por otro, le hace imposible «aliud cogitare» (donde «aliud» es inequívoca alusión a 'la muerte', para constituir la pareja central del «contemptus mundi» evocada como guía conductora desde la primera frase del *Secretum*).[31] La referencia al arrogante como «usque ad Creatoris odium placentem sibi», además, persevera en la clave escriturística: Petrarca sa-

---

27. Valga como ejemplo característico el capítulo «De superbia et casu Luciferi», en el *De miseria humanae conditionis*, II, XXXI, ed. M. Maccarrone, págs. 62-64.

28. Vid. solo S. Wenzel, «The Seven Deadly Sins...», págs. 4-6, etc.

29. «Primum quidem, ut inde *initium* faciam unde *ab initio* creaturarum omnium illi *nobilissimi spiritus corruerunt,* tibique ne post illos corruas summo opere providendum est» (70). Como se verá también en el párrafo siguiente, no es cierta la afirmación de G. A. Levi, «Pensiero classico ...», pág. 71: «dalle fonti sacre [Petrarca] non deriva che quelle magre parole, intorno a questo capitalissimo peccato ['per cui nel principio di tutte le creature caddero quei nobilissimi spiriti']».

30. Cf. *De remediis*, II, LXXIX, pág. 194: «Dicebam superbie impudentis ... esse conditionis oblitum».

31. Cf. arriba, págs. 18, 41, 59, 81, 94, etc., etc. No creo lícito modernizar el pensamiento de Petrarca parafraseando que la soberbia impide a Francesco «die Kenntnis des Lebens und des eigenen Ich» (K. Heitmann, «Augustins Lehre ...», pág. 36); pero en forma similar han procedido varios críticos (cf., por ejemplo, arriba, pág. 81, n. 98).

bía muy bien que «placere sibi superbire est»,[32] pues ya el *De civitate Dei* enseñaba que los «superbi secundum Scripturas sanctas [II Pedro, II, 10] alio nomine apellantur 'sibi placentes'» (XIV, XIII, 1); y tampoco ignoraba que el odio al Hacedor se había juzgado durante siglos, con firme apoyo en la Biblia, rasgo inherente de la soberbia.[33]

Supongamos —continúa el Padre— que las cualidades que Francesco cree poseer fueran tamañas como imagina. ¿No debieran, entonces, inducirlo a la humildad, en tanto dones inmerecidos?[34] Porque un gratuito gesto de liberalidad por parte de un señor —incluso temporal, por no hablar del Eterno—, ¿no obligará el corazón de los súbditos a un nuevo esfuerzo por corresponder con buenas obras, remediando las negligencias pasadas?[35] Aquí cesan las consideraciones de amplio alcance y las vaguedades en el enunciar excusas y razones de la soberbia («multa sunt ...», «illa ... singularia»). Va a formularse una acusación concreta y en regla: «Fidis ingenio et librorum lectione multorum; gloriaris eloquio, et forma morituri corporis delectaris» (72). Expuestos ya los grandes trazos del asunto, los cargos del pliego a que va a atenerse Agustín están cuidadosamente seleccionados en función de las peculiaridades de Francesco: una simple consulta al más extenso repertorio *de vitiis* usado en la época[36] revela en seguida hasta qué punto son excepcionales impu-

---

32. *De remediis*, I, XIII, pág. 17; cf. *Seniles*, XIII, XIV, pág. 1.025: «superbiunt et sibi placent».

33. Vid., verbigracia, Guillermo Peraldo, *Summa de vitiis*, VI («De superbia»), II, 5: «Superbus Deum odit in quantum Deus dictus est. Nulli enim vult subesse, et ita non vult sibi Deum praesse, nec dominum suum esse. De hoc odio habetur in Psalmis [LXXIII, 23]: 'Superbia eorum qui te oderunt ascendit semper'», etc. Menciono la obra de Peraldo, aquí y en otros momentos, con preferencia a cualquier otro texto similar, no solo por ser exhaustiva y popularísima, sino porque creo seguro que Petrarca la conoció y usó (según mostraré en otro lugar).

34. «Que, quanquam grandia et qualia tibi fingis essent, non in superbiam tamen, sed in humilitatem inducere debuissent, memorantem nullis tuis meritis illa tibi singularia contigisse» (70). Cf. *Psalmi penitentiales*, IV, 21: «Et quibus meis meritis tam multa, tam digna, tam grandia gratis et indignus hec accepi?»

35. Para algunos paralelos de tan común planteamiento, cf. *Familiares*, I, VIII, 10; V, XVII, 8; XVI, IV, 5; sobre la idea de que todo bien procede de Dios, en Petrarca, P. P. Gerosa, *Umanesimo cristiano del Petrarca*, pág. 343.

36. Pienso en la ya citada *Summa* (entre 1230 y 1250) de Peraldo; en la

taciones como las de ensoberbecer «librorum lectione» o «eloquio» que se achacan al humanista.[37]

A decir verdad —arguye el Padre—, ¿cómo alardear de ingenio, cuando tan a menudo y en tantos campos abandona a Francesco, cuando en innumerables actividades no puede competir con la maña de las gentes más viles, cuando ni siquiera es capaz de imitar ciertas obras de los brutos? Una evidente graduación articula el triple reproche contra la inteligencia: ni se basta a sí misma, ni en el vulgo falta quien la supere, ni se iguala al instinto de los irracionales. La última afirmación («animalia ignobilia et pusilla reperies, quorum opera nullo studio queas imitari»), a su vez, enlaza con las generalidades previas y subraya el progresar jerárquico del discurso. Un rasgo léxico lo pone de relieve: los ángeles caídos se tratan de «*nobilissimi* spiritus»; el orgullo tienta al ánimo «sub insite *nobilitatis* obtentu»; los «animalia *ignobilia*» descubren las menguas del entendimiento. El juego etimológico, en principio, sitúa al hombre en el lugar de «medium quoddam ... inter pecora et angelos», y, en vez de colocarlo luego, más precisamente, «infra angelis sed supra pecoribus»,[38] sugiere que puede estar sobre los unos, «nobilissimi», si vence a la soberbia, y por debajo de los otros, «ignobilia», si no sabe templarla: la humildad o la vanagloria pueden elevar o rebajar la 'nobilitas' humana en la escala de la creación. El cotejo negativo con los animales —mil veces repetido, de Jenofonte a Calderón, pasando por Plinio, Lactancio, Santo Tomás o el nuncio Rorario— [39] remata apabullantemente la argumentación, sin cerrar el paso a ulteriores insistencias en el

---

edición que manejo (Lyon, 1555) el «Tractatus de superbia» se dilata a lo largo de casi doscientas páginas (308-492) a doble columna y en letra diminuta.

37. En el manual de Peraldo se halla un capítulo «De superbia librorum» (VI, III, 23), pero solo se indica que en ella «laborant qui volunt habere libros deauratos»: no cabe mayor diversidad respecto al enfoque de Petrarca.

38. Cito el «locus classicus» de S. Agustín, *De civitate Dei*, IX, 13; para otras versiones, cf. abundantes referencias en F. Rico, *El pequeño mundo del hombre*, págs. 36-38, 173 y n. 230, etc.

39. Vid. solo A. O. Lovejoy y G. Boas, *Primitivism and Related Ideas in Antiquity*, Baltimore, 1935, págs. 389-420; J. E. Gill, «Theriophily in Antiquity», en *Journal of the History of Ideas*, XXX (1969), págs. 401-412; y F. Rico, *op. cit.*, pág. 64 y n. 22.

tema, a otros propósitos, mas con designio afín. De ahí el sarcasmo final: «I nunc, et ingenio gloriare» (72).[40]

No niega Agustín las copiosas lecturas del humanista. Pero, se interroga, ¿acaso le han aprovechado? De lo mucho leído, ¿cuánto ha echado raíces en el espíritu y dado el fruto oportuno? Aquí suenan de nuevo los toques de aviso del diálogo primero: de nada sirve pasar y repasar volúmenes si no es «ad vite ... regulam» (32), nada válido se extrae «ex librorum lectione» (54) si no invita a la práctica de la virtud. Aquí se realza una de las cuestiones esenciales del *Secretum*, la embarazosa cuestión de cómo convertir «in actum» (122, 192) un saber teórico, de cualquier índole: pues si es fácil acusar al respecto a la «dyaleticorum garrulitas» (52), no resulta sencillo encontrar una solución para la cultura del propio Francesco (y la perplejidad subyacerá, por ejemplo, a todo el decisivo epílogo de la obra, en torno a la fama). Aquí se problematiza, para el protagonista, la seguridad con que Petrarca se presentaba en el justo camino («lego ... ut melior fiam»)[41] y acusaba a los demás de andar errados («Magna pars legentium, rerum negligens, solis verbis inhiat et precepta vite iudicio aurium quasi totidem fabellas amplectitur»),[42] la firmeza con que la Ratio acometía al Gaudium disfrazado de escritor.[43] «Excute pectus tuum acriter», propone el Santo: hallarás que cuanto sabes, comparado con cuanto ignoras, es como un arroyuelo «estivis siccandus ardoribus» frente al Océa-

---

40. Sobre el esquema de esa frase, K. Heitmann, *Fortuna und Virtus*, pág. 164 y n. 51; añádase *De viris illustribus*, ed. Razzolini, I, pág. 79: «Ite nunc, mortales, et fidite prosperis» (en P. P. Gerosa, *op. cit.*, pág. 28); cf. página 228.

41. *Familiares*, I, III, 8; la carta debe ser de hacia 1350-51 (nótense, por ejemplo, las excesivas alusiones a la juventud del escritor, obviamente artificiales, como en otras *Familiares* ficticias), pese a H. Baron, *From Petrarch to Leonardo Bruni*, págs. 21-22; y, por otra parte, ofrece una importante coincidencia con el contexto del *Secretum* ahora examinado: analiza el doble peligro de envanecerse por la belleza y por la elocuencia; cf. también más abajo, pág. 145.

42. *Familiares*, III, VI, 7.

43. Vid. el texto citado arriba, pág. 58, n. 47, y *De remediis*, II, VIII, pág. 134: «An ... non legisti ...? An legisti forsitan, sed sprevisti, quod plerique faciunt legentes, ut fabulentur ornatius, non ut melius vivant, nichil ad honestatem, omnia ad scientiam atque eloquentiam referentes, quo nichil est vanius».

no. Nuestro autor repite a menudo la idea,[44] pero importa no perder matiz en la fisonomía con que ahora la formula. No desechemos, así, como mero ornamento, la imagen del «rivolus» que van a secar los rigores del verano: es una elegantísima alusión a la muerte que todo lo agosta y cuyo conocimiento constituye la única «vera ... atque utilis scientia» (52); es un modo de enfocar desde el punto de vista de la «cogitatio mortis» (que también preside la invectiva contra la «forma *morituri corporis*») el asunto de las dotes intelectuales de que presume Francesco. Ni juzguemos recurso coloquial puramente expletivo el «excute pectus»: es otra exhortación a buscar la verdad en lo hondo de uno mismo (cf. arriba, pág. 79) y responde a un ideal de interiorización que se ajusta ceñidamente a la concepción petrarquesca de la «sapientia» como «virtus», de la erudición como norma ética.[45] De ello va a tratarse acto seguido, pero con un cambio de énfasis no desdeñable: como Agustín ha de poner en causa disciplinas enteramente ajenas al humanista, junto a otras más afines a él, la segunda persona que emplea pasará del singular al plural, del *tu* al *vos*. En efecto, ¿de qué les sirve a los hombres conocer el cielo y la tierra, el mar y los astros, las hierbas y las piedras, todos los secretos de la naturaleza, si se ignoran a sí mismos?[46] Imposible olvidar que idéntico pensamiento descubría Petrarca en las *Confessiones,* desde la cima del Ventoux, volviendo hacia dentro los ojos del alma,[47]

  44. Cf., así, *De ignorantia,* ed. Capelli, pág. 87: «Dum cogitat metiturque quantulum est, quam nichilo proximum, quod non dicam unus alterque philosophus, eorum quoque qui clarissimum scientie nomen habent, sed simul omnes norunt, quamque exilis rerum portio omnium hominum scientia, vel humane ignorantie vel divine sapientie comparata»; cf. abajo, pág. 144, n. 77.
  45. Baste pensar en el lema bíblico que puede resumir la más perdurable posición doctrinal de Petrarca: «pietas est sapientia». Sobre él, K. Heitmann, *Fortuna und Virtus,* págs. 144-145; E. F. Rice, *The Renaissance Idea of Wisdom,* Cambridge, Mass., 1958, págs. 10-11, 30-34; P. P. Gerosa, *Umanesimo cristiano del Petrarca,* pág. 172.
  46. «Quanquam vel multa nosse quid relevat si, cum celi terreque ambitum, si, cum maris spatium et astrorum cursus herbarumque virtutes ac lapidum et nature secreta didiceritis, vobis estis incogniti?» (72).
  47. *Familiares,* IV, I, 27 y 29: «ubi primum defixi oculos, scriptum erat: 'Et eunt homines admirari alta montium et ingentes fluctus maris et latissimos lapsus fluminum et occeani ambitum et giros siderum, et relinquunt se ipsos' [*Confessiones,* X, VIII, 15]. Obstupui ... Tum ... in me ipsum interiores oculos reflexi ...»

e idéntica reflexión le sugerían los dislates de los «averroístas» venecianos.⁴⁸ Pero apenas necesario añadir que nos las habemos con un lugar común de cualquier moralismo, en Occidente reiterado *ipsissimis verbis*, a lo largo de dos milenios, por gentiles y por cristianos que trocaban el γνῶθι σεαυτόν délfico ⁴⁹ en lección antifisicista: escrutar «lata terrae» y «alta caeli», «vires herbarum» y «naturae animalium», no pasa de dispersión y concupiscencia.⁵⁰ Más punzante y original es quizás el reproche contiguo (¿de qué sirve saber, gracias a la Sagrada Escritura, cuál es el sendero de las virtudes, si la pasión nos desvía de él?), pues ahí se va derechamente al meollo del problema: ni siquiera

---

48. *De ignorantia,* ed. Capelli, pág. 25, y en *Prose,* pág. 714: «Nam quid, oro, naturas beluarum et volucrum et piscium et serpentum nosse profuerit, et naturam hominum, ad quid nati sumus, unde et quo pergimus, vel nescire vel spernere?» Cf. *De remediis,* I, XXXVII, pág. 44: «Preclara quidem illa prudentia, que neglecto cultu Dei atque animi, et utriusque notitia, inter noscendis lapidum venis invigilat! Sed sic mos est ...» Sobre los intelectuales atacados en el *De ignorantia* (terministas y físicos 'moderni', mejor que «averroístas»), P. O. Kristeller, «Petrarch's 'Averroists'», en *Bibliothèque d'Humanisme et Renaissance,* XIV (1952), págs. 59-65, y E. Garin, «La cultura fiorentina...», páginas 185-187.

49. Petrarca no deja de aliar el tópico con el precepto en cuestión. Cf. *Métricas,* II, III, 57-65: «Invenies aliquos astrorum arcana professos / metirique ausos celum terrasque fretumque, / ignaros quo nostra tamen corpuscula limo / subsistant, seu quis clausus sit spiritus umbris. / Heu furor, heu funesta lues, heu flebilis horror: / omnia malle hominum quam se discernere, sic ne / ultima cura sui est, quam par fuit esse priorem, / non peregrina quidem; sed me michi noscere tantum / iussit Apollinei celebris sententia templi». Vid. también la nota en el Virgilio de la Ambrosiana, fol. 194 vo. (cita de Séneca, *Epístolas,* XCIV, 27); *Rerum memorandarum,* III, 63; *Familiares,* II, IX, 2, y III, I, 15; *De otio religioso,* pág. 102; y comp. A. Tripet, *Pétrarque ou la connaissance de soi,* págs. 67, 108, etc., y M. Feo, «Per l'esegesi della III egloga del Petrarca», en *Italia medioevale e umanistica,* X (1967), págs. 399-400.

50. Cf. É. Gilson, *L'esprit de la philosophie médiévale,* París, 1943, cap. XI; E. Bertola, «Il socratismo cristiano nel XII secolo», en *Rivista di filosofia neoscolastica,* LI (1959), págs. 252-264; R. Ricard, *Estudios de literatura religiosa española,* Madrid, 1964, págs. 22-147; P. Courcelle, «'Nosce teipsum' du Bas-Empire au Haut Moyen Âge», en las *Settimane di studio del Centro italiano di studi sull'alto medioevo,* de Spoleto, IX (1962), págs. 265-295 (sobre Petrarca, 294); E. Glaser, ed. Héctor Pinto, *Imagen de la vida cristiana,* Barcelona, 1967, págs. 85-87; M.-D. Chenu, *L'éveil de la conscience dans la civilisation médiévale,* Montreal-París, 1969, págs. 41-46. Ahí se verán abundantes textos casi exactos al de Petrarca: no es en absoluto de los más próximos el único citado por A. Noferi, *L'esperienza poetica...,* pág. 252, al parecer proponiéndolo como fuente (cf. su pág. 237).

basta una ciencia específicamente religiosa, abrevada en la Biblia, si no desemboca en un dominio de las inclinaciones viciosas, del «furor» que nos descarrila. Por fin, el Padre lanza un dardo acerado contra los estudios favoritos de Francesco: ¿de qué sirve recordar las gestas de los héroes de todos los tiempos, sin reparar en nuestra propia actividad de todos los días? [51] El dilema tornará, acuciante, en el libro tercero (192); pero ya ahora el simple hecho de verlo enunciado nos advierte que la concepción de Petrarca sobre la ejemplaridad exigible a la historia [52] no es la inerte supervivencia de una actitud convencional (Heródoto, Livio y otros mil), sino que se inserta en el cuadro de las preocupaciones más seriamente vividas por el humanista.

Y ¿qué decir «de eloquio»? El mismo Francesco habrá de confesar que con frecuencia lo ha defraudado.[53] Si Agustín ponía antes en tela de juicio otros saberes, en la medida en que conspiraban contra la interiorización, aquí las censuras se vuelven más urgentes, pues el gran peligro del orador (frente a la gran meta del auténtico filósofo) es quedarse en la corteza de la apariencia, halagado por el éxito popular. «Ut tamen ab oratoribus diversus semper sensisse philosophos credam, et diversitas morum facit et omnino alius intentionum finis. Illis enim plausum populi captare animus, horum labor, ni falsa professio est, circa noticiam sui reflectendumque ad se animum et circa contemptum inanis glorie versatur». Así lo veía Petrarca en el

---

51. Vid. abajo, pág. 387, la cita del texto y la discusión de los problemas cronológicos que plantea.
52. «Hic enim, nisi fallor, fructuosus historicorum finis est, illa prosequi que vel sectanda legentibus vel fugienda sunt» (*De viris illustribus*, Proh., 6; y cf. el pasaje de Livio transcrito por Martellotti en nota *ad loc.*).
53. Quizás esa insatisfacción —de ser real— explique el silencio de Petrarca sobre el más importante discurso de su vida, la «Collatio Laureationis»: silencio solo roto por la *Métrica*, II, I, 47 (escrita aún en caliente), y que con razón ha podido juzgarse «strano» (C. Godi, en *Italia medioevale e umanistica*, XIII [1970], pág. 1); y quizás explique también la paupérrima difusión de la «Collatio», hasta hace poco conservada en texto único: el autor no debió tener el menor interés en darla a conocer. Cf. el tono modesto de *Familiares*, I, I, 15 y 16: «quod quidem genus [eloquentie] inexpertum michi est ... Omissa illa igitur oratoria dicendi vi, qua nec egeo nec abundo ...»; y *Posteritati*, en *Prose*, pág. 6: «Eloquio, ut quidam dixerunt, claro et potenti; ut michi visum est, fragili et obscuro», etc.

De vita solitaria,⁵⁴ y, en el *Secretum,* hacía que el Santo acorralara a su interlocutor con preguntas que apuntaban a la dificultad de una síntesis entre la oratoria legítima y la verdadera filosofía. ¿Para qué la aprobación del público, «si te iudice damnabantur [que diceres]»? No es despreciable el aplauso del auditorio, pero ¿qué hacer de él, «si tamen ipsius oratoris ⟨plausus⟩ interior desit»? Preguntas a que respondía en fecha no lejana una de las *Familiares* ficticias: «non facit clamor, sed meditatio doctiorem. Profecto itaque, nisi videri magis quam esse propositum nobis est, non tam plausus insane multitudinis quam veritas in silentio placebit» (I, VIII, 20). Pues a esa complacencia íntima debe tender Francesco: «Quomodo autem loquendo mulcebis, nisi te primum ipse permulseris?» (72).⁵⁵ Por ello se vieron burladas alguna vez las esperanzas de gloria que el humanista depositó en la elocuencia: para que supiera en qué vana necedad se deleitaba. Nada más infantil ni más tonto, ciertamente, que gastar el tiempo en palabras, con perezoso descuido de las cosas, con «lippis oculis» para cuanto realmente importa, y regodearse «ex sermone», como esas aves cuyo propio cantar las satisface «usque in perniciem» (72-74).⁵⁶ Es el mismo lenguaje usado en el ataque contra la charlatanería de los dialécticos trecentistas: «ventosa *ineptia*», «quid ... *puerilius* imo vero quid *insanius?*», «in tanta *rerum* ... *incuria* ..., *verborum studio tempus impendere* ...», se dice; «Quid, *obliti rerum, inter verba senescitis,* atque inter *pueriles ineptias* ... versamini?», «vestra ... *insania* ...», se había dicho (52).⁵⁷ Y no sorprenda ver el bien hablar clásico de Francesco zarandeado con los mismos términos que el peor escolasticismo: desde la perspectiva exigente

---

54. En *Prose,* pág. 540. Cf. en general J. E. Seigel, «Ideals of Eloquence and Silence in Petrarch», ahora en el citado libro, *Rhetoric and Philosophy in Renaissance Humanism,* págs. 31-62 (aunque no siempre atendible).
55. Cf. *Familiares,* III, XI, 7: «Quomodo enim sperem me aliis placiturum, qui michi ipse non placeo?»
56. Sin duda alude al ruiseñor. De él cuenta, por ejemplo, Pierre de Beauvais que a menudo pone tal entusiasmo en el canto que llega a morir (cf. solo F. McCulloch, *Medieval Latin and French Bestiaries,* Chapel Hill, 1960, pág. 144); y Plinio refiere que compite a veces con otro congénere y deja antes la vida que el trino: «victa morte finit saepe vitam spiritu prius deficiente quam cantu» (*Naturalis Historia,* X, XXIX, 43).
57. Cf. arriba, pág. 86 y n. 114.

de Agustín (vale decir, del Petrarca más riguroso, del que objetivaba en el Padre dudas que en los escritos a una voz daba por resueltas), uno y otro podían pasar por huero formalismo. Parejamente, en el *Secretum* todo, «l'opposizione ... non si istituisce fra una cultura essenzialmente umana, costituita dalle letture classiche, e i principî più schiettamente cristiani e spirituali di Agostino, ma fra una lettura falsa, superficiale dei classici e la lettura approfondita, spirituale, utile di essi».[58] Por si fuera poco, para mayor vergüenza, el poeta ha llegado a fracasar en el intento de abrirse paso verbalmente «in rebus quotidianis atque vulgaribus». Porque el mundo está lleno de cosas sin nombre, y otras muchas, teniéndolo, son inasequibles a la elocución de los mortales.[59] Por supuesto, la observación se remonta hasta el Eclesiastés (I, 8: «Cunctae res difficiles; non potest eas homo explicare sermone») y sigue de cerca un pasaje de Séneca (*De beneficiis*, II, XXXIV, 2: «cogitaveris plures esse res quam verba. Ingens copia est rerum sine nomine, quas non propriis apellationibus notamus, sed alienis commodatisque»). Pero la autoridad se aduce casi al desgaire, sin identificarla expresamente como tal, y en cambio se marca el acento en la experiencia particular: cuántas veces (recuerda el Santo, en cláusulas de artificiosa composición retórica,[60] se diría que para compensar los dicterios contra el «eloquium») ha contemplado a Francesco debatiéndose quejoso frente a la incapacidad de expresar ideas o sentimientos que se le ofrecían al ánimo con claridad meridiana.[61] ¿Qué es, entonces, esa elocuencia, estrecha y frágil, que

---

58. F. Tateo, *Dialogo interiore...*, pág. 23.
59. «Quam multa sunt autem in rerum natura, quibus nominandis proprie voces desunt; quam multa preterea que, quanquam suis vocabulis discernantur, tamen ad eorum dignitatem verbis amplectendam ante ullam experientiam sentis eloquentiam non pervenire mortalium» (74). Uno piensa en seguida en *Metrice*, I, VIII, 12-16: «Mira avis effigies, verum sibi reddere nomen / nescio», etc. (y cf. la n. de E. Bianchi, en *Poesie*, pág. 691).
60. «Quotiens ego te querentem audivi, quotiens tacitum indignantemque conspexi, quod que clarissima cognituque facillima essent animo cogitanti, ea nec lingua nec calamus sufficienter exprimeret» (74).
61. Compárese *Familiares*, XII, v, 2-3: «Multa mens loquitur ad que disertissimorum etiam lingua non sufficit, et ciceroniana facundia, sicut ego opinor, in illius pectore clarior fuit quam in auribus audientium, et mantuani vatis altior ingenio musa quam calamo. Magnas res equare sermonibus et verbis arte contextis animi faciem latentis ostendere, is demum, puto, supremus elo-

ni lo abarca todo ni retiene lo abarcado? El eterno lamento del artista en lucha con el idioma se apuntala con un ejemplo de mayor alcance. Los griegos y los latinos («vos», dice primero Agustín, tomando distancia; «nos», se le escapa después, entrando en el juego) se acusan mutuamente de penuria léxica. Claro está que a Petrarca le era imposible aducir testimonios helenos y debía limitarse a registrar «de eloquentie principatu ... inter nostrorum etiam doctissimos magna contentio» (74).[62] De hecho, los «doctissimi» contrastados son Séneca y Cicerón. El primero estima a los griegos «verbis ditiores».[63] El segundo, en el *De finibus*,[64] contra cualquier derrotismo,[65] pro-

---

quentie finis est, cui dum humana mens inhiat, sepe calle medio victe subsistit. Ecce ego nunc aliquid quod aures impleret tuas, optarem dicere: exemplar in animo est, nec valeo tamen —mira lingue mortalis imbecillitas!— ad te perferre quod cupio»; y cf. *De remediis*, II, CII («De eloquentie defectu»), págs. 219-220.

62. El original continúa: «inque his castris est qui illis faveat, sicut in illis forsitan qui nobis: quod de Plutarcho, illustri philosopho, quidam referunt» (74-76). No sé de dónde puede proceder semejante noticia, atenuada, empero, por un sospechoso «forsitan»; como sea, parece seguro que ha de relacionarse con lo dicho brevemente en la *Invectiva contra eum qui maledixit Italie* (en *Prose*, pág. 800: «et cum Tullio Senecam pono, de quo Plutarchus, magnus vir et grecus, ultro fatetur nullum in Grecia fuisse, qui sibi posset in moralibus comparari») y más por extenso en *Familiares*, XXIV, v, 3 («Plutarchus siquidem grecus homo et Traiani principis magister, suos claros viros nostris conferens, cum Platoni et Aristotili ... Marcum Varronem, Homero Virgilium, Demostheni Marcum Tullium obiecisset, ausus est ad postremum et ducum controversiam movere, nec eum tanti saltem discipuli veneratio continuit. In uno sane suorum ingenia prorsus imparia non erubuit confiteri, quod quem tibi [i.e., Séneca] ex equo in moralibus preceptis obicerent non haberent; laus ingens ex ore presertim hominis animosi et qui nostro Iulio Cesari suum Alexandrum Macedonem comparasset»); cf. G. Martellotti, art. cit. en la n. 69, págs. 166-167 y n. 1.

63. El autor debía pensar sobre todo en la *Epístola* LVIII: «Quanta verborum nobis paupertas», etc. Al margen de las *Institutiones* de Quintiliano, XII, x, 27, Petrarca comentó: «Multum attollit facundiam grecam et prefert nostre, quod est contra mentem Ciceronis pluribus locis»; y un poco más abajo, 34: «Paupertas latini eloquii. Concordat Seneca» (apud P. de Nolhac, *op. cit.*, II, págs. 90-91, con una errata corregida aquí).

64. Recuérdese que Petrarca no conoció esa obra hasta otoño de 1343, cuando se la regaló Barbato da Sulmona: cf. G. Billanovich, «Nella biblioteca del Petrarca», págs. 34-35.

65. «Satis mirare non queo unde hoc sit tam insolens rerum domesticarum fastidium», cita nuestro autor; y en el *De vita solitaria* escribe: «Nam quis tacitum ferat hac nescio unde oriens rerum nostrarum indignum et turpe fastidium ...?» (*Prose*, pág. 390, sin que se anote la reminiscencia).

clama la lengua latina «locupletiorem ... quam grecam» (I, III, 10), y en las *Tusculanas* tacha a Grecia de «verborum inops» (II, xv, 35). Desde luego, Petrarca calla sobre los muchos lugares en que Tulio manifiesta una opinión bien distinta [66] y amputa el texto y el contexto en la cita de las *Tusculanas,* para favorecer al bando romano.[67] Pero no deja de señalar que la patriótica afirmación ciceroniana es bien explicable en quien se sabía príncipe del habla latina, con preeminencia corroborada en las *Declamationes* [68] «ab eodem Seneca» (nuestro autor nunca distinguió al retor del filósofo).[69] A Agustín, sin embargo, la disputa no le roza: para él tiene razón «et qui Greciam et qui Italiam verborum dixit inopem» (76). Y pues la pobreza es aneja a toda lengua, a todo individuo, ¿para qué perder tiempo, cómo confiar y no digamos gloriarse en cosa «quam et assequi impossibile et assecutam esse vanissimum sit»? [70]

66. Vid. A. S. Pease, ed. *De natura deorum,* Cambridge, Mass., 1955, págs. 143-145.
67. Cicerón escribía: «Graeci illi, quorum copiosior est lingua quam nostra ... O verborum inops *interdum,* quibus abundare te semper putas, Graecia!» Petrarca olvida la primera frase y omite el «interdum» de la segunda. Con pareja despreocupación, en *Seniles,* XII, II, pág. 1.010, asegura: «Denique Grecos et ingenio et stylo frequenter vicimus et frequenter equavimus, immo, si quid credimus Ciceroni, semper vicimus ubi annisi sumus». Como es bien sabido, el *chauvinisme* quiebra más de una vez el habitual rigor petrarquesco. Cf. también la nota al *Pro Archia,* X, 23, publicada por G. Billanovich, «Petrarca e Cicerone», pág. 94.
68. Las *Declamationes,* naturalmente, son los extractos de las *Controversiae:* Petrarca no tuvo acceso a ellos hasta el verano de 1343 (cf. G. Billanovich, ed. *Rerum memorandarum libri,* págs. ciii-cviii).
69. «Quicquid habet —inquit— romana facundia, quod insolenti Grecie aut opponat aut preferat, circa Ciceronem effloruit» (74). La misma cita de las *Controversiae,* I, praef., 6, reaparece en *Familiares,* I, I, 32 (recensión beta); III, xvIII, 6; XVIII, xIV, 8-9. Y el «effloruit» se evoca *ibid.,* XXIV, IV, 4, y en el *Triumphus Fame,* III, 20. Para la confusión del rector y el filósofo, cf. G. Martellotti, «La questione dei due Seneca da Petrarca a Benvenuto», en *Italia medioevale e umanistica,* XV (1972), págs. 149-179.
70. En *Familiares,* I, III, 6-7, se escribe otro tanto y se formula sucinta y tajantemente la consecuencia que en el *Secretum* se halla diluida en todo el discurso de Agustín: «Summe quidem dementie videtur in id [*sc.,* 'eloquentie studio'] niti et quod forte nunquam sis venturus et quod paucis accidit quodque, cum adeptus fueris, modicum prosit, fortassis et multum noceat; illud vero negligere, quod et omnibus promptum, pre omnibus utile, damnosumque nunquam esse possit. Scimus autem magnorum autoritate hominum experimentoque rerum edocti, quoniam paucis bene loqui, bene vivere autem omnibus datum est».

Hasta aquí, las asechanzas de la soberbia con pretextos intelectuales. Pero el pecado también ataca por otras partes. El Padre había indicado que «nec etas ..., nec forma, nec robur» (50) garantizan una larga vida; e insistía en el peligro de que «etas et complexionis vigor» (60) apartaran a Francesco de pensar en la muerte. Ahora —particularizando, como de costumbre, motivos ya esbozados, para engarzarlos en uno de los hilos de Ariadna del libro—, pregunta: «Quid autem tuo tibi placet in corpore? robur ne an valitudo?» Y él mismo sentencia: «At nichil imbecillius»; pues en un momento pueden minarlos el cansancio, la enfermedad o simplemente el «vermiculorum morsus». (Donde cabe conjeturar que, del copioso expediente sobre la miseria humana, Petrarca tal vez se acordaba especialmente de las palabras de la Filosofía a Boecio, II, VI, 5: [71] «Quid vero, si corpus spectes, imbecillius homine repperi queas, quos saepe muscularum ... morsus ... necat?») [72] Por supuesto que sería absurdo complacerse en el fulgor de la belleza, en los colores o en los rasgos del rostro. Hay que aprender la enseñanza terrible de la fábula de Narciso; [73] la decidida consideración de cómo es «introrsus» debe enseñar al poeta la fealdad del cuerpo.[74] Por

---

71. No cabe olvidar, por otra parte, que, para ilustrar cuán incongruente es la soberbia del hombre, el *De vera religione*, XLV, 84, aduce el caso del ambicioso que teme a una «bestiola».

72. Cf. también *De remediis*, I, LXXIII, pág. 81, donde en pocas líneas se cifra la sustancia de nuestro pasaje: «qui potentissimi videntur, quam sint fragiles multa etiam preter mortem, sed precipue mors declarat, ut breviter vereque dici possit: 'Nichil imbecillius homine, nilque superbius'».

73. Como se recordará, la leyenda de Narciso fue uno de los motivos mitológicos más pródigos en interpretaciones morales; cf. L. Vinge, *The Narcissus Theme in Western European Literature*, Lund, 1967, donde, sin embargo, respecto a Petrarca solo se atiende a la obra romance (págs. 110-112), y F. Goldin, *The Mirror of Narcissus in the Courtly Love Lyric*, Nueva York, 1967.

74. «Nec quid esses introrsus virilis consideratio corporee feditatis admonuit?» (76) Carrara traduce: «né la coraggiosa considerazione di come tu sia di dentro ti ammoni della bruttura corporea?» Pienso que también cabría entender: «nec virilis consideratio corporee feditatis admonuit quid esses introrsus?» En cualquier caso, juzgo que se opone el hermoso físico, a flor de piel, y el desagradable amasijo de las entrañas; cf. *De remediis*, I, II (todo el capítulo es pertinente), en *Prose*, pág. 612: «non intelligo quid tantopere expetendum habeat iste non solidus nec in ipso homine, nisi superficietenus, fulgens decor, multaque feda contegens et horrenda, levissimoque cutis obtentu sensibus blandiens et illudens» (el citado texto del *Secretum* continúa: «Exterioris cutis contentus aspectu, oculos mentis ultra non porrigis», *ibid.*). Petrar-

el momento, Francesco persiste en la ceguera que se le había diagnosticado, en el error que denunciaba un pasaje de Cicerón afín al *De vera religione* (cf. arriba, págs 116, 118): satisfecho de la apariencia, no penetra más allá con los ojos de la mente. Aun si no existiera otro argumento (y los hay innumerables), el correr desbocado del tiempo, «per singulos aliquid decerpens dies», hubiera debido mostrarle la caducidad del florecer corporal; incluso creyéndose inmune a la edad o los achaques, no le era lícito olvidarse «illius saltem cunta subruentis extremi»: la muerte, única en revelar «quantula sint hominum corpuscula» (Juvenal, X, 172-173). Aquí termina Agustín el recuento de algunas razones que elevan a Francesco a favor de los vientos del orgullo y le prohíben «humilitatem conditionis ... considerare ... mortisque reminisci»: otras, que no faltan —lo veremos en el último libro—, quedan para más adelante (76).

La conclusión no puede ser más rotunda: cuanto se ha dicho para combatir la soberbia tiene validez en sí mismo, por supuesto; pero la quintaesencia de la lección, según el Santo, es entenderlo como trámite a una meta más alta: conocer la vileza propia y reflexionar sobre la muerte. Los moralistas de la época recomendaban la «frequens meditatio proprii status» como remedio «contra superbiam», y la «memoria mortis» como incitación «ad humilitatem» y «ad contemptum mundi».[75] Petrarca es quizá

---

ca no podía olvidar a Boecio, *De consolatione Philosophiae*, III, VIII, 9-11: «Formae vero nitor ut rapidus est, ut velox et vernalium florum mutabilitate fugacior! Quodsi, ut Aristoteles ait [frag. 59], Lyncei oculis homines uterentur, ut eorum visus obstantia penetraret, nonne introspectis visceribus illud Alcibiadis superficie pulcherrimum corpus turpissimum videretur? Igitur te pulchrum videri non tua natura, sed oculorum spectantium reddit infirmitas. Sed aestimate quam vultis corporis bona, dum sciatis hoc quodcumque miramini triduanae febris igniculo posse dissolvi». Por lo demás, el contraste de la belleza externa y la fealdad interna, apoyado en Mateo, XXIII, 27, fue tópico de la ascética medieval, particularmente en los *de contemptu mundi*; cf. solo «San Anselmo» (i.e., Roger de Caen), *Carmen de contemptu mundi*, en *PL*, CLVIII, col. 697b («Sed clara facies satis est et forma venusta / et tibi non minimum lactea tota placet. / Viscera si pateant, pateant et caetera carnis, / cernes quas sordes contegat alba cutis. / Si fimum vilem praefulgens purpura velet / ecquis ob hoc fimum vel male sanus amet?») y *De miseria humane conditionis*, II, 37, pág. 68 («Sed quid est homo pretiosis ornatus nisi sepulcrum foris dealbatum, intus autem plenum spurcitia?»).

75. Peraldo, *Summa de vitiis*, VI, III, 3, «in fine», y *Summa de virtutibus*, VI, v, 1, 3.

más radical y en cierto modo invierte el proceso: para él, la destrucción de la soberbia es un paso hacia la «meditatio proprii status» y la «memoria mortis». Pues no pretende solo corregir una flaqueza ética: propone un ideal de vida y sabiduría que busca concentrarse en la actividad del espíritu y, quemando etapas en un volar al cielo, rechaza todo obstáculo del cuerpo (cf. arriba, págs. 80-82), en una singular valoración de la existencia terrena *en tanto* camino a la eterna.[76]

Francesco ha oído en silencio la áspera represión y pide el turno de réplica. O más bien de negativa. Pues, en todo tiempo atento a sí mismo («sum conscius», «scis ... michi conscium semper fuisse», «non sum tam mei ipsius immemor»), él tiene la convicción de no haber incurrido en las faltas que el Padre le imputa. No ha fiado en el ingenio; si en algo lo ha mostrado, ha sido en no hacerlo.[77] No ha ensoberbecido por las lecturas: le han dado tan poca ciencia cuanta materia de cuitas.[78] No ha buscado alardear de elocuencia: como el propio Agustín recordaba, nada le irrita más que las insuficiencias del lenguaje. No ha perdido jamás de vista su pequeñez: si en algo se ha estimado, ha sido por comparación con la rudeza ajena; no en valde las cosas han llegado a tal extremo, según explica Cicerón, que «potius 'aliorum imbecillitate' quam 'nostra virtute valeamus'» (*De officiis*, II, XXI, 75). Incluso si abundara en todas las dotes en cuestión, ¿cómo vanagloriarse? No es tan descuidado ni ligero, para dejarse llevar por las auras del orgullo. Ni ingenio, ni ciencia, ni elocuencia, mínimos, le han remediado los males del alma: ¡harto

---

76. Vid. F. Lazzari, *Mistica e ideologia tra XI e XIII secolo*, págs. 123, 68, etc.

77. Cf. *De remediis*, I, XII, pág. 16: «sapiens enim quantum est quod sibi desit intelligit», etc.

78. «... michi sicut scientie modicum invexit, sic curarum materiam multarum» (78); cf. *De remediis*, I, praef., pág. 1: «nobis solis [frente a los animales] memoriam, intellectum, providentiam, divinas ac preclaras animi nostri dotes in perniciem et laborem versas [video]». Quizá Petrarca tiene presentes y aun abulta las quejas del Eclesiastés, I, 17-18: «Dedique cor meum ut scirem prudentiam atque doctrinam, erroresque et stultitiam, et agnovi quod in his quoque esset labor et afflictio spiritus: eo quod in multa sapientia multa sit indignatio, et qui addit scientiam, addit et laborem». Cf. *De miseria humane conditionis*, I, 12, donde no falta el toque socrático («nisi forsan illud perfecte sciatur [homo] quod nihil scitur perfecte») también presente en el *Secretum*.

lo lamentó en cierta epístola! [79] Y la acusación de jactarse «de corporeis bonis» casi le ha hecho reír. No cifra él ninguna esperanza, desde luego, en el mortal y caduco corpezuelo cuya ruina siente día a día. De muchacho, sí le gustó peinarse y acicalarse; [80] pero la coquetería se desvaneció con los años mozos, y ahora comprueba con cuánto tino plañó Domiciano la huida de la belleza: «nil gratius decore, nil brevius» (78).[81]

Agustín tendría mucho que objetar a semejante exculpación, pero prefiere dejar los reparos a la conciencia, a la vergüenza del poeta. Sin recurrir a la tortura, admite una simple negativa, como juez generoso, y amonesta a Francesco a rechazar con todo empeño las tentaciones a que se dice inmune (78). En cualquier

79. E. Carrara, 78, n. 2, remite a las *Métricas*, I, VI, 20-26: «Nam michi quid confert Musarum in fonte parumper / lenivisse sitim, si me sitis altera maior / urit et eternum subter precordia sevit? / Quid ve Helicone iuvat recubantem sepe profundo / eminus insanos vulgi risisse labores, / si labor alter habet, cui merces nulla quies ve? / Quid facies preclara iuvat, si turbida mens est?» Es muy posible, en efecto, que Petrarca refiera a tal *Métrica*, aunque en esos versos no se da correspondencia exacta con la tríada de «ingenium vel scientia vel eloquentia» del diálogo, y aunque la 'sed' y la 'fatiga' del poeta es ahí el amor por Laura, que no puede confundirse con los «lacerantibus ... morbis» mencionados en nuestro pasaje (aquí se trata de la otra suerte de 'mal', más profundo, que se analiza a lo largo de todo el *Secretum*, desde la primera página). Por otra parte, me sorprende el modo de aludir («in epystola quadam») a un texto que cuando se cite indudablemente (174, y cf. el comentario *ad locum*), en relación inequívoca con su tema central, será calificado de «poema», «dulcisonum carmen», etc. Pero confieso que no puedo proponer otra identificación.

80. Cf. *Familiares*, X, III, 12-13 («Ad Gerardum»): «Meministi, inquam, quis ille et quam supervacuus exquisitissime vestis nitor, qui me hactenus, fateor, sed in dies solito minus, attonitum habet; quod illud induendi exuendique fastidium et mane ac vesperi repetitus labor: quis ille metus ne dato ordine capillus efflueret, ne complacitos comarum globos levis aura confunderet; que illa contra retroque venientium fuga quadrupedum, nequid adventitie sordis redolens ac fulgida toga susciperet neu impressas rugas collisa remitteret. O vere inanes hominum sed precipue adolescentium curas!» Nótese que en la carta semejantes presunciones se atribuyen sobre todo a la adolescencia, mientras Francesco ahora las limita a solo la puericia («Fuit hec puero, fateor, cura pectendi capitis, vultus ornandi», 78; y cf. *Metrice*, III, XXVII, 14-19: «iamque hec puerilia retro / linquimus ... / Una fuit quondam depectere cura capillos, / impendere diu speculo, componere vultum, / multorum placuisse oculis: sed transit etas, / illa michi in tergum et nunquam reditura volavit»); vid. abajo, pág. 160, n. 127.

81. La misma cita de Suetonio, *Domiciano*, XVIII, en *Rerum memorandarum*, III, 35, 3; *Familiares*, I, III, 10 y V. XVIII, 5; *De remediis*, I, II, en *Prose*, pág. 612, Cf. abajo, pág. 356, n. 363.

caso, si alguna vez se insinúa la presunción de hermosura, que imagine cuán horrorosos le parecerían bien pronto —a poder verlos— los miembros que ahora le complacen; y que en tanto rumie el dicho de Séneca (*A Lucilio*, LXV, 21): «Ad maiora sum genitus quam ut sim mancipium corporis mei» (80).[82] Un consejo reiterado hasta la saciedad por el ascetismo cristiano,[83] así, se complementa con una sentencia del ascetismo gentil. Pero la idea de no deber ser el hombre esclavo del cuerpo lleva al Santo a la imagen vecina del cuerpo esclavo del alma y a la reprimenda tradicional contra quienes subvierten la justa prelación procurando embellecer más al cautivo que a la señora:[84] «Profecto enim summa insania est hominum, se se negligentium, corpus autem et, in quibus inhabitant, membra comentium». Del cuerpo esclavo, por otra parte, se pasa con plena naturalidad al cuerpo prisión,[85] celebérrimo motivo que Agustín desarrolla con tanto más esmero cuanto que viene a ilustrar planteos esenciales del primer libro y a preparar, en todo el tercero, la pintura de Francesco «cathenis vinctus in carcere» (130). En efecto —razona el Padre—, quien se vea encerrado por breve tiempo «in carcere tenebrosum» (no en vano se citó a Virgilio: «clause tenebris et carcere ceco», 64), entre humedad y fetidez, procurará mantenerse limpio «ab omni parietum et soli contagione» (el mal venía antes «ex contagio corporis», *ibid.*, y la aspiración era no tener «nil ... comune cum corpore ..., discussis terre

82. Igual texto se transcribe en *Familiares*, V, XVIII, 5.
83. A menudo junto al motivo indicado en la pág. 142, n. 74; vid. simplemente abajo, pág. 186, n. 212.
84. Vid. numerosos ejemplos en M. R. Lida, «Una copla de Jorge Manrique y la tradición de Filón en la literatura española», en *Revista de filología hispánica*, IV (1942), págs. 152-171. El tema reaparece en 168, mientras en 118 se insiste en el motivo del cuerpo «mancipium».
85. Compárese *De remediis*, II, CXVII, pág. 234: «nimis carcerem et compedes suas ['el cuerpo'] amat stultus amor ... Virum doctum, cui non alia corporis quam vilis mancipii cura est, cui in cultu animi omne studium semper fuit, omnis amor, omne desiderium, omnis spes, mortem corporis non aliter quam digressum matutinum e nocturno quodam inamoeno et incommodo prorsus hospitio spectare decet». Para la ecuación de cuerpo y cárcel, muy común en Petrarca, K. Heitmann, *Fortuna und Virtus*, págs. 124-125; más en general, P. Courcelle, «Tradition platonicienne et traditions chrétiennes du corps-prison (*Phédon*, 62b; *Cratyle*, 400c)», en *Revue des études latines*, XLIII (1965), págs. 406-443, y *La Consolation de Philosophie dans la tradition littéraire*, págs. 192-194.

compedibus», 46) y esperará ansioso la llegada del liberador («ad feliciora suspiro», *ibid.*). Loco rematado sería, en cambio, si temiera dejar el cieno y se aplicara a adornar los muros de la celda. ¡Y eso hacen los necios mortales! «Nempe vos carcerem et nostis et amatis» (donde se agrava el reproche de la víspera: «in imis permanere cupitis», *ibid.*), os entretenéis acicalando la efímera mazmorra que debierais odiar. En el *Africa*, Francesco puso en boca del viejo Escipión palabras de júbilo por la libertad que la otra vida conlleva;[86] pero él no ha sabido asumirlas para sí. Y no solo eso, porque en la exculpación del poeta hay un signo de desmedida arrogancia, aun si lo pensó como rasgo de modestia, aun si el ánimo le dice otra cosa (según arguye el acusado): «alios deprimere», rebajar a los demás, disfrazarse de humilde «ex alieno contemptu», linaje de soberbia más grave «quam se ipsum debito magis attollere», mucho peor que «ceteros magnificare» y anteponerse a ellos. Un supremo desdén tiñe la réplica de Francesco: «Ut voles accipe. Ego nec michi nec aliis multum tribuo; piget referre quid de maiore parte hominum sentiam expertus» (80). Y Agustín abandona el tema definitivamente, con una cierta amargura resignada, frente a tal obstinación: «Se ipsum spernere tutissimum est; alios vero periculosissimum atque vanissimum» (82).

Así queda cerrado, en cuanto por el momento importa, el análisis de la soberbia. Ahora bien, la confesión ajustada al esquema de los pecados capitales con frecuencia ha sido leída en términos tan descarnadamente biográficos,[87] que se impone re-

---

86. «Sicut tu ipse in *Africa* tua Scipionis illius magni patrem loquentem induxisti: 'odimus et laqueos et vincula nota timemus, / libertatis onus: quod nunc sumus illud amamus'» (80). El texto acudiría a la mente de Petrarca por conexión con los versos inmediatamente anteriores: «Hic nobis nulla est iactura vetusti / *carceris*: ex alto sparsos contemnimus artus» (I, 327-328); pero en nuestro diálogo no se entiende si no se sabe —y tampoco se indica expresamente— que está pronunciado en el más allá: de ahí que algunos códices del *Secretum* (cf. Carrara, 80, n. 2) escriban «quod *non* sumus ...», en coincidencia (pero imposible averiguar por ahora si fortuita o no) con cinco manuscritos del *Africa*. En cualquier caso, en el *Secretum*, «nunc» es *lectio difficilior*, con toda la apariencia de primitiva, si bien no cabe descartar por completo que «non» sea retoque del propio autor.

87. En último lugar, sobre todo, por E. H. Wilkins y H. Baron (según se verá adelante); en el polo opuesto, aunque desconociendo los trabajos pertinentes de esos autores, se situa F. Tateo.

flexionar un poco sobre el sentido de ese núcleo inicial del libro, con vistas a obtener criterios que nos permitan insertar el segundo diálogo (y el *Secretum* entero) en las coordenadas de la 'vida' y la 'obra' petrarquescas. Por un lado, el recurso a la pauta de los siete vicios fija un marco de validez supraindividual a todo el desarrollo (en contraste, a primera vista, con el capítulo final, consagrado a la disección de dos debilidades exclusivas del poeta, aunque de hecho subordinadas explícitamente a unos concretos «crimina capitalia»); por otro lado, es evidente que la selección de causas para la soberbia de Francesco («ingenium», «lectio», «eloquium», «forma») responde en buena medida a singularidades del Petrarca real (cf. arriba, pág. 132 y n. 37); y, en fin, la diatriba contra semejantes rasgos peculiares a menudo se resuelve en prédicas de alcance universal: se juzgan con el mismo rasero saberes propios y ajenos al humanista (72), la «verborum penuria» se dice constante en toda lengua y en todo hombre (74-76), el apego a la cárcel corporal se ofrece como inmanente a los mortales (80), Agustín zigzaguea del *tu* al *vos*... Hay, pues, un movimiento de sístole y diástole. Por ello, en las revelaciones de apariencia más claramente biográfica hemos de discernir una dimensión de moralidad genérica, y en las proclamaciones de mayor ámbito, descubrir los ecos de una preocupación personal. Pero es inútil empeño cuantificar en cada punto una y otra faceta. Aquí, como tantas veces (cf. arriba, págs. 39-41, 42-43, etc.), Francesco fluctúa entre una cierta imagen de Petrarca y una imagen de la condición humana.

Mas ¿qué imagen de Petrarca? Valga observar que Francesco niega una a una las acusaciones de soberbia formuladas diáfanamente en función de las particulares circunstancias del Petrarca intelectual, erudito, «orator». ¿Cómo podemos estimar tal negativa? Contamos con un dato sintomático en extremo: la declaración de la minusvalía de los demás, el «alios deprimere», severamente censurados por el Padre y descaradamente mantenidos por Francesco, son muestras de orgullo indudable.[88] Pareja jac-

---

88. Vid., en cambio, *Metrice*, I, VI, 16-17: «nullum despicio nisi me, licet hactenus idem / despicerem cuntos et me super astra levarem» (recordado en *Seniles*, XIII, VIII, pág. 1018); y compárese Peraldo, *Summa de vitiis*, VI, III, 4, «De superbia intellectus, qua quis praeponit se aliis», sobre el «se praeferre aliis».

tancia descalifica en gran parte el pliego de descargo del poeta y viene a dar la razón a Agustín: Francesco puede ser consciente de algunos peligros de la soberbia, pero no acaba de comprender las raíces y las consecuencias del pecado (verbigracia, en qué consiste en lo hondo fiar «suis viribus», 70).[89] Y si las ha comprendido, no ha llegado a sacar las lecciones prácticas necesarias: por ahí, por el dilema de poner «in actum» las convicciones teóricas (cf. pág. 134), se explica que los versos del *Africa* se empleen contra el propio autor. Claro es que no cabe identificar, sin más, a Petrarca con el personaje que se obstina en una actitud tan manifiestamente equivocada. Por el contrario, Petrarca se distancia de Francesco, de modo palmario, merced a esa escandalosa prueba de altivez del «spernere ... alios». Tal distanciamiento carga las tintas en la dramaticidad de la escena, en cuanto tiene de construcción artificiosa —si no artificial—, de elaboración ficticia, de creación de caracteres y pasiones. Todo lo cual es signo de firmes miras artísticas, al servicio también de un didactismo: pues en las lecciones éticas Petrarca quería un calor de humanidad que emocionara íntimamente al lector.[90] Tal distanciamiento, a la vez, debe descifrarse según una de las claves mayores del *Secretum*, expuesta en el libro primero: Francesco y Agustín se contienen el uno al otro, en diversas etapas de su peregrinaje; Francesco es el Agustín de ayer, Agustín el Francesco de mañana (cf. arriba, págs. 55-56, 73, 76-77). A esa luz, el lector que quiera interpretar biográficamente el episodio (y toda la obra) ha de ver en Francesco un estadio teórica, espiritualmente ya superado, y en Agustín, un ideal, si no logrado, por lo menos posible y ardientemente perseguido, en la plural aventura de Petrarca. Para el historiador, al tanto del hiato cronológico que separa la redacción y la acción supuesta del *Secretum*, la tensión de exigencias (= Agustín) y deficiencias (= Francesco) se explica

---

89. Cf. también F. Tateo, *Dialogo interiore...*, págs. 40-42.

90. Recuérdese en especial la crítica a Aristóteles en el *De ignorantia*, ed. Capelli, pág. 68, y en *Prose*, pág. 744: «Docet ille, non infitior, quid est virtus; at stimulos ac verborum faces, quibus ad amorem virtutis vitiique odium mens urgetur atque incenditur, lectio illa vel non habet, vel paucissimos habet. Quos qui querit, apud nostros, precipue Ciceronem atque Anneum, inveniet, et quod quis mirabitur, apud Flaccum ...» Vuelvo sobre ello en el capítulo final, *ad notas* 271-276.

óptimamente como diálogo del Petrarca de entre 1347 y 1353 con el Petrarca de 1342, cuya figura se perfila forzosamente desde nuevas perspectivas.[91] Por último, el crítico no dejará de señalar cuán bien encaja esa actitud en una querencia petrarquesca de contemplarse «quand'era in parte altr'uom», de volverse a cada paso «indietro a mirar gli anni ...»

«Sed progrediamur ad reliqua» (82). Agustín, en efecto, corta abruptamente la discusión sobre el perverso linaje de soberbia que consiste en despreciar a los demás; y, así, deja al poeta en posición desairada, en flagrante error (ya sabemos la profunda relevancia del expediente). Cumple ahora continuar con las restantes máculas que estorban a Francesco la meditación tantas veces recomendada,[92] y Francesco, ciertamente, no rehúye el envite. Incluso crece en seguridad al confirmársele que está libre de envidia[93] y fanfarronea que ninguna inculpación logrará turbarlo en adelante. Pero no puede evitar un respingo y un desasosiego cuando se oye tachar de avaro, reo de «rerum temporalium appetitus». Protesta al punto, desde luego, con sospechosa vehemencia y sin más resultado que ver cómo a la imputación de avaricia se une la de ambición. Y entonces (el autor ha dibujado la escena con trazos matizadísimos) adopta un tono de mártir, de virtud ofendida: «Age, iam urge, ingemina, accusatoris officium imple: quid iam novi vulneris infligere velis expecto». El Padre recoge el guante con destreza: es propio llamar acusación al testimonio de la verdad (lo notó Juvenal) y tomarlo como herida (a ello apunta Terencio).[94] O en otras palabras: la verdad

---

91. Vid. en general (aparte arriba, págs. 56-57) Jean Starobinski, «Le style de l'autobiographie», en *Poétique*, núm. 3 (1970), págs. 257-265.

92. «Scis quid te aliud *avertit*?» (82). Y traduce Carrara: «Sai che altro ti travia?» Pero no se trata de un «traviarsi» cualquiera; cuando se extrae la conclusión del debate aquí iniciado, se dice paladinamente: «hoc est quod te a cogitatione mortis *avertit*» (94).

93. Cf. *Familiares*, XXI, xv, 5: «Crede michi; nichil a me longius, nulla michi pestis ignotior invidia est ...» En nuestro texto se lee: —«Repente turbatus ... es! Iam invidie mentio nulla est!» —«At avaritie, a quo crimine nescio an remotior quisquam sit» (82).

94. «Verum est enim satyricum [I, 161]: 'accusator erit qui verum dixerit'. Nec minus et comicum illud [*Andria*, 68]: 'obsequium amicos veritas odium parit'» (82). El texto se repite casi a la letra en las *Invective contra medicum*, pág. 28. El verso de Terencio reaparece en *Rerum memorandarum*, III, 93, 2; *Familiares*, XV, xii, 2 y XXIV, iv, 1 (cf. XVI, viii, 6); *Varias*,

duele, y Agustín no escurre el bulto, desempeña concienzudamente el papel de portavoz de la Verdad, que no por azar el humanista temía mirar cara a cara.

Mas el Santo ataca ya por el débil flanco de la avaricia. ¿Para qué tantas congojas y sinsabores? ¿Para qué tan largas esperanzas en vida tan breve? Francesco ha leído en Horacio cosas muy pertinentes,[95] pero sin aprovecharlas: con el descuido de siempre, no ha aprendido que la inminencia de la muerte veda toda codicia. Es inútil alegar que esas «solicitudines et ... cure» estaban animadas «amicorum ... caritate»: sería el viejo subterfugio de buscar un bonito nombre para el error. ¡Qué necio, en cualquier caso, ganar amigos a costa de hacerse enemigo de sí mismo! El poeta enfrenta la cuestión menos radicalmente: no es «tan illiberalis et inhumanus» como para no atender a los amigos, en especial si se los encomiendan la virtud y el mérito (82); pero tampoco es «liberalis» hasta el punto de perderse por ellos (84).[96] «Haud hoc dixerim». De hecho, se propone tan solo ob-

---

XL; vid. también *De viris illustribus*, «Scipio», XII, 3; prólogo a las *Sine nomine*, pág. 163, y A. Rossi, «Un inedito del Petrarca...», págs. 12-13.

95. «Quid necesse erat in tam brevibus vite spatiis tam longas spes ordiri? 'Vite summa brevis spem nos vetat inchoare longam'» (82). La primera oración está modelada sobre las *Odas*, I, xi, 6-7: «spatio brevi / spem longam reseces»; la segunda es cita de *ibid.*, I, iv, 15. Ambos textos horacianos se transcriben y concuerdan en *Familiares*, XXIV, 1, 7, amén de imitarse el segundo en la «Ad seipsum», *Métricas*, I, xiv, 80-81: «potes, etatis rapidissima nostre / curricula expertus, spes hic intexere longas ...?» Particular mención hay que hacer de la *Familiaris* VIII, iv, cuya versión gamma, de mayo de 1349, escribe: «Eleganter ait Flaccus: 'Vite summa brevis spem nos vetat inchoare longam'» (líneas 247-248); la recensión alfa, en cambio, reza: «Eleganter ait Flaccus: 'spatio brevi / spem longam reseces'. Id ne autem de brevi aliqua vite particula dictum putes et non de tota vita, alio loco ait idem: 'Vite summa brevis spem nos vetat inchoare longam'» (§ 28). Si Petrarca hubiera tenido ya compuesto el citado pasaje del *Secretum,* con la concordancia de los dos dichos horacianos, antes de mayo de 1349, es difícilmente comprensible que no citara uno y otro en la versión gamma, como hizo en la recensión alfa: la redacción de ese párrafo (por lo menos) del diálogo ha de ser posterior a tal fecha. En el mismo sentido hablan otros contactos de nuestra obra con la corrección alfa de *Familiares*, VIII, ii-iv, frente al original: cf. págs. 84, n. 106; 102, n. 165; 104, n. 170; 156, n. 110; 168, n. 154; 217, n. 307; 221, n. 320; 329, n. 262, etc.

96. Según Hans Baron, *From Petrarch to Leonardo Bruni,* págs. 70-71, «these are very specific references which must relate to some definite episode in Petrarch's life»: al período de 1351-1352, cuando «he was accused of having given himself endless worries at the Curia by his avarice and ambition» (cf.

tener el pan de cada día [97] y contar con «bona librorum et ... frugis ... copia», por no pender de la incertidumbre; amén de lo cual, resuelto a pasar una vejez digna «nec cithara carentem»,[98] temeroso de las insidias de una vida demasiado larga, prepara con tiempo el porvenir y, al par que las musas, cultiva asuntos más a ras de tierra («rei familiaris curas»),[99] si bien con tal desgana, que resulta obvio que se rebaja a ellos forzado.

Familiares, XIV, IV, y vid. abajo, pág. 159, n. 121) y «he defended himself then by attributing his restless bustle —with some exaggeration, but not without truth— to his endeavors on behalf of friends» (*ibid.*, IX, v, 45: «tanti est amicorum votis ac precibus non deesse»). Por mi parte, no creo que haya ninguna referencia a tal episodio. En esas fechas, las gestiones de Petrarca buscaban favorecer a su hijo Giovanni y a un protegido de Francesco Nelli, Don Ubertino; en el *Secretum*, se habla en términos muy vagos de ser 'generoso y afable' con todo tipo de amigos («sunt enim quos suspiciam, quos venerer, quos amem, quos ve miserear», 84), según los cánones del peripatetismo (cf. la página 153 y notas correspondientes). Por otro lado, era convencional disculpar la avaricia «propter amorem filiorum» (así en G. Peraldo, *Summa de vitiis*, IV, III, 5), y, en efecto, en *Familiares*, VI, I, 14, se lee: «Multi [avari] se propter filios excusant, et vitio animi velut pietatis obtenditur» (cf. *Secretum*, 82: «pulcrum errori nomen invenies»). Pues bien, si en nuestro texto se hubiera pretendido rememorar las diligencias de 1351-1352, no habría faltado alguna alusión a Giovanni. En cualquier caso, en el *Secretum* no se repara en 'anécdotas' de menor relieve, sino que se persiguen 'categorías', grandes avenidas de la experiencia de Francesco y de la naturaleza humana. Quiere ello decir que aun si tuviéramos la certeza de que el párrafo en cuestión fue escrito en 1353, y no en 1347 o 1349 (desde luego, no puede tratarse de una interpolación, pues constituye el mismo arranque del examen de la avaricia, en serie con el análisis de los restantes pecados capitales), no cabría ver en él «very specific references»: si Petrarca pensaba en el episodio de 1351-1352, lo disolvió en generalidades (cf. el propio Baron, *ibid.*, pág. 82); pero se me antoja poco plausible que ocurriera así, pues, insisto, las escasas menciones anecdóticas se presentan en forma muy distinta.

97. «Pro victu quotidiano preparare aliquid mens optat» (84). Aparte un posible eco del Padrenuestro («panem nostrum quotidianum da nobis hodie ...»), seguramente suenan aquí otros motivos bíblicos, bien encajados en las razones siguientes de Francesco; cf. *Familiares*, VI, III, 42: «Certe Salomon is, qui apud Hebreos sapiens habetur ..., 'non divitias neque paupertatem' optat a Deo, superbiendi scilicet desperandique materiam. Quid ergo? 'Tantum victui tribue', inquit, 'necessaria' [Proverbios, XXX, 8; y vid. *De otio religioso*, página 10], quem secutus Apostolus: 'Habentes victum', inquit, 'et quibus tegamur, his contenti simus' [I Timoteo, VI, 8]».

98. «Quoniam Horatii iaculis me petis —dice Francesco—, horatianus clipeus tegat» (84), y cita las *Epístolas*, I, XVIII, 109-110, y las *Odas*, I, XXXI, 19-20, de donde tomo el par de frases transcritas. Sobre Horacio en nuestro libro segundo, cf. abajo, pág. 231.

99. Cf. *De otio religioso*, pág. 55, en contexto muy cercano al *Secretum*

Evidentemente, Francesco incide de nuevo en una postura peripatética, cual en el libro primero (cf. arriba, págs. 45, 47, 48 y sigs.): el mismo arranque de su defensa, con el intento de fijar como ideal una liberalidad equidistante del exceso y el defecto, de la prodigalidad y la avaricia, llega en línea recta de la *Ética a Nicómaco* (II, VII, 4 y VIII, 2, etc.); [100] y el propósito de legitimar «amicorum ... caritate» la adquisición de «divitiae» es la piedra angular en la construcción aristotélica (y tomista) que justifica los «bona temporalia» como «adminicula» para ejercer la virtud de la generosidad (*ibid.*, IV, 1 y sigs., etcétera).[101]

Agustín se explica que hayan arraigado en el humanista semejantes ideas, que no cabe tratar sino de «amentia». ¡Ojalá hubieran penetrado igual de hondo [102] los versos del satírico que denuncian la inanidad de las riquezas ganadas a costa de tormentos y juzgan «furor» y «phrenesis» vivir como un mendigo para morir opulento! [103] ¿Para qué esos esfuerzos? A la postre —observa el Padre, con amarga ironía, con el acento puesto aún en la invitación a la «cogitatio mortis»—, solo para bajar cubierto de púrpura a un lujoso sepulcro y que los sucesores se disputen una herencia espléndida.[104] ¡«Supervacuus labor» y, an-

---

(vid. abajo, nota 103): «o furor, o cecitas! cum tanto studio periture divitie cumulentur, tanta non mansure neque non secuture rei familiaris sit cura mortalibus, virtus comitatura in finem et ad superos pervectura negligitur».

100. Cf. F. Tateo, *Dialogo interiore...*, págs. 42-45.
101. Vid. otras referencias en H. Baron, «Franciscan Poverty and Civic Wealth...», págs. 3, 20-21, etc.; y compárese, por ejemplo, F. Tateo, *Umanesimo etico di Giovanni Pontano*, Lecce, 1972, págs. 163 y sigs.
102. «Cur autem non eque satyricum illud precordiis inheserit?» (84); el verbo final subraya, si falta hiciera, que volvemos al tema de las lecturas superficiales: «Ex multis enim, que legisti, quantum est quod *inheserit* animo?» (72, y cf. comentario *ad loc.*).
103. El mismo texto de Juvenal citado aquí (XIV, 135-137) se parafrasea y en parte se transcribe en el *De otio religioso*, pág. 56: «Quam attendens satyricus poeta, avaritiam sibi iniquam et austeram atque heredis luxurie servientem acriter arguens, 'indubitatum furorem manifestamque frenesim' dicit: 'ut locuples moriaris egenti vivere fato'».
104. «Credo quia preclarum extimas purpureis stratis obsitum mori, sepulcro iacere marmoreo, linquere successoribus de opulenta hereditate certamen» (84). El tono irónico y el énfasis en la «meditatio mortis» se echan de ver por el cotejo con el *De otio religioso*, pág. 57 («Sinite igitur gloriari alios

tes de nada, «insanus»! En cambio, si Francesco atiende a la naturaleza del hombre, descubrirá que se contenta con muy poco; si reflexiona sobre la suya en concreto, hallará que necesita todavía menos, mientras no lo aturda el delirar de las gentes, «publicus error». Bastaría el último sintagma para notar que de nuevo, como al principio del debate, se contrastan «stoicorum sententias publicis erroribus» (34). Pero el pasaje entero tiene un sabor inconfundible. «Demencia», «furor», «frenesí», son modos literarios de nombrar el origen de todo mal según el estoicismo: técnicamente, la «opinionum perversitas» (cf. arriba, pág. 60, y abajo, págs. 207, 254, 271, 383). Estoico es el pensamiento (en la letra, llegado de Boecio, aunque no se lo mencione) que hace sobria a la «comunis natura», κοινὴ φύσις; [105] y de un peculiar venero estoico brota la actitud que agrava ese pensamiento para ciertas naturalezas en particular. Es el caso de nuestro poeta. No puede asegurarse —glosa Agustín— si Virgilio miraba «ad populares mores» o a la índole de Aqueménides, cuando describía como alimento mísero los pedregosos cornejos y las raíces de las hierbas.[106] Pero no habría comida

---

in purpureis amictibus, in marmoreis palatiis et peritura potentia ...»: cf. Séneca, *Epístolas*, XVI, 8), donde los signos de suntuosidad son paralelos, pero se aplican a la vida de los avaros, por más que acabe de insistirse (concordando el Eclesiastés, II, 17-20, con las *Odas* de Horacio, II, xiv, 25-28) en que todos los tesoros allegados pueden derrocharlos los herederos (pág. 56: cf. *Familiares*, VI, i, 14, cit. en la nota 96; VIII, iv, 28, cit. en pág. 217; y también XXIV, vi, 4).

105. «Iam si ad comunem hominum respicis naturam, nosti eam paucis esse contentam» (84); cf. *De consolatione Philosophiae*, II, v, 16: «Paucis enim minimisque natura contenta est» (y III, iii, 19: «Taceo quod naturae minimum, quod avaritiae nihil satis est»). La idea tuvo difusión como aforismo (H. Walther, *Proverbia sententiaeque latinitatis medii aevi*, II / 3, núm. 15.924); y, así, escribe Petrarca, *Invectiva contra eum qui maledixit Italie*, en *Opera*, pág. 1.197: «vulgatam illam vult probare sententiam, naturam paucis esse contentam». Para textos petrarquescos afines, con paralelos en Cicerón y Séneca, K. Heitmann, *Fortuna und Virtus*, pág. 182.

106. «Victum infelicem tellus lapidosaque corna / dant rami, et vulsis pascunt radicibus herbe»; pero la *Eneida* (III, 649-650) dice en realidad: «victum infelicem, *bacas* ...» La memoria traicionó aquí a Petrarca; y el inconsciente, por un proceso psicológico bien conocido (omisión / compensación posterior), hizo que la palabra olvidada y sustituida por otra reapareciera en la página siguiente, confirmando que el párrafo en que se halla (contra la tesis de H. Baron) no es una interpolación; vid. n. 117.

más grata a Francesco, si viviera según sus propias leyes y no de acuerdo con la locura vulgar (84). La reiterada contraposición de «natura» y «opiniones» acrecienta el tono estoico;[107] y, en seguida, el cargar las tintas en el abismo que separa la naturaleza privativa del humanista y las aberraciones del pueblo nos lleva específicamente al estoicismo de Séneca, un poco alejado de la ortodoxia de la secta por la insistencia en que el «vir fortis», el sabio, no vive ya solo «ad naturam», sino más concretamente «ad naturae *suae* voluntatem».[108] Petrarca percibió muy bien esa singularidad; y de acuerdo con ella precisa y elabora el Santo el texto de las *Epístolas a Lucilio* con que (sin consignar la procedencia) amonesta a Francesco: «Si ad naturam *tuam* te metiris, iam pridem dives eras; si ad populi plausum, dives esse nunquam poteris» (86),[109] siempre falto de algo te arrastrarás por las escarpaduras de las pasiones.[110] Pronto veremos otras for-

---

107. En el mismo sentido, *Familiares*, XXI, x, 7: «Oro te, opiniones hominum pessimas atque falsissimas aversare et naturam sequere»; cf. la siguiente n. 109.

108. Vid. únicamente J. C. García-Borrón, *Séneca y los estoicos*, Barcelona, 1956, págs. 129 y sigs.

109. *Ad Lucilium*, XVI, 7-8: «Istuc quoque ab Epicuro dictum est: 'Si ad naturam vives, nunquam eris pauper; si ad opiniones, numquam eris dives'. Exiguum natura desiderat, opinio inmensum» (no señala el préstamo, ni tampoco el aducido en la próxima nota, si bien da otras referencias, A. Bobbio, «Seneca e la formazione ... del Petrarca», pág. 253). El mismo pasaje se aduce en *Rerum memorandarum*, III, 77, 8, y, comentándolo, se escribe: «Ego enim cum Epycuro statui spretis opinionibus naturam sequi» (10); nótese que, frente a la impregnación estoica del *Secretum*, en las *Res memorandae* ello se pone bajo el patrocinio y en una apología de Epicuro, con detrimento explícito (6) de estoicos y peripatéticos. Incidentalmente: pese a algunos valiosos estudios ya clásicos (G. Saitta, «La rivendicazione d'Epicuro nell'umanesimo», en *Filosofia italiana e umanesimo*, Venecia, 1928, págs. 55-82; D. C. Allen, «The Rehabilitation of Epicurus and his Theory of Pleasure in the Early Renaissance», *Modern Philology*, XLI [1944], págs. 20 y sigs.; E. Garin, «Ricerche sull'epicureismo del Quattrocento», en *La cultura filosofica del Rinascimento italiano*, Florencia, 1961, págs. 87-92, etc.) y pese al reciente auge en el interés por el epicureísmo renacentista (testigos, v.gr., el VIII Congreso de la Association Guillaume Budé, París, 1968, o los índices de la *Bibliographie internationale de l'Humanisme et de la Renaissance*), falta aún una monografía detallada sobre el cambiante aprecio de Epicuro por parte de Petrarca.

110. «Semperque aliud restabit, quod sequens per cupiditatum abrupta rapiaris» (86); cf. Séneca, *ibid.*, 9: «Naturalia desideria finita sunt; ex falsa opinione nascentia ubi desinant non habent. Nullus enim terminus falso est ... Cum voles scire, quod petes, utrum naturalem habeat aut caecam cupiditatem,

mas de cristalizar el personalismo estoico de Séneca, a cuya luz, retrospectivamente, ganará en inteligibilidad más de un planteamiento del libro primero.

Mas hubo un tiempo —prosigue Agustín— en que el poeta sí vivía 'ad naturam suam'. Todos los colores con que Petrarca pintó cien veces la soledad y el «otium» ideales [111] se usan ahora para esbozar con tonalidades líricas la feliz existencia de Francesco en un pasado lejano, «quondam»: el gustoso vagar por el campo apartado; el descanso en la hierba, al murmullo del agua; [112] el alto en la colina, frente a la llanura, o el dulce sueño en la umbría del valle en silencio.[113] Y nunca ocioso —según el modelo de Escipión—, porque estarlo en apariencia era meditar grandes cosas; nunca solo, porque lo acompañaban las Musas y conversaba consigo mismo.[114] Como el viejo de las

---

considera, num possit alicubi consistere. Si longe progresso *semper aliquid longius restat,* scito id naturale non esse». Adviértase ahora que, mientras Petrarca destaca con lenguaje figurado la insaciabilidad de los deseos nacidos «ex falsa opinione», deja un poco en el aire la noción del «terminus», pues piensa volver sobre ella más adelante. Vid. *Familiares,* VIII, IV, 26, texto alfa (falta en gamma): «nolite cupiditati aurem dare; nunquam dictura est 'sufficit'; *semper nescio quid deerit».*

111. En las notas siguientes, doy al respecto una selección de textos paralelos: sería fácil multiplicarlos, pero quizá resulte más revelador remitir de una vez al entero *De vita solitaria.*

112. «... et nunc herbosis pratorum thoris accubans, murmur aque luctantis hauriebas» (86). Cf. *Métricas,* I, IV (1339), 74-75 («ast aliis placitum nunc sternere fessa per herbam / corpora ...») y II, XVI (1343, sobre Selvapiana), 39-41 («Hic avium cantus fontis cum murmure blandos / conciliant somnos, gratum parat herba cubile, / fronde tegunt rami»); *Familiares,* VI, III (1342), 70 («nunc querula in ripa, nunc tenero in gramine lassatum caput et fessa membra proicere»). Comp. *Eneida,* VI, 674-675: «riparum toros et prata recentia rivis / incolimus».

113. «... nunc apertis collibus residens, subiectam planitiem libero metiebaris intuitu; nunc in aprice vallis umbraculo, dulci sopore correptus optato silentio fruebaris» (86). Cf. *Bucolicum carmen,* VIII (1347), 123-125 («vel colle virenti, / valle vel umbrosa, nitidique in margine fontis / ... sub fronde sedebo»); *Familiares,* XIII, IV (1352), 22 («quibus non sordeat vel ad umbram arboris vel ad ripam fluminis dormire; qui leti possint bonam diei partem in herbosis collibus expendere ...»).

114. «Nunquam otiosus, mente aliquid altum semper agitans, et, solis Musis comitantibus, nunquam solus» (86). Para entender correctamente el texto, es necesario advertir que Petrarca lo construye sobre un dicho de Escipión comentado en el *De officiis,* III, I, 1. Vid. *Rerum memorandarum,* I, 2: «Quamobrem neque sibi usquam otiosus [Scipio], perpetus mentis occupatione grande aliquid moliens, neque solus unquam videbatur, altissimis atque pulcerrimis

Geórgicas, igualaba con el ánimo a los reyes, y al volver a casa, de noche, y colmar la mesa de manjares no comprados, satisfecho con cuanto tenía, se consideraba el más rico y dichoso de los mortales.¹¹⁵

A Francesco lo vence la emoción: «Hei michi! nunc recolo, atque illius temporis commemoratione suspiro». Mas el Padre no le da tregua; antes, al contrario, aprovecha la agitación producida por el recuerdo de aquellos días idílicos para enconar la llaga contrastándolo con los males presentes. Solo el humanista, «demens», es el culpable: le avergonzó «tam diu nature sue legibus parere» (en otras palabras: perseverar en el precepto estoico), se le antojó servidumbre «frenum non fregisse» (donde, desde luego, se trata del «frenum rationis» que guía «ad supera»: cf. arriba, pág. 81 y n. 94); y ahora el ánimo, desbocado, lo arrastra, y, si no tira de las riendas, lo despeñará en la muerte.¹¹⁶ Todo viene de atrás. Empezaron a disgustarle las bayas de los arbustos,¹¹⁷ el vestido y el trato de los campesinos; y la codicia

---

comitatus curis, neque theatrum aut vulgi plausum querebat, rerum suarum plaudente memoria et conscientie testimonio contentus. Iure ergo dicere solitum accepimus 'nunquam se minus otiosum esse quam cum otiosus, nec minus solum quam cum solus esset'»; *De viris illustribus,* «Scipio», XI, 19, donde la cita se completa indicando que Cicerón «declarat illum et in otio de negotiis cogitare [cf. *Familiares,* XVII, x, 28] et in solitudine secum loqui solitum»; *De vita solitaria,* en *Prose,* pág. 552 aún sobre el Africano, y 586-588, sobre el propio autor: «O si usurpare audeam preclarum illum et egregii ducis dictum, nec importune detur insolentie gloriandi par in tanta imparitate licentia! ego quoque non modo nunquam minus otiosus quam cum otiosus, minus ve solus quam cum solus, sed semper otiosus nisi dum otiosus, semper solus nisi dum solus fui».

115. «Denique virgiliani senis exemplo qui 'regum equabat opes animo, seraque revertens / nocte domum, dapibus mensas onerabat inemptis', sub occasum solis angustam domum repetens et tuis contentus bonis, nunquid non tibi omnium mortalium longe ditissimus et plane felicissimus videbaris?» (86). Los mismos versos de las *Geórgicas,* IV, 130-131, se evocan también en los *Rerum memorandarum,* IV, 24, 3, sobre el pobre árcade «inter homines ... beatior»; en *De vita solitaria,* en *Prose,* pág. 308, sobre el perfecto «solitarius atque otiosus»; en *Familiares,* I, VIII, 10, sobre el varón mesurado; en *Canzoniere,* L, 21-22 («e poi la mensa ingombra / di povere vivande»).

116. «Is modo te raptat violentus, et, nisi habenas contrahis, precipitaturus in mortem» (86). Cf. 60 y, por ejemplo, *De remediis,* I, xxx, pág. 38: «Mens hominis in vitium prona, non urgenda utique, sed frenanda est: si sibi linquitur, egre stabit; si impellitur, preceps ruet».

117. «Ex quo primum cepisti ramorum tuorum bachas fastidire ...» (86)

lo empujó otra vez «in medios urbium tumultus»: el rostro dice
tan a las claras como las palabras qué clase de vida lleva ahí
(«quam lete quamque tranquille degas», le pincha el Santo con
sarcasmo). ¡Cuánta miseria no habrá visto en las ciudades! Y, sin
embargo, terco contra la desdichada experiencia, aún no se decide a abandonarlas, tal vez porque está preso en las redes del
pecado y porque es voluntad de Dios que apure una triste vejez,
dueño de sí mismo, culpable (así se recogen las conclusiones del
libro primero), en el mismo lugar donde pasó la niñez bajo férula
ajena: [118] en Avignon, pues, según era público y notorio.[119] Agustín iba con Francesco en aquellos años recién evocados, cuando,
«adhuc adolescentulus», nada sabía de avaricias ni ambiciones,
cuando daba señales de convertirse en un gran hombre.[120] Qué
distinto ahora: paradójicamente (Cicerón se admiró de parejos
descarríos), cuanto más se aproxima al término, tantas más provisiones allega para el resto del camino (86-88).[121] ¿Qué le que-

---

Cf. n. 106; *Psalmi penitentiales*, IV, 10: «Sitienti fontes lucidos [preparasti,
Deus], esurienti baccas omnis generis»; *Familiares*, VII, III (1343), 8: «Accedebat [como paradigma] acies hominum nostrorum, qui nudi, in solitudine ...,
radicibus herbarum et silvestribus baccis pasti ...»; *ibid.*, XIII, IV (1352),
24: «neque victum agrestem ..., herbas atque arborum baccas fastidiant ...»
118. «... peccatorum forsitan illigatus nexibus, ac favente Deo ut, ubi
sub aliena ferula pueritiam exegisti, ibidem, tui iuris effectus, miserabilem conteras senectutem» (86). Cf. *Familiares*, IX, 3, «Ad amicos, sepe importunius
senectutem agi ubi adolescentia acta est» (y abajo, pág. 331, n. 268); *Invective contra medicum*, pág. 75: «ibi senectutem agis, ubi pueritiam exegisti»;
Seniles, XVII, III, ed. I. Burke Severs, *The Literary Relationships of Chaucer's
Clerkes Tale*, New Haven, 1942, pág. 278: «parata sum ..., ubi puericiam egi,
senectutem agere et mori» (en boca de Griselda).
119. Por otro lado, compárese el texto citado en la nota anterior y *Posteritati*, en *Prose*, pág. 8: «Ibi igitur, ventosissimi amnis ad ripam —Avinio urbi
nomen—, *pueritiam sub parentibus ... egi*».
120. «... cum adhuc adolescentulum ..., cum cuiusdam magni futuri viri
specimen preferebas» (86). Cf. *Posteritati*, pág. 8: «futurus magni provectus
adolescens» (cuando estudiaba en Bolonia).
121. «Nunc mutatis moribus, infelix, quo magis ad terminum appropinquas, eo viatici reliquum conquiris attentius» (86-88). Como tantas veces,
especialmente en las páginas que ahora nos ocupan, Petrarca elabora un texto
antiguo, sin mencionar la fuente; aquí, en concreto, echa mano del ciceroniano
De senectute, XVIII, 66, al igual que en *Familiares*, XIV, IV, 16-17 («patrimonii
mei modus non auctus tempore sed potius, ea fidutia quod cum semper paucis
tum ad terminum propinquanti paucioribus opus est. Inhesit ossibus ciceronianum illud: 'avaritia senilis quid sibi velit non intelligo; potest enim quicquam

da para el último día? Petrarca se había prometido (y la leyenda se lo concedió) morir en pleno trabajo, doblando la cabeza sobre el manuscrito, a imagen de Platón.[122] Pero el Santo, despiadadamente, pone patas arriba semejantes ilusiones y amenaza a Francesco con que la muerte —quizá cercana, desde luego no lejos— [123] lo sorprenda «aurum sitiens»,[124] para hacerlo agonizar sobre el registro de cuentas («kalendario», 88).[125] A ningún otro desenlace, sino a esa lamentable eclosión, puede conducir un desorden «quod per dies singulos crescit».

La página concentra las más sabias calidades de la prosa petrarquesca. Así, los párrafos de andadura despaciosa, con refinados paralelismos y paradojas llenas de intención, chocan —en el quiebro del pasado al presente— con un estilo más abrupto e incisivo, rematado por un toque de pincel efectista. Por otra parte, una admirable concatenación de todos los materiales organiza el pasaje. Unas líneas han bastado para pasar revista al peregrinaje de Francesco por la tierra, de la niñez a la muerte. Peregrinaje, claro está, recorrido a través de etapas de variopinta inspiración literaria: motivos de bucólica, calcos de modelos antiguos (el Escipión celebrado en el *De officiis*, el «senex» de las

---

esse absurdius quam quo minus vite restat, eo plus viatici quererere?'») y XVII, VIII, 8 (junto al tema señalado en la nota siguiente); vid. en igual sentido *ibid.*, XIII, v, 7; XIV, VII, 8, y *Seniles*, VI, VII, en *Opera*, págs. 608-609. Adviértase que la primera carta citada es aquella que contiene las acusaciones de que según el profesor Baron (cf. arriba, pág. 151, n. 96) Petrarca se defendía en el *Secretum* «amicorum caritate»; sería sorprendente que el humanista se acusara ahora, sin paliativos, en los términos con que se defendía en la tal epístola; pero si ella y nuestro diálogo, de hecho, reflejaran la misma coyuntura, importaría notar que la discrepancia hace sospechosos ambos textos e invita a leerlos como lucubraciones literarias y morales más que como documentos biográficos: imposible decidir qué hay de 'vida' y qué de 'obra' en cada uno.

122. Vid. *Rerum memorandarum*, I, 25, 25 (con la nota del editor); *Familiares*, I, I, 44; VI, III, 14; XVII, VIII, 5; XVIII, III, 1; XXII, X, 11; *Seniles*, XVII, II, en *Prose*, pág. 1.158. Y cf. P. de Nolhac, *Pétrarque et l'humanisme*, I, págs. 85, 87, 257, y II, pág. 145; G. Billanovich, «Petrarca e Cicerone», en *Miscellanea Giovanni Mercati*, IV, pág. 92 y n. 12; id., *Petrarca letterato*, I, pág. 15, n. 1; y más abajo, sobre 192.

123. «... in die mortis, que forte iam iuxta est et profecto procul esse non potest» (88). Cf. arriba, pág. 102, n. 165.

124. Cf. *Familiares*, X, IV, 9: «avari est aurum sitire» (e Isidoro, *Etimologías*, X, 9).

125. Vid. arriba, pág. 105, n. 171.

Geórgicas), esquemas consabidos (n. 118), aplicación singular de una generalidad ciceroniana, vuelta al revés de una leyenda sobre Platón... Peregrinaje en que la misma medida de idealización da cuenta de la partida y de la meta, en que dudamos si atribuir más verdad biográfica al delicioso ayer o al desastrado mañana con que se intimida a Francesco.

En cualquier caso, Petrarca quería presentar la vida del protagonista escindida en dos épocas: un antaño limpio de codicias e incluso con sosiegos de pastoral; y un hogaño agobiado de inquietudes, todo vanidad. El antaño se deslinda con bastante nitidez: corresponde al Francesco de la «pueritia», al Francesco «adhuc adolescentulus». El hogaño se abre con la vuelta a las ciudades, dejando el ocio campestre, y se extiende al Avignon en que el poeta se acerca a la cuarentena.

Imposible concordar prolijamente esos datos con la trayectoria del Petrarca de carne y hueso. «Pueritia» y «adolescentia» son, en nuestro autor, denominaciones tan imprecisas como cualquier traducción que propongamos.[126] Entendemos perfectamente qué es la 'primera mocedad', pero no podríamos determinar en qué año empieza o acaba. Lo único seguro es que en el *Secretum* Petrarca gustó de situar el decisivo cambio de Francesco («Nunc mutatis moribus ...», 86; «tanta morum varietas», 150) en un momento inmediato a aquel en que cabía tratarlo de «adolescentulus» (86): «medio sub adolescentie fervore» (152), tras unas «infantia pueritiaque» venturosas y ejemplares (86, 150).[127]

---

126. Cf. abajo, pág. 361, sobre III, 180, y C. Calcaterra, *Nella selva del Petrarca*, págs. 84-86, n. 23.

127. Adviértase que ahora (86) el Francesco anterior a la mutación operada «medio sub adolescentie fervore» prefiere el «amictus ... simplicior». En cambio, un poco más arriba (78), se dan como del Francesco «puer» e idas «cum primis annis» ciertas coqueterías que una *Familiar* achaca al Petrarca «adolescens» (cf. pág. 145, n. 80). La contradicción de la carta (y la *Posteritati*, en *Prose*, pág. 8: «Ibi [en Avignon] ... pueritiam sub parentibus, ac deinde sub vanitatibus meis adolescentiam totam egi») con el *Secretum* (78) nos confirma la libertad con que recrea éste datos más o menos reales. La contradicción interna, en el diálogo, se explica porque en la página 78, en el ímpetu por dar animación a la escena con un recurso convencional (admitir un detalle para impugnar un conjunto con más autoridad), el autor, por un momento, debió perder de vista el contexto y aun un factor esencial de la obra (la época de la citada mutación): en esa página 78, es Francesco quien habla y, por tanto, muy «en carácter», quiere quitar fuerza a las acusaciones de Agustín negándolas

El «rus» de antaño no resulta más específico que las «urbes» que pronto lo arrinconaron: solo la referencia Avignon es firme.[128] Ahí, y en la frontera de 1342 y 1343, se nos ofrece diáfanamente a Francesco.[129] Esa imagen de Francesco quiso dejarnos Petrarca, escribiendo en 1347, 1349 o 1353.

Y la tal imagen sigue fluctuando —valga reiterarlo— entre una cierta imagen de Petrarca y una imagen de la condición humana (cf. págs. 148-149). Pues obviamente en ella se sedi-

---

en general y concediendo solo una pequeña debilidad (así da más validez al resto del discurso, todo él tejido de descargos), pero limitada a la niñez, cosa de chiquillo. Como sea, he aquí otro testimonio de con cuánta cautela hay que tomar las alusiones «biográficas» del *Secretum*.

128. Aun a riesgo de repetición y de descubrir el Mediterráneo, conviene recapitular con toda claridad las noticias de nuestro pasaje: sirvan de excusa las falsas interpretaciones a que ha dado pie. Francesco pasó «quondam» una etapa de vida campestre habitual (86, líneas 4-15), pero, en un cierto momento, empezó a despreciarla (líneas 22-23) y *recayó* («*relapsus es*») en la vida urbana (líns. 24-25), a la cual sigue atado. Esa vida campestre habitual de «quondam» no corresponde a la «pueritia», que transcurrió «sub aliena ferula» en la misma Avignon donde ahora habita (líns. 29-30), sino que se atribuye al Francesco «adhuc adolescentulus» a quien «nulla cupiditas, nulla prorsus tangebat ambitio» (líns. 31-32), cuando, «tuis contentus bonis» —le dice Agustín—, se creía «omnium mortalium longe ditissimus et plane felicissimus» (líns. 13-15). La vida campestre habitual, pues, se sitúa tras la «pueritia» (por lo demás virtuosa), más con un Francesco «adhuc adolescentulus», que todavía no se halla «medio sub adolescentie fervore» (152), en el punto en que se malogró al conocer a Laura, en 1327 (*ibid.*, pero nótese que el autor rehúye la precisión: «non tam exactum calculum [= quotus ... tunc etatis annus] requiro»). En la *Posteritati*, Petrarca refiere haber residido durante la «pueritia» y la «adolescentia» en Avignon, pero «non... sine magnis digressionibus»: los cuatro años de Carpentras (1312-1316); añade haber marchado luego a Montpellier (1316-1320) y a Bolonia; por fin —relata—, «secundum et vigesimum annum agens [en 1326] domum redii: domum voco avinionense illud exilium, ubi ab infantie mee fine fueram» (en *Prose*, págs. 8-10). Desde luego, ello no puede concordarse con la peripecia de Francesco en el *Secretum*. En especial, si Petrarca, después de la «pueritia» pero «adhuc adolescentulus», hubiera llevado la vida campestre habitual dibujada en nuestro texto, no habría dejado de contárnoslo una y otra vez. Y, obviamente, el «quadriennium» de Carpentras (celebrado en las *Seniles*, X, III, en *Prose*, pág. 1.094: «Quanta ibi iucunditas, quanta securitas, que domi quies, que ve in publico libertas, que per agros otia, quod ve silentium») no es identificable con la *rusticatio* de «quondam» bosquejada en el diálogo: en Carpentras estuvo Petrarca de «puer» (*ibid.*), aprendiendo «aliquantulum gramatice, dialectice ac rethorice, quantum etas potuit» (*Posteritati*, pág. 8), muy distinto, pues, del Francesco «adolescentulus», «mente aliquid altum semper agitans», ya poeta («solis Musis comitantibus»), retratado en el *Secretum*.

129. Para un supuesto desplazamiento del lugar de la acción del campo a la ciudad, cf. la siguiente nota 189.

mentan experiencias, ilusiones, temores y dechados del Petrarca real, e incluso se nos suministra algún transparente pormenor anecdótico. Pero también en ella aparecen elementos que no hay medio de encajar en la auténtica biografía petrarquesca, donde, por caso, no cabe establecer el tránsito de un vivir campestre habitual a una vuelta empecatada a la ciudad en las circunstancias y a la altura cronológica en que se atribuye a Francesco.[130]

130. Hans Baron, *From Petrarch to Leonardo Bruni*, esp. págs. 66-70, 77-82, no advierte que ese vivir campestre habitual se limita al Francesco «adolescentulus», de antes de 1327, y cree que Petrarca habla en nuestro texto «of his peaceful life in the Vaucluse». Como, por otro lado, no pone en duda que el *Secretum* se redactó esencialmente en las fechas en que transcurre el diálogo, juzga una «psychological improbability that in 1342-43 Petrarch would have described his life in the Vaucluse as a past paradise», pues allí pasó el humanista días deliciosos en primavera-verano de 1342 y probablemente también (conjetura Baron, págs. 61-62) en el otoño siguiente. Esa nostalgia del Vaucluse de «quondam» —continúa— tampoco puede datar de 1346-1347 o 1351-1352, porque todavía por entonces Petrarca alternaba Avignon con el «Elicon transalpinus», y solo en Milán evocó la estancia de 1352 en Vaucluse y lloró la pérdida «optate solitudinis otiique» de forma que refleja la situación del *Secretum*. Al período de Milán, por tanto, atribuye Baron la inserción de la pág. 86 en el primitivo original, no sin añadir que tal adición (como otras que postula) «must be judged a complex of elements which stem from the experiences he had had in the Vaucluse and Avignon in 1343-43, from the Vaucluse and Avignon in 1351-52, and from the first year or years that followed Petrarch's dissociation from Provence in June 1353». Pasemos por alto que el profesor Baron no note que el párrafo en cuestión para nada trata de Vaucluse (sí aludido, en cambio, más adelante) y que el autor, en cualquier caso, atribuye al Francesco de 1342-1343, sin paliativos, un hastío por la ciudad, dada por residencia estable, que nunca sabremos en qué medida coincide con los sentimientos y circunstancias del Petrarca auténtico en la misma época. En principio, sería aceptable que Petrarca escribiera la página incriminada en los inicios de la estancia en Milán, en 1353 (aunque ya veremos por qué no pudo ser así de hecho), y no hay duda de que en ella compendió añoranzas e ideales de diversas etapas. Pero se me antoja inadmisible ver nuestro pasaje como una interpolación en un texto ya redactado. A la acusación de avaricia, Francesco había respondido que con la «rei familiaris cura» buscaba asegurarse una vejez plácida, y Agustín había replicado augurándole más bien una inútil pompa funeral (84), mientras ahora recorre toda la vida del poeta, de la «pueritia» y la «adolescentia» a la «senectus» y la muerte (86-88): y justamente en torno a esos dos últimos puntos se traba el debate inmediato. Los motivos estoicos (tal la oposición entre naturaleza y leyes del vulgo) persisten en la página sospechosa para Baron con perfecta continuidad respecto a cuanto antecede y sigue. La ilación, en fin, es perfecta (cf. incluso la nota 106). Así, pues, todo el núcleo sobre la avaricia (por lo demás, tan bien articulado en el conjunto del libro segundo) hubo de escribirse de una sola vez: si existió un borrador, debió ser objeto de una refundición cabal, no de tal o cual inserción.

¿Por qué, entonces, la insistencia en semejante división? Para comprenderlo, hay que leer nuestra página junto a la otra, gemela, que explica cómo se presentó al personaje la oportunidad de elegir entre seguir «modestus et sobrius» o torcer por «obliquo sordidoque calle distractus», y cómo él prefirió el mal camino, «medio sub adolescentie fervore»: todo ello según el símbolo tradicional de la Y pitagórica, figura del vivir de los hombres (cf. abajo, pág. 304, sobre III, 150-152). Pues bien, para Petrarca (y otros cien), la encrucijada capital de la opción entre «frugalitas» y «luxuria» (según el dictamen de Lactancio), el punto en que la Y se parte en dos vías, se daba en la «adolescentia». Baste aducir una de las *Familiares* (VII, xvii, 1), datable bien en 1347, bien en 1351: «*Adolescentulum* nostrum, consilii inopem et etatis agitatum stimulis, paterne solicitudinis ope complectere. Iam, ut vides, *ab bivium pitaghoricum vivendo pervenit*; nusquam prudentie minus, nusquam periculi magis est. Leva quidem ad inferos fert, ad celum dextera; sed illa facilis prona latissima et multarum gentium trita concursibus, hec ardua angusta difficilis et paucorum hominum signata vestigiis». Y así advertimos que Petrarca ajusta la aventura de Francesco, extraviado de «adolescentulus», al esquema del proceder común de los mortales, cuando, «in bivio», han de escoger la «semita voluptatis» o la «semita virtutis».[131] De tal modo, Francesco tiene algo de Petrarca y algo igualmente del «homuncio» arquetípico (cf. pág. 39). Pero ese lado paradigmático es de nuevo

---

Por otra parte, quisiera apuntar las implicaciones más estrictamente literarias del asunto. Baron ve la nostalgia del Petrarca milanés por el Vaucluse de 1352, el disgusto por la vida en la ciudad de los Visconti (cf. *Familiares*, XVII, x, 26: «ego a prima etate tantus amator solitudinis ac silvarum, iam senior [el 1 de enero de 1354] in urbibus et odiosa frequentia laboro»; pero vid., muy en otro sentido, la *Metrica* III, xviii [verano de 1353], no citada por Baron), en un texto en que se habla, sin duda alguna, de apurar la «senectus» en Avignon. Si Baron acierta, hay que reconocer (yo así lo hago, cuando menos por otras razones) que Petrarca tenía una inmensa capacidad de objetivación (y fabulación), un enorme talento para pintar al Francesco del pasado con un estado de ánimo ya igual, ya distinto al suyo en el instante de la redacción. Pero esa capacidad y ese talento hacen muy difícil pillar el autor en «anacronismo» o inferir, sobre la base de una coincidencia biográfica, que un cierto detalle refleja más al Petrarca real que al *personaje* de Francesco. Vid. abajo, págs. 340-349, para las decisivas precisiones cronológicas.

131. Cf. *De vita solitaria*, en *Prose*, pág. 550.

trasunto de una distancia y una tensión que cobran plenitud de significado al recordar que Agustín es el porvenir ideal hacia el que Francesco se dirige o debiera dirigirse (cf. pág. 149): no en balde se ha contado que ambos marchaban juntos «quondam» y vemos que el Santo ha regresado «nunc» como estímulo y guía. Apenas resulta necesario acentuar con qué arte primoroso dramatiza y aun 'noveliza' el autor toda la escena, no ya por el movimiento que la anima, sino por la forma en que trasciende el mero relato autobiográfico con un esencial componente de ficción, de construcción de un mundo y de unos personajes de planta original.

Continuemos. Francesco no se atreve a corregir nada en las alegaciones del Padre: únicamente inquiere con timidez qué hay de represible en ir preparando alguna ayuda para la edad cansada (88). ¡Ridícula cuita y loca negligencia —se irrita Agustín, aunque con la disciplina de una falsilla bimembre—, angustiarse por la vejez, quizá nunca alcanzada y con seguridad brevísima, y olvidarse de la muerte, inesquivable y sin remedio! «Sed ille mos vester execrandus est: transitoria curatis, eterna negligitis.» La segunda persona del plural universaliza la situación del poeta en el vestíbulo de la obra: vuelto a las cosas «mortalia», ciego «ad eterna» (22). Pero en seguida llega una punzada más directa. Virgilio habló de la «inopis metuens formica senecte» (*Geórgicas*, I, 186), Juvenal la dijo maestra de quienes temen «frigusque famemque» (VI, 360-361). Mas si el humanista no ha caído por completo bajo el magisterio de la hormiga (Agustín se gasta una graciosa zumba, con el serio propósito de denunciar unas lecturas mal digeridas), tendrá por lamentable y disparatado ser siempre pobre... para no serlo un instante.[132] «Quid ergo»? No se trata de exhortarlo a la pobreza. De ningún modo lo invita el Santo a desearla; sí, en cambio, y con todo empeño, a tolerarla, si la trae el azar. «Mediocritatem sane in omni statu expetendam censeo.» De suerte que no pretende atraerlo a las filas de quienes reducen a pan y agua las necesidades de la vida y en restringir a ellos los deseos cifran la feli-

---

132. «... nichil amentius quam semper pauperiem pati ne quando patiaris» (88): cf. arriba, pág. 105, n. 171, y abajo, pág. 168, n. 154, aparte *Familiares*, XVI, III, 8: «Laudatis in egestate vivere ut in divitiis moriar».

cidad, ni pone como límites «el río y Ceres».¹³³ Son ésas afirmaciones tan magníficas cuanto importunas y odiosas a los hombres. Para remediar la enfermedad de Francesco, el Padre no le propone aniquilar la naturaleza, sino frenarla.

En el pronto, nos sorprende el elogio de la mediocridad, emblema de la moral peripatética impugnada en el libro primero, a zaga de las *Tusculanas* (donde se hallan críticas de la μεσότης nada baladíes)¹³⁴ y en nombre de un estoicismo que también aflora ostensiblemente en el segundo diálogo. Todavía más nos sorprende, por lo explícito, el ataque frontal a los estoicos. Y no hay duda de contra quién van las flechas. «Non igitur ad illorum statuta te revoco», confiesa ahora Agustín; «ad stoicorum precepta me revocas ..., veritati propinquiora quam usui», advertía antes el poeta (34). «Sunt enim ut magnifice sic auribus hominum importune ... sententie», se dice aquí; «omittamus ista magnifica», escribe Petrarca en otro lugar, en torno a las doctrinas del Pórtico.¹³⁵

Pero la sorpresa no nos dura mucho, ni podemos apresurarnos a tildar de inconsecuente al autor. Pues no solo conocemos el eclecticismo petrarquesco (cf. arriba, pág. 50, n. 29); sabemos igualmente que Cicerón llega a proclamarse peripatético en el *De finibus,* mientras Séneca rehúye libremente la «Stoica lingua», según la conveniencia: «omittamus haec magna verba» (*Ad Lucilium,* XIII, 4). Nuestro escritor tenía buenos modelos. «'Mediocritatem optimam' ait Cicero»,¹³⁶ y él nunca lo olvidó;¹³⁷ como tampoco ignoraba que Séneca no se abstuvo de

---

133. «Non igitur ad illorum statuta te revoco qui aiunt: 'Satis est vite hominum panis et aqua; nemo ad hec pauper est, intra que quisquis desiderium suum clausit, cum ipso Iove de felicitate contendet'; nec modum vite hominum 'fluvium Cereremque' constituo» (88). La primera cita es un dicho de Epicuro tomado de las cartas *Ad Lucilium,* XXV, 4; la segunda viene de la *Farsalia,* IV, 381 («satis est populis fluviusque Ceresque»), y de acuerdo con Lucano altera Petrarca el principio del texto de Séneca (en el original: «panem et aquam natura desiderat»). Ambas citas se concuerdan también en *Seniles,* XV, III, pág. 1.033, y en *Invectiva contra eum qui maledixit Italie,* en *Opera,* pág. 1.185.
134. Cf. III, x, 22 y xxxi, 74; IV, xvii, 38 y sigs.
135. *Familiares,* XXIII, xii, 6; cf. arriba, pág. 48.
136. *Ibid.,* XX, viii, 16.
137. Para las apologías petrarquescas de la «mediocritas», cf. K. Heitmann, *Fortuna und Virtus,* págs. 59, 63-64, 190-191; y vid. abajo, págs. 175-176, 211-220.

aprobar, en tanto «optimum», un «temperamentum» medio entre la pasión y la «ratio»,[138] o un «divitiarum modus» más allá de lo necesario: ni próximo a la miseria ni excesivo.[139] Séneca viene ahora particularmente al caso.[140] El cordobés no hace bandera del renunciamiento a los bienes del cuerpo ni de la insensibilidad frente a los males: juzga demencia, por caso, huir las comodidades «usitatas et non magno parabiles»,[141] y le parece «inhumana duritia»,[142] «inhumano ferre humana ... modo»,[143] contrario a la naturaleza, pretenderse ajeno al dolor. A la *apatheia* estrictamente estoica opone la alternativa del sabio que *siente* el daño, pero lo *vence* («Hoc inter nos et illos interest: noster sapiens vincit quidem incommodum omne, sed sentit; illorum, ne sentit quidem»); [144] que no rehúye las cosas agradables, pero no se deja dominar por ellas, antes las somete («sciamus [commoda] mancipia nostra esse»; [145] «non nego indulgendum illi [corpori]: serviendum nego»).[146] Pues bien, el fuerte influjo de Séneca que hemos ido detectando en el libro segundo se extiende a nuestro pasaje.[147] Con el ejemplo del filósofo hispano, Petrarca, poco al tanto de sistematismos, no veía dificultad en introducir una alabanza de la «mediocritas» en un retablo de marcado tono estoico. Estoico, pero con matices, como alguna vez peripatético con sordina. No en vano advertimos que el diálogo primero jamás predica la inexistencia del sufrimiento (cf. arriba, pág. 69), y en seguida veremos que Agustín no aconseja como «modus» la medianía aristotélica, sino cierta actitud distinta y muy singular. Ahí descubriremos de nuevo la huella senequista. Por ahora, importe solo notar cuánto debe a Séneca la recapitulación sentenciosa en que interrumpíamos el dis-

---

138. *Ad Helviam*, XVI, 1.
139. Cf. *Epístolas*, II, 6; *De beneficiis*, I, xi, 5 y II, xxxv, 3.
140. Véase el excelente estudio de J. C. García-Borrón, *Séneca y los estoicos*, págs. 137-175, 181-186.
141. *Epístolas*, V, 5.
142. Lugar citado en la n. 138.
143. *Ad Marciam*, IV, 1.
144. *Epístolas*, IX, 3.
145. *Ibid.*, LXXIV, 17.
146. *Ibid.*, XIV, 1; en general, *De vita beata*, XXI-XXV.
147. A. Bobbio, «Seneca e la formazione...», págs. 250-256, no repara en la problemática que vengo esbozando.

curso del Santo: «exinanire naturam non doceo, sed frenare».
¿Cuál es entonces la situación? Agustín la define en las coordenadas ya conocidas: Francesco tenía bastante, si se hubiera bastado a sí mismo;[148] él y solo él se ha buscado la indigencia que (falsamente) cree sufrir. Porque acumular riquezas acumula inquietudes: «iam toties disputatum est» —de la Biblia a clásicos y medievales—,[149] «ut amplioribus non egeat argumentis» (88). Y es lastimoso yerro que el espíritu humano, de origen tan alto, se perezca por los tesoros de la tierra, a costa de los celestes (90).[150] Buena prueba de ello, en línea con las afirmaciones del libro primero (cf. arriba, págs. 107-110), la tendrá el poeta si el brillo del oro no le deslumbra los ojos de la mente: cuando la avaricia lo arrastra de los sublimes pensamientos a otros más rastreros, ¿no le parece haberse precipitado «de celo in terras», de entre las estrellas al abismo? Francesco admite y hasta agrava la amargura de esa caída. Sí, intenta aferrarse «ad supera» (y oímos aquí términos que recuerdan el lenguaje simbólico de la ascensión al Ventoux),[151] pero ha de renunciar, a disgusto, requerido por la «humane conditionis ... necessitas». De las dos cimas gemelas del Parnaso, los vates antiguos dedicaron una a Apolo, para pedirle la protección del ánimo, y otra a Baco, para implorarle los bienes materiales: si tal «opinio» se refiere al único Dios, puede encontrársele un sentido válido.[152]

---

148. «Sufficiebant tua quidem usibus necessariis, si tu ipse tibi suffecisses» (88); es lugar común estoico, pero cf. en particular *De consolatione Philosophiae*, III, III, 9 («Qui vero eget aliquo non est usquequaque sibi ipse sufficiens») y II, IV, 23 («igitur si tui compos fueris, possidebis quod nec tu amittere velis nec fortuna possit auferre»).
149. Cf. solo, como repositorio de textos, *De miseria humane conditionis*, II, 2, 6 y sigs.; para Petrarca, el *De vita solitaria* era una aportación en ese sentido: «mala divitiarum, de quibus et a nobis modo aliquid et multa quotidie dicuntur a multis ...» (en *Prose*, pág. 572). Vid. abajo, págs. 175, 213, 221-223.
150. «Mirus error et miseranda cecitas, preclarissime nature ac celestis originis humanum animum, celestibus neglectis, metallis inhiare terrestribus» (88-90). Cf. *Familiares*, III, XIV, 1: «non sinam, si Deo placet, metallis servire animum ad maiora dispositum».
151. «Quid ergo toties experta non metuis? et cum fueris erectus ad supera, non tenacius pedem figis?» (90). Cf. *Familiares*, IV, I, 12: «Quod toties hodie in ascensu montis huius expertus es [en continuo subir y bajar], id scito et tibi accidere et multis accedentibus ad beatam vitam».
152. «Nec enim sine causa veteres poetas geminum Parnassi collem duobus diis dedicasse suspicor, sed ut ab Apolline, quem deum ingenii vocabant, inter-

Indirectamente, la respuesta del Padre aclara la moraleja del inciso mitológico: es admisible que el hombre, aun debiendo concentrarse en el dominio de lo interior, conceda una cierta atención a las cosas externas. Mas a Agustín le indigna que Francesco distribuya tan desigualmente el tiempo que corresponde a cada campo. Antaño se consagraba por entero a nobles tareas, y daba por perdido el esfuerzo gastado en otras; ahora solo se dedica «honestati» cuando por excepción lo deja libre la avaricia.[153] Bien está desear una edad avanzada, a menudo causa de cambios provechosos (cf. pág. 194, n. 232). «Sed quis erit finis aut quis modus?» En otras palabras: ¿dónde detenerse, respirar y extinguir todo nuevo anhelo? «Prefige tibi metam», amonesta el Santo. Tiene fuerza de oráculo el verso de Horacio: «al avaro siempre le falta algo; pon a tus deseos un término seguro». Mas ¿cuál lo será de los afanes del poeta? [154] Fran-

---

num animi presidium, a Bacho autem rerum externarum sufficientiam implorarent. In quam sententiam me non modo rerum experientia magistra, sed creba etiam doctissimorum hominum inclinavit autoritas [cf. arriba, pág. 88, n. 120], quos tibi quidem inculcare non attinet. Ita, quamvis turba deorum ridiculosa sit, hec tamen vatum opinio haud prorsus insensata est; quam ego, si ad unum retulerim Deum, a quo omnis oportuna subventio est, non me delirare quidem arbitrabor, nisi tibi aliter videatur» (90). La última frase recuerda quizá el *De civitate Dei*, VII, xxix: «Namque omnia quae ab eis ex istorum deorum theologia velut physicis rationibus referuntur ad mundum ..., Deo potius vero, qui fecit mundum, omnis animae et omnis corporis conditori tribuantur ...» Para la doble dedicación de las cumbres del Parnaso, cf. amplias noticias en Pauly-Wissowa, XVIII: iv, cols. 1.643 y sigs.; en *Familiares*, XVI, vi, 24, se mencionan «Bacho grati coles ac Minerve».

153. Petrarca habla de «honestis ... curis», de destinar el tiempo «honestati», frente a empeños más lucrativos, en forma que posiblemente recuerda la repetida contraposición estoica de «honestum» y «utile» en Cicerón, *De officiis*, III, iii, 11 y sigs.; *De finibus*, II, xiv («honestum ... id ..., quod tale est, ut, detracta omni utilitate, sine ullis praemiis fructibusve per se ipsum possit iure laudari»), etc.

154. «Pre*fige* tibi *metam*, ad quam cum perveneris subsistes et aliquando respires. Scis illud humano ore prolatum [Horacio, *Epístolas*, I, ii, 56] oraculi vim habere: 'semper avarus eget; certum voto pete finem'. Quis autem cupiditatibus tuis erit finis?» (90) La redacción alfa de la *Familiaris* VIII, iv (en que tantas coincidencias hemos hallado y hallaremos todavía con el *Secretum*) se ciñe a ese párrafo: «Quod ad me attinet, cupiditatibus *metam fixi*, et oraculi loco poeticum illum accipiens: 'semper avarus eget', ne ipse quoque semper egeam [cf. arriba, pág. 164, n. 132], quod sequitur feci: 'certum voto finem petii', eumque iampridem, licet reflantibus fortune ventis, attigi» (§ 27). El texto gamma de la carta muestra menos concomitancias: «Ego quidem ..., ego *posui*

cesco, probablemente envalentonado por haber oído un rápido encomio de la «mediocritas», persiste en la actitud peripatética y cree poseer la justa solución a tal problema: «Nec egere, nec abundare; nec preesse nec subesse aliis, finis est meus» (90). Por supuesto, se equivoca, como de costumbre, y el Padre interviene en el acto para indicarle que no tener necesidades equivaldría a dejar de ser hombre y convertirse en dios: «Humanitatem exuas oportet et deus fias, ut tibi non egere contingat» (92). Es, desde luego, limpia doctrina senequista: «Quod desideras autem magnum et summum est deoque vicinum, non concuti»;[155] o más precisamente y en contexto capital para todo el desarrollo que seguimos: «Id egit natura rerum, ut ad bene vivendum non magno apparatu opus esset; unusquisque facere se beatum posset. Leve momentum in adventiciis rebus est, quod in neutram partem magnas vires habeat: nec secunda sapientem evehunt, nec adversa demittunt. Laboravit enim semper ut in se plurimum poneret, ut a se omne gaudium peteret. Quid ergo? sapientem esse me dico? Minime. Nam, id quidem si profiteri possem, non tantum negarem miserum esse me, sed omnium fortunatissimum et in vicinum deo perductum praedicarem».[156] Y el Petrarca de otras obras tenía la lección bien aprendida: «sicut enim insanorum est innumerabilibus indigere, sic verum est quod ait Xenophon ille Socraticus: 'nichil egere est deorum, quam minime autem proximum a diis'»;[157] «dicet aliquis ut

---

cupiditatibus meis *modum*, et oraculi loco horatianum illud accepi: 'semper avarus eget; certum voto pete finem'. Petii, fateor, hunc finem, et Deo favente attigi» (ed. V. Rossi, vol. II, pág. 200). La versión gamma es de mayo de 1349, hay que repetir, y se diría que al retocarla más tarde Petrarca la ajustó al citado pasaje del *Secretum*, que, en tal caso, debió escribirse entre aquella fecha y el momento de la recensión alfa. También pudo ocurrir lo contrario, i.e., que el citado pasaje se ajustara a la epístola. Lo seguro es que dicho pasaje (centro de unas páginas ligadísimas) hubo de redactarse después de mayo de 1349: porque resultaría absurdo pensar que el original gamma no se benefició de un texto ya compuesto que sí moldeó, en cambio, la corrección alfa. Cf. en general págs. 151, n. 95, y 460-462; y pág. 217, n. 307, más concretamente para este párrafo.

155. *De tranquillitate animi*, II, 3.
156. *Ad Helviam*, V, 1-2. San Jerónimo, *Epístolas*, CXXXIII, 1-2, profundiza, en términos cristianos, en tales ideas.
157. *Familiares*, VI, VIII, 2, donde anota Rossi: «Ecco un' altra citazione che non ho saputo trovare»; la coincidencia con Séneca es indudable.

omnem prorsus indigentiam —futuri diis similes— propellamus».[158]

Vana, pues, cualquier veleidad de «non egere»: el hombre no solo no es dios, sino el más indigente de los animales.[159] Y aquí cristaliza en formas nítidas, palpables, un motivo aludido desde la primera línea del *Secretum* con una vaguedad justificable por lo notorio del concepto. Todo el coloquio —sabemos— predica la liberación de los vínculos terrenos gracias a la «meditatio mortis humaneque miserie» (34). El libro anterior fijó los rasgos de la reflexión sobre la muerte (cf. arriba, páginas 83-96); ahora, en el diálogo segundo, van a darse los trazos mayores de la miseria humana. En efecto, pregunta Agustín: «An ignoras ex cuntis animalibus egentissimum esse hominem?»; y contesta Francesco: «Audieram sepissime, sed integrari memoriam velit» (92). Cierto: Petrarca había frecuentado «sepissime» las fuentes primarias y secundarias a ese respecto, e incluso pensó en escribir por largo sobre el tema.[160] Lo cuenta en una página de fecha incierta, en el *De otio religioso*:

> En fragilitas nostra ante oculos nostros semper; nichil agimus quod non nos humane conditionis admoneat atque miserie [cf. arriba pág. 84, n. 106], de qua quidam integros ediderunt libros,[161] tractatus alii eximios, de qua Plinius Secundus VII

---

158. *De vita solitaria*, en *Prose*, pág. 572.
159. Con ellos se había comparado ya desfavorablemente al protagonista; cf. arriba, pág. 133 y n. 39.
160. Con todo, aparte el *Secretum* (presumiblemente posterior a la declaración en seguida transcrita), nunca hizo otra cosa que observaciones aisladas en torno a la «miseria hominis»; cf. K. Heitmann, *Fortuna und Virtus*, págs. 162-164, y añádase en especial *Epistole Metrice*, I, xiv, 99 y sigs.: «Si meminisse velis, postquam genitricis ab alvo / nudus, inops, querulus, miser et miserabilis infans / emergens, tremulo vagitus ore dedisti, / et labor et lacrime et gemitus et tristia cure / pectora torquentes habitarunt corde sub isto...» Con alguna mayor sistematicidad trató el motivo complementario (no opuesto) de la «dignitas hominis»: vid. Heitmann, *ibid.*, págs. 208-213; C. Trinkaus, «*In Our Image and Likeness*», págs. 179-196; y abajo, n. 374.
161. Cf. *De remediis*, II, xciii, pág. 211: «Miseriam conditionis humane magnam multiplicemque non nego, quam quidam integris voluminibus deflevere ...» Es obvio que Petrarca piensa en especial en la obra del futuro Inocencio III, pues el capítulo en que tal afirma se presenta en las *Seniles*, XVI, ix, pág. 1.064, como una cierta manera de realizar la continuación al *De miseria*

Naturalis historie breviter attigit, sed stilo excellenti ac florida ubertate sententiarum, de qua Augustinus latius agit libro *Civitatis Dei* [XXII, 22], unde Cicero ante omnes librum sue *Consolationis* adimpleverat [cf. *ibid.*, XIX, 4], de qua michi quoque nonnunquam fuit impetus loqui aliquid et vagantem calamum in hos fines immitere, nisi quia et nimis magna et nimis nota res visa est, quod et tam multa se offerent, ut, unde ordirer aut quid potissimum dicerem incertus, nunquam satis explicari posse rem tantam arbitrarer et supervacuum videretur quicquid ea de re dictum esset, de qua novi nichil ab homine dici posset, hoc unum itaque commemorase satis esse, nil miserius homine, nil pauperius et adventitie opis egentius; quamvis indigentiam, imbecillitatem et miseriam hanc, unde simus et quid simus quid ve futuri simus, quibus ve tramitibus, unde, quo pergimus, nisi nos fallimus, sine libris, sine cuiusquam admonitione scimus experti neque dum nostri meminimus horum possumus oblivisci.[162]

Son unas líneas reveladoras. Petrarca menciona «libros enteros y tratados eximios» sobre el asunto, mezclando en el recuerdo fragmentos y opúsculos que corrían bajo los nombres —entre otros— de Anselmo,[163] Bernardo,[164] Alain de Lille,[165] Inocencio III: y el parlamento en que Agustín va a pormenorizar en seguida la indigencia del hombre ofrece innumerables coincidencias con tales textos, en particular con el *De miseria humane conditionis,* quintaesencia de la tradición *de contemptu mundi.* Con todo, el humanista concede singular relieve y el honor de la cita explícita a la *Naturalis historia* (no leída por él

---

humane conditionis prometida en el preámbulo a dicho libro. Compárese E. H. Wilkins, *Petrarch's Eight Years in Milan,* págs. 66-68.

162. *De otio religioso,* págs. 38-39.

163. *Liber meditationum et orationum,* I: «De humane conditionis dignitate et miseria», en *PL,* CLVIII, cols. 709 y sigs. Vid. también D. Phillips, «Petrarch's Doctrine of Meditation», págs. 257-259.

164. Cf. arriba, págs. 92-93; y *Sermo de miseria humana,* en *PL,* CLXXXIV, cols. 1.109-1.114.

165. Vid. M. T. d'Alverny, «Un sermon d'Alain de Lille sur la misère de l'homme», en *The Classical Tradition. Literary and Historical Studies in Honor of H. Caplan,* ed. L. Wallach, Ithaca, 1966, págs. 515-535 (con útil bibliografía; una relación más amplia se hallará en mi próximo libro sobre Fernán Pérez de Oliva y el Renacimiento).

hasta el verano de 1343),¹⁶⁶ al *De civitate Dei* y a la perdida *Consolatio* ciceroniana: y unas cuantas notas bastarán para mostrar que nuestro pasaje es fundamentalmente una paráfrasis del arranque del libro séptimo de Plinio, a quien no sin causa se aduce en primer lugar y con exacta referencia.¹⁶⁷ El *De otio religioso* indica también que se trata de una materia «nimis nota»: y ello nos explica que el autor no sintiera ninguna urgencia de concretarla, pese a ser un *leitmotiv* del *Secretum*, y solo la ilustrara, a retazos, cuando la obra iba muy avanzada. Petrarca confesaba no estar muy seguro de por dónde empezar ni qué decir: y el párrafo que leeremos, en verdad, no progresa demasiado orgánicamente. El punto más específico que marca el *De otio* consiste en afirmar «nil ... homine ... adventitie opis egentius»: y Agustín subrayará ese aspecto con reiteración. En fin, Petrarca señala que la cuestión es tan evidente, cuando no media un engaño (como en Francesco: cf. pág. 42 y *passim*), que la experiencia habla al propósito con más elocuencia que libros y maestros: y parece claro que nuestro escritor introduce elementos en parte originales en el cuadro elaborado hasta el cansancio por siglos de lucubración.

Pero oigamos ya a Agustín:

> Aspice nudum et informem inter vagitus et lacrimas nascentem,¹⁶⁸ exiguo lacte solandum, tremulum atque reptantem,¹⁶⁹

---

166. Cf. G. Billanovich, ed. *Rerum memorandarum*, págs. xcviii-cii (donde nada hay que corregir, pues los ecos de Plinio en el *Secretum* se explican bien por la cronología aquí defendida para el diálogo, y donde se halla la valiosa advertencia, pág. cii, n. 2, de que «solo dopo il ritorno dello scrittore in Provenza (fine del '45)» vuelven a hallarse «citazioni pliniane» en la obra de Petrarca: desde luego, la familiaridad que nuestro texto implica con la *Naturalis Historia* nos lleva a la época en que el humanista pudo manejarla sin prisas, ya en la biblioteca papal de Avignon, ya en su propio ejemplar, comprado en Mantua, en 1350).

167. Cf. *Seniles*, XV, III, pág. 1.034: «Lege *Naturalis historie* librum VII, cuius in principio Plinius anxie doctus vir videtur michi miro compendio humane summam perstrinxisse miserie», etc. (toda la página debe cotejarse con la del *Secretum* que ahora nos interesa).

168. Plinio, VII, praef., 2: «Hominem tantum *nudum* et in nuda humo natali die ad *vagituus* statim et *ploratum,* nullumque tot animalium aliud ad *lacrimas,* et has protinus vitae principio».

169. *Ibid.*, 4: «Prima roboris spes primumque temporis munus quadripedi similem facit».

opis indigum aliene,[170] quem muta pascunt animalia et vestiunt; caduci corporis, animi inquieti, morbis obsessum variis,[171] subiectum passionibus innumeris,[172] consilii inopem, alterna letitia et tristitia fluctuantem, impotentem arbitrii, appetitus cohibere nescium; quid quantum ve sibi expediat, quis cibo potuique modus ignorantem; [173] cui alimenta corporis, ceteris animalibus in aperta posita, multo labore conquerenda sunt; quem somnus inflat, cibus distendit, potus precipitat, vigilie extenuant, fames contrahit, sitis arefacit; avidum timidumque, fastidientem possessa, perdita deplorantem et presentibus simul et preteritis et futuris anxium; superbientem inter miserias suas [174] et fragilitatis sibi conscium; vilissimis vermibus imparem, vite brevis, etatis ambigue, fati inevitabilis, ac mille generibus mortis expositum (92).

Sin duda: son lugares comunes, y, amén de registrarlos en Plinio —para Petrarca, autoridad principal—, podríamos seguirles la pista en otros cien autores, con frecuencia también en deuda directa o indirecta con la *Naturalis historia*. Pero conviene ver aquí cómo «il tema angoscioso ... si traduce e si placa in una serie di variate simmetrie ritmico-sintattiche».[175] Conviene ad-

170. *Ibid.*, 2: «Ante omnia unum animantium cunctorum *alienis* velat *opibus* ...» Cf. *Seniles*, IV, v, pág. 872.
171. Cf. arriba, 76: «insultus morborum varii»; Plinio, *ibid.*, 4: «iam morbi tot atque medicinae tot contra mala excogitatae, et hae quoque subinde novitatibus vinctae!»; *De civitate Dei*, XXII, XXII, 3: «Iam vero de ipso corpore tot existunt morborum mala, ut nec libris medicorum cuncta comprehensa sint».
172. Plinio, *ibid.*, 5: «Uni animantium luctus est datus, uni luxuria ..., uni ambitio, uni avaritia, uni inmensa vivendi cupido, uni superstitio, uni sepulturae cura atque etiam post se de futuro. Nulli vita fragilior, nulli rerum omnium libido maior, nulli pavor confusior, nulli rabies acrior». Creo que Petrarca, de memoria, desarrolla varias de esas ideas en las líneas siguientes.
173. *Ibid.*, 4: «hominem nihil scire, nisi doctrina, non fari, non ingredi, non vesci».
174. *Ibid.*, 3: «heu dementiam ab his initiis existimantium ad superbiam se genitos!» Cf. arriba, pág. 142, n. 72; *Familiares*, XI, VI, 6: «Id scio, nichil omnino non posse homini contigere, animali caduco prorsus ac mortali, licet inter miserias insolenti ...»; K. Heitmann, *op. cit.*, pág. 164; P. P. Gerosa, *Umanesimo cristiano del Petrarca*, pág. 32.
175. E. Bigi, «Introduzione al Petrarca», en *La cultura del Poliziano e altri studi umanistici*, Pisa, 1967, pág. 5; bueno será añadir que esas «simmetrie ... ritmico-sintattiche» están sugeridas por Plinio y se exacerban en Inocencio III.

vertir que al darse ahora por ínsitos a la condición humana factores que en otros momentos se insertan en el retrato de Francesco («inops consilii [176] ... mira fluctuatione», 68; atormentado por la «laborum preteritorum memoria futurorumque formido», 108) [177] los límites del personaje se confunden con los del «homo» en abstracto. Conviene, en fin, darse cuenta de qué papel desempeña el pasaje en la andadura literaria e intelectual del núcleo que examinamos.

La reacción de Francesco, abrumado por ese cúmulo de «infinitas» aflicciones (el adjetivo es suyo), consiste poco menos que en dolerse de haber nacido, «ut pene iam me hominem natum esse peniteat»: sentimiento que, si en otras páginas petrarquescas pudiera llevarnos al Eclesiastés (IV, 2-3) y las *Tusculanas* (I, XLVIII, 114-116),[178] aquí se impone básicamente como nueva reminiscencia de Plinio,[179] habilísima escenificación que *encarna* en el protagonista la *doctrina* de la fuente erudita (y es recurso omnipresente en el *Secretum*). Agustín retoma el hilo: si tales son la debilidad y la penuria humanas, ¿cómo se augura el poeta un poder y una riqueza inaccesibles a césares y reyes? El incriminado no capta la acre ironía de semejantes palabras: él no ha pensado nada por el estilo, «quis seu copiam seu po-

---

[176]. «Preceps hominum genus et consilii inops!» (*De gestis Cesaris*, ed. L. Razzolini, II, pág. 282); «nunc inops consilii, illud primum quero ...» (*Familiares*, XV, VIII, 9).

[177]. Cf. *De remediis*, I, praef., pág. 1: «nichil ferme fragilius mortalium vita, nihil inquietius invenio. Ita cuntis animantibus naturam miro remedii genere consuluisse video ..., sed [nos] damnosis atque pestiferis curis obnoxii et presenti torquemur, preterito futuroque angimur»; II, LXXXVII, pág. 203: «de preterito mesti, de presenti anxii, de futuro pavidi trepidique»; y, más cerca aún de nuestro texto, II, CXI, pág. 225: «an non mille casibus expositum, an non famosissimum illud Homericum [*Odisea*, XVIII, 130] audivisti: 'Nichil miserius terra nutrit homine'? Scire velim quid te horum potissime ad superbiam cohortatur: an fragilitas membrorum exercitusque morborum, an vite brevitas, an cecitas animi inter spes vanissimas metusque perpetuos fluctuantis, an preteritorum oblivio, an ignorantia futurorum ac presentium ...?» Vid. Séneca, *Ad Lucilium*, V, 8: «utrumque [spes et metus] pendentis animi est, utrumque futuri exspectatione solliciti»; y compárese *Canzoniere*, CCLII, 1-2: «In dubbio di mio stato, or piango or canto, / e temo e spero ...»

[178]. Ambos lugares se concuerdan en *Seniles*, I, V, pág. 820; otras referencias en Heitmann, *op. cit.*, págs. 237-238, aunque sin mención de Plinio ni del *Secretum*.

[179]. *Ibid.*, 4: «Itaque multi extitere qui non nasci optimum censerent ...»

tentiam nominavit?» Para deshacer el equívoco, Agustín llega al cabo del debate. ¿Qué mayor riqueza que «non egere» —arguye—, qué mayor poder que «non subesse», como pretendía Francesco? A los mismos reyes les faltan innumerables cosas,[180] los generales temen y están sujetos a las legiones que acaudillan.[181] Basta, pues, de esperar imposibles: hay que contentarse con la «humana sorte» (es decir, adaptarse a la condición del hombre, frente a toda loca pretensión de conseguir una impasibilidad divina) y aprender a tener mucho igual que a tener poco, a mandar igual que a ser mandado. Sacudirse el yugo de la fortuna, que oprime aun los cuellos de los soberanos (92), implica someter las pasiones y entregarse por completo al imperio de la virtud (94). Solo así será Francesco «liber», carecerá de necesidades y sujeciones, se sentirá «denique rex et vere potens absoluteque felix»:[182] fácil tarea —le va a animar en seguida el Santo—, mientras se acomode «ad naturam suam», mientras se guíe y rija por ella, mejor que por el delirar del vulgo.

Ahora comprendemos cuál es el «modus» preceptuado por Agustín. No se trata, desde luego, de la medianía peripatética (aunque admita la legitimidad de desear una «mediocritas»),[183] sino de algo más sutil. El Padre ha dictaminado absurdo anhelo «non egere», pues por definición el hombre (al contrario que Dios) es «egentissimus»: y ahí viene a demostrarlo el discurso bordado sobre Plinio; ha dado también por imposible «non subesse», probándolo con el ejemplo de los más poderosos. ¿Y entonces? Entonces —enseña— hace falta saber «abundare et

---

180. «Profecto enim reges dominique terrarum, quos opulentissimos reris, innumerabilibus rebus egent» (92). Cf. *De vita solitaria*, en *Prose*, pág. 572: «Quis est enim regum cui non aliquid desit?»
181. «Ipsi quoque duces exercituum, quibus preesse videntur subsunt et, ab armatis legionibus obsessi, per quas metuntur, vicissim metuant oportet» (92); cf. abajo, pág. 222, n. 325, y *Seniles*, XIV, I, pág. 422.
182. Cf. *Ad Lucilium*, XXXVII, 3: «Effugere non potes necessitates, potes vincere ... Ad hanc [viam] te confer, si vis salvus esse, si securus, si beatus, denique si vis esse, quod est maximum, liber» (esa «vía» es la filosofía).
183. Nótese la diferencia respecto a *Familiares*, XIX, XVI, 12, donde «modus» sí se equipara a «mediocritas»: «In rebus aliis, quas fortuitas vocant, optimus et ab extremis distantissimus est modus: procul miseria, procul inopia, procul divitie, procul invidia; tuta vero dulcis ac facilis mediocritas presto est».

egere, preesse pariter et subesse» (donde, a la luz del razonamiento anterior, «abundare» y «preesse» casi podrían descartarse prácticamente). El «modus», por tanto, consiste en la aceptación de la «humana sors», en la sabiduría, en el dominio de los desórdenes del ánimo, en la obediencia a la virtud y en la adaptación a la propia naturaleza.[184] Así dan fruto las premisas que acaban de diseminarse, al arrimo del estoicismo matizado de Séneca, y se prolongan las tesis de un estoicismo más canónico defendidas en el libro primero (cf. arriba, págs. 47-48, 53-55) para identificar la felicidad con la virtud, triunfadora de la fortuna.[185]

La lección han hecho mella en Francesco: le disgustan ya los proyectos de proveer al presente y al futuro,[186] ya desea abolir todo deseo, «cupioque nichil cupere»; pero aún lo arrastra la perversa costumbre y siente por dentro algo que falta por colmar. Ese «inexpletum quiddam», esa incitación de la avaricia no satisfecha,[187] lo aleja «a cogitatione mortis» —puntualiza

---

184. «... modo te ad naturam tuam composueris» (94). Véase una concordancia similar de «modus» y adaptación a la naturaleza en *Familiares*, VIII, IV, 24: «Non sumus principes maris et terre, ut Aristoteles ait [*Ética a Nicómaco*, 1.179a], nec oportet ad beatam vitam; habemus autem quod sufficere possit animis modestis [claramente en sentido etimológico] seque componentibus ad naturam». Añadiré que, por más que también «est sententia veterum Academicorum et Peripateticorum, et finem bonorum dicerent secundum naturam vivere» (*De finibus*, II, XI), en el *Secretum*, el contexto y las fuentes más directas (cf. pág. 155, n. 109) hacen indudable que la idea se contempla como estoica. Para «modus» como 'sapientia', concepción estoico-agustiniana que incluye los restantes aspectos señalados, cf. abajo, pág. 225.

185. Por supuesto, Séneca también concurre a esos últimos propósitos: «in virtute posita est vera felicitas» (*De vita beata*, XVI, 1 y *passim*), «sapiens quidem vincit virtute fortunam» (*Epístolas*, LXXI, 30), etc. Cf. en general K. Heitmann, *Fortuna und Virtus*, págs. 19-20, 58-73, etc.; adviértase, con todo, que Heitmann tiende a remontar a Aristóteles la noción de la virtud como arma contra la fortuna, «but he himself quotes many Roman parallels, of which Seneca is perhaps the closest [to Petrarch]», según notó con razón B. L. Ullman, en *Speculum*, XXXIV (1959), pág. 661. Vid. también abajo, pág. 210, n. 287.

186. En ese sentido, relacionándolo con cuanto Francesco ha dicho sobre la «rei familiaris cura», debe entenderse el «Iam piget incepti» del texto (94).

187. No de otro modo pienso que debe interpretarse el «inexpletum quiddam»; está muy en el modo de proceder del diálogo, por otra parte, que, al acabar una admonición de Agustín, Francesco aparezca básicamente de acuerdo con ella, pero todavía con alguna duda o con una cierta desazón respecto a sus posibilidades de lograr los fines que se le han señalado; por ahí, el «sentio ... inexpletum quiddam in precordiis meis semper» enlaza con otros

el Padre—, le impide levantar los ojos hacia el cielo, «terrenis solicitudinibus implicitus». Desprenderse de tales cargas del ánimo exige solo —según veíamos— atemperarse a la naturaleza y desdeñar los disparates vulgares.

El poeta se emplaza a obrar así; pero quisiera saber cómo se sustancia la acusación de ambicioso que se le dirigía. ¿No será mejor que se examine el pecho —propone Agustín, fiel al designio de constituir a la conciencia en óptimo testigo de la verdad— [188] y en él compruebe que la ambición ocupa no chico sitio junto a los demás pecados? Francesco protesta, intenta defenderse... y no consigue sino condenarse a sí mismo. Cierto —se queja—, de nada le ha servido huir las ciudades «dum licuit», apartarse de las gentes y de los actos públicos, buscar la soledad de los bosques y los campos, odiar los vanos honores: «adhuc ambitionis insimulor!» Obviamente, el meollo de la exculpación está en la referencia al retiro de Vaucluse: el humanista, confinado en la Ciudad de los Papas, alega fundamentalmente que el escapar a Vaucluse cuando ha podido demuestra que la ambición le es ajena.[189] Agustín interpreta la cuestión bien de otra

---

giros frecuentes en la obra: «sentio aliquid etiam nunc restare quod vellicet» (44), «sed quoniam deesse tibi aliquid sentis» (62) «quanquam multa me vellicent» (126), etc. Como es sabido, varios estudiosos han querido ver en el sintagma, podándolo por completo del contexto, «il nodo insolubile dell'anima petrarquesca», una síntesis de la «condizione spirituale» del poeta, etc. (cf. C. Calcaterra, *Nella selva del Petrarca*, págs. 10, 20; U. Bosco, *Francesco Petrarca*, pág. 84; A. Noferi, *L'esperienza poetica del Petrarca*, pág. 111); no entraré en semejantes especulaciones, aunque sí advertiré que no veo manera de relacionar la frase en cuestión con el agustiniano «Inquietum est cor nostrum, donec requiescat in te» (Calcaterra, *ibid.*, págs. 305-306; N. Iliescu, *Il «Canzoniere» petrarchesco e Sant' Agostino*, págs. 87-88).

188. Vid. arriba, págs. 79, 135.
189. «Nichil ergo michi profuit urbes fugisse, dum licuit, populosque et actus publicos despexisse, silvarum recessus et silentia rura secutum odium ventosis honoribus indixisse: adhuc ambitionis insimulor!» (94). Hans Baron, *From Petrarch to Leonardo Bruni*, págs. 59-66, cree que «dum licuit» es una interpolación, pues, según él, la acción del *Secretum* transcurre en Vaucluse. De hecho, tal teoría solo tiene dos insegurísimos puntos de apoyo: la alusión, en el prólogo, a que la Verdad penetró los «mee solitudinis abdita» (24), y el pasaje en que se dice que la gula abandona a Francesco «quotiens ... urbibus ereptum rus suum recuperavit incolam» (96). Pero los «mee solitudinis abdita» son simplemente la cámara apartada convencional en múltiples visiones medievales, calcan a Boecio (cf. arriba, pág. 26) y, por lo mismo, no fuerzan en

forma: los mortales renuncian a muchas cosas, no porque las desdeñen, sino porque desesperan de conseguirlas; «spes et desiderium» se incitan por turnos, con acicates alternos, y, por supuesto, si la primera se enfría, el segundo ha de entibiarse. Francesco en seguida entiende *pro domo* ese aserto genérico: ¿qué le prohibía a él albergar esperanzas, «adeo ne cunte bone artes deerant»? El Santo, con discreción y elegancia, elude hablar de las buenas prendas de tan suspicaz interlocutor, pero sí asegura que le faltaban las dotes que en el día son peldaños hacia los altos puestos: rondar la puerta a los grandes, halagar, engañar, prometer, mentir, simular, disimular... Desprovisto de semejantes artes (en las que el lector reconoce fácilmente rasgos estereotipados del parásito, el cliente o el *captator* de la sátira romana),[190] incapaz de vencer su genio natural (y Cicerón san-

---

absoluto a ver ahí una mención de Vaucluse. En cuanto al otro texto, la imagen del Francesco «urbibus ereptus» y recobrado por el campo, expresada en términos de escasa precisión temporal (si hay algún matiz, más bien nos conduce a un pasado: «recuperavit»; y en la oración siguiente, «animadverti», «delectarer»; cf. pág. 181, n. 197), parece implicar que la regla es el vivir ciudadano, y la excepción, el ocio rural (más acorde, no obstante, a la auténtica índole del protagonista). Nótese, en particular, que las ocasionales estancias en Vaucluse aquí evocadas («quotiens ...»), sean del tiempo que sean, nada restan al carácter esencialmente urbano que el autor atribuye a la existencia del personaje hacia el otoño de 1342 y el invierno de 1343 (y en realidad, entre agosto y abril, aproximadamente, todos los testimonios sitúan a Petrarca en Avignon; si hubo algún paréntesis en Vaucluse, cosa probable, pues el humanista iba allí rápidamente y a menudo para pocas horas, no lo sabemos: cf. Baron, págs. 59-62, 68-69; pero al Francesco del *Secretum*, por lo menos, las eventuales residencias en Vaucluse —próximas o remotas— no le impiden considerarse primordialmente morador en la ciudad). Pues no solo esas frases alegadas no nos llevan a Vaucluse o, por el contrario, nos llevan casi con certeza a Avignon, sino que todas las restantes indicaciones de lugar remiten sin sombra de duda al marco urbano: «in medios urbium tumultus ..., ubi ... pueritiam exegisti», etc. (86, página mal entendida por Baron: cf. arriba, páginas 161, n. 128, y 162, n. 130); «mestissimam ... urbem terrarum», etc. (120); «tumultus urbium» (126); «his in locis» (164, frente a las «rusticationes» luego mencionadas); «in hac ipsa civitate» (170); sin olvidar, claro es, la declaración que encabeza la presente nota (cf. además pág. 179, n. 193). A decir verdad, si arrancamos el ambiente ciudadano, debemos arrancar a la vez capitales desarrollos del *Secretum*. Tanto es así, que si las pocas líneas discutidas por Baron supusieran efectivamente que la acción ocurría en Vaucluse (idea que juzgo inadmisible), ellas, y no las referencias a Avignon, serían sospechosas de interpolación distraída, de chillona incongruencia.

190. Ya la primera y más concreta de dichas artes («ambiendi scilicet

ciona que oponerse a la naturaleza es luchar con los dioses, como los gigantes),[191] prefirió mudar los afanes «ad alia studia» (94). Y despreciar los honores que han de pagarse con tales servidumbres no prueba que no los haya codiciado (96). Sencillamente, le asustó la molestia de procurárselos. Francesco es como el peregrino que quiso ir a Roma y por temor a las fatigas del camino desanduvo lo andado. Pero la diferencia está en que él no ha vuelto atrás. Que no pretenda engañar ni ocultarse bajo el dedo: [192] ese jactarse de huir las ciudades y suspirar por los bosques [193] —Agustín lo sabe perfectamente, pues le ve aun los pensamientos— no demuestra inocencia, sino cambio de culpa. Porque el poeta quisiera lograr la notoriedad por la senda menos trillada del ocio, la soledad, una enorme «incuriositas ... rerum humanarum» y unos estudios cuya única meta, «usque nunc», es la gloria. En ello consiste la ambición de Francesco.

Es un debate revelador. Petrarca confesó más de una vez,

---

magnorum limina») nos remite al punto a Virgilio, *Geórgicas*, II, 504 («penetrant aulas et limina regum»), comentado en el *De vita solitaria*, en *Prose*, pág. 318. Cf. además *Familiares*, I, VI, 8 («nondum intelligis non esse me de illorum grege, qui ... 'penetrant aulas et limina regum'»); VI, III, 69 («abstinentem liminibus superborum»), y XII, XIII, 1 («Vidisses ... me solitudinis avidum atque otii et in silvis errare solitum ... pontificum superbis liminibus oberrantem ...»); *Rerum memorandarum*, I, 37, 9; *Seniles*, V, II, pág. 877, etc. Vid. aún *Posteritati*, pág. 2: «Divitiarum contemptor eximius: non quod divitias non optarem, sed labores curasque oderam, opum comites inseparabiles».

191. Se cita aquí el *De senectute*, II, 5.

192. «Neu te, ut aiunt, digito contexeris» (96). No hallo testimonios clásicos de la locución; habrá que admitir, entonces, que Petrarca calca el modismo italiano «nascondersi sotto il dito», que en S. Battaglia, *Grande dizionario della lingua italiana,* se ilustra con un ejemplo (de Soldanieri) que podría traducir nuestra frase: «Dunque non mi t'asconder sotto il dito ...»

193. «Et quod fuga urbium silvarumque cupidine gloriaris ...» (96). La ceñida coincidencia con las palabras de Francesco («Nihil ergo mihi profuit urbes fugisse», etc.) hace evidente que el «dum licuit» que las determinaba en la página anterior sigue válido para la presente. Imposible pensar, con Baron, *op. cit.,* pág. 63, que al aludir ahora al «otium» y la «solitudo» Agustín «takes it for granted that Petrarch *is* —not, *had been*— pursuing his studies in country solitude». Petrarca no era tan necio como para hacer una adición que cambiara el sentido de un pasaje (cf. pág. 177, n. 189) y dejar, solo escasas líneas más abajo, un texto que contradecía gravemente la (hipotética) corrección; y, sin embargo, así lo ve una y otra vez el profesor Baron. Nótese, por otro lado, que el Padre habla de *gloriarse* «fuga urbium silvarumque cupidine»: es decir, más de presunciones y deseos que de realidades.

«expertus», satisfecho, que la soledad era óptima senda para inmortalizar el nombre cultivando la literatura, y se deleitó en la paradoja de que el rechazo de las honras mundanas pudiera hacer célebre en todo el orbe a un solitario.[194] Mas ahora Agustín pone bajo signo negativo pareja complacencia: [195] tanta ambición arguye aspirar «ad altos gradus» como esquivar los honores de la sociedad para procurarse la fama en el aislamiento y —contradicción inquietante— aventar hecha literatura una experiencia que se define por pretenderse oculta a las miradas ajenas. Aquí puede hallarse en germen la discusión que cerrará el *Secretum*, a propósito de los medios y los fines de la labor del humanista; y aquí, en cierto modo, se despeja una incógnita que flota en las postrimerías de la obra: pues ese «usque nunc» parece prometer un futuro en que la tal labor perseguirá otros objetivos que la gloria. En cualquier caso, la denuncia de Agustín sin duda refleja una desazón íntima del autor, no siempre rastreable en otros escritos suyos, y confirma algo que sí apunta la elaboración de muchos textos (cf., por ejemplo, arriba pág. 156): en Petrarca, el ocio y la soledad no son únicamente un género de vida, sino también, en parte notable, un género literario. ¡Qué arduo, todavía, fijar fronteras entre el vivir y el crear petrarquescos!

Francesco se ve acosado en un rincón y quizá podría evadirse; mas, como el tiempo apremia, prefiere pasar a otros *cri-*

---

194. Vid., así, *De vita solitaria*, en *Prose*, págs. 360 y 568: «aut quis est qui dubitet, hoc ipsum literarum negotium, quo vel nostrum vel alienum consecremus nomen ..., nusquam omnino melius, nusquamque liberius quam in solitudine posse tractari? Expertus hoc saltem loquor», etc.; «sive aliquid [volumus] meditando et scribendo nostri memoriam posteris relinquere, atque ita dierum fugam sistere et hoc brevissimum vite tempus extendere ..., quod superest in solitudine transigamus ...»; y, por otro lado, pág. 456: «itaque dum latitant mundique gloriam spernunt, toto illos orbe notissimos atque clarissimos [solitudo] fecit». Cf. U Bosco, *F. Petrarca*, págs. 109-111.

195. Al fin, salvadas las diferencias de contexto, es el mismo signo negativo de las *Confessiones*, X, XL, 63: «saepe de ipso vanae gloriae contemptu, vanius gloriatur ...; non enim eam contemnit, cum gloriatur» (cf. abajo, pág. 408, n. 539). Vid. también San Jerónimo, *Epístolas*, XXII, 27: «ne gloriam fugiendo quaeras»; San Gregorio, *Morales* (*apud* J. Lange, *Polyanthea*, col. 1.149): «Qui ante oculos hominum gloriam sequendo eam apprehendere non possunt, student plerumque gloriam tenere fugiendo» (y continúa con lo citado abajo, pág. 412, nota 551).

mina capitalia. Agustín vuelve a elogiarlo por la «vite modestioris observantia» (60) y apenas menciona la gula, que al poeta solo se le insinúa atractiva en tal o cual convite [196] y desaparece en las idas al campo.[197] Poco hay que temer también de la ira, si alguna vez excesiva, pronto templada por el buen natural y por el recuerdo del consejo horaciano:

> ira furor brevis est; animum rege, qui nisi paret,
> imperat: hunc vinclis, hunc tu compesce cathena.

En efecto, a Francesco le han servido de mucho esa advertencia [198] y otros avisos de los filósofos, pero, en primer término, considerar la brevedad de la vida. De hecho —conviene desvelarlo y subrayarlo—, fue en los filósofos [199] donde aprendió a valerse de tal consideración, tan acorde con la insistencia de Agustín en la «cogitatio mortis»: pues de Séneca proceden los briosos períodos en que tilda de loca saña consumir en el odio a los hombres los cortos días que entre los hombres pasamos (96), desear al enemigo —cuando más— una muerte que inevitablemente llegará... para él y para nosotros (98), consumir en despechos las parcas horas que podríamos aprovechar en goces honestos, útiles pensamientos, tareas perentorias.[200] Parejas re-

---

196. «Gulle nulla fit mentio, cuius studio nullatenus tenereris, nisi, voluptati favens nonnumquam amicorum, blandior convictus obreperet» (96). En el mismo sentido, con la explicación de que Petrarca gusta de sentarse a la mesa con amigos, *Posteritati*, en *Prose*, págs. 2-4; *Familiares*, XXI, x, 20, y XIII, 5.
197. Léase el texto discutido en la anterior n. 187: «quotiens enim urbibus ereptum rus suum recuperavit incolam, omnes repente diffugiunt insidie talium voluptatum. Quibus amotis, ita te viventem fateor animadverti ut et proprios et comunes annos supergressa sobrietate ac modestia delectarer» (96).
198. *Epístolas*, I, II, 62-63. El primer hemistiquio se cita en *De remediis*, II, XXXIII, pág. 159, y CVII, pág. 233. Cf. *Canzoniere*, CCXXXII, 12: «ira è breve furore».
199. Comp. *Familiares*, XII, XIV, 3: «et supervacuum fuerit iram tibi velle describere, cuius tristes exitus vulgo etiam notos quidam philosophorum integris voluminibus sunt amplexi, precipue Plutarchus et Seneca».
200. «Que enim rabies pauculos dies, quos inter homines agimus, in hominum odium perniciemque consumere? Aderit ecce dies ultima que has flammas in pectoribus humanis extinguat, et finem positura odiis et, si inimico nichil gravius morte optamus, iniquissimi voti compotes factura. Itaque quid se quid alios precipitare iuvat? quid optimas partes brevissimi temporis amittere; et vel presentibus honestis gaudiis vel future vite consiliis deputatos dies, vix

flexiones han ayudado a Francesco a no caer plenamente en la ira, aunque ningún esfuerzo lo ha librado de alguna ventolera de cólera. Agustín no tiene por demasiado peligrosos esos arrebatos y puede hacerle una concesión: si no alcanza la promesa estoica de arrancar de raíz las enfermedades del espíritu, basta que se contente con mitigarlas, según quieren los peripatéticos.[201]

La concesión, aunque algo inoportuna aquí,[202] es por lo demás utilísima para delimitar el estoicismo del *Secretum*. Estoicismo, bien se ve, que no rehúye una transacción con el enemigo;[203] que no niega la realidad del dolor, pero enseña a vencerlo en la virtud, con la paciencia; que no aspira a extirpar todos los «motus animi», sino sencillamente los «morbi» nefastos, y que, de tal suerte, no postula el rigor absoluto de la *apatheia*.[204] Estoicismo atemperado, humanizado, cristianizado (ya

---

suffecturos ad singula [cf. pág. 396], summa licet cum parsimonia dispensantis, auferre necessariis ac propriis usibus, inque alienam pariter et nostram tristiam mortemque convertere?» (96-98). Es, como decía, imitación de Séneca, *De ira*, III, XLII-XLIII: «Nec ulla res magis proderit [contra la ira] quam cogitatio mortalitatis. Sibi quisque atque alteri dicat: quid iuvat tamquam in aeternum genitos iras indicere et brevissimam aetatem dissupare? quid iuvat dies, quos in voluptatem honestam inpendere licet, in dolorem alicuius tormentumque transferre? ... Iam istas inimicitias, quas inplacabili gerimus animo, febris aut aliquod aliud malum corporis vetabit geri; iam par acerrimum media mors dirimet ... Venit ecce mors quae vos pares faciat ... Numquid amplius isti cui irasceris quam mortem optas? Etiam te quiescente morietur».

201. «At quia nullum ex huiusce flatibus aut tibi aut alteri [nótese la generalización] vereor naufragium, facile patiar, ut si stoicorum promissa non attingis, qui morbos animorum radicitus se vulsuros spondent, sis in hac re perypateticorum mitigatione contentus» (98). Cf. *Familiares*, III, xv, 3: «Stoici ... omnem morbum ex animis se radicitus avulsuros spondent; preclarissimi medicorum, modo quod pollicentur implerent» (e *ibid.*, I, II, 29: «quodsi forte ... appetitum hunc [laudis] extirpare radicitus non potes, excrescentem rationis saltem falce compesce»); K. Heitmann, *Fortuna und Virtus*, pág. 143; y la nota siguiente.

202. Algo inoportuna, al introducirse respecto al pecado en cuestión, pues «stat Aristoteles defensor irae et vetat illam nobis execari: calcar ait esse virtutis» (Séneca, *De ira*, III, III, 1), mientras «Peripatetici ... multis verbis iracundiam laudant» (*Tusculanas*, IV, XIX, 43).

203. Con todo, Petrarca hallaba apoyo a la idea de la mitigación en el propio *De ira*, III, I, 1: «nunc facere temptabimus, iram excidere animis aut certe refrenare et impetus eius inhibere».

204. San Agustín, *De civitate Dei*, XIV, IX, 3, escribe: «Hi motus, hi affectus de amore boni et de sancta charitate venientes ..., quis ... morbos seu vitiosas passiones audeat dicere?» Es evidente que en el *Secretum* Petrarca solo

por definición, porque así obliga a entenderlo el conjunto del diálogo); modelo teórico, tendencia, ideal, inevitablemente por encima de las posibilidades de los mortales.[205] Estoicismo —comprenderlo es esencial— sin pretensiones de erigirse en sistema inflexible, antes hilván de retazos ajeno a la coherencia de los maestros de la primitiva Estoa. Con exigencia de estudiosos de la filosofía antigua, podemos incluso regatearle o arrebatarle el nombre de estoicismo; con perspectiva de investigadores del pensamiento renacentista, debemos admitirlo con la etiqueta que lleva y explicarlo como injerto de un viejo árbol en un nuevo jardín.[206] Con exigencia de teólogos, podemos decretarlo, por caso, inconciliable con las críticas del San Agustín maduro; [207] con perspectiva de historiadores, debemos levantar acta de que Petrarca lo concilia de hecho con el *De civitate Dei,* las *Confes-*

---

propone desembarazarse de los «morbi animi» (168), de las «pestifere animorum sarcine» (94), defenderse «ab incursibus passionum» (186), talar las afecciones viciosas, siempre calificadas de tales; pero ni siquiera se le pasa por la cabeza condenar los sentimientos ordenados al bien, rectamente guiados por la razón sometida a Dios. Por el contrario, hace que el Padre, en la misma página en que muestra a Francesco cómo permanecer «immobilis» frente a la acidia y los otros pecados, le explique que hay «multe ... lugendi cause», «iure», y le exhorte al «mestitie genus salutare» consistente en la «delictorum tuorum recordatio» (126). Creo que la opinión contraria de K. Heitmann, «Augustins Lehre in Petrarcas *Secretum*», págs. 43-47, queda sobradamente refutada con cuanto llevo dicho y aún veremos. Vid. abajo, pág. 336.

205. Cf. *De civitate Dei,* XIV, ix, 5: «quae ἀπάθεια graece dicitur, quae si latine posset impassibilitas diceretur ..., bona plane et maxime optanda est, sed nec ipsa huius est vitae».

206. Es lícito verlo, por ejemplo, parcialmente orientado hacia el que suele llamarse «neo-estoicismo», propio de los siglos XVI y XVII, y últimamente definido como «the reconciliation of the 'more wholesome' ideas of pagan Stoic thought with the moral exhortations of Christian etics» (J. L. Saunders, *Justus Lipsius. The philosophy of Renaissance Stoicism,* Nueva York, 1955, pág. xiv; para una puntual información sobre la plenitud de esa corriente, cf. H. Ettinghausen, *Francisco de Quevedo and the Neostoic Movement,* Oxford, 1972). También en tal dominio corresponde a Petrarca un cierto papel de precursor, tal vez no justamente apreciado todavía: aparte varios juicios del Cuatrocientos y del Quinientos, cf. L. Zanta, *La Renaissance du stoïcisme au XVIᵉ siècle,* París, 1914, pág. 12; C. N. J. Mann, «Petrarch and the Transmission of Classical Elements», en R. R. Bolgar, ed., *Classical Influences on European Culture, A.D. 500-1500,* Cambridge, 1971, págs. 217-218.

207. Cf. arriba, págs. 68-70. Cito a San Agustín (aunque el paralelo negativo podría extenderse a otros Doctores de la Iglesia, sobre todo a Tomás de Aquino), no solo por la obvia importancia que tiene en nuestro diálogo, sino para insistir en lo que me parece errado de las tesis de Heitmann (n. 204).

siones y otras obras del Padre: quizá porque era el suyo un talento que buscaba la concordia y porque, abrevado en las páginas de Cicerón y Séneca, nunca acabó de saber a cuánto forzaba la severa disciplina del Pórtico antiguo.[208]

La gula y la ira son niñerías: otros pecados ofrecen más riesgo y piden remedio con mayor diligencia (98). «Deus bone —salta Francesco—, quid adhuc periculosius restat?» El Santo responde con otra interrogación: «Quantis luxurie flammis incenderis?» No cabe duda sobre el mal: tan solo, si acaso, sobre la violencia con que actúa. Y es tal, confiesa el poeta, que a veces quisiera haber nacido insensible, preferiría ser una piedra inmóvil a verse ante las múltiples solicitudes de la carne que lo turban. Pues ahí está el mayor impedimento a toda meditación de las cosas de Dios (Agustín tiene ahora un sólido punto de apoyo), a una honda experiencia religiosa: ¿acaso no enseña Platón que el alma se eleva pura y libre a contemplar los misterios divinos —contemplación inseparable de la reflexión sobre la muerte— únicamente cuando aleja los deseos libidinosos y expulsa a los fantasmas? El humanista debe saberlo, pues corre la voz de que «nuper», recientemente, se ha dado con avidez al estudio de Platón. Francesco, con insincera modestia, confirma que sí se dio, e intensamente, pero la novedad de la lengua extraña y la súbita ausencia del profesor abortaron el empeño (98); como sea, la enseñanza en cuestión le es familiarísima por los escritos del propio Agustín y de otros platónicos (100). Claro que el Padre repara poco en quién le haya mostrado la verdad, pero no deja de aceptar que en ocasiones aprovecha el argumento de autoridad. Para Francesco, desde luego, pesa en especial la autoridad de Platón, cuyas afirmaciones, según las *Tusculanas*, no necesitan más justificación que ser suyas: ¿y cómo pedir cuentas a aquel «divino ingenio», cuando la manada que lo sigue dispensa de ellas a Pitágoras?[209] Yendo al grano: «pridem», de tiem-

---

208. Con razón ha hablado P. O. Kristeller, *Renaissance Thought*, II (Nueva York, 1965), pág. 35, de un «popular and *eclectic* Stoicism based on Cicero and Seneca» en el temprano humanismo (la cursiva es mía).

209. «'Plato' inquit [Cicero in *Tusculano*, I, XXI, 49] 'etsi rationem nullam afferret (vide quid homini tribuo), ipsa autoritate me frangeret'. Michi autem sepe divinum ingenium cogitanti, iniuriosum videretur si, cum ducem

po atrás, «et autoritas et ratio et experientia» abonan tanto a ojos del poeta la sentencia platónica, que no concibe nada más verdadero ni más santo.

Hagamos un alto. El núcleo del fragmento recién leído, y aun de toda la discusión sobre la lujuria, está en cierta «celestis doctrina Platonis». Los comentaristas la han desatendido o apenas rozado, sin preguntarse de dónde procede.[210] Es comprensible, porque el propio autor quiso desorientarlos. Pero la referencia a los «fantasmata» nos pone en la buena pista. Petrarca, en efecto, extrae la tal «doctrina» de la misma fuente que las importantes consideraciones finales del libro primero: el *De vera religione* (cf. arriba, págs. 110-119). Ahí, casi al principio, en un párrafo también antes citado a la letra, se atribuía a Platón haber mostrado que «ad [veritatem] percipiendam nihil magis impedire quam vitam libidinibus deditam et falsas imagines rerum sensibilium, quae nobis ab hoc sensibili mundo per corpus impressae varias opiniones erroresque generarent» (no otra es la «pestis illa fantasmatum» ya analizada: pág. 110, n. 187); e inmediatamente se le hacía explicar: frente a esa verdad y belleza inmutable —Dios, en cristiano—, «cetera nasci, occidere, fluere, labi» (III, 3). Pues de todo ello, amorosamente anotado ya en 1335 en el Parisino latino 2.201 y de largo influjo en el *corpus* petrarquesco,[211] viene el texto ahora capital: «Quid enim aliud celestis doctrina Platonis admonet, nisi animum a libidinibus corporeis arcendum et eradenda fantasmata, ut ad pervidenda divinitatis archana, cui proprie mortalitatis annexa cogitatio est, purus expeditusque consurgat?» (98). El *De vera religione*, así, da la clave de cuantos elementos conjuga nuestro pasaje. Y cum-

---

suum 'analogistam' faciat pithagoreum vulgus, reddende rationi foret obnoxius Plato» (100). La crítica al «ille dixit» de los pitagóricos proviene de Cicerón, *Tusculanas*, I, XVII, 39; *De natura deorum*, I, V, 10, etc.: Petrarca la repite a menudo y la extiende a los aristotélicos (cf. solo P. de Nolhac, *Pétrarque et l'humanisme*, II, pág. 147, y P. P. Gerosa, *Umanesimo cristiano del Petrarca*, pág. 263). Para «analogista», i.e., «liber a reddenda ratione», «qui non tenetur rationem reddere», cf. Du Cange, *s.v.*

210. Cf., así, P. P. Gerosa, *op. cit.*, pág. 252.
211. Aparte cuanto digo en el presente libro, vid. mi artículo sobre «Petrarca y el *De vera religione*», con el registro de todas las acotaciones del humanista a su códice de dicha obra, algunas citadas aquí.

ple notar cómo Petrarca acopló a uno de los temas mayores del diálogo, interpretándolo en los términos de la «cogitatio mortis», el más vago «cetera nasci, occidere ...» que el original había tomado de Cicerón (cf. arriba, pág. 41, n. 10). Exégesis justa, desde luego, y no solo favorecida por las grandes líneas del *Secretum,* sino además por una revelación de las *Confessiones* (arriba, pág. 67, n. 63), próxima a otras que en seguida van a recordarse, y por repetidas admoniciones de los moralistas medievales.[212] Pero, por otra parte, el escritor perfila aquí con nitidez un concepto decisivo, formulado menos claramente en un lugar del libro primero no por azar lleno de ecos platónicos (arriba, págs. 80-82): la meditación de la muerte es indisociable de la contemplación de los misterios divinos, equivale —podemos glosar, con el *De vera religione,* que Petrarca sintetiza— a atisbar la «incommutabilem rerum formam et eodem modo semper habentem atque undique sui similem pulchritudinem nec distentam locis nec tempore variatam» (*ibid.*). Esa es, y ahora ya no puede dudarse, la faz más positiva de la «cogitatio mortis», que, aislada, quizá pareciera al lector desprevenido un morboso nihilismo, cuando de hecho, al asumir el dolor necesario, abre las puertas a la felicidad perenne y trueca una «filosofía de la miseria» en una «filosofía de la esperanza» (cf. arriba, págs. 81, 94), en un trascender el mundo hacia una perfección eterna.[213]

Así, pues, la referida «doctrina Platonis» llega directamente del *De vera religione.* Petrarca, con todo, nos hace dar un rodeo, para insinuar ligeramente que no le faltó acceso a un supuesto original griego (insinuación que muy pronto, cubiertas ya las espaldas por esa reticencia, se convertirá en un aserto no sin desfachatez). En efecto, según Agustín, se dice que Francesco se ha entregado con avidez, «nuper», a descifrar los libros pla-

---

212. Cf. solo G. Peraldo, *Summa de vitiis,* III, IV, 4: «remedium [contra luxuriam] est consideratio mortis vel status in quo carus post mortem futura est; quia, iuxta verbum Gregorii, 'Nihil adeo valet ad domanda carnis desideria, sicut cogitare semper qualis caro sit futura mortua'». En el *De otio religioso,* págs. 78-79, la «cogitatio mortis» se dice singularmente útil «contra carnis incendia» (cf. arriba, pág. 88) y contra los «fantasmata» afines (vid. pág. 113).

213. Cf. F. Lazzari, *Mistica e ideologia tra XI e XIII secolo,* págs. 87 y 123.

tónicos. No lo niega el humanista, pero matiza que lo ha hecho
con poco éxito, por la dificultad de la empresa y por la repentina
partida de Barlaam (cf. arriba, pág. 8); y quitando importancia al detalle, distrayendo la atención del lector, indica que en
cualquier caso conocía de sobras «ista ... disciplina et ex scriptis
tuis [i. e., 'de Agustín'] et ex aliorum platonicorum relatione».
No nos dejemos confundir: al fondo de esas noticias sigue estan-
do exclusivamente el *De vera religione*. Leyendo en él que «plerique recentium nostrorum temporum platonici» (V, 7) se hicieron cristianos, Petrarca comentó: «Et tu de illis es»; y ahí empezó el hábito de tratar al Padre de «platonicus». Repasando luego unos versos de la *Eneida* y la correspondiente glosa de Servio, creyó ver en unos y en otra la «doctrina Platonis» aprendida
en el tratado agustiniano: y por esa concordancia, *via Augustini*,
hizo «platonici», a nuestro propósito,[214] a Virgilio y el célebre
escoliasta (cf. abajo, pág. 196, n. 238). Recalquémoslo: para la
mentada «doctrina», Petrarca no disponía de más «autoritas»
primaria que el *De vera religione*;[215] el resto son derivaciones
y cortinas de humo. Aprovechar la 'cita' de Platón para evocar
las lecciones de Barlaam y apuntalar el ficticio marco cronológico del coloquio da un toque realista a la escena. Pero, si examinamos el contexto teniendo a la vista los resultados de la erudición moderna, resulta que el autor se pilla los dedos. En el
libro primero, Francesco declaraba haber descubierto «nuper»
el *De vera religione*, no antes de 1342 (cf. arriba, pág. 113); ahora indica tener bien sabida «pridem» la «disciplina» platónica
que —hay absoluta certeza— no pudo espigar sino en el *De vera
religione*. Sin duda esta proclamación es exacta, y aquélla falsa,
pues Petrarca leyó la obra hacia la primavera de 1335. Y aquel
«nuper» mentiroso (volveremos a encontrar otro todavía más
paladinamente inconciliable con la fecha de 1342: vid. pág. 341),
denunciado como tal por el «pridem» que aquí comparece (apar-

---

214. Del platonismo virgiliano en otros dominios habla Petrarca, por ejemplo, en los lugares aducidos más arriba, págs. 108-109, notas 181 y 184.
215. Nótese, al paso, que Francesco dice no hallar «nichil *verius* nichilque
sanctius» que esa «doctrina»; y unas líneas más abajo de la frase que la
contiene, en el Parisino Latino 2.201, apostillaba Petrarca: «*vere et sancte et pie*»
(cf. arriba, pág. 116).

te de por otros testimonios), descalifica el «nuper» que sitúa el diálogo poco después del aprendizaje en el griego con Barlaam (episodio un tanto borroso, incidentalmente) y quita toda credibilidad al «nuper» que abre el *Secretum* acercando el momento de la redacción al momento de la acción (cf. arriba, pág. 9).

    Valga ello respecto al factor inicial —la «autoritas»— de la terna que avala la «doctrina Platonis»; el segundo —la «ratio»— no requiere dilucidación; y el último lo desentraña Francesco refiriendo que ocasionalmente ha tenido la «platonici dogmatis experientiam» (100). Cierto: alguna vez, de la mano del Señor, ha conseguido empinarse a avizorar con inmensa dulzura «quid michi tunc prodesset, quid ve antea nocuisset»; vale decir —en plata—, a cobrar conciencia de cómo el rechazo de los placeres de la carne le allanaba entonces el paso a los misterios divinos, y cómo antes la lujuria se los había ocultado. Y, ahora, vuelto a caer, por su peso, en las antiguas miserias, comprueba amargamente qué le ha perdido de nuevo: los malos apetitos del cuerpo, según es obvio. Agustín no se sorprende: le ha visto debatirse, desplomarse y ponerse de pie, y por ello se apresta a auxiliarlo. Que no se lo agradezca, ni se pregunte si hay fuerza humana capaz de traer remedio. Porque solo Dios lo tiene, y por entero: Él únicamente puede dar a un hombre la continencia; y no suele negarla cuando se impetra con humildad, con lágrimas. Sí, Francesco ha rezado —teme— casi hasta ser molesto. Pero no con bastante modestia, siempre dejando un lugar a las pasiones venideras, aplazando para más adelante el objeto de tantos ruegos. Agustín también pasó por ahí: imploraba la castidad, pero no para el momento, para un poco después (100), en edad menos joven (102), cuando los años y la saciedad no amenazaran con un retroceso aún peor. Diciendo tal (como hizo el Padre), el poeta pide una cosa y quiere otra, «quia qui in diem poscit in presens negligit». Y será verdad que ha suplicado para el presente, con llantos, en la esperanza de romper ligaduras y hollar aflicciones, de sortear las tempestades y refugiarse en el puerto; ni cabe ignorar cuántas veces ha naufragado en los mismos escollos y volverá a irse a pique si queda sin amparo. Pero algo faltaría a la oración —apostilla el Santo—, pues, si no, ya el Señor de la suprema generosidad le hubiera atendido o, para perfeccionarlo en la virtud, le hubiera ahorrado, como al apóstol Pablo, la propia enfermedad. Francesco acepta el diagnóstico y la receta implícita: rezará continuamente, sin pausa, sin rubor, sin desespero, con la ilusión de que el Omnipotente, apiadado, le preste oído y justifique las plegarias a que de ser justas no hubiera rehusado la gracia. Agustín aplaude la promesa y le anima a perseverar no fiándolo todo del cielo, esforzándose por su parte: aun si yace derribado, que se apoye duro sobre el codo, procure ver bien qué enemigos lo rodean, para no perecer de un golpe repentino, y que no deje de instar la ayuda de quien puede prestársela: «aderit Ille tunc forsitan, cum abesse credideris ...»

Henos otra vez con la dialéctica de la voluntad y la gracia. En el libro anterior, se realzaba particularmente la primera; aquí, desde las líneas iniciales (cf. arriba, pág. 123), el énfasis se marca sobre todo en la segunda; en ninguno de ambos casos se disocian la una y la otra. Católico sin tacha, Petrarca acepta el elemental misterio de fe que empareja libre albedrío y concurso divino (cf. pág. 97, n. 145); artista y ágil expositor, presenta la complementariedad de los dos términos dedicándoles sendos momentos cruciales de cada coloquio y subrayando la continuidad que los enlaza. Al principio, así, Francesco no admitía que alguien pudiera «in miseriam... sponte corruere» (36); después, tenía que desdecirse, pero aún aseveraba «innumerabiles sponte prolapsos non sua tamen sponte iacere» (38; cf. pág. 64); por fin, había de reconocer que «*cadere* et *iacere*» dependen de un «*velle*», o más bien de un «*cupere*», y que el «surgendi ... avidus» nunca se ve desasistido de la mano de Dios (38, 44, 58). Ahora, bien impuesto en las lecciones de la víspera (y sería grotesco imaginar que Petrarca las aprendió tardíamente, hacia 1342, a través de un proceso similar o siquiera comparable al del personaje), cuenta en cambio, con nítido deslinde: «interdum, Deo manum porrigente, surrexi ... et nunc meo pondere in antiquas miserias relapsus [sum]» (100).

El autor posiblemente eligió nuestro pasaje para recalcar la necesidad de la gracia porque respecto al pecado en cuestión la Escritura era tajante: «et ut scivi quoniam aliter non possem esse continens, nisi Deus det» (Sabiduría, VIII, 21). El texto se cita en forma prominente, desde luego: «Continens equidem, nisi

Deus dederit, esse non potest» (100).²¹⁶ Pero además se le flanquea de más materia bíblica, con el recuerdo de San Pablo, tácita ²¹⁷ y explícitamente.²¹⁸ Y la página entera lleva una intensa coloración religiosa: de las obsesivas menciones del Señor (una vez llamado, con exquisita oportunidad, «Largitor ille supremus», Dios de la gracia) al empleo de un lenguaje poco menos que de teólogo («... et quibus [precibus] si iuste fuissent gratiam non negasset, idem Ipse iustificet», 102), pasando por el minucioso análisis de las calidades y requisitos de la oración.²¹⁹ ¿Cómo habrá llegado a soñarse que aquí «comincia a diminuire il magistero della Chiesa»? ²²⁰

Por otra parte, nuestro contexto ofrece de nuevo un retrato de Francesco trazado según el modelo de las *Confessiones*. No por azar el diálogo rezuma una acrecida cordialidad: Agustín reitera que ha seguido de cerca («interfui») los tropiezos del poeta

216. El versículo reaparece en el *De viris illustribus*, «Scipio», VI, 75 («unus est adversus has [voluptates] continentie clipeus, qui nisi mortalibus infirmis divinitus datus esset, labefactarent ...») y en *De otio religioso*, páginas 64, 67, 96-97, con comentarios muy pertinentes al *Secretum*; y cf. K. Heitmann, *Fortuna und Virtus*, págs. 75-77, y A. Tripet, *Pétrarque...*, págs. 94-95.

217. En efecto, Agustín dice a Francesco: «Tu tamen enitere et ... opem ... valentis implora» (102); y creo ver ahí un paralelo a la continuación del texto citado arriba (pág. 97, n. 145), en que Petrarca se pone bajo la enseña de San Pablo para enfrentar idéntico tema que ahora: «Hoc ['et gratiam Dei esse et arbitrii libertatem, nec unam per aliam tolli'] inconcussa pietate sustinendum; de reliquo supervacuis inquisitionibus, que humanas vires ingenii excedunt, et contentionibus abstinendum, stupendumque cum Apostolo [Romanos, XI, 33] super altitudinem divini consilii et reverenter audiendum illud Apostolicum suspirium, ubi ait: 'O altitudo divitiarum sapientie et scientie Dei, quam incomprenhensibilia sunt iudicia eius et investigabiles vie eius!' Interea serviendum Deo in timore et exaltandum ei cum tremore, *simul orandum et pro viribus enitendum*, ut esse electorum in parte mereamur, et cet.»

218. «Crede michi: aliquid semper defuit oranti, alioquin, vel anuisset Largitor ille supremus, vel, quod Paulo fecit apostolo, ad perfectionem virtutis, et infirmitatis experientiam denegasset» (102). Petrarca probablemente pensaba en I Corintios, VII, 7: «Volo enim omnes vos esse sicut meipsum [i.e., 'continentes'], sed unusquisque proprium donum habet ex Deo».

219. «... forte miseratus Omnipotens labores meos aurem *precibus quotidianis* accomodet ...» (102). Aunque a mi entender no se trate de ninguna alusión, vale la pena citar un párrafo de la *Oratio quotidiana* de Petrarca, ed. L. Delisle, «Notice...», pág. 397: «Audi vocem meam indignam ad aures tuas pervenire. Vide, Iesu, infirmitatem meam et languorem animi ulcerosi, et miserere. Concupiscentias obliquas aufer a me, et sarcina carnalium voluptatum exue me miserum ...»

220. G. A. Levi, «Pensiero classico e pensiero cristiano...», pág. 73.

y que se dispone a socorrerlo, habla con especial dulzura y sabe cuando prorrumpir en un «Consulte!» de aliento; Francesco aprecia ese cariñoso desvelo («Gratias ago tam misericordis affectus») y pide la comprensión y el apoyo del Santo («... quotiensque, si destituor, passurus intelligis»), etcétera. Tal calor entrañable da realce a otro acercamiento entre los dos interlocutores. Pues sucede que en semejante marco se aplica a Francesco un motivo esencial de la autobiografía agustiniana: el retrasar la conversión (particularmente respecto a la continencia), el dejarla para un «cras» e inventar excusas para posponerlo.[221] La aplicación es inequívoca, patente. El Padre declara haber vivido la misma situación de Francesco y evoca las súplicas con que a la vez impetraba y dilataba el cambio decisivo. Son palabras en que Petrarca transcribe y al tiempo recrea con extraordinaria comprensión algunas líneas de las *Confessiones*:

Expertus loquor; hoc et michi contigit. Dicebam: «Da michi castitatem, sed noli modo; differ paululum. Statim veniet tempus; virentior adhuc etas suis eat semitis, suis utatur legibus. Turpius ad iuvenilia ista rediretur; tunc igitur abeundum erit cum et minus ad hec habilis decursu temporum factus fuero, et satietas voluptatum metum regressionis abstulerit». Hec dicens, aliud te velle, aliud precari non intelligis? (100-102).[222]

«Da mihi castitatem et continentiam, sed noli modo ...» Et putaveram me propterea differre de die in diem ... (VIII, VII, 17-18) «... turpe est ad ea rursum redire ...» et differebam de die in diem vivere in te ... (VI, XI, 19-20).[223]

---

221. Cf. P. Courcelle, «Le thème du regret: 'Sero te amavi, pulchritudo'», en *Revue des Études Latines*, XXXVIII (1960), págs. 264-295, y *Les «Confessions» de Saint Augustin dans la tradition littéraire*, págs. 111-117.

222. Cf. también *Psalmi penitentiales*, I, 20-22: «Credidi iuventutis decus non aberrare, et secutus sum qua me tulit impetus. Et dixi mecum: 'quid ante medium de extremis cogitas? Habet etas quelibet suos fines. Videt ista Deus, sed irridet; facillimus erit ad veniam. Converti poteris cum voles'».

223. Ahí, en VI, XI, 20, se recuerda el versículo de Sabiduría, VIII, 21, y se añade un comentario que probablemente Petrarca tuvo en cuenta: «... nisi tu dederis. Utique dares, si gemitu interno pulsarem aures tuas et fide solida in te iactarem curam meam»; cf. 100: «... nisi cui Deus dederit, esse non

Pienso que la espléndida relaboración indica que Petrarca tenía muy meditados —seguramente con dolor— esos pasajes. Pero me importa más notar un sintomático y deliberado desajuste del fragmento: Agustín empieza recordando lo que *él* decía y acaba puntualizando que es *Francesco* quien lo dice. El tránsito del *yo* al *tú*, al ocurrir casi imperceptiblemente, tiene una enorme efectividad. El perfecto intercambio de personalidades nos confirma una de las claves que ya conocíamos para la identificación profunda de los protagonistas del *Secretum*, cada uno reflejo de un estadio distinto en la trayectoria del otro (vid. solo arriba, página 149). Hemos visto que el Santo promete a Francesco la ayuda divina, siempre que sepa ganársela, y lo hace en forma bien explícita. Pero, implícitamente, el intercambio señalado también vale por una promesa (por lo menos para el lector). En el libro primero, al aducirse la escena del jardín milanés, se auguraba al poeta una «venie spes certa» (42): si se hallaba en una coyuntura idéntica a la del Agustín inmediatamente anterior a la conversión, era lícito anunciarle un futuro parejo (cf. arriba, página 76). Ahí, como en otros momentos (vid. pág. 180), se insinúa algo que la conclusión del *Secretum,* para mantener el «conflictus» y la impresión artística de que la obra ha captado un auténtico coloquio, no querrá explicar tajantemente: que, tras la conversación con el Padre, Francesco podía pronunciar un «incipit vita nova» (y eso es lo que Petrarca gustaba que se pensara de él —atención—, no necesariamente lo que en verdad sucedió hacia 1343). Pues bien, ahora, al repetirse la transferencia de personalidades,[224] se repite la profecía virtual: Francesco vencerá la lujuria como la venció Agustín.

A la luz de la gracia que aquí se anuncia, directa e indirectamente, el confesarse el poeta «nunc ... in antiquas miserias re-

---

potest. Ab Eo igitur munus hoc in primis humiliter et sepe cum lacrimis postulandum est. Solet Ille que rite poscuntur non negare».

224. Como vuelven también otros motivos que la flanquean en el libro primero: tal la imagen del Dios que tiende la mano al náufrago (cf. solo arriba, págs. 98-100) y de la vida como peligrosa navegación («... et velut in aliquem salutarem portum ex tam multis curarum inutilium tempestatibus enatarem. At quotiens postea inter eosdem scopulos naufragium passum sim ... intelligis», 102; vid. arriba, pág. 104, n. 170).

lapsus» postula un 'resurgere' no lejano. En la tal «recaída» se ha visto una alusión a los amoríos de que nació una niña, Francesca, en 1343: nada apoya ni nada obsta definitivamente la conjetura.[225] También se ha abultado «l'accento ... sincerisimo» de nuestra página, «poichè si sa che doppo il *Secretum* [entiéndase: 'la fecha que tradicionalmente se le asigna'] il Petrarca nel peccato di lussuria non cadde più»:[226] de hecho el escritor tardó aún bastantes años en librarse «a libidinibus corporeis» (en seguida lo comprobaremos). Pero el «relabi» que se nombra y el 'resurgere' que se implica dan mejor sentido en otra perspectiva. En efecto, en la narración de la subida al Ventoux, tan indisolublemente ligada al *Secretum* (arriba, págs. 73 y sigs.), destaca una de las cuestiones que Petrarca se plantea a sí mismo en los altos del monte: «Si tibi forte contingeret per alia duo lustra volatilem hanc vitam producere, tantumque pro rata temporis ad virtutem accedere quantum hoc biennio, per congressum nove contra veterem voluntatis, ab obstinatione pristina recessisti, nonne tunc posses, etsi non certus at saltem sperans, *quadragesimo etatis anno* mortem oppetere et illud residuum vite in senium abeuntis equa mente negligere?»[227] Difícilmente puede ser accidental que esa pregunta siga a la enunciación del propósito de describir las «feditates ... et carnales corruptiones anime mee», y hacerlo tomando pie justamente en el ejemplo de Agustín (cf. pág. 74): el *Secretum* y la *Familiaris*, hay que admitirlo, se suponen entre sí. Pues el diálogo imagina a un Francesco en el umbral de los cuarenta años, «etsi non certus at saltem sperans», en vísperas de una conversión, de camino «ad virtutem»: vale decir, en las circunstancias que esboza la epístola «quadragesimo etatis anno». Y el coloquio y la carta enlazan al par con otra pieza canónica de la ideal autobiografía petrarquesca: la *Posteritati*. Ahí, contra toda evidencia, el escritor refiere haber borrado hasta el menor rastro de las «libidines» precisamente al acercarse a la cuarentena: «Libidinum me prorsus expertem dicere posse optarem quidem, sed si dicam mentiar. Hoc secure dixerim: me quanquam fervore etatis et complexionis ad id raptum, vilitatem

---

225. Cf. H. Baron, *From Petrarch to Leonardo Bruni*, pág. 60, n 26.
226. G. A. Levi, «Pensiero classico...», pág. 72.
227. *Familiares*, IV, I, 23.

illam tamen semper animo execratum. Mox vero *ad quadragesimum etatis annum appropinquans,* dum adhuc et caloris esset et virium, non solum factum illud obscenum, sed eius memoriam omnem sic abieci, quasi nunquam feminam aspexissem. Quod inter primas felicitates meas numero, Deo gratias agens, qui me adhuc integrum et vigentem tam vili et michi semper odioso servitio liberavit».[228] No hay medio de casar con ello otros testimonios no sospechosos: los «mémoriaux intimes» (hasta agosto de 1349) estudiados por Pierre de Nolhac; [229] la *Familiaris* en que Petrarca, en junio de 1352, cuenta a Gerardo que al fin ha conseguido poner en práctica el consejo que de él recibió en 1347: evitar el «consortium femine»; [230] la *Senilis* a Boccaccio en que coloca «post Iubileum» (1350) el triunfo completo sobre la lujuria (arriba, pág. 99 y n. 151). Lo seguro es que el *Secretum,* la epístola del Ventoux y la *Posteritati* se alinean para presentar a un Petrarca en cuya vida se produjo un quiebro cardinal, notablemente en cuanto atañe al sexto mandamiento, poco antes de llegar a los cuarenta años. No cabe dudar la falsedad de esa imagen y es inútil intentar harmonizarla con los datos recién aducidos: [231] hay que caer en la cuenta de que Petrarca quiso a menudo dar un retrato de sí mismo deliberadamente en desacuerdo con la realidad, embellecido por mor de la vergüenza, pintado con tonos oscuros en busca de la ejemplaridad, retocado por prurito artístico... Muchas razones pueden explicar las distorsiones a que el humanista somete su biografía: y si no se advierte, cuando no la causa, por lo menos la existencia de una distorsión voluntaria, tampoco se comprenderán ni el *Secretum* ni bastantes otros textos petrarquescos. En nuestro caso, ¿por qué el interés en poner en puertas de la cuarentena una última «recaída» en el pecado del sexo e inventar para después una castidad sin mácula? [232] Quizá porque ese después, según la

---

228. *Posteritati,* en *Prose,* pág. 4.
229. *Pétrarque et l'humanisme,* II, págs. 287-291.
230. *Familiares,* X, v, 25-29; acepto la fecha de E. H. Wilkins, *Life of Petrarch,* pág. 117.
231. Como últimamente procuran P. G. Ricci, en *Prose,* pág. 4, n. 2, o G. Ponte, en *Rassegna della letteratura italiana,* LXV (1961), pág. 460, n. 16.
232. Recuérdese que poco antes decía Agustín: «Quis non ad etatem provectiorem pervenisse cupiat, qui *sic consilia hominum alternat?»* (90; cf. pági-

Familiaris que nos importa, es el «residuum vite in senium abeuntis», el momento de penetrar en la vejez (cf. además la n. 320); y porque Petrarca, a zaga de buenos clásicos, detestaba la figura del «luxuriosus senex» [233] y, ya en Milán, se complacía en compararse favorablemente con los viejos rijosos: «Post compressos adolescentie turbines et flammam illam beneficio maturioris etatis extinctam —o quid loquor cum tot libidinosos passim ac deliros senes videam, turpe iuvenibus vel spectaculum vel exemplum—, imo igitur post illud incendium celesti rore Cristique refrigerio consopitum, prope unus semper vite mee tenor fuit».[234] Por ello, por pudor, por sentido del ridículo, Petrarca ponía un poco antes de los cuarenta años la ruptura con las «libidines corporee» y aspiraba a apartar toda sospecha recalcando, en la *Posteritati,* que la logró «dum adhuc et caloris esset et virium». En cierta ocasión notaba: «michi stomacum torquet bilemque agitat, quotiens senem illum lego miris et infandis modis atque inter ceteros, relatu etiam turpi, spectaculo 'concubitus monstruosi', ut Tranquilli verbo utar [*Tiberius*, XLIII], 'deficientes libidines excitantem'».[235] Pues la cadena del *Secretum*, la *Familiaris* IV, I, y la *Posteritati* se eslabonó, a nuestro propósito, para que a nadie se le revolviera el estómago pensando en Petrarca como a él se le revolvía pensando en el Tiberio pintado por Suetonio.

Tras prometerle la gracia de Dios, Agustín exhorta a Francesco a tener siempre ante los ojos, a rumiar asiduamente la sentencia platónica: «ab agnitione divinitatis nil magis quam appetitus carnales et inflammatam obstare libidinem». Tal es la «consilii summa». El poeta había alardeado de conocer perfectamente esa doctrina y ahora va a probarlo. La ha amado tanto —dice—, como para abrazarla «in atriis suis sedentem» (más claro: Petrarca presume de haberla leído en el mismo griego de

---

na 168). En el *Secretum* se trata justamente de dramatizar la hipotética víspera de ese «consilia ... alternare» (cf., v.gr., págs. 341-342 y 503 sigs.).

233. Vid. solo *Familiares*, V, IX; *Sine nomine*, XVIII, págs. 234-235; G. Billanovich, «Petrarca e Cicerone», pág. 92; y abajo, págs. 307-308, 364.

234. *Familiares*, XIX, XVI, 3; cf. E. H. Wilkins, *Petrarch's Eight Years in Milan*, págs. 138-139, y abajo, pág. 308, n. 195.

235. *Familiares*, XX, I, 8.

Platón) y también oculta en bosques extraños, señalando en el alma el lugar donde se le apareció. ¿Recuerda Agustín por entre cuántos peligros condujo Virgilio a Eneas en la terrible noche de la caída de Troya? (102). Por supuesto, el Padre sabe muy bien episodio tan divulgado (104) y recita con gusto el momento más célebre: «Quis cladem illius noctis, quis funera fando ...» (*Eneida,* II, 361-369). Pues Francesco ha notado que mientras el héroe erró por las ruinas en compañía de Venus, no pudo ver la cólera de las divinidades ofendidas, y solo al desvanecerse ella percibió los rostros airados de los dioses enemigos de Troya (*ibid.,* 622-623). De ahí ha deducido «usum Veneris conspectum divinitatis eripere». La interpretación, enteramente original [236] y apoyada en otros versos del mismo contexto virgiliano,[237] complacía en extremo a Petrarca. La repitió a menudo, y en ocasiones junto a alguna referencia al *De vera religione* que se la había inspirado.[238] Y si en el *Secretum* omite esa referencia, por la vanidad de aparentar más docto en griego, hace en cambio que el propio Agustín apruebe la exégesis de Francesco: «Preclare lucem sub nubibus invenisti. Sic nempe poeticis inest veritas figmentis, tenuissimis rimulis adeunda». De tal forma perseveraba Petrarca en el tenaz empeño de hallar justificación en el Obispo de Hipona a la lectura alegórica de los poetas: teoría tan boyante en las escuelas helenísticas como en la Edad Media o en la plenitud del Renacimiento, cristalizada con entusiasmo en la obra petrarquesca, aun antes de que la *Collatio laureationis* invitara a rastrear «sub poetici nube figmenti», «sub velamine figmen-

---

236. D. C. Allen, *Misteriously Meant. The Rediscovery of Pagan Symbolism and Allegorical Interpretation in the Renaissance,* Baltimore, 1970, página 170, habla de un Petrarca que escribió nuestro pasaje «influenced by the text of Fulgentius»; pero entiendo que ello se dice en sentido general: en concreto, ni en Fulgencio ni en otra fuente hallo una explanación que pudiera determinar la petrarquesca.

237. «Adspice; namque omnem, quae nunc obducta tuenti / mortalis hebetat visus tibi et humida circum / caligat, nubem eripiam» (*ibid.,* 604-606).

238. Cf. *Rerum memorandarum,* III, 50; *Metrice,* II, x, 224-226; *De otio religioso,* págs. 70-71; *Invective contra medicum,* págs. 85-86; glosa al comentario de Servio, en el Virgilio de la Ambrosiana, fol. 83 vo.; *Seniles,* IV, v, págs. 873-874. Cf. los textos principales y más información en mi artículo «Petrarca y el *De vera religione*».

torum», una verdad «eo ... dulcior ..., quo laboriosius quesita».[239]

Agustín propone ya cambiar de tema: cuanto resta por tratar de la lujuria (el amor por Laura no cae en otro dominio) será más eficaz dejarlo para el final, de suerte que se grave hondo en la memoria. Se ha de considerar ahora un asunto tan claro, que la discusión solo podría brotar ante una obstinada terquedad de Francesco (104). Quien, en efecto, aunque proclive a disputar (siquiera sea de mala gana), debe asentir al diagnóstico que le espeta el Padre: «Habet te funesta quedam pestis animi, quam 'accidiam' moderni, veteres 'egritudinem' dixerunt» (106). En torno a esa debilidad espiritual, desde el proemio dictaminada característica del poeta, va a girar toda la conclusión del libro segundo, de acuerdo con un esquema tradicional y riguroso: el análisis versará sobre los rasgos, las causas y los remedios del achaque.

Pero, exactamente, ¿qué achaque? La dualidad de nombres resulta reveladora. La «aegritudo» es uno de los cuatro «affectus», «perturbationes», «passiones animi», que los estoicos (junto a otras escuelas) derivaban de la imaginación de un bien o de un mal, presentes o futuros, y que Petrarca había clasificado en el diálogo primero, al hilo de un sustancioso comentario a Virgilio (cf. págs. 107 y 110, n. 186): concretamente, la «aegritudo» consiste en una 'pena', 'inquietud' o 'angustia' reductible a la «opinio magni mali praesentis» (*Tusculanas*, III, x, 22, y xi,

---

239. Ed. Carlo Godi, IX, 5-8, págs. 20-21, y notas correspondientes. La bibliografía sobre el alegorismo ha adquirido en los últimos tiempos proporciones gigantescas. Para Petrarca y el tema aquí tratado, aparte el libro de D. C. Allen, mencionaré solo unos pocos estudios particularmente útiles; P. de Nolhac, *op. cit.*, I, págs. 129-137, 145-148; V. Zabughin, *Vergilio nel Rinascimento italiano da Dante a Torquato Tasso*, Bolonia, 1921, I, 3; A. Buck, *Italienische Dichtungslehre vom Mittelalter bis zum Ausgang der Renaissance*, Tübingen, 1952; E. H. Wilkins, *The Making of the «Canzoniere»*, págs. 44-45 (a las alegorías petrarquescas de Virgilio, añádase en particular *De otio religioso*, págs. 8, 29, y *Rerum memorandarum*, II, 16; III, 87); J. Seznec, *The Survival of the Pagan Gods*, Nueva York, 1961, pág. 368, *s.v.*; E. de Bruyne, *Historia de la Estética*, Madrid, 1963, II, págs. 695-700; G. Bárberi Squarotti, en *Momenti e problemi di storia dell'estetica*, Milán, 1959, I, págs. 291-303; A. Noferi, *L'esperienza poetica del Petrarca*, pág. 154; P. P. Gerosa, *Umanesimo cristiano...*, págs. 319-324; C. Trinkaus, «*In Our Image and Likeness*», págs. 689-693.

25).[240] La «accidia» fue originariamente un vicio monástico, la negligencia o tibieza en el ejercicio religioso; con el tiempo, integrada en el sistema de los pecados capitales, dejó de aplicarse solo a los monjes, designó toda desidia (ya de sacerdote, ya de seglar) en el servicio de Dios y llegó a encerrar en sus casilleros cualquier especie de «pigritia» y de «amaritudo mentis», tanto de tejas abajo como de tejas arriba.[241] En ese proceso de crecimiento, la «accidia» (voz siempre necesitada de explicación) se denominó con frecuencia «torpor», «fastidium», «languor», «taedium»... y, especialmente, «tristitia» y «aegritudo», con precisa referencia, por añadidura, al verso de la *Eneida* (VI, 733) que para Petrarca, en el *Secretum* y fuera del *Secretum,* constituía la mejor formulación sintética de la doctrina de las cuatro pasiones: «... quam Cicero magis 'aegritudinem' appellat, 'dolorem' autem Virgilius, ubi ait 'dolent gaudentque' ..., malui 'tristitiam' dicere, quia 'aegritudo' vel 'dolor' usitatius in corporibus dicitur» (*De civitate Dei,* XIV, VII, 2). Por otra parte, la teología medieval consumó el enlace de la «accidia» (igualada a la «tristitia», conteniéndola o, notablemente, contenida en ella) con uno de los afectos fundamentales de la filosofía clásica: afecto que Santo Tomás individualizaba al arrimo de la definición de la «aegritudo» en las *Tusculanas* (*Summa theologiae,* II-II^{ae}, qu. 35).

Petrarca, por tanto, hallaba compaginadas de tiempo atrás «accidia» y «aegritudo». La combinación de los nombres cristia-

---

240. Cf. últimamente E. Elorduy, *El estoicismo,* Madrid, 1972, II, páginas 125-144.

241. Para un estudio exhaustivo de la acidia hasta el siglo XVI, cf. el libro de S. Wenzel citado arriba (pág. 129, n. 22), *The Sin of Sloth*: ahí se dedican a Petrarca las págs. 155-163, 185-186, resumen de un artículo del mismo autor, «Petrarch's *Accidia*», en *Studies in the Renaissance,* VIII (1960), 36-48, con amplia bibliografía de cuanto sobre el tema se había escrito (normalmente, con poca lucidez y menos conocimiento). Algunos materiales secundarios en L. W. Michaelson, «The Literature of *Acedia*», en *Midwest Quarterly,* VII (1966), págs. 381-387; R. Ricard, «En Espagne: jalons pour une histoire de l'acédie et de la paresse», en *Revue d'ascétique et de mystique,* XLV (1969), págs. 27-45. Los trabajos de Wenzel me eximen de citar otras contribuciones anticuadas (pero cf. págs. 200, notas 249 y 250; 204, n. 265) y me han sido utilísimos para mi presentación del asunto (en particular, me han permitido abreviar la documentación de las coincidencias del *Secretum* y la tradición medieval): con todo, no siempre comparto sus conclusiones ni la interpretación que proponen de ciertos textos.

no y estoico, así como de los conceptos correlativos (según veremos), había de antojársele particularmente atractiva y oportuna al final de un diálogo iniciado con la proposición implícita de un parentesco entre pecados capitales y pasiones de raigambre antigua (cf. págs. 126-128) y desarrollado en un continuo trasiego de materiales de Séneca, Cicerón u otros maestros paganos para completar la armazón eclesiástica de los «vitia principalia», reforzada, además, con aportes de la Biblia y de los pensadores católicos. Pero combinación no significa confusión: y a la postre, en la esencia, nuestro autor veía las páginas sobre la acidia más determinadas por la noción cristiana que por la estoica.

Hay que tener en cuenta, por caso, que disponía y de hecho usó de un amplio repertorio de sinónimos para mencionar semejante desorden del alma. En unas ocasiones, a zaga de Virgilio, lo llamó «dolor»;[242] en otras, «torpor»;[243] alguna vez, escuetamente, «egritudo animi»,[244] pero más a menudo ese sintagma va acompañado de una glosa: «egritudo mestitiaque animi»,[245] «tristitia et miseria», que es modo de aludir «ad egritudinem ... animi: ita enim hanc philosophi appellant»;[246] «tristitia nullis certis ex causis orta, quam 'egritudinem animi' philosophi appellant».[247] Pues bien, cuando emplea la palabra «accidia» es porque tiene interés en acusar la dimensión específicamente cristiana de la idea y, por ello, no repara en echar mano de un vocablo extraño a poetas y «philosophi» de la Antigüedad. Así, en una carta de 1350, junto al examen de otros pecados (avaricia, gula, envidia, lujuria, etc.), entre citas del Viejo y del Nuevo Testamento, subraya que son los católicos quienes han bautizado la «pestis» en cuestión, «quam 'accidiam' *nostri* vocant»;[248] y en contexto tan inequívoco como el *De otio religioso* utiliza «accidia» reiterada y exclusivamente (cuando más, identifica «accidiosus» y

---

242. *Rerum memorandarum*, III, 84, 2 (citado arriba, pág. 127); *Familiares*, XV, XIV, 8.
243. *De remediis*, II, x, pág. 137, y CIX, pág. 224; *Familiares*, XVII, x, 21 (citado arriba, pág. 120, n. 215); y cf. abajo, pág. 243.
244. *Familiares*, XV, IV, 15; *Varias*, XXXII, en *Opera*, pág. 1.098.
245. *De vita solitaria*, en *Prose*, pág. 536, citado arriba, pág. 53, n. 36.
246. *De remediis*, II, XVIII, págs. 210 y 213.
247. *Seniles*, XVI, IX, pág. 1.064.
248. *Familiares*, VI, I, 12.

«tristis» y remite al Eclesiástico, XXX, 22: «Tristitiam non des anime tue ...»).[249] A tal luz, si en el *Secretum* recurre a la voz de connotaciones más decididamente cristianas (postergando la ambigüedad de otras etiquetas) y, por si fuera poco, habla en primer lugar de «accidia», con la autoridad de los moralistas coetáneos («moderni»), y solo en segundo término de «egritudo», remitiendo a los clásicos («veteres»), debe entenderse que contempla la «pestis animi» primariamente como pecado y secundariamente como afecto.

No podía ser de otro modo. Petrarca, según vimos, había rechazado la posibilidad de construir nuestro diálogo sobre la pauta de las «perturbationes» estoicas y preferido estructurarlo de acuerdo con los siete pecados capitales (aunque no dejó de insinuar, incluso con la mera contigüidad, la conexión de unas y otros). Absurdo recelar que no creía la acidia pecaminosa en el mismo sentido que la soberbia, la avaricia o la ira: [250] si acaso, la juzgaría *más* pecaminosa, por abarcar en cierto modo tales vicios (cf. abajo, págs. 213 y sigs., 240). Por lo demás, la incluye en perfecta serie con los restantes pecados y, para culminarlos, en último lugar (y nótese que en igual posición la situaron incontables penitenciales, tratados, catecismos). Ni cabe dudar «that Petrarch's *acedia* follows the medieval concept rather closely» y «he gave it features that formed standart aspects of the vice, such as grief, tedium, joyleness and hatred of life, and a constant inclination to despair».[251] De hecho, nada hay en las *Tusculanas* (tan explotadas, sin embargo) más próximo en conjunto al retablo pintado por el humanista que la descripción de la primera clase de acidia que ofrece un teólogo franciscano del siglo XIII, David de Augsburgo:

---

249. *De otio religioso,* págs. 11, 14, 78; cf. C. Trinkaus, *«In Our Image and Likeness»,* págs. 29-30, 334, n. 62.

250. E. H. Wilkins, «On Petrarch's *Accidia* and His Adamantine Chains», en *Speculum,* XXXVII (1962), págs. 589-594, escribe: «Nor is it clear that Petrarch regarded it as sinful in the same sense in which pride, envy, avarice, gluttony, wrath, and incontinence are sinful»; cuanto digo en el texto refuta suficientemente —estimo— tal ocurrencia.

251. S. Wenzel, *The Sin of Sloth,* pág. 159: es compendio de «Petrarch's *Accidia»,* págs. 44-45.

Prima [species accidiae] est quaedam amaritudo mentis, quae nil laetum vel salubre libet, taedio pascitur, fastidit hominis consortium. Haec est quam Apostolus «saeculi tristiam» appellat [II Corintios, VII, 10], quae «mortem operatur» [*ibid.*], proclivis ad desperationem et diffidentiam, prona ad suspiciones, quae patientem aliquando instigat ad necem sui ipsius, luctu irrationabili oppressa. Haec aliquando nascitur ex praecedenti impatientia, aliquando ex retardato vel impedito desiderio cupitae rei ...[252]

David cataloga como segunda y tercera «species accidiae», respectivamente, la pereza *tout court* y la incuria en las cosas de Dios: a esa altura del Doscientos, la falta monástica que la acidia empezó por ser contaba solo como una entre las muchas facetas del pecado. No es exacto, por tanto, decir que Petrarca 'secularizó' la acidia y la convirtió en un elegante *Weltschmerz*:[253] sencillamente, como hizo con otros «crimina capitalia», seleccionó *algunos* de sus varios aspectos (seguramente lejanos de la primitiva acidia de los monjes, pero no por ello desprovistos de toda la gravedad de una transgresión contra la ley divina), condenándola a igual título que los demás pecados, por razones en definitiva teológicas (si la soberbia es un odio diabólico al Creador, 70, y la lujuria aparta «ab agnitione divinitatis», 102, la acidia ahoga las «virtutum semina» e impide al poeta reconocer «multa ... divinitus concessa», 126). Recordemos, por ejemplo, una definición de Hugo de San Víctor: «ex frustrato rebus contrariis voto turbatae mentis anxietudo, et rei bonae bene gerendae taedium».[254] ¿Acaso 'secularizaba' la acidia el penitente instruido en ese texto y cuyas peculiares condiciones lo llevaban a acusarse solo de la tal «anxietudo»? Pues Petrarca no tenía por qué presentar a Francesco reo de todas las infinitas subdivisiones de la acidia pormenorizadas en las *summae vitiorum*.[255]

---

252. *Formula novitiorum*, L, en M. de la Bigne, *Maxima bibliotheca veterum Patrum...*, XXV, pág. 893; cf. *The Sin of Sloth*, págs. 160, 191, 246.
253. Vid. los juicios recogidos por Wenzel, *The Sin of Sloth*, págs. 158-159, 163, y «Petrarch's *Accidia*», págs. 36-37.
254. *De fructibus carnis et spiritus*, VII, en PL, CLXXVI, col. 1.000.
255. Añádase que uno de los factores típicos de la acidia, en la acepción primitiva y restringida, era la dejadez en la oración («Interna mentis tristitia, per quam quis minus devote orat aut sallit», repiten los tratadistas: cf. *The*

No nos importe haber adelantado materia: deshechos viejos equívocos, captaremos mejor el meollo de nuestras páginas. El poeta se aterra solo con oír el nombre de la enfermedad; y se comprende, pues hace mucho que lo atormenta cruelmente. Con casi todos los otros males que lo agobian, además, va mezclada alguna dulzura, aunque falsa; en la «tristitia», no hay sino aspereza, miseria y horror: es camino siempre abierto al desespero, a cuanto empuja hacia la ruina a las almas infelices.[256] La generalidad del último aserto apunta que la experiencia peculiar de Francesco se inserta de nuevo en un paradigma: el paradigma de la acidia. Ya Cassiano, con miras a dilucidarlo, explicaba que los vicios «spiritalia ... non solum nihil voluptatis conferunt carni, sed etiam gravissimis eam languoribus afficientia, miserrimae iocunditatis pastu animam tantum nutriunt aegrotantem»;[257] y también él incluía ya entre la prole de la «tristitia» a la destructora «desperatio», consolidándola así para el porvenir como rama mayor de la acidia (y no se olvide que «desesperarse» era uno con 'suicidarse').[258]

No solo eso. Las demás pasiones asaltan a Francesco con frecuencia, pero pasan pronto, mientras «hec ... pestis» lo tortura días y noches enteros: tiempo no de luz ni vida, sino de oscuridad infernal, amarguísima muerte. Hasta llegar a la suma de la desdicha: «sic lacrimis et doloribus pascor, atra quadam cum voluptate, ut invitus avellar» (106). Es, desde luego, otro rasgo de la acidia, esa «dolendi voluptas quedam, que mestam animam fa-

---

Sin of Sloth, pág. 218, n. 17a y *passim*), mientras el *Secretum* retrata a Francesco como incansable rezador (vid. solo arriba, págs. 188-189).

256. «Fateor, et illud accedit quod omnibus ferme quibus angor, aliquid, licet falsi, dulcoris immixtum est: in hac autem tristitia, et aspera et misera et horrenda omnia, apertaque semper ad desperationem via et quicquid infelices animas urget in interitum» (106). E. H. Wilkins, «On Petrarch's *Accidia*...», pág. 590, sugiere que el «use of the word *angor*» es reflejo de las *Tusculanas*, III, x, 22; pero, si es así, adviértase que se contrapesa con el más popular sinónimo medieval de acidia: «tristitia», luego —aún más explícitamente— «animi tristitia» (126; para «anxietas», cf. págs. 201, 219 y n. 316, 225); y nótese la coincidencia con D. de Augsburgo en el «ad desperationem» (aparte la complementariedad de «amaritudo» y «aliquid ... dulcoris»).

257. Cassiano, *Collationes Patrum*, V, 4, en *PL*, XLIX, col. 613.

258. Cf. S. Wenzel, *The Sin of Sloth*, pág. 23 y *s.v.* «despair» y «suicide»; y arriba, pág. 124, n. 7.

cit, pestis eo funestior, quo ignotior causa»;²⁵⁹ o, en la definición de David de Augsburgo, esa «amaritudo mentis, quae ... taedio pascitur ..., luctu irrationabili oppressa». Pero conviene no extender indiscriminadamente a Petrarca la circunstancia que el *Secretum* achaca a Francesco y el *De remediis* al «Dolor», en tanto presos ambos de la acidia. Cierto que el humanista no parece haber sido un tipo excesivamente jovial. Leyendo en Pomponio Mela la referencia a unos pueblos «quibus in lusu risuque summum bonum est», acotó al margen: «Audi gentem nichil habentem comune mecum».²⁶⁰ Mas a menudo se han asimilado a la declaración del *Secretum* textos en que Petrarca habla del placer de las lágrimas con muy distinto sentido y en muy otra tradición. Ante la muerte de Sócrates, Fedón decía sentir un insólito maridaje de «oblectamentum» y «tristitia».²⁶¹ Al morir un hijo de Marulo, Séneca citaba los elogios de Metrodoro a la voluptuosidad del llanto.²⁶² En la *Consolatio de obitu Valentiniani*, San Ambrosio hablaba del alivio que da el llorar y de la «flendi voluptas».²⁶³ Cuando murió un amigo «nimis carus», San Agustín confesaba: «solus fletus erat dulcis mihi»; llamaba «suavis fructus» al «gemere et flere et suspirare et conqueri», y lo juzgaba todo «improbum et taediosum ... praeter gemitum et lacrimas: nam in eis solis aliquantula requies».²⁶⁴ Pues bien, no

---

259. *De remediis*, II, XCIII («De tristitia et miseria»), pág. 211 (y cf. arriba, págs. 27, 199 y n. 247); también en el *Secretum* queda claro que Francesco ignora las causas de su tristeza: revelárselas es la tarea de Agustín.
260. *Apud* G. Billanovich, «Dall'antica Ravenna alle biblioteche umanistiche», en *Annuario dell'Università Cattolica del Sacro Cuore, 1955-56/ 1956-57*, pág. 98.
261. *Fedón*, 59a, en *Plato Latinus*, II.
262. *Ad Lucilium*, XCIX, 25 y sigs.: «ait Metrodorus esse aliquam cognatam tristitiae voluptatem, hanc esse captandam in eiusmodi tempore» (i.e., ante una muerte), «dicis miscendam ipsi dolori voluptatem», etc.; Séneca (cf. también *ibid.*, LXIII, 2, 4) se opone con brío a tales ideas.
263. «Pascunt frequenter et lacrymae et mentem allevant, fletus refrigerant pectus et moestum solantur affectum ... Est enim piis affectibus quaedam etiam flendi voluptas et plerumque gravis lacrymis evaporat dolor» (*PL*, XVI, cols. 1.431-1.432).
264. *Confessiones*, IV, IV, 9; IV, V, 10 («... ut dicas mihi, cur fletus dulcis sit miseris ... Unde igitur suavis fructus de amaritudine vitae carpitur, gemere et flere et suspirare et conqueri? ... Num in dolore amissa rei et luctu ..., an et fletus, res amara, est et prae fastidio rerum quibus prius fruebamur, et tunc, dum ab eis abhorremur, delectat?»), IV, VII, 12 (cf. N. Iliescu,

se ha advertido que cuando Petrarca trata de la «lugendi dulcedo», en las obras latinas (salvo en el *Secretum* y el *De remediis*, a propósito de la acidia), lo hace siempre con motivo de una muerte (sin exceptuar la de Laura) y siguiendo el viejo tópico del consuelo y, por ahí, la dulzura que entonces proporcionan las lágrimas.[265] Otro caso es también, en la lírica italiana, la imagen del poeta que proclama «pasco'l cor di sospir ... e di lacrime vivo» o «lagrimar sempre è'l mio sommo diletto», al arrimo del Orfeo ovidiano plañidor del amor perdido,[266] y que

---

Il «Canzoniere» petrarchesco e Sant' Agostino, págs. 123-124, donde se sugiere el influjo de ese contexto en el soneto CCLXXXVIII, 9-14, y hay una aproximación a la problemática que señalo en el presente párrafo). Para numerosas huellas medievales de la tradición ahora indicada, cf. el libro de P. von Moos citado en la pág. 93, n. 134.

265. *Rerum memorandarum*, III, 96, 17, a la muerte del rey Roberto («amara quadam pascor dulcedine, nec unquam nisi lacrimis coactus ab hoc sermone divellerer»; y cf. la n. del editor, G. Billanovich); *Elegia ritmica*, a la muerte (temida) de Laura, verso 7: «hinc animo nil dulce meo nisi copia flendi» (*apud* E. H. Wilkins, *The Making...*, pág. 303; vid. abajo, pág. 277); *Bucolicum carmen*, XI, 3-6 («est gemitus magni solamen grande doloris», etc.; no me satisface el análisis de esa égloga, en conexión con el *Secretum*, que da G. A. Levi, «Accidia e dubbio nel Petrarca», *La Rinascita*, I [1938], páginas 40-51; en la misma dirección del poema va más bien la nota mortuoria sobre Laura, en P. de Nolhac, *op. cit.*, II, pág. 286: «Hec autem ad acerbam rei memoriam, amara quadam dulcedine, scribere visum est ...»); *Familiares*, VIII, IX, 8, a la muerte de Mainardo Accursio («experior nescio quid miserum ac funestum, animo gratum tamen: nempe est quedam et lugendi dulcedo, qua sepe per hos dies infelix pascor et crucior et delector»); *ibid.*, XIII, I, 15, a la muerte de la madre de Gui de Boulogne («ne voluptatem ut ita dixerim lugendi —habet enim et suam sed miseram voluptatem meror— tibi ante tempus eriperem»); *Varias*, XIX, a la muerte de Azzo da Correggio («ad amaram quandam dulcedinem lacrimarum»), XXXII, a la muerte de Paolo Annibaldeschi y de su hijo («Et tamen, o dulcedo effera, iuvat insistere et fando alimenta miserie prestare. Quid enim aptius possit animum tristis quam in tristi materia versari? Habet et meror voluptatem suam, duram quidem sed sibi acommodatam»; «amara michi et dulcedo et dulcis fuit amaritudo, cum amico iam sepulto ...»); *Seniles*, III, I, en *Opera*, pág. 847, a la muerte de «Lelio» («ego vero malis meis pascor voluptate quadam effera, et qui fuerant gemitus cibi sunt, impletumque est in me seu Davidicum illud [Salmos, LXI, 4]: 'fuerunt michi lacrime mee panes die ac nocte', sive illud Ovidianum [*Metamorfosis*, X, 75]: 'Cura dolorque animi lacrimeque alimenta fuere'»).

266. *Canzoniere*, CXXX, 5-6 y CCXXVI, 5. La imagen 'alimentarse de lácrimas', presente también en el *Secretum*, se inspira en los textos de los Salmos y las *Metamorfosis* aducidos en *Seniles*, III, I (y transcritos en la nota anterior); cf. además el salmo LXXXIX, 6 («cibabis nos pane lacrymarum, et potum dabis nobis in lacrymis ...»), y, de Ovidio, *Tristes*, IV, III, 37-38

hace «dolce ... del mio amaro la radice», en una línea que arranca del γλυκύπικρον de Safo: [267] hay mucho ahí de la universal emoción estética del llanto (estudiada en un pequeño clásico de la psicología moderna) [268] y no menos de una copiosa veta trovadoresca y cortés.[269] Insisto: por más que ocasionalmente presenten contactos expresivos, no deben confundirse —como se acostumbra—[270] esas diversas dimensiones —sin causa y con causa, cabría sintetizar— de una actitud a primera vista igual.[271] Sin duda Petrarca filtraba en el *Secretum* vivencias muy 'auténticas': pero no hay medio de averiguar hasta qué punto la «atra voluptas» de Francesco combina un desvelamiento autobiográfico y un trazo estereotipado (ahora entre doctrinal y dramático, de elaboración literaria) en la figura del «accidiosus». Por lo menos, invita a la reflexión que Petrarca (fuera del *Secretum*) nunca atribuya a la «egritudo» la «dolendi voluptas» que tantas

---

(«... est quaedam flere voluptas: / expletur lacrimis egerituroque dolor»); vid. igualmente el pasaje de San Ambrosio citado en la n. 263, aparte varios dichos proverbiales (v.gr., «Fletus est cibus animarum») o, para dar un solo ejemplo de la poesía amorosa próxima a Petrarca, el anónimo «Quando tellus renovatur ...», 2-3 («Lacrimarum pane satur / sedebat sub arbore»; ed. P. Dronke, *Medieval Latin and the Rise of European Love-Lyric*, II [Oxford, 1966], pág. 520).

267. *Canzoniere*, CCXXIX, 14. Cf. solo P. Dronke, *op. cit.*, pág. 599, *s.v.* «bitter-sweet nature of love», y para el período posterior, por ejemplo, E. Wind, *Pagans Mysteries in the Renaissance*, Harmondsworth, 1967, páginas 161 y sigs.

268. B. Schwartz, *La psicología del llanto*, traducción de J. Gaos, Madrid, 1930. En las *Confessiones*, III, 11, hace Agustín un finísimo análisis del grato dolor abrevado «in rebus fictis», que algún día deberá estudiarse en relación con la poesía petrarquesca; ahí escribe cosas como las siguientes: «homo vult dolere cum spectat luctuosa et tragica», «dolor ipse est voluptas», «lacrimae ergo amantur et dolores?», «amentur dolores aliquando», «at ego tum miser dolere amaban et quarebam, ut esset quod dolerem», etc.

269. Incluso en tan conspicuo cantor del «joi» como Bernat de Ventadorn es fácil encontrar afirmaciones del tenor de la siguiente: «Tan l'am de bon amor / que manhtas vetz en plor / per o que melhor sabor / me'n an li sospire» (ed. C. Appel, *Bernat von Ventadorn*, Halle, 1915, pág. 258; y vid. M. Lazar, ed. B. de V., *Chansons d'amour*, París, 1966, pág. 22); cf. otras referencias en N. Scarano, «Fonte provenzali e italiane della lirica petrarchesca», en *Studi di filologia romanza*, VIII (1900), págs. 274-275, 326-329.

270. Vid. últimamente U. Bosco, *Francesco Petrarca*, págs. 95-98 (pero 135); A. Noferi, *L'esperienza poetica del Petrarca*, pág. 284; A. Tripet, *Pétrarque...*, pág. 105.

271. Sobre las lágrimas penitenciales, cf. abajo, pág. 241, n. 372.

veces dice embargarlo por otras razones y que en cambio, impersonalmente, el *De remediis* singulariza cuando y en cuanto es exclusiva de la acidia.

Francesco conoce perfectamente las consecuencias de su enfermedad, pero ignora la causa, y el Padre va a mostrársela [272] procediendo con inteligentes rodeos, invitándole a buscar motivos que luego él denunciará como efectos, haciéndole hablar incautamente para que afloren la confusión y el error que lo atenazan. Para empezar, inquiere qué lo entristece tanto: «temporalium ne discursus, an corporis dolor, an aliqua fortune durioris iniuria?» El poeta se cree capaz de mantenerse en pie ante uno solo de esos embates: mas ha de ceder ante todo un ejército. Conminado a explicarse «distinctius», refiere que cuando la fortuna le asesta un golpe continúa impávido, recordando que con frecuencia ha salido vencedor frente a ella, aun si maltrecho; un nuevo ataque ya lo obliga a dar algún traspiés; y si los asaltos se multiplican, ha de replegarse en orden, paso a paso, a la fortaleza de la razón.[273] Mas si la fortuna lo sitia allí con tropas cuantiosas (106), si lo hostiga con las miserias de la condición humana (108), con la memoria de las pasadas fatigas y el temor de las futuras, entonces, acosado por doquiera, lleno de pánico, rompe en lamentos. «Hinc dolor ille gravis oritur.» [274] ¿O no es acaso un trance tan terrible como el del guerrero asediado y sin esperanza de huida o misericordia? [275]

---

272. «Morbum tuum nosti optime; modo causam nosces» (106). F. Tateo, *Dialogo interiore...*, págs. 48-49, señala un eco de las *Tusculanas*, III, x, 23: «Doloris huius igitur origo nobis explicanda est, id est causa efficiens aegritudinem in animo tamquam aegrotationem in corpore».

273. «... in arcem rationis evado. Illic si toto circum agmine incubuerit fortuna ...» (106). Cf. *Familiares*, VII, xii, 16: «circumstrepentibus fortune minis, in arcem rationis evadere»; *Métricas*, III, xi, 9-10: «singula dum premerent, celsam rationis in arcem / evasi»; *Canzoniere*, II, 9-13: «Però turbata nel primiero assalto ['la mia virtute'], / non ebbe tanto né vigor né spazio / che potesse al bisogno prender l'arme, / ovvero al poggio faticoso et alto / ritrarmi ...» Vid. *De consolatione Philosophiae*, I, iii, 13: «Qui si quando contra nos *aciem struens*, valentior *incubuerit*, nostra quidem dux [i.e., 'Ratio'] copias suas *in arcem contrahit* ...»; y abajo, pág. 236, n. 360.

274. Para «dolor», aquí, cf. págs. 198-199 y n. 242.

275. Petrarca desarrolla el símil con pluma brillante: «Veluti siquis ab innumeris hostibus circumclusus, cui nullus pateat egressus, nulla sit misericordie spes nullumque solatium, sed infesta omnia, erecte machine, defossi sub

Agustín tilda esa descripción de harto enmarañada; sin embargo, le es fácil reducir los varios datos a un común denominador: «intelligo ... opinionem tibi perversam causam esse malorum omnium, que innumerabiles olim stravit sternetque». Es otra vez el principio estoico, capital para comprender el desconcierto de Francesco, cuya estimativa, dañada en lo profundo, no puede servir de guía: la «opinionum perversitas», fuente de todo mal.[276] De todo mal, a grandes rasgos; pero la «aegritudo», en concreto, «est ... opinio et iudicium magni presentis atque urgentis mali» [277] (*Tusculanas*, III, xxv, 61, y cf. arriba, pág. 197). Justamente hacia ahí lleva Agustín el diálogo, siempre orientado a sacar luz de las tinieblas del poeta. Si Francesco cree hallarse pésimamente, por incontables razones, no se distingue de quien ante una levísima ofensa reaviva la irritación de una vieja rivalidad. El incriminado protesta: no sufre ninguna herida tan antigua como para que la cierre el olvido, «recentia sunt cunta que cruciant» (108). Por supuesto, el trasfondo temporal del debate es uniformemente la frontera de los años 1342 y 1343; mas no leamos el «recentia» con perspectiva estrechamente cronológica.[278] Tras repetir que la «aegritudo» consiste en la opinión de un mal presente, las *Tusculanas* aclaran que la opinión ha de ser «recens», entendiendo por tal no tanto «quod paulo ante acciderit», cuanto que se mantenga fresca y actuante: mientras así ocurra, «tam diu appelletur 'recens' ... Quae tum denique non appellatur 'recens', cum vetustate exaruit» (III, xxxi, 75).

---

terram cuniculi: tremuntque iam turres, stant scale propugnaculis admote, herent menibus vinee et ignis tabulata percurrit. Undique fulgentes gladios, minantesque vultus hostium cernens vicinumque cogitans excidium, quidni paveat et lugeat, quando, his licet cessantibus, ipsa libertatis amissio viris fortibus mestissima est?» (108)

276. Cf. arriba, págs. 46, 60, 154 y sigs. y, en particular relación verbal con nuestro texto, *Seniles*, VIII, III, pág. 923: «opinionum infinita perversitas, quam malorum fontem omnium quidam ponunt».

277. Posiblemente ese «urgens» tenga un eco en la increpación de Agustín a Francesco: «quid te urgeat eloquere» (106).

278. Como hace E. H. Wilkins, «On Petrarch's *Accidia*...», en la misma pág. 590 en que estima que Petrarca «was too intensely concerned with his own specific problem to need or accept guidance in this matter even from Cicero» (!).

Por ello precisa Francesco que tal vez el tiempo hubiera podido curarle alguna llaga, pero la fortuna, ensañándose sin cesar, no lo ha tolerado. Así se justifica que la «opinio magni mali presentis» abarque la «laborum preteritorum memoria futurorumque formido» (cf. arriba, pág. 174, n. 177) contada entre los síntomas de la enfermedad; pues, además, Cicerón certificaba: «in quem cadit aegritudo, in eundem timor; quarum enim rerum praesentia sumus in aegritudine, easdem inpendentes et venientes timemus» (III, VII, 14). Aún añade el poeta otra causa para estar «mestissimus»: un pecaminoso «humane conditionis odium atque contemptus». Es una insistencia en considerar arma de la acidia el panorama de las «conditionis humane miserie» (como se decía pocas líneas arriba). Es un eco del senequista *De tranquillitate animi*: «nihil prodest privatae tristitiae causas abiecisse; occupat enim nonnumquam odium generis humani» (XV, 1). Y es, sobre todo, una prueba de la incomprensión de Francesco. Pues Agustín no se ha cansado de repetir que la meditación de la miseria del hombre sana el alma, anula la opinión perversa, calma las angustias; y lo ha hecho con el apoyo de las *Tusculanas* (cf. arriba, págs. 69-70), ahora más oportunas que nunca, porque específicamente contra la «aegritudo» recomendaban: «sint omnia homini humana meditata» (III, XIV, 30), consejo que pronto volveremos a oír. Agustín ha remachado que la conciencia de los límites humanos es la única puerta a la felicidad (cf. págs. 170-176).[279] Mas, de pronto, el poeta, neciamente, desdeña y da la vuelta a esas enseñanzas que ya iban aprovechándole: vuelve a la situación en que lo encontramos cuando aparece la Verdad (cf. arriba, pág. 20), se convierte en perfecta ilustración del afectado por la «opinionum perversitas», demuestra diáfanamente cómo lo engaña la acidia. Solo da un rasgo de pasable cordura: reconocerse presa del mal, llámese como se llame.[280]

El Padre no puede sino alarmarse ante pareja ofuscación: el

---

[279] Vid. también F. Tateo, *Dialogo interiore...*, págs. 51, 53, y K. Heitmann, *Fortuna und Virtus*, pág. 115, n. 144.

[280] «Hanc sive 'egritudinem', sive 'accidiam', sive quid aliud esse diffinis haud magnificacio; ipsa de re convenit» (108). Cf. *De tranquillitate animi*, I, 4 («dicam quae accidant mihi: tu morbo nomen invenies»), y A. Bobbio, «Seneca e la formazione...», pág. 252.

morbo ha penetrado hondo y habrá que extirparlo de raíz.[281] Bueno será proceder punto por punto; veamos, ¿cuál ocupa el primer puesto entre las penas de Francesco? (108) La respuesta es abrumadora: «Quicquid primum video, quicquid audio, quicquid sentio» (110). Entonces, ¿nada le gusta? Nada, o casi nada; mientras todo le repugna. Agustín confirma el diagnóstico: «est hoc eius quam dixi accidie. Tua omnia tibi displicent». El poeta todavía va más allá: «Aliena non minus». Pero eso no cambia la cosa, también procede «ex eodem fonte».[282] Y basta, en efecto, recordar la definición de David de Augsburgo (pág. 201) para percatarse de que el vivacísimo diálogo que ahora se traba no hace sino escenificar una concepción de la acidia de idéntico signo: «nil laetum vel salubre libet».

Petrarca hubo de padecer muchas veces desabrimientos similares («quocunque fessum latus verto —escribía, por ejemplo, en 1352, desde Vaucluse—, vepricosa omnia et dura reperio»),[283] y aquí posiblemente cristaliza parte de tales experiencias. Pero el Padre, por lo menos, no acepta a la primera esos vehementes asertos; ata corto a Francesco y vuelve a «mettere in dubbio la 'verità' del suo sentimento»:[284] «*adeo* ne tibi tua displicent, *ut ais?*» El disparo debe haber hecho blanco, a juzgar por el mal humor con que el poeta rechaza la «preguntilla» y se empecina en que no hay palabras para expresar cuánto le disgusta todo lo suyo. Entonces, ¿también desprecia los dones y las dotes que le hacen envidiable a ojos de muchos? Agustín, con ello, amaga ya la estrategia que al punto empleará más por largo (Petrarca se la expuso lapidariamente a Luis Santo de Beringen: «Vis videre quam non sis miser? Cogita quam multis invidiam facis; nemo simul invidiosus et miser est»),[285] pero por el momento tropieza

---

281. «Quoniam, ut video, altis radicibus morbus innititur, *s*uperficietenus hunc *s*ustulisse non *s*ufficiet [nótese el *homoeonprophoron*]: repullulabit etenim celeriter; radicitus evellendus est» (108). Cf. arriba, pág. 46.
282. Casi es inútil precisar que la insistencia de Agustín en delimitar todo ello como característico de la acidia sirve para contrarrestar el desinterés de Francesco —muy en el papel de atolondrado— respecto al nombre de su achaque (n. 280) y remachar ante el lector en el ámbito de qué pecado se mueve la discusión.
283. *Familiares* XV, VIII, 1; cf. N. Sapegno, *Il Trecento*, págs. 224-225.
284. Lo observa finamente F. Tateo, *op. cit.*, pág. 50.
285. *Familiares,* XXI, IX, 18.

con una condigna réplica: «Se necesita ser misérrimo para envidiar a un mísero».[286]

Francesco persiste en la negativa: no sabe qué le desagrada más; sin embargo, si se le señala, lo confesará sinceramente. Agustín, pues, le espeta: «Fortune tue iratus es». Acierta, porque Francesco, verdaderamente airado, rompe en insultos contra la orgullosa, ciega, cruel, trabucadora...[287] Pero la queja es universal, como el daño; y, en particular, quizá resulta injusta. Por ello, solo si lo convencen de que tal es su caso, el poeta se reconciliará con la fortuna, avara, arbitraria, soberbia y tirana hasta el límite. Pues bien, *sí* es su caso, y él, uno más entre los infinitos compañeros del Querulus cómico.[288] Por lo trillado de la materia, Agustín se lo mostrará aplicando un remedio viejo

---

286. «Qui misero invidet, necesse est sit ipse miserrimus» (110). Exactamente la misma frase (sin más cambio que la adición de un «enim») se lee en la primera de las *Invective contra medicum,* pág. 27, escrita en 1352 y revisada en 1353: ¿repite Petrarca a un autor o se repite a sí mismo?

287. «Quidni oderim superbam, violentam, cecam et mortalia hec sine discretione volventem?» (110). Aparte cuanto tal imagen en concreto pueda deber a una tradición centrada en Boecio, pienso que el desarrollo del tema de la fortuna al final del libro segundo tiene presente el *De consolatione Philosophiae*. Ahí se da disperso «une sorte de traité dirigé contre la Fortune» (P. Courcelle, *La Consolation de Philosophie...*, pág. 103), cuyos elementos y orden coinciden parcialmente con el *Secretum,* coincidencia potenciada por los otros contactos (*cornice,* léxico, fuentes estoicas, etc.) entre ambas obras. Para mayor objetividad, sigo el resumen de Courcelle (págs. 104-108) y lo concuerdo con nuestro diálogo. «Boèce maudit à la fois sa fortune passée ... et son infortune présente ... Philosophie ... lui propose en exemple l'impassibilité du Sage, qui foule aux pieds le Fatum et reste droit pour considerer l'une et l'autre Fortune» (I, IV, vs. 1-4): vid. arriba, págs. 175-176, sobre 92-94. «Ces paroles de Boèce [I, v, versos 28 y sigs., invectiva contra la Fortuna], fait observer Philosophie [I, v, 10], partent d'un ressentiment personnel contre la Fortune»: otro tanto ocurre con Francesco y Agustín en el pasaje ahora anotado. «Philosophie lui réplique qu'il possède encore, grace à Dieu, quelques biens de Fortune, justement les plus précieux», y que pensar de otro modo es solo una «falsa opinio» (I, IV, 3 y sigs.): vid. abajo, págs. 211, 215, sobre 112, 116. Por fin, «ranimé par cette démonstration, Boèce ... se croit capable désormais de résister aux coups de Fortune» (III, I, 2: vid. abajo, pág. 245, sobre 128 (y arriba, pág. 206, sobre 106, en relación con los golpes de Fortuna). Para muy claras reminiscencias literales, cf. la siguiente n. 290, y págs. 226-227 y notas 336-337.

288. Para el *Querolus,* cf. la reciente edición de W. Emrich, Berlín, 1965. Recuérdese que *Querulus* tituló Petrarca la égloga IX del *Bucolicum carmen,* cuyos protagonistas, Filogeo y Teófilo, son en muchos aspectos paralelos a Francesco y Agustín, respectivamente (y cf. abajo, pág. 306, n. 188).

a la vieja dolencia (110), haciéndole admitir, verbigracia, que, bien de distinto modo que a tantos infelices, la pobreza nunca lo ha forzado a sufrir hambre, sed ni frío (112). Francesco descalifica esa terapéutica, pues ni goza en sus males por verse en medio de un tropel de desdichados y llorosos, ni deja de compadecerse del prójimo. Pero, desde luego, el Padre no pretende que se goce, sino que halle consuelo en los infortunios ajenos, aprendiendo a contentarse con la propia suerte. Ni obra a humo de pajas, por supuesto; aquí y en buena medida de cuanto sigue, Agustín sencillamente echa mano de las medicinas contra la «aegritudo» prescritas en las *Tusculanas*: «Erit igitur in consolationibus prima medicina docere aut nullum mallum esse aut admodum parvum, altera et de communi condicione vitae et propriae, si quid sit de ipsius qui maereat disputandum ...» (III, XXXII, 77).[289]

Agustín, pues, carga ahora el acento «de communi condicione vitae». No a todos les cabe alcanzar el primer puesto (simplemente: no lo habría, si no hubiera un segundo); y felices los mortales que no caen «in extrema» y únicamente soportan envites «mediocria» de la fortuna (hay lenitivos de las situaciones graves, pero innecesarios para Francesco, «mediocri lesus asperitate fortune»).[290] Los hombres se arrastran en la angustia, porque olvidan esas verdades y aspiran al lugar supremo; [291] y de los intentos frustrados nace la irritación: «elusis conatibus subit indignatio» (en parejos términos se expresan David de Augsburgo y Hugo de San Víctor: cf. arriba, pág. 201). Mas si cono-

---

289. Otra medicina, junto a la «necessitas ferendae condicionis humanae», es la «enumeratio exemplorum, non ut animum malivolorum oblectet ..., sed ut ille qui maeret ferundum sibi id censeat» (III, XXV, 60), el principio «non tibi hoc soli» (XXXIII, 79).

290. Agustín dice: «et extrema perpessis, suis quibusdam acrioribus remediis succurrendum est, quibus in presens eges minime» (112). Esa primera formulación de los 'remedios contra la Fortuna' está en clara dependencia respecto al *De consolatione Philosophiae*, I, v, 11 («nondum te validiora remedia contingunt») y VI, 21 («firmioribus remediis nondum tempus est»); III, I, 1 («*remedia* quae paulo *acriora* esse dicebas ... vehementer efflagito»).

291. «Proprie quilibet sortis oblitus supremum mente locum agitat» (112); por «propria sors» debe entenderse la confluencia de la «humana sors» genérica antes ilustrada (cf. arriba, 170-176) y del concreto estamento social en que la providencia inserta a cada individuo (sobre tal cuestión, vid. referencias bibliográficas en F. Rico, *La novela picaresca y el punto de vista*, págs. 46-48).

cieran las miserias anejas al «summus status», les aterrorizaría
conseguirlo: muchos, empinados en las más altas cumbres, maldijeron tal éxito y tuvieron por demasiado fácil la ardua escalada.
Francesco debiera saberlo especialmente, por la larga experiencia.[292] «Ita fit ut nullus querimoniis gradus vacet»: igual han
de lamentarse quienes logran y quienes no logran sus ambiciones.
Mejor atendamos a Séneca, que aconseja reparar más en cuántos
van detrás de nosotros que en cuántos nos preceden, y agradecérselo a Dios; [293] no sin añadir que nos fijemos un límite imposible de cruzar aunque queramos (*Ad Lucilium*, XV, 10 y 11).
Pero el poeta, cuando menos, dice haber hecho lo segundo:
«Constitui pridem desideriis meis finem certum et, nisi fallor,
modestissimum; at inter procaces impudentesque seculi mei
mores, quis modestie locus est? Secordiam atque segnitiem vocant» (112-114). Pero, salta Agustín, ¿van a turbarlo los disparates del vulgo, que nunca juzga a derechas y nunca llama a las
cosas por su nombre? A la cita explícita, sigue un eco no confesado —pero indudable— de Séneca, allí donde el filósofo,
con buena progenie y riquísima descendencia,[294] observa que los
vicios nos asaltan con título de virtudes: la temeridad se dice

292. «Quod, etsi omnibus notum esse debeat, tibi tamen precipue, cui
longa experientia persuasum est omnem status altissimi laboriosam atque
solicitam et prorsus miserabilem esse fortunam» (112). Nótese cómo se contrapesan generalidad («omnibus») y concreción («tibi precipue). En cuanto a
la «longa experientia», recuérdese que Petrarca presumía de intimidad con
reyes y grandes personajes: «Principum atque regum familiaritatibus ac nobilium amicitiis usque ad invidiam fortunatus fui ... Maximi reges mee etatis
et amarunt et coluerunt me», etc. (*Posteritati*, en *Prose*, págs. 4-6).
293. «Sequere igitur Senece consilium: 'Cum aspexeris quot te antecedant, cogita quot sequantur. Si vis gratus esse adversus Deum ['deos', en el
original] et adversus vitam tuam, cogita quam multos antecesseris'» (112).
Cf. 116; Séneca, *De ira*, III, xxx, 1, 3, y *Rerum memorandarum*, III, 62, 14:
«Quod dictum [Valerio Máximo, VII, II, ext. 2] eo spectat, ut nos qui mediocribus agimur incommodis, sortem nostram equanimiter toleremus, non
tam ad aliquot preeuntes quam ad sequentium turbam oculum habentes, nec
ignari si quibusdam invidemus, innumerabiles esse quibus invidiosi sumus ...»
Para la tradición de un *exemplum* indisociable de ese motivo, de la Antigüedad
a hoy, cf. indicaciones en D. Devoto, *Introducción al estudio de don Juan
Manuel...*, Madrid, 1972, págs. 380-382.
294. Cf. M. Bloomfield, *The Seven Deadly Sins*, págs. 76, 171; S. Ullmann, *Semántica*, Madrid, 1965, págs. 3-4; F. Rico, ed., *La novela picaresca
española*, I, págs. 353-354; R. Lida, «Para *La hora de todos*», en *Homenaje
a Rodríguez-Moñino*, Madrid, 1966, I, págs. 314-319.

fortaleza, «moderatio vocatur ignavia» [= «... modestie ... Secordiam atque segnitiem vocant»], o se toma al tímido por cauto (*ibid.*, XLV, 7).[295]

No perdamos de vista la exculpación de Francesco recién copiada (aún volveremos sobre ella): «Constitui pridem desideriis meis finem certum ...» Parece evidente que al asumir el protagonista el «finem constitue» de Séneca lo contamina con unas palabras de Horacio: «certum voto pete finem». El consejo horaciano había sido aducido antes y llevaba al protagonista a declarar cuál había de ser el «cupiditatibus ... finis» que lo satisficiera: «Nec egere, nec abundare; nec preesse nec subesse aliis» (90). Pues bien, ahora retorna tal problemática, como el verso de Horacio que la introduce. Sucede que el final del libro segundo recapitula varios motivos de ese diálogo (e incluso del anterior), matizándolos y escrutándolos a la luz de la acidia (no en balde considerada aquí raíz de otros pecados, tal la avaricia). Así, las generalidades de Agustín sobre la aspiración de los mortales al primer puesto, la incapacidad de contentarse con la propia suerte, etc., proponen un amplio marco teórico para revisar en seguida los dos puntos en que Francesco cifraba el ideal de la «mediocritas»: la tranquilidad económica («nec egere, nec abundare») y la libertad («nec preesse nec subesse aliis»). Para que al cabo quede ya definitivamente claro que el «modus» sugerido por el Santo es inconfundible con el «finis» de la medianía que contempla un Francesco equivocado de raíz (y algo intuye el poeta, tras las lecciones recibidas, cuando interpola un «nisi fallor» al calificar su meta de «modestísima»).[296]

---

295. Compárese *Familiares*, II, IX, 3: «Hunc superbia inflat sub specie magni et excelsi animi; illum malitia et fraus, et quicquid prudentie proximum videtur, sub amictu finitime virtutis infatuat. Ille se fortem putat, inhumanus et ferox; hic se humilem vocat, timidus et imbellis. Est et quem titulo frugalitatis avaritia solicitet, et quem prodigalitas specie largitatis exhauriat», etc.; *Sine nomine*, XI, pág. 202: Avignon, «ubi simplicitas amentie, malitia sapientie nomen habet»; *ibid*, XVIII, pág. 228: «Veritas ibi dementia est, abstinentia vero rusticitas, pudicitia probrum ingens, denique peccandi licentia magnanimitas», etc.

296. Típica del género de recapitulación de nuestras páginas es la insistencia (dentro de las citadas generalizaciones de Agustín) en que la miseria de los grandes y poderosos (ya discutida antes: cf. págs. 167, n. 49, y 175) va paralela a la miseria de los pequeños y medianos, en que las ilusiones de

Continuemos. El poeta no va a prestar oído a la «vulgaris aura», que trastrueca los nombres de las cosas: desprecia los juicios del vulgo como si de una manada de brutos se tratara.[297] Pero le duele que ningún coetáneo haya abrigado deseos más modestos ni los haya cumplido con mayor dificultad. La Verdad, que observa la escena y nada ignora, ni los pensamientos más recónditos, es testigo de que nunca ha querido el «summum ... locus»,[298] sino la tranquilidad y la serenidad del ánimo, incompatibles con la suprema cima de la fortuna. Antes que un camino abrumado de afanes e inquietudes, ha preferido, sobriamente, la

---

aquellos y de estos quedan burladas por igual: el tema menor se amplía y completa, enriquecido con las conclusiones del examen de la universal penuria humana (vid. págs. 170 y sigs.) y puesto en la perspectiva de la acidia (nacida también de la frustración de los deseos, según sabemos: cf. los textos citados en la pág. 201).

297. «Non pluris facio quid de me vulgus extimet, quam quid brutorum greges animantium» (114); cf. K. Heitmann, *Fortuna und Virtus*, págs. 241-244.

298. Hans Baron, *From Petrarch to Leonardo Bruni*, págs. 71-75, opina que en 1342-1343, «when his clerical career was still so modest, what point would there have been in discussing whether Petrarch was free from the sin of aspiring to the highest places? Nor does one see how and why the opposite criticism —that he had not stirred himself enough to obtain greater prizes— could have been leveled against him at that stage». No veo por qué la ambición ha de ser incompatible con los principios modestos de una carrera eclesiástica (!), sobre todo cuando la acusación de codiciar el «primus locus» se ha dirigido a todo el género humano y Francesco no hace sino declararse inocente. Pero Baron se centra más bien en «the opposite criticism», el reproche de «secordia atque segnities» (en realidad, no «leveled against [Francesco]», sino observación incidental del mismo protagonista, al arrimo de Séneca y una nutrida tradición [cf. pág. 212], para definir los «procaces impudentesque seculi ... mores», 114; cf. 84: «id ago tam segniter ut evidenter appareat me coactum ad ista [i.e., 'rei familiaris curas'] descendere»); el ilustre erudito liga ese supuesto reproche con el pasaje de *Familiares*, XVI, III, 3, en que Petrarca se excusa ante los amigos «quibus segnior appareo» por desdeñar un cargo de secretario papal, y ve en el *Secretum* el reflejo de ese episodio de 1351-1353 (y, quizá, también un eco de posibles esperanzas, contemporáneas, de un cardenalato). Mas la carta en cuestión enlaza con nuestro diálogo por otro camino y, en particular, debe leerse en relación con un texto que, de razonar como Baron, transportaría las circunstancias de 1353 ... a 1349: cf. abajo, pág. 217. En fin, Baron, pág. 81, conjetura que tal vez «the veiled references to Petrarch's ... striving for a 'primus locus'» se interpolaron en el *Secretum* «in Avignon shortly after the events had ocurred», pero cree más plausible que formaran parte de una revisión hecha en Milán en 1358: hipótesis que no requiere impugnación independiente, pues va encadenada a otras que rebato en el lugar oportuno.

«aurea mediocritas» cantada por Horacio con tanto acierto en la «ratio» cuanta belleza en el «dictum»: aquella medianía distante del techo ruin y del palacio envidiable (*Carmina*, II, x, 5-8), consciente de que el pino inmenso es más vulnerable al viento, las grandes torres se derrumban «graviore casu», los rayos fulminan las cumbres (*ibid.*, 9-12).[299] «Hanc profecto mediocritatem —concluye— nunquam michi contigisse doleo.» El Padre lo niega: ¿y cómo no negarlo, si Francesco tiene al alcance la medianía, «si vera mediocritas iam pridem contigit» —y copiosamente, «abunde»—, si incluso la ha dejado a la espalda y da pábulo a la envidia de las gentes? El poeta se obstina: aun si fuera así, a él se le antoja lo contrario (114). Y ante esa obnubilación ya desvergonzada, ante ese errar adrede, Agustín no puede sino esgrimir con redoblada energía el dictamen estoico: «Perversam opinionem malorum omnium sed huius precipue causam esse non ambigitur» (116).

De tal forma se nos presenta Francesco —contra la interpretación de Agustín— en el gozne de los años de 1342 y 1343. Pero ¿cómo le iba al Petrarca real por las mismas fechas? Capellán del Cardenal Colonna, canónigo de Lombez y Pisa, protegido de Roberto de Nápoles,[300] no debía pasar apuros de dinero.[301] Sin buscar más lejos, en 1337 se había permitido el lujo de comprarse una casa en Vaucluse y residir allí, ocioso, hasta

---

299. Petrarca vuelve a menudo sobre esos versos: cf. K. Heitmann, *Fortuna und Virtus*, págs. 63, 171-172 (con información, también, sobre el sintagma y la idea del «gravior casus» [vid. arriba, pág. 102, n. 163]; añádase *De gestis Cesaris*, ed. L. Razzolini, págs. 414, 532, 538).

300. E. H. Wilkins, *Studies in the Life and Works of Petrarch*, pág. 8, opina que la «chaplaincy [to King Robert] can hardly have been more than honorary», cosa que va contra las provisiones explícitas del nombramiento (*ibid.*) y contra las costumbres de la época.

301. El profesor Wilkins, «On Petrarch's *Accidia*...», págs. 590-591, cree que «it is indeed likely enough that in 1343 Petrarch regarded his income as insufficient for what he felt to be his moderate needs»; pero reconoce inmediatamente: «Whether he received any regular stipend as a chaplain to Cardinal Colonna we do not know. He had received a canonry in Lombez in 1335 and one in Pisa in May 1342. We know nothing as to the yields of these two canonries». De hecho, el insigne maestro norteamericano no hace sino interpretar unos pocos datos (con olvido de otros perfectamente conocidos por él: cf. solo la nota 306) a la luz de unas quejas de Francesco que pronto se revelarán mal fundadas, cuando el poeta —y no solo Agustín— acabe por confesar que *sí* ha alcanzado la «mediocritas» (vid. págs. 218-219).

1341. En aquel período (o situándose en él con la imaginación), se decía contento con una «egestas aurea» (*Metrice,* I, VI, 5-6); y en el sintagma pesa más el adjetivo que el sustantivo, pues resulta patente que el escritor, antes que en una efectiva «egestas», pensaba en una «aurea mediocritas» horaciana, ya que a versos de Horacio (no por azar citados en el *Secretum,* 84 y 116, a propósito de la medianía) nos lleva la glosa del concepto:

> Si libet, exigui fines michi servet agelli
> angustamque domum et dulces fortuna libellos;
> cetera secum habeat ...
>
> (*ibid.*, 7-9; cf. arriba, pág. 152)

Tras la Coronación y la estancia en Parma, el panorama aún hubo de ofrecerse más halagüeño. Unos días después de recibir el beneficio pisano, Petrarca se pintaba en Vaucluse «nullius egentem rei, nil magnopere de fortune manibus expectantem»:[302] en la «mediocritas», pues, consistente en «nec egere, nec abundare», según define nuestro diálogo.[303] Cierto que a los pocos meses se enzarzó en el litigio por el priorato de Migliarino; pero no es lícito sospechar que las ambiciones de Francesco en el *Secretum* aludan a ese episodio: las «heridas» de que ahí se trata (aparte deliberadamente imprecisas)[304] vienen de antiguo (cf. arriba, págs. 207-208). Hacia la época en que transcurre la acción ficticia del coloquio, más bien debe conjeturarse que Petrarca podía escribir sin mentira: «est ... mediocritas optima,[305] et inter rarissima Dei dona hanc nobis contigisse gratulor».[306]

---

302. *Familiares,* VI, III, 89.

303. Por si cupiera duda, Petrarca insiste, en el mismo párrafo de la epístola, en que también en otros aspectos se halla en el justo medio, v.gr., «a letitia mestitiaque pari spatio distantem». Todo ello, junto a cuanto en seguida añado, invalida las explicaciones de Hans Baron, *From Petrarch...,* páginas 72, 76, 81 y n. 82.

304. La alusión más concreta a las preocupaciones económicas de Francesco no pasa de referir a las «rei familiaris curas» (cf. arriba, págs. 152, n. 99, y 176, n. 186).

305. Vid. arriba, pág. 165 y notas 136, 137.

306. *Familiares,* III, XIV, 7. Nunca se ha propuesto una fecha para esa carta, probablemente ficticia y coetánea de las «consolatoriae» y «hortatoriae»

Exactamente eso niega Francesco: «hanc profecto mediocritatem nunquam michi contigisse doleo»; y exactamente eso cree Agustín: «vera mediocritas iam pridem contigit» (114). Otro tanto refiere Petrarca, en años no lejanos, en un texto que ya hemos visto íntimamente ligado al *Secretum* y que ahora se revela todavía más próximo a nuestra página: «Quod ad me attinet, *cupiditatibus metam fixi,* et oraculi loco poeticum illum accipiens: 'Semper avarus eget', ne ipse quoque egeam, quod sequitur feci: '*certum voto finem* petii', eumque *iampridem,* licet reflantibus fortune ventis, *attigi*; nec verebor ne michi *segnitiem* meus heres obiciat».³⁰⁷ Era una decisión cuya validez perduró. No por otra razón explicaba en 1353, todavía en Provenza, que no le importaba parecer falto de coraje, cuando no hacía sino mantener los deseos dentro de un límite; porque, de fiarse a la avaricia, por fuerza se tendría por misérrimo, víctima de las falsas opiniones que a tantos extravían: «Scitote igitur, tu ipse, mei omnes ubicunque sunt quibus *segnior* appareo, *imposuisse* me *votis modum* ... Nunquam tantum habere *continget* quin multis et michi ipsi, si avaritie credidero, pauperrimus ac mendicus videar; luxuria et avaritia et ambitio nullis finibus sunt contente; *falsis* vero *opinionibus* omnia plena sunt ... Habeo unde vivam ... Quid me optare iubetis amplium?» ³⁰⁸

Así, en escritos de hacia 1350 y manifiestamente cercanísimos (en la letra y el espíritu) a los pasajes del *Secretum* que ahora

---

del libro II (cf. arriba, pág. 51, n. 30): como sea, supuesto que las epístolas datables inmediatamente anteriores y posteriores nos conducen respectivamente hacia 1339 y 1346 (vid. E. H. Wilkins, *Petrarch's Correspondence,* págs. 53-54), supuesto el diseño de apariencia cronológica en la primera sexta parte de las *Familiares* (íd., *The Making of the «Canzoniere»,* págs. 370-372), se diría que Petrarca pretendía que el lector la asignara a un período muy próximo a la acción del *Secretum.* En cualquier caso, no se olvide que casi al final de sus días, de vuelta de tantas simulaciones, el humanista recordaba: «mediocritas ... mihi semper affuit, unde usque ad hoc tempus sat liberaliter vixi» (*Seniles,* XIII, XIV, en *Opera,* pág. 1.025), y textos de múltiples épocas corroboran la verdad del aserto (cf. Wilkins, *Studies...,* págs. 67-68).

307. *Familiares,* VIII, IV, 27-28. Subrayo las palabras en que mejor se advierte el contacto con la exculpación de Francesco transcrita arriba, pág. 212, y con las frases que encabezan el presente párrafo; el «iampridem», tan interesante ahora, es adición del texto alfa (para el texto gamma, de 1349, cf. n. 154); el «nec verebor...» sigue a Horacio, *Epístolas,* II, II, 191.

308. *Familiares,* XVI, III, 3-5.

asediamos, Petrarca confiesa que a no regirse por rigurosos criterios de moderación, a incidir en la «opinionum perversitas» (en que tanto insiste por aquellos tiempos: cf. arriba, pág. 60), desdeñaría cuanto tiene, creería indigencia el buen pasar, la «mediocritas», que siempre disfrutó. Esa misma es la posición de Agustín, para quien Francesco ha obtenido «iam pridem» la medianía, y de sobras, por más que la «perversa opinio» y la acidia le veden apreciarlo. No parece que tal le ocurriera a Petrarca en 1342-1343,[309] salvo en momentos de desánimo como pudo sufrirlos en cualquier otra etapa. Por ello, el diálogo de Agustín y Francesco es el diálogo del Petrarca de los entornos de 1350 con una imagen del *yo* vencido por la estimativa errónea, por la avaricia brotada de la acidia: un *yo* negativo, «sensus» rebelde frente a la «ratio» (vid. arriba, pág. 50), «fraintendimento volgare»,[310] reflejo de debilidades y tentaciones que ni el más sabio acaba de extinguir (era sencillo verlo en el *De tranquillitate animi*, I); un *yo* que se disuelve fácilmente en un *nosotros*, en la humanidad;[311] un *yo* superado doctrinalmente y que, por tanto, halla encarnación dramática en un pasado. Aquí, las dimensiones autobiográficas no son tanto las que puedan remitirnos a la figura de Francesco, en ese vestíbulo de los cuarenta años, en vísperas de la madurez intelectual, cuanto la creación de tal personaje y de su contrapartida, la hondura con que Petrarca, en el momento de escribir, asumiera como propio el debate ideológico de los interlocutores.[312]

Una exégesis ingenua (aunque benemérita y útil) se ha preguntado si el «income» de Petrarca a principios de 1343 podía «to provide him with his desired golden mean between poverty

---

309. Hans Baron, *loc. cit.* en la pág. 214, n. 298, pese a partir —entiendo— de una falsa lectura de los textos, incluso lo presenta en esos tiempos «happy and proud in his poverty» (pág. 73).
310. F. Tateo, *Dialogo interiore...*, pág. 50.
311. Nótese que Agustín sitúa a Francesco entre los «innumerabiles» quejillosos, como «unus ex multis»; califica el problema de «trita materia» (110); engloba al protagonista en un plural «mortales», «vos», «quilibet», «homines» (112), etc.
312. F. Tateo, *op. cit.*, pág. 54, escribe: «il *Secretum* non è la trascrizione di quell' insegnamento tradizionale degli antichi saggi, ma la rappresentazione della scoperta di quell' insegnamento nella vita attuale dell' anima»; juzgo que ello puede entenderse en una perspectiva próxima a la mía.

and wealth»; ³¹³ se ha respondido que no y que, por consiguiente, quedan justificados los lamentos del *Secretum*. Pero tal planteo que se diría científicamente 'factual' ni siquiera lee bien los 'hechos' narrados en el texto. Francesco (no hablemos del Petrarca histórico) tiene de sobras, y la acidia no viene de los escasos ingresos: los ingresos parecen escasos por culpa de la acidia. El problema no es de «income», sino de ideas, afectos, tendencias. El Padre ha pronunciado causa del mal una «perversa opinio»: Caribdis que debe huirse —también el símil es de Cicerón— con todo el auxilio de remo y vela.³¹⁴ ¿Adónde enderezar la proa, «quid ... opinari ..., nisi quod video»? Pues ahí está el error: porque si Francesco vuelve la vista, descubrirá que lo sigue una tropa innumerable y él se halla harto más a la vanguardia que a la retaguardia (cf. arriba, pág. 212 y n. 293); pero el engreimiento y la pertinacia no lo dejan mirar atrás. Al fin, el poeta se rinde. A veces ha advertido que muchos le venían a zaga, y, en efecto, no puede avergonzarse de su suerte, pero sí se duele y se arrepiente ³¹⁵ de tantas solicitudes como lo han llevado (en palabras de Horacio) a «pender a merced de la hora dudosa». Sin semejante «anxietas»,³¹⁶ cuanto posee le bastará —más: «abunde»— y serenamente recitará los versos horacianos:

---

313. «On Petrarch's *Accidia*...», pág. 592.
314. «Ab hac igitur Caribdi omni, ut ait Tullius [*Tusculanas*, III, x, 25: 'velis ... remisque fugienda'], remorum ac velorum auxilio fugiendum est» (116). Cf. *De remediis*, II, xciii, pág. 211, también sobre la acidia: «itaque hanc, ceu anime scopulum, omni velorum, ut dici solet, ac remorum auxilio fugiendam censet Cicero, cui in hoc quidem, ut in multis, assentior»; y vid. *Familiares*, V, III, 7, cita de Plauto, *Asinaria*, 157: «remigio veloque quantum poteris festina et fuge»; *Metrice*, III, xxiii, 28-29: «Maria horrida velo ... et remis fugiamus ...»; *De remediis*, I, xcvi, pág. 99: «ut aiunt, remis veloque fugiendum».
315. «... neque sortis mee pudet, sed curarum piget ac penitet tantarum» (116). Aquí, como en 184, Petrarca juega a acumular verbos impersonales; cf. *De vita solitaria*, en *Prose*, pág. 380: «Ocurrent tibi passim in plateis urbium stultorum greges, quibus nichil sit in ore frequentius quam verba illa grammaticorum: piget, tedet ac penitet»; y comp. *Rerum memorandarum*, III, 77, 9, líns. 52-53.
316. Por supuesto, esa «anxietas» es gemela de la «anxietudo» que hemos visto definitoria de la acidia (arriba, pág. 201 y n. 254).

Quis credis, amice, precari?
Sit michi quod nunc est, etiam minus, et michi vivam
quod superest evi, siquid superesse volunt di.[317]

Mas desasosegado por el futuro, con el alma en vilo, no encuentra dulzura en los frutos de la fortuna.

Así se cierra el círculo. Francesco ha renunciado a erigir en medida la perversa opinión (el «etsi ita essent, michi tamen contrarium videtur», 114) y termina por dar la razón al Santo: *ha logrado la medianía, incluso «abunde»* (la repetición del adverbio en su boca equivale a entregarse con armas y bagajes). Y si los dones de la fortuna no le saben dulces, es por obra de la acidia («amaritudo mentis» la llamaron),[318] de la «anxietas». Agustín, pues, estaba en lo cierto: la «mediocritas», a lo peripatético (cf. arriba, págs. 153, 169, etc.), es avaricia y locura; solo un «modus» más elevado puede prestarle un sentido (vid. página 175); y la acidia no permite aquilatar ese «modus». La dialéctica del Padre ha conducido a Francesco a un punto en que se corroboran todas las tesis agustinianas.

Decía que la disección de la «aegritudo» recapitula diversos temas del libro segundo. Para analizar las supuestas causas (de hecho, consecuencias) del pecado, el Santo trazaba unas coordenadas de validez universal donde determinar la entidad de los dos objetivos específicos en que Francesco compendiaba la soñada «mediocritas» (cf. arriba, pág. 213). Acaba de revisarse la situación respecto al deseo de «nec egere, nec abundare»; ahora se va a dar un repaso a la cuestión del «nec preesse nec subesse aliis». Pero ambos motivos ocurren íntimamente unidos. Así, el problema económico se ha jerarquizado, se ha contemplado en relación con el «summus status» y los «extrema» de la desdicha, según se precediera o se siguiera a los demás. Petrarca dota al diálogo de una organicidad como quizá no se halla en ninguna otra obra suya y enlaza exquisitamente los materiales. Ha repetido el «fluitem ... pendulus ...» para que el lector re-

---

317. Tras citar el «fluitem dubie spe pendulus hore» de *Epístolas*, I, XVIII, 110, ya aducido antes (84), Francesco recuerda las líneas precedentes, 106-108.
318. Vid. arriba, pág. 201, y S. Wenzel, *The Sin of Sloth*, págs. 218-219, etcétera.

cuerde el contexto que antes lo acogía, el primer asedio a la avaricia y la ambición del poeta. E inmediatamente evoca de nuevo a Horacio, en versos —adyacentes al recién mencionado— en los cuales se expresa el doble ideal en debate: el bienestar pecuniario («sit michi quod nunc est») y la independencia («et michi vivam»). La transición es perfecta, como el paralelismo de todo el bloque que en ella se centra respecto a la anterior discusión del «rerum temporalium appetitus» y, a la vez, «de ambitione» (82, 94). Pues justamente aquí se añade otra pretendida razón para el desasosiego de Francesco: «hactenus aliis vivo, quod miserrimum ex omnibus est».[319] No se crea baladí el «hactenus»: como cierto «usque nunc» ya comentado, como la reiterada transferencia de nuestros dos interlocutores (cf. arriba, págs. 180, 192), es un modo indirecto de anunciar al lector un cambio en lo futuro. Y al porvenir mira el personaje, ciertamente, cuando al punto descubre su esperanza de arribar a puerto en la vejez, tras haber vivido entre olas de tormenta.[320]

Agustín extrema las reconvenciones previas: en el torbellino del mundo, en medio de tantos azares, frente a un horizonte oscuro, bajo el poder de la fortuna, ¿va a ser Francesco el único en carecer de afanes, «solus ex cuntis hominum milibus curarum vacuam etatem ages»? El Padre no puede evitar un golpe de mal humor: «Vide quid cupias, mortalis, vide quid postules!» Es comprensible. Ha insistido demasiado en la meditación de la muerte y de la miseria del hombre como norma de conducta, en la necesidad de conocer los límites de la condición humana para marcarse los límites propios. Ahora Francesco parece haber echado en saco roto esas advertencias; y Agustín se las recuer-

---

319. Cf. Cicerón, *Filípicas*, III, 36: «Nichil [est] foedius servitute»; *ibid.*, 12: «omnis est misera servitus».
320. «Atque utinam vel senectutis michi reliquie contingant ut, qui procellosos inter fluctus vixerim, moriar in portu» (116). Para el origen (en Séneca) y el uso de la imagen por Petrarca, vid. arriba, pág. 104, n. 170; destacaré solo otro notable contacto con *Familiares,* VIII, IV, 23: «Nos vero quis impedit quominus has *vite reliquias,* quantulecunque sunt, simul in pace animi bonarumque artium studiis transigamus, et 'si in freto viximus', ut ait Seneca, 'moriamur in portu'?» Adviértase, además, cómo el «quod superest evi» horaciano y el «vite reliquias» de la carta se convierte en un más gráfico «*senectutis ... relique*»; compárese (págs. 193, 195) el «residuum vite in senium abeuntis» de *Familiares,* IV, I, 23 (y abajo, pág. 395, n. 499).

da brioso en el «tu ... solus ex cuntis hominum milibus», en el «mortalis». En cuanto a la queja de no vivir para sí, sepa el poeta que no es culpa de la pobreza (espejismo, y no realidad), sino de la servidumbre.[321] «Sibi vivere», he aquí un lema de Séneca,[322] muy decantado por Petrarca[323] y esencial en el *Secretum* (cf. abajo, págs. 425 sigs.). Mas el cordobés también enseñaba que «omnis vita servitium est»,[324] y Agustín marcha en tal sentido: aunque resulte penoso, «paucissimos hominum sibi vixisse reperies». Las vigilias y trabajos de quienes son considerados los más felices y para quienes vive infinidad de gentes prueban que también ellos viven para los otros.[325] Antes se habló,

---

321. La interpretación biográfica obvia de tal «servitus» la da, v.gr., E. H. Wilkins, «On Petrarch's *Accidia*...», pág. 591: «Petrarch, in 1343, was still in the service of Cardinal Colonna, and was, at least potentially, at the cardinal's beck and call. He admired the cardinal, who was very kind to him; but the master-servant relation evidently chafed him». Naturalmente, al recrear Petrarca realidades y ficciones en el retrato de «Francesco» de 1342-1343, la mención de la «servitus» no podía sino incluir en buena medida la dependencia del Cardenal. Pero cuando leemos testimonios más seguros de su malestar frente a los Colonna, desde la juventud (cf. G. Billanovich, «Petrarch and the Textual Tradition of Livy», *Journal of the Warburg and Courtauld Institutes*, XIV [1951], págs. 192-193 y n. 1) a la madurez (así en el *Bucolicum Carmen*, VIII), hallamos un tono muy distinto que en el *Secretum*: aquí se marca el acento en el «vivere aliis», en una sujeción que no es el mero servicio al Cardenal (aunque desde luego lo incluye).

322. Cf. solo *Ad Lucilium*, LV, 5, y A. Bobbio, «Seneca e la formazione...», págs. 254, 256.

323. Vid., así, *Familiares*, II, IV, 25: «Vixisti aliis diu; incipe iantandem tibi vivere»; *De vita solitaria*, en *Prose*, págs. 354-356; «quanti ... extimes ... sine preiudicio tandem apostolice sententie, ad Romanos [XIV, 7-8] que est, 'Quod nemo nostrum sibi vivit et nemo sibi moritur, sive enim vivimus Domino vivimus, et sive morimur Domino morimur', ita tibi et vivere et mori, ut non aliis quam Domino vivas et moriaris».

324. *De tranquillitate animi*, X, 4.

325. Aunque el propio autor ha declarado lugar común el tema de la desgracia de ricos y poderosos (cf. arriba, pág. 167 y n. 149), la versión que ahora ofrece posiblemente recuerda en particular el senequista *De brevitate vitae*, II, 4-5: «Aspice illos, ad quorum felicitatem concurritur: bonis suis offocantur ...; nemo se sibi vindicat, alius in alium consumitur ...» En nuestro párrafo, Petrarca borda sobre ese cañamazo y sobre una sentencia atribuida a César (en Lucano, *Farsalia*, V, 343); dicho que se citará en seguida y que también aparece en la *Invectiva contra quendam magni status hominem*..., flanqueada de reflexiones afines a las del *Secretum* (cf., además, arriba, página 175, n. 181), con que el humanista se proclama libre pese a vivir al arrimo de los Visconti: «Quidni enim, cum hos ipsos, qui minoribus presunt, maiores subesse videam et ad illum cesareum rem redire: 'humanum paucis vivit genus';

en general, de los césares (cf. arriba, pág. 174), y ahora se aporta en concreto el «supremo ejemplo» de Julio César (116): él, orgulloso pero veraz definidor de que «el género humano vive para pocos» (118), tras potenciar tal sentencia reduciendo al género humano a vivir solo a su capricho, vivía igualmente para los demás. ¿Para quiénes? Para quienes lo mataron, por supuesto: para Bruto, para Cimbro, para los restantes responsables de la pérfida conjura, contra cuya codicia se estrelló la generosidad de César.[326]

Francesco, conmovido, se rinde: ya no se indignará más por

---

quin et hi pauci quibus humanum genus vivere dicitur, non formidolosiores populis quam populi illis sunt. Ita fere nullus est liber; undique servitus ...» (en *Prose*, pág. 700). Vid. igualmente *De remediis*, II, VII, págs. 132-133: *Dolor*. — «Superbo domino servio». *Ratio*. — «Quid scis an ille superiori domino serviat? Forsan uxori, forsan meretricule, forsan his ipsis quibus imperat (quot suorum servorum servos undique cernimus?), postremo, que durissima omnium est servitus, forsan et ipse sibi, hoc est vitiis et passionibus ac violentis affectibus suis, servit. Quid vis dicam? Pauci in veritate sunt liberi, et si qui sunt, eo illis laboriosior vita est, quo altior ...»; e *ibid.*, I, XCVI, págs. 96-100 («De regno et imperio»).

326. «Ut supremo te commonefaciam exemplo, Iulius Cesar, cuius illud verum licet arrogans dictum est, 'humanum paucis genus vivit', nunquid postquam eo genus redegerat humanum ut sibi uni viveret, ipse interim aliis vivebat. Interrogabis fortasse: 'Quibus?' His nimirum a quibus occisus est: D. Bruto, T. Cimbro ceterisque perfide coniurationis auctoribus, quorum cupiditates explere non valuit tanti munificentie largitoris» (116-118). Dos cuestiones quiero tratar aquí. 1) E. Carrara, 118, n. 2, con vistas a ilustrar la última frase, remite a Suetonio, *Caesar*, LXXXII, donde se indica que Cimbro «si accostò per primo a Cesare nell'atto di chiedergli qualche cosa»; pero creo seguro que Petrarca pensaba (todavía) en Séneca, *De ira*, III, XXX, 4-5; «Divum Iulium plures amici confecerunt quam inimici, *quorum non expleverat spes inexplebiles*. Voluit quidem ille —neque enim quisquam liberalius victoria usus est, ex qua nihil sibi vindicavit *nisi dispensandi potestatem*—, sed quemadmodum *sufficere tam improbis desideriis posset*, cum tantum omnes *concupiscerent*, quantum unus poterat? Vidit itaque strictis circa sellam suam gladiis commilitones suos, *Cimbrum Tillium*, acerrimum paulo ante partium defensorem...» 2) La visión favorable de César que aquí ocurre y, en especial, la condena de los conjurados contra él refleja sin duda ideas tan extrañas a Petrarca en 1342 cuanto abrazadas con fervor desde los aledaños de 1350, según han demostrado G. Martellotti, «Il Petrarca e Cesare», en *Annali della Reale Scuola Normale Superiore di Pisa*, ser. II, XIV (1947), págs. 149-158, y H. Baron, *From Petrarch to Leonardo Bruni*, págs. 29-30, 35-40, 97-98: únicamente precisaré que, dentro de mi planteo cronológico (a estas alturas —pienso— suficientemente confirmado), el pasaje nos lleva igual a 1349 que a 1353. Cf. abajo, pág. 358 y n. 368.

ser siervo (pues todos lo son) ni pobre (pues no lo es). Y el Padre apostilla incisivamente: «Indignare potius te non esse sapientem, quod unum et libertatem et veras divitias prestare potuisset». Es, desde luego, dogma uniforme del estoicismo, hecho poesía en una sátira horaciana:

> Quisnam igitur liber? sapiens, sibi qui imperiosus,
> quem neque pauperies neque mors neque vincula terrent ...
>
> (II, vii, 83-84)

Pero diría seguro que Petrarca se apoyaba en un texto de superior vuelo filosófico. Lo revela el *De remediis utriusque fortune*, en un par de capítulos contiguos que justamente consideran el tema bifronte ahora en escrutinio («De servitute», «De paupertate»): «an et hoc in Paradoxis stoicis non legisti, quod 'solus sapiens dives est'?» «Sapientie studio incumbe: illa te in libertatem afferet. Dictum Catonis est, a Cicerone firmatum: 'solus sapiens liber est', ea scilicet libertate, qua certior nulla est».[327] Ya de joven el humanista se sintió atraído por la sección de las *Paradoxa* en que se explica «Quis dicatur vere liber»[328] y en qué consisten las auténticas riquezas: enseñanza, la última, que acotó con insistencia en el códice y subrayó con una llamada de atención («nota bene usque ad finem capituli»). Pero ese interés temprano no dio los mejores frutos sino en la madurez: en el *De remediis*, fragmentariamente; y de forma admirablemente estructurada en el *Secretum*, donde tales doctrinas —luz para las tinieblas de Francesco—[329] se integran sin una fisura en el cuadro decididamente estoico del conjunto y cierran con broche perfecto

---

[327]. *De remediis*, II, viii y vii, págs. 134 y 132, respectivamente, con cita de Cicerón, *Paradoxa*, VI y V. Compárese *Familiares*, XIX, v, 3-4: «Comparatio sola est que vulgo divitias et pauperiem facit ... Sane verum divitem, non vulgaris opinio, sed solus animus facit ...»

[328]. Ese sumario puso Petrarca, al margen de V, 1, 34, en el Harleiano 2.493 del British Museum; cf. E. Pellegrin y G. Billanovich, «Un manuscrit de Cicéron annoté per Pétrarque au British Museum», en *Scriptorium*, VIII (1954), pág. 117a: de ahí tomo tambien los datos que en seguida aduzco.

[329]. En la ofuscación del personaje insiste un rápido comentario de Agustín: «Ceterum quisquis causarum absentiam equo ferens animo effectus non adesse conqueritur, nec causarum certam tenet ille rationem nec effectuum» (118).

la impugnación de una «mediocritas» concebida como «nec egere, nec abundare, nec preesse nec subesse aliis», según el módulo vulgar de los peripatéticos. Impugnación, por si fuera poco, perfectamente acorde con el núcleo del agustiniano *De beata vita*: «Modus ... animi sapientia est».[330]

Justamente aquí se abre un nuevo apartado. ¿Qué otros males atosigan al poeta? ¿Tal vez la debilidad o alguna oculta molestia del cuerpo? Francesco, desde luego, siempre lo ha considerado una carga; pero, al advertir cuanto más oneroso es para otros (y el recurso al criterio de comparación muestra que la terapéutica del Padre va dando fruto), debe reconocer que en él tiene un esclavo bastante dócil. ¡Ojalá el ánimo obedeciera en igual medida!: «sed ille imperat». ¡Ojalá, pues —apostilla Agustín—, el ánimo a su vez se sometiera al imperio de la razón! Por lo demás, los reproches de Francesco contra el cuerpo son los comunes: ser mortal, incomodar con dolores, pesadez y exigencias, adormecer al espíritu en vela... La imagen del «corpus ... mancipium» nos devuelve al motivo de la justa prelación respecto al alma (cf. arriba, pág. 146), al par que nos suscita evocaciones de la piedad franciscana.[331] Mas en las quejas del protagonista hay otro factor de recapitulación e insistencia aún de mayor interés: «quod ... me ... [corpus] mole pregravat». Es un complemento a la conclusión del libro primero, donde, a partir de la *Eneida*, la desgracia del poeta se cifra en la situación definida por la Escritura: «Corpus, quod corrumpitur, aggravat animam ...»; para aclarar en seguida, con el *De vera religione*, que innumerables «imagines rerum visibilium» —una turba de fantasmas— abruman y confunden al alma, la «pregravant» (64) de suerte que engendran una amarguísima «anxietas» (66): y «anxius», en efecto, aparecía nuestro personaje en las primeras líneas del *Secretum* (vid. pág. 19). Pues bien, «anxietas» llama también ahora el Santo al desabrimiento de Francesco por culpa del cuerpo (118). Y, como la «anxietas» es un linaje de la acidia (cf. arriba, pág. 219 y n. 316), de pronto descubrimos, toda-

---

330. *De beata vita*, IV, 32. Vid. arriba, pág. 176.
331. Cf., por ejemplo, la segunda *Vita* de San Francisco por Tomás de Celano, II, XXVI, 211.

vía por más caminos, la decisiva solidaridad de los desarrollos que rematan los diálogos primero y segundo: la acidia queda inserta en la explicación esencial de todos los males del poeta propuesta al término del coloquio anterior. En forma de singular coherencia, por supuesto: porque no en vano tal explicación viene al hilo del bíblico «corpus ... aggravat animam ...», introducido por los versos de Virgilio que ponen en el contacto con el cuerpo el origen de las pasiones del alma: entre ellas, la «aegritudo», la acidia. En cualquier caso, para aplacar semejante ansiedad, la recomendación de Agustín es exactamente la misma hecha en el umbral de la obra, y aquí en extremo oportuna (vid. arriba, pág. 208): «Compone animum, precor, teque hominem natum esse recordare».[332]

Resta aún más de una causa para la angustia de Francesco,[333] y harto patente: ¿acaso el Padre no sabe que la fortuna, madrastra brutal, lo derribó por tierra en un día, junto con esperanzas, riquezas, familia, casa? Hay chispas en los ojos del poeta (el toque descriptivo, excepcional, ilumina la escena), y Agustín, para no perderse en prédicas, le dispensa una sola admonición, siempre en la línea de invitarlo a confrontarse con los demás: si, amén de recordar el hundimiento de tal o cual familia sin relieve público, pensara también en la ruina de tantos célebres reinos (118), la lectura de las tragedias lo ayudaría a no dolerse de que su cabañuela se hubiera consumido igual que muchos palacios (120). Sin duda hay que ver ahí una alusión al destierro y a la confiscación de las propiedades de Ser Petracco.[334] Pero ¿verdaderamente los sucesos de 1302 desazonaron alguna vez de modo serio al Petrarca maduro, quien, a fin de cuentas, tuvo al alcance regresar a Florencia, triunfal, y recuperar el pa-

---

332. Cf. 28: «An non te mortalem esse meministi? ... ad ... componendum ... animum nichil efficacius reperiri quam memoriam proprie miserie ...»

333. «Siquid preter hoc *angit*, exequere» (118); cf. arriba, n. 256.

334. Como han indicado E. H. R. Tatham, *Francesco Petrarca*, II, página 260, n. 2; E. H. Wilkins, *Petrarch's Eight Years in Milan*, págs. 234-235, n. 3, y H. Baron, *From Petrarch to Leonardo Bruni*, págs. 53-54, contra la insostenible opinión de R. Sabbadini, «Note filologiche sul *Secretum*», páginas 26-27, quien cree hallar una referencia al saqueo de la casa de Vaucluse en Navidad de 1353.

trimonio perdido?³³⁵ Quizá en el pasaje haya, mejor (o además, si se quiere), el deseo de añadir una pincelada dramática al retrato de Francesco. Si el autor copiaba del natural, no es fácil decidirlo; pero el modelo literario es seguro: Boecio. Sabemos cómo el desenlace de nuestro libro segundo, en la requisitoria contra la fortuna, se pliega al *De consolatione Philosophiae* (cf. arriba, pág. 210, n. 287). Ahora, evidentes reminiscencias en la letra nos llevan a la imagen del Boecio caído, airado por la crueldad de la fortuna³³⁶ y constreñido a confortarse frente a ella con las tragedias que narran el derrumbamiento de los grandes reinos.³³⁷

Es necesario seguir: la somera observación sobre la fortuna podrá rumiarla Francesco, una vez solo, más por extenso. Por el momento, continúa con una nueva y ardentísima queja. ¿Quién, cierto, logrará expresar el tedio y el hastío («taedium» y «fastidium» eran sinónimos habituales de «acedia»)³³⁸ que lo invaden a diario, en la ciudad más triste, turbulenta y estrecha del orbe, sentina de todas las basuras? ¿Quién referir el espectáculo nauseabundo? Las callejas hediondas, con perros rabiosos y cerdos sucios; el chirrido de las ruedas; los carruajes que cruzan súbitamente... Y gentes tan variopintas: mendigos apesadumbrados junto a ricos lascivos y caprichosos, talantes opuestos y condiciones diversas, voces confusas, empujones... Todo ello consume y desasosiega a los ánimos hechos a cosas más altas, obsta los nobles estudios. ¡Así Dios libre a Francesco de tal naufragio con la barquilla intacta, como es verdad que en ese ambiente se

---

335. Cf. solo E. H. Wilkins, *Life of Petrarch*, págs. 99-100; y vid. *Familiares*, I, I, 41: «Ante hoc tempus quis me unquam de exilio ..., quis me de paterna domo, de fortunis perditis ... flebiliter agentem audivit?»

336. Boecio, I, IV, 2: «An*ne* adhuc eget ammonitione nec per se satis eminet *fortunae* in nos *savientis asperitas?*»; *Secretum*, 118: «Illa *ne* tibi inaudita est *fortune novercantis immanitas* ...?»

337. Boecio, II, II, 12: «Quid *tragoediarum* clamor aliud deflet, nisi indiscreto ictu fortunam felicia *regna vertentem?*»; *Secretum*, 118-120: «si ... *regnorum* ... recoles *ruinas*, nonnichil tibi *tragediarum* lectio profuerit ...» En esa perspectiva, poco vale la observación de Sabbadini, art. cit., pág. 34: «Il Petrarca non poteva aver letto tragedie che di Seneca».

338. Cf. S. Wenzel, *The Sin of Sloth*, págs. 261, 263, *s.v.*; y vid. abajo notas 339 y 342.

le antoja verse en el infierno! «I nunc, et boni aliquid tecum age. I nunc, et honestis cogitationibus incumbe!

I nunc et versus tecum compone *canoros».*

La evocación horaciana hace diáfano el por qué de parejos lamentos: Francesco se duele de haber ido a parar a un sitio inadecuado a las tareas que lo apasionan, pues —Agustín declama el verso de Horacio siguiente al recién aducido— «el coro todo de los escritores ama los bosques y huye las ciudades»; y aun comenta el Padre: «tuque ipse in epystola quadam eandem sententiam verbis aliis expressisti:

silva placet Musis, urbs est inimica poetis».[339]

La carta petrarquesca en cuestión es la *Metrica* II, III, seguramente del verano de 1342, y resulta revelador hallarla recordada en el *Secretum* al par que el dechado horaciano, la epístola a Floro. Como ha señalado Hans Baron, «the complaint in the poem [de Petrarca, 'a bitter reproof of the life in Avignon'] is one that also occurs in other poems and letters of the late 1330's and early 1340's. The noise of Avignon, we are told, kills every contemplative and creative mood; people from all nations converge at the papal seat and make Avignon the noisiest and most

---

339. Vid. *De vita solitaria*, en *Prose*, pág. 530: «Cuius urbis tedia [cf. n. 338] ex populi concursatione [cf. n. 345] nascentia sic diligenter enumerat [Horatius], ut facile videas affectum loqui. *Epystolarum* eius ultima [II, II] est ad Florum scripta, quem non semel interrogat de re certa ut expressior fiat... [Cita los versos 65-66] Deinde autem eleganti tediorum narratione interposita [alude a 70-75; cf. pág. 230], ironice concludens ait: 'I nunc, et versus tecum meditare canoros' [tal es el texto del v. 76, en el *Secretum* modificado para ajustarlo más al contexto] ... [Cita los vs. 79-80, 84-86] Ne vero, iratis percontationibus ironicisque sententiis contentum, credas clare de populo nichil loqui, brevem quidem sed universalem tibi dat regulam, que est quod 'scriptorum chorus omnis amat nemus et fugit urbes' [v. 77]. Quem secutus ego in epystola quadam eandemque restringens ad poetas, dixi [*Epistole metrice,* II, III, 43]: 'Silva placet musis, urbs est inimica poetis'». No puedo fechar esa página, pero es evidente que está muy próxima al *Secretum* y, desde luego, supone una lectura del texto de Horacio más afín a la implícita en el diálogo que en la *Métrica* II, III, según veremos; por lo mismo, la creo posterior a noviembre de 1347.

unpleasant of all cities. *Metr.* II 3 describes with despair the often farcical street scenes forced upon the onlooker's attention [vs. 11-51]. There is, however, no counterpart in the poem, nor in any of the contemporaneous letters, to the violent disgust —the very heart of the *Secretum* passage— voiced against Avignon as the stinking dregs of all the world ... and its streets as 'graveolentes semitas, permixtas rabidis canibus obscenas sues'. Outside the *Secretum*, it is, in fact, not until the early 1350's, when Petrarch composed his *Epistolae Sine Nomine* and other of his most bitter attacks against the Curia, that he uses the motif of impure Avignon, a place of moral contagion and pestilence, reeking with evil smells».[340] El profesor Baron, aunque con documentación insatisfactoria,[341] da en el clavo. El texto de que arranca la queja, «the very heart of the ... passage», contiene por lo menos un par de elementos que lo alejan tanto de 1342 (de la *Metrica* II, III, de la fecha de la acción del *Secretum*) cuanto lo aproximan a 1350. Leámoslo:

> Quis vite mee tedia et quotidianum fastidium [342] sufficienter exprimat, mestissimam turbulentissimamque urbem terrarum omnium, angustissimam atque ultimam sentinam et totius orbis sordibus exundantem? [343] Quis verbis equet [344] que passim nauseam concitant: graveolentes semitas, permixtas rabidis ca-

---

340. H. Baron, *From Petrarch to Leonardo Bruni,* pág. 99.

341. Cita solo *Familiares,* XIII, VIII, 16 («... odorque pravissimus toti mundo pestifer; quid mirum si vicinitate nimia unius parvi ruris innocuam polluit puritatem») y *Sine nomine,* XV, pág. 216 («Non populum sed rotatum vento pulverem putes, neque magis civitatis infande vicos quam cives ipsos fedos ac lubricos fateare»); añádanse, por ejemplo, los textos aducidos abajo, páginas 345, n. 323, y 349, n. 342.

342. Cf. *Posteritati,* en *Prose,* pág. 12: «Inde etiam reversus, cum omnium sed in primis illius tediosissime urbis [Avinionis] fastidium atque odium ... fer[r]e non possem ...»

343. Vid. Lucano, *Farsalia,* VII, 405: «Romam ... mundi faece repletam».

344. Cf. *Metrice,* III, XXI (1352), 2 y sigs.: «Quid singula / expediam, cecumque chaos, labyrinthia claustra / erroresque novos et inextricabile septum / sollicito quod turba gradu miserabilis ambit?», etc. En la *Sine nomine* VI (marzo, 1352), Petrarca insiste en las dificultades de contar debidamente el estado de la Avignon pontificia, posible tema de un «tragicum carmen»; nótense frases como esta: «o utinam stilus par materie rebusque meis explicitis otiose vite spatium detur!» (pág. 189), etc.; y vid. E. H. Wilkins, «Works that Petrarch Thought of Writing», en *Speculum,* XXXV (1960), págs. 567-568.

nibus obscenas sues, et rotarum muros quatientium stridorem
aut transversas obliquis itineribus quadrigas ...[345]

Pues bien, en cuanto alcanzo, la imagen central del primer período —Avignon es una «sentina»— no aparece en el *corpus* petrarquesco hasta bien entrado 1348 y solo hacia 1351-1352 empieza a proliferar en la pluma del humanista.[346] El segundo período es del linaje que atrae inevitablemente el calificativo de «vívido».[347] Con todo, los pormenores concretos e impresionistas no llegan a él tanto desde las rúas de la villa papal como desde la epístola horaciana que hemos visto citada por los dos interlocutores:

> ... «Verum
> purae sunt platea, nihil ut meditantibus obstet.»
> Festinat calidus mulis gerulisque redemptor,
> torquet nunc lapidem, nunc ingens machina tignum,
> tristia robustis luctantur funera plaustris,
> hac rabiosa fugit canis, hac lutulenta ruit sus.
> I nunc et versus tecum meditare canoros!
> Scriptorum chorus omnis amat nemus et fugit urbes ...
>
> (II, II, 70-77)

345. Francesco continúa con un contrapunto moral más trillado: «tam diversas hominum species, tot horrenda mendicantium spectacula, tot divitum furores: illos mestitia defixos, hos gaudio lasciviaque fluitantes; tam denique discordantes animos artesque tan varias, tantum confusis vocibus clamorem et populi inter se arietantis incursum [cf. n. 339: 'ex populi concursatione']? Que omnia et sensus melioribus assuetos conficiunt et generosis animis eripiunt quietem et studia bonarum artium interpellant. Ita me Deus ex hoc naufragio puppe liberet illesa, ut ego sepe circumspiciens in infernum vivens descendisse michi videor» (120). Nótese, en el remate, la cita de Salmos, LIV, 16, y Números, XVI, 30 («descendant in infernus viventes»), como al final de la *Sine nomine*, XIV (de 1353), pág. 215, o en *Familiares*, XII, IX, 5; *Varias*, XLIX (ambas de 1352), o *Canzoniere*, CXXXVIII, 7: «di vivi inferno»; y vid. la nota siguiente. Para todo el pasaje, v.gr., *Familiares*, X, v, 6-7.

346. *Familiares*, VII, XI, 2 (1348): «Putabam enim me in Galliam reperire, sed illam curie sentinam tolerare nequiveram»; *Metrice*, III, xv, 17 (1352, enero): «mundi sentina»; *Sine nomine*, VIII (1352), pág. 194: «scelerum atque dedecorum omnium sentina atque ille viventium infernus»; *ib.*, XVI (1354), pág. 217: «sentinam flagitiorum omnium»; *ib.*, XVII (1357), pág. 227: «ut illius sentine abdita funditus scrutatus». Al final del libro I del *De vita solitaria*, en pasaje casi sin duda posterior a la primitiva redacción, se habla en términos generales de la «urbium sentina» (*Prose*, pág. 404).

347. Así E. H. Wilkins, «On Petrarch's *Accidia*...», pág. 591.

Petrarca quizá había encontrado en esos versos una leve inspiración para algún detalle de la *Metrica* II, III; [348] pero el conjunto, en 1342, no debió interesarle demasiado: la *Metrica* renuncia a amplificar los rasgos pintorescos que ahí se ofrecen, mientras realza, en cambio, otros motivos de Horacio.[349] Sin embargo, el 28 de noviembre de 1347, en Génova, el escritor compró un espléndido manuscrito horaciano (hoy en la Laurenziana, XXXIV, 1) y, desde entonces, se dedicó a leer y anotar fervorosamente las obras del venusino,[350] las citas del cual, basadas en semejante hallazgo de un «testo più ricco», se multiplican sobre todo en las *Familiares* ficticias de la última estadía en Provenza.[351] En el nuevo códice hubo de descubrir o redescubrir, en efecto, muchos materiales dignos de atención. Y uno de ellos fue sin duda el fragmento transcrito, «les vers de l'épître à Florus (II, II) sur les embarras de Rome», que destacó con una seña marginal.[352] Obviamente, advirtió que allí había posibilidades que no había sabido o querido aprovechar. Pero pronto tuvo ocasión de hacerlo cumplidamente: pues es la evidencia misma que nuestro párrafo —de ningún modo

---

348. Cf., así, vs. 23-24, 26-27: «ille quadrigas / temperat et fedo contristat compita ceno, / ... rapidum regit alter habenis / cornipedem ...»

349. Tales las excusas por no componer versos en el dédalo ciudadano, la invitación a ocuparse en saberes de enjundia ética, etc.

350. Vid. solo A. Petrucci, *La scritura di Francesco Petrarca,* págs. 45-47, 119.

351. G. Billanovich, *Petrarca letterato,* I, pág. 49. En el prólogo y en el libro I (24 páginas en total) los versos de Horacio se insertan en la prosa de la conversación una sola vez; en el libro II (30 páginas) ello ocurre en once ocasiones; en el libro III (43 páginas) en cinco (no tomo en cuenta las reminiscencias más o menos seguras, pero no explícitas). En 1962, «El *Secretum* de Petrarca: composición y cronología», pág. 116, interpreté esa desproporción en el sentido de que el libro II se había redactado, con independencia de los otros, después de noviembre de 1347 (concretamente, en 1349); tras el análisis que he ofrecido de tal libro, creo claro que la mayor abundancia de citas horacianas se debe al carácter de las cuestiones tratadas (avaricia, «mediocritas», etc.). Pero también pienso que el alto número de recuerdos de Horacio en el entero *Secretum* nos lleva a la época de la revalorización del venusino por parte de Petrarca, como consecuencia de la compra del códice Laurenziano: el diálogo, en menos de un centenar de páginas, aduce al poeta *diecisiete* veces; los *Rerum memorandarum,* de triple extensión, solo en *once* casos (cf. el índice en la edición de G. Billanovich, pág. 299). Vid. además H. Baron, *op. cit.,* págs. 75-76; abajo, pág. 277, n. 101.

352. P. de Nolhac, *Pétrarque et l'humanisme,* I, pág. 185.

anterior a finales de 1347— [353] remeda con fidelidad la viñeta horaciana sobre los estorbos de Roma. ¿Con excesiva fidelidad? Probablemente la Avignon del Trescientos no difería gran cosa, en cuanto a los enfados en cuestión, de la Roma de Augusto. Pero se diría muy sintomático que hasta para tratar un asunto tan congenial como los dicterios de la Babilonia del Ródano Petrarca necesitara la falsilla de un poema antiguo, que no supiera ver la realidad coetánea sino a través del cristal de un clásico.

Como sea, si en el pasaje anterior Francesco llevaba una máscara muy similar al rostro de Boecio, ahora, en el papel de vate ahogado en el torbellino de la ciudad, se presenta con una vestidura cortada según las medidas de Horacio. El latino, en la epístola a Floro, acababa por postergar la poesía a beneficio de la filosofía moral de tinte estoico. En cierto modo, Agustín echa por una senda análoga. Apenas le altera el teatro de la chillona Avignon: más bien piensa que si Francesco acallara el «intestinus tumultus» de la mente, el estruendo exterior tal vez le heriría los sentidos, pero no le afectaría en el ánimo. Es, por supuesto, la actitud de Séneca: «omnia licet foris resonent, dum intus nihil tumultus sit» (*Ad Lucilium*, LVI, 5). Y es otro punto de engarce con el final del libro primero, que diagnostica el mal del personaje —apesgado por el cuerpo, turbado por fantasmas— como una «intestina discordia», paralela al «intestinum bellum» agustiniano (cf. arriba, pág. 120). El Padre persevera, pues, en señalar como efectos las que para Francesco son causas: la desazón del poeta no viene del tráfago urbano, sino de un bullir íntimo; Avignon no engendra la acidia, sino que el desconcierto espiritual descrito en la primera jornada produce la acidia que hace insoportable a Avignon. Mas Agustín prefiere no demorarse en lecciones que da por sabidas y se contenta con recordar cuál es la bibliografía básica, la más imprescindible *required reading* contra la «egritudo» y, en particular, contra la especie ahora discutida: una carta de Séneca —recién puesta

---

353. Respecto a ese *terminus post quem*, téngase muy en cuenta que difícilmente puede ser un azar que Petrarca, inmediatamente después de reelaborar unos versos anotados en el ms. horaciano de que disponía, se extienda sobre la conveniencia de anotar los trozos interesantes de los libros (122-126).

a contribución y pronto vuelta a recordar— que enseña no ser «tam necessarium quam videtur silentium in studia seposito» (LVI, 1); [354] el *De tranquillitate animi,* cuya huella hemos apreciado varias veces; el filón de la tercera *Tusculana,* arma formidable (120-122).[355]

Francesco ha leído con diligencia todos y cada uno de esos títulos. ¿Y no le han servido de nada? Sí, mientras los repasaba; pero, en cuanto le resbalaban de las manos, desaparecía el asentimiento que habían suscitado. Así suele ocurrir a los más —interviene el Padre— y así se produce la execrable monstruosidad de esas greyes de 'letrados' errantes por doquiera: las *disputationes* sobre el arte de vivir se oyen en todas las escuelas, pero rara vez cristalizan en obras.[356] «Monstrum» se llamaba antes a la gárrula erudición del peor escolasticismo, incapaz de entender qué lee y de qué habla (52), y de lo mismo vuelve a tildársela aquí. Pero también Francesco es reo de lectura superficial, sin fruto (72), incluso de los escritores más entrañables para él: «legis semper ista, sed negligis» (82). A través de esa tacha se le equipara de nuevo con los necios dialécticos (cf. arriba, págs. 138-139), y tampoco ahora hemos de admirarnos: Petrarca defendió siempre —y alardeó de haber conseguido— una cultura abocada a la virtud, a cuya luz escolástica o humanismo eran igualmente estúpidos si no llegaban a plasmarse «in actum».

Pues Agustín explica ahora que semejante orientación moral solo puede alcanzar buen término cuando la sirve un método

---

354. Respecto a la identificación de la epístola de Séneca aludida, las coincidencias que anoto descartan otras posibilidades propuestas por A. Bobbio, «Seneca e la formazione...», pág. 253.

355. «Ac ne nota pridem auribus tuis ingeram, habes Senece de hac re non inutilem epystolam; habes et librum eiusdem *De tranquillitate animi*; habes et de tota hac mentis egritudine tollenda librum M. Ciceronis egregium, quem (120) ex tertie diei disputationibus in Tusculano suo habitis ad Brutum scripsit» (122). Cf. *De remediis,* II, XCIII, pág. 213: «Ad egritudinem vero animi —ita enim hanc [*sc.*, 'tristitia et miseria'] philosophi appellant— et depellendam et tranquillitatem revehendam proderit nosse quid de primo Cicero in *Tusculano* sub tertia luce disseruit, quid de secundo Seneca in eo libro quem *De animi tranquillitate* composuit ...»

356. «Comunis legentium mos est, ex quo monstrum illud execrabile, literatorum passim flagitiosissimos errare greges et de arte vivendi, multa licet in scolis disputentur, in actum pauca converti» (122).

adecuado: «Tu vero, si suis locis notas certas impresseris, fructum ex lectione percipies» (122). El poeta hace aspavientos de sorpresa: «Quas notas?» Conviene fijarse en esa pequeña interrogación: apenas dos palabras y un tono de asombro bastan para recordarnos que no cabe confundir al personaje con el autor. Petrarca, desde la mocedad, leyó siempre pluma en mano, colmando de signos, acotaciones y glosas los márgenes de los códices;[357] Francesco, en cambio, nada sabe de tales hábitos. El contraste —como tantos— no casa con una interpretación del *Secretum* como «a book of 'confessions' in which the Church Father is the representative of Petrarch's own conscience and a teacher who is to uncover those secret trends of Petrarch's mind which he tries to hide from himself».[358] Mas la contradicción no extraña cuando se ve en el diálogo menos una «confesión», casi un diario íntimo, que un libro de intención docente y estética destinado al «conventus hominum» (26); donde Francesco —como a otra escala Agustín— es una figura de nueva planta que combina sugerencias autobiográficas y libre creación dramática, singularidad y universalidad; donde no hay una clave única —sino múltiple— para descifrar el sentido de cada pasaje.

«Quas notas?» La respuesta no se dará sin un rodeo. Veamos. Cuantas veces, en la lectura, tropiece el poeta con sentencias saludables, aptas para estimular o refrenar el ánimo, debe hacer por conservarlas al abrigo en la memoria y familiarizarse con ellas «multo ... studio». Así, cuando lo amenace un mal que no sufra demoras, tendrá los remedios como escritos en el espíritu. Porque, al igual que en el cuerpo, en el alma ocurren dolencias mortales a la menor dilación: retrasar la medicina es amputar toda esperanza. Cierto, hay pasiones tan poderosas,

---

357. Cf. *Familiares*, XXIV, 1, 9-10: «Ego autem adolescens quanto his interlegendis ardore flagraverim aliquot per annos, quando necdum aliud scriptorum genus tam familiariter noram, libelli indicant qui michi illius temporis supersunt et signa mee manus talibus presertim affixa sententiis, ex quibus eliciebam et supra etatem ruminabam presentem futurumque illico statum meum. Notabam certa fide non verborum faleras, sed res ipsas, misere scilicet vite huius angustias», etc.

358. H. Baron, *From Petrarch to Leonardo Bruni*, pág. 72. Selecciono un juicio reciente, entre incontables análogos.

que, si la razón no las retiene en los comienzos, pierden al hombre por completo, sin cura posible. (Obviamente, a Petrarca le rondaba aquí por el magín el proyecto del gigantesco *De remediis utriusque fortune*.)[359] El primer puesto entre tales

[359]. «Quotiens legenti salutares se se offerunt sententie, quibus vel *excitare* sentis animum vel *frenari,* noli viribus ingenii fidere, sed illas in memorie penetralibus absconde multoque studio tibi familiares effice; ut, quod experti solent medici, quocunque loco vel tempore dilationis impatiens morbus invaserit, habeas velut in animo conscripta *remedia.* Sunt enim quedam *sicut in corporibus humanis sic in animis passiones,* in quibus tam mortifera mora est ut, qui distulerit medelam, spem salutis abstulerit. Quis enim ignorat, exempli gratia, esse quosdam motus tam precipites ut, nisi eos in ipsis exordiis *ratio* frenaverit, animum corpusque et totum hominem perdant, et serum sit quicquid post tempus apponitur?» (122). Comentando tal pasaje (salvo el último punto, que transcribo por creerlo pertinente), K. Heitmann, «La genesi del *De remediis...*», pág. 10, escribe, «Qui si riconoscono facilmente i concetti fondamentali dell'enciclopedia morale [que es el *De remediis*]: quello delle *animi passiones* che lottano contro la ragione [y añádase que la Razón también ofrece lenitivos para los achaques corporales], quello del *frenare animum* che è l'intenzione della prima parte, l'*excitare animum* —parola chiave della seconda; e per giunta è accenato anche il titolo». Asimismo aduce Heitmann la frase de Francesco un poco más abajo (128): «Ego autem quid sentiam [sobre la fortuna], aliud forte tempus ac locus alter fuerit dicendi»; y opina: «E quest' altra occasione —cosí si credeva— sarebbe stato appunto quel testo che porta la fortuna nel suo titolo. Ma l'ipotesi non è accetabile, perché —a parte un breve schiarimento nella prefazione del primo libro— il *De remediis* tratta di ben altri argomenti che quello della questione quale sia la verità sulla volubile dea. Il passo del *Secretum* può, invece, benissimo riferirsi a uno dei tanti altri punti dove, nelle opere del Petrarca, è discusso quell'intricato problema» (*ibid.*). La tal frase, ciertamente, es controvertible (cf. abajo, pág. 246, n. 387); pero, a grandes rasgos, yo veo el asunto de distinta forma. En efecto, Heitmann no advierte que la conclusión de nuestro libro (106 y sigs.) tiene una cierta unidad secundaria centrada en el tema de la fortuna (en parte, a zaga de Boecio: cf. arriba, pág. 210, n. 287) y que en ese marco hay otros motivos que nos remiten al *De remediis*. Así, una vez (112), se alude a la existencia de diversos «remedia» para los diversos envites de la fortuna (cf. pág. 211, n. 290); otra, Agustín aconseja a Francesco rumiar la enseñanza que acaba de darle contra la tentación de creerse perseguido por la fortuna: «hec enim parcius dicta, spatiosius tibi ruminanda servabis» (120; cf. pág. 227 y notas 336, 337); y en ambos casos hay clara dependencia del *De consolatione Philosophiae.* Todos esos fragmentos han de relacionarse entre sí; y entonces resulta claro que Petrarca meditaba una obra —el futuro *De remediis*— cuyo contenido aún no había fijado definitivamente: sin duda pensaba realizar un gran acopio de autoridades (cf. C. N. J. Mann, «Petrarch and the Transmission of Classical Elements», en R. R. Bolgar, *op. cit.* [en la n. 206], páginas 217-224) y tratar de las varias salvaguardas frente a la fortuna, ora favorable, ora adversa, y, por ende, tenía ya concebido el esquema bipartito (aparte el párrafo que encabeza la presente nota, obsérvese que Agustín apunta

«motus» corresponde a la ira; por lo mismo, Agustín aprueba la doctrina de quienes, dividiendo el alma en tres partes, colocaron la razón en la cabeza, «velut in arce», la ira en el pecho y la concupiscencia «subter precordia», de modo que la razón estuviera presta a domeñar las acometidas de las tendencias inferiores y, en particular, de la ira, más cercana a ella precisamente por más necesitada de contención.

A Francesco le place la teoría (de arranque platónico, paladeada en Cicerón, sancionada en el *De civitate Dei*),[360] y, para

varias veces las miserias de la próspera fortuna: así en 112, 116; cf. páginas 212, 222); es muy probable que fuera perfilando la forma dialogada, con una «Ratio» alegórica que dispensa consuelos, paralelamente a la Filosofía de Boecio, y bajo la guía del *De remediis fortuitorum,* que Petrarca creía de Séneca y algunos de cuyos manuscritos (cf. F. N. M. Diekstra, *A Dialogue between Reason and Adversity. A Late Middle English Version of Petrarch's «De remediis»,* Assen, 1968, pág. *41) dan por interlocutores al «Sensus» y la «Ratio» (papeles los últimos que casi asumen Francesco y Agustín en el diálogo primero: cf. arriba, págs. 49-50), mientras en nuestro libro segundo hemos apreciado una fortísima influencia del cordobés; parece fácil, por tanto, que considerara la posibilidad de extenderse sobre el auténtico ser de la fortuna y luego desechara la idea. He indicado e indicaré todavía múltiples contactos entre el *Secretum* y el *De remediis:* atiéndase en especial a la común impregnación estoica (últimamente C. N. J. Mann, *loc. cit.,* pág. 217, ha reiterado que «the framework and the contents of the *De remediis* can certainly be interpreted as Stoic»), al recurso común al esquema de los cuatro afectos (vid. arriba, págs. 126-127), a la gran proximidad entre algunos núcleos de las dos obras (cf. abajo, pág. 327, n. 256, para la estructura coincidente de los «remedia amoris» que propone el Padre y el entero capítulo «De gratis amoribus»), etc. Esas coincidencias y el avanzado estadio en el planeamiento del *De remediis* deducible del *Secretum* acercan extraordinariamente las fechas de ambos libros (vid. incluso H. Baron, *From Petrarch...,* págs. 96-97). Y, en efecto, Petrarca nos aparece por primera vez trabajando en el *De remediis* en mayo de 1354 (cf. E. H. Wilkins, *Petrarch's Eight Years in Milan,* págs. 66 y 235) y en el *Secretum* se halla el primer anuncio seguro de tal tarea (es necesario descartar las inferencias de Heitmann, «La genesi...», págs. 10-11, a partir del *De otio religioso,* porque ni es válida ya la teoría de Rotondi sobre las «due redazioni», ni el texto glosado tiene el sentido que quiere prestársele): pues bien, según las abundantes pruebas que ofrezco a lo largo de este volumen, la última (y verosímilmente decisiva) revisión del *Secretum* tuvo lugar en 1353. Es un caso más en que la nueva cronología del «trialogus» nos ayuda a comprender la secuencia y el dinamismo interno de la producción petrarquesca.

360. Vid. sobre todo *Timeo,* 69 y sigs.; *Tusculanas,* I, x, 20 (y II, xxi, 47; IV, v, 10); *De civitate Dei,* XIV, xix. Para otras referencias de Petrarca a la tripartición del alma, K. Heitmann, *Fortuna und Virtus,* págs. 130-131. Sobre la imagen de la razón «in arce», en general, A. S. Pease, ed. *De natura deorum,* pág. 916; en nuestro autor, Heitmann, *ibid.,* págs. 131, n. 212, y 135-136.

demostrar que ha sacado tanta sustancia de los poetas como de los filósofos, se embarca en una nueva interpretación alegórica de la *Eneida*.[361] Virgilio, al describir la morada de Eolo, pinta la rabia de los vientos ocultos en las entrañas de las cuevas, bajo los montes, y al rey sentado en lo alto del alcázar (122), aplacándolos (124). Pues bien, el humanista ha pensado que todo ello puede figurar la ira y los arrebatos del ánimo, templados en lo hondo del pecho, pues, de no reprimirlos el freno de la razón,

> maria ac terras celumque profundum
> quippe ferant rapidi secum verrantque per auras.

Pero por «tierras» ha de entenderse la materia terrena del cuerpo; por «mares», los humores vitales; por «cielo profundo», el alma, habitante de lo más recóndito y con vigor de fuego y origen celestial (según otro verso virgiliano ahora repetido: cf. arriba, pág. 107). Tal si el autor dijera: 'esas pasiones precipitarán al cuerpo y al alma, al hombre entero'. En cuanto a los montes y el rey imperioso, ¿qué van a significar sino la ciudadela de la cabeza y la razón que allí se alberga? Virgilio ofrece un espléndido lienzo de Eolo, la gruta, el rugido de los vientos en lucha y, cuando encarcelados, furiosos ... Francesco, sensible a la belleza de la escena, recita el fragmento y, para hacerle justicia, lo desmenuza en clave moral y psicológica a través de una prosa que se diría emocionada, rica en anáforas, paralelismos, aliteraciones y rimas: «Hec ille. Ego autem, singula verba discutiens, audivi indignationem, audivi luctamen, audivi tempestates sonoras, audivi murmur ac fremitum. Hec ad iram referri possunt. Audivi rursum regem in arce sedentem, audivi sceptrum tenentem, audivi imperio prementem et vinclis ac carcere

---

(añádase *De otio religioso*, págs. 18, 75; G. Ponte, «Datazione e significato dell' epistola metrica petrarchesca *Ad se ipsum*», pág. 455, n. 7), y arriba, pág. 206, n. 273 (donde el motivo de la *retirada* a la fortaleza de la razón concuerda con el giro usado ahora por Agustín: «[ratio] ex alto velut *receptui* canat»).

361. II, 52-59, que Petrarca comenta por el siguiente orden: 58-59, 52-57, el último verso en dos tiempos.

frenantem. Que ad rationem quoque referri posse quis dubitet?» Es admirable el modo en que nuestro exegeta, pese al rigor con que sigue el planteamiento de Agustín, pese a la minucia de la disección palabra por palabra (como se solía),³⁶² da calor y color al análisis al presentarlo con tanto primor de estilo. Y para confirmar la explicación cuenta todavía con una carta; pues Virgilio apuntó el sentido último de la viñeta, al concluir que Eolo «mollitque animos et temperat iras».³⁶³

El Padre celebra el desciframiento de esos arcanos en una narración poética y, dando por supuesto que semejante *approach* marcha en la línea de la manera fructífera de leer que recomienda, señala que el comentario es agudo y exacto, fuera cual fuera el designio de Virgilio.³⁶⁴ Tras el paréntesis, por fin, vuelve

---

362. De «método atomístico» («modus legendi in dividendo constat», según Hugo de San Víctor) habla con acierto E. de Bruyne, *Estudios de estética medieval*, II (Madrid, 1958), págs. 340; vid. también —por remitir a otra caracterización afortunada— H.-I. Marrou, *Saint Augustin et la fin de la culture antique*, París, 1958, págs. 25-26, sobre Servio y Agustín. P. de Nolhac, *op. cit.*, I, págs. 145-147, ilustra excelentemente la práctica de Petrarca.

363. K. Heitmann, *Fortuna und Virtus*, pág. 135, n. 230, opina: «Die ganze Allegorie dürfte sich aus Servius *ad Aen.* I 57 entwickelt haben»; pienso que solo es lícito hablar de una levísima sugerencia, también recogida por otros autores (cf. D. C. Allen, *Mysteriously Meant*, pág. 156, etc.). La misma exégesis subyace a *Metrice*, II, x, 214-216, y se explaya, matizada, en *Seniles*, IV, v, pág. 869: «Videri michi solent venti illi nichil aliud quam irarum impetus et concupiscentie motusque animi, in pectore subterque precordia habitantes et humane vite requiem quasi quibusdam tempestatibus tranquillum aliquod mare turbantes; Eolus autem ipsa ratio regens frenansque irascibilem et concupiscibilem appetitum anime, quod, ni faciat, ut Virgilius ipse ait, 'maria ac terras celumque profundum' (hoc est sanguinem et carnem atque ossa ipsamque postremo animam, illam terrestrem, hanc celestis originis) 'quippe ferant rapidi secum' (in mortem scilicet et ruinam); 'spelunce atre', quibus ille abditos facit, quid nisi cave et latebrose partes hominis sunt, ubi secundum Platonicam dimensionem suis sedibus passiones habitant pectus et ilia? Superaddita moles caput est, quam rationi sedem Plato idem statuit».

364. «Laudo hec, quibus abundare te video, poetice narrationis archana. Sive enim id Virgilius ipse sensit, dum scriberet, sive ab omni tali consideratione remotissimus, maritimam his versibus et nil aliud describere voluit tempestatem, hoc tamen, quod de irarum impetu et rationis imperio dixisti, facete satis et (124) proprie dictum puto» (126). Carrara anota: «con qualche spregiudicatezza il Petrarca fa qui distruggere da Agostino la costruzione allegorica di cui s'era compiaciuto»; F. Tateo, *Dialogo interiore...*, pág. 57, habla de «un cavilloso allegorismo, che Agostino accetta con degnazione, ridicolizzandolo chiaramente». A mi entender, el Padre no destruye ni ridiculiza nada:

al lugar de partida: [365] Francesco necesita triacas contra la ira y los restantes «motus», pero, mayormente, contra la peste de que tanto se lleva hablado; para obtenerlas, nada mejor que marcar con notas bien discernidas las «sententie utiles» que se le ofrezcan en el curso de una atenta lectura: así retendrá en la memoria, como con garfios, esos pensamientos provechosos. Reconocemos en seguida el procedimiento: gracias a él se elaboraron desde la antigüedad infinitos *florilegia,* en él se apoyó la pedagogía medieval, de él se nutrió la escolástica y se sirvió también el humanismo.[366] Mas Petrarca pone el acento en la reflexión

---

aplaude la *enarratio* de Francesco y corrobora la licitud de buscar sentidos moralmente valiosos a un texto quizás escrito por el autor con otras miras, cuestión con frecuencia discutida en lo antiguo (incluso respecto a la Biblia: vid., por ejemplo, *De doctrina christiana,* III, xxxii, 38). En *Seniles,* IV, v, pág. 868, Petrarca insiste: «qui si et veri sint et litera illos [varios ... intellectus] fert, quamvis iis, qui fabulas crediderunt, nunquam fortassis in mente venerint, non erunt repudiandi»; y lo autoriza con el Obispo de Hipona: «qualia multa de Moyse in *Confessionum* libris disputat Augustinus». Idéntica actitud adoptaron muchos humanistas posteriores, desde el propio Boccaccio (cf., así, C. G. Osgood, *Boccaccio on Poetry,* Indianapolis, 1956², pág. xlviii; J. Seznec, *The Survival of the Pagan Gods,* pág. 223).

365. H. Baron, *From Petrarch...,* pág. 100, juzga que «the long page on the need to control anger *(ira)* ... has very much the same tone as the *De remediis* and seems quite superfluous to the original scheme of the work because *ira* had already dealt with in its proper place in the context of Petrarch's character portrait. Since at that point Petrarch had been found relatively free from this vice, there was particularly little reason for a return to it in the debates on *accidia.* Very probably, therefore, it was the later philosopher of the *De remediis* who found it desirable to deal in greater detail with the relationship between *ira* and reason». Ahora bien, si algo invita a relacionar nuestro pasaje con el *De remediis* es solo el contexto en que se halla (cf. la n. 359). Es difícil hablar de «interpolaciones» en un libro redactado como el *Secretum* presumiblemente lo fue, en tres refundiciones totales (cf. arriba, págs. 15-16). Pero las mismas razones de Baron me llevan a creer que la alegoría sobre la ira *no* es un inserto en unas páginas ya escritas: de serlo, Petrarca hubiera obrado muy neciamente no situándolo en la sección donde se trata de ese pecado capital; en cambio, como digresión brotada al correr de la pluma, se entiende que aparezca donde se halla. Por otro lado, ¿es en verdad una «digresión» referirse a la ira como lo hace Francesco mientras se dialoga sobre la acidia? Ya Cassiano, *Collationes,* XXIV, 15, relacionó diversos vicios con la división platónica de las tres partes del alma, y Alcuino, *De animae ratione,* IV, en igual dirección, vinculó ira, «tristitia» y acidia (cf. S. Wenzel, «The Seven Deadly Sins», pág. 5). No se olvide, además, que poco antes se ha hecho referencia al imperio de la razón sobre el alma (vid. pág. 225).

366. Vid. simplemente R. W. Southern, *La formación de la Edad Media,* Madrid, 1953, págs. 202-204; J. Leclerq, *The Love of Learning and the Desire*

personal «intenta ... ex lectione», en el esfuerzo de la búsqueda, en la vivencia directa, en la respuesta creadora a los textos —como en el caso de la *Eneida*—, tan desdeñoso de los «diffinitionum ... compendia» mecánicamente aprendidos por los dialécticos (cf. arriba, págs. 86-88) como de los repertorios de «flosculi» más refinados pero igualmente vanos (vid. abajo, páginas 385-386).[367]

Con las defensas ganadas merced a tales notas —continúa Agustín—, el poeta podrá resistir siempre a pie firme, «immobilis», sobre todo frente a la «animi tristitia», sombra hedionda que ahoga las semillas de la virtud y los frutos de ingenio, fuente y cabeza —la elegante acuñación viene en las *Tusculanas*— de todas las miserias.[368] La cita resulta oportuna y anuda aún más los hilos del diálogo. La acidia es raíz de pecados (arriba, páginas 213, 220, etc.), y el libro primero nos enseña no haber otra miseria que el pecado (págs. 44, 54, etc.). La acidia es «umbra velut pestilentissima [que] virtutum semina et omnes ingeniorum fructus enecat», y el libro primero, al final, aclara que a Francesco, por sembrar demasiado, le acontece «ut in animo nimis occupato nil utile radices agat nichilque fructiferum coalescat» (cf. pág. 119). La acidia, así, se enlaza de nuevo con el diagnóstico más profundo de los males del protagonista que cierra y recapitula la jornada inicial del coloquio (vid. también págs. 225-226, 232).

No solo eso. Examínese Francesco con diligencia, examine también a los demás. Deje a un lado que no hay hombre «cui

---

for God, págs. 185-188; R. R. Bolgar, *The Classical Heritage*, Nueva York, 1964, págs. 125-126, 270-275. Un estupendo testimonio directo da Othlón de Ratisbona en *PL*, CXLVI, col. 299.

367. C. N. J. Mann, artículo citado en la n. 359, da valiosas muestras de cómo el *De remediis*, concebido como arsenal de «exempla» y «sententiae» espigados de primera mano y cuidadosamente ensamblados, tuvo una posteridad que a menudo lo convirtió en un amasijo de dichos inconexos, ayuno de cualquier calidad literaria: para muchos, la enciclopedia petrarquesca, tan tradicional en bastantes aspectos, resultaba en exceso singular. Las diferencias entre el *De remediis* primitivo y los secos compendios luego basados en él puede ilustrar la originalidad de Petrarca en cuanto a la selección y uso de las «sententie utiles».

368. «... in qua postremo, ut eleganter ait Tullius [sobre la 'aegritudo', *Tusculanas*, IV, XXXVIII, 83], fons est et caput miseriarum omnium» (126).

non sint multe lugendi cause»:³⁶⁹ harto se ha ponderado, en efecto, la miseria de la condición humana. Deje a un lado que el recuerdo de sus culpas lo entristece e inquieta bien justamente ³⁷⁰ y que esa es la única «mestitia» saludable, mientras no se infiltre la desesperación: ³⁷¹ advertencia que confirma que Agustín no predica la *apatheia* del estoicismo ortodoxo (cf. arriba, pág. 182), antes se arrima a la distinción de San Pablo entre una beneficiosa «secundum Deum tristitia» y una deleterea «saeculi tristitia» (II Corintios, VII, 10), la primera camino a la penitencia, cristalizada en el «donum lacrimarum»,³⁷² y la segunda vía a la perdición e idéntica con la acidia.³⁷³ Al margen, pues, la desdicha congénita del hombre y los sanos remordimientos, el poeta habrá de confesar que Dios le ha concedido múltiples gracias: no solo —hay que entender— las dotes del ingenio, del cuerpo, los bienes materiales, examinados a lo largo del coloquio, sino también la filiación divina, la alta dignidad entre las criaturas y todo un rosario de prendas de la misericordia del Señor.³⁷⁴ Tal consideración le dará motivo de con-

---

369. En una carta a Platina y, si no me engaño, entre otras reminiscencias del *Secretum*, escribe también Sánchez de Arévalo: «licet nullus mortalium sit, cui non multe sint lugendi causae ...» (*apud* J. M. Laboa, *Rodrigo Sánchez de Arévalo, alcaide de Sant' Angelo*, Madrid, 1973, pág. 227).
370. «... omisso preterea quod delictorum tuorum recordatio iure mestum et solicitum» trae la edición Carrara (126): evidentemente, falta un «facit» final, presente en el ms. Laurenziano, fol. 226 vo., y en *Opera*, pág. 396. Cf. *De remediis*, II, XCIII, pág. 211: «que mestam animam facit»; o la frase de San Agustín, *Soliloquia*, XIV, 25, anotada por Petrarca en el Parisino Latino 2.103: «Quare me sollicitum facit ...» (vid. E. Pellegrin, «Nouveaux manuscrits...», pág. 272).
371. «... et solicitum facit (quod unum mestitie genus salutare est, modo desperatio non subrepat)» (126). Cf. *De remediis*, II, XCIII, págs. 210-211: «Tristitia nempe de peccato utilis est, modo ne desperationi subrepenti clanculum manum det». En perfecto *pendant*, Agustín concluye con un aviso contra la desesperación, según lo dio al principio del diálogo (vid. arriba, pág. 124 y n. 7).
372. Sobre él y las lágrimas penitenciales, cf. simplemente Cassiano, *Collatio IX (de oratione)*, en PL, XLIX, cols. 804-806, y B. Schwartz, *La psicología del llanto*, pág. 72 y n. 1. Compárese *De vita solitaria*, pág. 346: «Quenam illa suspiriorum quies de profundis ad excelsa tendentium, fatigatio anime gratissima; quenam suavitas lacrimarum de purissimo cordis fonte cadentium ...»
373. Vid. S. Wenzel, *The Sin of Sloth*, págs. 25-26, 159.
374. A inferir que implícitamente se alude a esos dones entre los «multa ... divinitus concessa» (126) lleva el *De remediis*, II, XCIII, donde son aducidos

suelo e incluso de gozo, entre las turbas de quejillosos y plañideros (junto a quienes anda por el momento).[375]

¿Lamenta Francesco no haber vivido todavía («nondum») para sí y se exaspera por el tumulto urbano? Pues el Padre, con vistas al mañana mejor postulado en el «nondum» (cf. arriba, págs. 180, 221), le propone dos reflexiones que le brindarán no pequeño alivio. Por una parte (y, evidentemente, según la terapéutica ciceroniana: cf. pág. 211, n. 289), piense que grandes hombres se dolieron de lo mismo. Para quien haya reparado en las fuentes del diálogo al examinar tales cuestiones, será fácil identificar a algunos de esos «maximi homines»: Augusto, por ejemplo, que, según el *De brevitate vitae,* muy atendido por Petrarca, se confortaba con esperar «aliquando se victurum sibi»;[376] u Horacio, sobre quien se calca el entero pasaje en torno a los enfados de la ciudad (vid. págs. 222, n. 325, y 230). Por otra parte, medite el humanista que por su voluntad ha caído en semejantes quebradas y por su voluntad podrá salir de ellas si lo quiere de veras: «tua sponte in hos incideris anfractus tuaque sponte, si omnino velle ceperis, possis emergere» (126). Tornamos a oír, naturalmente, el lenguaje y los conceptos del libro primero: nadie llega a «cadere» o «iacere» en la miseria —miseria, pecado, tanto da— sino es voluntariamente, «sponte»; nadie logra «surgere» sino es también volun-

---

contra la «tristitia et miseria»; en el mismo sentido hablan la *Familiaris* XVI, IV (marzo, 1353; cf. F. Rico, «Petrarca y el *De vera religione*»), y toda la tradición del tema de la «dignitas hominis», explotado por Petrarca en esos lugares (aparte las referencias de la pág. 170, n. 160, vid. amplia información en mi próximo libro sobre Pérez de Oliva y el Renacimiento).

375. «... que inter turbas *querulorum* atque gementium consolandi gaudendique materiam prestare queant» (126); cf. arriba, pág. 210, la alusión al *Querolus.*

376. *De brevitate vitae,* IV, 1 y sigs.: «Potentissimis et in altum sublatis hominibus excidere voces videbis, quibus otium optent, laudent, omnibus bonis suis praeferant. Cupiunt interim ex illo fastigio suo, si tuto liceat, descendere; nam ut nihil extra lacessat aut quatiat, in se ipsa fortuna ruit. Divus Augustus, cui dii plura quam ulli praestiterunt, non desiit quietem sibi precari et vacationem a re publica petere; omnis eius sermo ad hoc semper revolutus est, ut speraret otium: hoc labores suos, etiam si falso, dulci tamen oblectabat solacio, aliquando se victurum sibi», etc. Petrarca usa ese texto en *Rerum memorandarum,* I, 6; *De vita solitaria,* pág. 544, y *Familiares,* XI, XIV, 2, en las dos primeras obras flanqueado de otros ejemplos pertinentes a nuestro tema.

tariamente, «modo id vere pleneque cupiat». Pero ese eco del principio se oye ahora en la caja de resonancia del debate sobre la acidia. Allí se dice que de la carga del cuerpo, de los fantasmas, nace una «intestina discordia», igual al «intestinum ... bellum» de un San Agustín fluctuante en aquella decisiva coyuntura (núcleo del diálogo inicial) en que la conversión debía producirse «sola voluntate» (cf. pág. 120 y n. 215): y las *Confessiones* precisan que tal «partim velle, partim nolle ... *aegritudo* animi est» (VIII, IX, 21; cf. arriba, págs. 67-68). Allí, el achaque próximo a ser vencido o mitigado por Francesco se llama «torpor» (68), descrito en el *De remediis* como brotado «ex imperfecta voluntate»[377] y sinónimo de «accidia».[378] Ahora sabemos, pues, que el problema del poeta en el primer coloquio es en medida importante —por cuanto atañe a la indecisión para dar con voluntad cabal el paso adelante, para alzarse de una vez— una manifestación de la acidia, comprobada, así, «fons ... et caput miseriarum omnium». Una cadena firmísima engarza las dos jornadas de conversación.

En cuanto a las molestias del vivir en la urbe, específicamente, sin duda las aligerará una «consuetudo longior» (era lugar común que la costumbre hace llevadera cualquier fatiga [379] y Petrarca, en iguales términos que nuestro pasaje, no dejó de aplicar el tópico otras veces a los ahogos de la existencia en Avignon),[380] el hábito de oír el estrépito de las gentes como el caer del agua, con gusto (la imagen y la idea son nuevos prés-

---

377. *De remediis*, II, CIX, pág. 224.
378. Cf. arriba, pág. 199, n. 243, y S. Wenzel, *The Sin of Sloth*, pág. 263, s.v. Compárese *De vita solitaria*, pág. 384.
379. Vid. simplemente Séneca, *De tranquillitate animi*, X, 2, lugar (entre infinitos similares en toda la latinidad) que Petrarca pudo tener especialmente en cuenta, pues ya hemos visto (pág. 233) que contra la acidia Agustín recomienda ese libro y una epístola del mismo autor, recordada en seguida.
380. *Familiares*, XII, XI, 4 (mayo de 1352): «qui semel fastidia huius sacre urbis expertus est, nisi forte *longa consuetudine* imis medullis babilonicum virus insederit —quos exceptione hac notare vellim, intelligis— nullum toto unquam orbe videbit inamenum locum». El sintagma «consuetudo longior» (cf. la n. siguiente) reaparece *ibid.*, III, XIX, 2; V, II, 1; VIII, III, 18; XI, XII, 6; y vid. *Bucolicum carmen*, I, 50-52: «si forsitan aures / dulcibus assuetas inamena silentia tangunt, / miraris? Natura quidem fit longior usus».

tamos de Séneca).³⁸¹ Mas para conseguirlo es esencial aplacar antes el alboroto íntimo, «mentis ... tumultus»; porque contra el pecho sereno nada pueden fragores (y el modo de aludir al sabio impertérrito, de acusado cariz estoico, trae al punto evocaciones de Virgilio, Séneca —siempre—, Horacio).³⁸² Agustín acaba ya: con esos remedios, Francesco, a salvo en la orilla seca (no otra gracia pedía de la bondad de Dios: cf. arriba, pág. 104 y n. 170), contemplará los naufragios ajenos, escuchará en silencio las voces de quienes van a merced de las olas, y cuanto más los compadezca, tanto más apreciará, por contraste, la propia seguridad. Con esos remedios, en breve, vencerá pronto la acidia destructora: «Ex quibus omnem animi tristitiam te iamiam depositurum esse confido».

El poeta opondría reparos, en especial porque Agustín supone cosa fácil y al arbitrio abandonar las ciudades (126); pero, derrotado en todo lo relevante de la controversia, opta por deponer las armas (128). Sí, «iam tristitia relegata», se ve capaz

381. «Ubi et consuetudo longior profuerit, si strepitum populorum velut cadentis aque sonitum aures tuas edocueris cum delectatione percipere» (126). Cf. *Ad Lucilium,* LVI, 3: «At mehercules ego istum fremitum urbis non magis curo quam fluctum aut deiectum aquae ...»

382. «Pectus enim serenum et tranquillum frustra vel peregrine circumeunt nubes vel circumtonat externus fragor» (126). En el Virgilio Ambrosiano, fol. 86, junto a los versos en cuestión, Petrarca copió el siguiente texto de *Ad Lucilium,* LVI, 12-14: «Leve illud ingenium est nec sese adhuc reduxit introrsus, quod ad vocem et accidentia erigitur [mientras, al sabio, 'nullus hominum aviumque concentus interrumpet cogitationes bonas, solidasque iam et certas']. Habet intus aliquid sollicitudinis et habet aliquid concepti pavoris, quod illum curiosum facit, ut ait Vergilius noster: 'Et me, quem dudum non ulla iniecta movebant / tela neque adverso glomerati ex agmine Grai, / nunc omnes terrent aurae, sonus excitat omnis / suspensum et pariter comitique oneri timentem' [*Eneida,* II, 726-729]. Prior ille sapiens est, quem non tela vibrantia, non arietata inter se arma agminis densi, non *urbis* inpulsae *fragor* territat. Hic alter inperitus est, rebus suis timet ad omnem crepitum expavescens, quem una quaelibet vox pro fremitu accepta deicit, quem motus levissimi exanimant; timidum illum sarcinae faciunt. Quemcumque ex istis felicibus elegeris, multa trahentibus, multa portantibus, videbis illum 'comitique onerique timentem'»; y aun se añade (pero ya no se transcribe en el Ambrosiano): «Tunc ergo te scito esse conpositum, cum ad te nullus clamor pertinebit, cum te nulla vox tibi excutiet, non si blandietur, non si minabitur, non si inani sono vana circumstrepet». Cf. arriba, pág. 232, y Horacio, *Odas,* III, III, 1 y sigs.: «Iustum et tenacem propositi virum / non civium ardor prava iubentium / ... mente quatit solida neque Auster ...» Vid. también *De consolatione Philosophiae,* I, IV, vs. 1 y sigs.: «Quisquis composito serenus aevo ...»

de hacer las paces con la fortuna..., siempre y cuando la fortuna existiera. Es un escrúpulo de timorato, frecuente en nuestro autor.[383] Petrarca hablaba de la fortuna —e incluso la personalizaba, poéticamente— tan al margen de cualquier connotación pagana como un italiano de hoy mismo —o, para el caso, hasta el propio San Agustín histórico—.[384] Pero con cautela un poco estrecha, temeroso de que el tono clásico de tantas páginas suyas confundiera al lector desprevenido, solía precisar que las menciones de la fortuna eran solo una condescendencia con el uso vulgar.[385] Vulgarmente se ha obrado en el *Secretum*, a ese propósito, y la corrección viene en forma de comentario erudito. En efecto, Francesco indica la divergencia de Homero y Virgilio: el griego jamás nombra a la fortuna, como si no creyera en ella; el latino la cita a menudo y aun la llama «omnipotente». La observación deriva de Macrobio, y nuestro personaje añade la apostilla de que Salustio y Cicerón asienten al dictamen virgiliano,[386] mientras él se reserva la opinión por el

---

383. «... si modo aliquid esse fortuna» (128); buen número de textos paralelos («si quid est fortuna», «si qua esset», etc.) en K. Heitmann, *Fortuna und Virtus*, págs. 53-54.
384. Cf. solo *Retractationes*, I, 2, sobre el *Contra Academicos*: «Sed in eisdem tribus libris meis, non mihi placet toties me appellasse fortunam; quamvis non aliquam deam voluerim hoc nomine intelligi, sed fortuitum rerum eventum, vel in corporis nostri, vel in externis bonis aut malis. Unde et illa verba sunt, quae nulla religio dicere prohibet: *forte, forsan, forsitan, fortasse, fortuito*, quod tamen totum ad divinam revocandum est providentiam».
385. Vid. K. Heitmann, *ibid.*, págs. 55-56, 252; es el estudio más rico sobre la cuestión, aunque tiende a sobrestimar la oposición entre «Die populäre» y «Die Philosophische Ansicht» de la fortuna en Petrarca.
386. «Nam, ut vides, inter graium et nostrum poetam hac de re tanta dissensio est ut, cum ille fortunam in operibus suis nusquam nominare dignatus sit, quasi nichil eam esse crederet, hic noster et sepe eam nominet et quodam in loco [*Eneida*, VIII, 334] 'omnipotentem' etiam vocet. Cui sententie et historicus ille nobilis favet et orator egregius. Nam et Crispus Salustius [*De coniuratione Catilinae*, VIII, 1] 'dominari profecto' ait 'in re qualibet fortunam'; et M. Tullius [*Pro M. Marcello*, II, 7] 'humanarum rerum dominam' asseverare non timuit» (128). Cf. Macrobio, *Saturnales*, V, xvi, 8: «Fortunam Homerus nescire maluit ..., adeo, ut hoc vocabulum ... in nulla parte Homerici voluminis nominetur. Contra Vergilius non solum novit et meminit, sed omnipotentiam quoque eidem tribuit ...» Otro tanto se dice en *Seniles*, VIII, III, págs. 924-925 (también con cita de Cicerón), y casi a la letra en un discurso de 1361, ante Juan I de Francia (ed. Carlo Godi, en *Italia medioevale e umanistica*, VIII [1965], pág. 74 y n. 6). La referencia a Homero reaparece en *Familiares*, IX, xv, 2, texto gamma («et prevaluit apud me Graii vatis

momento.[387] Como sea, la «admonitio» del Padre le ha resultado provechosísima: comparado con la mayor parte de los hombres, ya no se juzga en situación tan mísera como le parecía.

Agustín se congratula de haber sido un maestro útil (puede hacerlo con legítima satisfacción, porque Francesco ha acabado por aceptar el criterio de relativismo que antes rechazaba: cf. página 211) y confía en serlo todavía más. El coloquio, sin embargo, se ha extendido ya bastante: ¿no convendrá dejarlo para el próximo día y rematarlo entonces? El poeta está de acuerdo: de tal manera, la charla habrá ocupado tres jornadas; y a él le ocurre sentir una poderosa atracción por el número tres, el de las Gracias y, antes de nada, el más afín a la divinidad. Así lo creen el Obispo de Hipona y otros adeptos a la verdadera religión, llenos de fe en la Trinidad (mientras reconocemos inmediatamente la alusión a la obra maestra agustiniana, cuesta algo más descubrir que probablemente Petrarca también piensa en Casiodoro); [388] así lo ven incluso los filósofos gentiles, cuyo tes-

---

autoritas»); a Virgilio, en *Varias*, XVII, y *Familiares*, XVIII, xvi, 7 (alineado junto a Salustio y Tulio), y XIX, ix, 4, versión gamma (ahí se escribe: «quando Virgilio ipsi credimus, omnipotens et ineluctabilis dea est»); ello, al igual que *Familiares*, XXII, xiii, 7, donde tampoco falta la frase de Cicerón, podría dar pie a la conjetura, escasamente plausible, de que en nuestro pasaje del *Secretum* debe leerse: «hic noster et sepe *d*eam nominet ...»). Vid. Heitmann, *ibid.*, págs. 31-32, 36, 38, etc., para otros materiales conexos.

387. «Ego autem quid sentiam, aliud forte tempus ac locus alter fuerit dicendi» (128). Vid. la anterior nota 359; adviértase, con todo, que Petrarca más de una vez esquivó definirse respecto a la fortuna, aunque a la postre el contexto siempre manifestara la negativa a reconocerle otra realidad que la nominal, bien de distinto modo que a la providencia divina: «de qua re, ne precipitante iudicio deffiniam, nichil in presens pronuntio ...» (*Familiares*, XIX, ix, 4, gamma); «de fortuna ... loqui soleo ut vulgus ... Si seorsum interrogarer, responsurus fortasse longe aliter ...» (*ibid.*, VI, v, 1), etc.

388. «Ego vero numerum ipsum ternarium tota mente complector; non tam quia tres eo Gratie continentur, quam quia divinitati amicissimum esse constat. Quod non tibi solum aliisque vere religionis professoribus persuasum est, quibus est omnis in Trinitate fiducia ...» (128). En el Parisino latino 2.201, fol. 10, al margen del *De anima* de Casiodoro, VII (*PL*, LXX, col. 1.290), donde se dice que «tali ... numero delectatur anima: ipso etiam noscitur gaudere divinitas», Petrarca anotó: «Virgilius: 'numero Deus impare gaudet'» (cf. L. Delisle, «Notice...», pág. 401). Aunque la relación, a primera vista, pueda reputarse demasiado trivial, opino que nuestro autor tenía en mente a Casiodoro: no parece accidental que se mencione a Agustín «aliisque *vere religionis* professoribus» y que el manuscrito contenga justa-

timonio revela que el tres se usaba en la invocación a los dioses, y así lo sabía Virgilio, pues el contexto del célebre verso, «numero Deus impare gaudet», deja claro que ahí se trata «de ternario» (nuestro autor, verosímilmente, recordaba a Aristóteles y a Servio).[389] Las Gracias y la Santísima Trinidad, Agustín y Virgilio, los «vere religionis professores» y los «gentium philosophi»: no cabe final más apropiado para un diálogo que tantas veces hermanó motivos sacros y profanos. Atendamos mejor a esa última muestra de harmonía (casi digna de un Marsilio Ficino)[390] que al tonillo pedante que pueda acompañarla. Francesco, por lo menos, se diría complacido, mientras espera del Padre «tertiam ... partem huius tripartiti muneris».

Explicit liber secundus.

---

mente el *De anima* y de DE VERA RELIGIONE, obra que acompañó al humanista, indudablemente en el códice citado, en toda la redacción del *Secretum*.

389. «... sed ipsis etiam gentium philosophis, a quibus traditur uti eos hoc numero in consecrationibus deorum ...» (128). Cf. Aristóteles, *De Caelo*, A i, 268a: «Pues, como dicen los pitagóricos, el mundo y cuanto hay en él está determinado por el número tres ... De esa suerte usamos además el número tres en el culto de los dioses». Y sigue Francesco: «quod nec Virgilius meus ignorase videtur ubi ait: 'numero Deus impare gaudet' [*Bucólicas*, VIII, 75]; de ternario enim loqui eum precedentia manifestant» (*ibid.*). Vid. Servio, *ad loc.:* «iuxta Pythagoreos qui ternarium numerum perfectum summo deo adsignant, a quo initium et medium et finis est».

390. No solo por la actitud y los datos puestos en juego, sino también por el tema (sobre el bien conocido asunto de los «vestigia Trinitatis», en Ficino y en el humanismo, y en especial para la relación con las tres Gracias, vid. solo E. Wind, *Pagan Mysteries in the Renaissance*, págs. 36 y sigs., 241 y sigs.).

LIBER TERTIUS

Solo un pago quiere Agustín, por el bien que haya podido hacerle en el diálogo de los dos días ya pasados: que el poeta atienda dócilmente y abandone el espíritu de contienda, reacio, que antes enturbió la conversación tal cual vez.[1] Francesco accede de mil amores: gracias al Padre, se siente en buena medida libre de las viejas inquietudes («magna solicitudinum mearum parte liberatum», 130) y por ello mejor dispuesto a escuchar cuanto resta. Que no es poco. Justamente Agustín va a poner el dedo en las llagas más rebeldes y enconadas en las entrañas;[2] y va a tocarlas con miedo, recordando qué altercados y quejas levantó al rozarlas apenas, pero también con la esperanza de que Francesco cobre ánimos para soportar sereno el duro tratamiento. El enfermo se cree fuerte, habituado —a esas alturas— a oír el nombre de sus males y sobrellevar los auxilios del médico. ¿Le prestaremos fe? Pues en otros momentos prometió cosas parecidas; y, sin embargo, sabemos cómo ha protestado según el Santo —terapeuta de la palabra, ducho en identificar el morbo y, por ahí, hacer consciente y sanar al achacoso—[3] le iba revelando la verdadera condición de unas «cure» que cobraban muy distinto aspecto al encasillarlas —precisamente— en el catálogo de los pecados capitales. No reaccionará ahora con menos brío, cuando Agustín le muestre cuáles son las dos 'heridas' o, con otra imagen, 'cadenas' que aún quedan por examinar. «Duabus adhuc adamantinis dextra levaque

---

1. «Siquid hactenus sermo tibi meus contulit, oro obtestorque ut te facilem hauriendis que supersunt prebeas, contentiosumque et reluctantem animum deponas» (130). Así se abre el libro tercero. Cf. en especial 38 («animum indue non contentionis sed veritatis avidum»), 42 («omne studium contentionis abieci»), 104-106; y arriba, págs. 62, n. 56, y 77, n. 85.
2. «Nondum intractabilia et infixa visceribus vulnera tua contigi ...» (130).
3. Vid. simplemente arriba, pág. 27.

premeris cathenis, que nec de morte neque de vita sinunt cogitare» (130). Es una pena destruir en la paráfrasis el efecto buscado por el Padre (y mimado por Petrarca, en plenitud de potencias artísticas), quien se demora en dar vueltas a la metáfora, sin descifrarla, despertando la expectación del interlocutor (y del lector), para satisfacerla luego dramáticamente, con rotundidad y concisión: «Amor et gloria» (132). Porque Francesco, cierto, está encadenado en la pasión amorosa y en el deseo de gloria: con esa clave, anticipada, hemos de leer el pasaje.

Empecemos por notar que el autor había abonado cuidadosamente el terreno para usar tales símiles. En efecto, se habla aquí de «vulnera» y de «cathene», y no puede pillarnos de sorpresa. En el libro segundo, al concluir (provisionalmente) el análisis de la lujuria, Agustín afirmaba no haber explorado todavía las «maxima ... vulnera» y apuntaba el propósito de hacerlo más adelante.[4] También allí, para poner término a la disección de la soberbia —dejando claro que se volverá sobre ella—,[5] se compara al vanidoso con el loco que se deleita en la cárcel, entre «vincula».[6] Importa advertir que la persistencia de las imágenes asegura la trabazón de los diálogos segundo y tercero, incluso formalmente, aparte potenciar el valor conceptual de los anuncios de que lujuria y soberbia recibirán nueva atención. Porque parejos anuncios insertan explícitamente (por si falta hiciera) amor y gloria entre los pecados capitales: el amor por la mujer de tantos «rerum vulgarium fragmenta», en la lujuria; la gloria, en la soberbia. Así se establece una especial conexión de los dos coloquios. Pero igualmente conviene reparar en las diferencias: si amor y gloria se aíslan en el último libro, en vez de incorporarlos al segundo, es porque aun formando parte de los siete vicios arquetípicos tienen en común una dimensión propia o, cuando menos, aparecen a Petrarca bajo

---

4. «Maxima tue mentis vulnera nondum attigi, et consulto dilata res est, ut novissime posita hereant memorie. In illorum altero appetituum carnalium, de quibus aliqua diximus, cumulatior aderit materia» (104); cf. abajo, n. 289.

5. «Hec, nisi fallor, sunt que te superbis flatibus elatum humilitatem conditionis tue considerare prohibent mortisque reminisci. Sunt etiam alia, que iam hinc exequi fert animus» (76).

6. Cf. arriba, págs. 146-147.

una misma luz peculiar (en seguida veremos por dónde van los tiros). Subrayemos al par la insistencia, más capital por ser obvia: desde el arranque, los dos núcleos de la tercera jornada (como cuantos constituían la anterior)[7] se destacan en tanto impedimentos de la «meditatio mortis humaneque miserie» (34). Pues claro está que si la primera crítica de amor y gloria consiste en señalar que «nec de morte neque de vita sinunt cogitare» es porque refiere a esa doble «cogitatio» esencial en la tradición del «contemptus mundi» y una de las mayores líneas de fuerza del *Secretum* (el diálogo final bastaría a probarlo).

Dos cadenas de diamante —entonces— oprimen a Francesco a derecha y a izquierda: amor y gloria. Cadenas uno y otra, porque Petrarca tendía a concebir el pecado —y ambos lo son— como ligamen, vínculo, al tiempo que realzaba —siempre en el mismo campo metafórico— que caer en semejantes cepos y sacudirse el «vitiorum iugum» era responsabilidad exclusiva de la voluntad.[8] Cadena el amor, en concreto, porque cadena (y cárcel)[9] había sido juzgado de la Roma clásica a la Provenza medieval,[10] con repetido asenso de nuestro autor.[11] Cadenas de diamante, en fin, por lo preciosas y sólidas.[12]

7. Vid. págs. 124, 131, 143-144, etc.
8. Cf. *Psalmi penitentiales*, I, 17: «Quid michi procuravi, demens? Cathenam meam ipse contextui ...»; y arriba, págs. 55, n. 42; 64, n. 59; 107, n. 176.
9. Para la 'cárcel de amor', R. Langbehn-Rohland, *Zur Interpretation der Romane des Diego de San Pedro*, Heidelberg, 1970, págs. 151-154.
10. Vid., por ejemplo, Ovidio, *Amores*, I, II, 30: «et nova captiva vincula mente feram» (en el triunfo de Amor); *Remedia Amoris*, 213 (y P. Courcelle, *Les «Confessions»*..., págs. 115-116); Raimbaut d'Aurenga, V, 29 (ed. W. T. Pattison, *The Life and Works of the Troubadour R. d'Orange*, Minneápolis, 1952, pág. 83): «qu'amors m'a mes tal cadena ...» (y N. Scarano, «Fonti provenzali e italiane della lirica petrarchesca», págs. 271-272); cf. además D. W. Robertson, Jr., *A Preface to Chaucer*, Princeton, 1964³, pág. 508, *s.v.* «chains».
11. Cf. solo (las ilustraciones podrían multiplicarse) *Canzoniere*, LXXVI («Amor ... / mi ricondusse a la pregione ... / Et come vero pregioniero afflicto / de le catene mie gran parte porto ...»), LXXXIX («Fuggendo la pregione ove Amor m'ebbe ... / dissi: Oimè, il giogo et le catene e i ceppi ...»); *Familiares*, VII, XII, 14, texto gamma («amor ipse uncos habet et cathenas»), y X, III, 24 (cit. abajo, n. 126); *Metrice*, I, VI, 44 («Iam duo lustra gravem fessa cervice cathenam / pertuleram ...»); abajo, n. 508.
12. Compárese, por caso, *De otio religioso*, pág. 21 («adamantina duritie»); *Varias*, XVII, pág. 339 («adamantina soliditate»); *Canzoniere*, XXIII, 25 («adamantino smalto»); *Familiares*, IX, v, 43 («peracuta veritas adamantina acie»); *Triumphus Pudicitie*, 122 («catena di diamante»), etc. Una vez, Petrarca am-

De esas dos cadenas ha temido siempre el Padre que arrastraran a Francesco a la perdición, y únicamente respirará tranquilo cuando lo vea a él suelto y a ellas rotas por el suelo: cosa no imposible —de serlo, sobraba el empeño—, pero sí auténticamente difícil. Para labrar un diamante se usa la sangre del cabrón: [13] para ablandar «cure» tan roqueñas, hará falta una sangre admirable, capaz de quebrar y empapar el más «aspro core».[14] Lograrlo exige la aquiescencia del poeta: ¿podrá o, mejor dicho, querrá prestarla? Porque el brillo de las cadenas lo deslumbra y alucina, y quizá le ocurra como al avaro preso en grilletes de oro, dispuesto a desaherrojarse, mas no a abandonarlos. «Tibi autem ea carceris indicta lex est —sentencia Agustín—, ut nisi cathenas abieceris solutus esse non possis.» Francesco se desespera: ¡todavía dos cadenas en el ánimo, e ignoradas! Pero no —puntualiza el Santo—, las conoce perfectamente; le encantan (130), sin embargo, y se le antojan inmensas riquezas (132); y le acontece cual al cautivo en argollas de oro que se complaciera en el oro... sin ver las argollas: también ve las amarras, mas, «o cecitas!», aunque lo llevan a la muerte, disfruta y hasta alardea de ellas: [15] nada más miserable.[16] Obviamente, ahora se concentran temas y problemas de la obra en-

---

plía el «adamantinos ... clavos» de Horacio, *Odas*, III, xxiv, 5-7 escribiendo: «omnes clavos, quos adamantinos illi ['Necessitati'] tribuunt, catenasque ... discusseris» (*De remediis*, II, lxvii, pág. 184; cf. *Familiares*, XVI, xii, 7).

13. «... ut in adamante frangendo hircinum ['sanguinem'] ...» (130). La noticia se halla en Plinio, *Naturalis historia*, XXXVII, iv, 59 («hircino rumpitur sanguine»), y se repite en múltiples lugares: Petrarca, así, podía leerla en dos de los primeros libros que poseyó, el *De civitate Dei*, XXI, iv, 4 («hircino sanguine vinci»), y las *Etimologías*, XII, i, 14, y XVI, xiii, 2 («hircino rumpitur sanguine»).

14. «... cor asperum ...» (130); cf. *Canzoniere*, XXIII, 66, y CCLXV, 1 (aunque, por supuesto, ahí se alude al corazón de la amada).

15. Moviéndose «similitudine ... in eadem», Petrarca varía y matiza la imagen de las 'cadenas': «manicis atque compedibus tentus ...», «laqueos non videret ...», «vinculis delectaris» (132).

16. «... ipsis ad mortem trahentibus vinculis delectaris, quodque est omnium miserrimum gloriaris» (132). Cf. *Familiares*, X, ii, 3: «quasi miserius quicquam sit quam esse miserum nec sentire»; *De remediis*, I, lxix («De gratis amoribus»), en *Prose*, pág. 624: «Miserum est peccare, miserius delectari, miserrimum excusare atque amare peccatum; et tum demum consumata miseria est [vid. la n. 18], cum ad studium voluptatis opinio quedam honestatis accesserit»; y abajo, pág. 275.

tera, en adecuado enlace del libro tercero con los anteriores: así, el contraste esencial de *velle* y *posse* (vid. págs. 64 y sigs.) y el motivo conductor de la incapacidad de ver con el alma, no con los sentidos, o la constante del engaño radical del protagonista, turbado por falsas apariencias (págs. 21-22, etc.), se evocan y plasman en símiles que nos invitan a ámbitos nuevos sin dejarnos olvidar el camino recorrido. Petrarca sabe recapitular sapientísimamente, en unas líneas, la sustancia ideológica y anecdótica de los diálogos previos: el *Secretum* crece orgánicamente, la misma savia da vida a todo el árbol.

Por fin, cuando la suspensión llega al clímax, Agustín responde a la pregunta angustiosa sobre la identidad de las dos cadenas: son, lapidariamente, «amor et gloria». Francesco da un respingo, entre el estupor y la incredulidad: «Proh Superi, quid audio! Has ne tu cathenas vocas hasque, si patiar, excuties?» (132). Pues sí, el Padre va a intentarlo, pese a dudar del resultado: porque las otras ataduras eran más frágiles y menos gratas, y contó, por ende, con la ayuda del prisionero; mientras las de ahora, aun si funestas, lo fascinan con una apariencia de hermosura, y Francesco se resistirá como si fueran a despojarlo de los máximos bienes. Por de pronto, el doliente adopta un tono plañidero: ¿qué daño ha hecho a Agustín, para que quiera arrebatarle los afanes más resplandecientes y condenarle a tinieblas lo más sereno del alma? [17] ¡Infeliz! Con esas palabras demuestra haber preterido el dicho del filósofo: se alcanza la cima de la desgracia al persuadirse falsamente de que así debía ocurrir.[18] No lo ha trascurado —protesta Francesco—, pero tam-

---

17. Francesco habla de «speciosissimas ... curas» y de «serenissimam animi mei partem» (132). La paradógica identificación de 'cuitas' y 'serenidad', más que a otra forma del «conflictus» mencionado en el título, parece aquí apuntar a la perplejidad e ignorancia del protagonista. Para contrastes similares, vid. últimamente (aparte la bibliografía citada en esos trabajos) G. Herczeg, «Struttura delle antitesi nel *Canzoniere* petrarchesco», en *Studi petrarcheschi*, VII (1961), págs. 195-208, y N. Iliescu, *Il «Canzoniere» petrarchesco e Sant' Agostino*, págs. 72-82.

18. «Oh miser! an tibi philosophica illa vox excidit: tum consumatum fore miseriarum cumulum, cum opinionibus falsis persuasio funesta subcrescit ita fieri oportere?» (132). No doy con el origen preciso de la cita. Como el pasaje paralelo del *De remediis* (n. 16), nuestro texto recuerda algo a Séneca, *Epístolas*, XXXIX, 6: «et mala sua, quod malorum ultimum est, et amant.

poco viene al caso. ¿Por qué no debía ocurrir así? Nada ha juzgado ni juzgará tan rectamente como reputar nobilísimos los dos afectos que el Santo le reprocha... Volvemos al conflicto conocido de la verdad y la «perversa opinio» —insensatamente hecha norma—, del desconocimiento frente a la conciencia del mal, «radix —la última— humane salutis» (30). Pero, antes de observar cómo cristaliza en las páginas de nuestro libro, fijémonos en las dos cadenas tan mentadas y en los eslabones que las engarzan entre sí para gravar a Francesco.

Ni que decir tiene que la unidad de las dos «cure» analizadas en el diálogo inmediato no la da simplemente el origen común, ni la terapéutica aplicada para combatirlas. En ello no difieren demasiado de las restantes desazones de Francesco: todas nacen de un error profundo [19] y contra todas es remedio mayor la meditación de la muerte y la miseria humana. Hallaremos también en el coloquio otros reiterados puntos de contacto entre el amor y la gloria: el amor, por ejemplo, aviva la aspiración a la gloria (144-146); el protagonista desea con igual desmesura a la dama y a la fama, y el nombre, con todas las implicaciones que acarrea en cuanto «decus», lo atrae no menos que el cuerpo de la mujer cantada (158), *et cetera*. No descuidemos esos aspectos, en especial el último: harto sabemos que «il nome che nel cor scrisse Amore» es en la obra petrarquesca, por gracia de la textura fonética o de la interpretación sabia, centro de un complejo sistema de símbolos (incluso: símbolos de símbolos), cuya trinidad estructural forman amor, gloria y poe-

---

Tunc autem *est consummata infelicitas, ubi* turpia non solum delectant, sed etiam placent, et dessinit esse remedio locus, ubi quae fuerant vitia, mores sunt»; «opiniones falsae» suena a estoico. ¿Usaría Petrarca algún apócrifo «Séneca», quizás el mismo aducido más abajo (cf. n. 204)?

19. Cf. abajo, págs. 271-272. En esa perspectiva estoica, en tanto 'afectos' o 'perturbaciones', amor y deseo de gloria caen dentro de la «libido» o «cupiditas», como «opinio futurorum bonorum» (vid. arriba, págs. 107, 110, 127); ya Cicerón los unió a ese propósito: «similiterque ceteri morbi, ut *gloriae cupiditas*, ut *mulierositas*, ut ita appellem eam quae Graece *philogynia* dicitur, ceterique similiter morbi aegrotationesque nascuntur» (*Tusculanas*, IV, x, 25); para el amor como «passio vehementior», vid. págs. 317, 324. Lo puntualizo, por obvio que sea, para no dejar duda sobre la congruencia con que nuestro coloquio final sigue líneas de fuerza trazadas anteriormente.

sía.²⁰ Digo «amor», imprecisamente; pero al acercarle «poesía» apunto algo que en seguida va a revelársenos, y de manera explícita, paladina hasta para quien nada supiera del *Canzoniere*: el amor tratado en nuestro libro es el amor por Laura.²¹

El amor por Laura, cierto, se separa del amor de que la víspera se habló indiscriminadamente, y no por caer fuera del pecado de lujuria.²² Es obvio que sí lo marcan abundantes rasgos singulares. Mas la causa de la separación no es tanto la incidencia pragmática (cabría decir) como la dimensión literaria de esas peculiaridades. Umberto Bosco ha escrito que «nelle opere in latino l'amore per Laura ha un posto modestissimo: ben altri interessi, morali-religiosi, politici, letterari, ben altre preoccupazioni d'ordine anche pratico, persino altri amori, ci sono testimoniati da esse, balenando anche nelle *Rime*: interessi e preoccupazioni confermati dai documenti esterni che i biografi hanno potuto rintracciare e vagliare. Nella vita dell'uomo, dunque, l'amore per Laura non fu che un episodio; ma un episodio che il poeta lirico vuole rappresentarci come centrale e determinante; un episodio trasformato in 'mito' poetico».²³ De hecho, cabe discutir si «Laura» (sea cual sea la realidad que le concedamos) fue un «episodio» de más o menos relevancia biográfica que esos «altri interessi» o «persino altri amori» (porque ¿cómo averiguar qué tiene mayor peso en lo hondo?). En cambio, es seguro que fue un «'mito' poético», básicamente circunscrito a unas formas y géneros poéticos. Petrarca podía haber callado el «episodio»; pero prestó a Laura una realidad indiscutible «ut esset et de qua ego loquerer et propter quam de me multi loquerentur».²⁴ No se equivocaban quienes lo entendieron así,

---

20. En las páginas siguientes, habré de referirme con frecuencia a textos y cuestiones de las *Rime*: adviértase ya que normalmente lo haré en forma y con documentación sucintas, a reserva de extenderme en el volumen tercero del presente estudio. Sobre el asunto ahora rozado, cf. abajo, n. 241.
21. Hasta ese hipotético lector ignorante de los *Rerum vulgarium fragmenta*, en efecto, advertiría que todo lo dicho se refiere a una dama llamada «Laurea», celebrada en poemas «vulgo etiam nota» (156-158).
22. Amén de lo señalado en la pág. 250, vid. abajo, pág. 275, sobre la imagen de las 'llamas'.
23. U. Bosco, *Francesco Petrarca*, pág. 22.
24. *Familiares*, II, IX, 18. Vid. el artículo citado en la pág. 28, n. 73; y abajo, pág. 261.

aliando amor y gloria a través de la poesía: de cualquier modo que existiera Laura, Petrarca la inventó (con decisiva ayuda de la tradición) como *tema*; le dio, deliberadamente, la vida literaria que nada le obligaba a otorgar, para escribirle «ficta carmina».[25] Eso es también esencial en nuestro contexto y a nuestro propósito: el amor por Laura se desplaza del libro segundo al tercero no lisa y llanamente en tanto un amor distinto, sino en concreto como amor *literario*, como *el* amor *de la poesía* petrarquesca, del *Canzoniere*.

Llegados aquí, tal vez nos convenga detenernos un momento en un celebérrimo poema. La canción *I' vo pensando*, soliloquio y coloquio, pulula en coincidencias con el *Secretum*.[26] Petrarca (resumo toscamente) plañe en ella la incapacidad de elevarse al cielo con la inteligencia,[27] de intimar con las cosas divinas, «il

---

25. *Ibidem*; cf. abajo, n. 201, para la idea petrarquesca de 'ficción' a un propósito muy pertinente al tema del amor en nuestro libro tercero.

26. Vid. págs. 21, n. 44; 65; 121, n. 216; 280; 294; 306; 367, n. 404; 382, n. 466; 413, n. 554, etc. Tras el último análisis de E. H. Wilkins, «On Petrarch's *Ad seipsum* and *I' vo pensando*», en *Speculum*, XXXII (1957), páginas 88-91, creo que queda claro que solo esas coincidencias ofrecen algún asidero para fechar el poema (ni siquiera puede darse por supuesto que se compuso «in vita»); pero la larga elaboración del *Secretum* (entre 1347 y 1353) ahora de manifiesto nos sume aún más en la incertidumbre. Uno tiende a pensar que la canción es anterior al diálogo, porque en ella faltan las soluciones que el libro ofrece a problemas comunes: v. gr., en el angustioso contraste de «cadere» y de «iacere» falta una alusión al «velle» que resuelve el dilema (vid. arriba, págs. 63-66); mas, por otra parte, como Petrarca no ignoró nunca tales soluciones, el orillarlas en verso probablemente fue un deliberado *écart* en beneficio de la intensidad lírica y dramática del poema, frente a la densidad intelectual del *Secretum*.

27. «... mille fiate ò chieste a Dio quell' ale / co le quai del mortale / carcer nostro intellecto al ciel si leva» (6-8). Es unánime entender esas «ale» como las del Salmo LIV, 7 («Quis dabit mihi pennas sicut columbae, et volabo et requiescam?»), sin duda aludidas en *Canzoniere*, LXXXI, 12-14; *Metrice*, I, xiv, 137-138; *Familiares*, X, iii, 26 y 58, XVI, vi, 26, XXIII, ix, 4; vid. por ejemplo G. Ponte, «Datazione e significato dell' epistola metrica petrarchesca *ad seipsum*», pág. 459, n. 14; solo N. Iliescu, *Il «Canzoniere» petrarchesco e Sant' Agostino*, págs. 128-130 (a zaga de Calcaterra, *Nella selva del Petrarca*, pág. 304), ve en esos textos una combinación de la Biblia con las *Enarrationes in Psalmos*, CXX, 1 (que Petrarca no acotó en su manuscrito: cf. G. Billanovich, «Nella biblioteca del Petrarca», págs. 11-12). De hecho, las «ale» de *I' vo pensando* son las cantadas en el *De consolatione Philosophiae*, IV, i, 9 y versos 1 y sigs.: «Pennas enim tuae mentis quibus in se altum tollere possit adfigam», etc.; «Sunt etenim pennae volucres mihi / quae celsa conscendant poli; / quas sibi cum velox mens induit / terras perosa

ver abbracciar, lassando l'ombre» (CCLXIV, 72); [28] porque, como las dos 'cadenas' de nuestro diálogo, «duo nodi» lo retienen con terrible firmeza: amor y gloria. Si juntamos en un mismo costal al Petrarca del vivir cotidiano y al lírico del *Canzoniere*, la cuestión nos intrigará: ¿podía Petrarca verdaderamente considerarse tan a salvo «dagli altri [nodi]», según indica,[29] como para juzgar amor y gloria los únicos impedimentos a alzarse a Dios? La respuesta, única acorde al cristianismo de Petrarca y de la época, ha de ser tajante: no, claro que no. Mas, si nos ceñimos al marco de los *Rerum vulgarium fragmenta,* la situación varía. Estudios recientes han mostrado con acierto que las *Rime sparse* «not dealing with Petrarch's love of *Laura* reveal either Petrarch's love of *God* or his love for a superior *glory*».[30] Así acotado el terreno, comprendemos al fin: si esos son los tres principales términos en juego (cada uno, por supuesto, preñado de connotaciones), una lógica interna pide que solo amor y gloria se contemplen como obstáculos para llegar plenamente a Dios. Vale decir, el *io* que «va pensando» se limita al cercado del *Canzoniere*: amor y gloria, en la pieza discutida, son trabas máximas en el camino al Señor no para el entero Petrarca, sino para el Petrarca de los versos italianos, para una encarnación del plural *yo* literario.

Con ello estamos a un paso de dilucidar por qué «amor et gloria» se examinan en distinto lugar que lujuria y soberbia (aun concibiéndose como hijuelas de esos pecados) y cuál es la

---

despicit, / aeris immensi superat globum / nubesque postergum videt», etc. Esas «pennae mentis» deben ser también las del *Bucolicum carmen*, XI, 67-70 o, v. gr., *Canzoniere*, CCCLXII, 1. Para la tradición del tema (sin citar a Petrarca), vid. P. Courcelle, *La Consolation de Philosophie...*, págs. 197-199. Me detengo en ello, para insistir en la importante huella de Boecio en Petrarca, dentro y fuera del *Secretum*: es inexacto que nuestro escritor hiciera «scarsissimo uso» de la *Consolatio*, y no debe sorprender, por tanto, que citara a Boecio entre los autores leídos y releídos «non modo memorie sed medullis», junto a Virgilio, Horacio y Cicerón (lo uno afirma y de lo otro se admira U. Bosco, «Il Petrarca e l'umanesimo filologico», pág. 86).

28. Vid. arriba, págs. 20-25.
29. «Tu che dagli altri, che'n diversi modi / legano 'l mondo, in tutto mi disciogli ...» (84-85).
30. A. S. Bernardo, «The Importance of the Non-Love Poems in Petrarch's *Canzoniere*», en *Italica*, XXVII (1950), págs. 302-312, resumido en *Petrarch, Scipio and the «Africa»*, pág. 64 (la cursiva es mía).

unidad que los aparea en la última jornada. Los «duo nodi» de la canción nos descubrían ser el *io* que allí hablaba Petrarca *en tanto* autor y actor de los *Rerum vulgarium fragmenta*. Las 'dos cadenas' de nuestro libro, como idénticas a tales «nodi», hacen lícito razonar por analogía que el preso en ellas es el mismo *creador* y *personaje* de la composición lírica. Sin duda ocurre así en buena parte: precisamente en la parte inicial y de mayor extensión. Pero, si vamos un poco más allá, daremos con una explicación que contiene a la anterior y da cuenta además de los aspectos que ella no abarca: *en el diálogo tercero, Francesco es esencialmente el escritor, el hombre de letras*. Por supuesto, en los primeros debates, ya había aflorado con frecuencia ese dato constitutivo de la compleja figura de Francesco. Mas ahora aparece *en vedette*, concentrando todas las luces, aglutinando y prestando sentido cohesivo a todos los ingredientes, punto de convergencia de todas las líneas de desarrollo del libro final.

Ahí, en efecto, se hallan dos núcleos clarísimos: la conversación gira sobre el amor (132-188) y, luego, sobre la gloria (188-212). En el primer núcleo, sabemos que el mero hecho de tratarse del alimentado por «Laurea» define a ese amor como literario; por si fuera poco, no ignoramos que en la época «passion was all sorts of things, but love was poetry» (por decirlo con una frase tan aguda cuanto exacta,[31] comprobada en el *Secretum* por el doble asedio, en días distintos, de «passion» y de «love»); en semejante marco, la doctrina erótica considerada primordialmente es la de una escuela poética harto conspicua (el *dolce stil nuovo*, compendiemos), mientras los «remedia amo-

---

31. M. Valency, *In Praise of Love. An Introduction to the Love-Poetry of the Renaissance*, Nueva York, 1961, págs. 213-214: «The Toulousan Guilhem Molinier saw no inconvenience in giving to his manual of Provençal prosody the title *Laws of Love*. For Molinier, as for Dante, the laws of love and the laws of poetry would be the same. Passion was all sorts of things, but love was poetry. Therefore the dictates of love came out of the rhetoric book to an extent which is all but incomprehensible in an age which has been conditioned by the romantic attitudes of the nineteenth century. For the Middle Ages, love was no untutored longing. It was a work of art, and involved a thorough grasp of the necessary masteries. Accordingly, when in the *Convivio*, Dante assigned to the seven arts their appropiate places in heaven, it was in the Third Heaven, the Heaven of Venus, that he placed Rhetoric, 'sweetest of the sciences'».

ris» se toman de una farmacopea ya convencional (Cicerón, Ovidio, básicamente). Y, para no dejar resquicio a la incertidumbre, el análisis abundará en ecos de las *Rime sparse,* ni faltará la cita o mención explícita de ciertas piezas, a través de la cual se introducirá inequívocamente al Francesco poeta (al Petrarca del *Canzoniere*). En cuanto al segundo núcleo, Francesco sufre la acusación de perseguir en demasía no una gloria de cualquier linaje, sino de modo exclusivo la derivada del trabajo, el estudio, la erudición. Una gloria que busca espigando curiosidades y elegancias en los libros ajenos, para agavillarlas en los propios; empeñándose en la gigantesca labor histórica del *De viris illustribus*; embarcándose en la descomunal empresa del *Africa* (190-192). Una gloria que acosa al acariciar el proyecto desaforado de componer «preclarum nempe rarumque opus et egregium» (194). Ese Francesco es, en suma, el de la investigación y las obras latinas (el Petrarca humanista).

La unidad decisiva del tercer diálogo —el lazo capital entre «amor et gloria»—, pues, viene de la perspectiva desde la cual se contempla a Francesco. «Amor et gloria» son las variantes de lujuria y soberbia al afectar a Francesco en tanto escritor; *el protagonista es ahora fundamentalmente el Francesco escritor.* De ahí, por caso, la rica antología de textos petrarquescos evocados en los dos núcleos; de ahí las menciones paladinas de la «professio» de Francesco (162, 186); o de ahí que la «perversa opinio» de Francesco se revista, más de una vez, en nuestro contexto, de ropaje literario: así en el error de venerar el laurel como un sacerdote de Cirra (158) o en el peligro de amueblarse una realidad soñada con *exempla* doctos (180). Francesco, entonces, es la *persona* del Petrarca poeta en italiano («amor») y humanista en latín («gloria»); autor del *Canzoniere* (con una máscara peculiar) y del *Africa* (y no olvidemos con qué gusto vivió ese papel de «autor del *Africa*» dentro y fuera del poema);[32] y, siempre, hombre de letras. En breve: Francesco, en el postrer capítulo, es el Petrarca creador de literatura (y en semejante *role,* como tal creador, también a menudo creatura literaria de sí mismo).

32. Vid. solo *Africa,* IX, 229-241, y A. S. Bernardo, *Petrarch, Scipio...,* citado, *passim.*

Por otra parte, no me parece temerario conjeturar que el Francesco ligado por el amor y la gloria calca nuevamente algunos trazos del Agustín histórico. Recordemos que a la vana «laurea ... poetarum» se oponía, en el libro primero, la higuera del huerto milanés, promesa de enmienda y gracia (vid. pág. 73 y n. 75); mientras, en el libro segundo, veíamos padecer a Francesco idénticos arrebatos carnales que el Agustín mozo y enfrentarlos *ipsissimis verbis* (cf. págs. 190-192). Pareja mezcla de disparidad y coincidencia entre ambas biografías, justamente en los contornos de soberbia y lujuria, difícilmente tolera atribuir a la casualidad la relación insinuada en el libro tercero. En él, 'dos cadenas' ya bien conocidas impiden a nuestro escritor «nec de morte neque de vita ... cogitare» (130), o, en los términos de la canción afín, levantar el entendimiento «del mortale / carcer ... al ciel ...» (CCLXIV, 7-8). ¿Y qué ocurría al futuro Obispo de Hipona? «Ne in philosophiae gremium celeriter advolarem, fateor, *uxoris honorisque illecebra* detinebar.»[33] La conversión a la fe y a la filosofía,[34] en efecto, sufría ya el último estorbo del deseo de compañera y de honras: deseo tal vez no ilícito (frente a la lascivia y la ambición desordenadas que antes lo esclavizaban), pero tampoco compatible con el alto ideal propuesto.[35] No de otro modo que Francesco cree admisibles «amor et gloria» (como diferentes de la libido y la arrogancia sin disfraz literario), y al Padre corresponde revelárselos rémoras definitivas a una limpia visión de las cosas trascendentes.

Para evitar la dispersión y obtener remedios más eficaces contra esos 'afectos' neciamente supuestos 'nobilísimos', el Santo se dispone a escrutarlos uno a uno, empezando por el amor, «quo-

---

33. *De beata vita*, I, 4; cf. *Soliloquia*, I, x, 17; *Confessiones*, VI, vi, 9, y xi, 19, etc. Un paralelo interesante, de autor bien conocido y estimado por Petrarca, se halla en Abelardo, *Historia calamitatum*, ed. J. Monfrin, París, 1967[8], págs. 70-71: «Et quo amplius in philosophia vel sacra lectione proficeram, amplius a philosophis et divinis immunditia vite recedebam ... Cum igitur totus in superbia atque luxuria laborarem, utriusque morbi remedium divina mihi gratia licet nolenti contulit. Ac primo luxurie, deinde superbie ...» (Agradezco a Peter Dronke el haberme recordado el pasaje).

34. Vid. H.-I. Marrou, *Saint Augustin et la fin de la culture antique*, París, 1958[4], págs. 164-167.

35. Cf. H.-I. Marrou, *Saint Augustin et l'augustinisme*, París, 1959, págs. 24-25, etc.

niam prius amoris mentio facta est» (132). Va a abrirse, pues, el pliego de cargos contra el poeta de Laura. Y conviene notar antes que la aproximación en el itinerario vital de los dos interlocutores se acompaña (como otras veces: vid. 40, 100) de una referencia a la solicitud con que Agustín ha seguido desde el cielo los azares de Francesco en la coyuntura similar a la propia («has [cathenas] semper timui ne te in interitum agerent ...», 130). Expresar la confianza en pareja solicitud por parte del Padre es tema mayor no solo del·*Secretum*, sino igualmente de un opúsculo cercano en fecha: la «Responsio ad quandam iocosam epistolam Iacobi de Columna Lomberiensis epyscopi» (*Familiares*, II, IX).[36] Pues bien, en la carta, frente a las pretendidas reticencias de Giacomo respecto a las lecturas agustinianas de Petrarca y a la sinceridad del suspirar por Laura, el escritor proclamaba: «expecta ..., atque adversus hanc simulatam, ut tu vocas, Lauream, simulatus ille michi etiam Augustinus forte profuerit» (§ 20). Es un seguro anuncio de nuestro diálogo. Porque en él, efectivamente, un Agustín simulado y unas doctrinas del auténtico Agustín se movilizan sin piedad «adversus ... Lauream», simulada —cuando menos— como motivo polémico y como *tópos* lírico, objeto de «ficta carmina» (§ 18), vista desde la perspectiva de la poesía: de Francesco (en el *Secretum*), de Petrarca (en la «Responsio»), en la perspectiva de los *Rerum vulgarium fragmenta*.

Otro anuncio del debate en puertas se encuentra en la canción *Quel' antiquo mio dolce empio signore*. Recordémosla, en desmañada síntesis. Petrarca y el Amor comparecen ante el tribunal de la Razón. El primero acusa al segundo de no haber recibido de él sino tormentos y desespero: le ha vedado «sollevar[si] alto da terra» (CCCLX, 29); le ha hecho amar a Dios menos de lo debido y, al par, desatenderse a sí mismo, vagar por países inhóspitos, envejecer entre insomnios, lágrimas, cansancios. El incriminado replica con acritud: por el contrario, le ha dado fama y levantado el ingenio, convirtiéndolo en poeta; escogió para él la mejor de entre las mujeres «electe, excellenti»

---

36. Véase arriba, págs. 28, n. 73, y también 40, n. 5; 99, n. 154; 114, n 196, aparte la última n. 24.

(98), capaz de anular cualquier bajo pensamiento, alejar de cualquier deshonestidad, contagiar la perfección; por ende, lo ha puesto «in gratia ... a Dio» (133-134), pues, mirando las virtudes de la dama, «potea levarsi a l'alta cagion prima» (143); y no fue quien le arrebató a Laura, «ma Chi per sé la volse» (150). La Razón ha de fallar el pleito, pero, con una sonrisa enigmática, pospone la sentencia: porque «piú tempo bisogna a tanta lite» (157).

Es apenas imaginable que el verso final, con la alusión a un examen más demorado de «tanta lite», no remita a nuestro tercer coloquio, donde, en efecto, se suscita el mismo problema con «piú tempo» [37] y se pronuncia el dictamen pendiente. El marco, por otro lado, es extraordinariamente similar en ambos textos: un juez silencioso en la presidencia (la Verdad en prosa, la Razón en verso),[38] una controversia entre un impugnador de la erótica del *Canzoniere* (Agustín,[39] Petrarca) y un defensor de ese planteo (Francesco, el Amor). Anterior o posterior,[40] se diría obvio que la canción envía derechamente al *Secretum*.

Como fuere, el poema y el diálogo cifran en buena medida la sustancia de los *Rerum vulgarium fragmenta*, e incluso una porción importante de la historia del amor en las letras medievales y renacentistas. Repasemos al vuelo algunos jalones de tal

---

37. No se olvide tampoco que, cuando en el libro segundo se promete volver a nuestro tema, Agustín dice: «cumulatior aderit materia» (104).

38. En lo antiguo se propuso alguna vez identificar al juez con el libre albedrío (así por Castelvetro), y N. Iliescu, *Il «Canzoniere»...*, pág. 111, lo hace con la Verdad; pero, a la luz de las referencias dadas en las págs. 206, n. 273, y 236, n. 360, no cabe vacilar sobre quién sea «la reina / che la parte divina / tien di nostra natura e 'n cima sede» (2-4).

39. En relación con los vértices de ese triángulo —juez, impugnador, defensor—, adviértase que por boca de Agustín habla más de una vez la Razón (cf. arriba, págs. 48-50).

40. *Quel' antiquo mio dolce...* se data evidentemente después de 1348 (cf. solo vs. 149-150; y no hay por qué pensar que la referencia a la muerte de Laura sea una adición: antes bien, el reiterar una cuestión que en teoría debiera haberse marginado al morir la dama indica que Petrarca —aparte la desazón por el «primo giovenile errore»— mantenía en el orbe literario el talante de la época «in vita»: no por otra razón compuso, tras 1348, poemas a la Laura viva). Como respecto a *I' vo pensando*, en principio parece que la ausencia de una solución al dilema nos lleva a un período previo al *Secretum*: pero iguales razones hacen inseguro ese criterio (cf. n. 26), y, por otra parte, ignoramos qué forma tenía el último libro en la primitiva redacción de 1347.

historia. La lírica provenzal —de ahí parte el hilo más tenaz— tiene el amor por tema dominante, casi único. Para un cristiano, el cultivo de pareja lírica amatoria —con frecuencia proclamado obsesivo, absorbente— o el trasvase a otros dominios del espíritu que la anima no se dejaban compaginar de manera fácil con las exigencias de la fe. Primero, lisa y llanamente, por tratarse de una actividad *no* religiosa (y la época reclamaba justificar la licitud de una literatura no religiosa); luego, por ofrecerse a menudo semejante amor (digámoslo ya: el «amor cortés»)[41] como una especie de religión y aplicar a *midons* motivos litúrgicos o lenguaje de latría, dulía, hiperdulía[42] (no importa que se hiciera por juego[43] ni que la hipérbole fuera demasiado transparente para tomarla en serio); por no caber, además, en el cuadro de la especulación doctrinal sobre el amor, salvo como reverso negativo (*cupiditas*) de la noción positiva esencial (*caritas*),[44] como vano intento de saciar en cosa mortal una sed que constitutivamente necesita de una fuente perenne;[45] por sen-

---

41. Amplia bibliografía sobre la fortuna de tal categoría desde que Gaston Paris, en 1883, acuñó para ella el giro hoy consagrado, en F. X. Newman, ed., *The Meaning of Courtly Love*, Albany, 1968, págs. 97-102. Por mi parte, hablo de «amor cortés» para referirme a la concepción erótica predominante en la línea literaria que va de Guillermo de Peitieu a Petrarca: concepción no uniforme, desde luego, pero donde se echa de ver un mínimo común denominador, varios de cuyos aspectos apunto en las páginas siguientes. Cf. muchas observaciones pertinentes en J. Frappier, «Sur un procés fait à l'amour courtois», en *Romania*, XCIII (1972), págs. 145-193.
42. Vid. ahora R. Gay-Crosier, *Religious Elements in the Secular Lyrics of the Troubadours*, Chapel Hill, 1971 (rica información en las págs. 101-109), aunque no aprovecha como hubiera convenido los aportes de P. Dronke, *Medieval Latin and the Rise of European Love-Lyric*, págs. 60 y sigs., etc.
43. C. S. Singleton, en *The Meaning of Courtly Love*, pág. 47, subraya que «Guido, and Dante, and others did *play* at courtly love»; estoy convencido de que así es.
44. El «locus classicus» está en San Agustín, *De doctrina christiana*, III, x, 16: «'Caritatem' voco motum animi ad fruendum Deo propter ipsum et se atque proximo propter Deum; 'cupiditatem' autem motum animi ad fruendum se et proximo et quolibet corpore non propter Deum».
45. Vid. solo el magistral capítulo XIV de É. Gilson, *L'esprit de la philosophie médiévale*, París, 1943; menos perceptivos, aunque valiosos, son estudios como los de M. Lot-Borodine, *De l'amour profan à l'amour sacré*, París, 1961, o R. Javelet, «L'amour spirituel face à l'amour courtois», en *Entretiens sur la renaissance du 12ᵉ siècle*, ed. M. de Gandillac y E. Jeauneau, París-El Haya, 1968, págs. 309-336.

sual, quizá francamente lujurioso,[46] adúltero muchas veces,[47] siempre pasión inútil... ¿Qué hacer, entonces? Cuéntase que alrededor de un tercio de los trovadores acabó en el claustro,[48] y no rechacemos a quienes llegaran allí por obra de los autores de *vidas* y *razos*: si no de los biografiados, nos vale el arrepentimiento de los biógrafos. Fue común entonar la palinodia,[49] repudiar el amor cantado o ilustrado, incluso en la misma sede donde se le celebraba o exponía: ya Marcabru y Cercamon van por esa vía,[50] seguida por Bernart Martí o Alegret, trillada de Andrés el Capellán a Pietro Bembo, pasando por Matfre Ermengau o el Arcipreste de Hita. Penitencia y retractación podían también concretarse eligiendo a la más noble *domna,* la Virgen, y explicando que con tal proceder se renunciaba a cualquier otra y que a María se alzaban, sublimadas, las laudes que antes sonaron para mujer terrena: sucedió con Guiraut Riquier, el *De vetula,* Alfonso el Sabio y no pocos más. O cumplía alejar toda sospecha: así, Guilhem Montanhagol, parcialmente en polémica con los antiguos trovadores, se disponía a ponderar «ab noels digz» un amor casto y limpio, enemigo de pretender de la dama nada impuro, profano pero bienquisto de Dios;[51] más tajantes (y tardías), las *Leys d'amors* obligaban a no ensalzar sino a la futura esposa o las buenas cualidades de la casada, y aun pacatamente.[52]

Pero la solución más sugestiva —y más interesante aquí—

---

46. Ese aspecto remacha M. Lazar, *Amour courtois et «fin' amors» dans la littérature du XII* siècle*, París, 1964.
47. Cf. las precisiones de P. Dronke, *Medieval Latin...*, págs. 46-48.
48. J. Anglade, *Le troubadour Giraut Riquier*, París, 1905, pág. 283; H.-I. Marrou, *Les troubadours*, París, 1971, pág. 174; a más cautas conclusiones lleva consultar J. A. Macedonia, *Motif-Index of the Biographies of the Troubadors*, tesis inédita, Ohio State University, 1961, págs. 311-312 (motivos V 452 y V 452.0).
49. Sería injusto no recordar que C. S. Lewis, *The Allegory of Love*, Oxford, 1936, fue el primero en hablar de «palinode» a nuestro propósito.
50. Para Marcabru en particular, cf. bibliografía y nuevas sugerencias en mi artículo «Tant fort gramavi», en prensa en el *Anuario de estudios medievales.*
51. Cf. J. Coulet, *Le troubadour Guilhem Montanhagol*, Tolosa de Francia, 1898, en especial núms. VII, págs. 110-113, y X, págs. 139-142; y M. Valency, *In Praise of Love*, págs. 180-194.
52. Ed. M. Gatieu-Arnoult, *Las Flors del Gay Saber...*, III, Tolosa de Francia, 1843, pág. 124.

fue el intento de hacer entrar el amor cortés en la gran concepción del amor elaborada por los maestros del pensamiento cristiano. Ninguno de ellos discutía que «todo amor humano es un amor de Dios que se ignora» y «una participación analógica del amor de Dios por sí mismo».[53] San Bernardo se proponía sencillamente que aquel amor humano cobrara conciencia de su auténtico objeto, mientras filósofo tan de distinto temple como Tomás de Aquino insistía en que «amar un bien cualquiera es siempre amar su semejanza a la bondad divina», de suerte que no hay medio de «amar la imagen sin amar al mismo tiempo el modelo» y, a la postre, «sin preferir el modelo».[54] Parecía hacedero asimilar el amor cortés a ese diseño. En efecto, la dama era por tradición una criatura superior, dechado de virtudes y excelencias; por tradición se la glorificaba en términos tomados del universo de la religión; y por tradición se hacía de ella fuente del perfeccionamiento del enamorado (en *cortezia*, *joi*, *pretz* y similares prendas mundanas). Bastaba, pues, acrecer las virtudes, ponderar las excelencias como semejanzas a Dios, dones de Dios, milagros de Dios; había que aumentar el valor literal del vocabulario religioso usado en las loas, prestarle mayor gravedad; y, en consecuencia, el perfeccionamiento del poeta se producía también en la región de la creencia, de la ética cristiana: admirar a *midons* era andar hacia el Señor. La amada y el amante se incorporaban entonces al poderoso flujo y reflujo «de bono ad bonum», a la rueda del amor que nace de Dios y a Dios torna «per modum cuiusdam circulationis».[55]

No es del caso aducir precursores [56] ni fuentes posibles,[57]

---

53. É. Gilson, *L'esprit...*, traducción española, Buenos Aires, 1952, pág. 268; y, del mismo autor, vid. *La théologie mystique de Saint Bernard*, París, 1934, págs. 192-215.
54. É. Gilson, *L'esprit...*, trad. cit., pág. 274.
55. S. Tomás de Aquino, en *Opuscula omnia*, ed. P. Mandonnet, París, 1927, II, pág. 400, y *apud* É. Gilson, *The Elements of Christian Philosophy*, Nueva York, 1960, pág. 285; para una aguda visión de ciertos motivos afines, vid. P. Dronke, «'L'amor che move il sole e l'altre stelle'», en *Studi medievali*, VI (1965), págs. 389-422.
56. Sobre los precedentes de la *donna angelicata*, así, cf. P. Dronke, *Medieval Latin...*, págs. 69-70, 139-141, 297, etc.
57. Al propósito, cabe discutir pero no descuidar K. Vossler, *Die philosophischen Grundlagen zum «süssen neuen Stil»*, Heidelberg, 1904.

pero, básicamente, por esa solución optó el *dolce stil nuovo*. ¿Solución, de veras? Por lo menos, no universal. Dante aparte,⁵⁸ un incierto *stilnovista* nada desdeñable (Cino da Pistoia, se creyó) lamentaba:

> Lo mio core · altro ch'Amor non brama,
> per cui sì mi disama,
> ch'errar da ferma verità mi face,
> ch'Amor gli occhi mi smove,
> sì che non guardan dove
> possan veder mia salute verace.
> Ahi fallace   Amor! che'n tanta erranza
> posto ha' lo cor mio,
> che metto in oblianza
> lo nostro Signor Dio ...⁵⁹

En el fondo, el amor 'nuevo' seguía siendo un errar de la verdad, la salvación, Dios. En el fondo, era una coartada, para quedarse con «la imagen» sin acabar prefiriendo «el modelo». Y más peligrosa, porque el lenguaje hierático, piadoso o místico tenía más pretensiones de exactitud, de modo que fatalmente resultaba más inadecuado. El Señor se lo reprochaba a Guinizzelli:

> ... desti in vano amor Me per semblanti;
> ch'a Me conven le laude
> e a la reina del regname degno;

y el pobre Guido solo lograba balbucir un pretexto:

> ... Tenne d'angel sembianza
> che fosse del Tuo regno;
> non me fu fallo, s'in lei posi amanza.⁶⁰

---

58. Vid. C. S. Singleton, *Saggio sulla «Vita nuova»*, Bolonia, 1968.
59. Ed. M. Marti, *Poeti del Dolce stil nuovo*, Florencia, 1969, núm. CLXVI, 25-36. Cito a los *stilnovisti* indicando número del poema en esa edición.
60. IV, 53-56, 58-60; y cf. en *Poeti del Duecento*, II, págs. 463-464, la nota de G. Contini sobre «semblanti», con oportunas citas de Isaías, XL, 18, 25, y XLVI, 5 («Cui ergo similem fecisti Deum?», etc.); vid. abajo, pág. 294 y notas 167, 219.

Dios no se puede equivocar: fue «vano amor», engañosa analogía. La «sembianza» es de hecho un espejismo. ¿Qué mejor prueba que comprobar que, cuanto más *angelicata* parece la *donna*, tanto más tormentoso, desasosegado y doliente es el vivir del poeta? [61]

Volvemos al lugar de partida. El Petrarca del *Canzoniere* vagó por todos los andurriales del amor: probó el *joi* y la esperanza, el «fero desio» (LXII, 3), el malestar de apartarse del Señor, los devaneos de la *religio amoris,* la frustración, la destructora inanidad del sentimiento... Y buscó también todas las salidas del laberinto: la palinodia y el repudio absolutos, el trueque de Laura por María Santísima, la templanza casta, la conversión de la dama en reflejo de Dios y escala a Él... La canción recordada, *Quel' antiquo mio dolce...*, enfrenta esos andurriales y esas salidas, con perplejidad lírica; el *Secretum,* en el principio de nuestro libro, los somete a escrutinio, con escalpelo crítico. Si una y otro se suponen entre sí, ambos suponen un contenido de los *Rerum vulgarium fragmenta* casi tan vario y complejo como en la versión definitiva.[62] A observar detenidamente, además, el primer encuentro de Agustín y Francesco abunda en resonancias de las *Rime,* en actitudes de las *Rime* (por las dos partes), hasta tal punto, que nos sitúa a un paso de un par de géneros, corrientemente fundidos, de notable fortuna: el comentario en prosa de una obra poética y el *trattato d'amore*.[63] Por supuesto, cual comento y tratado, el *Secretum* podía y debía ir más allá del *Canzoniere*: ensayar alternativas, racionalizar lo inefable, recurrir a autoridades insólitas... Conviene destacar un dato importantísimo, tal vez desatendido, de puro obvio: la reflexión *en latín* sobre unos temas habitualmente expresados *en italiano* implicaba un replanteamiento decisivo. Equivalía a insertar, no simplemente en una lengua, sino en todo el mundo intelectual implícito, unas vivencias y nociones surgidas en *otro*

---

61. Cf. Singleton, *Saggio...*, págs. 132-134.
62. «È nostra ormai vecchia opinione che il *Secretum* petrarchesco non rappresenti ... un 'primum' rispetto alla poesia delle *Rime*, prese nel loro insieme, come a lungo è stato considerato ...» Formulada así, concuerdo por entero con la idea de Adelia Noferi, *L'esperienza poetica del Petrarca*, pág. 203.
63. Vid. J. C. Nelson, *Renaissance Theory of Love. The Context of Giordano Bruno's «Eroici furori»*, Nueva York-Londres, 1958, págs. 15, 69 y *passim*.

sistema de palabra y pensamiento.[64] Era liberarlas de la música engañosa de la convención, verlas en una perspectiva inédita. Las cuestiones, trasladadas a diversa clave, pedían nuevas respuestas. No olvidemos esa tensión al estimar coincidencias y discrepancias entre el *Canzoniere* y el *Secretum*.

Pues bien, el Padre, discerniendo las dos 'cadenas' a beneficio del método y la claridad, inicia el ataque contra el amor: «nonne hanc omnium extremam ducis insaniam?» (132). Depende —quiere matizar Francesco—, puede ser la más repugnante pasión o la más noble actividad del alma, «pro diversitate subiecti». Naturalmente, en principio habría que aceptar la respuesta, como avalada de sobras por la especulación ortodoxa; [65] por lo mismo, en ella Agustín debe adivinar una maniobra de distracción, o cuando menos advertir un desenfoque del asunto: y, para centrarlo, pide un ejemplo concreto. Helo aquí: nada tan insensato como arder por una mujer torpe e infame (132); pero ¿y sentirse atraído por un raro modelo de virtud y entregarse a amarlo y venerarlo? (134) ¿No son cosas bien distintas? ¿O ya no hay pudor que valga? Al poeta, lo primero se le antoja carga pesada y nefasta; lo segundo, dicha felicísima.

«... vix quicquam reor esse felicius.» Al fondo de ese aserto, casi diríamos oír el *joi* provenzal. Y, de hecho, por ahora Francesco vuelve al viejo intento de salvar el amor cortés, presentado en una versión tolerable, por el recurso de oponerlo a una lujuria desatada. Es el contraste, forjado no poco maniqueamente,

---

64. Para una problemática en algún modo afín, cf. M. Baxandall, *Giotto and the Orators*, Oxford, 1971, pág. 48.

65. Francesco, así, se acerca a la posición de Dante, *Purgatorio*, XVII, 95-105, pero forzándola luego a conclusiones inadmisibles, como el Santo irá mostrando: «ma l'altro [amor, el electivo] puote errar per malo obietto / o per troppo o per poco di vigore. / Mentre ch'elli è nel primo ben diretto, / e ne' secondi sé stesso misura, / esser non può cagion di mal diletto; / ma quando al mal si torce, o con più cura / o con men che non dee corre nel bene, / contra 'l fattore adovra sua fattura. / Quinci comprender puoi ch'esser convene / amor sementa in voi d'ogne virtute / o d'ogne operazion che merta pene». Cf. el comentario de C. S. Singleton, D. A., *The Divine Comedy*, II: 2 (Princeton, 1973), págs. 392-398, aunque sorprende que ahí no se citen, sobre todo, los capitales pasajes del *De doctrina christiana*, I, III, 3, y XXVII, 28, que recuerdo más abajo, pág. 293 y n. 187.

entre un «fals' amors», un «amars» grosero y meretricio [66] (Marcabru pudo decir «putia»), adúltero,[67] y un «fin' amors», tal vez no meramente carnal, que potencia las cualidades del caballero, del hombre de mundo, pero no se deja equiparar a la *caritas*.[68] Es la pretensión de rescatar los valores posibles del universo trovadoresco en cuanto no tuviera de crudamente pecaminoso, alimentada por Montanhagol o Matfre Ermengau.[69] Es, como en el *Roman de la Rose,* la fácil condena de un «fole amour» todo sensualidad, a favor de un vago «bone amour» abrigado en el pecho gentil.[70] Es, en definitiva, un sofisma, una trampa.

El propio Francesco probablemente intuye que se mueve en un terreno resbaladizo. Cierto que subraya, con aire de *stilnovista*, la imagen de la *donna* como «specimen virtutis»; pero no acaba de estar seguro de que los dos polos de la dicotomía que propone no puedan tildarse por igual de «insania» (y, en efecto, cuanto más discante aquella imagen, tanto más insistirá el Santo en tildarla de tal).[71] La vacilación lo lleva a curarse en salud, ad-

66. Justamente, Francesco va a oponer en seguida Laura a la hétera Tais (136).

67. Agustín, en un alto plano de exigencia teórica, acusará rápidamente al poeta de desear «turpe ... aliquid interdum» (154), pero no se detendrá en la cuestión de que Laura fuera casada: con todo, el dato queda claramente consignado (por la mención de los 'frecuentes partos': cf. n. 104); y, por otra parte, en el tipo del «adolescens luxuriosus», al que en seguida va a asimilarse a Francesco (vid. págs. 307 y sigs.), Petrarca destacaba la implicación en aventuras de adulterio: así en particular y largamente en *Familiares,* IX, IV, con múltiples contactos con el *Secretum* (cf. n. 201).

68. Cf. A. J. Denomy, «*Fin' Amors*: The Pure Love of the Troubadours, Its Amorality and Possible Source», *Medieval Studies,* VII (1945), págs. 139-207; M. Lazar, *Amour courtois et «fin' amors»,* págs. 52-53, 73-74, 77-81, etc.; y el artículo citado en la n. 50 (adelantaré que muchos factores aparentemente irreductibles a un sistema en la obra de un trovador o en el *corpus* trovadoresco se explican como palinodias o bien como tentativas de legitimación de un solo tipo de amor: «fin' amors» y «fals' amors», así, pueden ser la misma cosa, contemplada desde distintos puntos de vista; la ambigüedad de «amors» puede ser similar a las que se registran en el *Canzoniere*).

69. Cf. la nota 51 y M. E., *Le Breviari d'amor,* ed. G. Azaïs, Béziers-París, 1862, versos 27.777-27.790.

70. Cf. últimamente J. V. Fleming, *The «Roman de la Rose». A Study in Allegory and Iconography,* Princeton, 1969, págs. 118-121 (aunque en muchos puntos no acepto las interpretaciones de ese estudio).

71. En el *Canzoniere,* vid. solo CCCLXVI, 117 («come fu'l primo [pianto] non d'*insania* vòto»), por no multiplicar los ejemplos del mismo campo semántico y en igual sentido. Cf. abajo, págs. 271; 312, n. 208; 315, etc.

virtiendo que se trata de materia opinable y, en parejos casos, hay libertad de juicio. Mas Agustín no tiene dudas: la verdad es siempre una y la misma.[72] El poeta asiente y aun corrobora que el aferrarnos a las antiguas opiniones es causa mayor de nuestros descarríos. ¡Ojalá, suspira el Padre, pensara tan rectamente «de tota amoris questione» como sobre ese punto! Así acusado, al sesgo, de haber defendido un parecer erróneo, Francesco se empecina —olvidando timideces y cautelas— en dar por loco a quien discrepe de él. Pero no, la suma demencia es hacer verdad una mentira por ser vieja (o lo contrario), poner la autoridad en el tiempo.[73] Inútil, «nulli crediturus sum», alardea el poeta ciegamente; y se atreve a citar a Tulio: «Si yerro, yerro de buena gana, y mientras viva no deseo verme apartado de mi

---

72. «... Quod si tibi forsitan contrarium videtur, suam quisque sententiam sequatur; est enim, ut nosti, opinionum ingens varietas libertasque iudicandi. *Aug.* — In rebus contrariis opinio diversa; veritas autem una atque eadem semper est» (134). Cf. *De viris illustribus*, «Romulus», I, 43: «Et opinionum quidem in rebus ambiguis iudiciique libertas multiplex, veritas una non amplius». Respecto a lo primero, vid. *Rerum memorandarum*, IV, 31, 2 («Non tollatur tamen a nobis iudicii libertas nec opinionum varietas extirpetur»): *De vita solitaria*, en *Prose*, pág. 340 («nulla maior quam iudicii libertas»); *Familiares*, III, VI, 3 («philosophantium autoritas non impedit iudicii libertatem») y XVIII, XIV, 6 («quanquam iudicii libertatem ... salvam velim ...»). Para lo segundo, *De remediis*, II, pról., pág. 124 («ita cum una sit veritas unumque sit in rebus verum, cui, ut ait Aristotiles [1.098 b 11], omnia consonant ...» (véase K. Heitmann, *Fortuna und Virtus*, págs. 254-255, y añádase *De otio religioso*, pág. 89); *Familiares*, XX, XIV, 16 («siquid in terris est veri, hoc verum, sive, ut emphatice dixerim, veritas ipsa est»); y arriba, págs. 25, n. 62, y 63, n. 58. En el «De gratis amoribus» (*De remediis*, I, LXIX), extremadamente afín a nuestro contexto, el necio «Gaudium» afirma que, si amor es un mal, no sabe de ninguno mejor; la «Ratio» apostilla: «tua opinio rem non mutat», pues «non ut fando rerum facies velari, sic mutari veritas rerum potest» (en *Prose*, págs. 622, 628): es la misma tensión entre «veritas» y «(perversa) opinio».

73. «Inveteratum mendacium pro veritate ducere, noviterque compertam veritatem extimare mendacium, ut omnis rerum autoritas in tempore sita sit, dementia summa est» (134). En la página comentada, ello suena inevitablemente como una impugnación del «veritas filia temporis» proverbial (cf. F. Saxl, en *Philosophy and History. Essays presented to E. Cassirer*, Oxford, 1936, págs. 197-222; E. Garin, *Medioevo e Rinascimento*, Bari, 1954, págs. 195-196; E. Panofsky, *Studies in Iconology*, Nueva York, 1962, págs. 83-84; R. Mondolfo, *Momenti del pensiero greco e cristiano*, Nápoles, 1964, págs. 1-20; J. A. Maravall, *Antiguos y modernos*, Madrid, 1966, págs. 586-588; F. Lazzari, *Mistica e ideologia tra XI e XIII secolo*, págs. 156-157); y, en efecto, al margen del pasaje, en el ms. Laurenziano, fol. 228, se consignó: «al[ias] *veritas*».

error».⁷⁴ Es demasiado descaro: usar «in opinione fedissima atque falsissima» las palabras con que Cicerón proclamaba la inmortalidad del alma; confundir un hipotético «error ... salutaris» ⁷⁵ con un «error» patente que arrastra «in omnes ... insanias», hasta arruinar la vergüenza, el temor, la razón —freno de los impulsos—,⁷⁶ la «cognitio veritatis» (134).

La página baraja pocos conceptos, pero profundamente significativos: «veritas», por un lado; por otro, «insania» (y «dementia»), «opinio», «error». Al comienzo del libro primero se nos ofrecía a un Francesco apegado «populorum opininibus» y «publicis erroribus», extraviado por los «vulgi deliramenta», frente a las certezas estoicas (34).⁷⁷ También el arranque de nuestro diálogo lo sitúa a grandes rasgos en esa tesitura, inmerso «opinionibus falsis» (cf. pág. 254). Y, ahora, la erótica que propugna (en síntesis que desarrollará) es calificada de «opinio ... falsissima», de «error»,⁷⁸ mientras la tendencia en que ella entra se define «inveteratum mendacium»: vale decir, ambas se insertan en el engaño radical, combatido por los estoicos, que aqueja al protagonista. Pero ¿qué busca el soneto prologal del *Canzo-*

---

74. Petrarca cita de memoria el *De senectute*, XXIII, 85; cf. también *Rerum memorandarum*, III, 77, 11: «Imo si error est, errore delecter ac glorier».

75. «Profecto enim etsi mortalis esset anima, immortalem tamen extimare melius foret, errorque ille salutaris videri posset virtutis incutiens amorem; que, quamvis etiam spe premii sublata per se ipsam expetenda sit, desiderium tamen eius proculdubio, proposita anime mortalitate, lentesceret; contraque licet mendax venture vite promissio ad excitandum animos mortalium non inefficax videretur» (134). No es una simple digresión: enlaza con la problemática del libro I sobre el sumo amor, deseable por sí mismo (cf. arriba, pág. 80 y n. 93), y con la convicción estoica, diluida en los dos libros primeros, a propósito de la autosuficiencia de la virtud. En el ámbito en que ahora se coloca Agustín, el pasaje en cuestión tiende un puente entre la *caritas* cristiana y la *virtus* del estoicismo. Compárese Séneca, *Ad Lucilium*, CII, 1-2; y vid. K. Heitmann, *Fortuna und Virtus*, pág. 199, y M. Bataillon, *Varia lección de clásicos españoles*, Madrid, 1964, págs. 419-440 (para la tradición del tema del amor a Dios ajeno a toda búsqueda de recompensa).

76. Cf. arriba, págs. 81, n. 94, y 237.

77. Vid. págs. 42, 44, 46, 49-50, 60, etc.

78. En el reino del Amor, en el pórtico a la «cárcel» de los vencidos por el dios, *«errori* e sogni ed imagini smorte / eran d'intorno a l'arco trionfale / e *false opinioni* in su le porte» (*Triumphus Cupidinis*, IV, 139-141). Cf. abajo, pág. 310 y n. 201.

niere? Denunciar como «errore» el grueso de las «rime sparse» siguientes. «Errors», «errar», «erranza», llamaron al amor cortés, incluso cuando presuntamente dignificado, no pocos líricos provenzales e italianos.[79] En el *Secretum,* el dictamen se confirma desde la perspectiva del estoicismo, igualmente en el prólogo de una exposición que por parte de Francesco coincide en esencia con los *Rerum vulgarium fragmenta.*[80] Repitamos, con el énfasis oportuno, ese único título válido: *Rerum* VULGARIUM *fragmenta.* Percibir las coordenadas estoicas en las cuales se determina como «error» la erótica de Francesco, como «errore» las más de las *Rime,* sabiendo que para el Petrarca estoico es el «vulgus errorum princeps»,[81] ¿no insinúa que el adjetivo de aquel epígrafe no solo refiere al uso del romance, sino también a un hablar, «philosophia ... omissa ..., hominum more vulgarium»?[82] ¿No hay en «vulgares» una alusión a las «populorum opiniones», los «publici errores», los «vulgi deliramenta» deslindados por el estocismo?[83]

Francesco no entiende al Padre (y así se nos muestra aun más errado, víctima de la «opinio ...: falsissima»): cree que le reprocha codiciar «infamem turpemque mulierem», aceptando la dicotomía sugerida. Por ello protesta no haber amado jamas «ni-

79. Cf. solo N. Scarano, «Fonti provenzali e italiane della lirica petrarchesca», pág. 269 y n. 2; y arriba, pág. 266.

80. De nuevo (cf. pág. 267), el *Secretum* hace pensar en un estadio bastante avanzado en la compilación del *Canzoniere:* y no se olvide, en relación con la cronología aquí razonada para el diálogo, que el soneto I data verosímilmente de la segunda versión, de 1347-1350 (cf. E. H. Wilkins, *The Making of the «Canzoniere»,* págs. 151-152; pero nótese que los contactos con *Metrice,* I, I, nos acercan más bien a 1350: vid. solo pág. 276).

81. *De remediis,* I, XL, pág. 50; es interesante notar que unas líneas antes se lee: «omnis quidam terrena delectatio, si consilio regeretur, ad amorem celestis erigeret»; y que esa caracterización del vulgo lleva a concluir en seguida: «ut voluptas ... animos ab altiore furtim contemplatione dimoveat distrahatque»; en otras palabras, el error vulgar no sabe elevarse al goce de lo celestial, prendido en una «terrena delectatio»: otro tanto ocurre con el amor de Francesco. Cf. n. 161.

82. *Familiares,* X, v, 19.

83. Es sintomático que al aludir al *Canzoniere* en *Seniles,* V, II, pág. 879, por ejemplo, Petrarca, desoyendo el «horror aequi» retórico, escriba: «quamvis sparsa illa et brevia, iuvenilia atque *vulgaria,* iam, ut dixi, non mea amplius sed *vulgi* potius facta essent ...» Para más detalles, vid. mi artículo «*Rerum vulgarium fragmenta*», en prensa en *Medioevo romanzo.*

chil ... turpe, imo vero nichil nisi pulcerrimum» (136). En realidad, Agustín impugnaba todo el planteamiento; pero opta por irlo refutando gradualmente —antes que de una vez—, para plegarse al paso tardo del poeta. De suerte que ahora condesciende a objetarle: «Etiam pulcra turpiter amari posse certum est»; y apunta, desde luego (digámoslo con el *De vera religione* y el *De civitate Dei*, fuentes primarias del contexto), al amor que se resuelve «in extremi boni delectatione *turpiter*»,[84] «ordine perturbato» (vid. abajo, págs. 293-302): el amor, denostado por Dante, que corre «con più cura ... che non dee ... nel bene» secundario, en detrimento del Supremo bien (cf. n. 65).

Mas Francesco no cede: no es reo de ninguna falta[85] y no quiere que sigan atosigándolo. Entonces, ¿prefiere morir como frenético,[86] entre burlas y risas, o dar algún remedio al ánimo todavía miserablemente enfermo (de engaño)? No rechaza la medicina, siempre y cuando la necesite. Por supuesto que sí, le es imprescindible, y solo en la convalecencia advertirá cuán grave ha estado. En cualquier caso, tampoco puede despreciar —confiesa— los consejos de quien tantas veces se los ha brindado saludables, notablemente en los últimos días: continúe, pues, el Santo. Pero ¿se irritará el suspicaz amante si por causa del tema oye ciertas invectivas «adversus delitias tuas», no le sonará la verdad demasiado dura? Agustín, a instancia de parte, declara saber muy bien de quién han de hablar: de una mujer mortal, en cuya admiración y culto ha malgastado Francesco gran

---

84. *De vera religione*, XLV, 83.
85. «Nec in nominibus certe nec in adverbiis peccavi» (136). Es decir: no ha pecado por amar nada «turpe», ni tampoco por amar «turpiter». Por supuesto, Francesco juega con el sentido gramatical de *peccare* (como en Ovidio, *Amores*, II, XVI, 11: «verbo peccavimus uno»; Plauto, *Bacchides*, 433: «si unam peccavisses syllabam», etc.).
86. «Quid ergo? vis ne, ut phrenetici quidam solent, inter iocos et risum espirare? An animo miserabiliter egrotanti adhuc aliquid remedii adhiberi mavis?» (136). Cf. abajo, n. 126, y *Canzoniere*, CCXLIV, 3: «i' son intrato in simil frenesia». El estado del amante, aparte de entre otras varias especies de locura, se clasificó a menudo como frenesí: cf. J. L. Lowes, «The Loveres Maladye of Hereos», *Modern Philology*, X (1913-1914), págs. 491-546; B. Nardi, «L'amore e i medici medievali», en *Studi in onore di A. Monteverdi*, Módena, 1959, págs. 517-542; F. Schalk, «*Phreneticus, Phrenesia* in Romanischen», en sus *Exempla Romanischer Wortgeschichte*, Frankfurt am Main, 1966, págs. 75-95.

pieza de la edad, «insania» tamaña y tan duradera, que sorprende en tal ingenio.

El Padre enfoca perfectamente el problema: se va a discutir «de muliere mortali», objeto de una veneración con claros ribetes idólatras («in qua ... colenda ... »: no hay duda sobre el valor de *colere*); [87] es decir, se traslada a un ser lábil y transitorio el sentimiento debido al ser estable y eterno. En general, la observación se engarza con las repetidas admoniciones a fijar la vista en lo permanente a través de la «meditatio mortis»; [88] en particular, anticipa los términos que en seguida se glosarán en los comentarios sobre la muerte de la dama y sobre la blasfemia de la «religio amoris», olvidadiza y despreciativa de Dios.

Pero Francesco se siente ofendido solo de oír que se llama «mortal» a la amada. ¡Mortales —salta— eran la prostituta Tais y la intachable Livia! [89] Laura (pronto se nos revelará el nombre) es caso aparte: ajena a toda preocupación terrena, arde en deseos celestiales; [90] en la mirada (y no hay verdad más evidente) le brillan señales de la belleza divina; [91] modelo de honestidad

---

87. Vid. la cita del *De remediis* en la n. 217.
88. Cf. arriba, especialmente págs. 185-186, para el contexto donde esa idea se subraya, y no por azar, a propósito de la lujuria y a partir del *De vera religione*.
89. E. Carrara, 136, n. 1, anota: «Taide, l'etera dell' *Eunuchus* terenziano (cf. Dante, *Inferno*, XVIII, 133); Livia, l'ambiziosa moglie di Augusto e madre di Tiberio». Pero Petrarca no las vincula peyorativamente, sino las contrasta («... et Thais et Livia»): para Livia siempre tuvo palabras de elogio (cf. *Rerum memorandarum*, II, 50, 3; *Familiares*, II, xv, 1, y *s.v.* en el índice de U. Bosco), y esta no es una excepción: cf. abajo, nota 408.
90. «... mens terrenarum nescia curarum celestibus desideriis ardet» (136). Cf., v.gr., *Canzoniere*, CCCXXXV, 5-6: «Niente in lei terreno era o mortale, / si come a cui del ciel, non d'altro, calse»; CCLXXXIII, 3: «spirto piú acceso di vertuti ardenti».
91. «... in cuius aspectu, siquid usquam veri est, divini specimen decoris effulget» (136). Cf. *Eneida*, V, 647-648: «divini signa decoris / ardentisque notate oculos» (y compárese *Africa*, V, 629-631: «Sophonisba, deorum / atque hominum decus eximium, quam nostra tulerunt / tempora siderei exemplum specimenque decoris»). Es el motivo tradicional ya señalado (págs. 265-266), bien patente, por caso, en Cino da Pistoia: «Donna, per Deo, pensate, / ched e' però vi fe' maravigliosa / sovrapiacente cosa, / che l'uom laudasse Lui nel vostro aviso; / a ciò vi die' beltate, / che voi mostraste sua somma potenza» (*Poeti del Dolce stil nuovo*, XLIX, 58-63). Casi inútil añadir que, cuando Petrarca habla (digamos) de la «beltà divina» de Laura (CCXIII, 4), el adjetivo ha de tomarse al pie de la letra.

acabada,[92] tiene voz y fulgor de ojos no mortales, andar no humano.[93] ¿Cómo, pues, no usar para ella muy otras palabras?

No hay mejor prueba de vesania que esas loas, de un *stilnovismo* filtrado en Virgilio. Con semejantes pretextos, halagüeños y mentirosos, lleva ya el poeta dieciséis años alimentando las llamas del ánimo: «Ah demens! Ita ne flammas animi in sextum decimum annum falsis blanditiis aluisti?» (136). No sufrió Italia por culpa de Aníbal más continuos estragos ni más voraces incendios que Francesco asaltos y llamas por culpa de la pasión violentísima (138). Conocemos la imagen: «Quantis luxurie flammis incenderis?», había interrogado el Padre, y la insistencia en el motivo del fuego nos devuelve al ámbito de aquel pecado. Ahora bien, se halló quien expulsara al cartaginés; mas ¿qué Escipión alejará al enemigo que sojuzga al enamorado, si él mismo lo retiene y se le entrega por siervo gustosamente?[94] «Malo proprio delectaris, infelix!» Cuando el día supremo cierre los ojos tan queridos,[95] cuando vea el rostro alterado por la muerte,

---

92. «... cuius mores consumate honestatis exemplar sunt» (136). Cabría multiplicar las referencias paralelas a la «somma honestate» (CCCLI, 6), el «d'onestate intero albergo» (CXLVI, 3), los «angelici costumi» (CLVI, 1), el «santo costume» (CCXXX, 4), etc., del *Canzoniere*.

93. «... cuius nec vox nec oculorum vigor mortale aliquid nec incessus hominem representat» (136). Cf. *Eneida*, I, 327-328: «o quam te memorem, virgo? namque haud tibi vultus / mortalis, nec vox hominem sonat» (versos que en el proemio, 22, se aplicaron a la Verdad, y cuya continuación aducirá con sorna Agustín, 142, a propósito de Laura); *ibid.*, 405: «et vera incessu patuit dea»; V, 648-649 (vid. n. 91): «... oculos; qui spiritus illi, / quis vultus vocisque sonus vel gressus eunti». *Canzoniere*, XC, 9-11: «Non era l'andar suo cosa mortale, / ma d'angelica forma; et le parole / sonavan altro, che pur voce humana»; también sobre Laura-Dafne, *Bucolicum carmen*, III, 86-87: «vox ... dulcior humana»; Sofonisba, en el *Africa*, V, 35-37, 56-57: «lumina ..., / divina quod illis / vis inerat ...», «pedes: illosque moveri / mortali de more neges»; las «compagne elette» del *Triumphus Mortis*, I, 22-23: «non uman veramente, ma divino / lor andar era, e lor sante parole». Son bien conocidas las referencias al porte y habla sobrehumanos de la dama en el *dolce stil nuovo*: vid. solo Cino da Pistoia, VII, 9-11, y X, 1-2.

94. Cf. A. S. Bernardo, *Petrarch, Scipio and the «Africa»*, págs. 47-71, para buen número de lugares en que Petrarca aproxima, en uno u otro sentido, las imágenes de Escipión y Laura.

95. «Atqui cum oculos illos, usque tibi in perniciem placentes, suprema clauserit dies ...» (138). Cf. *Metrice*, I, vi, 114-115: «oculosque in morte placentes / horreo». Bajo el giro latino es fácil reconocer el tópico trovadoresco de los ojos de la dama que hieren mortalmente: vid. solo N. Scarano, «Fonti provenzali...», págs. 295-296.

los miembros lívidos, [96] le avergonzará haber dedicado el alma inmortal a un cuerpecillo caduco y recordará con rubor las alabanzas que le prodiga: «pudebit animum immortalem caduco applicuisse corpusculo, et que nunc tam pertinaciter astruis cum rubore recordaberis».

Sabemos que la profecía se cumplió y que el autor del *Canzoniere* expresó ese remordimiento más de una vez: «hinc illa vulgaria laborum meorum cantica, quorum hodie, fateor, *pudet* ac penitet»,[97] escribía en 1349; un año después confesaba:

> iamque arsisse *pudet*: veteres tranquilla tumultus
> mens horret relegensque alium putat ista locutum; [98]

en fecha no lejana, hablando igualmente de los versos compuestos «quand' era in parte altr'uom», plañía:

> di me medesmo meco mi *vergogno,*
> et del mio vaneggiar *vergogna* è'l frutto;
> (I, 4, 11-12)

y aun al dolerse de haber venerado «poca mortal terra caduca» (CCCLXVI, 121) lo hizo subrayando la inadecuación notada por el Santo:

> I' vo piangendo i miei passati tempi
> i quai possi in amar cosa mortale
> senza levarmi a volo, abbiend'io l'ale ...
> (CCCLXV, 1-3)

Como fuere, Agustín está ensayando una estrategia sapientísima, característica del diálogo tercero: invita a Francesco a

---

96. «... cum effigiem morte variatam et pallentia membra compexeris ...» (138). U. Bosco, *F. Petrarca,* págs. 46-47, opone la visión ideal de la bellísima Laura muerta, en la poesía vulgar, a las crueles descripciones de la agonía en el *Secretum*; pero no cita nuestro texto y no advierte, por tanto, que es precisamente la aplicación de aquellas descripciones (cf. arriba, págs. 91-95) a una distinta visión de la amada: distinta, pero no menos ideal.

97. *Familiares*, VIII, III, 13, texto gamma; la versión alfa escribe «iuvenilium laborum» y omite el «fateor».

98. *Metrice*, I, I, 64-65.

centrar la «meditatio mortis» en el objeto y ya no solo en el sujeto, fuera de sí mismo y ya no solo en sí mismo. Porque esa Laura tan tercamente hecha celestial ha de morir. El poeta se estremece: «Avertat Deus omen! Ego ista non videbo». Pero el Padre es implacable: «Equidem necessario eventura sunt». Cierto. Con todo, Francesco espera que los astros no le sean tan adversos, que turben el orden natural; y parafraseando a Cicerón (tácitamente) asevera: «Prius intravi, prius egrediar».[99] ¿Ha olvidado, pues, el tiempo en que temió lo contrario y, a dictado de la pena, escribió un «funereum carmen» como si la amada agonizara ya? No, bien recuerda el sentido, si no la letra del planto:[100] temblaba entonces, como hoy, exasperado por la idea de sobrevivir a la más noble parte de su alma,[101] cuya sola pre-

99. Cf. *De amicitia*, IV, 15: «cum illo quidem [Escipión, el segundo Africano], ut supra dixi, actum optime est; mecum incommodius, quem fuerat aequius, ut prius introieram, sic prius exire de vita». Cf. notas 100 y 121.
    100. E. H. Wilkins, *The Making of the «Canzoniere»*, págs. 302-304, identificó ese «carmen» con la *Elegia ritmica di Francesco Petrarca in morte di Laura*, descubierta y publicada por F. Novati, Milán, 1910. Las coincidencias, en efecto, parecen decisivas; cf., así, el texto recién citado y los versos 23-24 (tan próximos, además, a la fuente ciceroniana): «Cum prior intrassem, gravis est iniuria sortis / quod prior egrediens venit hec ad limina mortis». Es imposible datar el poema, y sorprende que el *Canzoniere* no ofrezca ninguno sobre el mismo asunto, pues, en principio, las piezas sobre el presentimiento de la muerte de Laura (cf. n. 123) no se dejan relacionar con la *Elegia ritmica*, que Agustín dice dirigida a la dama «quasi iamiam moriture» (138). El ms. visto por Novati, en cambio, pone la composición de la *Elegia* «cum [Laura] ... in extremis ageret ...» ¿No se tratará de una obra «in morte», retrospectivamente hecha anterior a 1348, al aducirla en el *Secretum*?
    101. «... indignabarque me nobiliori anime mee parte truncatum ...» (138). Cf. *Familiares*, IX, IX, 2: «Flaccus 'anime' sue 'dimidium' Virgilium dixit [*Odas*, I, III, 8], et apud Lucanum uxorius ille dux dilectam 'partem' sui 'optimam' appellare non erubuit [*Farsalia*, V, 757]». Aquí, debe recordarse especialmente la *Oda* II, XVII, donde Horacio se preocupa por la posibilidad de que Mecenas llegue a «prius / obire» (5-6) y exclama: «A! te meae si partem animae rapit / maturior vis, quid moror altera, / nec carus aeque nec superstes / integer?»; y Francesco sigue: «illi esse superstitem ...» Por otro lado, nótese que Petrarca no debió paladear el dicho horaciano y sus análogos hasta después de comprar el manuscrito Laurenziano, a finales de 1347 (arriba, pág. 231). La epístola antes citada es de 1350; y todos los otros usos o elaboraciones que recuerdo de la frase en cuestión nos llevan por lo menos a 1348: *Familiares*, VII, XII, 14, 17; VIII, II-V (texto gamma), *m* (con oportuna alusión a *Confessiones*, IV, VI, 11), de 1349; XII, VII, 1, y IX, 6, de 1352; XX, VII, 4, de 1359; *Bucolicum carmen*, XI, 31-32, en *Poesie*, pág. 828, en la muerte de Laura («anime pars altera nostre, / optima pars

sencia le endulzaba la vida; [102] y la elegía brotó entre torrentes de lágrimas. A Agustín, sin embargo, no le interesan aquellos lloros ni aquel dolor: le importa advertir que pueden volver, y es tanto más probable, cuanto cada día acerca un paso a la muerte [103] y el cuerpo espléndido de Laura, minado por las enfermedades y los frecuentes partos, pierde el vigor por momentos. Nos movemos en el dominio dual de la «meditatio mortis humaneque miserie», acotado desde el *incipit* del *Secretum* (cf. págs. 18-19): si se acaba de destacar la una, al punto se realza la otra con la mención del elemento más típico en el examen tradicional de la miseria de la condición femenina: el sufrir y los quebrantos del parto.[104]

---

eadem»); *Canzoniere,* CCCXXXI, 43-45 («Bello et dolce morire era allor quando, / morend'io, non moria mia vita inseme, / anzi vivea di me l'optima parte»): en XXXVII, 52, «lassai di me la miglior parte a dietro» tiene muy otro sentido (y fuente). Para la nota en el ms. Laurenziano, Nolhac, *op. cit.,* I, pág. 184.

102. «... illi esse superstitem que dulcem michi vitam sola sui presentia facebat» (138). Cf. *Elegia ritmica,* 9-10: «Illa fugit que olim nobis dabat una placere [cf. n. 142], / precipitique gradu fert que mihi grata fuere».

103. «... eoque facilius, quod et omnis dies ad mortem propius accedit ...» (138). Cf. Séneca, *Epístolas,* CXX, 18: «Ad mortem dies extremus pervenit, accedit omnis».

104. «... et corpus illud egregium, morbis ad crebris partubus exhaustum, multum pristini vigoris amisit» (138). El pasaje se ha citado desde antiguo para dilucidar si Laura era casada o bien debe aceptarse la lectura (manifiestamente espuria) «crebris perturbationibus» (cf. E. Carrara, *Studi petrarcheschi ed altri scritti,* pág. 109). Pero, como digo, lo esencial es ver ahí el *tópos* por excelencia 'de miseria muliebris conditionis', avalado por el Génesis (III, 16) y glosado desde San Ambrosio (*De virginitate,* I, 6: «... Parturit et egrotat ...») a Inocencio III (*De miseria humane conditionis,* I, VI: «De dolore partus») y bastante más acá (vid., por ejemplo, M. R. Lida de Malkiel, *La originalidad artística de «La Celestina»,* Buenos Aires, 1962, págs. 500-502, n. 16). Conviene llamar la atención sobre un capítulo del *De vera religione,* XLV, 83-85, ya recordado en nuestro contexto (cf. n. 84) y donde el autor, tras hablar del amor por el bien ínfimo y el desdén culpable del máximo, comenta: «Nunc vero, *dum ipsa cuius verbis turpiter consensimus domatur dolore pariendi,* et nos in terra laboramus ...» También es interesante recordar una obra perfectamente conocida por Petrarca (cf. P. de Nolhac, *op. cit.,* I, pág. 179), el pseudovidiano *De vetula,* donde, por boca del amante, se evoca así el decaer de la protagonista: «At vero postquam viginti circiter annos / cum sponso fuerat *partuque effeta frequenti,* / et sua iam *facies dispendia parturiendi / senserat* ...» (II, 563-566; ed. D. M. Robathan, Amsterdam, 1968, pág. 101). La pervivencia del *tópos* en cuestión, el texto de un libro tan decisivo como el *De vera religione* en la génesis de nuestras páginas y el paralelo (no poco

El poeta arguye que también él declina y, así, sigue adelantando a la dama en el camino a la muerte.[105] Mas tal defensa es «furor» patente. ¡Deducir de la prioridad en nacer la prioridad en morir! ¿Qué lamenta la vejez solitaria de los padres (138),[106] qué la anciana nodriza (140), sino el fin prematuro de hijos o *nourrisons*?[107] Vanísima, pues, la esperanza de morir antes, por preceder en pocos años a quien es pábulo de tal locura (y no se nos escape que hay aquí importantes reminiscencias de Séneca, indudables, ya que no confesadas).[108] Francesco no ignora que el orden habitual de las cosas puede alterarse, pero ruega por que ello no ocurra, y piensa siempre en la muerte de Laura al arrimo de Ovidio: «tarda sit illa dies et nostro serior evo».[109] ¡Insoportable bobadas! ¿Qué dirá cuando *madonna* muera? ¿Qué? Se dirá misérrimo e intentará hallar algún consuelo en el recuerdo del pasado (y no otra es la actitud que traslucen, por caso, los sonetos CCLXXXII y

---

ceñido) del *De vetula* no dirimen, de ningún modo, la disputa entre los partidarios de «una Laura madre d'una dozzina di figliuoli» y quienes piensan «che Laura fosse rimasta zitella» (E. Carrara, *ibid.*): pero sí invitan a poner en cuarentena una interpretación pura, simple y radicalmente biográfica del pasaje (demasiado tajante, así, H. Hauvette, en *Pétrarque. Mélanges... publiées par l'union intellectuelle franco-italienne*, París, 1928, pág. 15). Concedamos lo suyo a los modelos teóricos impresionistamente plasmados. Vid. también n. 67.

105. «Ego quoque et curis gravior et etate provectior factus sum. Itaque illa ad mortem appropinquante precucurri» (138). Vid. *Elegia ritmica*, 5: «dominam moriendo tuam precurrere cessas?»

106. «... orba senectus ... parentum ...» (138). Se impone recordar el «orbus senex» de Cicerón, *Paradoxae*, V, 39.

107. Agustín habla del «anticipatum tempus» (cf. notas 123, 126) y cita aquí la *Eneida*, VI, 428-429.

108. «O furor, ex nascendi ordine ordinem mortis arguere! ... et hunc nature ordinem tibi fingis immobilem» (138-140). Séneca, *Epístolas*, LXIII, 14, lamenta haber llorado en exceso a Aneo Sereno, porque —dice— «numquam cogitaveram mori eum ante me posse. Hoc unum mihi ocurrebat, minorem esse et multo minorem, tamquam ordinem fata servarent». Francesco se nos ofrece ahora como vivo ejemplo de la inconsciencia deplorada por Séneca, en tanto Agustín le amonesta a hacer lo mismo que el filósofo cordobés recomendaba en seguida: «Itaque adsidue cogitemus tam de nostra quam omnium, quos diligimus, mortalitate» (*ibid.*, 15). De tal modo se dramatiza en el *Secretum* la doctrina estoica.

109. *Metamorfosis*, XV, 868: repárese en que Ovidio suplica ahí («precor», dice, como Francesco) que los dioses no le dejen ver en vida el día en que arrebaten a Augusto.

CCLXXXIII). Pero llévese el viento esas palabras, disipen las tormentas el presagio...

Semejante programa colma la paciencia del Padre.[110] ¿No repara el obstinado amante en qué desatino significa sujetar el ánimo a cosas perecederas que inflaman y no saben calmar, pues no perduran y, prometiendo goces, traen torturas? Es uno de los puntos culminantes en la intervención de Agustín:

> O cece, necdum intelligis quanta dementia est sic animum rebus subiecisse mortalibus, que eum et desiderii flammis accendant, nec quietare noverint nec permanere valeant in finem, et crebris motibus quem demulcere pollicentur excrucient? (140)

O dicho con el grave estilo de *I' vo pensando* (CCLXIV, 23-31):

> Prendi partito accortamente, prendi;
> e del cor tuo divelli ogni radice
> del piacer che felice
> nol pò mai fare, et respirar nol lassa.
> Se già è gran tempo fastidita et lassa [111]
> se' di quel falso dolce fugitivo
> che 'l mondo traditor può dare altrui,
> a che ripon' piú la speranza in lui,
> che d'ogni pace et di fermezza è privo?

En los versos oímos el declamar de la Filosofía de Boecio contra las pretensiones de cifrar la felicidad en el bien mundano que «nec... perdurat nec... delectat».[112] El *De consolatione*

---

110. Posiblemente, a Agustín le desazona que el poeta se proponga extraer «solamen... ex recordatione transacti temporis» (140) por juzgar eso una forma de la «delectación morosa» comúnmente condenada por los teólogos. «Vacate... a noxia recordatione preteriti temporis, que et absentes revehit et extinctas suscitat passiones», recomendaba Petrarca en el *De otio religioso*, pág. 9; y al enviar las *Metrice* a Barbato da Sulmona escribía: «vehementissima pars animi nostri recordatio est et que levibus ex causis tantum sepe virium assumit, ut manu iniecta eo nos cogat quo nollemus ibique detineat reluctantes» (*Familiares*, XXII, III, 2).

111. Recuérdese que, aquí, «l'un penser parla co la mente» (19).

112. *De consolatione Philosophiae*, II, IV, 12, 20-21: «Anxia enim res est humanarum condicio bonorum et quae vel numquam tota proveniat vel numquam perpetua subsistat... Quae [dulcedo humanae felicitatis] si etiam fruenti

posiblemente ha dejado también cierta huella en el pasaje del *Secretum*. Sin embargo, metro, prosa y prosímetro comparten una base teórica más amplia, sentada en la Escritura: «Nolite thesaurizare vobis thesauros in terra, ubi aerugo et tinea demolitur ...» (Mateo, VI, 19); «qui seminat in carne sua, de carne et metet corruptionem: qui autem seminat in spiritu, de spiritu metet vitam aeternam» (Gálatas, VI, 6),[113] *et cetera*. En tal base, y concretamente a nuestro propósito, se fundó una doctrina que ponderaba la insatisfacción, la amargura, el desencanto inevitable anejos a todo amor terreno, por lo transitorio e imperfecto del objeto (cf. pág. 263 y n. 45). Ni que decir tiene cuánto pesó en semejante convicción el Obispo de Hipona.[114] Quizá sí valga la pena apuntar, con todo, cuán especialmente inspiró los fragmentos del diálogo y la *canzone* recién aducidos, en particular gracias al *De vera religione*. No se pierde ahí ocasión de ponderar la idea.[115] Pero a Petrarca le impresionaron tal vez mayormente dos pasajes cruciales.[116] Uno, acotado en el Parisino latino 2.201 con un *Nota, nota,* recuerda a los amadores que un bello cuerpo y la pasión que despierta son «voluptatis regnum»,

---

iucunda esse videatur, tamen quominus cum velit abeat retineri non possit. Liquet igitur quam sit mortalium rerum misera beatitudo, quae nec apud aequanimos perpetua perdurat nec anxios tota delectat». Ya A. Noferi, *L'esperienza poetica del Petrarca*, pág. 265, aproximó los versos transcritos al texto de Boecio, aparte de intuir con finura el parentesco del pasaje del *Secretum* con ciertos lugares del *De vera religione* (pero no los que yo destaco). Antes vimos en *I' vo pensando* un claro préstamo de la *Consolatio* (cf. n. 27). Pues añádase que del capítulo ahora mencionado hay rastro seguro en nuestro libro primero (cf. pág. 101, n. 162). Véase además la n. 115.

113. Por copiar solo sentencias bien conocidas que San Agustín concordó en el *De vera religione*, III, 4, donde Petrarca las leyó cuidadosísimamente (cf., v.gr., los núms. 67, 68 y 119 de mi artículo en seguida citado).

114. Larga documentación en É Gilson, *Introduction à l'étude de Saint Augustin*, París, 1943²; J. Burnaby, *Amor Dei. A Study of the Religion of Saint Augustine*, Londres, 1947; N. Hartmann, «Ordo amoris», en *Wissenschaft und Weisheit*, XVIII (1955), págs. 1-23, 108-121. Para referencias copiosas y de detalle, cf. *Répertoire bibliographique de Saint Augustin, 1950-1960*, ed. T. Van Bavel, El Haya, 1963, págs. 763-770.

115. Vid., así, simplemente XV, 29 y XXXV, 65, anotados por el humanista (cf. F. Rico, «Petrarca y el *De vera religione*», núms. 74 y 76). En XV, 29 se lee: «ut quoniam bonorum inferiorum dulcedine decepti sumus, amaritudine poenarum erudiamur»; compárense los versos 27-31 de *I' vo pensando*.

116. Cf. F. Rico, art. cit., núms. 106, 153 y 98.

pertenecen a la «ima pulchritudo», abocada a la corrupción: de no estarlo, se la confundiría con la Suprema hermosura (Francesco sin duda incide en ese espejismo); por tanto, «miscens ei dolores et morbos et distorsiones membrorum et tenebras coloris et animorum simultates ac dissensiones», Dios nos enseñó a identificarla como ínfima y, por ende, nos estimuló a perseguir «incommutabile aliquid» (XL, 74-75): bien experimenta el poeta lo primero [117] y bien le exhorta el Santo a lo segundo, implícita y explícitamente, ahora como en todo el *Secretum*. El otro pasaje en cuestión, realzado en el códice con un *Nota vigilanter*, explica que «omnis corporea creatura», cuando querida con negligencia del Señor, aun sin volverse mala en sí, «fit poenalis dilectori suo et eum implicat aerumnis et pascit fallacis voluptatibus, quia neque permanent neque satiant et torquent doloribus; quia cum ordinem suum peragit pulchra mutabilitas temporum, deserit amantem species concupita et per cruciatum sentientis discedit a sensibus et erroribus agitat; ut hanc esse primam speciem putet, quae omnium infima est, naturae scilicet corporeae» (XX, 40). Reconocemos aquí los conceptos seminales del último parlamento del Padre en el debate: las incitaciones y falsas promesas del amor por un ser efímero, las penas que necesariamente engendra.[118] Y a la vez damos con una clave primaria de todo nuestro desarrollo: la vanidad de la belleza pasajera (de acuerdo con un «ordo») nos lleva a la evocación de la muerte y el decaer de Laura; los «errores» de suponer «prima» la «infima species» nos hacen comprender el error de Francesco, atormentado por una pasión rayana en la idolatría (vid. también pág. 297). A la luz de la fuente, por otra parte, advertimos cómo encaja ese desarrollo en el diseño mayor del *Secretum*: pues el *De vera religione* observa que la situación analizada testimonia que el amante carnal se encuentra «umbris illusus phantasmatum» (*ibid.*); y harto sabemos que enfermedad

---

117. Cabe incluso que, como quizá tuvo presente el *De vera religione* para hablar del cuerpo de Laura marchito «crebris partubus» (cf. n. 104), Petrarca lo pintara afectado «morbis» pensando en el «miscens ei dolores et morbos ...»

118. No se descuiden los contactos verbales, amén de los semánticos («pascit fallacis voluptatibus» / «demulcere pollicentur»): «neque permanent neque satiant» / «nec quietare noverint nec permanere valeant»; «per cruciatum» / «excrucient».

decisiva del poeta es ser víctima de «fantasmata», ligamen para volar a Dios y percibir la Verdad, causa de dispersión y ansiedad, discordia interna, estéril flaqueza.[119]

A Francesco no se le escapa que Agustín (como el *De vera religione*) marca el acento en el desvarío de prendarse de una «natura corporea»; y se mantiene impávido, porque la tradición le ofrecía la réplica presta y solo cumplía adornarla y afianzarla con algún toque clásico. Él, dice, no ha sometido el ánimo a cosa mortal: en la dama, no ha amado tanto el cuerpo como el alma, deleitado por una conducta que trasciende más allá de los límites humanos, muestra de «qualiter inter celicolas vivatur» (que así se hace latina la *donna angelicata* romance).[120] Y si Laura lo abandonara, muriendo —«quod solo torquet auditu»—, se consolaría como Lelio, convencido de que en Escipión amó la virtud y esa no se extingue,[121] y se repetiría las demás consideraciones del

---

119. Vid. arriba, págs. 22, 110-121, 225, 232, 243.
120. Cf. n. 92 y, por caso, *Canzoniere,* CCXIII, 2: «rara vertú, non già d'umana gente» (el «moribus humana trascendentibus», 140, nos apunta, por otro lado, a una región de conceptos no remotos de los implicados por el «transumanar» dantesco: vid. solo C. S. Singleton, *Viaggio a Beatrice,* Bolonia, 1968, págs. 36-43); CLVI, 1-2: «I' vidi in terra angelici costumi / et celesti bellezze al mondo sole»; CCXLIII, 3: «et fa qui de' celesti spirti fede»; CCLXVIII, 35-36: «che solea far del cielo / et del ben di lassú fede fra noi»; innecesario aportar más ejemplos en idéntica órbita de ideas: baste decir que las supone siempre el adjetivo «angélico», del que llegó a hastiarse el propio Petrarca (cf. G. Contini, *Varianti e altra linguistica,* Turín, 1970, pág. 17).
121. «Cum Lelio, romanorum sapientissimo, proprias miserias consolarer [*De amicitia,* XXVII, 102]: 'Virtutem illius amavi, que extincta non est'» (140). Cf. *Familiares,* II, VI, 3 y 5: «cuius si tanta vis est, ut morte superata, defunctos etiam amicos pro viventibus celebremus—quod post obitum iunioris Africani, *sapientissimo* et omnium *Romanorum* in amicitia gloriosissimo viro Lelio docente, didicimus ... Lelius ipse de amicissimo viro loquens, vide quibus verbis utitur: 'Virtutem' inquit 'illius viri amavi, que extincta non est'»; XIV, III, 8: «'Secum' ergo tam feliciter 'actum' puto ut illius vicem deflere non tam commiserationis quam 'invidie' videatur; 'mecum incommodius', ut Lelius in Africani sui morte conqueritur, 'quem fuerat equum, ut prius introieram sic prius exire de vita' [cf. n. 99]; 'me' ipsum tamen *cum* eodem *Lelio* '*consolor*' [vid. *Laelius,* III, 10; el benemérito editor no advierte la cita siguiente]: 'Virtutem enim illius viri amavi, que extincta non est'». Petrarca tardó en averiguar que el protagonista y el Escipión del *De amicitia* eran Lelio el menor y el segundo Africano: desde luego, no lo supo hasta bastante después de 1343 (cf. G. Martellotti, «Sulla composizione del *De viris* e dell' *Africa* del Petrarca», en *Annali della R. Scuola Normale di Pisa,* segunda serie, X [1941], págs. 256-258, y ed. *De viris illustribus,* pág. 293). El texto más temprano en que

sabio romano tras la pérdida del amigo entrañable.¹²² Harmónicamente, la intervención de Francesco en la «meditatio mortis» en torno a Laura se cierra según se abrió, con una reminiscencia del *De amicitia* (cf. n. 99).

Aquí y allá hemos ido desentrañando bien urdidos nudos temporales donde el presente de la acción nos orienta al futuro del protagonista. Merced a ciertos paralelismos de los interlocutores (vid. arriba, págs. 76-77, 164, 192), quizá por obra de un simple adverbio (págs. 180, 221, 242), incluso con transparentes promesas del Santo (págs. 106-107, 168, 194), el escritor, respetando el marco cronológico, nos permite otear el porvenir de Francesco, para ofrecernos, por regla, una imagen risueña y positiva, cuyo reverso negativo y penoso es la ocasión del debate: Jano de dos caras, igualmente ideales, con rasgos del auténtico Petrarca y rasgos de libre invención (por variados motivos y propósitos). Queda apuntado y veremos todavía que la misma existencia del *Secretum* puede insertarse en pareja perspectiva (páginas 7, 453). Ahora el vaticinio es más directo y tajante. Agustín, para quien por supuesto no hay arcanos en el horizonte, anuncia sin más la muerte de Laura: [123] «cum oculos illos ... suprema *clau-*

---

descubro la distinción (patente en el calificativo «iunior», tratándose del *De amicitia*) es la citada *Familiaris* II, VI, una de las ficticias, de 1350-1351, próxima al *Secretum* hasta en la minucia del modo de designar a Lelio (otras veces se limita a llamarlo «sapiens»); de ahí deduzco que también en el diálogo se distingue a los personajes homónimos. Por otra parte, en la misma colección, la epístola XIV, III, combina en el pasaje aducido los motivos del «prius introieram ...» y el «virtutem ... amavi ...» con idéntico orden que nuestro contexto e introduciendo el segundo con igual «cum ... Lelio consolor»: y la carta es de 1352. Todo ello nos lleva, pues, al período asignado al *Secretum* por la copia de fra Tedaldo y en especial al que desde el principio señalé como año decisivo: 1353.

122. Francesco pensaría particularmente en las frases inmediatas a la citada, XXVII, 102-103: «Nec mihi soli versatur ante oculos, qui illam [virtutem] semper in manibus habui; sed etiam posteris erit clara et insignis», etc.

123. Para Petrarca, obviamente sin el don de la profecía, la situación es muy otra. En la segunda parte del *Canzoniere*, una serie de poemas se duele de no haber adivinado, en el último encuentro, que Laura iba a morir (CCCXVIII, 7-8; CCCXXIX, 5-8; CCCXXX, 5-8; CCCXXXI, 31-36). En la primera, en cambio, otra serie insiste en los fúnebres presagios que rodearon aquel momento (CCXLVI-CCLIV). Hoy parece cosa segura que esa serie de la primera parte (que no entró en la compilación sino en 1373-1374) es posterior a 1348 y probablemente también a la citada serie de la segunda parte (ya incluida en la

serit dies ..., *pudebit* ...», etc.; al desviar el poeta el agüero, al conjurar «ista», replica con firmeza: «Equidem *necessario* eventura sunt»; o bien pronostica *ad litteram* elementos de la segunda parte del *Canzoniere*.[124] Apenas cabe duda de que el par de páginas sobre la desaparición de la amada no pertenece a la redacción inicial de 1347 (en mi planteo), sino a la fase intermedia de 1349 o a la decisiva refundición de 1353.[125] Pues parece básico notar que la doctrina genérica definida por el Santo, en ese párrafo central inspirado tan de cerca en el *De vera reli-*

---

colección en 1367-1371). Ello lleva a pensar que la otra pieza de la primera parte donde se expresa el temor de que «no chiuda anzi / Morte i begli occhi che parlar mi fanno» (CXVIII, 7-8) debió de escribirse también después de 1348, quizá al prepararse la versión definitiva del *Secretum* y buscando enlazar con él por el procedimiento de atribuir el poema al 6 de abril de 1343: tal vez no sea casual que el soneto CCCXIV, en que (por excepción en la segunda parte) se trata de un vago augurio fatal en el último encuentro, se halle en un grupo que suele atribuirse al postrer período de residencia en Provenza (cf. solo E. H. Wilkins, *The Making...* págs. 354, 366). A reservas de volver en los volúmenes II y III sobre los textos en cuestión, daré ahora un ejemplo susceptible de aportar bastante luz. La *Familiaris* I, II, ostensiblemente datada en los años de estudio en Bolonia (1320-1326), se escribió en realidad a principios de 1350 (vid. G. Billanovich, *Petrarca letterato*, I, páginas 20, 53); ahí, el escritor 'presiente' la muerte de Roberto de Anjoux (ocurrida siete años antes...) e invita a apresurarse a ir a Nápoles quienes quieran conocer «ante tempus» (cf. n. 107) a tan eximio señor: «Ad te confugiat quisquis ingenio fidit; neque vero differendum putet. Suspecta mora est; devexa enim est etas, et mundus iampridem eo carere et ipse ad meliora regna transire meritus, vereorque ne multam ipse michi sere penitentie materiam prolatando quesierim» (§ 10). Y compárese con ello el soneto CCXLVIII, donde, dentro del ciclo de poemas de la primera parte sobre los temores de que Laura muera, se exhorta igualmente: «Chi vuol veder quantunque pò Natura / e 'l Ciel tra noi, venga a mirar costei ...», «et venga tosto, perché Morte fura / prima i migliori, et lascia star i rei: / questa aspettata al regno delli dèi / cosa bella mortal passa et non dura». «Vedrà, s'arriva a tempo, ogni vertute, / ogni bellezza, ogni real costume ...», «ma se piú tarda, avrà da pianger sempre». El ceñido paralelo revela —creo— qué poco cabe fiar en la verdad biográfica de los lugares petrarquescos sobre los presentimientos de la pérdida de Laura, en el *Canzoniere* como en el *Secretum* (donde, por lo demás, el autor ofrece una antología de textos clásicos pertinentes al tema que difícilmente pudo ocurrírsele concordar antes de 1348: Cicerón, notas 99, 121; Horacio, n. 101; Ovidio, n. 109; pareja pero diáfanamente, la *Vita nuova* reinterpreta el pasado *a posteriori*, a partir de la muerte de Beatriz).

124. Compárese págs. 272, n. 80; 276.

125. Recuérdese lo dicho en las notas 101, 121, y téngase bien en cuenta lo apuntado en seguida, notas 126 y 128.

gione, se corrobora y resulta *probada* por la muerte de la dama (que hace también patente e indiscutible el «error» de Francesco). No está en juego la anécdota, sino la categoría. Ese par de páginas, antes de 1348, podía volverse y aun de hecho se volvía contra el Padre: después de 1348, refutaba al poeta *ex experimento*. El texto solo cobra pleno sentido —intelectual y no ya meramente biográfico— escrito y leído «in morte». En la *Vita nuova*, la muerte de Beatriz salva el amor de Dante: amor en paz con Dios, amor de bien máximo y permanente. A Petrarca no le satisfizo la solución, subterfugio con pretensiones de validez en tal cual lugar del *Canzoniere*, en germen en el «virtutem illius amavi ... » en boca de nuestro engañado protagonista, pero intolerable para el rigor de Agustín. La muerte de Laura condena el amor de Francesco: amor ingrato a Dios, amor de bien mínimo y transitorio.

El Padre desiste de convencer al poeta, encastillado «inexpugnabili erroris arce» y más dispuesto a oír con paciencia acusaciones contra sí que verdades sobre Laura (140). Adelante, pues, colme de laudes a su mujercilla (142); [126] hágala reina,

---

126. «Mulierculam tuam quantalibet laude cumules licebit» (142). En *Familiares*, X, III, 17-25, en 1349, Petrarca recuerda a Gerardo los galanteos juveniles de ambos y, en particular, las «cantiuncule inanes falsis et obscenis *muliercularum laudibus* referte, turpi et aperta cum confessione libidinis» (y vid. n. 219). Adviértase que Francesco va a negar en seguida («in amore meo nichil unquam *turpe*, nichil *obscenum*») lo confesado ahí («*obscenis ... laudibus*», «*turpi ... cum confessione libidinis*») y luego confirmado por el Santo (154; cf. pág. 312). Los citados párrafos de la epístola, a propósito de Laura y de la amada de Gerardo, abundan en coincidencias con las páginas que ahora nos interesan; por ejemplo, y entre otras que luego señalaré: «et nos multorum essemus populorum *fabula*» (vid. abajo, n. 398); «quid enim tantis laboribus, bone Iesu, quid alium nisi amorem mortalem imo vero mortiferum petebamus, cuius nos fallacem et multis sentibus obsitam suavitatem attingere summotenus permisisti, ne grande aliquid inexpertis videretur» (cf. arriba, págs. 282-283, y adviértase que el pasaje del *De vera religione*, XX, 40, ahí señalado, explica que el mal amante puede llegar a forjarse «immensa spatia cogitatione»); «iuvenili etate revocasti eas morte quidem, ut spero, illis utili, nobis necessaria, et abstulisti a nobis animarum nostrarum *vincula* [vid. n. 11]: et tamen, o ceca mens mortalium, quotiens questi sumus quasi ante tempus [en el desarrollo sobre la muerte de Laura se habla de 'anticipatum tempus': cf. n. 107] accidisset ...»; «Quot suspiria, quot lamenta, quot lacrimas in ventos effudimus, et more *freneticorum* medico nostro insultantes, manum tuam repulimus, lenimen optimum nostris vulneribus *adhibentem*!» (vid. n. 86 y, para «vulnera», página 250). Como es obvio, Petrarca se contempla en la carta en iguales términos

santa, diosa, ninfa.[127] Nada se le opondrá. Pero sepa que la «ingens ... virtus» de la dama (Agustín, tras lo dicho, debe de usar el adjetivo socarronamente) no le excusa del yerro. Porque no cabe dudar «quin pulcerrima sepe turpiter amentur». Francesco cree haber solventado ya la objeción [128] y persevera en defenderse con razones que terminarán por traicionarlo. Si fuera posible percibir el semblante del amor que en él reina —arguye—, se descubriría similar al rostro de aquella a quien tanto ha loado [129] (tanto, pero por debajo de lo justo).[130] La Verdad, presente, es testigo de que en su amor no ha habido «nichil unquam turpe, nichil obscenum», nada culpable, salvo la magnitud: bastará fijarle un límite, y no podrá imaginarse «nichil pulcrius». Claro está que esa desmesura supone una pecaminosa inversión de valores y arrastra a la blasfemia: ya Matfre Ermengau lo denunció lúcidamente,[131] y el Santo, que no en balde

---

que Agustín a Francesco en el *Secretum* (compárese arriba, págs. 52, 55-57, 77, 149-150, etcétera).

127. «Sit regina, sit sancta, sit 'dea certe, / an Phebi soror, an nimpharum sanguinis una'» (*Eneida*, I, 328-329: vid. n. 93). Cf. CLIX, 5: «Qual nimpha in fonti, in selve mai qual dea ...» Para «dea», vid. n. 220; para «sancta», cf. F. Chiappelli, *Studi sul linguaggio del Petrarca. La canzone delle visioni*, Florencia, 1971, pág. 60, n. 1.

128. «Iam ad hec supra responsum est» (142). De hecho, la discusión vuelve exactamente al punto en que quedó al iniciarse los comentarios sobre la muerte de Laura (136), retomándose a la letra los motivos allí enunciados: cuanto va del «pulcra turpiter amari» y el «nichil unquam turpe» de 136 a la reiteración de esas palabras en 142 ¿no será una adición realizada en 1349 o 1353? Petrarca, en tal caso, hubo de introducir también otros cambios, para dejar el conjunto perfectamente homogéneo: pero solo la repetición ahora señalada nos proporciona un cierto indicio para reconocer un aspecto de semejante cirugía; indicio, sin embargo, sumamente lábil y discutible, pues la continuidad temática y de fuentes (en particular, el *De vera religione*) no ofrece fisuras: si acaso, habrá que situar todo el contexto en 1349 o 1353 (mas ¿qué queda entonces a la versión de 1347?). Cf. notas 168, 207.

129. «Si enim amoris in me regnantis facies posset, eius vultui ... non absimilis videretur» (142). Cf. la n. 141.

130. «... quam licet multum tamen debito parcius laudavi ...» (142). Es el tema, sobre todo, del soneto CCXLVII, la letanía de cuyo verso cuarto («santa, saggia, leggiadra, honesta et bella») recuerda las recientes palabras de Agustín (n. 127).

131. *Breviari d'amors*, ed. cit., II, págs. 418-419, versos 27.455-27.464: «et escompren tan lor folor / e tant abriva lor ardor / lo satans que *per sobr'amar* / lor fay las donas azorar; / car aychy con lo Creator / deu hom

acaba de poner en sarcástico entredicho la aplicación a Laura de adjetivos como «sancta» o «dea», irá al fondo de la cuestión y la dilucidará por completo. De momento, el poeta pretende salvaguardarse merced a un matiz: atemperar el amor con un «modus», más próximo, sin embargo, al complaciente 'punto medio' peripatético que a la rigurosa 'norma' definida en el libro segundo.[132] Mas para Agustín no valen aquí componendas, e, implicando que el tal sentir es intrínsecamente malo, ataca amparado en las *Tusculanas*: «Modum tu queris vitio».[133] ¡No al vicio, sino al amor! Y si Cicerón hablaba precisamente del amor, Francesco entiende que se trata «de comuni amore hominum», mientras el suyo es largamente singular.[134] ¿Acaso los demás no pensarán otro tanto, corrige el Padre? Todos juzgan benignamente las propias pasiones, y en especial la amorosa: [135] harto lo sabía incluso el plebeyo Atilio y así recibió el premio de un elogio en las epístolas *Ad Atticum*.[136]

---

amar de bon' amor, / de tot lo cor, de tot lor sen / e de tot lor entendemen, / amon las donas a peccat / don d'elas fan lor deitat».

132. Cf. arriba, págs. 153, 166, 176, y la siguiente nota 133. Por supuesto, la perspectiva es ahora muy distinta de *Familiares*, XXIV, XIII, 8: «Sed est, ut ceterarum rerum, sic amandi modus, ne scilicet dum prodesse vis noceas ...»

133. Petrarca baraja los principios de IV, XVII, 39 («Modum tu adhibes vitio?») y XVIII, 41 («Qui modum igitur vitio quaerit ...»). En esos párrafos de las *Tusculanas*, Cicerón combate briosamente a los peripatéticos, que tienen las pasiones por inevitables, «sed adhibent modum quendam, quem ultra progredi non oporteat»; e insiste en que la razón enseña no «bonum illud esse, quod aut cupias ardenter aut adeptus ecferas te insolenter», pues la causa de parejos excesos se halla en un «error».

134. «... in me autem singularia quedam sunt» (142). Cf. *Canzoniere*, CCXCII, 4: «et fatto singular de l'altra gente».

135. «... verumque est, cum in aliis tum in hac precipue passione, quod unus quisque suarum rerum est benignus interpres» (142). Corrían muchos adagios similares: «Optimus interpres verborum quisque suorum» (en H. Walther, *Proverbia sententiaeque latinitatis medii aevi*, núm. 20.322), «Unusquisque sibi potissimum amicus est» (núm. 32.247g), etc. Y cf. Séneca, *De tranquillitate animi*, I, 15, cit. arriba, pág. 61, n. 52.

136. «Nec inepte illud a plebeio quodam licet poeta dictum laudatur: 'Suam cuique sponsam, michi meam; / suum cuique amorem, michi meum'» (142). Cf. *Familiares*, XII, VI, 5 (de 1352): «nec inepte ab illaudato licet poeta dictum est: 'Suam cuique ...'» En todo el caudal de la literatura latina, los dos versillos aparecen citados única y exclusivamente por Cicerón, *Ad Atticum*, XIV, XX, 3, atribuidos a Atilio, a quien se califica de «durissimus» (cf. H. Bardon, *La littérature latine inconnue*, París, 1952, I, págs. 37-38); y nadie ignora

No pestañea el poeta, antes se dispone a aducir pruebas admirables y estupendas de cuanto dice. Agustín, al tanto de que «qui amant ipsi sibi somnia fingunt» (142), según el verso tan asendereado en las escuelas (144),[137] se muestra renuente: le desazona escuchar «insanias» de boca hecha para ideas y palabras de más vuelo. Pero hay cosas que Francesco no callará, sea por gratitud o por desvarío; y una antes de nada: si algo es, aun si poquillo, a Laura se lo debe.[138] Nunca, en verdad, hubiera alcanzado nombradía y gloria algunas, de no haber ella cultivado la levísima semilla de virtud que la naturaleza le sembró en el pecho.[139] De joven, lo apartó de toda torpeza, empujándolo a mirar hacia arriba.[140] ¿Cómo no iba a transformarse de acuerdo

---

que Petrarca no conoció las epístolas *Ad Atticum* hasta mayo de 1345 (vid. solo P. de Nolhac, *Pétrarque et l'humanisme*, II, pág. 222). Añadiré que en *Familiares*, XVI, XII, 8, se cita como «illud non ignobile, dictum licet ab ignobili poeta», el mismo dístico (no identificado por V. Rossi; Pedro de Blois lo atribuye a «quidam magister meus»: cf. H. Walther, *Proverbia...*, núm. 7.758) que *ibid.*, VII, IV, 3, se hace «notum, licet ignoti poete», y sigue a una referencia a las epístolas *Ad Atticum*, VII, III, 10: está claro que Petrarca asociaba en algún modo esa fórmula introductoria a las cartas ciceronianas.

137. Virgilio, *Églogas*, VIII, 108. Petrarca cita o evoca también el verso en *Africa*, V, 680: «Somnia sunt que fingis amans et falleris amens» (cf. abajo, n. 208); *Familiares*, VII, XII, 6-7, y XII, V, 4; *De remediis*, I, LXIX, en *Prose*, pág. 620.

138. «... me, quantulumcunque conspicis, per illam esse» (144). Cf. el verso que debía concluir una canción petrarquesca, según un fragmento autógrafo del Vaticano Latino 3.196: «e quel poco ch'i son da voi mi tegno» (últimamente en *Poesie*, pág. 587). Adviértase que en las notas siguientes, como ya arriba, limitaré las referencias a textos paralelos del *Canzoniere* a un par o tres de ejemplos característicos.

139. «nec unquam ad hoc, siquid est, nominis aut glorie fuisse venturum, nisi virtutum tenuissimam sementem, quam pectore in hoc natura locaverat, nobilissimis hec affectibus coluisset» (144). *Canzoniere*, CCCLX, 88-89, 112-114: «salito in qualche fama / solo per me» (habla el Amor), «et sí alto salire / i 'l feci, che tra' caldi ingegni ferve / il suo nome»; XXXVII, 93-94: «che 'l mio cor a vertute / destar solea»; LXXI, 102-105: «onde s'alcun bel frutto /nasce di me, da voi vien prima il seme: / io per me son quasi un terreno asciutto, / còlto da voi, e 'l pregio è vostro in tutto»; CCCXXXVIII, 7: «di vertute il chiaro germe». Cf. *Tusculanas*, III, I, 2, para las «semina innata virtutum».

140. «Illa iuvenilem animum ab omni turpitudine revocavit, uncoque, ut aiunt, retraxit, atque alta compulit espectare» (146; «expectare», en la copia de fra Tedaldo: cf. n. 152). *Canzoniere*, CCCLX, 121-130: «da mille acti inhonesti l'ò ritratto, / che mai per alcun pacto / a lui piacer non poteo cosa vile: /giovene schivo et vergognoso in acto / et in penser, poi che fatto era huom ligio / di lei ch'alto vestigio / li'mpresse al core, et fecel suo simíle. / Quanto

con las costumbres de la amada? [141] De fama impoluta, no rozada ni por los malsines de diente más canino, que hubieron de venerarla, Laura lo incitó también a anhelar la fama, allanándole los duros esfuerzos por conseguirla. Cuando mozo, ¿qué deseaba sino solo placer a la sola que le había placido? [142] Agustín sabe a cuántas fatigas se sometió para lograrlo, «spretis mille voluptatum illecebris»: no puede, pues, obedecerle, olvidando o queriendo

---

à del pellegrino et del gentile, / da lei tene, et da me, di cui si biasma»; LXXI, 11-14: «un habito gentile / che con l'ale amorose / levando il parte d'ogni penser vile. / Con queste alzato vengo a dire or cose ...» En nuestro pasaje, «alta» es algo ambiguo: remite vagamente a las 'alturas sagradas', sí, pero quizá carga más el énfasis en un 'elevación' terrena, en honrosos deseos de gloria, en la elegancia y el gusto frente a las actitudes adocenadas, etc. Al replicar, Agustín empareja «alta spectare» y «segregare a populo»; y Agustín y Francesco tratan aparte la cuestión de si Laura produce o no el alejamiento «a Creatore». Similarmente, en la canción CCCLX, «alto» refiere en 112 a un «salire [in fama]» y en 127 casi equivale a «pellegrino» y «gentile», aunque, secundariamente, el adjetivo pueda beneficiarse de la connotación religiosa que tiene cuando se habla de «l'alta cagion prima» (143, y cf. 29).

141. «Quidni enim in amatos mores transformarer?» (144), texto que debe leerse en relación con el transcrito en la n. 129. La idea —sintetizada en la canción CCCLX, 128 («et fecel suo simíle»); expuesta más por extenso, con variantes, en el soneto XCIV y en el *Triumphus Cupidinis*, III, 139-162 («Chi poria 'l mansueto alto costume / agguagliar mai parlando, e la vertute ...» /; «e so in qual guisa / l'amante ne l'amato si trasforme»), y subyacente en múltiples lugares del *Canzoniere*— tiene una tradición larga y compleja: desde sugerencias en el *Fedro* o en el *Banquete* hasta prolijas especulaciones en el neoplatonismo renacentista, pasando por la noción aristotélico-ciceroniana del amigo como «alter ego», la erótica trovadoresca o ciertos motivos de la espiritualidad y la teología medievales (cf., v.gr., San Buenaventura, *Soliloquium* II, 12: «Quidquid diligis, ipsa dilectionis vi in eius similitudinem transformaris»). Historio el tema, con particular atención a Petrarca, en un capítulo de mi próximo libro *De amor y literatura*; por el momento puede verse J. Orcibal, «Une formule de l'amour extatique de Platon à Saint Jean de la Croix et au Cardinal de Bérulle», en *Mélanges offerts a É. Gilson*, Toronto-París, 1959, págs. 447-463 (aunque con graves lagunas).

142. «Quid enim adolescens aliud optabam, quam ut illi vel soli placerem, que michi vel sola placuerat?» (144). En *Canzoniere*, CCV, 8 («a cui io dissi: 'Tu sola mi piaci'») se recuerda a Ovidio, *Ars amatoria*, I, 42 («elige cui dicas 'tu mihi sola places'»). Aquí, Petrarca sin duda se remonta a Propercio, *Elegías*, II, VII, 19: «Tu mihi sola places: placeam tibi ... solus». Y no hay que pensar en una fuente intermedia, pues hoy es indiscutible que el humanista conoció a Propercio: cf. B. L. Ullman, *Studies in the Italian Renaissance*, págs. 181-192, y G. Martellotti, ed., *Laurea occidens*, pág. 67, y «Precisazioni intorno a la decima egloga del Petrarca», en *Italia medioevale e umanistica*, XV (1972), páginas 334-340.

menos a aquella que lo separó del vulgo,¹⁴³ lo guió por todos los caminos,¹⁴⁴ le espoleó el ingenio y despertó el ánimo amodorrado.¹⁴⁵

Ha hablado el lírico de los *Rerum vulgarium fragmenta*, en defensa del *amour-vertu* (así lo ha etiquetado la crítica, sin comprenderlo siempre): amor a ras de tierra, aunque dignificado como acicate a la gloria, fuente de *cortezia*,¹⁴⁶ y con veleidades de pulidor ético y aun religioso (cf. arriba, págs. 265, 269). Al Padre, ese lenguaje le da náuseas: es un «falsum opinari», con desvergüenza, propio de ignorante y de soberbio.¹⁴⁷ Poco le cuesta, sin embargo, destruir la engañosa construcción, a menudo sirviéndose de las palabras con que el Petrarca más exigente, dentro del mismo rimario, hacía la crítica del *Canzoniere* (de suerte que el debate de nuestros interlocutores todavía sigue notablemente la dialéctica de *Quel' antiquo mio dolce empio signore*). Francesco yerra en todo. Que deba a Laura cuanto es únicamente cabe aceptarlo entendiendo que no le ha permitido ser más: hubiera parado en un gran hombre (144), de no habérselo impedido ella con las seducciones de la hermosura (146). Lo que es se lo ha dado la bondad de la naturaleza: lo que pudo ser se lo ha quitado Laura; ¹⁴⁸ o, mejor, él mismo se lo ha robado, que Laura es

---

143. «que me a vulgi consortio segregavit» (144). *Canzoniere*, LXXII, 9: «questa sola dal vulgo m'allontana»; CCCLX, 129-130, cit. en la n. 140. Cf. Dante, *Inferno*, II, 104-105: «quei che t'amò tanto / ch'uscí per te de la volgare schiera».

144. «... dux viarum omnium ...» (144). *Canzoniere*, CCCLVII, 2-4: «la mia fida et cara duce, / che mi condusse al mondo, or mi conduce / per miglior vía ...»; para Laura como «guida al cielo», A. Noferi, *L'esperienza...*, pág. 274, n. 1.

145. «... torpenti ingenio calcar admovit ac semisopitum animum excitavit» (144). *Canzoniere*, CCCLX, 89, 101-102, 110: «che 'l suo intellecto alzai», «et sí dolce ydïoma / le diedi, et un cantar tanto soave ...», «ch'a donne et cavalier' piacea il suo dire».

146. Con razón señala A. Noferi, *L'esperienza poetica del Petrarca*, página 263, nota, que en nuestra página, «intessuta di tanti rimandi alle *Rime*..., l'accento sia posto assai più su un perfezionamento di ordine mondano e poetico (desiderio di piacere a lei, per lei conquistare nome e gloria), che su quello religioso e morale», insinuado vagamente, como digo, más que declarado.

147. «... falsum impudenter asserere, ignorantis pariter et superbi» (144). Sabemos, y ahora se nos ha subrayado, el ligamen de amor y gloria: notemos aquí, además, que el amor como «falsa opinio», disfraz de la lujuria, se enlaza con la soberbia, el pecado de que es producto el apetito de gloria.

148. Cf. *Canzoniere*, CCCLX, 25-30, 39-40: «In quanto amaro à la mia

inocente: no en vano explicó el libro primero que la responsabilidad del pecado es intransferible.[149] La belleza de la dama se le antojó tan halagüeña, tan dulce, que con los calores del deseo y las lluvias del llanto ha devastado las mieses que prometían las nativas semillas de virtud.[150] Quizá lo alejó de muchas torpezas: mas para arrastrarlo a mayores desgracias.[151] Quien nos desvía de un camino inmundo llevándonos al despeñadero, quien nos sana las llagas ligeras hiriéndonos mortalmente en la garganta, nos asesina, no nos libera. Tal esa que celebra como guía: separándolo de no pocas suciedades, lo ha precipitado «in splendidum ... baratrum». Dice que lo constriñó «alta spectare» [152] y lo segregó «a populo»: y ¿qué fue ello sino convertirlo en sumiso galán y, preso en la dulzura de una sola, reducirlo al desprecio y descuido de las demás cosas, obstaculizándole el trato con los hombres? [153] Únicamente acierta al recordar que la amada lo enzarzó en labores sin cuento: pero, cuando tantas hay inevitables, ¡qué demencia buscar adrede otras nuevas! Presume, en fin, de haber avivado gracias a Laura el afán de una fama más ilustre, y el Santo se compadece del «error»: porque pronto va a demostrarle que no sufre carga más funesta en el alma.

Punto por punto, Agustín ha vuelto del revés el tapiz fantaseado por el poeta, ha descubierto *the seamy side* de un afecto

---

vita avezza / con sua falsa dolcezza, / la qual m'atrasse a l'amorosa schiera! / Che s' i' non m' inganno, era /disposto a sollevarmi alto da terra: / e' mi tolse di pace et pose in guerra». «Misero, a che quel chiaro ingegno altero, / et l'altre doti a me date del cielo?»

149. Véase arriba, págs. 63 y sigs., y abajo, n. 166.

150. Vid. *Canzoniere*, CCCLXIV, 5-6: «di tanti error che di vertute il seme / à quasi spento»; cf. n. 139 y arriba, pág. 240.

151. «... sed in maiores impulit erumnas» (146): «et eum implicat aerumnis», leíamos en el pasaje del *De vera religione* ya recordado por Petrarca (arriba, pág. 282).

152. En el ms. Laurenziano, fol. 230, fra Tedaldo escribió primero «ex», lo canceló y consignó: «spectare»; cf. n. 140.

153. *Canzoniere*, CCCLX, 17-19, 31-34, 46: «et quante utili honeste / vie sprezzai, quante feste, / per servir questo lusinghier crudele!» «Questi m'à fatto ... / men curar me stesso: / per una donna ò messo / egualmente in non cale ogni pensero». «Cercar m'à fatto deserti paesi», etc. Cf. abajo, pág. 318, sobre 156, y *Laurea occidens*, 24-27: «erat gratissimus ardor / ille michi insueto, qui me, mortalia prorsus / oblitum immemoremque mei, meminisse iubebat / hanc unam, curasque et totum huc volvere tempus».

disfrazado de bueno y noble. Ágil espadachín, amaga y tira la estocada: y el contrario no niega que empieza a dar peligrosos traspiés. Pero aún falta la herida más grave, demostrar que la dama ha llevado a Francesco a la perdición: «Ista nempe, quam predicas, cui omnia debere te asseris, ista te peremit». El Padre va a entrar en el núcleo del problema, atajando de una vez todas las argucias del interlocutor, interesado en desviar el asunto al dominio convencional del «fin' amors» trovadoresco, del alquitarado *stilnovismo*. A las pretensiones de vindicar el amor cortés dándole rango de excelsa cualidad mundana o incitación celestial, va a oponer la severidad de la doctrina distintivamente agustiniana. De sobras la conocemos.[154] En principio —piensa el Obispo de Hipona—, hay cosas para *frui,* para adherirse a ellas «amore», pues valen por sí mismas, «aeternae atque incommutabiles»; y cosas para *uti,* a fin de conseguir las otras, «ad id quod amas obtinendum ..., si tamen amandum est», «ut ad illarum perfruitionem pervenire possimus». Pero la Biblia ordena: «amarás a Dios con todo tu corazón, con toda tu alma, con todo tu entendimiento». Por tanto, solo a Dios puede amarse propiamente, «solo Deo fruendum»; las demás cosas se amarán por amor de Dios, cabrá *uti* de ellas para amar a Dios. La jerarquía, la «ordinata dilectio», es inamovible: el hombre ha de respetarla «ne aut diligat quod non est diligendum, aut non diligat quod diligendum est, aut amplius diligat quod minus diligendum est, aut aeque diligat quod vel minus vel amplius diligendum est, aut minus vel amplius quod aeque diligendum est». Porque en el pecado se lleva la penitencia: si queremos *frui* lo que hemos de *uti,* nuestro curso se tuerce, «deflectitur», y, cautivos amando lo inferior, nos retrasamos o retrocedemos en el camino a lo superior.

En ese cuadro, simple y terminante, cobra entero sentido el capital contraste de Agustín y Francesco:

> *Augustinus.* — Ab amore celestium [ista] elongavit animum et a Creatore ad creaturam desiderium inclinavit. Que una quidem ad mortem pronior fuit via.

---

154. Aduzco la fundamental exposición del *De doctrina christiana*, I, III, 3; IV, 4; XXII, 20-21; XXVII, 28. Aparte las referencias inmediatas, cf. la bibliografía mínima citada en la n. 114.

Franciscus. — Noli, queso, precipitare sententiam: Deum profecto ut amarem, illius amor prestitit (146).
Augustinus. — At pervertit ordinem (148).
Franciscus. — Quonam modo?
Augustinus. — Quia cum creatum omne Creatoris amore diligendum sit, tu contra, creature captus illecebris, Creatorem non qua decuit amasti, sed miratus artificem fuisti quasi nichil ex omnibus formosius creasset, cum tamen ultima pulcritudinum sit forma corporea.

Intentemos acercarnos más al trasfondo del texto.

También en la canción CCCLX, 31-32, Petrarca acusaba a «Quel' antiquo mio dolce empio signore» de apartarle el ánimo del amor divino:

> Questi m'à fatto men amare Dio
> ch' i' non deveva...;

y cuando en *I' vo pensando,* 99-101, confesaba

> ché mortal cosa amar con tanta fede
> quanta a Dio sol per debito convensi
> piú si disdice a chi piú pregio brama,

también admitía la desorientación de dirigir el deseo a la criatura antes o en vez de al Creador, descarrío abocado a la muerte espiritual. Es, por supuesto, la dogmática de la Epístola a los Romanos: los gentiles, conociendo a Dios, «non sicut Deum glorificaverunt», lo trocaron por un simulacro; y el Señor los entregó «in desideria cordis eorum», de suerte que «coluerunt et servierunt creaturae potius quam Creatori» y cayeron en los pecados hasta hacerse «digni ... morte» (I, 21-32). Petrarca meditó esa enseñanza con extraordinaria atención en las páginas del *De vera religione* que la glosaban e integraban en un sistema ajustadísimo.[155] Pero en el *Canzoniere* insistió en que gracias a

---

155. Cf. solo F. Rico, «Petrarca y el *De vera religione*», núms. 92 y 105; a ese artículo remito para la documentación de mis alusiones al Parisino Latino 2.201.

Laura había aprendido «come Dio s'ama» (CCLXI, 5), osando decirse:

> Da lei ti vèn l'amoroso pensero
> che mentre 'l segui al sommo ben t'invia.
>
> (XIII, 9-10)

No solo repitió el concepto hasta la saciedad, más o menos claramente, sino que probó a razonarlo con exactitud. Quizá nunca lo hizo mejor que en *Gentil mia donna,* al cantar los ojos de la dama como *capolavoro* del «motor eterno de le stelle», guía al cielo (LXXII); y, sobre todo, en unos cuantos versos de la canción CCCLX, 136-143, allí donde el Amor acusa al poeta:

> Anchor, et questo è quel che tutto avanza,
> da volar sopra 'l ciel li avea dat'ali,
> per le cose mortali,
> che son scala al Fattor, chi ben l'estima:
> ché, mirando ei ben fiso quante e quali
> eran vertuti in quella sua speranza,
> d' una in altra sembianza
> potea levarsi a l'alta cagion prima ...

Identificamos fácilmente la noción básica: la viejísima imagen *de ascensione mentis in Deum per scalas creaturarum* (para usar el paradigmático título de Roberto Bellarmino);[156] de la gran cadena del ser, la *scala Naturae,* cada uno de cuyos eslabones o peldaños, en perfección creciente, refleja un poco más a la divinidad y aproxima a ella otro tanto.[157] Desde luego, a grandes rasgos, nada cabía objetar. La misma Epístola a los Romanos legitimaba: «Invisibilia enim ipsius [Dei], a creatura mundi, per ea quae facta sunt, intellecta, conspiciuntur» (I, 20). El *De vera*

---

156. Vid. A. O. Lovejoy, *The Great Chain of Being,* Cambridge, Mass., 1936, págs. 91-92 (y *s.v.* «Scale of nature ...»); A. Pertusi, *Leonzio Pilato fra Petrarca e Boccaccio,* págs. 394-395.

157. Para bibliografía y abundantes ejemplos, puede recurrirse, v.gr., a H. Galinsky, *Naturae cursus,* Heidelberg, 1968, y F. Rico, *El pequeño mundo del hombre.*

religione concedía apoyarse «carnalibus formis» para ascender a las inaccesibles a la vista.[158] Tomás de Aquino proclamaba que la mente humana precisa «manuductione sensibilium».[159] Etcétera. Pero cumplía andar con cuidado. Certeramente se ha señalado la ambigüedad de todo «platonismo» (el marbete puede aplicarse *sub specie aeternitatis*) «che vede il mondo sensibile come allontanamento dall' intelligibile, caduta e male, e insieme momento per risalire all' idea in esso partecipata».[160] Desde tal perspectiva, se comprende el peligro de subir por semejante «scala al Fattor»: siempre amenazaba el riesgo de complacerse y detenerse en una grada.[161] Y, sencillamente, eso era ilícito. «Utendum est hoc mundo, non fruendum», proclamaba el *De doctrina christiana* (I, IV, 4). Otra cosa significaba pervertir el buen orden, amar al Criador por la criatura, y no viceversa. El *De civitate Dei* lo define elegante pero férreamente: «Ita se habet omnis creatura. Cum enim bona sit, et bene potest amari et male: bene, scilicet ordine custodito; male, ordine perturbato. Quod in laude quadam Cerei breviter versibus dixi:

> Haec tua sunt, bona sunt, quia tu bonus ista creasti.
> Nil nostrum est in eis, nisi quod peccamus amantes,
> ordine neglecto, pro te, quod conditur abs te.

Creator autem si veraciter ametur, hoc est, si ipse, non aliud pro illo quod non est ipse, ametur, male amari non potest. Nam et

---

158. «Sed quia in temporalia devenimus et eorum amore ab aeternis impedimur, quaedam temporalis medicina, quae non scientes, sed credentes ad salutem vocat, non naturae excellentia, sed ipsius temporis ordine prior est. Nam in quem locum quisque ceciderit, ibi debet incumbere, ut surgat. Ergo ipsis carnalibus formis, quibus detinemur, nitendum est ad eas cognoscendas, quas caro non nuntiat» (XXIV, 45, subrayado por Petrarca en el Parisino latino 2.201).
159. *Summa Theologica*, II-II, LXXXI, 7: «Mens humana indiget manuductione sensibilium ... ut excitetur ad spirituales actus quibus Deo coniungitur».
160. T. Gregory, *Giovanni Scoto Eriugena*, Florencia, 1963, pág. 72.
161. Cf. *De remediis*, I, II, en *Prose*, pág. 614: «multos ad honesta pergentes forma detinuit detorsitque contrariam in partem». El *De remediis* testimonia a menudo del ámbito conceptual en que ahora nos movemos: cf. n. 81 y K. Heitmann, *Fortuna und Virtus*, pág. 197 (donde se señala la distinción de *uti* y *frui* en *Familiares*, XII, IV, 2: la carta es de finales de 1351).

amor ipse ordinate amandus est, quo bene amatur quod amandum est ... » (XV, XXII).¹⁶² Francesco en el *Secretum,* Petrarca en el *Canzoniere,* no ha amado a Dios «qua decuit», como «deveva», como «per debito convensi»: ha admirado en Él al artífice de una pretendida obra maestra de belleza.¹⁶³ De nuevo, es error fustigado en el *De vera religione*: «Nam quoniam opera magis quam artificem atque ipsam artem dilexerunt, hoc errore puniuntur, ut in operibus artificem artemque conquirant; et cum invenire nequiverint (Deus enim non corporalibus sensibus subiacet, sed ipsi menti supereminet), ipsa opera existiment esse et artem et artificem» (XXXVI, 67).¹⁶⁴ Ni siquiera es tolerable buscar un descanso —«in via»— en el santo ni en el ángel: ¹⁶⁵ ¡cuánto menos lo será buscarlo en una mujer pretendidamente angélica! El Obispo de Hipona dictaminaba que la hermosura corporea, común a buenos y malos, temporal, es «infimum bonum»: el menos apto, pues, para llevar al Señor, o aun incapaz

---

162. Citó algo del capítulo C. Calcaterra, *Nella selva del Petrarca,* página 301: pero es inadmisible su tesis de que la idealización de Laura como «dux» al Señor partió de parejos textos agustinianos y en la época de la acción ficticia del *Secretum*; por el contrario, tales textos y el *Secretum* aniquilaban aquella idealización. Mejor dice G. A. Levi, «Pensiero classico...», pág. 77: «Questa parte del dialogo è una critica arguta e sincera di quella forma dell'amor platonico, celebrata dalla tradizione poetica ancor viva dello Stil nuovo».
163. Para ese tópico, cf. M. R. Lida de Malkiel, «La dama como obra maestra de Dios», en *Romance Philology,* XXVIII: 3 (febrero, 1975). Sabedor de hallarme yo ocupado en el *Secretum,* el profesor Yakov Malkiel ha tenido la gentilísima iniciativa de regalarme un juego de galeradas de ese artículo. En él se encontrarán copiosa documentación y excelentes interpretaciones de una serie de motivos aquí tratados sumariamente: la naturaleza sobrehumana, angélica, de la amada, plena de virtud divina, ejemplo de belleza, milagro o muestra del cielo, camino a la vida eterna, causa de mejora ética; la audacia de rendir a *madonna* las alabanzas propias del Creador, etc. La Sra. Lida de Malkiel estudia ahí admirablemente cómo tales motivos se incuban en Provenza y crecen en el *dolce stil nuovo,* de la imagen de la dama como «refinadora cortés» a su concepción en tanto «reflejo de Dios, creada por Él para promover la salvación de los hombres»; y subraya con gran tino como semejante tradición culmina en el *Canzoniere* y se refuta en el *Secretum.* De haber conocido yo esa monografía antes de tener en prensa mi libro, hubiera debido remitir a ella con frecuencia (y habría podido comprimir aún más algunas de mis referencias).
164. A. Noferi, *L'esperienza...*, págs. 269-270, llamó ya la atención sobre el pasaje en relación con nuestro contexto.
165. *De doctrina christiana,* I, XXXIII, 36: «Nam si in nobis id facimus, remanemus in via, et spem beatitudinis nostrae in homine [incluso 'sanctus ... homo', se añade en seguida] vel in angelo collocamus ...»

de lograrlo, antes enemigo de la piedad.[166] La hermosura corpórea, entonces, no es «sembianza» apropiada para «volar sopra'l ciel»; [167] y, como de ella se arranca, no cabe tomar en serio la excusa de que en la *donna angelicata* se admira la virtud.

Por ahí prosigue el debate, en efecto. El poeta pone por testigo a la Verdad y por conteste a la conciencia: en Laura —repite—,[168] no ha amado más el cuerpo que el alma. He aquí

166. *De civitate Dei*, XV, XXII: «Quod malum a sexo femineo causam rursus invenit: non quidem illo modo quo ab initio; non enim cuiusquam etiam tunc fallacia seductae illae feminae persuaserunt peccatum viris: sed ab initio quae pravis moribus fuerant in terrena civitate, id est in terrigenarum societate, amatae sunt a filiis Dei, civibus scilicet peregrinantis in hoc saeculo alterius civitatis, propter pulchritudinem corporis. Quod bonum Dei quidem donum est: sed propterea id largitur etiam malis, ne magnum bonum videatur bonis. Deserto itaque magno bono et bonorum proprio, lapsus est factus ad bonum minimum, non bonis proprium, sed bonis malisque commune: ac sic filii Dei filiarum hominum amore sunt capti [cf. *Secretum*, 148: 'creature captus illecebris'] atque ut eis coniugibus fruerentur, in mores societatis terrigenae defluxerunt, deserta pietate quam in sancta societate servabant. Sic enim corporis pulchritudo, a Deo quidem factum, sed temporale, carnale, infimum bonum, male amatur postposito Deo, aeterno, interno, sempiterno bono; quemadmodum iustitia deserta et aurum amatur ab avaris, nullo peccato auri, sed hominis. Ita se habet omnis creatura ...» Arriba, pág. 282, vimos ya la doctrina respecto a la «ima pulchritudo» en un par de capítulos del *De vera religione*: cf. además XI, 21-22; XII, 23; XXXIII, 62; XXXIV, 63-64; XXXVII, 68, etc., pasajes (en general anotados en el Parisino Latino 2.201) que Petrarca sin duda tuvo especialmente en cuenta. En el texto recién citado del *De civitate Dei*, por otra parte, la observación de que las mujeres extranjeras estrictamente no fueron culpables del pecado de los hijos de Dios, como el pecado no es del oro sino del avaro, posiblemente también ayuda a explicar el «ista enim innocens est» del *Secretum* (cf. pág. 291), que matiza la responsabilidad de Laura en el malograrse de Francesco (vid. págs. 302, 313-314).

167. En rigor, dice el *De vera religione*, X, 19, tras recordar la Epístola a los Romanos, I, 25, «quia hoc anima peccatis suis obruta et implicata per seipsam videre ac tenere non posset, *nullo in rebus humanis ad divina capessenda interposito gradu*, per quem *ad Dei similitudinem* a terrena vita homo niteretur», el Señor nos brindó una sola «creatura» susceptible de servir de escala a Él: «ea est nostris temporibus christiana religio». Todo lo demás es «scrutari creaturam contra praeceptum Dei», someterse «creaturae potius quam Creatori», precipitarse «in simulacra» (XXXVII, 68). Cf. arriba, n. 60.

168. «... quod iam superius dixeram ...» (148). Es curioso que se use «superius» para remitir a un pasaje ligeramente sospechoso de interpolación y que precisamente al acabar ese pasaje se emplee también el «supra» (cf. la nota 128); pues, dado que lo regular en el *Secretum* es hablar de 'antes' y 'después' (en nuestra misma página anuncia Agustín: «uti post paulo dicam»; y, al cumplir esa promesa de examinar la locura de vivir prendado del nombre de Laura, recuerda: «quod paulo ante comminatus sum», 158), acusando la

la prueba: cuanto más envejecía la dama, según se consumía la «corporea pulcritudo», más se afirmaba él en el afecto («in opinione», dice, rebelde, persistiendo en el «libenter erro» juzgado por Agustín un obstinarse «in opinione ... falsissima»); pues, al marchitar el tiempo la flor de la juventud, aumentaba el encanto del alma, origen del amor y pábulo para conservarlo (y también en esa perseverancia asoma la rebeldía contra las enseñanzas de Agustín).[169] ¿Acaso se burla del Padre? Si esa alma habitara en un cuerpo chupado y nudoso, ¿le gustaría igual? No se atreve Francesco a aseverar tanto: ni el alma puede verse, ni la imagen del cuerpo se la hubiera prometido tal; pero sí está cierto de que si apareciera a los ojos amaría la belleza del alma aunque la morada fuera deforme (y lo hace, tácitamente, apoyado en Séneca y dando la vuelta a las *Tusculanas*).[170] ¡Sim-

---

impresión de que no leemos sino contemplamos el curso del diálogo, podría parecer como si Petrarca, en las manipulaciones de la redacción de 1349 o 1353, hubiera ocasionalmente pensado en términos más espaciales que temporales. Claro está que ello no pasa de simple conjetura, que anoto menos por convencimiento que por no cerrar ninguna posibilidad.

169. En efecto, si el *De vera religione* explica que la criatura se hace corruptible «ut fluendo deserat amatorem suum, quia et ille hoc amando deseruit Deum» (XII, 23, y cf. arriba, pág. 282), Francesco implica que esa ley no reza con él, que la belleza que persigue es «firmior ... quam tempus» (*De remediis*, I, II, en *Prose*, pág. 612, aunque ahí, por supuesto, la Razón coincide con el pensamiento de Agustín).

170. «... at si oculis appareret, amarem profecto pulcritudinem animi deformi licet habentis habitaculum» (148). Petrarca recuerda las *Epístolas a Lucilio*, LXVI, 1-4: «Potest ex casa vir magnus exire, potest et ex deformi humilique corpusculo formosus animus ac magnus ... Claranus mihi videtur in exemplar editus, ut scire possemus non deformitate corporis foedari animum, sed pulchritudine animi corpus ornati» (de ese contexto toma también un fragmento que transcribe y comenta en el Virgilio Ambrosiano, fol. 120 vo., para incluir el conjunto después en el *De remediis*, I, II, en *Prose*, pág. 618; cf. además II, I [«De deformitate corporis»], págs. 125-126, y *Familiares*, XIII, VIII, 4); CXV, 6: «Nemo, inquam, non amore eius arderet, si nobis illam [sc. 'el alma de un hombre bueno'] videre contingeret ...», «poterimus perspicere virtutem etiam obrutam corpore ..., etiam humilitate et infamia obiacentibus». En cuanto a las *Tusculanas*, vid. IV, XXXIII, 70 y XXXIV, 71: «ad magistros virtutis philosophos veniamus, qui amorem negant stupri esse et in eo litigant cum Epicuro non multum, ut opinio mea fert, mentiente. Quis est enim iste amor amicitiae? Cur neque deformem adulescentem quisquam amat neque formosum senem? ... horum omnium lubidinosos esse amores videmus»; por supuesto, Petrarca ajusta el párrafo (referido al amor griego) a las necesidades dialécticas de

ples subterfugios verbales, sentencia Agustín! Porque, si solo es capaz de amar por cuanto se ofrece a los ojos, tiene que haber amado solo el cuerpo.[171] El Santo únicamente admite que el alma y la conducta de Laura pueden haber alimentado en algún modo las llamas del poeta (¿no las ha favorecido, desatinadamente, hasta el nombre de la amada?), mínima chispa que desata un voraz incendio.[172] Y Francesco habrá de conceder con Ovidio: «animum cum corpore amavi».[173]

Con ideas y palabras del Agustín histórico, el Agustín ficticio ha derrumbado la erótica del protagonista (el personaje del *Secretum*, ahora —recordémoslo—, en tanto autor y actor del *Canzoniere*). Las herramientas para la demolición se habían preparado ya en la primera jornada. Allí se fija la meta de una suma felicidad que exige extinguir todo otro deseo, pues solo de esa manera cabe amarla por sí misma (cf. pág. 80 y n. 93). Allí se analizan las razones de que Francesco no sepa 'ver con el ánimo' (págs. 107-119). Advertimos de nuevo cuán acertadamente trazó

Francesco, quien, curiosamente, había recurrido a Cicerón para proclamar respecto a Laura: «Virtutem illius amavi» (cf. notas 121, 122).

171. Decía Francesco: «neque enim animus cerni potest ...»; y replica el Padre: «si enim nonnisi quod oculis apparet amare potes, corpus igitur amasti» (148). Cf. *De remediis*, I, LXIX, en *Prose*, pág. 624: *Gaudium*.— «Ego nec in celo fui unquam, nec virtutem vidi: amo que cerni possunt». *Ratio*.— «Si nichil amas, nisi quod cerni potest, nichil igitur magnum amas. Quid quod directe obvias precepto illi vulgatissimo [II Corintios, IV, 18]: nolite amare 'que videntur, sed que non videntur [etc.; cf. pág. 116, n. 203]'. Vos autem, ceci animo deditique oculis, eternum nichil non dicam amare, sed nec intelligere nec cogitare quidem ydonei, vobiscum peritura sectamini» (vid. la continuación en la n. 217). El *De vera religione*, XXXIII, 62 y sigs., dictamina: «ad contemplandam summam pulchritudinem mens, non oculus factus est»; ahí, en párrafos que el códice revela muy atentamente leídos por Petrarca, Agustín insiste en la imposibilidad del empeño de «intelligere carnalia et videre spiritalia», elogia a «qui videat sine ulla imaginatione visorum carnalium», etc. Obviamente, el versículo de San Pablo citado en el *De remediis* (tan próximo al *Secretum*, incluso en la letra) y esos textos del *De vera religione* subyacen a nuestra página.

172. «... evenit ut ex minimis favillis sepe incendia magna consurgant» (148). Cf. Eclesiástico, XI, 34: «A scintilla una augetur ignis»; y, sobre todo, Q. Curcio, *Historiae Alexandri*, VI, III, 11: «Parva saepe scintilla contempta magnum excitavit incendium». Vid. abajo, n. 297.

173. *Amores*, I, x, 13.

el diálogo inicial el marco teórico donde situar cada problema concreto (vid. pág. 283 y n. 119). En aquellos lugares culminantes se traslucían la incitación platónica, las bases estoicas, la nota bíblica, la impregnación agustiniana. Todos esos estímulos doctrinales, presididos por la enseñanza del Padre de la Iglesia, se confabulan aquí contra las vanas disculpas del amor cortés. Un amor viciado de raíz, en Petrarca y en la trayectoria entera del *grand chant courtois*,[174] pese a las intentonas para redimirlo. En el *Purgatorio*, el propio Dante se oyó reprochar no haber aprendido de Beatriz «ad amar lo bene / di là dal qual non è a che s'aspiri», detenido en la contemplación de «le belle membra» de una mujer mortal (XXXI, 22-63). Petrarca, según vimos, también confesó cosa similar. Y hay una *canzone* en que uno diría que asumió la responsabilidad de ese mal amor no puramente a título personal, sino además en nombre de toda la tradición poética cortés. *Lasso me* llora la pena de vivir enamorado «al [ciel] pur contrastando». Las cuatro primeras estrofas se cierran con sendas citas de Arnaut Daniel,[175] Guido Cavalcanti, Dante Alighieri y Cino da Pistoia. Es, sin duda, un homenaje. Pero da la impresión de ser al mismo tiempo un reproche a los precursores cuyos versos se repiten y cuyas actitudes se copian: precisamente por eso, por haber dado un modelo hermoso pero vano, porque adiestraron a Petrarca en un sentimiento sin fuerzas para traspasar la corteza «de le cose belle»: pues «mortal velo il mio veder appana». La quinta y última estrofa, clausurada con un *incipit* del mismo Petrarca, desarrolla un inmediato «e chi m'inganna / altri ch'io stesso?» Las criaturas son buenas, como obras divinas; mas el poeta no las discierne en lo hondo, deslumbrado por el brillo superficial, víctima —hay que entender— de flaquezas peculiares y de la falacia común a trovadores provenzales y discípulos italianos. Es la tesitura de Francesco, en parte singular, en parte fruto del «inveteratum mendacium» (cf. n. 73) de la convención lírica. Y, como en el *Secretum*, a

---

174. Para tal acuñación, cf. P. Zumthor, *Essai de poétique médiévale*, París, 1972.
175. Así lo creía Petrarca, aunque el texto se atribuye hoy a Guilhem de Sant Gregori: vid. G. Toja, ed. Arnaut Daniel, *Canzoni*, Florencia, 1960, pág. 20 (y 106-113, 190, sobre la influencia del trovador en nuestro poeta).

zaga del *De civitate Dei*,[176] se explica que la culpa no es del objeto —de la mujer—, sino del sujeto— del amante—, por consciente abandono del bien supremo y por subversión del orden de valores:

> Tutte le cose di che 'l mondo è adorno
> uscîr buone de man del mastro eterno; [177]
> ma me, che così adentro non discerno,
> abbaglia il bel che mi si mostra intorno;
> et s' al vero splendor già mai ritorno,
> l'occhio non pò star fermo,
> così l'à fatto infermo
> pur la sua propria colpa, et non quel giorno
> ch'i' volsi inver' l'angelica beltade
> 'nel dolce tempo de la prima etade'.
>
> (LXX, 41-50)

Justamente nuestro diálogo mira ahora a la «prima etade» y a la importancia de «quel giorno» en la perdición de Francesco (sean cuales fueren los cargos achacables a «l'angelica beltade»). En efecto, no basta otorgar que en Laura ha querido el cuerpo al par que el alma: el poeta habrá de reconocer que no ha amado uno ni otra con bastante discreción, ni uno ni otra según convenía (donde la reiteración del «qua decuit» de hace un instante sugiere qué distintas medidas corresponden al Creador y a la criatura). Francesco prefiere la tortura antes que admitirlo (148), pero ni aun ello satisfaría al Santo, dispuesto a hacerle confesar que por obra de tal amor ha caído «in magnas ... miserias» (150).[178] ¡Ni siquiera amarrado al potro lo declarará! Al contrario: lo concederá de buena gana, si no se cierra a razones y preguntas. Para empezar, ¿recuerda los años de la puericia o quizá la turba de cuidados presentes se los ha hecho olvidar? Sí, tiene la infancia y la puericia tan frescas ante los ojos

---

176. A. Noferi, *L'esperienza...*, pág. 272, relaciona la estrofa en cuestión con el lugar del *De vera religione*, XX, 40, que he citado arriba, pág. 282; pero, aunque pudo tenerlo presente, creo que Petrarca recordaba más bien el capítulo del *De civitate Dei* transcrito en la nota 166.

177. Vid. también Génesis, I, 31: «Viditque Deus cuncta quae fecerat, et erant valde bona».

178. Cf. pág. 282 y n. 151.

como el día de ayer. ¿Recuerda, pues, cuán grandes eran entonces el temor de Dios, la «mortis cogitatio», el gusto por la religión, el apego a la «honestas»? Desde luego, y harto le duele que semejantes virtudes hayan decrecido con el crecer de la edad. Exacto: Agustín siempre temió que una «vernalis aura» [179] ajara aquella flor temprana, capaz de dar, si pura e íntegra, admirable fruto en su tiempo. ¿Que a qué viene eso? Recorra Francesco en la memoria toda la vida pasada y acuérdese de cuándo empezó tan grave cambio de conducta, «tanta morum varietas». Dicho y hecho, en un pestañeo. ¿Conclusión? Comprobar la célebre doctrina de la letra de Pitágoras. Cierto: subía el protagonista, mesurado y sobrio, por el atajo recto; cuando, al llegar «ad bivium», se le mandó seguir por la derecha, él, ignorante o testarudo, torció a la izquierda. De nada le sirvió lo que solía leer de chico: «Hic locus est partes ubi se via findit in ambas ...» (*Eneida,* VI, 540-543). Mas la experiencia le ha hecho comprenderlo.[180] Porque, desde ese punto, descarriado por el sendero oblicuo y sórdido (150), a menudo volviéndose hacia atrás lloroso (152), no pudo conservar la vereda derecha: y fue al abandonarla, «tunc, profecto tunc», cuando sucedió tal confusión de costumbres, «illa morum meorum confusio». Ocurrió mediado el ardor de la adolescencia: si el Padre aguarda un segundo, le dirá precisamente en qué año. Pero Agustín prefiere saber cuándo se le apareció por primera vez la belleza de la dama. Jamás lo olvidará. Que relacione, pues, ambos momentos. No hay duda, advierte Francesco: hallar a Laura y extraviarse coincidieron en un tiempo. «Habeo quod volebam», proclama Agustín en son de triunfo.

179. Carrara traduce «aria ghiacciata»; y G. Ponte, «l'aria invernale» (en F. Petrarca, *Opere,* ed. E. Bigi, Milán, 1964,² pág. 631: debo la compulsa a E. Asensio). Pero no creo concebible que Petrarca, por presión del romance, entendiera «vernalis» como 'invernal'. Sin duda Agustín alude a un mal viento de primavera, dañoso para una flor demasiado primeriza; y es posible que esa mención peyorativa del «aura» sea un contrapunto irónico de «l'aura» favorablemente presentada para aludir a la amada, con calambur, en tantos *Rerum vulgarium fragmenta* (cf. el trabajo, ya clásico, de G. Contini, «Préhistoire de l'*aura* de Pétrarque», ahora en *Varianti e altra linguistica,* pág. 193-199); compárese abajo, n. 420.

180. Nótese la insistencia en la cuestión del saber inútil, de las lecturas desaprovechadas: cf. págs. 58, 87-88, 134, etc.

Volvemos a un terreno familiar. En el libro anterior se nos había presentado a un Francesco que vivió ejemplarmente, dando señales de ir a convertirse en un gran hombre, hasta poco después de cruzar la frontera de la adolescencia; y entonces, cuando ya empezaba a no corresponderle el tratamiento de «adolescentulus», regresó a las ciudades y, «mutatis moribus», cayó en el lazo de los pecados (cf. págs. 156-164). Otro tanto se nos dice ahora. El poeta pasó la infancia y la puericia lleno de buenas cualidades (encabezadas, de acuerdo con la Biblia, por el «initium» del «timor Domini»),[181] prometiendo cosas notables; sin embargo, «medio sub adolescentie fervore», se produjo en él una perversa «morum varietas», «illa morum meorum confusio». Parejo trueque se pone aquí (y por ende en el diálogo de la víspera) en minuciosa concordancia con el antiguo símbolo de la Y pitagórica. En la historia del motivo (por cuanto nos interesa y nos afecta)[182] Lactancio desempeña un papel destacadísimo. Efectivamente, en las *Divinae institutiones* se explica que la vida humana debe marchar por una de dos vías: «una, quae in caelum ferat; altera, quae ad inferos deprimat». La una es la vía de las virtudes, ardua y en cuesta, pero coronada por la mejor recompensa; la otra es la vía de los vicios, fácil y amena, pero conducente al precipicio. Todo hombre, «cum primae adulescentiae limen adtigerit», arriba a la encrucijada: como la Y,

---

181. «Meministi quantus in illa etate timor Dei, quanta mortis cogitatio, quantus religionis affectus, quantus amor honestatis» (150). Cf. en particular Eclesiástico, I, 16 y sigs.: «Initium sapientiae timor Domini ..., Timor Domini scientiae religiositas ..., Attende in illis, ne forte cadas et adducas animae tuae inhonorationem ...» Guillermo Peraldo, *Summa virtutum*, V, 4, escribe: «Specialiter mortis memoria necessaria est iuveni».

182. Cf. solo E. Panofsky, *Hercules am Scheideweg*, Leipzig, 1930; F. Châtillon, «La *littera Pythagorae* ou la survivance du symbole de l'Y dans la littérature latine du Moyen Âge», en *Revue des études latines*, XXX (1952); M.-A. Didier, «La lettre de Pythagore et les hagiographes au Moyen Âge», en *Le Moyen Âge*, LX (1954), págs. 403-418; P. Courcelle, «Les Péres de l'Église devant les enfers virgiliens», págs. 22-24; W. Harms, *Homo viator in bivio*, Munich, 1970, con abundantísima información (a la que pueden añadirse P. Damon, «Geryon, Cacciaguida, and the Y of Pythagoras», en *Dante Studies*, LXXXV [1967], págs. 15-32; H. Silvestre, «Nouveaux témoignages médiévaux de la *littera Pythagorae*», en *Le Moyen Âge*, LXXX [1973], págs. 201-208; G. Mallary Masters, «Panurge at the Crossroads...», en *Romance Notes*, XV [1973], págs. 134-154); y n. 185.

'el camino se escinde en dos partes'; y el adolescente ha de elegir entre la «frugalitas» y la «luxuria», igual que Eneas hubo de escoger entre la senda de la derecha, orientada al Elisio («ad ... mundi arcem», cristianiza el autor), y la senda de la izquierda, abocada al Tártaro (VI, III y IV).[183] La posteridad repitió hasta el cansancio la idea, la imagen y la aplicación a los versos de Virgilio, remachando una y otra vez, en concreto, que el tramo recto de la Y coincidía con infancia y puericia, mientras el «bivium» se ofrecía precisamente en la adolescencia.[184] Petrarca abundó en todo ello [185] y dejó bien claro, al arrimo de Lactancio, que hacerse «adolescentulus» significaba «ad bivium pithagoricum ... pervenire».[186] En el *Secretum,* de modo bien fiel a la dicotomía establecida por las *Divinae institutiones,* el libro segundo subraya cómo Francesco desistió de andar por el camino de la «frugalitas». El libro tercero, complementariamente, marca el énfasis en cómo prefirió torcer [187] por el camino de la «luxuria». Cierto: «et sepe retro lacrimans conversus, dextrum iter tenere non potui». En la canción CCLXIV, 120-123, al considerar las

183. Retengo solo los elementos confirmados y decantados por la tradición.
184. Múltiples referencias en W. Harms, *op. cit.,* pág. 312, *s.v.* «adolescentia als Zeit der Lebenswegwahl».
185. Cf. T. E. Mommsen, «Petrarch and the Story of the Choice of Hercules» [1953], en sus *Medieval and Renaissance Studies,* Ithaca, 1959, págs. 175-196 (aunque las conclusiones son discutibles); G. Martellotti, *Vicende medievali di Ercole,* Roma, 1953; K. Heitmann, *Fortuna und Virtus,* págs. 217, 222-223; A. S. Bernardo, *Petrarch, Scipio and the «Africa»,* págs. 57-61; A. Tripet, *Pétrarque...,* pág. 38; C. Trinkaus, *«In Our Image and Likeness»,* págs. 660-661; W. Harms, *op. cit.,* págs. 165-166 (y 307, *s.v.* «Petrarca»).
186. Compárese especialmente *Familiares,* VII, XVII, 1, citada arriba, página 163, con el primer pasaje de Lactancio aducido y con otros de la misma sección: «quae primo ingressu sit quasi amoena multoque tritior», etc.; en esa carta, la idea de que el adolescente aludido necesita la ayuda y los consejos del gramático Giberto (§§ 1, 3, etc.) refleja la importancia que las *Divinae Institutiones* conceden al contar con un maestro en pareja coyuntura.
187. «... ad levam ... deflexi» (150); y en seguida se dirá: «ad levam potissimum deflexisti» (152). El *De doctrina christiana,* I, III, 3, usa el mismo verbo (igualmente empleado por Lactancio) en un pasaje en extremo pertinente a nuestro contexto y prólogo a una visión de la vida como camino: «si eis quibus utendum est frui voluerimus impeditur cursus noster et aliquando etiam *deflectitur,* ut ab his rebus quibus fruendum est obtinendis vel retardemur vel etiam revocemur, inferiorum amore praepediti». Cf. también el «si torce» de Dante, cit. en la n. 65.

cadenas de amor y gloria que lo oprimen, el poeta, con iguales palabras que en nuestro diálogo, se nos presenta

> ripensando ov'io lassai 'l vïaggio
> da la man destra, ch'a buon porto aggiunge:
> et da l'un lato punge
> vergogna et duol che 'ndietro mi rivolve;

y en *Quel' antiquo mio dolce,* 9-10, se nos dibuja tomando la izquierda, en la edad crucial, para entrar en el dominio de todos los «tormenti» amorosos (también el *Secretum* los revistará en seguida): «il manco piede / giovenetto pos' io nel costui regno».[188] Pues bien, el emblema de la letra pitagórica da generalidad y valor arquetípico a la peripecia individual. Tanto es así, que en el libro segundo ya vimos que el recurso a ese paradigma contribuía a explicarnos elementos del retrato de Francesco empapados de literatura e inconciliables con la auténtica biografía petrarquesca (cf. págs. 160, 163). Y no sorprende que ahora, en el libro tercero, al evocarse el descarrío del personaje en la adolescencia, el modelo tradicional de la Y se una a otra insinuación literaria.

En efecto, para Petrarca, el tema del hombre que en la mocedad opta por la vía de la «luxuria» tenía capital formulación abstracta en Lactancio, mientras, en concreto, se encarnaba en el «adolescens luxuriosus» de la comedia romana. No es dudoso que el escritor pensaba en ese tipo al redactar nuestras páginas: al punto se va a descender a un plano anecdótico, para tratar de las solicitaciones y ansias deshonestas de Francesco (al fin, reo de adulterio *in corde*: vid. n. 67); y si hace poco se ha establecido un parangón (negativo) entre Laura y Tais, inmediatamente se va a describir la situación del enamorado tópico en términos de la *Andriana* y con una cascada de reminiscencias del

---

188. Desde luego, simbolismos afines se hallan en otros incontables lugares petrarquescos. Vid. *Psalmi penitentiales*, I, 2 y 9: «Iter rectum sponte deserui ... [*Secretum*, 152: «quod (dextrum iter) cum deserui ...»], et viam salutis non apprehendo, sed rapior sinistrorsum»; *Bucolicum carmen*, IX, 90 y sigs. (claramente en deuda con Lactancio y a propósito de Laura, aunque no se la nombre), y XI, 53 (cf. la n. de G. Martellotti, en *Poesie*, pág. 830).

Eunuco.[189] Petrarca leyó a Terencio como a pintor inimitable de los «iuvenilia furta», «gli amori furtivi dei giovani»,[190] demorándose en los lugares pertinentes y realzándolos, por caso, con un «nota pro adulescentia»: [191] le atraía la problemática de esa edad, principalmente porque «nulla ... in libidinum irritamenta proclivior».[192] Hacia 1348, incluso, pergeñó un par de ejercicios retóricos sobre una sentencia de las *Controversias* de Séneca: «adolescens luxuriosus peccat, senex luxuriosus insanit».[193] En el primero, la *Familiar* V, VIII, esboza el «status adolescentis luxuriosi» calcando dechados terencianos transcritos en el *Secretum* con indicación directa de ser idénticos a los disparates del Francesco galán (cf. pág. 324). En el segundo, la vecina *Familiar* V, IX, se extiende «super statu luxuriosi senis» tras las huellas de Plauto y sirviéndose de los mismos argumentos que Agustín esgrime contra el enamorado (vid. así pág. 365).

Pues, como en esas epístolas contiguas, ambos asuntos se implican en nuestro diálogo: se nos sugiere una imagen convencional de Francesco «adolescens luxuriosus» y se aspira a descartar la imagen no menos convencional de Francesco «senex amator» (182), indisociable del «luxuriosus senex». En el libro anterior, después de darse un toque cronológico con la referencia a las lecciones de Barlaam (98), el diagnóstico de lujuria iba acompañado de un pronóstico de castidad; y el tal pronóstico concordaba con la *Familiar* IV, I, y la *Posteritati* —contra testimonios indisputables— en poner falsamente el tránsito a la continencia «ad quadragesimum etatis annum appropinquans», para alejar cualquier sospecha de un viejo Petrarca libidinoso (vid. págs. 192-195). Aquí, tras situar la acción bien paladina-

---

189. Vid. n. 89 y págs. 312, 324-326.
190. *Laurea occidens*, 237, y versión del editor, pág. 28; nota bien Martellotti, pág. 70, que «la caratterizzazione, insolitamente precisa, degli argomenti trattati da Terenzio ha forse un precedente in un distico di Ovidio su Menandro»: en efecto, y, como ahí (*Amores*, I, XV, 17-18) no hay equivalente de los «iuvenilia furta», es diáfano que a Petrarca le interesaba muy singularmente ese aspecto; quizá la perdida *Philologia* reflejara tal interés (cf. últimamente A. Stäuble, *La commedia umanistica del Quattrocento*, Florencia, 1968, págs. 3-8).
191. *Apud* A. Rossi, «Un inedito del Petrarca: il Terenzio», pág. 7.
192. *Seniles*, XII, I, pág. 992.
193. *Controversias*, II, VI, 4 (pero todo el capítulo es pertinente), en *Familiares*, V, IX, 1.

mente «en el decimosexto año» del encuentro con la dama (136), se nos muestra a Francesco, si «todavía no plenamente liberado» (donde el «nondum» anuncia un mejor futuro),[194] ya «aliviado en gran parte» de la carga del amor por Laura (188), versión literaria de la lujuria, dimensión de la lujuria al afectar al protagonista en tanto poeta. Es nueva e importante coincidencia con la *Posteritati*: «Amore acerrimo ... in adolescentia laboravi, et diutius laborassem nisi iam tepescentem ignem mors acerba sed utilis extinxisset».[195] La carta afirma: la pasión por Laura fue durísima en la adolescencia, y la muerte vino a cortarla luego, en un período posterior, cuando la llama se iba apagando por sí misma. El *Secretum* describe, conjetura y profetiza: ese amor, quizá ya más templado, va a aplacarse «magna ex parte» gracias a la ayuda de Agustín y por la fuerza del tiempo,[196] y la muerte de *madonna* hará que Francesco se avergüence de él (cf. págs. 275-286). En ambos textos, de la evocación de la adolescencia pasamos al decisivo cambio cercano a los cuarenta años, pórtico de la vejez. Situar en tal punto el abandono de la lujuria y el entibiarse del cariño por Laura es una de las razones mayores de la datación ficticia del *Secretum* en vísperas del seis de abril de 1343. Es uno de los rasgos más impresionistas en la ideal autobiografía que Petrarca fue bosquejando sin completar ni redondear jamás.[197] Y para el crítico y el historiador es otra prueba de la ambigüedad de «Francesco»: figura que es

---

194. Comp. arriba, págs. 179-180, 221, 242, sobre «usque nunc», «hactenus» y «nondum».

195. Vid. *Familiares*, XIX, xvi, 3 (arriba, pág. 195), y X, iii, 24 y *ca.* (n. 126). En atención a esos paralelos y para destacar el contacto con el *Secretum*, omito el «sed unico et honesto» con que la *Posteritati* edulcora el episodio, adoptando la óptica de Francesco, frente a la de Agustín que predomina en nuestra página (una y otra conviven en el *Canzoniere*, por supuesto, y una y otra, según vemos, se justificaban dentro de distintas tradiciones). El texto continúa con el párrafo copiado en la pág. 193.

196. En esa perspectiva están varios poemas del *Canzoniere*: CCCXV, 1-2, 9-10 («Tutta la mia fiorita et verde etade / passava, e'ntepidir sentia già 'l foco ...» «Presso era 'l tempo dove Amor si scontra / con Castitate ...»), XII, CCCXVI, CCCXVII; otras veces se habla de un 'arder' durante veinte o veintiún años, sin rastro de 'tibieza': CCXII, CCXXI, CCLXXI (sobre un amorío posterior a 1348), CCCLXIV. Vid. *Familiares*, II, ix, 20; y notas 357, 407.

197. De ahí contradicciones como la señalada en la pág. 194, a propósito de la *Posteritati*.

y no es Petrarca, que quiere serlo y quiere no serlo; en la cual Petrarca se encubre y se revela, hacia el pasado o hacia el porvenir; que cobra cuerpo de personaje dramático con una medida de independencia respecto a Petrarca y, sin embargo, no puede separarse de Petrarca; que es un *yo* y un *nosotros*, y también un *tú*, un 'ir a ser' semejante a Agustín; figura por detrás de cuya integridad artística hay una multiplicidad de relaciones de diversa especie con el Petrarca real.

«Habeo quod volebam», oíamos exclamar al Padre, en tono de victoria, porque la simultaneidad certifica el vínculo esencial entre el encuentro con Laura y la perdición de Francesco. Solo resta puntualizar la casuística, y en el arranque del episodio es trivialísima. «Obstupuisti, credo, perstrinxitque oculos fulgor insolitus.» [198] Nada más normal: el amor principia por el «stupor», [199] como bien sabía Virgilio, gran conocedor de la condición humana, al urdir la historia de Dido, enteramente fabulosa, pero atenida al orden natural de las cosas [200] (notémoslo al paso: aquí se apunta un criterio fundamental de la estética petrarquesca, clave de muchas ficciones, incluso del propio *Secretum*). [201]

---

198. Vid. idéntica secuencia en la aparición de la verdad, arriba, pág. 20 y n. 41; *Familiares*, IV, III, 1: «Perstrinxit oculos meos fulgor insolitus».

199. «Dicunt enim stuporem amoris esse principium ...» (152). Cf. en la biografía de Jasón, *apud* P. de Nolhac, «Le *De viris illustribus* de Pétrarque», en *Notices et extraits...*, XXXIV (1890), I, pág. 132: Medea «obstupuit eius aspectu, quod amoris scimus esse principium». Y vid. V. Branca, *Boccaccio medievale*, Florencia, 1970, págs. 223 y sigs., sobre ese y otros «schemi letterari» aliados a los «schemi autobiografici» boccaccescos; M. Feo, «Per l'esegesi della III egloga del Petrarca», págs. 385-401, sobre el personaje «Stupeus» y la transposición a estilo de bucólica, en *Amor pastorius* (1346), de cuanto ahora narra el *Secretum*.

200. «... hinc est apud nature conscium poetam: 'obstupuit primo aspectu sidonia Dido' [*Eneida*, I, 613]. Post quod dictum sequitur: 'ardet amans Dido' [IV, 101]. Que quamvis, ut nosti optime, fabulosa narratio tota sit, ad nature tamen ordinem respexit ille, dum fingeret» (152). Como es bien sabido, en *Seniles*, IV, v, págs. 871-872, Petrarca alardea de haber sido el primero y único italiano de la época en descubrir «mendacium hoc», apoyado en Jerónimo (*Contra Joviniano*, I, 43), Macrobio (*Saturnales*, V, XVIII), Agustín (*Confessiones*, I, XIII, 22), Justino (*Epítome*, XVIII, VI, 1-7): cf. P. de Nolhac, *Pétrarque et l'humanisme*, I, págs. 135-138. Tiene notable interés la defensa de Dido en el *Triumphus Pudicitie*, 10-12, 154-159: pues ahora, en el relato de unos amores surgidos según el modelo fijado por Virgilio a propósito de Dido, se va a defender también la castidad de Laura. Volveré sobre el pasaje en el vol. III.

201. Cf. *Familiares*, IX, IV, 17: «Sed hoc fictum a poeta dicat alius. Quis

Al ver a la dama, pues, el poeta quedó pasmado, mas ¿por qué torció precisamente a la izquierda? Si lo hizo por parecerle vía más ancha y fácil, mientras la derecha es ardua, como él asegura (con ecos de la Bibilia y Lactancio),[202] es porque le asustó el esfuerzo. Entonces, esa mujer tan famosa, a quien fantasea infalible «dux ... ad superos» (cf. nota 144), ¿cómo no lo enderezó, cuando vacilaba inseguro, ni le tomó de la mano, cual a ciego, ni le enseñó por dónde debía marchar? Hay en los reproches de Agustín un cotejo tácito entre Laura y el único Guía cierto, según las Sagradas Escrituras.[203] No lo advierte Francesco y sale en defensa de la amada. Ella hizo cuanto pudo. Conservó el decoro femenino, sin conmoverse por ruegos ni vencerse por

---

id nescit? at nichil nisi nature consentaneum lex poetica fingi sinit ...» Aduzco el texto, entre bastantes posibles, porque la epístola (probablemente de mediados de 1350, en la versión *gamma*) es una «Revocatio amici a periculosis amoribus». Petrarca fustiga a los jóvenes amantes, «falsis opinionibus excecatos» (cf. arriba, pág. 271), que buscan difíciles aventuras: «sicubi pudor iste femineus impervia sepe vallatus est, hanc vel muneribus blanditiisque perfringere vel aliquo novo genere fraudis transilire, dulcissimum interque preclara iuvente facinora numerandum» (§§ 1-2); los adolescentes, explica, blasonan de adúlteros, hasta el punto de que «adolescens cui non feliciter adulterium succeserit ... coevorum iudicio inter miseros habeatur, quasi abiectus ac repulsus non puditia sed contemptu, et quasi dilecte castitas convitium sit amantis» (§ 8); y, tras ecos de Terencio y mención de los elegíacos latinos, ilustra la lección con versos de la *Cistellaria* y hace el comentario que copio en cabeza, añadiendo: «et hoc ergo iterum crede expertus ['expertus experto', en la versión *gamma*], nichil fingi naturalius, nichil hoc verius dici posse» (§ 17). Todo ello, junto a otras significativas coincidencias con nuestro contexto, revela de maravilla el transfondo literario y moral de la figura del Francesco enamorado que ahora se nos ofrece: cf. notas 67, 204, 205, 208, 217, pág. 324, notas 355, 357.

202. «... proclivior [leva] videbatur et latior; dextera enim et ardua et angusta est» (152). Cf. aún *Familiares,* VII, xvii, 1-2: «illa facilis, prona, latissima et multarum gentium trita concursibus; hec ardua, angusta, difficilis et paucorum hominum signata vestigiis. Non ego hoc dico; dixit Dominus omnium et magister: 'Spatiosa via que ducit ad perditionem, et multi sunt qui intrant per eam; arcta via que ducit ad vitam, et pauci sunt qui inveniunt eam'» (Mateo, VII, 13; cf. pág. 80, n. 92); más abajo, siempre sobre el bivio pitagórico, se aducen varios pasajes biblicos concordados con *Eneida,* VI, 542-543. Vid. n. 186, y Lactancio, *ibid.*: «primo auditu esse et arduam et confragosam ...»

203. «... cur non hesitantem trepidumque direxit et, quod cecis aliis fieri solet, manu apprehensum non tenuit, quaque gradiendum foret admonuit?» (152). Cf. Génesis, XXIV, 56: «Dominus direxit viam meam»; Marcos, VIII, 23: «et apprehensa manu caeci, [Iesus] eduxit eum»; Salmos, XXXI, 8: «Intellectum tibi dabo et instruam te in via hac qua gradieris». Los paralelos bíblicos son incontables: importa solo notar el contraste sugerido por Agustín.

halagos, «nullis victa blanditiis»; se mantuvo inexpugnable y firme, contra las fuerzas de la edad (en ambos), contra múltiples y variados expedientes capaces de doblegar hasta un ánimo de diamante (henos al protagonista en un papel entre de *pregador* y pretendiente apasionado de elegía o comedia). Sí, aquel corazón de mujer mostraba cuál debía ser la actitud viril del poeta, le ayudaba de suerte que para llegar a la «pudicitia» (152) no le faltaran ni ejemplos ni reconvenciones (154).[204] Por fin, viéndolo desenfrenado [205] y despeñándose, prefirió abandonarlo a seguirlo.[206]

204. «... prestabatque ne michi in sectando pudicitie studium, ut verbis utar Senece, vel exemplum deesset vel convitium» (152-154). Cf. *Familiares*, IX, IV, 8 (en n. 201), donde «convitium», en contexto similar al nuestro, sigue a una cita no identificada y a otra de Séneca, *De beneficiis*, I, IV, 4: ¿sufriría ahora Petrarca una confusión o recordaría algún apócrifo (vid. n. 18)? Pues no localizo los «verba ... Senece». Para el valor de «pudicitia», recuérdense las diversas virtudes que la acompañan en el *Triumphus* correspondiente, 76-90.

205. «... cum lorifragum ... videret ...» (154). «Lorifragus» (sobre *lorum* y **fragus*, de *frango*, según *foedifragus* [cf. *Familiares*, I VI, 2; *De viris illustribus*, XXI, VIII, 27; *Africa*, VI, 765], *saxifragus* y afín a los plautinos *crurifragius*, *lumbifragium*) parece un hápax: únicamente encuentro «lorifregi», de *lorifrango*, en el *Ruodlieb*, IV, 226 (cf. F. Blatt, *Novum glossarium mediae latinitatis*, s.v.; para el sentido, P. Dronke, *Poetic Individuality in the Middle Ages*, pág. 43 y n. 1); pero me inclino a pensar que no se trata de una creación de Petrarca (vid. U. E. Paoli, «Il latino del Petrarca e gl'inizî dell' umanesimo», en *Pensée humaniste et tradition chrétienne aux XV⁰ et XVI⁰ siècles*, Paris, 1950, pág. 63: «Unica fonte legittima del lessico petrarchesco è dunque il latino attestato ... Beneficiario delle innovazione altrui, il Petrarca, lessicalmente, non è un innovatore»). En cualquier caso, la imagen es muy oportuna, pues el caballo desbocado era símbolo corriente de la lujuria, en especial juvenil. Cf. *Canzoniere*, VI, y la citada *Familiaris* IX, IV, 3: «Sic undique adimpletum videas illud Ieremie [V, 8]: 'equi' inquit, 'amatores in feminas et emissarii facti sunt; unusquisque ad uxorem proximi sui hinniebat'. Vere hinnitus et bestialitas et libido vaga et infrenis; descriptum perproprie a Propheta [Salmos, XXXI, 9] vestre negotium iuventutis, cui alius frustra canit: 'Nolite fieri sicut equus et mulus, quibus non est intellectus'. Amaro nempe hoc unum stomaco dicam, habuisse plus interdum freni plusque, si dici liceat, pudoris equinam libidinem quam humanam». Vid. Pierio Valeriano, *Hieroglyphica*, ed. de Lyon, 1595, fols. 33-43; R. P. Miller, «Venus, Adonis, and the Horses», en *English Literary History*, XIX (1952), págs. 249-264; F. Rico, ed., *La novela picaresca española*, I, pág. 98, n. 4; D. W. Robertson, *A Preface to Chaucer*, pág. 512, s.v. «horse», para ejemplos del motivo.

206. C. Calcaterra, *Nella selva del Petrarca*, págs. 172-173, vio aquí una relación con el *Triumphus Pudicitie*, para él datable hacia 1343. Pero ni esa cronología es aceptable, ni los versos 82-87 del *Triumphus Cupidinis*, IV, están más cerca de nuestro lugar (o, mejor dicho, de un párrafo contiguo, olvidado

«Turpe igitur aliquid interdum voluisti!», salta el Padre. Francesco negó antes [207] haber amado cosa «turpe» o haber amado «turpiter»: ahora, sin embargo, se descubre reo de apetencias lujuriosas. Pero esas contradicciones son locura usual en los amantes o, mejor dicho, en los dementes (según el juego de palabras terenciano); [208] con justicia puede decirse de los tales (aún con Terencio): [209] «volo, nolo, nolo, volo»; ni ellos mismos saben qué quieren o qué no quieren. El poeta, incautamente, ha caído en la trampa. En vano remite al pasado los malos deseos, achacándolos al afecto y a la juventud, y afirma haber sujetado el ánimo tambaleante, consciente ya de qué ansía y qué anhela. En vano elogia la tenacidad de Laura, «semper una», la constancia femenina que admira más cuanto más conoce, y asegura que si antaño lamentó ese perseverar ahora lo celebra y se lo agradece (algún soneto «in morte» repite la idea *ipsissimis verbis*).[210] En vano, porque —recuerda Agustín— a

---

por el ilustre estudioso) que otros textos petrarquescos (cf. notas 201 y 210), ni, sobre todo, observa Calcaterra que es el entero libro tercero del *Secretum* el que debe relacionarse con los *Triumphi* como conjunto (vid. abajo, págs. 398-400).

207. «... quod supra negaveras» (154). Curiosamente, el «supra» nos refiere de nuevo a un fragmento donde quizás se aprecien las revisiones de 1349 o 1353 (cf. notas 128, 168), aunque nada puede afirmarse.

208. «At iste vulgatus amantium, vel ut dicam verius amentium, furor est» (154). Cf. Terencio, *Andria*, 218: «nam inceptiost amentium, haud amantium». Para Petrarca, que no conocía el *Mercator* (82) plautino, y en general para la posteridad (cf. así la explicación de B. Gracián, *Agudeza y arte de ingenio*, Madrid, 1642, discurso XXXII), Terencio fue la fuente primaria de esa paronomasia, muy repetida por nuestro humanista: cf. n. 137; *Familiares*, I, IV, 10 («cum certatim ad amantem seu rectius ad amentem») y IX, IV, 11 («quod comune est omnium amantium, sed ... amenter ...»); *Laurea occidens*, 273-274 («solabar amantem, / amentemque magis»: sintomáticamente, «in origine questi versi seguivano al v. 239, cioè alla menzione di Terenzio», anota Martellotti, pág. 76, sin comentar nuestra *adnominatio*); *De remediis*, I, LXIX, en *Prose*, pág. 626 («mira hec amantium amentia»); *Seniles*, XVI, IX, pág. 1.064 («amantis vel amentis»).

209. Como ya notaron S. Prete, «Plauto, Terenzio e il Petrarca», págs. 91-92, y A. Rossi, «Un inedito del Petrarca: il Terenzio», pág. 14, pero sin dar la referencia al *Phormio*, V, VIII, 57 (cf. también *Familiares*, X, V, 18).

210. «... idque sibi consilium fuisse si unquam dolui, gaudeo nunc et gratias ago» (154). Cf. *Canzoniere*, CCLXXXIX, 5-11 («Or comincio a svegliarmi, / et veggio ch'ella / per lo migliore al mio desir contese, / et quelle voglie giovenili accese / temprò con una vista dolce et fella. / *Lei ne ringratio, e'l suo alto consiglio,* / che col bel viso et co' soavi sdegni / fecemi ardendo pensar mia sa-

quien una vez ha mentido no es fácil volver a concederle crédito.²¹¹ Francesco tendrá que cambiar de costumbres, hábito y vida, antes de convencer a nadie de que ha cambiado de ánimo; ²¹² quizá sí lo ha mitigado y calmado, pero todavía no ha extinguido el fuego.²¹³ Además, cuando tanto mérito concede a la amada, ¿no advierte hasta qué punto se condena a sí mismo al absolverla? Pase hacerla santísima, mientras él se confiese insensato y criminal, «insanus scelestusque»; felicísima, mientras él, «eius amore», misérrimo. Por ahí empezó Agustín; y el poeta no osa contradecirle: harto ve dónde lo ha conducido insensiblemente.

---

lute»); CCXC, 1-2 («Come va 'l mondo! *or mi diletta et piace / quel che piú mi dispiacque*», etc.). No es posible datar exactamente esos sonetos; pero se hallan entre dos perfectamente fechados en el Vaticano Latino 3.196: CCLXXXVII (noviembre de 1349) y CCXCI (noviembre de 1351). Vid. además *Triumphus Cupidinis*, IV, 82-87: «Ma pur di lei che 'l cor di pensier m'empie / non potei coglier mai ramo né foglia, / sì fur le sue radici acerbe ed empie; / onde, benché talor doler mi soglia / com' uom ch' è offeso, quel che con questi occhi / vidi [en el *Triumphus Pudicitie*] m'é fren che mai più non mi doglia»; nótese que en el primer terceto la alusión sensual se da unida al motivo de Laura-Dafne, tal en otras piezas petrarquescas (v.gr., *Canzoniere*, XXII, 31-36: «Con lei foss'io da che si parte il sole, / et non ci vedess'altri che le stelle, / sol una nocte, et mai non fosse l'alba, / et non se transformasse in verde selva / per uscirmi di braccia, come il giorno / ch' Apollo la seguia qua giú per terra»; *Amor pastorius*, 9, a la luz del contexto: «Fare igitur, cupidasque manus frenare memento»; y comp. M. Feo, «Per l'esegesi della III egloga del Petrarca», págs. 386-387, n. 1), sin duda por influencia de la versión ovidiana del mito, como fue corriente (cf. Y. Giraud, *La fable de Daphné. Essai sur un type de métamorphose végétale dans la littérature et dans les arts jusqu'à la fin du XVIIe siècle*, Ginebra, 1968, aunque el capítulo sobre Petrarca, págs. 141-149, es bastante pobre).

211. «Semel fallenti, non facile rursus fides adhibenda est» (154). Cf. Cicerón, *Pro C. Rabirio Postumo*, 36: «Ubi semel quis peieraverit, ei credi postea, etiamsi per pluris deos iuret, non opportet». A ese texto hay que referir (y no al Eclesiástico, XXXIV, 4, como cree el editor) el refrán recogido en H. Walther, *Proverbia sententiaeque latinitatis medii aevi*, núm. 3.689: «Credit mendaci, quamvis per numina iuret, / nullus, et illius pondere verba carent»; cf. también el núm. 24.697: «Qui semel est mendax, mendax presumitur usque». Cito tales proverbios, porque Petrarca desconocía los dos alegatos *Pro Rabirio*, descubiertos por Poggio (cf. T. Foffano, «Niccoli, Cosimo e le ricerche di Poggio nelle biblioteche francesi», en *Italia medioevale e umanistica*, XII [1969], páginas 113-128, con abundante bibliografía y nuevas aportaciones).

212. «... quam animum mutasse persuadeas» (154). Cf. n. 362.

213. «Mitigatus forte sis tu lenitusque, ignis extinctus certe non est» (154). Cf. arriba, págs. 195 (cita de *Familiares*, XIX, xvi, 3) y 308 (texto de la *Posteritati*); notas 357 (*Familiares*, IX, iv, 20), 402; y *Metrice*, I, i, 60-63.

Que no es sino a ratificar los planteamientos teóricos y las inferencias prácticas de las páginas anteriores. De un querer «turpiter», con desdén de la verdadera jerarquía de la *dilectio*, solo pueden nacer desgracias. En último extremo, cabe salvar a Laura, pero nunca la pasión por Laura. Pues el pecado no ha de atribuirse al objeto, sino al sujeto, y las criaturas son buenas, aunque se las aprecie perversa, desordenadamente. En definitiva, Laura cuenta menos que la actitud que en Francesco implica el amarla. Nos acercamos a una posición similar a la del Obispo de Hipona y la tradición agustiniana, cuando, al interpretar a Mateo, V, 28 («omnis qui viderit mulierem ad concupiscendum eam, iam moechatus est eam in corde suo»), por ejemplo, glosan que «mulier» es la belleza sensible de las cosas, y «moechari», toda especie de *cupiditia*.[214] Por ello el Santo viene alzando cada problema concreto a una instancia superior; y por ello ahora, antes de rematar la disputa con un anecdotario pintoresco de cuántas desdichas ha sufrido Francesco por culpa del sentimiento aberrante, subraya algunos principios generales. «Nichil est quod eque oblivionem Dei contemptum ve pariat, atque amor [215] rerum temporalium.» Es lícito dejar a Laura un poco a trasmano, entonces, porque cualquier amor de las cosas temporales engendra olvido y menosprecio de Dios [216] (mientras la soberbia, cuya dimensión literaria —el afán de gloria— va a examinarse pronto, lleva «usque ad Creatoris odium»: cf. pág. 131). Cualquier amor, mas, principalmente, el llamado así por antonomasia, e incluso, con sacrilegio máximo, calificado de «dios», quizá para

---

214. Vid. las referencias de D. W. Robertson, *A Preface to Chaucer*, páginas 69 y sigs. (libro que cito solo a beneficio de inventario).

215. Por errata fácilmente explicable (atracción de los acusativos anteriores o adelanto de la línea siguiente), la copia de fra Tedaldo, fol. 231 vo., trae «atque amorem»; las *Opera* de 1554, pág. 402, dan el *facilior* «quam amor»; acepto la lectura de Carrara.

216. Aunque no se hace cargo de textos ni fuentes como los aducidos aquí o en las págs. 301-302, no va descaminado por completo F. Montanari, *Studi sul «Canzoniere»*..., pág. 27, al escribir: «la persona di Laura, o il fantasma di Laura, è non solo e non tanto l'espressione d'un amore erotico o sentimentale, quanto l'incarnazione di tutto ciò che è terreno e che cerca di essere sufficiente a se stesso nella sua terrrestrità: è il simbolo delle cose terrene fatte fine a se stesse, sia pure in forme astratte e lievi, che sembrano in qualche modo spirituali, a cominciare dalla gloria». Volveremos sobre los múltiples matices de la cuestión, y otras afines, en el volumen tercero.

aportar una excusa celestial a los delirios humanos y pecar más desatadamente so color de instigación divina. La letra, aquí, recuerda en especial a Séneca,[217] pero el espíritu va más allá, hasta coincidir (digamos, por dar un solo ejemplo, en la confluencia de poderosas corrientes) con Guittone d'Arezzo, cuando denostaba al casquivano que

> mesconosce Dio, e crede e chiama
> sol dio la donna ch'ama.[218]

La condena de la blasfemia de hacer «dios» al amor y la denuncia de la búsqueda de pretextos sobrenaturales para furores a ras de tierra, en efecto, no se aplican simplemente a la idolatría de Laura, antes bien atacan toda la tradición poética a que se aferra Francesco, con un par de frases dan un nuevo mazazo en la erótica cortés ya briosamente vapuleada. No queda escapatoria: locura es el propósito de ennoblecer el amor, a lo trovadoresco, o inventarlo camino al Señor, a lo *stilnovista*; e impiedad suprema el lenguaje hiperbólico que sirve a tales fines. Comprendemos mejor, así, el acre sarcasmo con que Agustín, exasperado, aludía a una «laus» (de estirpe lírica)[219] que se

---

217. «... iste precipue, quem proprio quodam nomine Amorem, et (quod sacrilegium omne transcendit) Deum etiam vocant, ut scilicet humanis furoribus excusatio celestis accedat fiatque divino instinctu scelus immane licentius» (154). Cf. Séneca, *Fedra*, 195 y sigs.: «Deum esse amorem turpis et vitio furens / finxit libido, quoque liberior foret / titulum furori numinis falsi addidit», etc.; y en la *Octavia*, 557-558, que Petrarca sospechó apócrifa: «Volucrem esse Amorem fingit immitem deum / mortalis error» (pasaje —incidentalmente— a que se remonta Eneas Silvio Piccolomini en una carta tal vez en deuda con el *Secretum*; ahora en *Storia di due amanti e Rimedio d'amore*, ed. M. L. Doglio, Turín, 1973, págs. 132 y sigs.). Compárese Cicerón, *Tusculanas*, IV, XXII, 69: «O praeclaram emendatricem vitae poeticam, quae amorem flagitii et levitatis auctorem in concilio deorum conlocandum putet!» Vid. *De remediis*, I, LXIX, en *Prose*, pág. 624: «et pudendos affectus honesto tegentes velo libidinem dicitis amorem: illum colitis [cf. pág. 274], illum —fandi licentia— deum facitis, ut probra vestra, que vix celum tegit, excuset», etc.; *Familiares*, IX, IV, 7: «adulterium ..., quod amoris velo tegitur et pulcerrimo nomine, turpissimum scelus, obnubitur».
218. *Poeti del Duecento*, ed. G. Contini, I, pág. 220 (VII, 50-51).
219. En la n. 126 relacionaba el «mulierculam tuam quantalibet laude cumules» del *Secretum* con *Familiares*, X, III, 25, donde se habla de las «cantiuncule ... obscenis muliercularum laudibus referte» compuestas por Petrarca y su hermano: en la epístola, esas cancioncillas vulgares se contrastan con las «divi-

atrevía a tratar a Laura de «dea».[220] Pero el Padre no está atendiendo solo al caso de Francesco, sino sentando doctrina universal (de ahí el tono abstracto, el *vos* paradigmático [221] que comparecen más de una vez en nuestra página). A los demás afectos —asevera, en tal línea— arrastran la «visa rei species», el placer ansiado del disfrute, la violencia del deseo. En el amor, se da todo ello a la vez, y además las llamas del afecto son recíprocas: pues si se pierde la esperanza de correspondencia, el mismo amor se debilita.[222] En otros casos, únicamente se

---

nis laudibus» de Gerardo en Montrieux. Pero el tal contraste está, más o menos claro, en toda la historia del género de la *loda*, del «prendere per materia de lo mio parlare sempre mai quello che fosse loda di questa gentilissima» (*Vita nuova*, XVIII). Citaba antes *Al cor gentil* (pág. 266): el reproche de Dios a Guinizzelli («a Me conven le laude / e a la reina del regname degno») solo cobra plenitud de significado a la luz del uso bíblico y litúrgico de «laus», del «Tue so' le laude» franciscano, en el contexto de los *Laudesi* (no olvidemos que Garzo, bisabuelo de Petrarca, fue uno de los primeros: cf. G. Contini, *Poeti del Duecento*, II, págs. 11, 295, 876-877, 940, 958), de las compañías dedicadas exclusivamente a las «laudes divinas ad honorem Dei et beatae Mariae Virginis» (como escribe Salimbene da Parma). La *loda* amorosa hubo de sonar siempre como parodia irreverente (a veces, muy deliberada) de la *lauda* sacra. Guinizzelli, en *Io voglio del ver la mia donna laudare,* se inspira en el Cantar de los cantares y concluye que su dama, a quien saluda, «fa 'l de nostra fé se non la crede» (X, 11): pero recuérdese el ejemplo del clérigo que muere en cuanto acaba de loar a la amada justamente con palabras del Cantar de los cantares (en J. Klapper, *Exempla aus Handschriften des Mittelalters*, Heidelberg, 1911, núm. 67; y cf. M. R. Lida de Malkiel, *La originalidad artística de «La Celestina»*, página 367, n. 16). Inútil explicar cómo laudes y culto casi latréutico de la dama se explayan en el *Canzoniere*, desde el mismo umbral: «Cosí LAU*d*are et RE*v*erire insegna / la voce stessa» (V, 9-10; y véase, v.gr., R. Amaturo, *Petrarca*, páginas 299 y sigs.). En bastante de todo ello pensaría probablemente el Petrarca anciano al legar su laúd a Tommaso Bombasi para que lo hiciera sonar «non pro vanitate seculi fugacis, sed ad laudem Dei eterni» (vid. E. H. Wilkins, *Petrarch's Later Years*, págs. 183).

220. En principio, y en vulgar, era comprensible dar escasa importancia a tal uso hiperbólico, teñido de mitología (cf. n. 127). Pero, en un momento más reflexivo, y en latín, la cosa sonaría grave: cuando se regateaba el título a la Santísima Virgen (*Canzoniere*, CCCLXVI, 98-99: «Or tu donna del ciel, tu nostra dea, / se dir lice et convensi»; *Familiares*, X, IV, 24: «Maria non dea, sed Dei máter»), ¡qué no se juzgaría concedérselo a Laura!

221. «*Vobis* ipsis, quid velitis aut nolitis, ignotum est», «... et proprie *vos* mentis impetus rapit», «Sic, cum alibi *ametis* duntaxat, hic etiam *redamamini*» (154).

222. «In amore autem et hec simul et mutuus preterea succendit affectus, qua spe amota, amorem ipsum lentescere oportet» (154). Cf. *De remediis*, I,

ama: en este, también se es amado; y el pecho mortal se agita con el alternarse de los estímulos (154).[223] No en balde dijo Cicerón que «de todas las pasiones del espíritu con seguridad no hay ninguna más vehemente que el amor» (156): [224] muy cierto estaría cuando añadió «profecto», él, autor de cuatro libros en defensa de la Academia, que dudaba por sistema (la coletilla combina el *De civitate Dei* con noticias que Petrarca no poseyó hasta la primavera de 1345).[225]

No habría sorprendido a Francesco el tajante juicio ciceroniano, si no tuviera el ánimo tan enfermo de olvido. Pero el Padre va a devolverle la memoria de los muchos males venidos a vueltas del amor, «brevi admonitione». O, digamos mejor, con un parlamento de conmovida elocuencia,[226] bordado de motivos y aun citas del *Canzoniere,* en una dolorosa recapitulación

---

LXIX, en *Prose,* pág. 620: «nichil ad amandum efficacius quam amari, contraque nichil esse quod magis ab amando deterreat quam scire se non amari, nec amatum iri credere». En el Parisino Latino 2.201, Petrarca destaca un pasaje del *De vera religione,* XL, 74 (cf. arriba, pág. 282), y lo relaciona con otro agustiniano, *In Iohannis Evangelium,* XXXII, 2, donde se insiste en que «ipsi corporum amatores redamari se volunt» y, de no ser así, inciden en la ira y el despego, por más que los atraiga la belleza: «succensemus et ferre non possumus, etiamsi formam ipsam praebeat fruenti». Cf. también *Seniles,* IV, v, pág. 870.

223. Entiéndase, por supuesto, los internos y los externos, los del amante y los del amado.

224. *Tusculanas,* IV, xxxv, 75; Petrarca cita de memoria y, sin salirse de la terminología habitual entre los estoicos, sustituye el «ex animi perturbationibus» ciceroniano por «ex animi passionibus».

225. «Valde equidem certus erat ubi addidit 'profecto', is qui iam quattuor libris Achademiam defenderat de omnibus dubitantem» (156). Cf. *De civitate Dei,* VI, 2: «Et in eis libris, id est Academicis, ubi cuncta dubitanda esse contendit, addidit 'sine ulla dubitatione doctissimo'. Profecto de hac re sic erat certus, ut auferret dubitationem, quam solet in omnibus adhibere»; otros ecos de ese párrafo en *Rerum memorandarum,* I, 14, 3, y *Familiares,* XXIV, VI, 5. Petrarca no supo de la segunda redacción de los *Academica,* en cuatro libros, hasta primavera de 1345 —como digo—, al leerlo en las *Ad Atticum,* XIII, XIII: cf. G. Billanovich, «Nella biblioteca del Petrarca», pág. 34.

226. E. Bigi, *La cultura del Poliziano...,* pág. 21, habla de «una pagina senza dubbio di alta letteratura, elaborata con squisito mestiere retorico, quale si rivela nel composto succedersi di frasi di pressoché uguale misura, in un movimento riecheggiato e concluso anche ritmicamente dalla sollene citazione omerica; nella struttura interna delle singole frasi, intessure di parallelismi ... e soprattuto di chiasmi ...; nonché nel lessico, se non prezioso, certo sempre nobile ed elevato».

extremadamente próxima a *Quel' antiquo mio dolce empio signore*.[227] Que piense, pues, Francesco en cuanto ocurrió desde el momento en que la dolencia se adueñó de él (desde el momento, según sabemos, de encontrar a Laura): en cómo, de pronto, cayó deshecho en gemidos, miserable hasta el punto de alimentarse de lágrimas y suspiros con funesta complacencia;[228] en las «noctes insomnes et pernox in ore dilecte nomen»;[229] en el despreciarlo todo, en el odio de la vida, en el deseo de mo-

---

227. A. Noferi, *L'esperienza...*, págs. 239-241, entre «i riferimenti, gli echi, gli acceni alle *Rime* che compaiono nel *Secretum*», distingue «i più generici riecheggiamenti» y los «riferimenti precisi a determinati componimenti, quasi evidenti citazioni»; en nuestro pasaje, cree apreciar «riflessi» de siete de las catorce composiciones que según E. H. Wilkins pasaron del Vaticano Latino 3.196 a la colectánea lírica iniciada en 1342; e incluso opina que la página puede dar idea del estado del *Canzoniere* hacia tal fecha. Lamento disentir de la profesora Noferi, a quien tanto estimo, pero me temo que todo ello responde a un error de óptica, determinado por la datación tradicional del *Secretum*. No nota, así, la admirada estudiosa la básica coincidencia del texto con *Quel' antiquo mio dolce*, ni que, como en la canción, en el diálogo los «generici riecheggiamenti» predominan sobre los «riferimenti precisi». Justamente, los postulados «riflessi» o «citazion[i]» de las siete composiciones en cuestión, mayormente, o son motivos «generici» o, si parecen «precisi», llevan más bien a otros poemas. En fin, ya he dicho que el *Secretum* supone una etapa notablemente avanzada en la formación del *Canzoniere* (n. 80), corroborándolo con multitud de contactos con piezas posteriores a 1343, tardías, hasta «in morte». Comentar detenidamente el discurso de Agustín obligaría a dar casi una concordancia de las *Rime*; me limitaré de nuevo, pues (vid. n. 20), a subrayar las decisivas concomitancias con *Quel' antiquo mio dolce* y los aspectos más pertinentes a la problemática que suscitan las observaciones de la señora Noferi; ella misma menciona el propósito de extenderse sobre la «fitissima rete di rapporti tra il *Secretum* e le *Rime*» (pág. 241): es mi esperanza que cuando lo haga —nadie mejor— pueda complementar mis apuntes y beneficiarse de las perspectivas que abre situar el diálogo entre 1347 y 1353.

228. «... quam repente, totus in gemitum versus, eo miseriarum pervenisti ut funesta cum voluptate lacrimis ac suspiriis pascereris» (156). *Canzoniere*, CCCLX, 45, 72-73: «ch'amaro viver m'à vòlto in dolce uso», «Quinci nascon le lagrime e i martiri, / le parole e i sospiri ...»; el texto literalmente más próximo se halla en CXXX, 5-6 («Pasco 'l cor di sospir' ... / e di lagrime vivo»), poema —como los inmediatos— datable en 1345, durante la estancia en Selvapiana (cf. solo E. H. Wilkins, *The Making...*, pág. 363); en general, vid. arriba, págs. 204-205.

229. *Canzoniere*, CCCLX, 61-68: «Poi che suo fui non ebbi hora tranquilla, / ne' spero aver, / et le mie notti il sonno / sbandiro ..., / et non sonò poi squilla, / ov'io sia, in qual che villa, / ch'i' non l'udisse»; cf., por ejemplo, LXXIV, 8; CCXVI, 1-4; CCXXIII; CCCXXXII, 31-34.

rir; [230] en el lamentable amar la soledad y huir de los hombres,[231] como el homérico Belerofonte,

> qui miser in campis merens errabat alienis,
> ipse suum cor edens, hominum vestigia vitans.[232]

De ahí la palidez, la sequedad, el anticipado marchitarse de la edad en flor; de ahí los ojos «graves eternumque madentes»,[233] la cabeza confusa y el desasosiego del sueño, el dormir entre quejas y la voz quebradiza, ronca a fuerza de lamentos, el habla balbuciente; [234] de ahí, en fin, cuantas calamidades imaginarse puedan. ¿Tal vez son ésas señales de salud y cordura? Pero hay más. Laura marcaba los días de fiesta o de luto. «Illa adveniente sol illuxit, illaque abeunte nox rediit.» [235] El ceño de la amada

---

230. «... cum rerum omnium contemptus viteque odium et desiderium mortis» (156). *Canzoniere*, CCCLX, 15, 17-18: «e 'n odio ebbi la vita», «et quante utili honeste / vie sprezzai ...» A. Noferi, *op. cit.*, pág. 240, remite a XXXVI; pero el motivo del «Desiderio e paura di morte» (como lo llama U. Bosco, *Francesco Petrarca*, págs. 68-82) es frecuentísimo en nuestro poeta. Vid. también n. 153.

231. «... tristis et amor solitudinis atque hominum fuga» (156). *Canzoniere*, CCCLX, 46: «cercar m'à fatto deserti paesi ...», enlazado con XXXV, 1 («Solo e pensoso i più deserti campi ...»), donde se combinan los ecos de Propercio (I, XVIII, 1: «Certe deserta loca et taciturna querenti») y de los versos homéricos en seguida citados.

232. *Iliada*, VI, 201-202, en la versión de Cicerón, *Tusculanas*, III, XXVI, 63 (suele afirmarse, como últimamente ha hecho R. Amaturo, *op. cit.*, pág. 134, que «alienis» es sintomático lapsus de Petrarca: de hecho, lo traen todos los códices; el «Aleis» hoy aceptado lo restituyó Beroaldo). La cita reaparece en *Seniles*, III, I, pág. 854 y XI, V, pág. 979. Cf. *Familiares*, VI, III, 69: «hominum vestigia fugientem»; *Canzoniere*, XXXV, 3-4: «et gli occhi porto per fuggire intenti / ove vestigio human l'arena stampi»; *Contra medicum*, pág. 83.

233. Es interesante notar el cercano paralelo de dos poemas «in morte»: CCLXIX, 10-11 («che posso io più, se no aver l'alma trista, / *humidi gli occhi sempre*, e'l viso chino?»), y CCCVI, 7 («porto 'l cor *grave* et gli *occhi humidi* et bassi»).

234. «... vox fragilis luctu rauca, fractusque et interruptus verborum sonus» (156). A. Noferi, *ibid.*, envía a *Canzoniere*, XLIX, 7-14 («et se parole fai, / son imperfecte», «sospiri, allor traete lenti et rotti»); pero la letra está más próxima de CCXXIV, 6 («od in voci interrotte a pena intese»).

235. La profesor Noferi, *ibid.*, relaciona la frase con *Canzoniere*, XLI, XLII, XLIII; pero no solo hay textos más afines (CCXV, 13: «pò far chiara la notte, oscuro il giorno»; CCLV, 6-7: «ché spesso in un momento apron allora / l'un sole e l'altro quasi duo levanti», etc.), sino que Agustín parece

variaba el ánimo del amante, para entristecerlo o alegrarlo, a capricho. Agustín quiere dejar bien claro que la serie de viñetas que esboza es un trasunto de los *Rerum vulgarium fragmenta*; que nos ofrece la imagen difundida en los versos del propio Francesco (el Francesco poeta —no lo descuidemos— sigue ocupando el primer plano). Por ello intercala una alusión diáfana al *Canzoniere*: «scis me vera et *vulgo etiam nota* memorare». Otra locura del protagonista nos conduce al lírico que cultiva malsanamente las ocasiones de un cantar plañidero «che fa per fama gli uomini immortali» (CIV, 14): no satisfecho con la efigie real y presente del rostro culpable de tantos pesares, se agenció otra pintada por un ingenio ilustre (identificamos al punto a Simone Martini), para llevarla siempre consigo y tener así —acusa el Santo— «materiam ... immortalium lacrimarum» (156), temeroso quizá de que se agotara el llanto y presto a excitarlo por cualquier medio, «negligenter incuriosus in reliquis» (158).[236] Tan central, tan prominente se ofrece el personaje ahora *quo* poeta, que «la cima suprema de todos los delirios» del Francesco enamorado se sitúa en el proceder más específicamente literario. Las páginas anteriores, sembradas de reminiscencias

---

apuntar aquí sobre todo a la imagen omnipresente de Laura como 'sol' y al tópico de la amada cuya presencia transfigura la naturaleza (vid. simplemente N. Scarano, «Fonti provenzali e italiane...», págs. 289-291; P. Dronke, *Medieval Latin...*, pág. 602, *s.v.* «sun»).

236. Los sonetos LXXVII y LXXVIII tratan del retrato en cuestión y mencionan a Simone, cuya obra —dice Petrarca—, si con «voce ed intellecto», «di sospir' molti mi sgombrava il petto» (LXXVIII, 5). En el CXXX, se habla de un alimentar de suspiros el corazón, «ch'altro non chiede» («incuriosus in reliquis»), y de un vivir de lágrimas (cf. n. 228), al par que se escribe: «Et sol ad una imagine m'attegno, / che fe' non Zeusi, o Prasitele, o Fidia, / ma miglior mastro, et di piú alto ingegno». El cotejo con los artistas clásicos (como en LXXVII, LXXVIII y en el ms. de Plinio, *apud* P. de Nolhac, *op. cit.*, II, pág. 78) y la relación con el *Secretum* («fictam illustris artificis *ingenio*») hace pensar que la «imagine» es la ejecutada por el «mastro» Simone (como ya barruntaron Tassoni y Castelvetro, tácita pero acertadamente seguidos por A. Noferi, *L'esperienza...*, pág. 241), mejor que la forjada por el Amor (según suelen opinar los comentaristas modernos) o, cabe añadir, por el mismo Dios (cf. pág. 297 y n. 163). Ello supuesto, resulta indudable que el pasaje del *Secretum* es más afín a CXXX (probablemente de 1345), con la asociación del retrato y el tema de las lágrimas, que a LXXVII-LXXVIII (de 1335-1336), donde «l'opera gentile» del pintor es mayormente circunstancia jubilosa.

literales, eran un vasto repaso crítico a actitudes y temas del *Canzoniere*. «Amore-beatitudine e amore-inutile tormento», «amore-elevazione alla gloria poetica e a Dio da una parte, e amore-dissipazione di energie intellettuali e spirituali dall' altra» (por citar un resumen elemental pero útil) [237] nos salían al paso continuamente; y ni siquiera faltaba (por vía profética) la evocación de las piezas «in morte». Para perfilar el escrutinio, convenía dar muestra de la complacencia en el juego mítico, del paladear la metáfora, del deleite en la textura verbal: del proceso creativo, estrictamente poético. Pues a ello va ya Agustín, cumpliendo la promesa de poco antes (cf. n. 168). En efecto —recrimina—, ¿quién condenará debidamente la enajenación de quedar no menos preso en el esplendor del nombre que en el del cuerpo de la dama y venerar con increíble vanidad cuanto con él consonara? Por ser «Laurea» ese nombre,[238] ha amado tanto el lauro, de emperador o de poeta; [239] por serlo, apenas ha sacado a luz un «carmen» sin mención del laurel, tal si viviera en la ribera del Peneo o fuera sacerdote de la cumbre de Cirra.[240] Reconocemos al Petrarca de la «ispirazione dafnea»,[241] Apolo prendado

237. F. Montanari, *Studi sul «Canzoniere»*, pág. 20.
238. Recuérdese que «Laurea» escribe Petrarca en la nota del Virgilio ambrosiano (en P. de Nolhac, *op. cit.*, II, pág. 286 y n. 1) o en *Familiares*, II, IX, 18, 20.
239. «... sive cesaream sive poeticam lauream, quod illa hoc nomine vocaretur, adamasti» (158). Para el origen y uso del doble esquema, «laurea ... et cesaribus et poetis debita», cf. E. H. Wilkins, *The Making...*, págs. 17-18, 40, 45; J. B. Trapp, «The Owl's Ivy and the Poet's Bays: An Enquiry into Poetic Garlands», *Journal of the Warburg and Courtauld Institutes*, XXI (1958), págs. 227-255; C. Godi, ed., *Collatio laureationis*, págs. 23, 27.
240. En contextos cercanos al nuestro, del Peneo se trata en *Canzoniere*, XXIII, 48 (y cf. XXXIV, 2); de Cirra, en el *Africa*, IX, 116, y en *Laurea occidens*, 355. No se olvide que en singular conjunción de vida y obra, por lo menos desde el 4 de abril de 1357 (en el trigésimo aniversario del encuentro con Laura, como quien dice), Petrarca cultivó laureles en su jardín (cf. P. de Nolhac, *op. cit.*, II, págs. 266-268).
241. Como diría Carlo Calcaterra, *Nella selva del Petrarca*, págs. 35-107. Vid. además, entre otros, U. Bosco, *Francesco Petrarca*, págs. 26-29; E. H. Wilkins, *op. cit.*, págs. 20-21; F. Montanari, *Studi...*, págs. 86-89; A. S. Bernardo, *Petrarch, Scipio and the «Africa»*, pág. 217, s.v. «laurel»; U. Dotti, «Petrarca: il mito dafneo», *Convivium*, XXXVII (1969), págs. 9-23; F. Chiappelli, *Studi sul linguaggio del Petrarca*, págs. 51-74, etc.; R. M. Durling, «Petrarch's 'Giovene donna sotto un verde lauro'», *Modern Language Notes*, LXXXVI (1971), págs. 1-20; J. Basile, *Forma simbolica ed allegorica nei «Rerum vulgarium*

del árbol siempre verde con hojas de fama y poesía, a zaga de
la ninfa huidiza. Reconocemos, también, al célebre «laureatus».
Cierto —prosigue Agustín—, como no le cabía esperar el imperial, se apasionó por el lauro poético que le prometía el mérito
de sus estudios con igual desmesura que por *madonna*. Imposible
recordar sin estremecerse cuántas labores le costó ganarlo,
«quanquam alis ingenii subvectus» (una de cal, con una de arena).
E inútil objetar (según quisiera hacer el acusado, a quien captamos «responsioni paratum et adhuc hiscere meditantem», en
rápido escorzo) que se dedicó a los tales saberes antes de encenderse de amor y que la coronación lo atrajo desde los años pueriles. Pues siendo ésa costumbre arrinconada muchos siglos
atrás,[242] siendo la época adversa a semejantes estudios,[243] y por
el peligro de los caminos (que lo pusieron a las puertas de la
cárcel y de la muerte, exagera el Padre), por los obstáculos de
la fortuna,[244] quizá se hubiera retrasado o malogrado el deseo

---

fragmenta» ed altre cose, Asís-Roma, 1971, págs. 49-133 (no he visto N. G. Lawrence, «The Laurel Wreath» en *Carrell*, IV, 1963). Vid. notas 210, 373.

242. «Verumenimvero et multis retro seculis obsolefactus mos ...» (158); cf. *Collatio laureationis*, ed. Godi, pág. 17: «nunc vero morem illum, non modo intermissum, sed obmissum, nec obmissum tantum, sed in miraculum esse conversum, et iam ultra mille ducentos annos obsolevisse ...» Con todo, Petrarca no ignoraba la coronación de Mussato, «a renewal of classic practice clothed in a mediaeval academic form» (E. H. Wilkins, *op. cit.*, pág. 22), ni el proyecto universitario boloñés de laurear a Dante (*ibid.*, pág. 23): tanto es así, que pensaba «that the successful [Roman] poets were proclaimed to be 'masters' in the mediaeval sense, as the words 'ad culmen preclari magisterii provectos' [*Collatio*, pág. 17] would seem to imply» (*ibid.*, pág. 20), y como también implica el modo de concebir la «examinatio» con Roberto (aparte otros indicios). Le gustaba presentarse como «qui *solus* etatis tue —según le halaga el Santo— contextam eius [lauree] ex frondibus coronam gestare meruisti» (42; a esa luz, probablemente hay que entender como 'en nuestros días, en época reciente' el *nuper* que se encuentra en el epígrafe del *Canzoniere* en la versión chigiana: cf. pág. 7, n. 1), y de ahí el 'descuidar' el precedente de Mussato u otros; pero no falta la clara nota de censura: si en 1341 la coronación era para él llegar «ad *culmen* ... magisterii», al redactar el *Secretum* era —por boca de Agustín— «omnium delirationum tuarum supremum *culmen*».

243. «... atque hec etas studiis talibus adversa ...» (158). Adviértase que en la *Collatio* Petrarca señalaba como estorbo a la coronación «aversa ab his studiis temporum meorum cura» (ed. Godi, pág. 14, con una enmienda mía en la puntuación).

244. «... aliaque non minus violenta fortune obstacula propositum retar-

de Francesco, a no aguijonearlo la memoria del nombre dulcísimo,[245] despojándolo de toda otra preocupación y llevándolo, por entre infinitos escollos de tierra y mar, a Roma y a Nápoles, donde alcanzó el honor ambicionado con tanto fuego. Agustín lo ha contado en una sola oración, compleja, llena de incisos, ardua, hasta hacer jadear, como la misma historia narrada, acaso con más arte que exactitud, con más dramatismo que precisión.[246] Pues bien, loco no regular será quien piense que todo ello no arguye sino regular locura (y aquí aflora en forma paladina, pero aun más radical, el juicio negativo sobre la coronación característico del autor de la *Posteritati* o el *De remediis* mejor que del Petrarca de hacia 1343).[247] El resto puede deducirse de los versos del *Eunuco* hechos suyos por Cicerón (y por el *De civitate Dei*):

---

dassent ...» (158). En la *Collatio* el poeta dice que a hacer «propositi mei non facilem laborem» contribuyó «fortuna michi semper inexorabilis et dura» (págs. 13-14, y 15 en apoyo de mi puntuación). Cf. n. 246.

245. «... nisi predulcis nominis memoria iugiter animum interpellans ...» (158). Vid. *Triumphus Cupidinis*, IV, 79-81: «Con costor colsi 'l glorioso ramo / onde forse anzi tempo ornai le tempie / *in memoria di quella* ch'io tanto amo».

246. Efectivamente, el pasaje aparenta referir a un solo episodio (Carrara, así, no menciona al propósito sino la coronación de Petrarca en Roma, «dopo essersi incontrato a Napoli con re Roberto»); en realidad, en él posiblemente se decantan experiencias, ideas y momentos diversos, unificados por el fin o el punto de convergencia, pero no atenidos a ningún orden riguroso, antes amalgama de pinceladas sueltas susceptibles de producir una vivaz impresión de conjunto. Agustín habla de «longarum *discrimina* viarum, quibus usque ad limen non carceris modo sed mortis accessisti, aliaque non minus violenta *fortune obstacula*», de alcanzar Roma y Nápoles «per *terras et maria* inter tot *difficultatum* scopulos» (158). Ello recuerda las excusas dadas por Petrarca al Rey Roberto por haber tardado en visitarlo: «terre marisque pericula necnon et impedimenta fortune varia» (*Rerum memorandarum*, I, 37, 9); y, también, las «difficultates» que la *Collatio* mencionaba para obtener la laurea (págs. 14, 17; cf. n. 244). Los «discrimina» que acercaron «ad limen non carceris modo sed mortis» no pueden aludir a las jornadas de Avignon a Nápoles, en 1341, tranquilas, a juzgar por las referencias de Petrarca: seguramente abultan las vicisitudes del primer viaje a Roma (cf. E. H. Wilkins, *Life of Petrarch*, págs. 13-14), donde el poeta debió hacer gestiones en vistas a la coronación (*id., The Making...*, págs. 26-27). Y aun cabe pensar si Petrarca no fundió aquí imágenes del accidentado camino a Nápoles, pasando antes por Roma, en 1343 (cf. *Familiares*, V, III, 1-7).

247. Cf. E. H. Wilkins, *The Making...*, págs. 66-69. Con ese juicio negativo, sin embargo, no fue nunca incompatible un sentimiento de orgullo, como el expresado en nuestro libro primero: cf. n. 242.

> in amore hec omnia insunt vitia: iniurie,
> suspitiones, inimicitie, indutie,
> bellum, pax rursum ... (158)[248]

En las palabras de Terencio se reflejan las insanias de Francesco (160). Luego Francesco —hemos de entender— ilustra a maravilla, cual espécimen paradigmático, el «status adolescenti luxuriosi» (cf. pág. 307) comúnmente descrito por Petrarca con ceñida dependencia de ese mismo texto del cómico: «irascuntur [amantes] et litigant et frequens bellum crebra pace concludunt» (*Familiares*, V, VIII, 1), «et in regno amoris [suspitionum aculei], pacis ac belli vicissitudo creberrima» (*ibid.*, IX, IV, 9). Sí, Terencio definió bien los delirios del protagonista, empezando por los celos, peste principal del amor, como el amor es la principal de entre las pasiones; e incluso previó el argumento de quien pretendiera templar «hec vitia» con la razón:

> incerta hec si tu postules
> ratione certa facere, nichilo plus agas
> quam si des operam ut cum ratione insanias.[249]

También Agustín —firme, decidido— ha previsto las réplicas del poeta y las ha refutado sin darle tiempo a enunciarlas. Y puede concluir, así, que todo lo dicho es «verissimum», con absoluta certeza, y que a Francesco se le ha cerrado cualquier portillo de huida. Tales y similares son las miserias del amor, prolijas de enumerar y tan patentes al que las ha sufrido cuanto increíbles al que no las ha probado. Pero la más grave —resume el Santo— es producir el olvido de Dios y de uno mismo. ¿Cómo, en verdad, va a llegar a la única, purísima fuente del auténtico bien un ánimo que se arrastra bajo el peso de parejos males? Justísima recapitulación, sin duda. Con ella se corrobora, lapidariamente, la demostración de Agustín: ni la dama del *Canzoniere* es guía válida al cielo, ni el sentimiento que despierta ayuda al

---

248. Terencio, *Eunuco*, 59-61, citado parcialmente por Cicerón, *Tusculanas*, IV, XXXV, 76, y San Agustín, *De civitate Dei*, XIX, V: Petrarca toma el pasaje directamente del original, aunque teniendo muy en cuenta los comentarios ciceronianos.

249. *Eunuco*, 61-63, transcrito enteramente por Cicerón, *ibid.*

poeta en ningún otro terreno. Yerran por igual trovadores y *stilnovisti*: de hecho, cuanto ellos exaltan «Dei suique pariter oblivionem parit». Sabíamos, en efecto, que la lujuria era el mayor impedimento para la contemplación de las cosas divinas; vimos que vivir «miseriarum [s]uarum oblitus» era enfermedad capital de Francesco; comprobamos que aquella contemplación era inseparable del remedio a esa enfermedad, vale decir, de la «meditatio mortis humaneque miserie» (cf. solo págs. 184-186). Ahora, en una línea, el amor por Laura queda perfectamente enlazado con esas tres realidades: como pecado, como manifestación de la dolencia honda del personaje y en la perspectiva de la medicina esencial para todos sus achaques (subrayándolo terminará el capítulo *de amore* de nuestro libro tercero). Francesco no tiene ya derecho a sorprenderse de que Tulio no encontrara otra pasión más vehemente. Y habla, por fin, para entregarse con armas y bagajes: «Victus sum, fateor, quoniam cunta, que memoras, de medio experientie libro michi videris excerpsisse». ¿El 'libro de la experiencia'? La vieja metáfora [250] cobra nuevo sentido cuando se recuerda que el debate de los interlocutores ha sido en gran medida una colección de *excerpta* de las rimas petrarquescas. Es lícito, pues, leer aquí: 'el *Fragmentorum liber*', 'el *Canzoniere*'.[251] ¿Vida u obra de Petrarca?

El poeta se declara derrotado y no puede sino repetir la queja del «Phaedria adulescens» terenciano, infeliz, ya harto, ya encendido de amor, vivo y moribundo, consciente y perplejo: «O indignum facinus...!»; solo le resta pedir consejo con otro verso del *Eunuco*: «proinde dum tempus est, etiam atque etiam cogita». Pero también con cita de Terencio contesta Agustín que a cosa sin razón ni mesura no hay razón capaz de gobernarla.[252] ¿Qué hacer, entonces? ¿Desesperar? [253] Claro que no: antes

---

250. Amén de los clásicos estudios de E. R. Curtius, cf. J. Leclercq, «Aspects spirituels de la symbolique du livre au XIIe siècle», en los *Mélanges De Lubac*, II (París, 1964), págs. 63-72; M.-D. Chenu, *L'éveil de la conscience dans la civilisation médiévale*, págs. 42-44.

251. Cf. también N. Iliescu, *Il «Canzoniere» petrarchesco e Sant' Agostino*, pág. 57.

252. *Eunuco*, 70-73, 56 (cf. *Familiares*, VII, VII, 13), 57-58, respectivamente.

253. Vale la pena notar que el pasaje está muy próximo en la letra a la secuencia de la canción CCLXVIII. En el diálogo se lee: «'ne quid agam scio'

debe intentarse todo (160). E invita el Padre: «Quid ... nunc probati consilii michi sit, breviter accipe» (162). Filósofos egregios e ilustres poetas han dedicado al asunto tratados particulares, libros enteros. Parecería un insulto señalar dónde ha de buscarlos o cómo interpretarlos Francesco, cuya profesión es la de maestro en tales materias (no se pierde oportunidad, bien se aprecia, de subrayar qué faceta del protagonista priva en el libro tercero); pero quizá no sea inoportuno apuntarle cómo referirlos «ad ... salutem».

Las advertencias por el estilo se reiterarán en la sección que ahora se inicia (174, 176, 184). Orgánicamente, porque la condena de la lectura y el saber superficiales es un *leitmotiv* del diálogo: nuestro personaje se ha mostrado una y otra vez reo de una vana acumulación de noticias mal digeridas, no aplicadas «ad vite ... regulam»,[254] y pronto se le reprochará consagrarse a una actividad literaria que es acarreo de erudición inútil, ética y religiosamente estéril. Pero tales advertencias, por lo menos en parte, buscan explicar además el recurso a unos elementos harto manoseados. Agustín ha hablado de «filósofos» y «poetas». En realidad, el «probatum consilium» contra el amor que va a dar a Francesco reposa sobre un solo filósofo y un solo poeta: el Cicerón que ofrece una terapéutica de las pasiones (*Tusculanas*, IV, XXVII y sigs.) y el Ovidio que expone los *Remedia amoris*. De esas dos fuentes procede el esquema seguido en las páginas inmediatas (162-188): el plural indica simplemente que nos las habemos con un tópico conocidísimo. En efecto, el tema de los «remedia amoris» tenía larga tradición y entidad archisabida,[255]

[*Eunuco*, 73] ... Libet ... a te consilium flagitare ... Quid igitur faciam? Desperabimus ne?» (160); y en el poema: «Che debb'io far? Che mi consigli, Amore? / Tempo è ben di morire», «interromper conven quest' anni rei», «... sol mi riten ch'io non recida il nodo» (1-2, 6, 65; recuérdese que *desperare* era prácticamente uno con 'suicidarse': cf. arriba, pág. 124, nota 7, y S. Wenzel, *The Sin of Sloth*, pág. 261, *s.v.*). Es sabido que Petrarca rehizo la canción de 1349 a 1356.

254. Cf. arriba, págs. 58, nota 47, etc.

255. Bastaría remitir a C. Segre, «*Ars amandi* classica e medievale», en *Grundriss der romanischen Literaturen des Mittelalters*, VI/1, págs. 109-116, y a los materiales presentados por A. M. Finoli, *Artes Amandi. Da Maître Elie ad Andrea Cappellano*, Milán-Varese, 1969, o por N. R. Shapiro y J. B. Wadsworth, *The Comedy of Eros: Medieval French Guides to the Art of Love*,

y Petrarca lo presentó alguna vez en compendio abstracto, según la misma armazón empleada en el *Secretum*.[256] Pareja armazón

---

Urbana, 1971, para hacerse una idea de la vigencia de semejante tradición; o notar cómo la huella de Ovidio y los poetas profanos se deja sentir incluso en los autores espirituales, tales Guillermo Peraldo, al tratar «De remediis contra luxuriam» (*Summa de vitiis*, III, IV, 1 y sigs.), o Gerardo de Lieja, al compilar *Septem remedia contra amorem illicitum* y *Quinque incitamenta ad Deum amandum ardenter* (cf. P. Dronke, *Medieval Latin*..., págs. 59-63); o apuntar cómo esa veta se entrevera, por caso, con la sátira misógina (así en el *Corbaccio*, donde, cual en el *Secretum*, se narra la conversión del protagonista a la filosofía, dejando el amor y la vana literatura).

256. *De remediis*, I, LXIX, en *Prose*, págs. 630-632: «*Gaudium*. — Credere iantandem, admonitus et expertus, incipio; quamobrem, si libet, omissis aliis, ad remedia stilum verte. *Ratio*. — Multi olim ista conquirere nisi sunt; in quibus Naso, mirus medicus, morbis amantior quam salutis, cuius quedam levia, quedam feda, nec inefficacia tamen est advertere. Scripsere alii, inter quos Cicero breviter potenterque. Ad summam pauca hec sunt que, de multis electa, probaverim: loci mutatio, que ut corpori sic animo egrotanti salubris interdum est; evitatio omnium, fugaque diligens quibus amati vultus memoria retraharis; occupatio quoque traductioque animi ad alias curas novasque solicitudines, quibus morbi veteris vestigia deleantur. Cogitatio vehemens et assidua quam turpe, quam triste, quam miserum, postremo quam breve, quam labile, quam nichil sit omnino quod difficultatibus tantis appetitur, quam facile quantoque melius vel impleri aliter atque aliis viis, vel contemni penitus possit [cf. n. 258], atque abici, interque rerum vilissima deputari. Multos preterea curavit pudor; quod maxime generosis animis accidit, dum obversatur infamia irrisioque, dumque se digito signari vulgique fabulam fieri dolent, dum sub oculos redit rei feditas, fructu vacua, plena dedecore, plena periculis, plena doloribus, ac penitentie causis. Ad extremum proderit, excusationibus ac falsis opinionibus reiectis, veras inducere: nichil hic naturam, nichil fatum, nichil stellas agere, nichil denique nisi solam animi levitatem liberumque iudicium; esse enim in egrotantis arbitrio ut sanus fiat, mox ut bona fide velle ceperit et blande consuetudinis dulces nexus abruperit: laboriosum certe, sed volenti possibile. 'Est quidem', ut gravissime ait Cicero, 'illud, quod in omni perturbatione dicitur, demonstrandum: nullam esse nisi opinabilem, nisi iudicio susceptam, nisi voluntariam. Etenim, si naturalis amor esset, et amarent omnes et semper amarent et idem amarent, neque alium pudor, alium cogitatio, alium satietas deterreret' [*Tusculanas*, IV, XXXV, 76]. Nempe hoc ultimum, satietas, a quibusdam inter remedia ponitur; ab aliis autem amor novus quo, ut censent, vetus amor, quasi clavo clavus, pellitur. Quod quamvis Artaxerxi, Persarum regi, quem Assuerum sacre vocant litere, et suggestum ab amicis et effectu utile deprehensum autor expressior sit Iosephus, de eventu quidem non litigo, de electione pronuntio [cf. n. 260]. Itaque duo hec utilia fortassis interdum, semper certe periculosa crediderim. Si neque horum aliquo, neque omnibus convalescas, ad morbi causas animo recurrendum erit. He vero, ni fallor, prime omnium ac maxime sunt valetudo et forma elegans, opes, otium, iuventa. Ut corporis, ergo, sic animi morbis contraria optime medebuntur: egritudo, deformitas, inopia, grave negotium, senectus, errorum iuve-

standard insinúa que, pese a los rasgos y circunstancias singulares, el mal de Francesco responde a paradigmas comunes y pide ser combatido con fármacos generales. Por ahí, las piezas encajan perfectamente. Y, desde luego, todo el núcleo 'de remediis amoris' se integra con pulcritud en la dinámica de la obra: como en los dos coloquios previos, el diagnóstico de la enfermedad desemboca en la receta de la medicina, cuyo ingrediente central es siempre meditar la muerte y la miseria humana, considerar la brevedad de la vida, la fugacidad de las cosas. Con igual limpieza se inserta el desarrollo en el contexto más cercano: Cicerón había sido autoridad primaria ya en el debate anterior;[257] y, si ahora se aducen explícitamente ciertos «remedia» de las *Tusculanas*, hace poco, de modo tácito, se habían tomado otros contiguos: pues la demostración de la desgracia y la locura inherentes al amar a Laura ¿no pone en práctica, amén de otras doctrinas, básicos preceptos de Tulio?[258] No obstante, Petrarca (por boca del Padre) juzga casi «iniuriosum» y necesita justificar el uso de la bibliografía «de hac re» (162), esboza una disculpa por espigar «ex notis et vulgatis omnibus» (176) y por hacerlo deprisa (184, 188). Pienso que ello (aparte la excusa de la premura, comprensible en las circunstancias que veremos) se debe a una insatisfacción: el capitulillo 'de remediis' debió de antojársele poco afortunado en comparación con cuanto llevaba escrito. A mí, en cualquier caso, así me lo parece, artística e intelectualmente.[259] Menos denso de teoría y menos rico en matices, menos dramático y más ligeramente didáctico (vale decir, más obvio), menos original de planteo y más corto de ejecución, más

---

nilium castigatrix eximia. Hec michi sunt ultima, dura quidem, sed pro magnitudine pestis optanda remedia».
257. Cf. notas 170, 217, 224, 248.
258. En particular, *Tusculanas*, IV, xxxv, 74 y 75: «Sic igitur adfecto [por el amor] haec adhibenda curatio est, ut et illud quod cupiat ostendatur quam leve, quam contemnendum, quam nihili sit omnino, quam facile vel aliunde vel alio modo perfici vel omnino neglegi possit»; «maxume autem admonendus est, quantus sit furor amoris» (y sigue el dicho aducido en la n. 224).
259. Aunque por muy distintas razones, algo similar opina E. Carrara, *apud* M. Fubini-E. Bonora, *Antologia della critica letteraria*, I (Turín, 1959), pág. 512.

previsible, contrasta desfavorablemente con los espléndidos pasajes que le preceden en el libro tercero. Valioso, sin duda, se diría menos pensado (y es lógico, pues le faltaba el respaldo de muchos años de ejercicio: los años del *Canzoniere*); brillante a ratos, fácil y agradable, lleno de curiosidades, se queda un tanto a flor de piel; nos brinda alguna revelación capital y atractivos pormenores biográficos (ya notaremos de qué alcance), mas no logra la hondura conceptual de antes. De ningún modo cabe desdeñarlo (aunque exija menos atención), pero tampoco podemos esperar de él la fuerza estética y el brío ideológico que animaba la soberbia reflexión sobre la erótica de los *Rerum vulgarium fragmenta*.

Cicerón y Ovidio, decía. Efectivamente, esos nombres comparecen *en vedette* a propósito del primer remedio. El uno recuerda que un nuevo amor sacará al viejo, como clavo a clavo; y el otro asiente, «regulam afferens generalem».[260] Por supuesto, ocurre así: el ánimo disipado «in multa» encara cada cuestión con flojera.[261] Como el Ganges, de río temible, paró en una infinidad de arroyuelos despreciables, cuando el rey persa lo dividió en multitud de regatillos;[262] como el batallón desparramado se deja penetrar por el enemigo; como se va apagando el fuego mal

---

260. *Tusculanas*, IV, xxxv, 75 (cf. n. 256 y *Triumphus Cupidinis*, III, 62-66: «Vedi Assuero il suo amor in qual modo / va medicando, a ciò che'n pace il porte: / da un si scioglie, e lega a l'altro nodo; / cotal ha questa malizia rimedio / come d'asse si trae chiodo con chiodo»); *Remedia amoris*, 462: «successore novo vincitur omnis amor»; y cf. n. 262.

261. Vid. arriba, págs. 119-121, sobre la «pestis» que aqueja al propio Francesco.

262. «Sic Ganges, ut aiunt, a rege Persarum innumerabilibus alveis distinctus, atque ex uno metuendoque flumine in multos spernendos rivulos sectus est» (162); cf. *Familiares*, VIII, III, 1, texto alfa (el pasaje falta por completo en la versión gamma): «Ille orientalium fluviorum maximus, multis distinctus alveis, vides quam non modo permeabilis, sed etiam contemptibilis factus est». Petrarca resume a Séneca, *De ira*, III, xxi, 1-3 (los mss. traen «Gygen» o «Gangem», lectura corregida en «Gyndem» por Erasmo, según Heródoto, I, CLXXXIX; la anécdota se atribuye a Ciro). La concatenación de imágenes, con todo, viene de los *Remedia amoris*, 441-446: «Hortor et ut pariter binas habeatis amicas; / fortior est, plures si quis habere potest. / Secta bipartito cum mens discurrit utroque, / alterius vires subtrahit alter amor. / Grandia per multos tenuantur flumina rivos, / cassaque diducto stipite flamma perit».

trabado: toda fuerza disminuye en la dispersión cuanto aumenta al concentrarse. Pero el peligro está en substraerse a una pasión única y, relativamente, más noble (tan relativamente, que a Agustín se le impone una salvedad: «si dici fas est»), para volverse un mujeriego veleidoso: de morir, morir del mejor mal. El Padre no desaprueba por completo huir de cárcel en cárcel, por si en el tránsito surge esperanza de libertad o de sujeción menos grave; pero tampoco sanciona sacudirse un solo yugo para entregar el cuello a infinitas y sórdidas servidumbres.[263] La voz del enfermo, con valor de síntoma, interrumpe la disertación: el amor de Francesco jamás podrá tener otro objeto. El alma se le ha acostumbrado a admirarla, los ojos a verla, y cuanto no es ella se les antoja triste y tenebroso (162). Si Agustín le manda querer a otra (164), para librarse del amor, no hay nada que hacer: «Actum est, perii», suspira el poeta, muy terencianamente. ¡Sentido embotado y voluntad inerte! Ya que no tiene coraje para aplicar los remedios de dentro, habrá de recurrir a los de fuera (y se oyen aquí los ecos de Cicerón).[264]

El Santo plantea la cuestión sin paliativos: «Potes ne igitur in animum inducere fugam exilium ve, et notorum locorum caruisse conspectu?» Nos las habemos, por supuesto, con el manido consejo ovidiano: marcharse, alejarse de la amada, evitar los lugares que la recuerdan...[265] Francesco está convencido de poder cumplirlo, por encima de cualquier atadura. Pues bien, si puede, está salvado.

Heu fuge dilectas terras, fuge litus amatum,

---

263. Cf. arriba, pág. 106, n. 176, y abajo, pág. 343. Nótese ahora que la imagen del yugo aparece en la canción CCLXX, a propósito de las añagazas de otro amor, al que Petrarca se dice inmune, como quien solo fue y es sensible a las bellezas de Laura: «Amor, se vuo' ch'i' torni al giogo antico»; la situación, pues, recuerda bastante nuestro contexto.

264. «Nichil ergo cum admittere valeas introrsus, exteriora tibi remedia adhibenda sunt» (164). Cf., por ejemplo, *Tusculanas*, III, III, 6: «Est profecto animi medicina, philosophia; cuius auxilium non ut in corporis morbis petendum est foris, omnibusque opibus viribus, ut nosmet ipsis nobis mederi possimus, elaborandum est»; IV, XXVII, 58: «corpora adiumenta adhibentur extrinsecus, animorum salus inclusa in is ipsis est», etc.

265. *Remedia amoris*, 213 y sigs., 621 y sigs., 715 y sigs.

LIBER TERTIUS 331

parafrasea Agustín.²⁶⁶ Porque ¿cómo vivir seguro «his in locis», en sitios donde quedan tantos rastros de las viejas heridas,²⁶⁷ donde ver lo presente y acordarse de lo pasado son tormentos parejos? Vuelve a acertar Tulio: «loci mutatione, tanquam egroti non convalescentes, curandus eris».²⁶⁸ Sin embargo, el poeta, ansiando sanar y conocedor de tal remedio, ha intentado la huida muchas veces.²⁶⁹ Simuló —dice— diversos motivos, pero la

266. Es variante, confesada, de *Eneida*, III, 44: «... crudelis terras, fuge litus avarum» (cf. *Familiares*, V, VI, 6, y XI, VI, 8; *Metrice*, II, VII, 14: «linquere dilectas terras et litus amatum»). Que aquí se diga «dilectas terras», pese a lo antes tronado contra Avignon, hace lícito entender *Metrice*, I, VI, 100, «... dilecte finibus urbis», como 'muros de la amada ciudad', y no como «città della mia Diletta» (según pensaron D. Rossetti y E. Carrara, *Studi petrarcheschi*, pág. 84, n. 2).
267. «... ubi tam multa vulnerum tuorum extant vestigia» (164); cf. abajo, notas 292, 289.
268. *Tusculanas*, IV, XXXV, 74. Cf. *Familiares*, IX, III, 7, la carta (de un 25 de setiembre, pero ¿de 1347 o de 1352?) en que Petrarca alude al deseo de abandonar Avignon: «Sepe fessis motum latus, et mutatus aer egris profuit; mansuescunt arbores insite et translata olera convalescunt; quod ad me attinet, amici, id michi nunc in animo est ... Sepe alibi tranquillius senectutem agi quam ubi adolescentia acta est» (vid. pág. 158, n. 118); *Posteritati*, en *Prose*, pág. 18 (a propósito de la vuelta a Provenza en 1351): «redii rursus in Gallias, stare nescius, non tam desiderio visa milies revisendi, quam studio more egrorum loci mutatione tediis consulendi»; *Varias*, XXXVI (sobre la permanencia en Avignon en 1352): «et loci mutatio curas auxit». Por otro lado, H. Baron, *From Petrarch to Leonardo Bruni*, pág. 84, se pregunta: «does the paragraph in which [Francesco] is advised to flee from Provence [164-174] form a logical and integral part of the argument? The paragraph ... is immediately preceded by Petrarch's protestation that Augustine's efforts will remain futile because his burning passion lies too deep. It is followed by Augustine's assent that this passion will not grow weaker in the foreseeable future»; y opina, pág. 92: «if the entire paragraph on *peregrinationes* were eliminated we would obtain a more logical transition from the sentence preceding the advice to go abroad to the sentence which follows it. The present text, indeed, fails to show any inner connection between the recomendation of peregrinations and Augustine's subsequent counsel». Baron no advierte que la «connection» viene dada por la lista convencional de los *remedia amoris* (primero, un nuevo amor; luego, la «loci mutatio» y la «evitatio omnium fugaque diligens quibus amati vultus memoria retraharis»; por fin, el recurso a «satietas», «pudor» y «cogitatio»: cf. n. 256) y que la persistencia en concordar a Cicerón y Ovidio garantiza que toda la sección 'de remediis amoris' se escribió de una sola vez: si hubo retoques menores, son imposibles de datar; pues, por ejemplo, un pasaje sin duda de 1353 (cf. pág. 340) no se impone por fuerza como «interpolación», dada nuestra ignorancia sobre el contenido del *Secretum* en 1347.
269. «Quotiens ... fugam retentavi! ... Fugi enim, sed malum meum ubi-

única meta de sus viajes, de sus retiros al campo (a Vaucluse, obviamente),[270] era siempre la libertad. Tras ella vagó de occidente a septentrión y a los límites del océano (lo sabíamos por una bella e intrigante *Metrica*),[271] mas con nulo resultado. No es extraño, entonces, que le conmueva el símil virgiliano de la cierva herida, en desatada carrera por los bosques, con la saeta hincada en el flanco: también huyó, pero llevando los males perpetuamente consigo (un soneto lo canta maravillosamente).[272]

Desde luego, enunciar así el problema significa poseer la solución. Problema y solución, como tan a menudo en el *Secretum*, perfectamente definidos en la Antigüedad. Tal en Lucrecio —digamos—, cuando comprueba que «se quisque ... fugit» por el inútil expediente de «commutare locum», en vez de arrancar

---

que circumferens» (164). Cf. *Psalmi penitentiales*, I, 12: «Sepe fugam retentavi, et vetustum iugum excutere meditatus sum, sed inheret ossibus».

270. La mención de las «rusticationes» certifica que el «his in locis» recién pronunciado por el Padre refiere concretamente a Avignon; poco después, el «in hac ipsa civitate» será paralelo a otro «in his locis» (170), ambos contrapuestos de nuevo con las «rusticationes» de Vaucluse (172). Lo puntualizo en relación con la problemática discutida en la pág. 177, n. 189.

271. «Et licet varias simulaverim causas, unus tamen hic semper peregrinationum rusticationumque mearum omnium finis erat libertas; quam sequens, per occidentem et per septentrionem et usque ad Occeani terminos longe lateque circumactus sum» (164). Cf. *Metrice*, I, VI, 64 y sigs.: «Diffugio, totoque vagus circumferor orbe», «Vertor ad occassus ...», «vidit et Occeanus ...», «Hinc, Arcton Boreamque petens ...» (en el itinerario, es sabido, figuran lugares que Petrarca solo visitó con la imaginación). Sorprende un tanto que Francesco afirme haber fingido pretextos para «peregrinationes» y «rusticationes», cuando en esa *Metrica* declara ser el amor causa de ambas (y cf. *Canzoniere*, CCCLX, 46 y sigs.: «Cercar m'à fatto deserti paesi», etc., mientras en CCCXXXI, 1-3, los viajes se achacan al destino, y no a la voluntad): no es ésa la única razón que lleva a desconfiar de la fecha atribuida al poema, por lo menos para la versión conservada. Vid. además *Posteritati*, pág. 10, en pasaje muy próximo al *Secretum*: «Et licet alie cause fingerentur ut profectionem meam meis maioribus approbarem, vera tamen causa erat multa videndi ardor ac studium». Nótese qué sistemáticamente pone Petrarca un aderezo literario a la misión de 1333 por cuenta de los Colonna (no de otro modo que en las *Familiares* atribuidas a ese viaje: cf. G. Billanovich, *Petrarca letterato*, I, pág. 52 y n. 1).

272. *Eneida*, IV, 69-73. Se trata del célebre pasaje «qualis coniecta cerva ...», subrayado con un «Nota» en el Virgilio Ambrosiano, fol. 103 vo., y recreado, al mismo propósito que en nuestro diálogo, en *Canzoniere*, CCIX, 9-14 (verosímilmente, de hacia 1346-1347); bien dice Francesco: «sepe animum tetigit virgiliana comparatio» (164).

de raíz la enfermedad entregándose a la sabiduría.²⁷³ Tal en Horacio, cuando pregunta y responde: «quis exul / se quoque fugit?»; cuando, en la opción siempre fallida entre ciudad y campiña, sentencia: «in culpa est animus, qui se non effugit umquam».²⁷⁴ Tal en Séneca, cuando, cien veces, dictamina la vanidad de recorrer el mundo sin desembarazarse de los añejos vicios, perseguido por uno mismo.²⁷⁵ Tal en el Obispo de Hipona, cuando, al escapar de Tagaste, medita: «Quo enim cor meum fugeret a corde meo? Quo a me ipso fugerem? Quo non me sequerer?» ²⁷⁶

En esa vía marcha el diálogo, particularmente en las huellas del filósofo cordobés. Cierto —glosa Agustín—, quien arrastra los males consigo no alcanza la salud, antes acrecienta las penas. Vale para Francesco el diagnóstico de Sócrates al muchacho quejoso de no haber sacado provecho de los viajes (164): «Tecum peregrinabaris» (166). El poeta debe desprenderse primero de la antigua «curarum sarcina»,²⁷⁷ preparar el ánimo: y entonces, por fin, huir. Es cosa averiguada, para cuerpos y almas: de nada sirve la virtud del agente sin buena disposición del paciente. Francesco podría penetrar hasta los confines de la India y siempre habría de admitir, con Horacio, que quien cruza el mar cambia de cielo y no de ánimo.²⁷⁸

273. Lucrecio, *De rerum natura*, III, 1.053-1.075.
274. Horacio, *Odas*, II, xvi, 19 (cf. *Familiares*, III, ii, 3), y *Epístolas*, I, xiv, 14. Cf. n. 350.
275. Vid. solo, aparte los textos recordados abajo, *Epístolas*, II, 1, y *De tranquillitate animi*, II, 13-14.
276. *Confessiones*, IV, vii, 12.
277. El mismo sintagma, también referente al amor por Laura, en *Metrice*, I, vi, 101-102: «dum subiit vacuum curarum sarcina pectus / illa prior». Cf. M. Journon, «*Sarcina*, un mot cher à l'évêque d'Hippone», en *Recherches de science religieuse*, XLIII (1955), págs. 258-262, y P. Courcelle, *Les «Confessions» de Saint Augustin...*, págs. 217, 221.
278. «Quia malum suum circumferenti locorum mutatio laborem cumulat, non tribuit sanitatem. Potest ergo tibi non improprie dici, quod adolescenti cuidam, qui peregrinationem nil sibi profuisse querebatur, respondit Socrates: 'Tecum enim' inquit 'peregrinabaris' [la noticia viene de Séneca, *Epístolas*, CIV, 7, con reminiscencias del contexto y de *ibid.*, XXVIII, 1-4: cf. n. 279]. Tibi quidem in primis sequestranda vetus hec curarum sarcina et preparandus est animus; tum denique fugiendum. Hoc enim non in corporibus modo, sed in animis quoque compertum est; quod nisi in patiente disposito virtus est agentis inefficax. Alioquin ad extremos Indorum fines penetrare quidem pote-

Perplejidad. El Padre da recetas para curar y sanar: ¡y a la vez afirma que aplicar una de ellas —la huida— exige primero haber curado y sanado! Si se ha curado, ¿para qué huir? Si no, puesto que la «locorum mutatio» es ineficaz, «non adiuvat», ¿qué medicina emplear? Evidentemente —acotemos—, el recurso un poco mecánico a los *remedia amoris* de Cicerón y Ovidio choca aquí con las enseñanzas de Séneca:[279] y el conflicto se resuelve en unas cuantas páginas más cicateras y sosas de lo deseable (aunque no faltas de *obiter dicta* reveladores, de algún elegante toque lírico), hipertrofia de un asunto menor no del todo avenida con la enjundia de los pasajes todavía cercanos. En realidad, Agustín no hablaba —precisa— de curar y sanar el ánimo, sino de prepararlo. Si ha curado, transmigrar le conservará la salud; si sigue enfermo, pero está preparado, podrá devolvérsela; si nada de ello sucede, la «crebra iactatio» traerá solo «doloris irritamenta». Testigo, de nuevo, Horacio: la razón y la prudencia, no el lugar, se llevan las cuitas.[280] En otro caso, Francesco partirá lleno de esperanzas y anhelos de regresar, arrastrando consigo las sólitas redes: se vuelva donde se vuelva, se le presentarán el rostro y las palabras de la dama, y en la ausencia, ¡triste privilegio de los amantes!, oirá y verá a la ausente (no se nos escape: el motivo viene de Virgilio, y Petrarca gustó de estilizarlo).[281]

---

ris, semper Flaccum vera locutum fateberis [*Epístolas*, I, xi, 27; cf. *Familiares*, XIII, iv, 4], ubi ait: 'celum non animum mutant, qui trans mare currunt'» (164-166). Otro tanto se escribe, con mucha menor finura, en *Rerum memorandarum*, III, 71, 25-28.

279. Vid. simplemente *Epístolas*, XXVIII, 1-4: «*Animum debes mutare, non caelum* ... In inritum cedit ista *iactatio*. Quaeris quare te *fuga* ista *non adiuvet? Tecum fugis. Onus animi deponendum est* ... Vadis huc illuc, ut excutias *insidens pondus* ...: aegrum enim concutis. At cum istud exemeris malum, omnis *mutatio loci* iucunda fiet ...» Pongo en cursiva las palabras con equivalente en nuestro contexto.

280. Horacio, *Epístolas*, I, xi, 25-26.

281. «Ibis enim spe plenus et desiderio revertendi [cf. *Remedia amoris*, 238: 'sed tamen exibis, deinde redire voles'], omnes animi laqueos tecum trahens. Ubicunque fueris, quocunque te verteris, relicte 'vultum et verba' contemplaberis et, quod est amantum infame privilegium, illam 'absentem absens audies et videbis'» (166). Cf. *Familiares*, II, vi, 4: «Apud poetam scriptum est: 'herent infixi pectore vultus / verbaque'; et iterum: 'absentem absens auditque videtque' [*Eneida*, IV, 4-5, 83]. Ergo insanus et obscenus amor hoc poterit, pius ac sobrius non poterit?»; VII, xii, 5, gamma: 'Amantum quidem

No, con tales subterfugios únicamente redoblará las llamas de ambos. ¿Acaso los tratadistas de amor no recomiendan hacer mediar «brevis absentie morulas» para mantener el cariño amenazado por el trato y el hastío?[282] Pues el consejo, el parecer, la orden del Santo se resume así: «edocendum animum deponere que premunt, atque ita, sine spe reditus, abeundum». Entonces comprenderá el poeta cuánto puede la ausencia en la salud de las almas. ¿No es cierto que si el azar lo condujera a una región pestilente, a vivir turbado por constantes dolencias, escaparía para nunca tornar, «irrediturus»? (166) Claro que los hombres (teme Agustín, en oportuno maridaje de una sugerencia de Ovidio y Séneca con un tópico cristiano)[283] quizá se preocupan más del cuerpo que del alma... (168).

El lector entiende bien la coletilla, consciente de que el Padre busca siempre insertar los detalles en amplias categorías

---

illud notum et insigne privilegium apud poetam est, quod 'absentem ...'»; XII, IV, 8: «vulgato amantum privilegio 'absentem ...'»; *Seniles*, XV, III, pág. 1.031: «neque enim maius privilegium insani amoris, de quo scribitur: 'absentem ...', quam honeste amicitie debet esse, nec nimis e natura illud apud Senecam abienti dicitur amico: 'mecum stude, mecum cena, mecum ambula' [= *Ad Lucilium*, LV, 11], quod illud apud Virgilium de amante: 'herent ...'»; *Canzoniere*, XV, 13 (sobre tema análogo, pero no idéntico): «questo è privilegio degli amanti», y C, 12-13: «e'l volto et le parole che mi stanno / altamente confitte in mezzo 'l core». En el Virgilio Ambrosiano, fol. 102, a propósito del principio de *Eneida*, IV, Petrarca anotó: «Quod in cupidineo amore Maro dixerat, id ad honestam admirationem viri egregii traduxit Seneca: 'quamvis enim' inquit 'ipse ereptus sit oculis, tamen *multa viri virtus animo*', etc. In epystola 'Quomodo molestus', in fine» (=*Ad Lucilium*, CII, 30, con cita de *Eneida*, IV, 3). Apenas hace falta recordar la cristalización poética de la idea en *Metrice*, I, VI, 143 y sigs. (rodeada de motivos afines a nuestro texto, así en cuanto a la «fuge spes», 110, hecha vana por la ilusión de estar viendo en ramas y troncos la faz de Laura: «hos michi nectit Amor laqueos», 152); en *Canzoniere*, CXXVII, CXXIX, 27 y sigs., o (por citar solo sonetos de la última estancia en Provenza, «in morte») CCLXXIX, CCLXXXI, etc.

282. Vid Ovidio, *Ars amatoria*, II, 349-372 (en especial, 357: «sed mora tuta brevis»).

283. Cf. arriba, pág. 146; *Remedia amoris*, 229-231 (tratando de la necesidad de alejarse de la amiga): «Ut corpus redimas, ferrum patieris et ignes, / arida nec sitiens ora levabis aqua; / ut valeas animo, quicquam tolerare negabis?»; y el dicho de *Ad Lucilium*, LI, 4, aducido en *Sine nomine*, XIV, pág. 214, para disuadir a un amigo, en 1353 (ya desde Milán), de habitar en Avignon: «Senece verbum est: 'non tantum corpori, sed etiam moribus salubrem locum eligere debemus'» (la misma sentencia, con otras paralelas, en *De vita solitaria*, en *Prose*, pág. 324).

(vid. últimamente, págs. 316, 328). Pero Francesco rehúye situarse en tal terreno: «De hoc quidem viderit humanum genus». Él, si enfermara en una tierra insalubre, no vacilaría en mudar de aire; tanto o más haría para combatir los achaques espirituales: sin embargo, esa se le antoja «difficilior cura». Y yerra, precisamente por contemplar el problema con perspectiva demasiado estrecha. Agustín se lo demuestra al punto: los filósofos de mayor autoridad concuerdan en tener por falsa semejante opinión, porque todos los morbos del ánimo se curan si el afectado no se resiste, mientras para muchos del cuerpo no hay ciencia válida.[284] Por supuesto, no suena aquí ninguna apología de la *apatheia*: sí, claramente, un retomar las tesis del libro primero que concilian las posiciones estoicas y las doctrinas aprendidas en el *De vera religione* sobre la voluntariedad del pecado.[285]

Por lo demás —el Santo no quiere perder el hilo—, hay que preparar el ánimo a abandonar las cosas amadas sin detenerse a volver la vista atrás (como el Petrarca del *Canzoniere* o las *Metrice* —sabemos—, sensible a las lecciones del Ovidio).[286] No otro es el viaje seguro para el enamorado; ese y no otro ha de hacer Francesco, si desea salvar el alma. Mucho se ha hablado de 'sanar el ánimo', sin excesiva precisión. Pero la advertencia es ahora grave, mira a lo único importante de veras, y la conclusión se da en lenguaje inequívocamente religioso (traduciendo, por

284. «Hoc utique falsum esse magnorum philosophorum consentit autoritas; idque hinc liquet quod morbi animi omnes curari possunt, nisi eger obluctetur; corporei autem nulla arte curabiles multi sunt» (168). Es evidente la alusión a las *Tusculanas*, en especial III, III, 5-6: «At et morbi perniciosiores pluresque sunt animi quam corporis ... Qui vero probari potest ut sibi mederi animus non possit, cum ipsam medicinam corporis animus invenerit, cumque ad corporum sanationem multum ipsa corpora et natura valeat nec omnes, qui curari se passi sunt, continuo etiam convalescant, animi autem, qui se sanari voluerint praeceptisque sapientium paruerint, sine ulla dubitatione sanentur? Est profecto animi medicina», etc.; cf. *Familiares*, X, v, 10.

285. Vid. arriba, especialmente págs. 63-64, 67-70, 176, 182, frente a K. Heitmann, «Augustins Lehre in Petrarcas *Secretum*», págs. 43-47; no es azar que el texto del diálogo, 38, en torno al pecado como «voluntaria actio» combine el *De vera religione* con el pasaje de las *Tusculanas* citado en el *De remediis* en tanto triaca principal contra el amor (vid. pág. 64 y, aquí, n. 256).

286. «... dilecta relinquere, nec in tergum verti, nec assueta respicere» (168). Cf. sobre todo *Canzoniere*, XV («Io mi rivolgo indietro a ciascun passo ...»); *Metrice*, I, VI, 61-62 («Heu quotiens cepto dubium procumbere calle / compulit ...»); y compárese *Remedia amoris*, 215-218.

ende, al ámbito de la suma trascendencia las observaciones anteriores): «si salvam cupis animam tuam».

El poeta concentra atinadamente la exposición: los viajes son inútiles para el ánimo desapercibido, curan al preparado y protegen al sano. Pero el tercer punto no acaba de satisfacerle: ¿por qué necesita la ausencia quien ya está a seguro? ¿Solo para evitar la recaída? ¡Desde luego —salta Agustín—, y no es poco! Peligrosa en el cuerpo, ¡cuánto más no habrá que temerla en el alma, tan proclive a reincidir en el mal! Séneca decía palabras salubérrimas «secundum naturam» al afirmar que «quien pretende despojarse del amor debe evitar cualquier recuerdo del cuerpo querido; pues nada recrudece con mayor facilidad que el amor».[287] La máxima es exactísima, brotada del hondón entrañable de la experiencia: nadie lo sabe mejor que Francesco (y, en efecto, Petrarca dejó preciosos testimonios líricos de esa verdad eterna).[288] No obstante —señala nuestro personaje, con rigor de humanista—, a fijarse atentamente, la frase no se refiere a quien ya se ha desprendido, sino a quien aspira a desprenderse de la pasión (168). Digamos preferentemente —matiza Agustín— que se refiere a quien corre más riesgo (170). Cuando la herida no ha cicatrizado,[289] cuando la afección no ha cedido, un nuevo acceso es en extremo alarmante: pero tampoco cabe desdeñarlo después. Nada arraiga tanto en el pecho como los ejemplos personales. Pues bien, cuántas veces el propio Francesco, «in hac ipsa civitate» —oficina, si no causa, de todos sus males—,[290] creyéndose convaleciente —y sí se habría recobrado en

---

287. *Ad Lucilium*, LXIX, 3. La segunda parte de la sentencia, junto a la mención de «quicquid quarto die Cicero de hac re in *Tusculano* suo disputat», se cita en *Familiares,* V, VIII, 3 (cf. págs. 307, 324).

288. «In quam rem nullum ante te testem citaverim» (168). Cf. solo *Canzoniere*, LV, CXIII; *Metrice*, I, VI, 100-155, y I, VIII, 17-20.

289. Vid. *Metrice*, I, VI, 94-97: «Acerba videbar / vulnera et insani stimulos iam tutus amoris / temnere; fallebat leviter superaucta cicatrix / et requies insueta malis». Cf. *Remedia amoris*, 621-623: «Alter item iam sanus erat; vicinia laesit; / occursum dominae non tulit ille suae; / vulnus in antiquum rediit male firma cicatrix».

290. «... que malorum tuorum omnium non dicam causa sed officina est» (170). Cf. *Canzoniere*, CXXXVIII, 5: «o fucina d'inganni, o pregion dira»; son muchos los lugares en que Petrarca llamó a Avignon «nido ... in cui si cova / quanto mal per lo mondo oggi si spande» (*ibid.*, CXXXVI, 5-6), repleta «cumulo ... *malorum omnium*» (*Sine nomine*, XVIII, pág. 230), etc.

gran parte, de llegar a escaparse—, paseando las calles conocidas, rememorando las viejas vanidades ante el solo espectáculo de tales lugares, ahora sin tropezarse con nadie; [291] cuántas veces se admiró, suspiró, quedó inmóvil, contuvo las lágrimas a duras penas.[292] Luego, al huir de allá, maltrecho, se iba diciendo: «Reconozco todavía ocultas en estos parajes no sé qué asechanzas del antiguo enemigo,[293] aquí perviven reliquias de la muerte».[294] Tales «exempla domestica» (donde los duros acentos contra Avignon conviven con la emocionada, amarga melancolía del poeta devoto de Virgilio y Ovidio) debieran ser advertencia bastante: aun si sano, y dista mucho de estarlo, no sería cuerdo seguir habitando «in his locis».[295] Absurdo, tras librarse de las

---

291. «... ac sola locorum facie admonitus veterum vanitatum, ad nullius occursum ...» (170). Cf. *Remedia amoris*, 725-726, 729-730, 738: «et loca saepe nocent; fugito loca conscia vestri / concubitus; causas illa doloris habent», «admonitus refricatur amor, vulnusque novatum / scinditur», «tu loca, quae nimium grata fuere, cave»; la segunda frase debe interpretarse a la luz de *ibid*., 622 y su contexto (citado en n. 289).

292. Cf. verbigracia *Canzoniere*, C, donde Petrarca ve «Quella fenestra ...», «e'l sasso», «con quanti luoghi» tienen recuerdos de Laura, para concluir que todos ellos «fanno le luci mie di pianger vaghe»; *ibid*., CXII, donde se incide en el mismo tema, muy a zaga de Ovidio (*Remedia amoris*, 727-728: «hic fuit, hic cubuit ..., / hic michi lasciva gaudia nocte dedit»; y vid. secundariamente *Fastos*, II, 771-774): «Qui tutta humile, et qui la vidi altera ...», «qui cantò dolcemente, et qui s'assise ...», etc.; o, «in morte», de la última estancia en Provenza, CCLXXXII («Cosí comincio a ritrovar presenti / le tue bellezze a' suoi usati soggiorni»), CCLXXXVIII, CCCI, etc.

293. «Agnosco in his locis adhuc latere nescio quas antiqui hostis insidias ...» (170). Imposible no recordar el virgiliano «Agnosco veteris vestigia flammae» (*Eneida*, IV, 23; y quizá también *Églogas*, III, 93, «fugite hinc, latet anguis in herba»: cf. *Canzoniere*, XCIX, 6, y *Triumphus Cupidinis*, III, 157), en especial cuando acabamos de hallar varios ecos del principio del libro cuarto de la *Eneida* (notas 272, 281).

294. «... reliquie mortis hic habitant» (170). En *Familiares*, XV, VIII, 5, Petrarca, en abril de 1352, dudoso sobre dónde vivir, aunque la inclinación lo lleva a Italia, da varias razones para no afincarse en Provenza, mencionando las «preteritarum reliquias tempestatum» que quedan en Avignon.

295. H. Baron, *From Petrarch...*, págs. 84-85, señala que los «subsequent counsels [de Agustín] are addressed not to one still far from 'health' but to a lover who is well advanced toward his liberation», de suerte que se revela «a state of mind different from the tormenting passion he [Petrarca] described when writing the introduction and the concluding portion of the section». Yo no encuentro rastro de nada de ello. De hecho, ni el propio Baron presta demasiada importancia al 'argumento'.

cadenas, vagar en torno a la cárcel cuyo alcaide se desvela por volver a apresar al evadido y cuya entrada está siempre abierta: como el Averno, las puertas del sombrío Ditis.[296] Pues el consejo de Séneca va adonde el peligro es más grave, a los atacados aún por la enfermedad, aún entre llamas, pero dispuestos a zafarse (para quienes ni siquiera piensan en ello, la admonición resultaría vana). Un sorbo de agua quizá empeora, un empujoncillo derriba al que no se halla en plenitud de fuerzas. ¡Mínimos motivos precipitan otra vez en la extrema miseria al ánimo que sale a flote! [297] La púrpura en espaldas ajenas reverdece la ambición, unas monedas excitan la avaricia, la belleza de un cuerpo enciende la lujuria, el leve parpadeo de unos ojos despierta el amor dormido (la destreza del autor compagina finísimamente la fidelidad a las *Cartas a Lucilio* con un índice de temas que afianza la continuidad de la tercera jornada respecto al diálogo de la víspera).[298] Parejas pestes penetran fácilmente en las almas —teoriza el Padre— por culpa de la locura humana, «propter vestram dementiam» (170), y, sabido el camino, regresan allí sin dificultad (172).[299] Amén de abandonar la tierra malsana, entonces, a Francesco le cumple poner el sumo empeño en evitar cuanto le devuelva el corazón a los cuidados de antaño.[300] Que no salga del

296. Aquí se cita *Eneida*, VI, 126-127.
297. Cf. *Remedia amoris*, 730, 732: «infirmis culpa pusilla nocet», «e minimo maximus ignis erit»; y n. 172.
298. «Conspecta in alterius tergo purpura ambitionem renovat; visus nummorum acervulus avaritiam integrat; spectata corporis species [cf. 154: 'visa rei species ac sperata fruendi delectatio'] luxuriam incendit; levis oculorum flexus amorem dormitantem excitat» (170). En las *Epístolas a Lucilio*, LXIX, 4, pocas líneas después del texto recordado en la n. 287, escribe Séneca: «Avaritia pecuniam promittit, luxuria multas ac varias voluptates, ambitio purpuram et plausum ...» Nótese, aparte la vivaz reelaboración de la fuente, que Petrarca da al pasaje un orden que recoge puntos capitales del libro segundo e indica el tránsito al tercero: «ambitio», «avaritia» (además de vinculadas entre sí, presentadas en el panorama de la acidia), «luxuria», «amor».
299. «... at postquam semel iter didicerunt, multo facilius revertuntur» (172). Seguramente Petrarca pensaba en particular en el «iter» del amor a través de los ojos (tema tan asendereado por poetas y filógrafos renacentistas): «la via per gli occhi al core» (*Canzoniere*, III, 10), «l'usata via» (*ibid.*, XXXIII, 10), etcétera.
300. «... quicquid in preteritas curas animum retorquet ... fugiendum est» (172). Cf. *Remedia amoris*, 733-734: «sic, nisi vitaris quidquid renovabit amorem, / flamma redardescet ...»

infierno cual Orfeo y por mirar atrás pierda a la rescatada Eurídice.[301] Así se quintaesencian los avisos de Agustín.[302]

Francesco agradece el excelente remedio y se prepara a acogerlo. «Fugamque iam meditor», revela; pero duda hacia dónde será mejor encaminarse. El Padre comprende *l'embarras du choix*: muchas sendas se le abren por doquiera, muchos puertos se le ofrecen. Pero también sabe que Italia le agrada por encima de todo y le ha calado hondo la dulzura de la tierra natal. No sin razón. Virgilio cantó a la Península como impar en alabanzas y Francesco ha desarrollado el elogio recientemente en cierto poema dirigido a un amigo.[303] ¿Dónde ir, pues, sino a Italia? Las gentes, el cielo, el mar inmenso, la variedad de regiones (a ambos lados de los Apeninos), cada paraje, todo la convierte en la residencia más oportuna para las zozobras del escritor. No es que Agustín quiera encerrarlo en un solo rincón: no, vaya feliz donde lo conduzca el deseo; y vaya tranquilo, de prisa, sin volver la vista: olvide el pasado, avance adelante. Demasiado lleva desterrado de la patria y de sí mismo: «a te ipso exulasti» (cf. pág. 333). Tiempo es de volver, «que oscurece y la noche es amiga de ladrones». Esas palabras habrán de hacerle mella; no en balde las ha escrito él mismo: «verbis tuis te commoneo».[304]

El pasaje se presta a consideraciones de la máxima importancia para la comprensión del *Secretum*. Acaba de citarse una línea de los *Psalmi penitentiales* petrarquescos, compuestos «luce una, nec integra», no antes de 1347 o de 1348.[305] Se ha mencio-

---

301. Petrarca sin duda tenía presente las *Geórgicas*, IV, 485 y sigs. Tal vez no sea casual que las *Metrice*, III, xv y xvi, de principios de 1352, narren la historia del músico Floriano da Rimini, a quien nuestro autor llama sistemáticamente «Orfeo» y recomienda volver a Italia, por más que, ya convencido, un «violentus amor» lo retuviera en la infame Avignon. Si Petrarca escribía estas páginas en 1353, pudo relacionar el episodio con el caso de Francesco y, por ahí, ocurrírsele la comparación con Orfeo.

302. «Hec nostri consilii summa est» (172): exactamente con esas palabras acababa Agustín la admonición contra la lujuria según la «Platonis ... sententia» (cf. pág. 195).

303. Se transcriben aquí los versos 136-139 de las *Geórgicas*, II, que Petrarca, en efecto, amplificó en la *Metrica* III, xxv (a Ildebrandino Conti), con cita expresa del modelo (verso 13).

304. Cierto, el «advesperascit enim et nox est amica predonibus» se lee en el versículo 10 de los *Psalmi penitentiales*, III, de Petrarca.

305. Cf. G. Martellotti, en *Poesie*, pág. 866, y «Sui *Salmi penitenziali*», en

nado también la *Epistola metrica* a Ildebrandino Conti (III, xxv), escrita bien avanzado 1349.[306] Desde luego, ambas referencias nos confirman oportunamente la cronología que al diálogo asigna el manuscrito de fra Tedaldo. La alusión a la *Metrica*, además, contiene un elemento digno de ser subrayado: «*nuper tu ad amicum scripto poemate latius extendisti*». Es el *nuper* que encabeza nuestra obra, aproximando acción y redacción; el *nuper* que más de una vez hace patente que la acción ficticia, situada hacia el gozne de 1342 y 1343, no se aviene con atribuir la redacción auténtica a una fecha inmediata (cf. págs. 8-9 y n. 4). Al tanto del hiato que separa acción y redacción, pues, hemos advertido que Petrarca esboza en Francesco un pasado ideal que explica un ideal futuro. A grandes rasgos, oscuro pasado y luminoso futuro; y esbozo no resueltamente definido, deliberadamente ambiguo: porque Francesco —por prurito de creación artística, por conveniencias intelectuales, por deseo de dar una determinada imagen pública— es y no es Petrarca, con márgenes de oscilación que permiten ver en la *dramatis persona* ya un símbolo de la condición humana, ya un aspecto muy peculiar del hombre de carne y hueso; y que dejaban siempre a Petrarca en condiciones de afirmar o negar, según le cuadrara en cada caso, la identificación de autor y protagonista. A esa luz, por ejemplo, hemos visto que el *Secretum* nos anuncia a un Petrarca (vale decir, a un Francesco en quien han cuajado las doctrinas y el modelo de Agustín) cuya vida registra una «mutatio»[307] decisiva alrededor de los cuarenta años:[308] se moderan las ansias de

---

Studi petrarcheschi, VI (1956), págs. 248-249; M. Casali, «Per una più precisa datazione dei *Salmi penitenziali*», en *Humanitas*, X (Brescia, 1955), págs. 697-704, y «Petrarca 'penitenziale': dai *Salmi* alle *Rime*», in *Lettere italiane*, XX (1968), págs. 366-382 (la nueva cronología del *Secretum* aquí razonada resuelve todas las perplejidades de ese segundo artículo de Casali y, por añadidura, confirma la datación de los *Psalmi* no antes de 1347: pues a ello llevan los innumerables contactos de ese texto con nuestra obra); H. Baron, *From Petrach...*, págs. 57, 90; y abajo, pág. 498, n. 156.

306. Vid. P. Sambin, «Note sull' attività politico-diplomatica di Ildebrandino Conti amico del Petrarca», en *Archivio Veneto*, XLVI-XLVII (1950), págs. 16-44 (en especial, 36-39).

307. Cf. n 362.

308. Quizá no sea casual que la *Posteritati* contenga una laguna precisamente cuando correspondía hablar de la segunda residencia en Vaucluse y de la

fama, se rompe con la lujuria, se aplaca la acidia, se entibia el amor por Laura...[309] Pero el «trialogus» nos proyecta incluso al otro lado de esa frontera y nos muestra asimismo al Petrarca no sujeto a dueño, al poeta tras la muerte de *madonna*...[310] Obviamente, ahora, Francesco recibe y Petrarca va a cumplir los consejos del Padre; la «fuga» que Francesco planea tiende a dar cuenta de ciertas experiencias de Petrarca posteriores a abril de 1343, tope del «sextus decimus annus». Cuáles y de cuándo es la cuestión.

Como se está tratando de dejar Provenza para instalarse en Italia y como la copia de fra Tedaldo (corroborada por otros abundantes indicios) señala 1353 como data extrema en la elaboración del *Secretum,* parece claro que nuestro contexto, en última instancia, tiene que ver con la residencia de Petrarca entre 1343 y 1353; mas, como la tal copia fija también en 1347 y 1349 sendos estadios del diálogo (si enormemente difíciles de escrutar), es necesario hacerse cargo de la posibilidad de que la «profecía» ínsita al pasaje (y a las páginas conexas) nos lleve solo hasta uno u otro momento.[311] Notemos que el propio Francesco ha confesado hace poco estar corrigiendo una falseada explicación de anteriores «peregrinationes»: simuló otras causas, pero de hecho aspiraba a huir de Laura (cf. nota 271). Recordemos al par que desde otoño de 1343 Petrarca vivió principalmente en Italia. Y pronto descubriremos, por ende, que en el *Secretum* (con habilísima justificación del porvenir) el autor busca igualmente revisar explicaciones parejas y dar la impresión de que la marcha a Italia, en 1343, respondía a un meditado intento de escapar de la amada, hacia la patria, hacia la transformación en

---

etapa siguiente: Petrarca debió vacilar sobre el modo de introducir esa «mutatio» de la cuarentena, esbozó quizá un borrador y relegó el asunto para otro momento, para cuando hubiera ya repensado y conjugado las varias versiones dadas previamente (cf. arriba, págs. 193-195, 304-308). Cf. P. G. Ricci, «Sul testo della *Posteritati*», en *Studi petrarcheschi*, VI (1956), págs. 17-20, cuyas conclusiones al respecto creo que se complementan con mi hipótesis.

309. Vid. págs. 179-180, 192, 244, 307-308, etc.

310. Cf. págs. 221 (y 222, n. 321: pese a la imprecisión del «vivere aliis», la 'libertad' aludida por Petrarca debe situarse tras la ruptura con los Colonna: vid. *Familiares*, VIII, IV, 23-24, y n. 174 al cap. final), 242; 284-285.

311. A costa, según el caso, de situar los *Psalmi penitentiales* en un 1347 muy temprano y/o dar por interpolada la cita de la *Metrica*.

un hombre nuevo. En realidad, Petrarca partió entonces para Nápoles en funciones diplomáticas y con el propósito de regresar en brevísimo plazo; mas, por razones mal conocidas,[312] prefirió aposentarse en Parma. Únicamente allí y en 1344 se nos aparece plenamente determinado a quedarse en la Península («Perdis, amice, operam: mens est michi certa manere»), achacándolo al deseo de evitar Avignon, olvidar a Laura, descartar la remembranza de los días pretéritos («hec ... ipsa olim ... causa fuere fuge»), dejar atrás las puerilidades, sacudirse los «iuga nota».[313] En forma similar, en 1347, tras el paréntesis provenzal, se despedía del cardenal Colonna diciendo emprender «iusta ... fuga» en pos de la libertad, guiado por el imperioso «patrie revocantis amor», para desprenderse del hechizo de una bellísima «puella».[314] En semejante perspectiva, el *Secretum* nos ofrece las pretendidas motivaciones (inexistentes en la época en cuestión, según todas las noticias seguras) de la «fuga» de 1343 y la estadía en Italia (cuando menos) hasta la muerte de Laura.

Pero el texto (y el manuscrito Laurenziano) no se aclara suficientemente con esas observaciones. Un primer elemento llama la atención. Agustín recomienda a Francesco: «Italiam igitur suadeo»; Italia, hermosa de mar a mar, «et intersecantis horas [315] **Apennini collibus et omni locorum situ**». Y precisa, en teoría innecesariamente: «Ad unum vero eius angulum, te arctare noluerim.[316] I modo felix, quocunque te fert animus». Difícilmente podía escribirse ello con las miras puestas en 1347. Por entonces, establecerse en Italia significaba para Petrarca instalarse en Parma: [317] solo Parma, así, y solo la invitación de Azzo da Cor-

---

312. Vid. A. Foresti, *Aneddoti della vita di Francesco Petrarca*, págs. 147-151; H. Baron, *From Petrarch...*, págs. 87-88.

313. *Metrice*, III, XXVII, 1, 13-14, 27. Con razón E. H. Wilkins, *Life of Petrarch*, pág. 46, destaca esa pieza como «notable chiefly for Petrarch's statement that he does not intend ever to leave Italy again».

314. *Bucolicum carmen*, VIII, 19, 56, 75.

315. Así en el Laurenziano, fol. 235b, y en la edición Carrara, 172.

316. El epígrafe del original gamma de *Familiares*, IX, XIII (febrero de 1350, a Felipe de Vitry), reza: «increpatur mollities eorum qui gloriosam dominorum vel amicorum absentiam ceu triste aliquid lamentantur»; en las versiones posteriores, en cambio, se lee: «increpatur eorum mollities qui sic *uni terrarum angulo sunt astricti*, ut gloriosam licet absentiam infelicem putent».

317. Lo nota bien H. Baron, *From Petrarch...*, pág. 90.

reggio aduce en la égloga *Divortium*.[318] Ese remitir a la Península indiscriminadamente por parte del Santo, esa sugerencia de una falta de arraigo, quizá de un vagabundeo por Italia, se entenderían algo mejor orientados a 1349: desde la primavera, Petrarca gustó de pasar temporadas en Padua y hacer alguna corta excursión. Pero su centro seguía siendo Parma: en mayo, ante la ilusión —brevísima— de reunirse con Luca Cristiani, Mainardo Accursio y «Sócrates»,[319] no desdeña la idea de habitar en otra parte; sin embargo, se inclina entusiastamente por Parma, base perfecta, si les apetece, para tal o cual desplazamiento por el Norte.[320] El párrafo, así, a duras penas se compadecería con las circunstancias de 1349 y con los proyectos concebibles en tal año, cuando el *Secretum* hubo de ser objeto de una refundición intermedia. Ahora bien, la curiosa exhortación de Agustín y varios fundamentales lugares enlazados a ella resultan meridianos si los conjeturamos escritos en un período de 1353 nítidamente deslindable.

Petrarca había vuelto a Provenza en junio de 1351, en principio solo para el verano; mas ocios, negocios e imponderables lo retuvieron casi un bienio.[321] En ese tiempo, nunca cesó de rumiar el regreso a Italia; no obstante, conoció momentos negros en que la esperanza le pareció irrealizable y procuró resignarse

---

318. *Bucolicum carmen*, VIII, 49-50, 107-108. La única alternativa restante para 1347 es que Petrarca pretendiera ir a Roma: pero, en tal caso, ese era un destino bien concreto, incompatible con el «quocunque» de Agustín, y en el *Secretum* se hubiera justificado en términos muy distintos, con alguna afinidad respecto a las cartas a Cola di Rienzo; por otra parte, no parece que Petrarca pensara nunca seriamente en unirse al tribuno (los argumentos en contra de J. Macek, «Pétrarque et Cola di Rienzo», en *Historica*, XI [Praga, 1965], págs. 5-51, son en verdad peregrinos, empezando por la interpretación del «seré tu nuevo Livio» de *Varias*, XXXVIII, como una promesa de «s'en aller à Rome», pág. 28, y terminando por la explicación del «partem populi pessimam» de *Familiares*, VII, vii, 7, como referido a «les barons, les gentilshommes» romanos, pág. 38).

319. Brevísima, porque no pudo nacer y durar más que en unas pocas semanas de mayo: cf. Wilkins, *Life...*, págs. 82-84.

320. Vid. la versión gamma de *Familiares*, VIII, ii-v.

321. Cf. E. H. Wilkins, «Petrarch in Provence, 1351-1353», en *Studies in the Life and Works of Petrarch*, págs. 81-181, para una amplia documentación del presente párrafo; el autor rectifica la fechación de «Petrarch's *Exul ad Italia*», en *Speculum*, XXXVIII (1963), págs. 453-460.

a la eventualidad de permanecer en Avignon y Vaucluse [322] (no había modo de incomunicar ambos sitios: la ciudad contaminaba la villa).[323] En la segunda mitad de 1352, se le encendió sobremanera la fiebre del retorno (hasta el punto de que en noviembre se puso en camino, sin fortuna). A comienzos de 1353, en cambio, sufrió una cierta crisis de desánimo: se temía confinado en Provenza, a no ser que las cosas dieran un vuelco, en sentido imposible de predecir, y se esforzaba por alegrar el horizonte pensando en apartarse de la curia, para compensar el alejamiento de la patria.[324] Desde bastantes meses atrás abrigaba serias dudas sobre en qué rincón de Italia hallar morada y persistía en hacer sondeos cerca de amigos y conocidos; los mensajeros le traían nuevas de que se le esperaba por doquier, pero la expectativa no se colmaba: ninguna invitación, ninguna señal se le antojó resolutoria. Por fin, al abrirse de la primavera, se decidió inquebrantablemente: iría a la Península, al azar, sin saber dónde pararía, a soportar «quicquid erit».[325] Así obró.

Y sucede que el manuscrito Laurenziano fecha la postrera reelaboración del *Secretum* en 1353, y las pistas del diálogo, los informes discretamente deslizados, a nuestro propósito, coinciden por entero con la situación de Petrarca en Provenza durante ese año. En efecto, en la conversación de la víspera, Agustín atemorizaba a Francesco con la amenaza de que tal vez («forsitan») fuera voluntad divina dejarle apurar una vejez miserable en la misma Avignon donde transcurrió su infancia (cf. pág. 158). Luego, no

---

322. Vid. en especial *Familiares*, XV, VIII, 15-17 (de 24 abril 1352), y XII, XI, 7-8 (de 21 mayo).
323. Léase simplemente *Familiares*, XV, VIII, 5 y 16 («Hic quanquam urbis impie vicinus fragor ac fumus impediant ...»); XVI, x, 2 («nil Babilone ... peius, cuius ea procellarum rabies est ut nichil in circuitu, ne Elicona quidem ipsum, pacatum sinat»): la carta es de 28 abril 1353. Nótese, por otro lado, que hay óptimas razones para pensar que Vaucluse distaba bastante de ser la aldehuela soñada por Petrarca: cf. Wilkins, *Studies...*, pág. 199, n. 5. Vid. también arriba, págs. 229, n. 341, y 178, n. 189; abajo, n. 342.
324. *Familiares*, XV, III, 9: «legi rudentes, ieci anchoram, clavum pressi, fessamque vite turbinibus carinam, donec portus appareat, hos inter scopulos alligavi, non rediturus ad curiam, neque nisi aliud audiero, Ausoniam petiturus»; carta de 22 febrero 1353.
325. *Familiares*, XVI, x, 2 («Quicquid erit feram, dum meminero toto orbe nil Babilone turbidius, nil peius ...»).

obstante, le recordaba que, pues voluntariamente cayó en el infierno de la ciudad, voluntariamente podría salir de él, y, en el peor de los casos, le cabía aliviar las molestias del tumulto urbano: [326] admonición que el protagonista hacía suya, pese a no juzgar empresa fácil y al arbitrio «urbes relinquere» (vid. páginas 242-244),[327] y que ahora, en el libro tercero, fructifica en una decisión («fugam ... meditor») apoyada por el Padre con varias observaciones de relieve.

Todo concuerda. Sobre el Francesco del *Secretum* y el Petrarca de los últimos meses en Provenza se cierne el mismo recelo de no poder escapar, pero acaba triunfando la determinación de volver a Italia. Francesco está «quo potissimum cursum dirigam incertus»; Petrarca, «incertus quo potissimum vela dem».[328] Para Francesco, «undique patent vie, multi portus in circuitu»; Petrarca contempla múltiples posibilidades (Florencia, Nápoles, París, Roma, «interque Alpes et Apenninum») [329] y se obsesiona con el ansia de hallar un «portus».[330] Francesco no tiene ninguna seguridad de adónde irá: «quocunque te fert animus»; Petrarca solo sabe que se consolará «quocunque caput hoc sors imperiosa rotaverit».[331] Como sea, hay que partir: «Nimis diu

---

326. El Santo daba como paliativos la «consuetudo», acostumbrar «aures tuas» al estrépito de las gentes como al caer del agua, y el acallar con paz íntima el «tumultus urbium»: cf. págs. 243-244, y *Familiares*, XV, VIII, 16-17 («obstruam tamen aures ...», «prope tumultum babilonicum»).

327. En cuanto a ese comentario de Francesco («quod urbes relinquere quasi rem facilem mei censes arbitrii», 126), repárese en que Petrarca, en 1352-1353, no consideraba otra posibilidad de vivir en Italia que alguna gran ciudad (cf. n. 329); y, sintomáticamente, llegado a Milán se consolaba: «Rus michi tranquillum media contigit in urbe» (*Metrice*, III, XVIII). De hecho, en la Península, desde 1343, había parado mayormente en la ciudad.

328. *Familiares*, XV, VIII, 14.

329. *Ibid.*, 15 y *passim*; cf. E. H. Wilkins, *Studies*..., 81, 121, 124, 126, etcétera, y *Petrarch's Eight Years in Milan*, págs. 3-6, 12-15.

330. El motivo del «portus» aparece continuamente en las cartas de la época. Cf. *Familiares*, IX, XIV, 2 («recondet nos Deus in portu optimo»); XV, III, 9 («ubi portum esse credideram», «donec portus appareat»); XV, VIII, 5 («in ipso igitur portu», «in hunc portum», y vid. § 15); XVI, X, 2 («aliquam tamen fesso votivi portus effigiem non deesse»), etc. Petrarca, en general, gustaba de las imágenes marineras (cf. págs. 104, n. 170, y 221, n. 320); pero lo significativo es ahora la concentración en un período y a un propósito.

331. *Familiares*, XVI, X, 2; y cf. XV, VIII, 3-4, con concatenación muy similar a nuestro pasaje: «ubicunque terrarum sim ... persuadeam michi bene esse ...», «siquid est quod michi placeat in terris, in Italia est; nec miraberis,

iam et a patria et a te ipso exulasti. Tempus est revertendi, 'advesperascit enim et nox est amica predonibus'», se le dice a Francesco; y Petrarca se dice: «Satis diu peregrinati ... sumus; tempus est ad vesperam subsistendi ..., ne nox deprehendat errantes».[332] Francesco debe huir «sine spe reditus», «irrediturus»;[333] y Petrarca huye a la Península como «incola perpetuus»,[334] «irrediturus».[335]

A mi juicio, es la pura evidencia que nuestro pasaje y cuantos con él conciertan no son imaginables sino compuestos en la etapa final de la estancia petrarquesca en Provenza. Dentro de ese período, sustancialmente homogéneo,[336] hubo de realizarse la definitiva refundición del *Secretum*. La copia del autógrafo preparada por Tedaldo della Casa nos llevaba a 1353, sin más precisión.[337] Ahora parece lícito estrechar los márgenes: el diálogo

---

nam et ibi patria est nostra et ea conditio locorum ...» («scio tibi in primis Italiam placere ..., nec immerito ...», «... et omni locorum situ ... oportunior ...», dice Agustín).

332. *Ibid.*, XV, VIII, 10; y vid. XXII, v, 2: «Dixi olim [la carta es de 1360] et in dies dici rectius videtur: 'Advesperascit, de hospitio cogitandum'. Sepe, inquam, hoc dixi, sepe etiam scripsi, nunquam tamen opportunius ...»

333. Esa es la prescripción de Agustín poco más arriba: cf. pág. 335 (y la nota 343).

334. *Metrice*, III, XXIV, 11: cf. Wilkins, *Studies...*, pág. 165.

335. *Familiares*, XVI, X, 1.

336. Pienso sobre todo en la etapa que se inicia en torno al 24 de abril de 1352, data de *Familiares*, XV, VIII, plagada de concordancias con nuestro texto. E. H. Wilkins, *Studies...*, pág. 132, insiste en que «after the summer of 1352 ... [Petrarch] was exceedingly restless and anxious to return to Italy (except perhaps for a brief period in or about February 1353)». Es tentador fijarse en ese mes de febrero (cf. pág. 345 y n. 324): pero también se diría obvio que el humanista vivió muchos días en altibajos, entre el esperanzado deseo de partir y el miedo de quedarse en Provenza (más o menos resignadamente), en estado similar al que se desprende de la *Familiaris* XV, III, y del *Secretum*, II; y, por otra parte, hemos hallado (y hallaremos) demasiados contactos del «trialogus» con la correspondencia del 1353 para pretender que uno más (aunque extraordinariamente significativo) nos permita ajustar la fechación a tal o cual mes. En cambio, sí me parece altamente probable la distinción de dos etapas en el libro III (n. 339). Volveré sobre todo ello en mi capítulo final.

337. En principio, ello haría posible asignar el *Secretum* al primer semestre de residencia en Milán; pero, con la perspectiva ya ganada, tal posibilidad, creo, puede descartarse por entero. En efecto, nuestro pasaje aspira a justificar un futuro ignorado imaginando a un Petrarca que evita vincularse «ad unum ... angulum» de Italia y prefiere ser libre de errar «quocunque ... fert animus». Pero el humanista anunció inmediatamente su propósito de establecerse en Milán

debió adquirir la fisonomía que aún conserva en el códice Laurenziano entre principios de año [338] y mayo de 1353,[339] en Vaucluse.[340]

No nos hallamos, sin embargo, frente a una mera transposición anacrónica. Cierto, se transfieren al Francesco de hacia el invierno de 1343 experiencias y palabras del Petrarca de un decenio después. Las dudas sobre si en verdad partiría, sobre las diversas vías abiertas, sobre el punto de destino o de tránsito son del Petrarca anclado en Provenza en 1353. Pero esas perplejidades se integran de maravilla en el retrato del *personaje* de Francesco, descrito, desde el mismísimo *incipit*, como «attonitus», fluctuante, aturdido por turbas de fantasmas, inseguro en resolverse, «inops consilii»... Si bien, progresivamente más firme, más sabio, más libre, gracias a las lecciones de Agustín, el protagonista se acerca por momentos a la hora de acabar con tales vacilaciones. Y nuestro pasaje —como tantos otros, como el

---

y, frente a los reproches que entonces se le dirigieron, nunca adujo la excusa, fácil y conveniente, de que la ciudad lombarda fuera solo una etapa de un proyectado vagabundeo por la Península (cf. E. H. Wilkins, *Petrarch's Eight Years in Milan*, págs. 3-49). Por el contrario, si el pasaje y (repito) cuantos con él conciertan se hubieran redactado en Milán (más aún: si allí se hubiera revisado el *Secretum* con mínima detención), sonarían muy de otra forma: difícilmente habría descuidado Petrarca dar cuenta en algún modo de la permanencia al arrimo de los Visconti.

338. Recuérdese que para Petrarca el año no empezaba en Navidad, como aún entonces se acostumbraba a contar, ni *ab incarnatione* (25 de marzo), a la florentina, sino el primero de enero: cf. G. Billanovich, «Tra Italia e Fiandre nel Trecento», en *The Late Middle Ages and the Dawn of Humanism Outside Italy*, Leuven-El Haya, 1972, pág. 12.

339. Petrarca partió en mayo o, a más tardar, junio (Wilkins, *Studies...*, pág. 165; *Petrarch's Eight Years...*, pág. 7). La prisa declarada en *Familiares*, XVI, x (epístola justamente brevísima, pese a lo cual llena de concomitancias con nuestro texto), en principio no parece que pudiera dejarle mucho vagar para concluir el *Secretum* después del 28 de abril: con todo, no cabe descartar que tal prisa se identifique con la revelada en la segunda mitad de nuestro diálogo final (cf. pág 375 y n. 432); en cualquier caso, la premura patente en esa segunda mitad posiblemente coincida con el momento en que el humanista hubo de resolverse a marchar a Italia, algo antes del 18 de abril (*Studies...*, págs. 158-159): según ello, la postrera etapa de la obra debió de ocupar parte del invierno (libros I, II y primera mitad de III) y quizá algunos días inmediatos al inicio de la primavera de 1353 (segunda mitad de III).

340. Las idas a Avignon, en esos meses, fueron cortas y agitadas: hay que inclinarse por Vaucluse, aun sin rechazar que algún fragmento se compusiera en Avignon.

conjunto del *Secretum*— mira al futuro: mas el futuro de Francesco, figura de consistencia propia, es, también, una cierta imagen, el *deber ser* de Petrarca. Así las cosas, el texto anticipa (desde la acción) e interpreta (desde la redacción) la «fuga» de 1343, la posterior trayectoria italiana (en especial, probablemente, respecto al *no* instalarse en Florencia),[341] cuantas perspectivas se ofrecían por el invierno de 1353. Pues no se cierra ninguna posibilidad (salvo, quizá, la realizada al cabo, encerrarse en Milán): si queda claramente sugerida la posibilidad de no hallar acomodo en la Península (cuando menos, por algún tiempo), la conversación de la víspera amaga incluso la posibilidad espantosa de permanecer en Avignon.[342] Advertir la distancia entre la datación ficticia y la datación real del *Secretum* nos obliga a admirar al Petrarca que juega como un virtuoso con pasados, presentes y porvenires; al prestidigitador que baraja diestramente biografía e imaginación, sin embarullar los naipes.[343] El pormenor erudito abre la puerta a la apreciación estética.

341. La conjetura es indemostrable; pero nótese que, cuando el Comune le restituye los bienes confiscados y le brinda una cátedra en la universidad, invitándole a poner fin a sus peregrinaciones, Petrarca, el 6 de abril de 1351, habla solo de su talante andariego y de tornar a Florencia en una época remota, tras largo andar errante: «Ego enim seu natura michi conflante alas seu fortuna, volare longius edidici. Nunc vobis auctoribus primevus michi tandem nidus panditur, quo revolare queam longis iam fessus erroribus» (*Familiares*, XI, v, 11-12; cf. Wilkins, *Life*..., págs. 99-102); ello casa bastante con el «ad unum ... angulum, te arctare noluerim. I ... quocunque te fert animus» del *Secretum*.
342. Cuando Petrarca, en 1352-1353, piensa en no volver a Italia, dice planear aislarse en Vaucluse, sin pisar la curia (cf. notas 322, 324). De sobras sabía él que eso no era posible: a Avignon lo llevaban y habrían de llevarlo los compromisos con Gui de Boulogne y Elie de Talleyrand, por no hablar de otros motivos; Vaucluse no podía disociarse de la ciudad (cf. n. 323; *Familiares*, XV, VIII, 5: «quid ad locum attinet, vivere hic possem quietissime, nisi externis quaterer ventis ... Huius [Avignon] certe vicinitas ac prospectus odorque terribilis et felicitati nimis infestus est ...»; *ibid.*, XIII, VIII, 16: «possem forsan hic vivere nisi vel tam procul Italia vel tam prope esset Avinio ... Illius me amor mulcet ac vellicat, huius me odium pungit et asperat odorque gravissimus toti mundo pestifer; quid mirum si vicinitate nimia unius parvi ruris innocuam polluit puritatem?»); y ya vimos que las estancias en Vaucluse no impiden a Francesco considerarse esencialmente habitante de la urbe (cf. págs. 177-178).
343. Solo en un momento podemos habérnoslas con una distracción. Agustín aconseja marchar «irrediturus» (166); Petrarca, no obstante, regresó a Provenza en 1345 y 1351. Es comprensible un lapsus, sobre todo cuando se escribe

«Restat unum, quod pene iam oblitus eram.» Obviamente, Agustín (y con él Petrarca) quiere despachar (sobre todo) el esquema convencional, un tanto mecánico, de los *remedia amoris* y aprieta el paso del coloquio.[344] Francesco ha de evitar la soledad mientras no sane por completo. ¿Por qué se admiraba antes de no haber sacado provecho de las «rusticationes»? ¿En qué iba a ayudarle vagar por el campo desierto y apartado?[345] Viéndolo

---

rápidamente y se trata de algo tan lábil como un proyecto, no un hecho consumado (cf. *Familiares*, XI, xii, 1; y *Seniles*, I, iv, pág. 817, en Wilkins, *Studies...*, pág. 163); pero no es seguro que lo sea nuestro caso. El «irrediturus», dicho de quien enferma por vivir en un sitio nocivo, se matiza en el acto con una nota de desconfianza del Padre («Nisi forte, *quod valde permetuo, maior est hominibus corporis cura quam animi*», 168) y del mismo poeta («hec ... difficilior cura est», *ibid.*); se insiste en que debe huirse para evitar la recaída, fácil, porque la pasión recrudece en cuanto la aviva el recuerdo: y se da por testigo al propio Francesco (vid. pág. 337 y n. 288); se señala que el amor, sabido el camino, se infiltra de nuevo sin esfuerzo en el ánimo (cf. pág. 339). Todo lo cual, atendiendo además al programa que el poeta se traza para después de la muerte de Laura, con indignación de Agustín (consolarse «ex recordatione transacti temporis», 140; vid. pág. 280); atendiendo a que se plasma en motivos líricos presentes en el *Canzoniere* «in morte» de 1351-1353 (cf. así notas 281, 292), quizá puede apuntar que Petrarca insinúa una explicación de los retornos de 1345 y 1351 como pasajeras reincidencias en el error, que no afectan, sin embargo, a la nueva personalidad por entonces ya básicamente consolidada.

344. La prisa en ir de un tema a otro certifica, además, que ninguno de los dos es una «interpolación», que, lógicamente, por deliberada, se hubiera hecho con sosiego; esa prisa viene, también (cf. n. 339), del deseo de acabar la sección 'de remediis amoris' e implica que esta se redactó en forma seguida. Lo puntualizo porque H. Baron, *From Petrarch...*, págs. 85-86, opina: «The one thing not to be expected from Augustine ... is ... the reproach that Petrarch was in error to live in his *solitudo*, let alone the counsel that he should quit the Vaucluse altogether», pues no es aceptable «that Petrarch could have condemned his flight into the solitude of the Vaucluse while at the same time praising it above everything in the same piece of writing». Ya vimos que lo alabado «above everything» es algo anterior y totalmente distinto a «the solitude of the Vaucluse», tratada incluso con notable reticencia (cf. páginas 161-162, 177-178). Como sea, el «loca sola caveto» entra perfectamente en la serie de los demás *remedia amoris* y, en ella, como referido al amante, se concilia sin el menor problema con el elogio de otros géneros y circunstancias de vida solitaria.

345. «Ubi enim rusticationes nichil tibi profuisse *memo*rasti, *mi*nime *mi*rari decuit. Quid *rem*edii, queso, in *rure* solita*rio* ac *repo*sto *repe*rire crede*res*?» (172). Nótese la aliteración, como muestra de las pirotecnias fonéticas en que a menudo se complace el *Secretum*.

huir de la ciudad, yéndosele los ojos tras ella,[346] solo y entre suspiros, el Padre se reía desde lo alto y se decía: «El amor ha cubierto al pobrecillo con tinieblas leteas y le ha borrado de la memoria unos versos de que no hay niño ignorante. Huye de la enfermedad para correr a la muerte» (172). ¿Que qué versos? (174). Los de Nasón, por supuesto:

> Quisquis amas, loca sola nocent, loca sola caveto.
> Quo fugis? In populo tutior esse potes.[347]

Claro que los sabía desde chico, pero ¿de qué le han valido los muchos conocimientos, si no ha logrado aplicarlos cuando los necesitaba? (Donde la disculpa de la cita trivial, insistamos, sirve igualmente para remachar la condena de la erudición éticamente inútil.) Ese extravío en buscar la soledad sorprende más al Santo en quien no ignoraba las razones de los antiguos contrarias a ella e incluso las había reforzado con otras nuevas. Las «autoritates veterum» pasan sin identificar, pero fácilmente averiguamos que son Quintiliano y Séneca.[348] En cambio, la referencia a las «novas» opiniones de Francesco es muy precisa. Cierto, es protagonista ha lamentado con frecuencia no haber recogido ningún fruto de la soledad (así lo leemos, en efecto, en las *Familiares* [349]

---

346. Cf. n. 286.
347. *Remedia amoris*, 579-580. Cf. *Canzoniere*, CCXXXIV, 12-13: «e'l vulgo ... per mio refugio chero» (dejando «il mio secreto», 9).
348. Ello se desprende del *De vita solitaria*, I, VII, en *Prose*, págs. 362-378. Petrarca no conoció a Quintiliano hasta 1350, y las citas de las *Institutiones*, X, III, 22-25, ahí, son una adición comentada en su manuscrito del retor (cf. P. de Nolhac, *op. cit.*, II, pág. 92). Es posible que la versión primitiva del capítulo partiera de la discusión con Séneca, *Ad Lucilium*, X, 2, y XXV, 5, cuya mención se introduce casi con las mismas palabras que la de Quintiliano (págs. 362, 370), que, de tal suerte, ligan las dos mitades del apartado, considerablemente más largo de lo corriente (cf. B. L. Ullman, «The Composition of Petrarch's *De vita solitaria*...», págs. 129-130). En esa versión primitiva, probablemente era Séneca el único autor aducido al respecto (pág. 370: «Iam vero qui solitudinem virtutibus inimicam volunt, astipulatorem videntur inter ceteros Anneum Senecam habere», donde el «inter ceteros» tiene todo el aire de ser una inserción). Y adviértase que el *Secretum* habla, en plural, de «autoritates veterum».
349. El índice de U. Bosco, *s. v.* «Solitudine»: «danneggia l'animo triste o schiavo delle passioni», remite a *Familiares*, XII, VIII, 4 (abril de 1352); XVI, VII, 5 (abril de 1353), y XIV, 14-15 (setiembre de 1353). Interesa añadir la cita de VIII, III, 12-13, de particular importancia en nuestro contexto: «iuvenilem estum qui me multos annos torruit, ut nosti, sperans illis umbraculis lenire

o en el mismísimo *De vita solitaria*);[350] mas Agustín piensa sobre todo en un poema «de statu tuo» —dice—, con cuya dulzura se deleitaba oyéndoselo cantar, admirado de que pieza tan exquisita, tan harmoniosa, brotara «medias inter animi procellas», de labios de un loco, y preguntándose qué amor impedía a las Musas escapar de tales torbellinos, de tal demencia (pues Platón y Aristóteles —*apud Senecam,* añadamos nosotros, anulando la leve pedantería petrarquesca— vincularon enajenación, poesía e ingenio bien a otro objeto).[351] El poeta, lo confiesa, no imaginaba haber compuesto nada tan dulce y grato a Agustín. «Nunc amare carmen illud incipio», declara. No tomemos el «nunc» demasiado a la letra, pero tampoco lo descuidemos: los ecos del poema (la *Epistola metrica* I, VI, a Giacomo Colonna)[352] venían poblando el debate desde páginas atrás,[353] junto a otros de la misma colección,[354] diseñada a partir de 1350 y preterida ya en los primeros tiempos de Milán. No sería de extrañar, entonces, que el «nunc» del actor reflejara el «nunc» del autor, satisfecho, en Provenza, al releer (y, por qué no, relaborar) quizá la más hermosa de las *Metrice*.

[en Vaucluse], eo iam inde ab adolescentia sepe confugere velut in arcem munitissimam solebam. Sed, heu michi incauto! ipsa nempe remedia in exitium vertebantur; nam et his quas mecum advexeram, curis incendentibus et in tanta solitudine nullo prorsus ad incendium accurrente, desperatius urebar. Itaque per os meum flamma cordis erumpens, miserabili, sed ut quidam dixerunt, dulci murmures valles celumque complebat ...» (versión alfa).

350. En *Prose*, pág. 344: «Sed quid locorum solus introitus, quid ambiti vehunt amnes, quid lustrate iuvant silve, quid insessi prosunt montes, si quocunque iero, animus me meus insequitur, talis in silvis qualis erat in urbibus?», etc.

351. «Nam quod ait Plato: 'frustra poeticas fores compos sui pepulit', quodque eius successor Aristotiles: 'nullum magnum ingenium sine mixtura dementie', alio spectat, nec ad istas insanias referendum est. Sed de hoc alias» (174). Los pasajes del *Fedro,* 245a, y del Estagirita se toman de Séneca, *De tranquillitate animi,* XVIII, 10, y no vienen, desde luego, de «le lezioni di Barlaam», como suponía Sabbadini, desorientado por la datación del *Secretum* en 1342-1343 («Note filologiche...», pág. 33).

352. Como ya notó A. Noferi, *L'esperienza...,* pág. 244, mientras Carrara, incomprensiblemente, envía a *Metrice,* I, XIV; el poema empieza «Quid agam, que vita michi rerumque mearum, / *qui status est* ...», y desarrolla el aludido tema en los versos 120-155.

353. Cf. arriba, pág. 145, n. 79; y, en el presente capítulo, notas 95, 266, 271, 277, 281, 286, 288, 289, y pág. 374.

354. Vid. en especial págs. 228, 341.

Sí, el Padre tiene otros remedios para nuestro enfermo. Sin embargo, sacar a relucir cuanto uno sabe es antes ostentación que ayuda (y no hacerlo ahora, acotaré, son ganas de abreviar).[355] Ni se han descubierto tantas medicinas del cuerpo y del alma para ensayarlas todas en cada paciente (al contrario, Séneca —aún Séneca— subraya que el frecuente cambio de fármacos es el mayor enemigo de la salud y nunca cicatriza la herida donde no se cesa de probar cauterios),[356] sino para recurrir a otra cuando una falla. Muchas y variadas hay contra el mal del poeta, pero Agustín se contentará con aportar unas pocas, con preferencia las más adecuadas y válidas (174); y sin pretensión ninguna de novedad (176): simplemente, para mostrar cuáles se le antojan más eficaces de entre las comunes y universalmente difundidas (de un plumazo, así, se excusan la premura y el andar por sendas trilladas).

Veamos. «Tria sunt, ut ait Cicero, que ab amore animum exterrent: satietas, pudor, cogitatio.»[357] Cabría enumerar más o menos, pero mejor atenerse a fuente tan prestigiosa. Inútil hablar del primer punto, pues, como están las cosas, Francesco ha de juzgar imposible saciarse de querer (los amores de ese estilo, además, «neque permanent neque satiant»: Petrarca y nosotros lo leímos en el *De vera religione*; cf. pág. 282). Claro que si el apetito creyera a la razón y dedujese el futuro del pasado, fácilmente confesaría que cualquier objeto, por más que se estime, puede engendrar saciedad, hastío e incluso náuseas. Vano cami-

---

355. «Omnia que noris explicare, ostentantis se potius quam amico consulentis est» (174); compárese, en cambio, *Familiares*, IX, IV, 14, en carta y sobre tema muy afines (cf. n. 201), pero sin precipitación: «Multa enim de amore tecum agere, supervacue ostentationis fuerit [la epístola es una 'Revocatio amici a periculosis amoribus'], quem experientia et ars Nasonem nostri temporis aut Catullum aut Propertium aut Tibullum fecit», etc.

356. *Ad Lucilium*, II, 3; cf. n. 289.

357. Vid. el pasaje recordado en la nota 256, y adviértase que Petrarca modifica el orden de las *Tusculanas*, para dar al desarrollo mayor organicidad (cf. pág. 368). La *Familiaris* IX, IV, también disuade del amor a un anónimo corresponsal con evocaciones del «pudor» (§§ 2-6, 12) y la «satietas» (§ 11: «ex satietate fastidium»; § 15, cita de Plauto, *Cistellaria*, 68: «ad satietatem usque aggerit»), para concluir (§ 20): «Denique hoc tibi suadeo, quod michi videor persuasisse. Veteri flamme [cf. n. 293] animi siquid faville tepentis superfuerat, 'cogitatio' oppressit, tempus leniit, novissime mors extinxit...» (cf. páginas 308, 313). Vid. aún abajo, pág. 364.

no, no obstante: aun si el poeta concediese que la hartura mata el amor, replicaría hallarse lejos de ella, inflamado de deseos, y Agustín lo concedería (solo al final de la prédica, en efecto, se sentirá Francesco liberado «magna ex parte» de la pasión [vid. págs. 308, 374], y bastante hace de momento dejándose guiar hacia la salida del laberinto).

De los tres remedios ciceronianos, pues, quedan dos: «pudor, cogitatio». Y Francesco no niega que la naturaleza le ha dotado de un ánimo noble y lleno de pudor, de recato: tanto es así, por el contrario, que con frecuencia le ha costado soportar la falta de adaptación a su sexo y a su época, en la cual todo es de los desvergonzados, honores, esperanzas y riquezas, triunfadores de la virtud y hasta de la fortuna.[358] Entonces, ¿no ve cuán en desacuerdo están amor y pudor? Uno empuja y espolea, el otro reprime y frena al ánimo; uno no repara en nada, el otro lo pondera todo. Harto lo ve, sí, y desgarrado entre ambos afectos, zarandeado por los turbiones de la mente, primero acá, luego allá, aún no sabe cuál va a seguir «toto ... impetu ...» De lo grandilocuente a lo familiar, de lo mayúsculo a lo minúsculo, la pregunta del Padre suena intempestiva: «¿Te has mirado últimamente al espejo?» Francesco no calla la sorpresa y responde al desgaire: «Ut soleo quidem». ¡Ojalá no haya sido más y con excesiva atención!, suspira Agustín. En cualquier caso —concreta—, ¿no ha advertido que la cara cambia de día en día y le chispean las canas en las sienes? El poeta se desahoga: esperaba algo excepcional (176) y oye una trivialidad; pues, obviamente, cuanto nace ha de crecer, envejecer y morir (178).[359] En

---

358. «... impudentium sunt omnia, honores, spes, opesque, quibus et virtus cedit et fortuna» (176). Del largo repertorio de similares declaraciones pesimistas que se halla en Petrarca, cf. solo *Metrice*, III, xxxiii, 7-9: «ingenium, virtus et gloria mundo / cesserunt regnumque tenent fortuna, voluptas, / dedecus»; *Familiares*, XX, 1, 26: «omnia ... auro cedunt». No halla paralelo, con todo, al hiperbólico «cedit et fortuna».

359. «Ista vero comunia sunt omnibus qui nascuntur: adolescere, senescere, interire» (178). Parece claro el recuerdo de Salustio, *Iugurtha*, II, 3: cf. *Familiares*, IX, xiii, 3 («ego et ratione simul et experientia magistra et illustri etiam historico attestante didiceram 'orta omnia occidere et aucta senescere'»), y XVII, iii, 42. Mas, posiblemente, Petrarca tenía también presente la cita del «cetera nasci, occidere, fluere, labi» embebida en el *De vera religione* y que no podía reconocer porque el pasaje faltaba en su manuscrito del *Orator* (cf. arriba, págs. 42, n. 10, y 185).

resumidas cuentas —ataja, no sin impaciencia—, ha advertido en sí lo mismo que en la gran mayoría de las gentes de la época: «nescio enim quomodo senescunt homines hodie citius quam solebant». Pero, cuidado, ni la vejez ajena le devolverá la juventud, ni la muerte de los demás le dará la inmortalidad: es ahora el Santo quien rehúye las generalidades en que se escuda Francesco (al arrimo, sin embargo, de tan buenos modelos como Salustio y el *De vera religione*, y planteando en forma de observación incidental, brotada de la experiencia, un tema no poco debatido entre doctos y meditado por Petrarca con rigor histórico,[360] mientras en torno ronda el fantasma tópico del «mundus senescens»);[361] el Santo quien quiere enfrentar a Francesco con un dato personal, intransferible, cuya asunción singular, no obstante, presupone hacerse cargo de todas las doctrinas de alcance universal diseminadas en el coloquio. «Ceteris igitur omissis ad te redeo.» Porque ¿cómo no le mudó el ánimo contemplar el mudar del cuerpo? Esa es aquí la cuestión esencial, y de ella viene la exhortación decisiva (182, 184), aneja a la confianza en un mañana mejor, cuando Francesco, cuando un Petrarca «iam senior», haya conseguido «animum ... mutari» (cf. pág. 368). De

---

360. Vid. *Familiares*, VI, III, 8 y sigs., donde se trata de las edades que alcanzaron los patriarcas y los antiguos, explicando (§ 33) que los modernos «senescunt solito citius» o, quizá mejor, «solito citius canescunt» (y cf. n. 366); *Seniles*, XVII, II, en *Prose*, págs. 1.148-1.150; nota a Josefo, *apud* P. de Nolhac, *op. cit.*, II, pág. 154 («Rationes vite longioris in patribus primis»). Compárese F. N. Egerton, «The Longevity of the Patriarchs», en *Journal of the History of Ideas*, XXVII (1966), págs. 575-584; F. Rico, *Alfonso el Sabio y la «General estoria»*, págs. 79-82.

361. Que Petrarca contempla ese motivo lo asegura la asociación de dos rasgos tan característicos como la referencia al prematuro envejecer de los hombres y la mención del triunfo de los vicios, en especial la codicia: asunto el último desarrollado en *Familiares*, XX, I (cf. n. 358), tras una proclamación tajante («Sic mundus in dies ad extrema precipitans secum omnia in deterius trahit», § 1), y con curiosa dependencia, al final, del «In terra summus rex est hoc tempore Nummus» (*Carmina Burana*, X) o alguna pieza medieval semejante (vid. J. A. Yunck, *The Lineage of Lady Meed*, Notre Dame, Indiana, 1963, págs. 170-184); en otra carta, *Familiares*, III, IV, 4, reaparece la fraseología de nuestro pasaje, a un propósito menor pero claramente ligado a la formulación de la idea básica: «Nescio enim cur aut quomodo plus hodie bibitur quam olim ... Quocunque te vertas, fragiliores ad virtutem, fortiores ad vitia facti sumus». Sobre la «senectus mundi», cf. K. Heitmann, *Fortuna und Virtus*, págs. 246-247, y F. Rico, *ibid.*, con bibliografía.

tiempo atrás, a nuestro autor le venía interesando el problema de la «mutatio anime»,[362] y en el *De vera religione* le llamó la atención un párrafo (X, 18) que hacía al Dios «incommutabilis» principio de toda la «mutabilis natura», notando en particular: «Mutari autem animam posse non quidem localiter, sed tamen temporaliter suis affectionibus quisque cognoscit. Corpus vero et temporibus et locis esse mutabile cuivis advertere facile est». El texto agustiniano, con el subrayar la mutación del alma en el tiempo, en afectos, y con ofrecer paralela la mutación del cuerpo, también en cuanto a lugares, convenía admirablemente a los asuntos examinados en la sección 'de remediis amoris'; y Petrarca recogió la sugerencia y, reforzando el carácter interdependiente de ambos procesos, sin duda concibió el final de la tal sección como desarrollo específico de la amplia propuesta espigada en el *De vera religione*. Así, pues —interrogaba el Padre—, «mutavit ne animum ulla ex parte corporis conspecta mutatio?» Bien, lo sacudió, claro, pero no lo mudó. ¿Y qué pensó y se dijo entonces? ¿Qué iba a ser, sino otro tanto que Domiciano: «Forti animo fero comam in adolescentia senescentem»?[363] Tan alta lección le consoló de verse con unos cuantos cabellos blancos; y, además, al ejemplo de un césar pudo sumar otros de un rey y de un poeta: Numa Pompilio, el segundo romano en alzarse con la diadema real, es fama que encaneció de mozo;[364] mientras Virgilio, en las *Bucólicas*, compuestas a los veintiséis años, bajo disfraz de pastor se presenta a sí mismo con «candidior ... barba».[365]

---

362. Cf. G. Billanovich, «Nella biblioteca del Petrarca», pág. 12 y n. 7; F. Rico, «Petrarca y el *De vera religione*», núms. 26-27, 128 y nota *ad loc*. Compárese arriba, págs. 41, n. 10, y 313, n. 212; abajo, págs. 363, 366, etc.

363. Suetorio, *Domiciano*, XVIII (la frase antecede a la citada en 78: cf. arriba, pág. 145, n. 81).

364. «... ab adolescentia canus creditur fuisse» (178). Cf. Servio, sobre *Eneida*, VI, 808: «canus fuit a prima etate»; Petrarca, *De viris*, II, 1; *Africa*, I, 517-518; n. 366.

365. *Bucólicas*, I, 28, a la luz del prólogo de Servio a la colección; la cifra varía en los códices (cf. R. Sabbadini, «Note filologiche...», pág. 35), pero el Virgilio Ambrosiano, fol. 2, trae «... xxviii annorum ...»: ¿se confundió Petrarca, seguía otra fuente o, puesto que afirma haber tenido alguna cana antes de los veinticinco años (vid. la nota siguiente), quiso asimilar más su caso al del poeta clásico?

Agustín mira esos parangones con suspicacia (como el Petrarca anciano la mostró hacia el Petrarca juvenil prematuramente cano).[366] «Ingens tibi exemplorum copia est.» ¡Cuánto mejor si abundara en aquellos que provocan la «cogitatio mortis»! Pues el Santo no aprueba los ejemplos que inducen a rechazar a los blancos testigos de la vejez inminente, a los tempranos presagios de la muerte. ¿Qué otra cosa aconsejan sino trascurar el paso de los años y el momento supremo? Sin embargo, todo el coloquio no tiene más objeto que gravar un *memento mori* en el pecho de Francesco. (Tengamos presente nosotros también la declaración: «cuius ut semper memineris, *totius nostri colloquii finis est*»; no hay otra que precise más tajantemente el sentido último del *Secretum* y lo sitúe con mayor nitidez en la órbita *de contemptu mundi*.) [367] Así, cuando el Padre le prescribe «ad canitiem ... respicere» y él responde oponiendo una turba

---

366. Cf. *Familiares*, VI, III, 32: «Scio autem quid responsurus es ...: illud dolere quod ante tempus senueris. Comunis omnium senescentium querela; et Numa Pompilius ... prima etate canus fuit, et Virgilius poeta; tota etas nostra his lamentis abundat. Ego ipse non tam queri soleo quam mirari, quod canos aliquot ante vigesimum quintum annum habui ...»; mientras ahí Petrarca afecta situarse imperturbable un tanto al margen de la cuestión, en *Seniles*, VIII, I, pág. 915, escribe: «quamvis huic spei obstaret properata canities, que nescio unde iam inde ab annis tenerioribus caput adolescentis invaserat, rara licet, que cum prima veniens lanugine albicanti vertice, verendum nescio quid haberet, ut quidam dixere, et teneri adhuc oris habitum honestaret michi, tam eatenus iniucunda, quod ea saltem in parte iuvenili, quo gaudebam, adversaretur aspectui. Sed quoniam et cani falsi sepe testes sunt etatis et michi omnium coevorum testimonio tam precox illa mutatio et tam preceps fuerat ut nulli esset vel incognita vel suspecta, speravi aliis illam iuditiis oppressum iri, nec fefellit spes. Interim sic affecto, et Nume regis incantamenta et Virgilii iuvenis barba candidior et Domitiani adolescentis coma senescens et Stiliconis festiva et intempestiva canities Severini, et si quid tale vel legerem vel audirem, magno animum subibat assensu clarisque comitibus me solabar [cf. pág. 358]. Et si autem nunquam, quod mihi sum conscius, de etate mentitus ipse mea sim, siquando tamen, quod persepe accidit, iuniorem me aliquis diceret, mendacii expers alieno mendacio delectabar; si quis vero, quod rarum fuit, seniorem faceret, hoc mendacio tacitus irascebar; at siquando vel casu aliquo vel acriore iudicio quisquam verum meorum numerum dixisset annorum, veritate ipsa offensus et admirans quasi me proditum extimabam. Cuius mali causam mecum querens vix invenio, et insaniam quidem illam aliquando michi cum aliis iuvenibus comunem fortasse non negem». Vid. además *Familiares*, XXII, v, 7: «Cum in multis tum in etate ad utranque partem multa finguntur ...; frontis comeque testimonium multos fallit ...»

367. Cf. en especial págs. 83-95, 170-174, 437.

de ilustres canosos, «quid ad rem?» Solo si esos personajes hubieran sido inmortales, tendría Francesco motivo para no temer a las canas... Agustín no evita un comentario jocoso: «Quod si tibi calvitiem obiecissem, puto Iulium Cesarem protulisses in medium». Ni el poeta vacila en la afirmación: «Non alium profecto. Quid enim illustrius potuissem?»[368]

Está en juego uno de los principios rectores del universo intelectual petrarquesco, y la ironía pasajera del Santo más la resuelta defensa de Francesco, vistas en el contexto, nos guían a comprenderlo debidamente. Francesco, en efecto, reputa gran consuelo rodearse de insignes compañeros, «claris ... comitibus»; por ello emplea tales ejemplos como si se tratara del ajuar, del bagaje cotidiano.[369] Porque mucho le ayuda tener a mano algún alivio contra las desgracias de la naturaleza o el azar, presentes o por venir (178), y no puede conseguirlo «nisi vel ratione vivaci vel exemplo clarissimo» (180). Recordemos que Agustín le había recomendado antes atesorar sentencias saludables para socorrer a la razón en los momentos de peligro; ahora, el propio protagonista añade que con los ejemplos cabe obtener fines parejos. Desde luego, ambos criterios (decisivos en la elaboración del *De remediis*)[370] suponen especialmente una lectura 'provechosa', cristalizable «in actum», de los libros de antaño: pues las «sententiae» que arriba se invitaba a recoger y los «exempla» que aquí se enseña a usar vienen sobre todo de la antigüedad, clásica y cristiana. Pero no en vano acaban de expresarse conceptos pesimistas sobre la época, al arrimo de la visión de un «mundus senescens» (cf. págs. 354-355). No en vano, puesto que a esa luz comprendemos que el recurso a tales «sententiae»

---

368. Aflora aquí clarísima la alta estima de César que nos aleja de 1342-1343 para acercarnos a las posiciones asumidas por Petrarca, aproximadamente, desde 1350: cf. pág. 223, n. 326. La noticia sobre la calvicie, en Suetonio, *César*, XLV.

369. «... velut quotidiane supellectilis ...» (178). La imagen probablemente se toma de Séneca, *Ad Lucilium*, LXXXVIII, 36 («litterarum supellectile»), y de Macrobio, *Saturnales*, I, praef. 2 («scientiae supellex»; cf. *Familiares*, XXIII, xii, 31: «totum filio esse vult [Macrobius] doctrine supellectilem et litterarum penu»).

370. Vid. pág. 235 y el artículo de C.N.J. Mann allí citado (n. 359), así como K. Heitmann, *Fortuna und Virtus*, págs. 115-118 (en particular, sobre la dualidad «ratio» y «exemplum»; cf. además *De otio religioso*, pág. 46).

y «exempla», a las fuentes de un «felicius evum»,[371] no es simple erudición pedante: es un modo de convivencia con los antiguos, que implica una huida de los contemporáneos y, con ella, un juicio moral negativo sobre los tiempos que corren. Claramente lo dijo Petrarca más de una vez[372] y claramente lo dicen en nuestra página Francesco y Agustín, complementándose en un diálogo donde la reserva transitoria del uno, la insistencia un poco atolondrada del otro, el acuerdo final, prestan colorido y animación a una doctrina que a una voz habría resultado menos atractiva, si no menos convincente.

El poeta, así, da ejemplos de la teoría y la práctica de los ejemplos. A reprocharle temer al rayo en extremo, no pudiéndolo negar (y es causa no chica de amar el laurel, jamás fulminado, según se cuenta), hubiera replicado que Augusto padecía el mismo mal.[373] De llamarle ciego y serlo en verdad, se habría

371. *Metrice*, III, XXXIII, 4.
372. Cf. notablemente *Familiares*, VI, IV, 2, 5: «Multa passim loquor, multa etiam scribo, non tam ut seculo meo prosim, cuius iam desperata miseria est, quam ut me ipsum conceptis exhonerem et animum scriptis soler ... Altera [razón para explicar 'cur exemplis abundem veterum illustrium'] est, quod et michi scribo, et inter scribendum cupide cum maioribus nostris versor uno quo possum modo; atque hos, cum quibus iniquo sidere datum erat ut viverem, libentissime obliviscor; inque hoc animi vires cuntas exerceo, ut hos fugiam, illos sequar», etc. El tema de la carta es «quid exempla valeant», y como suprema muestra de ese valer se aduce precisamente la conversión de Agustín, tan esencial en la génesis del *Secretum:* vid. arriba, pág. 75. La epístola se ha solido fechar en 1342, pero la cita de Cicerón, *Ad Atticum*, IX, X, 10, la lleva cuando menos a 1345, y aún más adelante la sitúa el decidido elogio de César (§ 10); vid. n. 384. Vid. también el texto capital de la *Posteritati*, en *Prose*, pág. 6: «Incubui unice, inter multa, ad notitiam venustatis, quoniam michi semper etas ista displicuit», etc. Sobre «Die Notwendigkeit des Exemplum» y «Die Vermittlung der Virtus durch das Exemplum», E. Kessler, *Das Problem des frühen Humanismus*, Munich, 1968, págs. 165-200 (Petrarca, 177-179).
373. «Si michi igitur exprobrasses quod adversus fulminis fragorem timidior sim, quia id negare non possem (est enim hec michi non ultima causa lauri diligende quod arborem hanc non fulminare traditur), respondissem Augustum Cesarem eodem morbo laborasse» (180). Al parecer, Petrarca se confunde (y sería nuevo testimonio de la prisa con que escribió la sección), pues de quien se narra «eodem morbo laborasse» es de Tiberio: «Tonitrua tamen expavescebat extra modum et turbatiore caelo numquam non coronam lauream capite gestavit, quod fulmine afflari negetur id genus frondis»; al margen de ese pasaje de Suetonio, *Tiberio*, LXIX, el humanista acotó «Laurea»: cf. G. Billanovich, «Uno Suetonio della biblioteca del Petrarca (Berlinese Latino, fol. 337)», en *Studi petrarcheschi*, VI (1956), pág. 30. Para otros testimonios del temor al rayo y de

escudado con Appio Ciego y Homero; a sentirse motejado de tuerto, con Aníbal o Filipo; si de «surdaster», con Marco Crasso, y si de poco sufrido para el calor, con Alejandro Magno.[374] Largo sería completar la lista, pero de ahí puede Agustín colegir lo restante...

Al Padre, en efecto, de ningún modo le disgusta «supellex hec exemplorum», siempre y cuando no abotargue a Francesco, antes le disipe el miedo y la tristeza. Todo le parece excelente, si sirve para no temer a la vejez cercana y no odiarla cuando llegada; mas si sugiere que la vejez no apaga la vida y no obliga a meditar sobre la muerte, todo lo detesta y execra. Cara y cruz de la cultura petrarquesca: jamás neutral o inocente, válida si éticamente beneficiosa, y, si no, tan desdeñable como las bobadas terministas (cf. págs. 138-139). En concreto, respecto a los «exempla», nuestro humanista no hacía sino insertar lecciones de la retórica ciceroniana en las grandes directrices marcadas por el Obispo de Hipona [375] y aplicar ambas al designio central del *Secretum*, la incitación a la «cogitatio mortis».

Aclarado el asunto, pues, Agustín continúa con firmeza: so-

---

las propiedades del lauro contra él, vid. *Africa*, IX, 117-119; L. Deslisle, «Notice sur un livre...», págs. 398, 408; *Collatio Laureationis*, ed. C. Godi, XI, 19-20, págs. 26-27; *Metrice*, I, x, 121-122; *Laurea occidens*, 362-364; E. Pellegrin, «Nouveaux manuscrits...», pág. 274; *Canzoniere*, XXIV, 1-2, XLI, 1-8, XLII, 1-6, LX, 12-13, CXIII, 5-11, CXLII, 10-12... Cf. n. 241.

374. Para Appio, cf. en particular *De viris illustribus*, XVI, 20: «Appius, cecus ille oculis animo linceus» (y n. de Martellotti); *Familiares*, II, vi, 9; III, x, 10 («Quotidianis exemplis abundamus, sed reverentius antiqua commemoro ... Appio Claudio vita longior cecitatem attulit»); VI, iii, 21; XI, xvi, 22; *De remediis*, II, xcvi, pág. 216. Respecto a Marco Crasso, Cicerón, *Tusculanas*, V, xl, 116: «In surditate vero quidnam est mali? erat surdaster M. Crassus ...» La referencia a Alejandro («si caloris impatientem, Alexandri Macedonis»), repetida en el *De remediis*, II, xc, pág. 208 («impatientissimum caloris Alexandrum ferunt»), se basa en la anécdota del baño en el Cidno (Curcio, *Historiae*, III, v, 1-4, etc.), como aclara el propio Petrarca en la *Collatio inter Scipionem, Alexandrum, Hanibalem et Pyrrum*, ed. G. Martellotti, en ... *Studies...Ullman*, II, pág. 165: «Quis ille ob impatientiam caloris malignantis in aquas fluminum repentinus saltus ac stolidus?» Más triviales son las otras noticias: v.gr., sobre Aníbal, *De viris*, XVII, 26; sobre Filipo, Plinio, *Naturalis historia*, VII, xxxvii, 124, y Justino, *Epitoma*, VII, vi, 14-16.

375. Vid. simplemente H.-I. Marrou, *Saint Augustin et la fin de la culture antique*, págs. 116, 339 y sigs.

brellevar «equo animo»³⁷⁶ la canicie prematura es indicio de buena índole; dar largas a la vejez legítima, quitarse años, acusar a las canas de intempestivas, pretender ocultarlas o arrancárselas, es demencia no por común menos rematada.³⁷⁷ La elocuencia del Santo sube de tono y se alza a la segunda persona de un plural genérico. ¡No veis, ciegos, que el girar veloz, la fuga de los astros os consume la vida, y os admiráis de que la ancianidad os alcance al hilo de la carrera rapidísima de los días! ³⁷⁸ Dos causas hay para tal desatino, razona la pasión de Agustín. La primera causa sin duda se enuncia prestando oído, sin citarlo expresamente, a «illud Senece quod humano generi facit improperium»: ³⁷⁹ la corta, corta edad del hombre, unos la dividen en cuatro partecillas, otros en seis, otros en más aún,³⁸⁰ para ex-

376. Para el uso petrarquesco de ese sintagma, K. Heitmann, *Fortuna und Virtus*, pág. 205.
377. «... legitime autem senectuti morulas nectere ... dementia ... ingens est» (180). Cf. *Familiares*, XXIII, v, 11 (hablando «de senectute et morte»): «Nam quid, oro te, refert hodie ne an cras ...? Hec subterfugia et has morulas humana nequicquam captat ignavia ...»
378. «Non videtis, o ceci, quanta velocitate volvuntur sidera, quorum fuga brevissime vite tempus devorat atque consumit, et miramini senectutem ad vos venire, quam dierum omnium rapidissimus cursus vehit!» (180). Se reconocen aquí los acentos del *Africa*, II, 352-353 («Stare quidem vultis, sed enim rapidissima celi / vos fuga precipitat»), o del *Triumphus Temporis*, 118-120 («Così fuggendo il mondo seco volve, / né mai si posa né s'arresta o torna, / fin che v'a ricondotti in poca polve»), tan en deuda con el *Somnium Scipionis*.
379. *Familiares*, VIII, III, 8: «... improperium, ubi ait: 'De partibus vite cogitare omnes, neminem de tota'» (=*Ad Lucilium*, LXXI, 2); cf. *ibid.*, XIX, XVI, 23, y n. 382.
380. «... angustissimam etatem alii in quattuor, alii in sex particulas, aliique in plures etiam distribuunt» (180). Para esas varias divisiones, cf. Pero Mexía, *Silva de varia lección*, ed. Madrid, 1669, I, XLIII y XLIV; F. Boll, «Die Lebensalter», en *Neue Jahrbücher für das klassische Altertum*, XVI (XXXI), (1913), págs. 89 y sigs., y como volumen aparte; C. Calcaterra, *Nella selva del Petrarca*, pág. 86; E. Panofsky, *Problems in Titian — mostly iconographic*, Londres, 1969, págs. 94 y sigs. Petrarca conocía los diversos sistemas, mas los contemplaba con escepticismo y nunca llegó a adoptar ninguno en forma coherente (vanos, pues, los intentos de precisar ciertas referencias cronológicas suyas a la luz de uno de ellos, como hacen, v.gr., R. Sabbadini, «Note filologiche...», págs. 32, 35; C. Calcaterra, *ibid.*, pág. 54; P. G. Ricci y E. Bianchi, en *Prose*, págs. 4, 916). En vísperas o más alla de la sesentena, se mostró favorable tal cual vez a la propuesta agustiniana (la vejez empieza a los sesenta), pero advirtiendo: «Nec vero tam pertinaciter hanc amplector, ut reliquias omnes [Cicerón: vejez a los cuarenta y seis, etc.] abiiciam; scio de hoc alios aliter atque aliter sensisse ...» (*Seniles*, II, I, pág. 834); y aun señalabɑ la futilidad de

tender en número cosa tan diminuta, ya que no es posible en cantidad. ¿Y con qué resultado? Cuantos fragmentos se inventen se esfumarán en un abrir y cerrar de ojos.

> Nuper erat genitus, modo formosissimus infans,
> iam iuvenis, iam vir.

¡Con cuánta fuerza (y añadamos que Petrarca no le fue en zaga)[381] pintó el poeta el deslizarse de la vida! Porque inútilmente se esfuerzan los mortales en ensanchar lo creado angosto por ley de la madre naturaleza.[382] La otra causa —precisa y vitupera el Padre— es asimismo insensata: «inter iocos et falsa gaudia senescitis». Como los troyanos pasaron en diversiones la noche suprema (180), sin ver, en palabras de Virgilio,[383] cuándo brincó el fatal caballo sobre Pérgamo (182), así los hombres no reparan en que la vejez y la muerte cruzan las murallas del cuerpo desapercibido, hasta que los enemigos les invaden la ciudad «somno vinoque sepultam»: están no menos sepultados en la mole del cuerpo y las dulzuras temporales que en sueño y vino los personajes de Marón.[384] Con elegancia cantó el satírico el es-

---

todo ello (*ibid.*, XII, I, págs. 992-993, y cf. VIII, II, págs. 918-921), amén de explicar: «Cur tam varie terminos statuerunt docti homines, nisi quod quisque in alio quod in se expertus est iudicat?» (*ibid.*, VIII, I, pág. 916). Pensara como pensara en el tiempo de las *Seniles*, en el *Secretum*, al margen de cualquier distribución rigurosa (antes con evidente sorna al respecto), subraya tres etapas en el itinerario vital del protagonista: un primer estadio modélico; un extraviarse en la encrucijada de la Y pitagórica, «medio sub adolescentie fervore», para asimilarse al patrón del «adolescens luxuriosus»; y una vejez a la que raudamente se aproxima Francesco, hacia los cuarenta años (vid. págs. 160-161, 193-195, 304-308, 341-342, 364, etc.).

381. En efecto, los versos de Ovidio, *Metamorfosis*, X, 522-523, se comprimen con admirable eficacia en el *Triumphus Temporis*, 60: «stamani era un fanciullo ed or son vecchio».

382. «Nequicquam igitur lapsare nitimini quod lex nature omniparentis angustat» (180). Cf. Séneca, *Ad Lucilium*, XLIX, 3: «Sed et hoc minimum specie quadam longioris spatii natura derisit; aliud ex hoc infantiam fecit, aliud pueritiam, aliud adulescentiam, aliud inclinationem quandam ab adulescentia ad senectutem, aliud ipsam senectutem. In quam angusto quodam quot gradus posuit!»

383. *Eneida*, VI, 515-516.

384. Se ha citado íntegro *Eneida*, II, 265 (anotado en el Virgilio Ambrosiano, fol. 78 vo., con el paralelo de Ennio transcrito en Macrobio, *Saturna-*

capar veloz de la flor de la juventud (el pasaje, fuente de todo el desarrollo, viene a clausurarlo oportunamente): «mientras bebemos, mientras pedimos guirnaldas, perfumes, muchachas, la vejez nos sorprende, inesperada».[385]

Pues bien, abandonando el *vos* usado hasta aquí, Agustín vuelve al propósito e increpa al poeta muy directamente: ¿a ella, a la vejez, quiere dejar en la calle cuando ya se halla «in foribus»?[386] Pretexta que se ha anticipado, saltándose los escalones naturales,[387] y le encanta que cualquier persona no anciana recuerde haberlo conocido de chiquillo, en especial si asegura, como es usual, que lo vio así ayer o anteayer: ¡y no cae en que otro tanto cabe decir del más decrépito! Pero ¿quién no fue niño ayer, quién no lo es hoy? A cada paso se tropieza con críos nonagenarios que disputan de temas vilísimos (identificamos a los «senes pueri» nominalistas)[388] y perseveran en estudios de crío (y ahora asoma el «elementarius senex» a que Francesco se avecinará peligrosamente).[389] Huyen los días, el cuerpo se consume, «animus non mutatur»: todo se pudre, él no madura. Acierta el dicho vulgar: un solo ánimo puede agotar muchos cuerpos.[390] Acierta, claro, Séneca: la puericia se va, la puerilidad permanece.[391]

---

les, VI, 1, 20); pero es posible que al escribir «illos 'somno vinoque' sepelivit Maro» (182) Petrarca no pensara solo en los troyanos de que allí se trata, sino también en los Rútulos, a quienes el Ambrosiano, fols. 178 vo. y 179, dice «somno vinoque sepulti» (aunque la lectura hoy aceptada de *Eneida*, IX, 188 y 236, es «... soluti»). Cf. *Familiares*, VI, IV, 6: «hos *inter* delitia et *falsa gaudia* exultantes, luxu *somnoque* marcidos, *vino* graves ...»; y *Seniles*, IV, v.

385. Juvenal, *Sátiras*, IX, 126-129, versos citados también en *Familiares*, XXIII, II, 13, y XXIV, 1, 4; en la primera carta, continúa Petrarca inmediatamente: «Hanc si forte longam tibi seramque pollicitus ...»; nuestro texto ofrece un enlace similar: «Hanc tu ... tentas excludere?» (182).

386. Vid. arriba, pág. 105, n. 172, al fin.

387. «... non servatis nature gradibus ...» (182). La imagen suele ir asociada a la idea de la gran cadena del ser, del «naturae cursus»: cf. notas 156, 157.

388. Cf. pág. 86, n. 114.

389. Vid. abajo, págs. 384-385, 424, 435-436.

390. «... verumque est quod vulgo ferunt, animum unum corpora multa consumere» (182); compárese también *De remediis*, II, LXXXIII («De senectute»), pág. 200: «... neque semper in vobis proverbium verum sit, posse unum corpora multa consumere...»

391. «Pueritia quidem fugit, sed, ut ait Seneca [*Ad Lucilium*, IV, 2], puerilitas remanet» (182).

Y Francesco no es tan niño como quizá se le antoja. «Et tu, michi crede, non adeo, ut tibi videris forsitan, puer es.» La frase suena igual que un mazazo, crea una expectación en que por fin se va a poner en práctica el remedio ciceroniano del «pudor», abre paso al momento de dar pleno sentido a las alusiones al espejo, a las canas:

> Maior pars hominum hanc, quam tu nunc degis, etatem non attingit.[392] Pudeat ergo senem amatorem dici; pudeat esse tam diu vulgi fabula ...

En efecto, el *Secretum* nos ha ido presentando al poeta, cuando se acerca la primavera de 1343, en puertas de la vejez: ya no «iuvenis», sino «etate provectior» (62); viendo arruinarse el cuerpo día a día (78); «ad terminum appropinqua[n]s» (86-88); dispuesto a vivir las «senectutis ... reliquie» (116),[393] etc., etc. El diálogo continuará por ese camino; y, en otros lugares, fue refiriéndose a los cuarenta años cuando Petrarca empezó a llamarse «senior» y a considerar que había iniciado, en consecuencia, una nueva edad.[394] Sabemos hasta qué extremo disgustaba a nuestro autor el tipo del «luxuriosus senex».[395] A quien lo fuera,

---

392. Inevitablemente recordamos el único verso conservado de la *Philologia* petrarquesca: «Maior pars hominum expectando moritur» (en *Familiares*, II, VII, 5); cf. *De remediis*, II, LXXXIII («De senectute»), pág. 200: «maxima tamen pars mortalium inexpleta moritur».
393. Vid. pág. 221, n. 320.
394. Cf. pág. 193; *Metrice*, III, XXVII, 26 (situada en 1344), que copio en seguida; *Bucolicum carmen*, VIII, 10 («deliras senior»), etc.; *Metrice*, I, XIV, 112 («Tu longum senior curas extendis in evum»); *Laurea occidens*, 386 («aut ubi iam senior nova carmina cantem?»), etc.
395. Vid. págs. 195, 307; *De otio religioso*, pág. 69: «cogitet senex in senectute fedissimam libidinem» (dicho no por azar ligado ahí al problema de la «vite mutatio» y al ejemplo de la conversión de Agustín); *Familiares*, VIII, I, 18: «Ridiculum ioci genus, sponsus senex». Quizá ya pensaba en ello Petrarca al acotar, en el manuscrito Morgan, Horacio, *Odas*, II, IX, 10-12 («nec tibi Vespero / surgente decedunt amores / nec rapidum fugiente solem»): «Nota pro amantibus sine intermissione. Facit pro eo quod scribemus in libello. Gravius iure videtur etiam de sequenti sene ['Néstor'] agere, iuxta illud Ovidii 'Iam michi deterior' et reliqua *in Ponto* [I, IV, 1 y sigs., sobre el envejecer, la renuncia, el deseo de abrazar a su mujer], et de eo quod est infra 'Quid bellicosus', idest 'Fugit retro', etc.» (Horacio, *Odas*, II, XI, 1, 5, sobre el encanecer «pellente lascivos amores»); cf. G. Billanovich, «Da Dante al Petrarca», en Accademia Nazionale dei Lincei, *Adunanze Straordinarie... della Fondazione A. Feltrinelli*, I, fasc. 3 (1966), págs. 65-66.

enseñaba hacia 1348, urgía someterlo al mismo tratamiento que Francesco recibe aquí: «Pudor forsan ac metus efficient, quod ratio iampridem ac satietas debuissent».[396] Y hablando de sí, en 1344, sin persona interpuesta, replicaba a un amigo transalpino:

> consilio ne tuo senior iam segnis amator
> in flammam laqueosque ruam et iuga nota subibo ...[397]

Pues a evitar esa vergüenza de ofrecerse como «senex amator», a sonrojarse de ser «fabula vulgi» (sujeto cuyos devaneos van de boca en boca en «rime sparse»),[398] invita Agustín al poeta. Antes le vaticinó que sentiría pudor al recordar la pasión por Laura (cf. págs. 275-276). Todavía antes le explicó que era lícito desear «ad etatem provectiorem pervenisse ..., que sic *consilia hominum alternat*» (90). Con tal perspectiva, y atendidas tantas otras promesas de mejora como se hacen al protagonista (vid. solo pág. 341), caben pocas dudas de que el horizonte aparece despejado: las amonestaciones, los «pudeat ...» del Santo acabarán por dar buen fruto en el futuro de Francesco, en la imagen de Petrarca que pretendía sugerirse al redactar el *Secretum*.

Pero estamos a punto de pasar a la otra «adamantina cathena» y Agustín prepara la transición con un consejo que enlaza las dos facetas de Francesco examinadas en el libro tercero: el creador de los *Rerum vulgarium fragmenta* y el humanista del *Africa* (cf. pág. 258). Cierto —apostilla—, si al escritor no le

---

396. *Familiares*, V, IX, 5; cf. n. 357 y *Metrice*, I, I, 58-59.

397. *Metrice*, III, XXVII, 26-27; comp. *Familiares*, X, III, 17: «si ratio non persuaserit [a la castidad], senectus coget, quam magis magisque in dies adventare et iam finibus meis obequitare sentio».

398. No se olvide que Francesco sigue contemplándose esencialmente como el lírico del *Canzoniere*, y nótese la importante coincidencia con el soneto prologal, I, 9-11: «Ma ben veggio or si come *al popol tutto / favola* ['vulgi fabula'] fui *gran tempo* ['tam diu'], onde sovente / di me medesmo meco *mi vergogno* ['pudeat']». Coincidencia que no se da en las otras derivaciones petrarquescas de Horacio, *Épodos*, XI, 7-8 («Heu me! per urbem, nam pudet tanti mali, / fabula quanta fui»), y Ovidio, *Amores*, III, I, 21-22 («Fabula, nec sentis, tota iactaris in urbe, / dum tua praeterito facta pudore refers»), pese a sugerirse dos factores en esas fuentes: *Metrice*, III, XXVII, 29-30 («suntque illa pudori, / fabula quod populo fuerim»); *Familiares*, X, III, 21 («et nos multorum essemus populorum fabula»); *De remediis*, I, LXIX, en *Prose*, pág. 630 («vulgique fabulam fieri dolent»); *Sine nomine*, I, pág. 166, etc.

seduce la auténtica belleza de la gloria ni le asusta la deshonra, que condescienda al menos con el pudor ajeno merced a una «vite ... mutatio»; pues, si no por otras razones, cumple velar por la propia fama para librar a los amigos de la indignidad de mentir (en defensa —se entiende— de quien es hablilla del vulgo, justamente acusado de viejo libidinoso). Todos han de preocuparse por ello (182), mas Francesco debe hacerlo con especial atención (184), para evitar semejante infamia al inmenso gentío que habla de él.

Magnus enim labor est magne custodia fame.

Si tal es el aviso de Aníbal, encarnizado enemigo, a Escipión, en el *Africa* (donde ese verso no figuró antes de 1346-1347),[399] tolérelo y aprovéchelo ahora de labios de un padre lleno de cariño (quien, de no intentar aquí conmoverlo por la vía de la benevolencia, podía haberle repetido el amargo comentario hecho en la jornada anterior, al aducir otro pasaje de la epopeya: «Preclare quidem, modo quod alios dicere facis ipse tibi diceres»).[400] Deje, pues, las tonterías pueriles, las frívolas poesías eróticas; [401] ex-

---

399. «Hoc si Scipioni tuo truculentissimum hostem consulentem facis in *Africe* tue libris ...» (184). Efectivamente, la línea se halla en el *Africa*, VII, 292, mas procede de la *Metrica* II, xiv («Impia mors»), 273, que D. Magrini fecha en 1346-1347, y F. Rizzi en 1348 (cf. pág. 48, n. 24); Petrarca lo explica en *Familiares*, VII, vii, 5-6 (teóricamente, de 29 diciembre 1347; pero sábelo Dios): «Non queritur gratis clarum nomen nec servatur quidem. 'Magnus enim labor est magne custodia fame'. Permitte michi meo versiculo tecum uti, qui adeo michi placuit ut eum ex quotidianis epystolis non puduerit ad *Africam* transferre». El verso, pues, data como mínimo de 1346-1347, y su transcripción en el *Secretum* (con cita del *Africa* en tanto origen, lo que supone aumentar el intervalo) ha de remitirnos a una época aún más tardía. El tal «versiculus», por otra parte, ha sido relacionado por C. Godi, en *Italia medioevale e umanistica*, XIII (1970), pág. 14, con Lucano, *Farsalia*, IX, 980 («O sacer et magnus vatum labor!»); ofrece una combinación de «labor» y «gloria» muy cara a Petrarca (vid. K. Heitmann, *Fortuna und Virtus*, pág. 222); y Francesco Nelli (tomándolo de la *Metrica* II, xiv, con frecuencia recordada por él a partir de 1350) lo copia en una carta de agosto de 1353 (H. Cochin, *Un ami de Pétrarque...*, págs. 192-193).

400. Cf. arriba, págs. 147, 149.

401. «Ineptias pueriles abice» (184); el valor que subrayo aquí puede apoyarse en *Seniles*, XIII, xi (1373), pág. 1.020: «Invitus, fateor, hac etate vulgari iuveniles ineptias cerno»; pero cf., por ejemplo, *Familiares*, VIII, iv, 9: «non sumus decrepiti, esto; ne senes simus; at profecto nec pueri. Tempus est pue-

tinga las llamas de la adolescencia, el amor por Laura; [402] no piense solo en lo que ha sido, de vez en cuando escudriñe lo que es (donde el «quid fueris» apunta a la mocedad y el «quid sis» a la vejez). No sin motivo, aclara el Santo, le mencionaba el espejo. Ya en las *Quaestiones naturales* se lee que los espejos se inventaron para que el hombre se conociera a sí mismo y tomara consejo: si hermoso, para orillar la infamia, y, si no, para compensar la deformidad con la virtud; si joven, para descubrirse en tiempo de imponerse en quehaceres viriles, y, si anciano, para no afrentar las canas «et de morte aliquid cogitare».[403] Francesco declara no haber olvidado nunca la memorable y sana admonición. ¿Y de qué le ha servido leerla y recordarla, insiste Agustín (cf. página 326)? Más disculpable sería poder escudarse en la ignorancia: «nonne enim pudet hoc scienti canos nil mutationes attulisse?» La pregunta, rica en resonancias de otros lugares petrarquescos, particularmente del *Canzoniere*,[404] solo puede provocar una respuesta: «Pudet, piget et penitet,[405] sed ultra non valeo».

---

rilia relinquendi» (versión alfa; el texto gamma trae solo: «non sumus decrepiti certe, nec pueri»); y arriba, págs. 86 y 138, para otras connotaciones del giro.

402. «Adolescentie flammas exstingue» (184). Vid. págs. 195, 308; notas 213, 293, 357.

403. La cita es de Séneca, *Quaestiones naturales*, I, XVII, 4, y sin duda de memoria, a jugar por las múltiples divergencias; con todo, el pasaje se ha introducido sin indicación explícita de no transcribirse a la letra: «Memento quid in *Questionibus naturalibus* scriptum est» (184).

404. Cf. en especial *Bucolicum carmen*, VIII, 76-78: «Sed iam cum tempore sensim / omnia mutantur; studium iuvenile senecte / displicet, et variant cure variante capillo»; *Familiares*, VIII, IV, 13 (texto alfa, falta en el original gamma): «Nos vero non pudeat, quod multo ante decuit fecisse, vel nunc aggredi; pudeat potius ne nunc quidem. Variante capillo, turpe esta variantia non firmare consilia»; *Canzoniere*, CXXII, 5-7: «Vero è 'l proverbio, ch'altri cangia il pelo / anzi che 'l vezzo, et per lentar i sensi / gli umani affecti non son meno intensi» (cf. *Rerum memorandarum*, II, LXXIII, 2, según Suetonio, *Vespasiano*, XVI); CXCV, 1-2: «Di dí in dí vo cangiando il viso e 'l pelo, / né però smorso i dolce inescati hami»; CCLXIV, 115-116: «ma variarsi il pelo / veggio, et dentro cangiarsi ogni desire»; CCCXVI, 9-10: «Poco avev'a 'ndugiar, ché gli anni e 'l pelo / cangiavano i costumi»; CCCXVII, 14: «cangiati i volti, et l'una e l'altra coma»; CCCLX, 41-42: «ché vo cangiando 'l pelo, / né cangiar posso l'ostinata voglia»; CCCLXII, 7-8: «Amico, or t'am'io et or t'onoro / perch'à'i costumi variati, e 'l pelo». Vid. aún *ibid.*, XXX, 25-27; CCLXXVII, 1-2, 14; CCCXIX, 12; CCCXXXI, 60; *Metrice*, III, XXVII, 15 y sigs.; *De remediis*, I, II, en *Prose*, págs. 614-616; *Triumphus Cupidinis*, I, 70-73.

405. Cf. arriba, pág. 219, n. 315.

Pero esa confesión de remordimiento e impotencia (impotencia que nos retrotrae por un instante a la letra y al espíritu del coloquio primero) [406] se contrapesa con la evocación de un consuelo, no por azar aludido asimismo en las *Rime* «in morte» con el contrapunto del cambiar costumbres según cambia el cabello: [407] la dama también envejece, «illa mecum senescit». El Padre, sin embargo, que conoce el modelo literario de ese sentimiento,[408] rápidamente lo vuelve del revés. Porque ¿acaso es más honesto arder «iam senior» por una «anus» como Laura que amar a una mozuela? Al contrario, es tanto más torpe, «quo amandi minor est materia». Pues avergüéncese el poeta, avergüéncese de no mudar el ánimo mientras el cuerpo se muda sin cesar. Así se apura el remedio ciceroniano, desarrollando la idea insinuada en el *De vera religione* [409] y marcado el acento en el Francesco «iam senior», en esa *senectus* cuyo umbral, los cuarenta años, subraya el *Secretum* con nítidos rasgos.

«Et hoc est quod de pudore dicendum tempus obtulerat.» En principio, no comprendemos demasiado el porqué de esa prisa. Es patente que Agustín la tiene, pero no le impide proceder con destreza. A juicio de Cicerón —observa—, el pudor no debe ocupar el sitio de la razón; [410] de suerte que a ella misma conviene pedir el auxilio supremo, y ese lo conseguirá la intensa «cogitatio» (184) que el Padre ha colocado al final «ex tribus animum ab amore deterrentibus» (186). Con las *Tusculanas*, hábilmente, se justifica que el orden de los *remedia amoris* en las *Tusculanas* («pudor», «cogitatio», «satietas») se haya alterado

---

406. Cf. pág. 65, cita de 38.
407. Pienso sobre todo en el tríptico formado por los sonetos CCCXV, CCCXVI y CCCXVII (cf. n. 196), sobre el cual B. Croce, *Poesia antica e moderna*, Bari, 1941, págs. 163-168, y U. Bosco, *Francesco Petrarca*, págs. 77-79.
408. «Inhesit, credo, tibi vox Iulie, Cesaris Augusti filie, quam cum genitor argueret quod non gravis sibi conversatio esset ut Livie [cf. n. 89], illa patris monitus elusit facetissimo responso: 'Et hi mecum' inquit 'senescent'» (184). Otra tanto se cuenta en los *Rerum memorandarum*, II, 50, 3, siempre de acuerdo con Macrobio, *Saturnales*, II, v, 6.
409. «Pudeat ergo, pudeat animum nunquam mutari, cum corpus mutetur assidue» (184); cf. pág. 355.
410. «Ceterum quia, ut Ciceroni placet, valde est absonum cum in locum rationis pudor succedit ...» (184). Cf. *Tusculanas*, II, xxi, 48: «... turpissime ... saepe enim videmus fractos pudore, qui ratione nulla vincerentur».

a favor de uno nuevo («satietas», «pudor», «cogitatio»),[411] más acorde con las circunstancias peculiares del protagonista y con la estrategia doctrinal de Agustín. Pues si era mejor descartar la «satietas» desde el inicio, para progresar hacia argumentos cada vez más acomodados a Francesco, y parecía oportuno concluir con una recapitulación, según mostraba la retórica, el carácter de lo dicho pedía que semejante epílogo y compendio decisivo versara sobre la «cogitatio», entendida esencialmente como una «cogitatio mortis». Con lo cual, además, se abría el camino a las preocupaciones dominantes en la inmediata sección sobre la gloria.

En efecto, el discurso del Santo es una llamada «ad illam arcem», una exhortación a refugiarse en la fortaleza de la razón, única defensa sólida contra el asalto de las pasiones y gracias a la cual se merece el título de hombre. Son motivos expuestos en la conversación anterior, claro; [412] y, de hecho, el parlamento inmediato consiste sobre todo en resumir y a veces repetir *ipsissimis verbis* ideas centrales tratadas previamente: la reiteración de los «cogita ...» que abren cada frase vale ya como síntoma de la reiteración de los asuntos por reflexionar. «Cogita», pues, medita, se oye aconsejar Francesco. Medite, cierto, la nobleza del ánimo (págs. 74, 107, 109): tanta, que examinarla exigiría un libro entero.[413] Medite la fragilidad y la fealdad del cuerpo, sobre

411. Vid. arriba, n. 357.
412. Cf. págs. 206, n. 273; 236, n. 360; 88, n. 119. En adelante, si no doy otra indicación, señalo en el texto, entre paréntesis, la página o páginas del presente volumen donde se estudian las cuestiones sintetizadas en nuestro pasaje, a menudo con insistencias literales.
413. «... que tanta est ut, si de ea velim disserere, liber michi integer retexendus erat» (186). Recuérdese que en el *De remediis*, II, xcIII, tras señalar que algunos deploraron la miseria humana «integris voluminibus», Petrarca observa: «sed, si in diversum aspicias, multa itidem que felicem vitam ac iucundam faciant videbis, et si de hoc nemo hactenus, nisi fallor, scripserit aggressique aliqui destiterint, quod difficilem et contrariam scribentibus sterilioremque longeque imparem materiam se sortitos intelligerent ...» De hecho, el capítulo donde tal escribe (hacia junio de 1354) se concentra en la excelencia y las cualidades del alma, págs. 211-212, tema también desarrollado en la *Familiaris* XVI, IV (marzo de 1353), y en ambos lugares con gustosa dependencia del *De vera religione*: todo ello nos lleva a las cercanías de la fecha más probable para la última versión del *Secretum* y nos ayuda a entender el comentario de Agustín a la mención de la «animi nobilitas». Vid. además págs. 170, n. 161, y 241, n. 374.

las que no hay menos por decir (págs. 84, 142-143, 170). Medite la brevedad de la vida: ahí están los libros que le dedicaron grandes hombres.[414] Medite el huir del tiempo, imposible de alcanzar con palabras.[415] Medite la certeza de la muerte, la duda sobre la hora de la muerte, siempre y doquiera amenazante, «impendens» (págs. 91, nota 128; 43, nota 14). Medite que todos se engañan siempre en creer diferible lo que no cabe diferir (pág. 103, nota 166): pues, por otra parte, nadie se tiene tan olvidado, que, si le preguntan, no conteste que algún día habrá de morir (pág. 84, nota 106). No lo burle, por caridad, la «spes vita longioris», que ilusiona a infinitos (pág. 102); mejor acepte el verso proferido como por celeste oráculo (pág. 168):

omne crede diem tibi diluxisse supremum.[416]

Sí, cada día que amanece a los mortales o es el último o está cerca del último.

Medite, además (repasamos el pliego de cargos contra el poeta del *Canzoniere*), qué feo es verse señalado con el dedo,[417] convertido en «vulgi fabula» (n. 398). Medite qué en desacuerdo van su profesión (de intelectual) y sus costumbres.[418] Medite

---

414. Cf. *Familiares*, VIII, IV, 10 (texto alfa): «... atque ita demum iacentes illusique de nature fragilitate deque evi brevitate lamentemur, et sere querimonie Theofrastum proferamus auctorem, Cicerone ac Salustio et Seneca resistentibus magnifice superandum»; en esos «magnorum hominum libri» (vid. identificación de fuentes en la ed. Rossi) pensaría aquí Petrarca, así como en los múltiples autores concordados, verbigracia, en *Familiares*, XXIV, I, 1-8 («de inextimabili fuga temporis»).

415. «Cogita fugam temporis, quam nemo est qui verbis equare possit» (186); cf. *Triumphus Temporis*, 34-35 («piú, dico, né pensier poria già mai / seguir suo volo, non che lingua o stile»); *De remediis*, I, XCII, en *Prose*, pág. 632: «idque [sc. 'tempus'] semper instabile fugeque tam rapide, ut vix illam animo sequi possis»; y pág. 105, n. 172.

416. Horacio, *Epístolas*, I, IV, 13.

417. «... quam turpe sit digito monstrari ...» (186); cf. *Metrice*, III, XXVII, 30: «digitoque notatus»; *Sine nomine*, I, pág. 166; n. 256. En todos esos casos se establece un contraste, a modo de palinodia, con el valor positivo del sintagma, presente en *Familiares*, X, III, 15 (cita de Persio, *Sátiras*, I, 28); *Canzoniere*, CV, 84; *Triumphus Eternitatis*, 94; *De vita solitaria*, pág. 588.

418. Pese a alguna propuesta de entenderlo en sentido religioso, se diría claro que «professio» tiene el mismo valor que en la *Collatio Laureationis*, II, 10, y VIII, 4 («poete officium atque professionem»); vid. 162: «tibi presertim, qui harum rerum magisterium profiteris».

cuánto le ha dañado ella, Laura, en alma, cuerpo, fortuna (páginas 292, etc.). Medite cuánto ha sufrido por culpa de la dama, sin la menor utilidad (págs. 318, etc.). Medite cuántas desilusiones, cuántos desprecios, cuántos desaires (pág. 311). Medite cuántas súplicas, quejas, lágrimas ha lanzado en vano, al viento (y es casi cita de las *Rime*).[419] Medite el ceño altivo e ingrato de la amada: si por azar más benigno, cosa pasajera y movediza como el aura del estío.[420] Medite cuánta fama le ha dado él y cuánta vida le ha robado ella (pág. 319); cuánto se ha desvelado él por el nombre de *madonna* (pág. 321) y cuánto se ha desentendido ella del estado del poeta (pág. 310).[421] Medite cuánto lo ha alejado del amor de Dios (págs. 293, 314) y en cuántas miserias lo ha hecho caer (págs. 302, etc.): el Padre prefiere callarlas, no vaya a oírlos alguien, «siquis forte aurem in hos sermones nostros intulerit» (¿habrá que precisar que la frase solo se explica pensando en los lectores, ante quienes Petrarca juega a ocultarse y descubrirse?). Medite cuántas ocupaciones lo cercan y cuanto más beneficioso, más honesto, resultaría entregarse a ellas. Medite, concretamente (aplicando ese conocido consejo de Cicerón y Ovidio [422] a la «professio» recién citada y a los problemas que en seguida van a debatirse), cuántas obras incompletas tiene entre manos (186): ¿no sería más justo prestarles la atención debida (188) que repartir «hoc brevis

---

419. «Cogita quot blanditias [cf. pág. 311] in ventum effuderis, quot lamenta, quot lacrimas» (186). Entre los abundantes lugares paralelos del *Canzoniere*, destaca en especial CCCLXVI, 79-80: «quante lagrime ò già sparte, / quante lusinghe et quanti preghi indarno».

420. «... quam id breve auraque estiva mobilius!» (186). Cf. *Canzoniere*, CCXII, 1-4: «Beato in sogno et di languir contento, / d'abbracciar l'ombre et seguir l'aura estiva, / nuoto per mar che non à fondo o riva, / solco onde, e'n rena fondo, et scrivo in vento»; y vid. n. 179. La comparación, por lo demás, es conocida: así en Séneca, *Epístolas*, CXXIII, 16 («est [gloria] auraque mobilius»).

421. El esquema (el poeta inmortaliza a la amada y a cambio solo recibe desdenes), tan viejo como Teognis, es muy grato a Propercio (*Elegías*, II, VIII, 11-12; XXV, 1-3, etc.), y en él particularmente debió saborearlo Petrarca. De la fama que dio a Laura se habla en *Metrice*, I, VI, 39; *Triumphus Mortis*, II, 130-131; *Canzoniere*, CCLXVIII, 73-77, etc.

422. Cicerón, *Tusculanas*, IV, XXXV, 74 («abducendus etiam est non numquam ad alia studia, sollicitudines, curas, negotia»), y Ovidio, *Remedia amoris*, 135 y sigs., también con reflejo en el *De remediis*, cit. en la n. 256: «occupatio quoque traductio animi ad alias curas», etc.

punctum temporis»[423] en porciones tan desiguales? Medite, en fin, qué es eso que con tanto fuego desea. Hay que meditarlo intensa y virilmente, para en la huida no caer en más prietos lazos, como les ocurre a muchos (pág. 329 y nota 260), a quienes la dulzura de la belleza exterior se les infiltra por no se sabe qué rendijas, de suerte que las mismas medicinas alimentan la dolencia. Pues pocos, en verdad, bebido el veneno del placer tentador, analizan virilmente, por no decir ya con tenacidad, la fealdad del cuerpo femenino, a que alude Agustín: la fealdad interior —debemos entender—, accesible solo a los ojos del alma, insatisfechos de las apariencias; la fealdad que no distingue la mirada enferma del poeta, únicamente sensible al 'ínfimo bien' de la hermosura física.[424]

Fácilmente retroceden los ánimos y, «urgente natura», recaen en el sólito repecho (pág. 339). Es necesario poner el máximo empeño para que no suceda tal a Francesco, y el Padre le conmina en tonos graves: arroja todo recuerdo de los pasados afanes —clama—, desembarázate de cuanto devuelva a la memoria el tiempo ido; estrella a tus pequeños contra la piedra —palabra de la Escritura—, no crezcan y te hundan en el cieno.[425] Y, en tanto —la cita bíblica lleva al terreno más paladi-

423. Recuérdese el senequista «Punctum est quod vivimus et adhuc puncto minus» (*Ad Lucilium*, XLIX, 3); y cf. *De remediis*, I, XCII («De gloria»), en *Prose*, pág. 632: «tempus presens puncto minus».

424. «Verum hoc acriter viriliterque cogitandum est ... Pauci enim sunt qui, ex quo semel virus illud illecebrose voluptatis imbiberint, feminei corporis feditatem, de qua loquor, sat viriliter, ne dicam satis constanter, examinent» (188). El «de qua loquor» puede parecer intrigante en el pronto; pero el doble «viriliter» apunta que se refiere a la misma «virilis consideratio» de 76 (vid. pág. 142, n. 74), inserta en las esenciales dicotomías de 'ojos de la mente' / 'ojos del cuerpo', 'verdad' / 'opinión', etc. (cf. pág. 22), que el Francesco poeta del libro tercero enfrenta en las dualidades 'amar al Creador' / 'amar a la creatura', 'belleza suprema' / 'belleza mínima', etc. Por lo demás, el aludido tópico de los «ojos de Linceo» se usó más de una vez como *remedium amoris*; cf. así *Les oeuvres poétiques de Baudri de Bourgueil*, ed. P. Abrahams, París, 1926, núm. 139, vs. 83-85, pág. 112: «superficies pulchrae mulieris ametur; / intereus vero si vis introspice quae sit, / pulcher saccus erit distentus stercore multo».

425. «Pelle omnem preteritarum memoriam curarum [vid. la n. 300]; omnem cogitatum, qui transacti temporis admonet [cf. la n. 110], excute et, ut aiunt, ad petram parvulos tuos allide ne, si creverint, ipsi te ceno subruant» (188). Cf. *De otio*, pág. 75 (y comp. 69): «luxuria animum deiectura complectitur. Venienti igitur resistendum, occurrendum principiis et illud ante oculos ha-

namente religioso—, atruena el cielo con devotas oraciones, cánsale los oídos al Rey del firmamento con piadosas preces; ni día ni noche pase sin súplicas y lloros, para que el Omnipotente, compadecido, dé fin a tus fatigas. Si eso haces y a eso te aplicas con diligencia —promete Agustín—, te llegará la ayuda de Dios y te socorrerá la diestra del Liberador invicto. Apenas queda tiempo; pero, antes de cambiar de tema, el poeta quiere aclarar que desde ya se siente, si no libre por completo, sí aliviado en gran parte de los viejos males.

El pasaje cierra el capítulo 'de amore' en los mismos términos que cerraban la sección 'de luxuria',[426] acentuando, así, que la pasión por Laura pertenece a la órbita de ese pecado. También aquí se aduce un versículo escriturístico (página 190). También aquí es esencial la invitación a orar, con exacta coincidencia sobre la manera y el efecto del rezo, y posiblemente hasta en un eco de las *Confessiones*.[427] También aquí brilla, aún más poderoso, el anuncio de la gracia de Dios.[428] En el diálogo primero, con un texto de la *Eneida* hecho jaculatoria, Francesco pedía a Jesús que le diera la diestra y lo sacara a flote: y el Santo se lo auguraba, enseñándole a ganarse parejo auxilio y a apartar los «fantasmata», obstáculo mayor a la práctica fructífera de la «cogitatio mortis», lección central del *Secretum* (págs. 98 y sigs.). En el segundo coloquio, siempre a zaga del *De vera religione*, Agustín añadía que la «cogitatio mortis» y

---

bendum: 'Beatus qui tenebit et allidet parvulos suos ad petram' [Salmos, CXXXVI, 9], siquidem parvulos et modo natos cogitatus intelligimus, quos antequam crescant et nos superent et usu armati nos de rationis arce deiciant allidere monemur ad petram: 'petram autem erat Christus' [I Corintios, X, 4]». Para las últimas palabras de nuestro texto, vid. *Psalmi penitentiales*, III, 1: «in ceno peccatorum meorum marcui miser»; la exégesis del citado versículo de los Salmos es en esencia la de la *Glossa ordinaria*, en PL, CXIII, cols. 1.057-1.058, con sugerencia de San Jerónimo, citado en *Seniles*, IV, v, pág. 870.

426. Véase también n. 302.

427. «Inter hec celum devotis orationibus pulsandum; aures Regis etherei piis precibus fatigande. Nulla dies, nulla nox sine lacrimosis obsecrationibus transigenda est, si forte miseratus Omnipotens finem laboribus tantis imponeret» (188); cf. págs. 190, n. 219, y 191, n. 223.

428. «Hec agenda tibi cavendaque sunt; que diligentius observanti aderit divinum auxilium, ut spero, et invicte Liberatoris dextra succurret» (188); cf. págs. 188 y sigs. (en particular, la cita de 102 en la pág. 189: «aderit Ille...»).

la contemplación de los «divinitatis archana» obligaba a expulsar los «fantasmata» y escapar «a libidinibus corporeis» (página 184). Ahora, contra Laura, ocasión de lujuria, fantasma que aleja del Señor, asegura que no faltará el apoyo divino, la diestra firme del Salvador. Es el auxilio que se anhela para el Petrarca de la *Metrica* antes encomiada, ansioso pero incapaz de huir de la dama, en la soledad (pág. 352):

> Hos michi nectit Amor laqueos; spes nulla superstes,
> ni Deus omnipotens tanto me turbine fessum
> eripiat manibus... suis...; [429]

el que se envidia a Gherardo, vencedor de los peligros que oscurecían la adolescencia de los dos hermanos: «sed te de tantis errorum tenebris eduxit repentina mutatio dextere Excelsi»;[430] el que se impetra para el «adolescens luxuriosus» tópico: «et certe potens est Excelsi dextera, mutatione illa davitica, dicto citius ab imo miseriarum fundo misericorditer attollere; sed id rarissimum et paucissimorum hominum scito esse».[431] Pues bien, Francesco va a ser de esos pocos: todo, en nuestra obra, se enlaza hacia semejante pronóstico. Por ahora, el poeta se confiesa, «etsi nondum plene liberatum, magna tamen ex parte levatum». Pero el «nondum», como sabemos, proyecta sobre el mañana la plena liberación que para hoy restringe (pág. 308, n. 194). El protagonista ha resuelto seguir, mas todavía no ha puesto en práctica los consejos del Padre; sin embargo, el implacable desmenuzar el amor por Laura, el destripar la erótica vulgar del *Canzoniere,* le ha hecho mella y sin duda se le aparece como un revulsivo de mayor energía que los «remedia» convencionales. Al final, pues, luce la esperanza: al otro lado de la frontera, más allá de los cuarenta años, a Francesco Petrarca se le ofrece un

---

429. *Metrice,* I, VI, 152-154.
430. *Familiares,* X, III, 17; y continúa: «ego sensim multisque laboribus assurgo, credo ut intelligi detur nullum hic adminiculum literarum, nullum opus ingenii, sed totum Dei munus esse [es clara la alusión al 'non possem esse continens, nisi Deus det'; cf. pág. 190], qui forte et michi manum porriget imbecillitatem meam ingenue confitenti. Id sane, si ratio non persuaserit, senectus coget ...» (vid. n. 397).
431. *Familiares,* V, VIII, 10, con mención de Salmos, LXXVI, 11: «Haec mutatio dexterae Excelsi».

puerto a salvo del mal amor, «quel' antiquo mio dolce empio signore».

El camino, entonces, está franco para continuar, según el esquema trazado, con el examen de la otra cadena de diamante que aprisiona al poeta. Pero habrá que hacerlo rápidamente: «quoniam, tametsi pro necessitate tua pauca quidem, *pro brevitate* autem *temporis* satis multa de uno morbo dicta sunt, ad alia transeamus». Ya hemos visto que Agustín procede a paso veloz, hasta el extremo de casi olvidársele una cuestión, abreviar o limitar otras, cortar alguna alegando que el tiempo apremia.[432] Ahora, la confesión es todavía más explícita, y empezamos a comprender esa prisa que nos intrigaba. Parece claro, desde luego, que los pasajes donde se echa de ver tal premura (justamente desde la mitad de nuestro tercer libro) han de pertenecer a la última versión del *Secretum*: a no ser así, a haberse escrito en la primera o segunda redacción, sin duda se habrían rehecho, homogeneizándolos con el resto de la obra, en la etapa final. La observación concuerda con los decisivos indicios que situaban entre enero y mayo de 1353 páginas centrales del diálogo [433] y aun apunta que la conclusión del *Secretum* coincide con las postrimerías de la residencia en Provenza, cuando Petrarca veía inmediata la marcha a Italia.[434]

Por otro lado, esa prisa no parece dañar gravemente la sección 'de gloria' que se abre aquí, pero sí explica algunas peculiaridades suyas que en distinta tesitura quizá nos sorprendieran: la declaración de una insólita carencia bibliográfica (210); la brevedad de la discusión, no insuficiente en sí misma, pero un poco en disonancia con el largo desarrollo en torno al amor (en especial habida cuenta de que se ha reservado para el lugar de honor) y responsable, por ende, de que la balanza del coloquio tercero quede algo desequilibrada; una cierta falta de matices en las transiciones... Por de pronto, el texto arranca con un tono cortado y conciso que nos recuerda la manera del *De remediis*:

---

432. Cf. págs. 350 (y nota 344), 353, 368.
433. Vid. sobre todo págs. 340-348; también, notas 348, 349, 368, 399, 413, aparte cuanto iré señalando en adelante.
434. Cf. ya, en especial, págs. 347-348, notas 336 y 339.

Augustinus. — Gloriam hominum et immortalitatem nominis plus debito cupis.
Franciscus. — Fateor plane, neque hunc appetitum ullis remediis frenare queo. (188)

La toma de posiciones es nítida. Acusado de soberbia, el pecado capital a que se vincula la «gloriae cupiditas», Francesco protestaba con ironía y despecho; recriminado por el amor a Laura, el otro de los «duo nodi» que lo ligan en tanto escritor, se defendía enconadamente; ahora, en cambio, se reconoce culpable sin paliativos.

Y es lógico: el «appetitus gloriae» entraba definitoriamente en el papel que Francesco desempeña en nuestro libro, en el *role* de hombre de letras que domina el último acto. Obviamente, Petrarca sintió muy en lo hondo y a título muy personal el acicate de la fama, no sin remordimientos. Baste algún ejemplo: en el *De vita solitaria,* y en significativa coincidencia con el pasaje recién leído (y con todo el contexto), aludía a los planes de escribir obras que lo inmortalizaran, «pro *non mediocri glorie cupiditate* (si tamen hanc nondum *freno* animi ac ratione perdomui)».[435] Con el pasar de los años, cierto, fue domando la pasión;[436] o por lo menos quiso presentarla como episodio pasajero, limitado a la juventud y superado después en la busca de más altas metas (justamente el *Secretum* dramatiza la circunstancia ideal de pareja superación): «Nunquam tam iuvenis, nunquam tam glorie cupidus fui, quod interdum me fuisse non inficior, quin

---

435. En seguida se añade: «et siquid forte mansurum scripsero, his potissimum inscribam, quorum glorie quadam velut partecipatione clarescere tenebrisque resistere valeam, quas michi temporum fusca profunditas et nominum consumptrix illustrium obliviosa posteritas intentant»; todo lo cual se lee en la dedicatoria a Felipe de Cabassole (*De vita solitaria,* en *Prose,* págs. 288-290).
436. Vid. algunos textos al propósito (aunque mal interpretados en relación con el *Secretum*) en E. H. Wilkins, «On Petrarch's *Accidia*...», pág. 594. Falta una monografía cuidadosa sobre 'gloria' y 'fama' en Petrarca; varias referencias se hallarán en estudios sobre otros temas o trabajos de conjunto: G. Voigt, *Pétrarque, Boccace et les debuts de l'Humanisme en Italie,* París, 1894, págs. 112-124; U. Leo, «Petrarca, Ariost und die Unsterbilchkeit», en *Romanische Forschungen,* LXIII (1951), págs. 241-281 (Petrarca: 241-260); K. Heitmann, *Fortuna und Virtus,* págs. 222-223, 227; A. S. Bernardo, *Petrarch, Scipio and the «Africa»,* pág. 216, *s.v.* «glory»; H. Baron, *The Crisis of the Early Italian Renaissance,* pág. 116, etc.

maluerim bonus esse, quam doctus».[437] Pero también parece claro que en la gestación de esa «cupiditas» debió pesar no poco el modelo de los antiguos, con quienes mantenía tan familiar comercio. De Cicerón, Salustio o el Obispo de Hipona había aprendido que los romanos realizaron «multa mira atque praeclara gloriae cupiditate».[438] Del héroe más entrañable, Escipión, sabía que solo por tal «cupiditas» no encubierta fue movido, y aun quiso compartir la gloria con los poetas que podían afianzársela, gentes sensibles a similares estímulos: «Cuius quidem glorie solius cupidum fuisse reperio ... Quam cupiditatem nec ipse dissimulat ..., ad summum se virtutis et glorie gradum aspirare, et clarorum titulos virorum non equare tantum sed transcendere in animo sibi esse professus est, verbumque illud altissimum adiecit, desiderium glorie ultra vite tempus extendi, maximamque eius partem non tam presentis evi populum respicere quam opinionem ac memoriam posterorum ...[439] Hoc de fonte prodiit quod poetas sui temporis coluit ac dilexit ...»[440] Entre los antiguos, sin embargo, el primer dechado propuesto a la imitación le venía de los intelectuales. De hecho Petrarca siempre juzgó el ansia de fama particularmente aguda en los hombres

437. *De ignorantia*, ed. Capelli, pág. 28, y en *Prose*, pág. 716.
438. Cicerón, *De republica*, V, 7, y Salustio, *Catilina*, VII, ambos en *De civitate Dei*, V, XII y XIII.
439. Y continúa con un comentario que indica bien cómo Petrarca veía en el «desiderium glorie» una suerte de diálogo y confrontación con los antiguos: «ideoque naturaliter inesse magnis et excellentibus animis, ut non modo cum coevis sed cum omnium seculorum viris se comparent, cum omnibus de claritate contendant: dictum omnibus semper qui in altum nituntur memorabile» (*De viris illustribus*, XXI, «Scipio», XI, 10-11); vid. otro tanto en *De otio religioso*, pág. 63.
440. El relato prosigue tratando la dilección y los honores que el Africano dispensó a Ennio, junto a reflexiones donde se echa de ver que Petrarca, «Ennius alter» (*Africa*, II, 443), tendía a asimilarse tanto al poeta como al caudillo (vid. pág. 156, n. 114): «nostris ea cura principibus non est, qui sic vivunt ut eis metuendi poete sint potius quam optandi. Ab his enim duntaxat optantur, qui illorum testimonio exornari sperant, eodem dicente Claudiano [*De laudibus Stiliconis*, III, 5-6]: 'Gaudet enim virtus testes sibi iungere Musas, / carmen amat quisquis carmine digna gerit' ... Sed revertor ad Scipionem ..., gloriam enim sibi non ad satietatem modo sed pene ad fastidium obtigit ...» (*ibid.*, 12-15); para la última frase, cf. *Familiares*, XI, XII, 4 (julio, 1351): «Usque ad satietatem notus in patria fugiensque fastidium quero ubi lateam solus inglorius et ignotus; mira cupiditas, inter tot presertim inanis glorie sectatores».

más doctos («dixisse sufficiat glorie appetitum ... maxime sapientibus et excellentibus viris insitum»),[441] y casi achaque del oficio en los poetas (alguna vez lo escribe con imagen que ayuda no poco a entender la homología entre los dos núcleos de nuestra jornada tercera: «fama est, propter quam poete, sicut propter amicas suas amatores, canunt»);[442] y comprobó con gusto cuánto clásico admirado logró ser «famosus ... in vita famosiorque in morte»: «Est hoc, fateor, in nonnullis verum, unde et Anneus Seneca in epystola quadam habiturum se gratiam apud posteros vaticinatur; et Statius Papinius presentem famam benignum iter suo operi ad futuros stravisse ait; et Ovidius Naso sibi nomen indelebile futurum seque ore populi legendum perque omnia secula fama victurum presagit. Neque, hercle, ullus horum fallitur!»[443] No inútilmente Francesco declaraba poco antes cómo le complacía rodearse «claris ... comitibus», emplear una «supellex» de ilustres ejemplos de mejores tiempos (cf. págs. 356-360). Y parece patente que en nuestro personaje, convicto y confeso de «appetitus gloriae», como en el Petrarca de la realidad, ávido de «fame immortalis honos et gloria»,[444] es esencial el propósito de emular la actitud y los objetivos de los viejos maestros. Calcar al Cicerón que no vaciló en hablar «de meo quodam amore gloriae nimis acri fortasse»,[445] incluso si reprochándole enzarzarse en exceso tras un «falsus glorie splendor».[446] Copiar al Virgilio dispuesto a quemar la *Eneida* mejor que a temerse desairado por la posteridad (vid. pág. 389). Remedar la ambición de Horacio en el intento de cuidar (reza el *De vita solitaria*) «hoc ipsum literarum negotium, quo vel nostrum vel alienum conse-

---

441. *Collatio laureationis*, VII, 2 (y vid. todo el párrafo, págs. 18-19).
442. *Familiares*, X, IV, 27.
443. *De remediis*, I, CXVII, pág. 118: referencias a Séneca, *Ad Lucilium*, XXI, 5; Estacio, *Tebaida*, XII, 812-819; Ovidio, *Metamorfosis*, XV, 875-879.
444. *Metrice*, II, X, 254-255.
445. *Pro Archia*, XI, 28. En un manuscrito del discurso ciceroniano, Petrarca destacó con ladillos las referencias a la «dulcedo glorie», al «glorie appetitus»; «ma il lettore cristiano non ha voluto seguire il classico nell'esaltazione estrema dell'amore di lode, innalzato a ragione finale del bene operare», y al margen del párrafo célebre de que he transcrito una línea anota: «Cave tamen» (vid. G. Billanovich, «Petrarca e Cicerone», pág. 91; cf. abajo, n. 548). Es la misma dualidad atestiguada en el *Secretum*.
446. *Familiares*, XXIV, III, 2.

cremus nomen, quo multo 'perennius' quam 'ere' vel marmore virorum illustrium imagines excidamus».[447]

Insistamos: Petrarca vivió muy auténtica y peculiarmente el anhelo de fama; mas también lo vivió de una manera mediata, como forma de imitación clásica, como reflejo («profesional», me atrevería a decir) del arquetipo del escritor antiguo. Por supuesto, en la Edad Media no se esfumó el deseo de gloria literaria;[448] pero tampoco fue cosa de recibo, fenómeno «institucional», dato constitutivo del quehacer intelectual proclamado con el tesón y la sistematicidad de los autores romanos, Petrarca o tanto humanista posterior.[449] Una muestra sintomática: en los centenares de páginas que Guillermo Peraldo dedica a las especies de la soberbia (plagadas de coincidencias con el *Secretum*, pues, al fin, en ese pecado se encasilla la desordenada «cupiditas» de Francesco), no se nombra siquiera la aspiración a pervivir por el cultivo de las letras, el «non omnis moriar» del artista de la palabra, ni se alude a modo alguno de perduración póstuma gracias a la fama.[450] Ciertamente, la opinión medieval respecto a la gloria de tejas abajo fue cuando menos recelosa. Sin embargo, en el enfrentamiento de Agustín y Francesco, según se perfila en el mismísimo inicio, no nos apresuremos a señalar un fácil contraste de 'Edad Media' y 'Renacimiento', ni una instancia más del tópico *dissidio* petrarquesco: identifiquemos antes (o al par) la dramatización de un problema doctrinal con vigorosas raíces clásicas. De hecho, ya dentro del estoicismo se había polemizado a

447. *De vita solitaria*, en *Prose*, pág. 360, con eco de Horacio, *Odas*, III, xxx, 1; cf. arriba, pág. 180, nota 194.
448. Vid. el libro fundamental de M. R. Lida de Malkiel, *L'idée de la gloire dans la tradition occidentale,* trad. S. Roubaud, París, 1968, al que remito para muchos asuntos aquí solo rozados.
449. Para los últimos, sobraría con remitir a la multitud de entradas *s.v.* «gloria» en la reimpresión de K. Müllner, *Reden und Briefe italienischer Humanisten,* ed. B. Gerl, Munich, 1970, pág. lviii.
450. Cf. arriba, pág. 132-133, notas 36-37. Lo más afín que trae Peraldo a la «gloriae cupiditas» de Francesco son los capítulos «De appetitu magisterii», «De afflictione magisterii curiosorum» o «De superbia cantus»: pero, aparte otras abisales diferencias de contenido, se trata ahí solo del ensoberbecerse, de la vanidad presente, nunca de la celebridad futura. No quiero decir, no obstante, que Petrarca no conociera la *Summa de vitiis* y no pudiera aplicar sugerencias de ella o de fuentes por el estilo, siempre repletas de material mostrenco, al tema que ahora analiza. Vid. notas 459, 466, 467, 468, 486, 527, 551, etc.

favor y en contra de la εὐδοξία;[451] y el propio Cicerón, a estímulos tanto teóricos como anecdóticos,[452] atestigua copiosamente un contraste y un *dissidio* análogos al ahora en cuestión: el *Somnium Scipionis*, fundamentalmente, opone la inanidad de la fama terrena (tan loada por doquiera, incluso en los libros anteriores del *De republica*) al verdadero premio del más allá, de la visión cósmica inacabable. La vía de esa oposición anduvieron igualmente otros autores de mérito (Macrobio o Boecio, digamos) también utilizados en la parte final del *Secretum*. En esa vía, además, a costa solo de orillar ciertas doctrinas paganas de Tulio, podía contemplar Petrarca sin demasiada violencia al San Agustín histórico. El *De civitate Dei*, así, tolera el afán de gloria si va precedido por el de virtud (y sería una solución al alcance de Francesco), aunque, a la postre, «sanius videt, qui et amorem laudis vitium esse cognoscit». En cualquier caso, si se busca la honra humana, hay que contentarse con ella (nuestro personaje se acerca temerariamente a tal situación), mientras el galardón de los santos es la Ciudad de Dios, la vida eterna, «ubi thesaurus communis est veritatis» (parejamente —no se olvide—, la morada escatológica del *Somnium Scipionis* alberga al auténtico conocimiento).[453]

Pues por ahí progresa el coloquio, por la dicotomía de lo transitorio y lo permanente, dualidad conflictiva sustancial en el *Secretum*. Porque, bien delimitados los campos, se inquieta el Padre: «At valde metuendum est, ne optata nimium hec inanis immortalitas vere immortalitatis iter obstruxerit».[454] Sí, nada

---

451. Sería suficiente citar a Séneca, *Ad Lucilium*, XXI, LII, LXXIX, CII, etc.; pero léase otro texto caro a Petrarca, Cicerón, *De finibus*, III, XVII, donde el estoico Catón habla de los estoicos Crisipo y Diógenes: «De bona autem fama (quam enim appellant *eudoxían,* aptius est hoc loco bonam famam appellare, quam gloriam), Chrysippus quidem et Diogenes, detracta utilitate, ne digitum quidem eius causa porrigendum esse dicebant, quibus ego vehementer assentior. Qui autem post eos fuerunt, cum Carneadem sustinere non possent, hanc, quam dixi, bonam famam, ipsam propter se praepositam et sumendam esse dixerunt», etc.

452. Vid. P. Boyancé, *Études sur le Sônge de Scipion*, Burdeos-París, 1936, págs. 158 y sigs.

453. San Agustín, *De civitate Dei*, V, XII, 3-4; XIII, XV y XVI.

454. Más tajante, pero en línea similar, Isidoro, *Synonima*, II, 42: «Nemo potest amplecti Dei gloriam simul et saeculi ... Difficile, immo imposibile est ... ut in terra et in caelo appareat gloriosus ...»

teme más Francesco (188), y espera sobre todo averiguar con qué artes puede salvarlo Agustín (190), a quien debe los remedios contra males mayores. Atención: mayores no —precisa el Santo—, aunque quizá sí «fediores». Para empezar, ¿qué piensa Francesco ser la gloria que tan laboriosamente persigue? El interpelado titubea: si pide una definición, ¿quién la conoce mejor que Agustín? La pregunta nos remite en particular al *De civitate Dei* y al *In Iohannis Evangelium*.[455] Mas el Padre quiere mostrar que Francesco se ha quedado en la superficie del asunto —en el nombre—, sin llegar al meollo —la aplicación: esa es la prueba del saber—, como un terminista cualquiera;[456] y, mejor que una propia, de momento prefiere enrostrarle un par de fórmulas ciceronianas, harto repetidas, pero no comprendidas (nos consta que en el prosista dilecto Petrarca rastreó las menores referencias a la gloria, aunque con ojo crítico).[457] Sucede que Tulio juzgó la gloria aquella «fama luminosa y extendida de unos servicios a los conciudadanos, a la patria o al género humano»,[458] y, asimismo, «frequens de aliquo fama cum laude».[459] En ambos casos, la juzgó «fama». ¿Que en qué consiste la fama? Francesco, en el pronto, lo ignora y opta por callar. Decisión cuerda y prudente, velar no tanto por cuanto se dice como por cuanto no se dice, pues el elogio «ex bene dictis» no se iguala con la censura «ex male dictis».[460] Sepa, entonces, «famam nichil esse aliud quam sermonem de aliquo vulgatum ac sparsum per ora multo-

455. Cf. notas 453, 459, 488, 520, 527, 529, 557, 623, 628, 630.
456. «Tibi vero nomen glorie notum, res ipsa, ut ex actibus colligitur, esse videtur incognita; nunquam enim tam ardenter, si nosses, optares» (190): para la consecuencia implícita, que aclaro en el texto, cf. págs. 134, 138-139, 233.
457. Vid. n. 445; G. Billanovich copia otros de los sumarios petrarquescos en el códice misceláneo de Cicerón ahí citado: «Glorie et imperii cupiditas», «Diffinicio glorie», «Romani glorie appetentissimi», etc., etc.
458. Cicerón, *Pro Marcello*, VIII, 26.
459. Carrara, 190, n. 2, refiere «forse» a *Tusculanas*, III, II, 3; pero se trata de cita literal del *De inventione*, II, 166: la «diffinitio» fue popularísima; vid. en especial San Agustín, *In Iohannis Evangelium*, C, 1 (y CV, 3), con influyente comentario, que Petrarca, a quien el tratado era muy familiar (cf. F. Rico, «P. y el *De vera religione*», núm. 153), sin duda tiene en cuenta; G. Peraldo, *Summa de vitiis*, VI, III, 39, ínc., etc.
460. Es una de las incontables adaptaciones o sentencias gemelas del proverbial «Nulli tacuisse nocet, nocet esse locutum»; cf., v. gr., *Rerum memorandarum*, III, LXXIX, y J. Lange, *Polyanthea*, ed. cit., cols. 2.671-2.678.

rum». En la definición o descripción (de las dos formas cabe llamarla, aprueba el poeta) hay una resonancia del «volitare per ora virum» en que Ennio y Virgilio cifraban la inmortalidad literaria; [461] pero es una resonancia degradada. Cierto: Agustín tiene un claro interés en reducir la *gloria* a la *fama,* para descartar las connotaciones nobles y aun sacras de la primera,[462] subrayando al tiempo en la segunda el sentido negativo de 'vociferio', 'rumor', 'palabrería vulgar'.[463] Cicerón había contrastado la «gloria» sólida y tangible, «consentiens laus bonorum», eco de la virtud, y la «fama popularis», irreflexiva y desorientada, con extraordinaria frecuencia loadora del vicio.[464] Luego, la distinción se extremó más de una vez, y, así, Isidoro, lisa y llanamente, llegó a reservar «gloria» para la virtud y «fama» para el vicio.[465] Obviamente, sin caer en tal simplificación, el Padre la bordea, al marcar el acento en los aspectos menos halagüeños de la fama. Que al fin —remacha, con imagen tradicional— es solo viento, aura antojadiza; [466] y, cosa aun más desagradable, «flatus est ho-

---

461. Ennio, aducido en las *Tusculanas,* I, xv, 34, y el *De senectute,* XX, 73; Virgilio, *Geórgicas,* III, 9. Cf. *Familiares,* I, ix, 1; XIII, v, 14; XXIV, xii, 37, con significativo añadido: «*docta* per ora virum», como en X, vi, 1, y *Metrice,* III, xvii, 15-16, o *Africa,* II, 140-141 (cf. G. Velli, *IMU,* VIII, pág. 329).

462. Vid. A. D. Leeman, *Gloria,* Rotterdam, 1949; A. J. Vermeulen, *The Semantic Development of «Gloria» in Early Christian Latin,* Nimega, 1956; C. Mohrmann, «Note sur *doxa*», ahora en *Études sur le latin des chrétiens,* I (Roma, 1961²), págs. 277-286.

463. Cf. el artículo correspondiente del *Thesaurus Linguae Latinae* y U. Leo, *op. cit.,* págs. 246-251.

464. *Tusculanas,* III, ii, 3-4.

465. En las *Etimologías,* V, xxvii, 26-27, se da a «fama» un valor ambiguo («est autem nomen et bonarum rerum et malarum»), pero, en definitiva, predomina el matiz peyorativo («nomen certilocum non habet, quia plurimum mendax est, adiciens multa vel demutans de veritate», etc.), consolidado en las *Differentiae,* I, 218: «Gloria quippe virtutum est, fama vero vitiorum» (*PL,* LXXXIII, col. 33).

466. «Est igitur flatus quidam atque aura volubilis ...» (190). Cf., por ejemplo, Virgilio, *Eneida,* VII, 646 («tenuis famae ... aura»); arriba, n. 420; Dante, *Purgatorio,* XI, 100-101 («Non è il mondan romore altro ch'un fiato / di vento, ch'or vien quinci e or vien quindi»); Bernardo de Cluny, *De contemptu mundi,* I, 819 («terrea gloria, nunc quasi lilia, cras quasi ventus»); G. Peraldo, *Summa de vitiis,* VI, ii, 11, y iii, 24, 39 (con muchos textos bíblicos). Para Petrarca, *Canzoniere,* CCLXIV, 68-69 («ma se 'l latino e 'l greco / parlan di me dopo la morte, è un vento»); *De remediis,* I, xliv, pág. 57 (—«Scribo ... fame cupidus». —«Mirum studium de labore ventum quere-

minum plurimorum». Agustín sabe a quién habla: nadie aborrece tanto costumbres y acciones del vulgo; y, sin embargo, todavía reo de «iudiciorum perversitas», Francesco se deleita en las hablillas de los mismos cuyos hechos condena (el tópico, recordemos, tiene versión memorable en Séneca).[467] ¡Y ojalá solo se deleitara y no colocara ahí el ápice de la felicidad!

Porque, en resumen, ¿adónde miran los perpetuos trabajos, las continuas vigilias, la obsesiva pasión por los estudios? El personaje responderá, a lo mejor, que a allegar noticias provechosas para la vida; pero tiempo ha que allegó las necesarias para la la vida y hasta para la muerte (190): más le valdría intentar reducirlas a obra (192), en vez de adentrarse en el terreno de un penoso conocimiento, lleno de recovecos por explorar, de cuevas inaccesibles, sin límite para las pesquisas.[468] Repetidamente he-

---

re»), y CXX, pág. 120 («—Gloriam post mortem [spero]». —«Leves auras post naufragium»); *Familiares*, I, II, 29 («ventus est fama quam sequimur»); X, VI, 1 («Quamvis autem inane quoddam ventoque simillimum sit gloria ...»), etcétera, etcétera.

467. «... quorum enim facta condemnas, eorum sermunculis delectaris» (190). Cf. Séneca, *Ad Lucilium*, LII, 11: «Quid laetaris, quod ab hominibus his laudatus es, quos non potes ipse laudare?»; compárese Peraldo, *ibid.*, VI, III, 39 (en especial, al fin: «Apparet etiam vilitas vanae gloriae ex vilitate personarum apud quas habetur», etc.). Por otra parte, en nuestro contexto, el diminutivo usado por Petrarca no puede menos de recordar a Boecio, *De consolatione Philosophiae*, II, VII, 19: «Vos autem nisi ad populares auras inanesque rumores recte facere nescitis et relicta conscientiae virtutisque praestantia de alienis praemia *sermunculis* postulatis» (comp. P. Courcelle, *La Consolation de Philosophie...*, pág. 42). Vid. *Familiares*, XIV, III, 3: «Quomodo igitur placerem illis quibus ut displiceam summo semper studio nisus sum ...?»

468. «Erat igitur potius quemadmodum in actum illa produceres experiendo tentandum, quam in laboriosa cognitione procedendum, ubi novi semper recessus et inaccesse latebre et inquisitionum nullus est terminus» (192). El texto, con cuanto sigue (y ya adelanto en mi comentario inmediato), se entiende mejor a la luz de *Familiares*, I, VIII, 9 (hacia 1351): «Quandiu enim in cognitionem rerum ibimus, quod iter nunquam intermittere usque ad extremum spiritum debemus, novi quotidie recessus apparebunt, ad quos se ignorantia nostra non porriget. Hinc meror et indignatio et contemptus nostri. Quas latebras quoniam vulgus indoctus non videbit, letius deget atque tranquillius. Ita fiet ut scientia, que ingens causa sacre delectationis esse debuerat, molestissimam solicitudinem inferat et vitam, cuius se ducem pollicebatur, interimat. Adsit ergo cuntis in rebus modestia». Por lo demás, apenas es necesario recordar que se incide aquí en la queja tradicional sobre la triste condición del letrado, sumido en tareas arduas e inacabables: queja que se oye sin cesar desde la Biblia (para nuestro pasaje, vid. en especial Eclesiastés, I, 18, y XII, 12: «qui addit scientiam, addit et laborem», «faciendi plures libros nullus est

mos hallado en el *Secretum* la condena de la lectura estéril, de la erudición gratuita, sin otro rumbo que la jactancia.[469] Ahora, la nueva exhortación a poner «in actum» lo aprendido se acompaña de una crítica frontal a los saberes más propios de Francesco, del Petrarca humanista, y de unas cuidadosas directrices para superarlos fructíferamente. Ahora, en las páginas finales, se concentran avisos y consejos dispersos a lo largo de la obra: las veleidades pretenciosas de la cultura del *philologus* o del *poeta philologus* deben ceder ante la norma ética y religiosa de una filosofía que es «commentatio mortis», contemplación de las cosas divinas, al dictado de la interioridad (cf. págs. 433 sigs.). Es un programa bien agustiniano, ilustrado en Cassicíaco y en Hipona mayormente como réplica a la «curiositas» sin objetivo (y la «curiositas» literaria censurada en el *De ordine*, por ejemplo, coincide demasiado con la «laboriosa cognitio» de Francesco), a favor de una «eruditio ... modesta sane atque succinta», simple trámite hacia la Verdad única, la salvación del alma, la ciencia de Dios y de uno mismo: «doctrina» específicamente «christiana».[470]

Justamente la «curiositas» se caracteriza por la dispersión y la falta de designio, mientras la «eruditio» mesurada se admite como fase previa, no meta. Pues bien, de modo implícito, el Padre viene a acusar a Francesco de haberse quedado a la altura de los niños, que (atestigua Séneca) se instruyen mediante fragmentos aislados, incapaces de abarcar más;[471] de ser, entonces (con acuñación de las *Ad Lucilium*), un ridículo «elementarius se-

---

finis») a la Italia cuatrocentista (cf., así, C. Trinkaus, «*In Our Image and Likeness*», págs. 278, 283, etc.), a través de clásicos y medievales (nótese, v. gr., como se concilia a la Escritura y a Séneca en G. Peraldo, *Summa de vitiis*, VI, II, 7, «De afflictione magisterii curiosorum»). Pero sí creo imprescindible señalar que en el *De ordine*, donde San Agustín adoctrina a Licencio en forma análoga que en nuestro diálogo adoctrina a Francesco (cf. abajo, págs. 415-416), la erudición literaria, propia del «curiosus», se trata de «res infinita, multiplex, curarum plenior quam iucunditatis aut veritatis» (II, XII, 37).

469. Vid págs. 58, n. 47; 87; 134-138, 151, 233, 303, 326, 367.
470. Cf. H.-I. Marrou, *Saint Augustin et la fin de la culture antique*, páginas 148-157, 277-280, 350-352. Para la supervivencia de tal ideario en el humanismo, vid. solo E. F. Rice, *The Renaissance Idea of Wisdom*, págs. 30-36 (Petrarca) y *passim*.
471. Séneca, *Ad Lucilium*, XXXIII, 1-7; cf. notas 474, 476.

nex».⁴⁷² En efecto —dice—, el escritor se ha esforzado al máximo en las obras gratas al pueblo, procurando gustar a quienes más le disgustaban; cogiendo las florecillas de la poesía, de la historia, de toda arte de elocuencia, para regalar a los oyentes. Francesco no soporta el reproche: tras la puericia, nunca le han satisfecho los «scientiarum flosculi»; harto ha recordado al respecto las diatribas de Cicerón ⁴⁷³ y, en primer término, de Séneca: «Es torpe en un hombre salir en busca de florecillas, apoyarse en dichos manoseadísimos y fiarse a la memoria».⁴⁷⁴ Agustín acepta matizar: no le echa en cara flojedad o estrechez de memoria (valiosa facultad —le había enseñado, y nos conviene no olvidarlo— para atesorar «sententie» auténticamente útiles); ⁴⁷⁵ pero sí, de entre lo leído, reservar «floridiora in sodalium delitias», acumular «in usus amicorum elegantiora»: cebo todo ello de una gloria vana.

Francesco, además —continúa el pliego de cargos—, no se contentó con esa «quotidiana occupatio»,⁴⁷⁶ devoradora de tantí-

---

472. *Ibid.*, XXXVI, 4, con giro usado en *Familiares*, I, VII, 17, y XII, III, 9; *Invective contra medicum*, pág. 75. Cf. arriba, pág. 86, n. 114.

473. «... multa enim adversus literarum laceratores eleganter a Cicerone dicta notavi ...» (192). No caigo en qué «dicta» son los aludidos, aunque, ciertamente, en nuestro pasaje, junto a las reminiscencias de Séneca que en seguida apunto, hay un recuerdo de Cicerón: el «denique omnis eloquentie flosculos carpens» (*ibid.*); cf. *Pro P. Sestio*, LVI, 119: «Non sum ... tam insolens in dicendo, ut omni ex genere orationem aucuper et omnes undique flosculos carpam atque delibem».

474. *Ad Lucilium*, XXXIII, 7 (Petrarca suprime el «et paucissimis» del original, en harmonía con lo dicho en seguida: «Nec ego ... vel ignaviam tibi vel memorie angustias obicio»). El lugar de Séneca reaparece en *Familiares*, I, III, 4: Petrarca niega seguir la práctica coetánea de «captare flosculos», salvo, ocasionalmente, para usar alguna «inter seniorum choros», y siempre habida cuenta de que todo ha de referirse «magis ... ad vitam ... quam ad eloquentiam» (así se marca ya la frontera entre «flosculi» y «sententie utiles»); *ibid.*, IV, XV, 17 («Contra ... flosculorum decreptores...»), y XXIV, 1, 9 (cf. n. 476).

475. Vid. arriba, págs. 58, 239.

476. A decir verdad, no queda muy claro cuál es la «occupatio» que se ha descrito. Hay que pensar, sí, en obras o trabajos de menor cuantía, en principio anteriores al *De viris*. En parte cabría ver una alusión al *Canzoniere*, esmaltado de «floridiora» y «elegantoria»; no en balde Agustín habla de placer *«populo ..., flosculos carpens, quibus aures audientium demulceres»* («mulcendis vulgi auribus intenta», se escribe de la lírica italiana en *Familiares*, I, I, 6). Es fácil que se esté evocando el epistolario, sin duda escrito «in sodalium delitias», «in usus amicorum». Así invita a creerlo el paralelismo con la *Ad Lucilium*, XXXIII, donde la cita aducida sigue a un par de advertencias reveladoras: «Desideras his

simo tiempo, pero abocada solo a horizontes de fama en la edad presente: ampliando las miras más allá, codició también la fama «inter posteros».[477] Fue así como puso mano en mayores empresas e inició un libro de historia, de Rómulo a Tito: obra inmensa, capaz de consumir horas y esfuerzos sin cuento. Sin embargo, antes de llevarla al cabo, urgido por los aguijones de la gloria, se embarcó para África como en poético navío: y ahora se afana diligente en la epopeya del *Africa,* mas no por ello descuida el primer empeño. De tal modo consume la vida entera en esas dos tareas apremiantes, por no hablar de otras infinitas que les entremezcla... «Ut intercurrentes alias [curas] innumeras sileam.» El terreno queda resueltamente acotado: en la encrucijada decisiva de 1342 y 1343, Francesco aparece absorbido por el *Africa* y el *De viris illustribus.*[478] Los otros quehaceres no vale

---

quoque *epistulis* sicut prioribus adscribi aliquas voces nostrorum procerum. Non fuerunt circa *flosculos* occupati ...», «Eiusmodi vocibus referta sunt carmina, refertae historiae» (Agustín recrimina a Francesco: «hinc poematum, illinc historiarum ... flosculos carpens ...», 192); por otra parte, en *Familiares*, XXIV, I. 1-9, Petrarca compila una larguísima antología de textos archisabidos y concluye: «Mitto alios; operosum est enim singulos et singula prosequi et puerile potiusquam senile studium flosculos decerpere»; igualmente *ibid.*, I, VIII, 24, después de recordar múltiples versos de Virgilio, acaba con una cita de las *Geórgicas,* «ut nullos hodie flosculos nisi ex virgilianis carpamus arboribus» (y cf. § 19, donde el detenerse «floribus variis» y elegir «sententias florentissimas», si «modeste leniterque», se asocia al obtener «non inanem vulgi gloriam», sino «honestiorem terminum»); vale decir: Petrarca mismo confiesa un par de veces servirse de «flosculi» para la elaboración de su epistolario. P. de Nolhac, *Pétrarque et l'humanisme*, I, pág. 160, entendió que nuestro párrafo refería a «ces florilèges personnels» que el humanista reunía en sus códices; pero Petrarca pudo preparar alguno o algunos florilegios independientes (y hoy desconocidos) destinados a mayor difusión: o quizá de ello se acusa a Francesco, sin que corresponda otro tanto a su contrafigura real. En fin, al corriente de la fecha verdadera del *Secretum,* incluso es lícito conjeturar aquí una desestimación de los misceláneos *Rerum memorandarum,* centón que Petrarca abandonó definitivamente en 1345: nótese que en *Familiares* IV, xv (cuando menos, rehecha tras el hallazgo de la correspondencia ciceroniana), se ataca al destinatario, Giovanni d'Andrea —tachado de «flosculorum decerptor», siempre «aliquid decerpens»—, a causa de su preferencia por Valerio Máximo, modelo de los *Rerum memorandarum.* Ninguna de esas posibilidades, creo, excluye las otras: antes, sumadas, ponen en cuestión toda una actividad intelectual harto atomizada, que Petrarca siempre quiso integrar y enriquecer con un sentido trascendente.

477. Cf. pág. 377 y n. 439.
478. Para el *Africa,* vid. también abajo, págs. 419-423. En el libro I, 50, Agustín cita un caso memorable, «ut te tantisper *ad historias revocem*» (aunque, por supuesto, el giro no implica necesariamente una alusión al *De viris*; comp.

la pena mencionarlos. La labor literaria cuya entidad y cuyo significado van a discutirse en adelante se condensa en el poema épico y en la compilación histórica, quintaesencia de la actividad

De otio religioso, pág. 61: «Nolo autem vos ad antiquas historias revocare ...»); en el libro II, 72, pasando de lo general a los estudios específicos de Francesco (cf. pág. 137), le pregunta: «multa nosse quid relevat ... si, cum *omnis evi clarorum hominum* gesta memineritis, quid vos quotidie agitis non curatis?»; aquí, en el libro III, 192, refiere: «Ideoque manum ad maiora iam porrigens, librum historiarum *a rege Romulo in Titum Cesarem,* opus immensum temporisque et laboris capacissimum, agressus es» (cf. T. Livio, *Ab urbe condita,* praef., 4: «Res est praeterea et *immensi operis*»). Es evidente que en 72 se traslada al momento de la acción ficticia del *Secretum* la concepción del *De viris* que Petrarca tenía en el momento de la redacción, en parte según el mecanismo de profecía del presente desde un supuesto pasado, que ya conocemos (vid. v.gr., págs. 284-285, 348, etc.); la frase de 192, en cambio, es de interpretación menos llana y nos forzará a dar varias revueltas, por caminos bien conocidos, aunque en ellos podamos atisbar algún panorama nuevo. De salida, resulta patente que en el libro II se piensa en el *De viris* 'universal' (así lo llamaré), cuyo objeto era reunir «ex omnibus terris ac seculis illustres viros» (*Familiares,* VIII, III, 12, versión alfa); mientras, en el libro III, se tiene en mente el *De viris* 'romano', consagrado a tratar solo «de viris illustribus populi romani» (según el testimonio más seguro y temprano, la acotación a un códice, hacia 1340: cf. G. Billanovich, «Uno Suetonio della biblioteca del Petrarca», pág. 29). Gracias fundamentalmente a Guido Martellotti (véase, en último lugar, «La storiografia del Petrarca», ponencia leída ante el Convegno Internazionale su Francesco Petrarca, Roma, Arezzo, Padova, Arquà, 24-27 abril 1974), se diría hoy indudable que el *De viris* romano se proyectó y empezó antes que el *De viris* universal (aunque a la postre se volvió al plan primitivo). Es el caso que el *De viris* universal pudo plancarse ya en el período 1346-1347, a juzgar por un par de pasajes del *De vita solitaria,* en *Prose,* págs. 418, 420 (pero esos pasajes, aun brindando el arranque de la reseña cronológica de los solitarios insignes, quizá sean interpolación más tardía, como sugiere el descubrir ahí y en las páginas inmediatas menciones de Josefo, no usado por Petrarca hasta aproximadamente 1350: cf. A. Petrucci, *La scrittura di F. Petrarca,* pág. 125). Con todo, no debió realizarse sino en la postrera estancia en Provenza: tal vez particularmente en otoño de 1351 e invierno de 1352 (vid. Martellotti, pról. a la Edizione Nazionale, pág. xi y n. 3; considérese además *Familiares,* I, II, 21, de fecha cercana: «Reduc ad memoriam ex omnibus seculis illustres viros, romanos, grecos, barbaros»), y todavía, más o menos dispersamente, al componerse el libro segundo de las *Invective contra medicum,* muy a principios de 1353 (cf. E. H. Wilkins, *Studies...,* pág. 152), cuando Petrarca afirmaba: «scribo de viris illustribus ..., magnum opus multarumque vigiliarum ['opus immensum temporisque et laboris capacissimum', trae el *Secretum*] ...; ex omnibus seculis illustres ... in unum contraxi» (pág. 45). Después del primer trimestre de 1353 no hay ni un solo testimonio del *De viris* universal (los pasajes del *De vita solitaria* arriba aducidos, aun si son adiciones, parecen anteriores a la inclusión en el *De viris* universal de las noticias biográficas sobre Abraham, «de quibus —se anuncia en aquel tratado, pág. 420— dicendi tempus *forte* aliud, alterque locus oportunior

del Petrarca humanista, depósito de las grandes esperanzas de gloria futura. No lo perdamos de vista ni por un momento: solo conscientes de ello, y atendiendo al singular destino de ambas obras, comprenderemos las últimas páginas del *Secretum*.

---

dabitur»; las revisiones de 1355 en las *Invective* probablemente fueron escasas e inconexas, breves añadidos en diversos códices, como propone P. G. Ricci, pág. 19: nada significa que no se retocara el texto recién transcrito, igual que no se retocó, por ejemplo, la pág. 420 del *De vita solitaria*, pese a trabajar Petrarca en ese libro casi hasta vísperas de la muerte, cuando el *De viris* universal estaba radicalmente desechado de años atrás). En efecto, el *De viris* universal se abandonó bruscamente, cortado en forma abrupta a media frase (ed. P. de Nolhac, pág. 136). Ese súbito abandono puede proceder de un rápido cambio de criterio, materializado en el retorno al diseño romano de la obra: en tal caso, en el *Secretum*, la diferencia entre el *De viris* evocado en II, 72, y el *De viris* mentado en III, 192, correspondería a la diferencia entre las dos etapas en que verosímilmente se efectuó la relaboración definitiva de nuestro diálogo (vid. ya n. 339 y pág. 375): invierno (I, II y III, primera mitad) y días próximos al comienzo de la primavera (III, segunda mitad), en 1353. Pero no estoy convencido de que el cambio de criterio —que todo tiende a situar hacia el punto en que Petrarca se decidió a partir para Italia, en coincidencia con el quiebro en la andadura del *Secretum*— se materializara en semejante retorno al diseño romano; pues solo más de un año después, entrado en una nueva etapa, en otro país y con distintas perspectivas, vuelve el humanista a mostrar una ligera y efímera atención al *De viris* (cf. Martellotti, «Linee di sviluppo dell'umanesimo petrarchesco», en *Studi petrarcheschi*, II [1949], página 71; n. 2). Tiendo a opinar, mejor, que Petrarca pasó por serias dudas sobre cuál debiera ser el contenido del «liber historiarum», dudas que motivaron un aplazamiento *sine die* o aun se reflejaron en la intención (con inevitables reservas) de dejar el *De viris*, como Agustín recomienda a Francesco; y entonces nuestro autor, desalentado por no verse con ánimos o fuerzas para terminar la obra emprendida, insatisfecho de la calidad de los capítulos pergeñados en Provenza, al aludir en III, 192, al «opus immensum» que va a orillar, se refiere al primitivo *De viris* romano, no al más ambicioso y por ello más frustrado *De viris* universal en que aún se ocupaba o ilusionaba al escribir II, 72: pensando en el libro que ya queda atrás, no lo ve como por un corto período lo soñaba, sino como lo concibió al acometerlo y, presumiblemente, en la época en que transcurre la acción imaginaria del *Secretum*; no como ha querido que fuera, pasajeramente, sino en la forma más estable a que tendió años y años (y es sintomático que defina el *De viris* romano en los términos, más apropiados, que en las *Invective* había aplicado al *De viris* universal). Por fin, la prisa que domina la segunda mitad del libro III, y que hace nada plausible que hubiera una revisión del coloquio entero, le impidió advertir el desacuerdo entre II, 72 y III, 192. Porque esa misma prisa, concluiré, mal se aviene con la hipótesis de que nuestro texto y la segunda mitad en cuestión daten de 1349, y menos de 1347. Seguramente existen varias alternativas a las conjeturas que propongo (aquí, como en tantos otros campos, puede ser básico el dictamen de Guido Martellotti); pero me atrevo a suponer que todas habrán de contrastarse en la cronología del *Secretum* que vengo reconstruyendo.

Agustín pasa insensiblemente de la descripción a la evaluación: consagrar la existencia al *Africa* y al *De viris* es despilfarrar el don más precioso e insustituible; y Francesco, escribiendo de los demás, se olvida de sí mismo: «deque aliis scribens, tui ipsius oblivisceris». Hay en la frase, lapidaria, todo un programa. Pues, advirtámoslo, olvidarse de sí es olvidarse de Dios y de la muerte: [479] y el Padre no hará ya sino recomendar el recogimiento, la meditación de la divinidad y de la fugacidad terrena —en resumen: adoptar resueltamente la postura propia del «philosophus»—, como alternativa a la dispersión de un vacío dedicarse a las letras. Además, ¿cómo sabe Francesco que la muerte no va a arrancarle de entre las manos la pluma fatigada, antes de acabar el trabajo, impidiéndole llegar al término anhelado por ninguno de los dos caminos en que se apresura tras la gloria? Naturalmente, es el reverso del sueño que Petrarca acarició siempre, según el modelo de Platón (cf. pág. 159): no el dulce apagarse del clásico sobre el códice, en la ancianidad tranquila e insigne, sino el caer roto de cansancio, duramente; el malogro de esfuerzos y ambiciones, «utroque inexpleto opere»; el derrumbarse en una carrera atropellada, «dum immodice gloriam petens gemino calle festinas».

Sí, Francesco ha temido acabar así. Cierta vez, enfermo de gravedad, creyéndose a la muerte, nada le desasosegaba tanto como dejar el *Africa* a medio hacer (192). De suerte que, rechazando la lima ajena (194), se había determinado ya a quemar el poema «propriis manibus», sin confiar a amigo alguno el encargo de hacerlo cuando él hubiera expirado: no en balde tenía presente que solo en eso no prestó oídos Augusto a Virgilio. ¿A qué más? Poco faltó para que África ardiera también en las llamas atizadas por Francesco, amén de abrasarse siempre en los fuegos del sol, amén de haberse visto incendiada antaño tres veces por las hachas romanas. «Sed de hoc alias. Est enim amara recordatio.» Descartemos el aderezo de paladino origen literario.[480] Queda, no

---

479. Cf. en especial *De remediis*, II, CXVII, pág. 235: «nil damnosius in humanis malis, quam Dei suique ipsius et mortis oblivio, que tria numero sic connexa sunt, ut vix valeant dissolvi»; y mis págs. 41, 325, 415, 425, 448, etc.

480. Petrarca debía conocer la anécdota virgiliana en particular gracias a Donato, *Vita*, 37-41, y Servio, *Vita*, líns. 27 y sigs. (ed. Hardie); cf. también R. Sabbadini, «Note filologiche...», pág. 34.

obstante, el testimonio de una desazón por la obra «semiexplicita» (desazón que también otras veces pudo manifestarse, de palabra o por escrito, en alusiones al propósito de quemar la epopeya); [481] queda, en cuanto dicen ambos interlocutores, la conciencia de un malestar ante la empresa difícil, convertida en una pesadilla, que se desearía liquidar rápidamente, venciendo la resistencia opuesta por la envergadura del asunto, franqueando por fin la áspera selva entre la idea brillante, atractiva, y la penosa realización (sentimientos, desde luego, característicos del Petrarca a punto de huir de Provenza).[482]

Precisamente en esa herida hurga Agustín: preservar el *Africa* de la hoguera fue dilatar la solución, mas no ajustar la cuenta. «Quid autem stultius quam in rem exitus incerti tantos labores effundere?» [483] No ignora el Padre el único aliciente de Francesco para no desistir del empeño: la esperanza de rematarlo. Aliciente, pues, negativo: no la tarea gozosa, sino el ansia de desembarazarse de una carga pesada; y esperanza que el Santo, cuando no destruir —dice—, procurará mostrar inadecuada, «longe impar tantis laboribus». Con frecuencia, Francesco no ha tenido tiempo, comodidad, ni sosiego; ha sufrido entumecimiento de ingenio, flojedad de cuerpo y obstáculos del azar. Pero imagine que

---

481. De tales alusiones quedan ecos en Vergerio, Boccaccio, Salutati: cf. solo N. Festa, pról. a la Edizione Nazionale del *Africa*, págs. xli-xliv, y E. Carrara, *Studi petrarcheschi*, págs. 56-58; referencias petrarquescas a la quema de otros escritos suyos, en *Familiares*, I, 1, 9, y *Seniles*, II, 1, pág. 829; sobre la célebre destrucción de los poemas de Boccaccio, *Seniles*, V, 11, pág. 877, y V. Branca, *Tradizione delle opere di Giovanni Boccaccio*, I (Roma, 1958), págs. 289-291, 298-300.

482. Aparte las notas siguientes y lo dicho en las págs. 419-423, nótese ya las concomitancias, en imágenes y conceptos, con declaraciones de la última etapa provenzal: «immodice gloriam petens» (192), «Parum affuit quin Africa preter vicini solis ardores, quibus eternum subiacet, ... meis etiam flammis arderet» (194); *Familiares*, XIII, vii, 4 (noviembre, 1352): «Is eo tempore quo *ardentissime Africam* meam ingressus, quantum nunquam *sole* Leonem obtinente *arsit* Africa, opus inceperam, quod inter manus meas diutius iam pependit ..., cum vidisset *immodico* labore confectum ...»; o bien: «... alienam dedignatus limam» (194); *Familiares*, XII, vii, 6 (febrero, 1352); «forte aliud consilii capiam ['respecto al *Africa*'] incumbamque *lima* ultima ...» (testimonio que enlaza con *ibid.*, VIII, iii, 11: «ut nunc *limam* per eadem [*Africae*] referens vestigia»).

483. Cf. *Familiares*, I, 1, 8 (enero, 1350): «temeritas, imo vero insania visa est in tam brevi et incerto tempore tot longos certosque labores amplecti ...»; I, iii, 6 (1350-1351), citado arriba, pág. 141, n. 70. Un planteo parejo al de esos textos subyace a nuestra página y desarrollos contiguos.

desaparecen cuantas trabas han venido cortándole la vena creativa y deteniendo la pluma velozmente lanzada; todo sucede de maravilla, mejor que quisiera.[484] Entonces, ¿qué grandiosidad piensa hacer? La contestación está pronta: «Preclarum nempe rarumque opus et egregium». Mejor no contrariarle: «preclarum opus, concedatur»; pero se horrorizaría si advirtiera a qué cosas aun más preclaras le cierra la puerta.[485] Seguramente nada le aparta tanto el ánimo «ab omnibus melioribus curis».

Ahí se encuentra, desde luego, el meollo de la cuestión. Mas Agustín no delimitará esas 'meliores curae' sino dando un rodeo para aportar varios datos de cotejo, para agravar el contraste entre la «inanis immortalitas» que prometen las letras y el «vere immortalitatis iter» que obstruyen. Porque —añade— semejante obra preclara ni se extiende ni se prolonga mucho: la restringen estrecheces de lugar y de tiempo. Vieja y trillada fábula de los filósofos, comenta Francesco. La conoce de sobras: que toda la tierra no pasa de un mínimo punto, que un año equivale a infinitos miles de años; que, sin embargo, la fama de los hombres no logra colmar tal punto ni tal año ..., y toda la retahíla para disuadir a los ánimos del amor a la gloria. Por favor, que Agustín saque algo más persuasivo: el escritor sabe por experiencia que parejos argumentos son más bonitos que útiles, «magis speciosa quam efficacia». Pero, al orillar los tópicos por el estilo (ciertamente sobados, de Cicerón a Boecio, como antes y después),[486]

---

484. «Finge igitur esse tibi et temporis et otii et tranquillitatis abunde; evanescat omnis torpor ingenii, omnis corporis languor; cessent fortune impedimenta omnia, que, interrupto scribendi impetu, sepe properantem calamum adverterunt. Felicius tibi et supra votum cunta perveniant» (194). Compárese *Familiares*, XII, VII, 5: «Verum illa [*Africa*] ... innumeris fortune repagulis detinetur, que, si cunta cessarent, tamen satius visum est illam domi manere ...»

485. «... at quanto preclarioris impedimentum si cognosceres, quod cupis horreres» (194). El citado lugar de *Familiares*, I, I, 8, concluye: «... et vix ad singula suffecturum ingenium in diversa distraheres; presertim cum, ut nosti, labor alius me maneat, *tanto preclarior* quanto plus solide laudis est in actionibus quam in verbis»; es el paso del bien decir al buen obrar, el convertir lo sabido «in actum», el tránsito de la gloria efímera de las letras a la gloria estable de la virtud: motivos esenciales de toda la sección que ahora leemos.

486. «Intelligo istam veterem et tritam iam inter philosophos fabellam: terram omnem puncti unius exigui instar esse, annum unum infinitis annorum milibus constare; famam vero hominum nec punctum implere nec annum, ceteraque huius generis, quibus ab amore glorie animos dehortantur» (194). Por

procede con excesiva ligereza y arriesga atolondradas palabras (oportuno recordatorio, para el lector, de los perfiles artificiosos con que Petrarca esboza al personaje, distanciándose de él incluso cuando más se le acerca). En efecto, Francesco nunca ha pensado volverse dios (194), para dominar la eternidad y abarcar cielo y tierras (196). Tiene bastante con la gloria humana: por ella suspira, y, mortal, no desea sino cosas mortales.[487] El Padre interrumpe tamaños dislates: ¡pobre de él —lamenta—, si es así! «Si non cupis immortalia, si eterna non respicis, totus es terreus»; la suerte está echada, no le queda ninguna esperanza... Era de esperar esa preocupada reprimenda. Al fin, el humanista se iba poniendo voluntariamente en la tesitura que desaconsejaban el *Somnium Scipionis* y el *De civitate Dei*: preterir las metas permanentes, no alzar la mirada hacia lo alto y satisfacerse

---

supuesto, las fuentes principales para considerar esos motivos en el marco de una impugnación de la gloria son Cicerón, *Somnium Scipionis*, III, 16 y VII, 24-25 (cf. Macrobio, *Comentario*, I, xvi, 6; II, ix, xi), y Boecio, *De consolatione Philosophiae*, II, vii, 3, 16. La dependencia es patente ya en la alusión previa de Agustín, a primera vista más vaga: «hoc ipsum preclarum ... locorumque ac temporum angustiis coartatur»; vid. *Somnium*, VI, 20 y VII, 25 («angustis in locis», «angustiis cingitur»); *Comentario*, II, x, 3, y xi, 4 («habitationis nostrae angustiis», «gloriam locis artam nec in ipsis angustiis ...»); *Consolatio*, II, vii, 6 («gloria tam angustis exiguisque limitibus artata»); y comp. *Africa*, II, 470-471 («annorum, nate, locorumque / estis in angusto positi»), y *De remediis*, I, xcii, en *Prose*, pág. 632 («Si temporum, si locorum angustias metiare, magnam hic gloriam non esse fateberis», etc.), aparte abajo, pág. 401. Naturalmente, se trata de material acarreadísimo; así, para la ecuación de «tierra» y «punto», con propósitos morales, véanse Cicerón, *Tusculanas*, I, xvii, 40 («quasi puncti instar»); Séneca, *Ad Marciam*, XXI, 2, y *Naturales quaestiones*, I, praef. 8, 11; Plinio, *Naturalis Historia*, II, lxviii, 174; y comp. G. Peraldo, *Summa de vitiis*, VI, iii, 39 («vanam gloriam, quae est ad instar puncti, gloriae aeternae praeponit»); para textos menos conocidos o inaccesibles a Petrarca, A.-J. Festugière, *La révélation d'Hermès Trismégiste*, II, págs. 446-456, y III, págs. 136, 171. Cf. *De otio religioso*, pág. 46 («terra ad universum puncti rationem obtinet»); *De remediis*, cit., *Prose*, pág. 632-634 («terra omnis punctus est ... Hec ..., et que sunt id genus, ... vulgata sunt omnia ...»).

487. «Humana satis est gloria; ad illam suspiro, et mortalis nonnisi mortalia concupisco» (196). El tono epigramático de la última frase evoca irremediablemente el célebre verso de Terencio, *Heautontimorumenos*, I, i, 25, muy citado por Petrarca (cf. K. Heitmann, *Fortuna und Virtus*, págs. 116-117, y A. Rossi, «Un inedito del Petrarca: il Terenzio», pág. 13); vid. aún Sto. Tomás, *Summa contra gentiles*, I, v. M. Liborio, en *Cultura neolatina*, XX (1960), pág. 180, en inadmisible interpretación, ve en el pasaje «una forza nuova che si opone dichiaratamente alla potenza negatrice dell' ascetismo medievale».

con la fama terrena, cuya caducidad es recompensa justamente corta a quien no busca mayor premio.[488] «Avertat Deus hanc insaniam!», exclama y se corrige Francesco. El ánimo, consciente de sus afanes, le es testigo de que siempre ha ardido de amor por la eternidad. No, decía o (si ha sufrido un desliz) quería decir que de lo mortal se sirve como de cosa mortal; no pretende violentar la naturaleza con desmesuradas y vastas ambiciones: aspira a la gloria humana, sabiendo que él y ella son mortales. De acuerdo, aprueba el Santo, parcialmente: ese deslinde (fiel a las premisas estoicas de la segunda jornada)[489] es tan juicioso como insensatísimo dejar bienes perpetuamente estables a cambio de un viento vano y pasajero, «propter auram inanem eamque, ut ipse asseris, perituram». No los deja, afirma Francesco, aunque quizá sí los difiere. Pero ¡qué peligrosa dilación, cuando tanta es la celeridad del porvenir dudoso y tanto el huir de la vida![490] Veamos: si el Único que marca el límite de la vida y de la muerte le prefijara hoy un año entero de existencia, ¿cómo lo gastaría? Sin duda con máxima prudencia y atención, con sumo tiento, solo en asuntos graves, claro: inconcebible nadie tan loco y osado como para no contestar lo mismo. Pues, sin embargo, al propósito, el delirio de los hombres es tal, que Agustín no sabría expresar cuánto le pasma, ni podrían pluma, talento y desvelos de todos los cultores de la elocuencia (de hecho, la sorpresa así expuesta, el motivo que la causa y no poco de cuanto sigue son meros calcos de Séneca).[491] «Quia —pluraliza— rerum certarum

---

488. Vid. *Somnium Scipionis,* especialmente VII, 25 (y arriba, pág. 21, n. 44); *De civitate Dei,* VI, xiv-xv (e *In Iohannis Evangelium,* C, 2-3). Comp. *Africa,* II, 478-482: «Gloria si fuerit studiorum meta tuorum, / pervenies equidem, sed non mansurus, ad illam. / Premia sin autem celo tua, nate, reponis, / quo semper potiaris habes sine fine beatus / et sine mensura ...»

489. Cf. arriba, págs. 169-170, 175-176: nótese que, como allí, la noción de «deus fieri» (194) y «naturae rerum vim afferre» (196), opuesta a la debida mesura («non immodico ... desiderio ...», *ibid.*), aparece aquí en contexto muy teñido de senequismo.

490. «... in tanta dubii celeritate temporis, tantaque vite fuga» (196). Comp. notas 378, 415, 503.

491. «... stuporem, quem michi furor hominum parit in hac re, non modo meus, sed nec omnium, qui unquam eloquentie studuerunt, stilus explicet: omnium licet in hoc unum ingenia laboresque conveniant, citra verum facundia fessa subsistet» (196). Cf. Séneca, *De brevitate vitae,* III, 1: «Omnia licet, quae unquam ingenia fulserunt, in hoc unum consentiant, nunquam satis hanc

avarissimi estis, incertarum prodigi; cuius contrarium, nisi prorsus insaniretis, esse debuerat». En verdad, el plazo de un año, aun si breve, una vez prometido por Quien ni engaña ni se engaña, bien repartido, cabría derrocharlo más libremente, reservando para los momentos extremos cuidar de la salvación (196).[492] Pero no hay demencia tan abominable y horrenda (198) como dilapidar en ridículas vaciedades algo que no se sabe si bastará cuando más se necesite.[493] Tener un año por delante es tener una seguridad; mas bajo el ambiguo imperio de la muerte, «sub quo quidem omnes degitis mortales», nadie tiene certeza ni de un año, ni de un día, ni siquiera de una hora. Cuando se dispone de un año, si se pierden seis meses, quedan otros tantos; pero si Francesco desaprovecha el día de hoy, ¿quién le responde de mañana?[494] Son palabras de Cicerón (e ideas omnipresentes en el *Secretum*): «es indudable que hay que morir, y dudoso si hoy mismo», pues ninguno tan joven que «le conste ha de llegar hasta la tarde».[495] Agustín, entonces, quisiera inquirir

---

humanarum mentium caliginem mirabuntur: ... nemo invenitur, qui pecuniam suam dividere velit: vitam unusquisque quam multis distribuit! adstricti sunt in continendo patrimonio, simul ad iacturam temporis ventum est, profusissimi in eo, cuius unius honesta avaritia est». Vid. *Familiares*, X, 1, 6: «Preciosissima, imo vero inextimabilis res est tempus et cuius solius avaritiam doctorum hominum commendat autoritas».

492. «... extremis particulis ad salutis consilia reservatis» (196). Repárese en que todo el citado trecho de Séneca subraya la «stulta mortalitatis oblivio» que significa «diferre sana consilia» a la cincuentena o la sesentena (*De brevitate vitae*, III, 5); notada la coincidencia, queda claro también que las «extremae particulae» mencionadas aquí son homólogas a las «particulae» discutidas arriba (nota 380).

493. «Illa omnium execrabilis et horrenda dementia est, quod nescitis utrum supremis necessitatibus suffecturum sit, in ridiculas vanitates, ceu superabundet, effundere» (198). Cf. *De vita solitaria*, en *Prose*, pág. 396: «Quid enim stultius, quam futuri desiderio aut spe, quod alienum est et mille casibus subiacet, presens quod unum tuum est certumque negligere»; con todo el comentario que ahí se teje sobre el «ex crastino pendere» de Séneca, *Ad Lucilium*, I, 2.

494. «... tibi vero, si hic perditur dies, quis sponsor est crastini?» (198). Cf. *De brevitate vitae*, III, 5: «Et quem tandem longioris vitae praedem accipis? Quis ista sicut disponis ire patietur?» Sobre el tema de la decisión siempre postergada para un «cras», vid. pág. 191, n. 221.

495. Cicerón, *De senectute*, XX, 74, y XIX, 67. Ambos dichos se juntan también en *Familiares*, I, III, 10; XXII, XII, 12; XXIV, I, 8. Petrarca aduce el primero, por ejemplo, en *Seniles*, XIV, I, pág. 434; el segundo, aquí escrito «cui compertum sit se usque ad vesperam esse venturum», lo cita regular y fiel-

del escritor y, al par, «ex cuntis mortalibus», embobados con el futuro y desatentos al presente, quién sabe

> an addiciant hodierne crastina vite
> tempora dii superi? [496]

Nadie lo sabe, obviamente —responde el humanista por sí «et pro cuntis»—, mas todos esperamos cuando menos un año, porque nadie es tan viejo como para no esperarlo todavía, según opina Cicerón.[497] Sin embargo —nota el Padre—, también según él, prometerse cierto lo incierto es necia esperanza igual en ancianos que en mozos.[498] Pase conceder el imposible, no obstante: a Francesco le ha correspondido un vivir largo y seguro. ¿No será inmensa locura (interroga Agustín, cristianizando a Séneca, de nuevo tácitamente) disipar lo mejor de la edad en halagar ojos y oídos ajenos, mientras lo peor, lo último, lo fastidioso, se guarda para Dios y para uno mismo, cual si poner el alma a salvo fuera el negocio más despreciable? [499] «Certo quamvis in tempore, nonne ordo tibi transversus videtur meliora postponere?» Francesco replica pretendiendo no carecer de razones: la gloria que es lícito esperar en el mundo hay que procurársela en el mundo; la otra, superior, cabrá gozarla en el cielo, y quien la alcance no querrá ni pensar en la terrena. El orden, pues, consiste en lo siguiente: entre los mortales, preocuparse primero

---

mente como «cui sit exploratum se ad vesperum esse victurum». Para huellas de otros textos afines del *De senectute,* vid. arriba, págs. 43, n. 14; 91, n. 128, 102, n. 165.

496. Horacio, *Odas,* IV, VII, 17-18. Cf. *Psalmi penitentiales,* III, 4: «Quan diu me deludet hodiernus dies sub expectatione crastini? Quando incipiam ad Te reverti?»

497. *De senectute,* VII, 24. Vid. *De remediis,* II, LXXXIII, pág. 210: «nemo tam iuvenis, qui non possit hodie mori; nemo tam senex, qui non possit annum vivere».

498. *Ibid.,* XIX, 67-68.

499. «Quanta tibi videtur amentia meliores annos atque optimas evi partes vel in placendo oculis alienis vel in auribus hominum demulcendis [cf. n. 476] expendere; deterrimas autem atque ultimas, pene ad nil utiles, vivendique simul et finem et fastidium allaturas, Deo tibique reservare, ut anime tue libertas extrema omnium cura sit?» (198). Cf. *De brevitate vitae,* III, 5: «Non pudet te reliquias vitae tibi reservare et id solum tempus bonae menti destinare, quod in nullam rem conferri possit?» (y vid. arriba, pág. 221, n. 320).

de las cosas mortales; y a lo transitorio suceda lo eterno. El paso de lo uno a lo otro es «ordinatissimus»; imposible, en cambio, hacer el camino en sentido contrario (198). ¡Pobre tonto y tonto! (200), exclama el Santo. ¡Fantasear que todas las delicias de cielo y tierra, todas las dichas de ambos, le lloverán a una señal de capricho! Esa ilusión engañó a miles de millares [500] y sumió en el huerco infernal a incontables almas: creían tener un pie en la tierra y otro en el cielo, y ni pudieron mantenerse aquí, ni ascender allí. Cayeron miserablemente, de súbito, en la flor de los años, o acaso les faltó el aliento vegetativo «in medio rerum apparatu».[501] ¿Imagina que no puede ocurrirle como a tantísimos? Ah, si le aconteciera tal ruina (no lo quiera Dios) entre las múltiples empresas que lo atarean, ¡qué dolor, qué vergüenza, que tardío arrepentimiento, «quod in diversa distractus evanuisses in singulis»![502] Suplica el humanista: ¡el Altísimo tenga piedad y le evite ese trance! Pero Agustín advierte que, si la piedad divina libra de la humana insania, no la excusa. Mejor que Francesco no fíe en ella demasiado: Dios odia a quien desespera y burla a quien espera irreflexivamente...

En las páginas que venimos parafraseando y anotando, las líneas finales nos sugieren una concordancia particularmente reveladora. Francesco, tildado de «stultissimus homuncio» por no reparar debidamente en la continua amenaza de la muerte, con falsa esperanza que ha perdido a «innumerabiles», asume el reproche, ve ya cuán temerario es diferir el replegarse en Dios y en sí mismo, por buscar una gloria lábil, y se acoge a la misericordia del Altísimo. Pues bien, ese Francesco es acusadamente similar al Petrarca de los últimos *Triumphi*, cuando, tras comprobar cómo el Tiempo vence a la Fama, amonesta:

> Or vi riconfortate in vostre fole,
> gioveni, e misurate il tempo largo!...

---

500. «At mille hominum milia spes ista fefellit ...» (200); vid. arriba, pág. 103, n. 166.
501. Cf. arriba, pág. 105, n. 171.
502. En *Familiares*, I, 1, 8 (vid. notas 483, 485), leíamos: «et vix ad singula suffecturum ingenium in diversa distrahere»; y cf. pág. 181, n. 200.

Non fate contra 'l vero al core un callo,
como sete usi, anzi volgete gli occhi
mentr' emendar si puote il vostro fallo;
   non aspettate che la morte scocchi,
come fa la piú parte, che per certo
infinita è la schiera degli sciocchi; [503]

y cuando, en el umbral del *Triumphus Eternitatis*, pregunta al corazón: «In che ti fidi?», para contestarse:

Nel Signor, che mai fallito
non à promessa a chi si fida in Lui ...[504]
   che la colpa è pur mia, che piú per tempo
deve' aprir gli occhi, e non tardar al fine,
ch'a dir il vero, omai troppo m'attempo.
   Ma tarde non fur mai grazie divine;
in quelle spero che'n me ancor faranno
alte operazioni e pellegrine.[505]

Pero tal coincidencia nos invita a levantar el vuelo para contemplar un panorama más ancho.

Recordemos, en efecto, que la tensión entre «mortalia» y «eterna» manifiesta en el mismo *incipit* (22) trasciende todo el *Secretum*. Los dictámenes del Padre, por caso, suenan rotundos y sin apelación: «transitoria curatis, eterna negligitis» (88); «terrenis solicitudinibus implicitus, oculos ad altiora non erigis» (94), etcétera, etcétera. Sin embargo, el protagonista se empecina una y otra vez en hallar alguna laxa conciliación entre los dos términos de la dicotomía, rigurosamente destacada por la Verdad y Agustín. Y sucede que tanto la tensión como el intento de conciliación se acrecen en el diálogo tercero. Así, en la sección inicial, el Santo acentuaba la absurda incongruencia de aplicar «animum immortalem caduco ... corpusculo» (138). Para salvar el amor por Laura, entonces, Francesco insistía en que la dama

---

503. *Triumphus Temporis*, 70-71, 79-84; ahí, 67-68, Petrarca ha dicho: «Veggio or la fuga del mio viver presta, / anzi di tutti»; Francesco, cuando se considera la «periculosa dilatio ..., in tanta ... vite fuga» (196), la explica, dice, «pro me ipse et pro cuntis» (198). Comp. *Familiares*, XVI, xi, 4.
504. «... ab Eo tamen, qui nec fallit nec fallitur, promissum ...», se lee en nuestro contexto del *Secretum* (196); cf. *Familiares*, II, i, 23.
505. *Triumphus Eternitatis*, 3-5, 10-15.

era una vía y una guía hacia Dios. De suerte que Agustín debía desmontar ese argumento, subrayando especialmente que aun si ello fuera como se pintaba (y no lo era) semejante proceso «pervertit ordinem» (148): valía decir, con el *De doctrina christiana*, con el *De civitate Dei*, que no iba por ahí la «ordinata dilectio», que se obraba «ordine perturbato».[506] También en nuestra sección contrasta el Padre la «inanis immortalitas» de la fama y el «vere immortalitatis iter» (188). También el humanista desea salvar el amor a la gloria humana, restringiendo el procurársela a una primera etapa, de intereses preferentemente «mortalia», y relegando para después el atender a la gloria eterna. Y también Agustín, a vueltas de otras consideraciones, tacha parejos planes de «ordo ... transversus» (198).

Por ende, las dos secciones de nuestro libro ofrecen análoga estructura: a propósito de una pasión de Francesco, se agrava la polaridad de «mortalia» y «eterna» y se hace cuestión del «ordo» correcto para moverse entre ambos extremos. Barajando esos factores, además, se dan en uno y otro núcleo sintomáticas correspondencias. En el primero, por ejemplo, el poeta imagina un «nature ordinem ... immobilem» (140), de acuerdo con el cual Laura ha de sobrevivirle: pero tal orden, anuncia el Santo, se quebrará con la muerte de la amada.[507] En el segundo, Francesco prepara un progreso «ordinatissimus» (198) de la gloria mundana a la celestial: pero el progreso, amenaza Agustín, puede fácilmente frustrarse por obra de la muerte.

Justo al llegar aquí nos deteníamos para realzar un par de contactos con los *Triumphi*. Ahora, atando cabos, hemos de señalar la profunda homología de los *Triumphi* y el tercer coloquio del *Secretum*. Aquí y allí, una dinámica interna nos conduce entre un punto de partida y una meta idénticos: de la cadena del amor [508] al camino de la eternidad.[509] Esa dinámica,

---

506. Vid. arriba, págs. 294 y sigs.
507. Cf. págs. 275-286.
508. Vid. notas 10 y 11; en el *Triumphus Cupidinis,* casi es innecesario mencionar la visión de los «presi» del dios, «sotto mille catene», la alusión al «nodo» que ata a Petrarca (I, 29, 87, 71), etc.
509. Hemos leído la referencia al «vere immortalitatis iter» (188), y Agustín mostrará al personaje «aliam ... vivendi viam, quam arripias», un «iter ... in patriam» (210-212); cf., v.gr., *Triumphus Eternitatis,* 82-84: «O felici quelle

aquí y allí, implica el despliegue de una serie de fuerzas cuyo valor y permanencia las hace ir imponiéndose respectivamente sobre todas las restantes. El predominio sucesivo de cada una de las fuerzas en juego traza un arco desde lo menos estimable hasta lo más precioso: es el «ordo» esencial, la jerarquía auténtica de «mortalia» y «eterna».

Dentro de la *cornice* común, regida por los mismos grandes principios, las fuerzas actuantes en los *Triumphi* y en la última jornada del *Secretum* son iguales o similares y se relacionan de forma equivalente o afín. En el diálogo, la primera parte —apenas hay que recordarlo— presenta minuciosamente el *triumphus Cupidinis* sobre Francesco. No falta tampoco el *triumphus Pudicitie*: el «pudicitie ... exemplum» de Laura supera los deshonestos deseos del poeta (152-154), a quien se recomienda largamente el «pudor» como uno de los principales *remedia amoris* (176-184).[510] El *triumphus Mortis* se da tanto para con Laura (138-140) como para con todas las cosas (harto conocemos el *leitmotiv* de la obra). El humanista suspira por un *triumphus Fame* «inter posteros» (192), y aun Agustín lo tolera si viene por la virtud (204-206). Pero en muchas páginas hemos visto y aun veremos más prolijamente cómo la fama cede al *triumphus Temporis*. En fin, el *triumphus Eternitatis* se evoca una y otra vez en los párrafos recién examinados,[511] vuelve a sonar en los contiguos y a él nos arrastra la conclusión del Padre en la arremetida contra la gloria.

No es del momento ahondar en la homología indicada.[512] No

---

anime che 'n via / sono o seranno di venire al fine / di ch' io ragiono, quandunque e' si sia!»

510. Cf. también pág. 276.

511. No se olvide la insistencia: «eternitatem habeam» (194-196); «si eterna non respicis», «semper eternitatis me amore conflagrasse» (196); «transitoriis eterna succedant» (198).

512. Cabría extenderse, así, sobre la ambivalencia del protagonista (individuo y tipo) y el conexo alternarse de «vicende» generales y particulares (Amor, Muerte, Tiempo, frente a Pudor, Fama, Eternidad), postulado por C. Calcaterra, *Nella selva del Petrarca*, págs. 169-170; sobre la doble serie de triunfos, en harmonía con las dos secciones del diálogo, etc., etc. De esos y otras cuestiones trataré aparte, y también en mi vol. III. Vid. ya aquí las notas 78, 200, 204, 206, 210, 260, 378, 381, 415, etc.

obstante, creo que basta lo dicho para comprobar la conformidad
de los *Triumphi* con el libro tercero del *Secretum* en cuanto a las
directrices sustanciales que los organizan y los ingredientes puestos a contribución. No parece dudoso, pues, que al concebir nuestro coloquio a Petrarca le bullía en la cabeza el diseño del poema.
Es hoy opinión bien respaldada [513] que los *Triumphi* se comenzaron durante la postrer estancia en Provenza. Inútil abultar
cuán bien condice la tesis (forjada completamente al margen de
cuanto he apuntado) con la cronología que aquí se asigna al
Secretum.[514] Mas no resultará ocioso señalar que la unánime
interpretación de los *Triumphi* como superación de los *Rerum
vulgarium fragmenta* cobra más rico sentido a la luz del cotejo
esbozado: incluir la crítica del *Canzoniere,* como arranque del
tercer diálogo, en un marco gemelo al esquema de los *Triumphi*
nos habla de la exigencia con que Petrarca se planteaba artística,
intelectual y vitalmente ir más allá de las «rime sparse» líricas
con una construcción maciza, de verdadera enjundia y altura.

Prosigamos. Agustín ha puesto en guardia el humanista frente al necio proyecto de reservar solo los últimos momentos «Deo
sibique», en dilación que quizá la muerte malogre trágica e irremediablemente. Ha conseguido conmoverlo, arrancándole un ruego estremecido: «Misereatur Altissimus ne ista contingant!»
(200). Y se dispone a explotar la ventaja, ponderando el peligro
de una excesiva, inerte confianza en el Señor, y aprovechando la
densidad emotiva de la ocasión para tratar en tono vívido una
materia que no sufre verse postergada.

En efecto, al Padre le duele que Francesco descarte como
«philosophorum ... veterem ... fabellam» las tradicionales razones de la diatriba contra la fama. Por ello se apresta a reiterar-

---

513. Cf. G. Billanovich, «Dalla *Commedia* e dall' *Amorosa Visione* ai
Trionfi», en *Giornale storico della letteratura italiana*, CXXIII (1945-1946), páginas 1-52, y *Petrarca letterato*, I, págs. 161-178; muy recientemente, V. Branca,
«I *Trionfi* e le implicazioni strutturali ed espressive fra Petrarca e Boccaccio»,
comunicación al Convegno Internazionale su F. Petrarca.

514. Por supuesto, incluso quienes como Calcaterra, *op. cit.*, págs. 145-208,
y E. H. Wilkins, *Studies...*, págs. 254-272, y «The First Two *Triumphs* of Petrarch», en *Italica*, XL (1963), págs. 7-17, piensan en una versión del *Triumphus
Cupidinis* y el *Triumphus Pudicitie* hacia 1343 (idea que me parece insostenible),
han de conceder que la articulación del poema como conjunto debe ser posterior
a la muerte de Laura.

las, a la huella de las sólitas autoridades,[515] mas con matices personales y hábil estrategia. «Ea ne, queso, fabula est ...?» ¿Són fábulas, pregunta, los datos que va a desgranar? Está geométricamente demostrada la estrechez (las «angustie») de la tierra toda,[516] minúscula isla apretada y alargada.[517] Consta de cinco zonas: la mayor, en el medio, por el ardor del sol, y las dos de los confines, a derecha e izquierda, por los fríos intolerables y los perpetuos hielos, no son morada apta para los hombres; únicamente cabe habitar las otras dos, entre la central y las extremas.[518] Una de las partes habitables, sin embargo, queda

515. Básicamente, las mencionadas en la n. 486, con el refuerzo de las que puntualizaré en las próximas acotaciones.
516. Al hablar de «geometricis demonstrationibus» (200), Petrarca recordaría el *De consolatione Philosophiae*, II, VII, 3 («Omnem terrae ambitum, sicuti astrologicis demonstrationibus accepisti, ad caeli spatium puncti obtinere rationem»; la sustitución de la referencia a la astrología es muy comprensible en quien la detestaba tanto como Petrarca), y las explicaciones y gráficos de Macrobio, *Comentario*, II, V-IX.
517. *Somnium Scipionis*, VI, 21: «Omnis enim terra, quae colitur a vobis, angustata verticibus, lateribus latior, parva quaedam insula est circumfusa illo mari, quod Atlanticum, quod Magnum, quem Occeanum appellatis ...» Petrarca parece pasar por alto el «quae colitur a vobis»: cf. Macrobio, *Comentario*, II, IX. El texto ciceroniano se aduce en *De remediis*, II, LXVIII, pág. 185; y cf. abajo la cita de *Africa*, II, 361-363.
518. Bullen aquí múltiples ecos, y yo me limito a copiar los textos que más de cerca parecen haber condicionado la formulación de Petrarca; por supuesto, en torno a todos los lugares citados hay elementos que configurarían el *imago mundi* del escritor. § «... ex omni terra quinque distincta —ita vocant— zonis ...»: Virgilio, *Geórgicas*, I, 233 («quinque tenent caelum zonae»); Plinio, *Naturalis Historia*, II, LXVIII, 172 («cum sint eius quinque partes, quas vocant zonas»); Macrobio, *Comentario*, II, V, 7 («de quinque autem cingulis ne, quaeso, aestimes duorum Romanae facundiae parentum Maronis et Tulli dissentire doctrinam, cum hic ipsis 'cingulis terram redimitam' dicat, ille isdem, quas Graeco nomine zonas vocat, adserat 'caelum teneri', utrumque enim incorruptam veramque nec alteri contrariam retulisse rationem, procedente disputatione constabit»; parcialmente transcrito en el Virgilio Ambrosiano, fol. 21). § «maximam illam mediamque solis ardoribus ...»: Cicerón, *Somnium Scipionis*, VI, 21 («medium autem illum et maximum solis ardore torreri»). § «duas autem dextera levaque importunis frigoribus perpetuaque glacie oppressas ...»: Virgilio, *ibid.*, 235-236 («quam circum extremae dextra laevaque trahuntur / caerulae, glacie concretae ...»); Plinio, *ibid.* («infesto rigore et aeterno gelu premitur omne, quicquid est subiectum duabus extremis»); Macrobio, *ibid.*, 11 («nam et septemtrionalis et australis extremitas perpetua obriguerunt pruina»). § «habitaculum hominibus non prestare»: Macrobio, *ibid.* («horum uterque habitationis impatiens est»); Boecio, *De consolatione*, II, VII, 5 («vix angustissima inhabitandi hominibus area relinquetur»), y cf. n. 523. § «duas reliquas, inter mediam et extremas,

inaccesible por la barrera del Gran Mar y se sitúa «sub pedibus vestris». Sobre si en ella hay hombres o no, una divergencia importante trae enzarzados de antiguo a los mayores eruditos: Francesco lo sabe bien (y nosotros tenemos excelentes testimonios al respecto),[519] como sin duda conoce el parecer (negativo) del Santo por haberlo leído en el *De civitate Dei* (es lícito pensar que Petrarca había repasado en fechas no lejanas el *magnum opus* agustiniano, cuyos rastros son patentes en el *Secretum*).[520]

---

incoli»: Cicerón, *ibid.* («hic autem alter ... quem incolitis ...»), y *Tusculanas*, I, XXVIII, 69 («quarum altera, quam nos incolimus ..., altera ..., ignota nobis ...»). § Cf. *Africa*, II, 360 y sigs.: «parsque riget glacie, pars squalet inusta calore», «subiectaque cunta duobus / perpetuo durata gelu. Prohibetur ab illa / stirps hominum regione procul», «mediam vetitum est attingere zonam», «sic gemina mortales sede fruuntur», etc.; y *Bucolicum carmen*, IX, 54-59.

519. Cf. F. Lo Parco, «Il Petrarca e gli antipodi etnografici», en *Romania*, XXXVII (1908), págs. 337-357, que trae algunas referencias útiles e ignora (u olvida voluntariamente) varios textos esenciales (incluido el nuestro). En el Virgilio Ambrosiano, fol. 140 vo., se señala con un sumario («Epystola ab Antipodibus ad nos missa») un pasaje del comento (a *Eneida*, VI, 532) que explica las alusiones de *Varie*, XXII y XXXVIII; otra nota reza: «Antipodes, de quibus agit et in primo *Georgicarum* [243]: 'Sub pedibus Stix'»; y se copia el lugar de Macrobio, *Comentario*, II, v, 22-27, donde se defiende la existencia de los antípodas, para concluir: «Adversus que disputat Augustinus *De civitate Dei* [XVI, IX]»; a esa apostilla se remite en el fol. 21 vo., al margen de la noticia del escoliasta sobre las «varie philosophorum opiniones» en cuanto a las gentes en cuestión. No cabe aceptar la tesis de Lo Parco de que Petrarca creyera en la realidad de los antípodas: cuando más, dudaba (*Familiares*, IX, XIII, 9: «siqui sunt antipodes»; *Canzoniere*, L, 3: «a gente che di là forse l'aspetta»); y el «valide» citado en la próxima nota es harto significativo. Vid. también M. Pastore Stocchi, *Tradizione medievale e gusto umanistico nel «Del montibus» del Boccaccio*, Padua, 1963, pág. 65.

520. «... quam utrum homines teneant scis quanta dissensio inter doctissimos homines olim sit. Ego autem quid sentirem absolvi in libris *De civitate Dei*, quos te legisse non dubito» (200). G. Martellotti, «Linee di sviluppo...», pág. 78, ha observado «un infittirsi delle derivazioni agostiniane, specie dal *De civitate Dei*, tra il 1346 e il 1353». De cuán exacto es ello quedan aquí abundantes pruebas: para el *De civitate Dei*, vid., por ejemplo, págs. 62, n. 56; 66, n. 62; 108; 120; 198; 296; 317, n. 225, etc., aparte la nota 455. Adviértase también que junto al texto de Plinio, *Naturalis Historia*, II, LXV, 161 («Ingens hic pugna litterarum contraque vulgi circumfudi terrae undique homines conversisque inter se pedibus stare ...»), Petrarca, en el Parisino Latino 6.802, escribió: «De his apud Ciceronem multosque alios nulla questio est; contra valide disputat Augustinus» (en P. de Nolhac, *op. cit.*, II, pág. 80, quien no ve que se trata de una referencia al *De civitate Dei*, XVI, IX, como las otras llamadas a Agustín que se encuentran en el códice). Se diría claro que nuestro pasaje desarrolla la frase de Plinio y la nota añadida: «ingens pugna» / «quanta

En cuanto a la parte que resta, hay quien la hace habitable por entero y quien la divide en dos regiones: una es marco de la existencia humana, y la otra, contorneada por el océano Septentrional, no se deja penetrar.[521] La porcioncilla habitable, sea como fuere, se achica con masas de agua y pantanos, con selvas, arenales y desiertos: así se reduce a nonada el pedazo de tierra en que tanto se ensoberbecen los mortales (200).[522] En ese restringidísimo espacio (202), diversas maneras de vivir, religiones encontradas, lenguas disonantes y costumbres distintas vedan cualquier amplia propagación del renombre.[523]

---

dissensio»; «apud Ciceronem multosque alios» / «inter doctissimos homines»; «disputat Augustinus» / «quid sentirem absolvi in libris *De civitate Dei*» (repárese en cómo la simple cita bibliográfica se ha coloreado, puesta en boca del Padre). Por ahí, la página del *Secretum* se nos fecha después de julio de 1350, cuando Petrarca adquirió el manuscrito de la *Naturalis Historia*. Para las reminiscencias de Plinio en el libro segundo, cf. págs. 170-174 (y n. 166).

521. «... vel, ut quibusdam placet, in duas partes subdividens, unam usibus vestris attribuit, aliam septentrionalis Occeani reflexibus circumcludit atque aditum interdicit» (200). Es esta la única afirmación del párrafo donde no hallo concomitancias literales indudables con las fuentes primarias ya señaladas: por ello, mejor que una interpretación un poco violenta de noticias como las de Plinio, *Naturalis Historia*, II, LXVII, 167, 170, o Macrobio, *Comentario*, II, V, 18 y IX, 5 y sigs., supongo que Petrarca debía tener en mente algún texto para mí desconocido sobre los *mirabilia* que se encierran «in intimis borealis occeani secessibus» (*Familiares*, III, I, 8).

522. «An ea que hanc ipsam vobis habitabilem, quantulacunque sit, freto paludibusque ac silvosis arenosisque ac desertis locis imminuit, peneque ad nichilum redigit hoc telluris exiguum, in quo tantopere superbitis?» (200). La inspiración última del *Somnium Scipionis*, VI, 20, cuaja aquí especialmente a través de la *Consolatio Philosophiae*, II, VII, 5 («si, quantum maria paludesque premunt quantumque siti vasta regio distenditur ..., subtraxeris ...»), y sobre todo de la *Naturalis Historia*, II, LXVIII, 174 («Conputetur etiamnum mensura tot fluminum, tantarum paludium, addantur et lacus, stagna ..., iam silvae ... et solitudines ac mille causis deserta; detrahantur hae tot portiones terrae ...: haec est materia gloriae nostrae, haec sedes ...»). Cf. *De otio religioso*, pág. 46: «in hoc perangusto terre habitabilis angulo ..., tanto mari totque paludibus obruto, tot desertis inhospito ..., superbimus ...»; *Africa*, II, 364-365, 392-394: «Nec tamen hanc totam incolitis. Nam multa paludes, / multa tenent silve ...», «Statio tantum unica restat / parva, sed hec vasto nimis interrupta locorum / desertoque habitu ...»; una contrapartida optimista, en *De remediis*, I, XCIII, pág. 211.

523. «An ea forte que in hoc ad extremum arctato habitaculi vestri situ, diversos vivendi mores, adversosque religionis ritus, dissonas linguas dissimilesque habitus edocet, atque hoc modo propagandi late nominis preripit facultatem?» (202). También ahora, la rápida sugerencia del *Somnium, ibid.*, crista-

«Si hec tibi fabulosa sunt —recapitula Agustín, con ribetes agresivos—, fabulosa quoque sunt omnia que de te michi promiseram.» Porque a nadie creía más impuesto que al humanista en tales nociones. No solo por formado en la disciplina de Cicerón y Virgilio, amén de instruidísimo al propósito en filósofos y poetas,[524] sino por haberlas desarrollado poco antes, «nuper», en versos preclaros del *Africa* (II, 361-363):

> angustis arctatus finibus orbis
> insula parva situ est, curvis quam flexibus ambit
> Occeanus.

Si eso y cuanto añadió lo reputaba falso, ¿cómo no sorprenderse de que lo afirmara con pareja firmeza?

Es interesante la cita de ese lugar del *Africa* y de los otros ligados a él («aliaque deinceps addidisti»), es decir, del parlamento de Escipión padre sobre la caducidad de la gloria,[525] del que inmediatamente van a aducirse otros fragmentos y con el cual nuestra sección muestra coincidencias no desdeñables. Es interesante, porque la última precisión cronológica que se ha

---

liza a través de una relaboración, *De consolatione Philosophiae*, II, vii, 6-7, 10 («... de pervulganda fama, de proferendo nomine cogitatis, ... gloria tam angustis exiguisque limitibus artata? Adde quod hoc ipsum brevis habitaculi saeptum plures incolunt nationes lingua, moribus, totius vitae ratione distantes, ad quas tum difficultate itinerum tum loquendi diversitate tum commercii insolentia non modo fama hominum singulorum sed ne urbium quidem pervenire queat ... Videsne ... quam compressa gloria, quam dilatare ac propagare laboratis?»), y quizá con un mínimo eco de Macrobio, *Comentario*, II, x, 3 («spem quam de propaganda late gloria ... amputavit ...»). Cf. *Africa*, II, 394-396: «linguarum dissona multum / murmura, diversi mores. Hec crescere famam / impediunt ...» Un recuerdo de la idea afín del *Somnium*, VI, 22, el *Comentario*, II, x, 3, y la *Consolatio*, II, vii, 8-9, en *Familiares*, XXIV, xii, 10 y *Seniles*, XVII, ii, en *Prose*, págs. 1.142-1.144; cf. n. 540.

524. El emparejamiento de Cicerón y Virgilio, «ceteraque vel philosophica vel poetica ... hac de re» (200), sin duda se hace cargo de Macrobio, *Comentario*, II, v, 7 y sigs.; como indicaba en la n. 518, Petrarca extractó en el Virgilio Ambrosiano, fol. 21, el principio de ese texto, insistiendo en que Macrobio resolvía la aparente discrepancia del *Somnium Scipionis* y las *Geórgicas*, y completando: «Eamdem tamen dissonantiam Ovidius in primordio magni operis dilucide breviterque dissolvit [*Metamorfosis*, I, 45-51], non nominans auctores, sed utramque veram esse opinionem asserens. Illic igitur vide».

525. *Africa*, II, 334-530.

hecho en el coloquio aludía como compuesta «nuper» a una epístola métrica no anterior a 1349 (cf. arriba, nota 306), y porque la última cita de un texto petrarquesco ha sido otro verso del *Africa,* incorporado a las gestas de Escipión después de 1347 (vid. nota 399). No hay dos sin tres (digamos mejor: los precedentes seguros canalizan la interpretación del factor opinable que viene detrás), y se diría probable que el «nuper» de ahora deba medirse no desde la fecha ficticia de la acción, hacia 1342, sino desde la fecha de la redacción, verosímilmente en primavera de 1353, y que el paso del *Africa* recién transcrito, los recordados a continuación y el episodio del poema en que se insertan se escribieran o rescribieran, del todo o en parte, cuando Petrarca limaba la epopeya en 1349, o bien en un momento posterior, quizá ya en Provenza.[526] En cualquier caso, para el lector contemporáneo, el «nuper» remitía sencillamente al período previo a la nueva etapa de la vida y la obra petrarquesca que el *Secretum* hacía empezar idealmente en la vecindad de los cuarenta años: nueva etapa en que el *Africa* no tenía sitio legítimo. Y la cita del cantar heroico poseía la virtud de enfrentar a Francesco consigo mismo: táctica ya antes usada por el Padre (cf. págs. 147, 149) y muy repetida a partir de aquí, para poner de relieve una vez más el divorcio entre la teoría y la práctica del personaje (si con mayor gravedad, pues no solo las lecturas, sino aun los propios conceptos y palabras se revelan no resueltos «in actum»), contradicción tan chillona como ocultarse para lograr la notoriedad o complacerse en el halago de quienes se desprecia

526. Vid. n. 482 y pág. 419. Varios indicios permiten pensar que el aludido parlamento de Escipión padre fue cuando menos retocado en época más tardía que la correspondiente a la acción del *Secretum* (ya en los versos 303-312 cabe tal vez detectar una idea, de 1347, relativa a Cola di Rienzo: cf. G. Martellotti, en *Poesie,* pág. 627, n.). Así, la plausible reminiscencia de Plinio (n. 522) y los clarísimos contactos con los cuatro *Triumphi* del ciclo «in morte» (vid. solo U. Bosco, *Francesco Petrarca,* págs. 242-243), aparte la distinción de los dos Lelios ahí patente (cf. n. 121). Nótese además que la referencia del *Secretum* sugiere que Petrarca contemplaba el tal parlamento como una adición o reelaboración: «Aliaque deinceps addidisti, que si falsa putabas, miror ut ea per [*sic*] te tam constanter asserta sunt» (202). Por otra parte, son ya tantos los elementos que sitúan en 1353 la versión del *Secretum* conservada, que no creo petición de principio insistir en que el «nuper» (en la perspectiva que doy en el texto) y las coincidencias de nuestro diálogo con la conclusión del *Africa,* II, acercan más a 1353 que a 1342. Cf. n. 538, 547.

(vid. págs. 180, 383), inconsecuencia solidaria del «conflictus curarum» que el libro define y Agustín enseña a mitigar.

Fiel al patrón convencional («locorumque ac temporum angustiis») y al fin libre de desarrollarlo sin interrupciones destempladas de Francesco, el Santo, tras el paréntesis, pasa a la brevedad de la fama y a los constreñimientos temporales que la limitan. ¿Qué dirá de ello a quien sabe perfectamente cuán de ayer son las más viejas memorias, si se comparan con la eternidad?[527] La pregunta, fijando el punto de referencia en la eternidad, encara ya el horizonte que no se perderá de vista en lo sucesivo. Pero se han venido utilizando fuentes clásicas donde la contraposición de gloria mortal y eternidad,[528] el ceder de toda celebridad «temporalibus angustiis», se arropaba con argumentos suspectos. Por lo mismo, Agustín desea ser bien entendido: no alude a las doctrinas de ciertos autores antiguos que señalan frecuentes incendios y diluvios en la tierra, según se lee en el *Timeo* y en el *Somnium Scipionis*; pues, aunque tales doctrinas parezcan probables a muchos, son extrañas por completo a la religión verdadera, la profesada por el escritor.[529] Desde luego,

---

527. «... cum scias, quorum [mortalium] vetustissima memoria est, eternitati collata quam brevis quamque recens sit?» (202). El alcance exacto del pasaje se capta al reparar en que cuando impugna que el mundo sea eterno, tenga miles y miles de años o nazca y termine incesantemente, defendiendo en cambio la cronología bíblica de la Creación, relativamente corta —y opino que otro tanto implica nuestro texto—, el *De civitate Dei*, XII, xii, reza también: «Si enim brevitas eos offendit temporis, quod tam pauci eis videntur anni ex quo institutus homo in nostris auctoritatibus legitur, considerent nihil esse diuturnum, in quo est aliquid extremum, et omnia saeculorum spatia definita, si aeternitati interminatae comparentur, non exigua existimanda esse, sed nulla». No se olvide que acaba de citarse la obra agustiniana y que a continuación Petrarca volverá a plegarse a ella. Por lo demás, claro está que el contraste en cuestión era casi trivial: cf. abajo (n. 604) el texto de *Tusculanas*, I, xxxix, 94; *De consolatione Philosophiae*, II, vii, 15-16, 18 («Ita fit ut quamlibet proximi temporis fama, si cum inexhausta aeternitate cogitetur, non parva sed plane nulla esse videatur»); o, trazando coordenadas muy afines a las del *Secretum*, G. Peraldo, *Summa de vitiis*, VI, iii, 39: «Quartum remedium [contra vanam gloriam] est consideratio gloriae aeternae; quia, secundum Gregorium, 'vilescunt temporalia, dum consíderantur aeterna, et spiritualiter vilescit vana gloria, si consideretur gloria vera'».

528. A zaga de Cicerón, *Somnium Scipionis*, VII, 23-25, como advertí.

529. «Non ego te ad opiniones illas veterum revoco, qui crebra terris incendia diluviaque denuntiant, quibus et platonicus *Thimeus* et ciceronianus *Reipublice* sextus liber refertus est. Ea enim, quanquam multis probabilia videantur,

la precisión del Padre no solo tiene la virtud de despachar incidentalmente cualquier veleidad de tomar en serio la teoría de la palingénesis y las especulaciones sobre la historia del mundo como un ir y venir de ciclos (Petrarca, obviamente, se atiene siempre al *De civitate Dei*).[530] Ocurre más bien que el recuerdo de la «vera religio» sirve para dejar paladino el sentido de la «eternitas» contemplada aquí y en adelante: no una eternidad abstractamente concebida, ni reductible a una vaga lucubración sobre el *magnus annus* o cosa similar, sino la eternidad de la revelación cristiana, el «mondo novo, in etate immobile ed eterna», del Apocalipsis (XXI, 1) y el *Triumphus Eternitatis* (19-20).

Aparte, pues, esas patrañas —observa Agustín, con familiar paronomasia—, «quam multa sunt, que diuturnitatem, ne dicam eternitatem, nominis impediunt!»[531] Entre los obstáculos están la muerte de los contemporáneos[532] y el olvido connatural a la vejez.[533] Crece y florece la alabanza de los «hombres nuevos»,

---

vere tamen religioni, cui initiatus es, aliena sunt profecto» (202). Vid. *Timeo*, 22c y sigs. («multae quippe neces hominum partim conflagratione partim inundationibus vastantibus acciderunt»; *CPMA*, IV, pág. 14); *Somnium Scipionis*, VII, 23 («propter eluviones exustionesque terrarum, quas accidere tempore certo necesse est»); Macrobio, *Comentario*, II, x, 14, también cita el *Timeo* al respecto. Petrarca sin duda tiene en cuenta la crítica de semejantes ideas en el *De civitate Dei*, XII, x-xiii (x, 1: «*diluviis* et conflagrationibus per certa intervalla temporum»; xi: «alluvionibus *incendiis*que terrarum»); parejamente, al margen de Cicerón, *De natura deorum*, II, xlvi, apuntó: «Nota de fine mundi per ignem, sed perverse» (en P. de Nolhac, *op. cit.*, I, pág. 241). En otros lugares, menciona los «fatalia terris / diluvia et populos violentior estus adurens» (*Africa*, II, 460-461), dice «omne simul tempus aut diluviis aut estu nimio ... discerptum» (*De remediis*, I, xcii, en *Prose*, pág. 632), en serie con otras catástrofes comunes y en forma que no cabe dudar de que filtra el viejo motivo en el tamiz de la ortodoxia.

530. Vid. F. Simone, «Il Petrarca e la sua concezione ciclica della storia», en *Arte e storia. Studi in onore di L. Vincenti*, Turín, 1965, págs. 387-428: toda la «concezione ciclica» ahí rastreada está de acuerdo con la exégesis del Eclesiastés, I, 9-10 («Quid est quod fuit? Ipsum quod erit», etc.), en el *De civitate Dei*, XII, xiii, 2.

531. *Somnium Scipionis*, VII, 23: «non modo non aeternam, sed ne diuturnam quidem gloriam adsequi possumus». Igual dualidad en Macrobio, *Comentario*, II, ix, 4; *De consolatione Philosophiae*, II, vii, 16-16; *De civitate Dei*, cit. en la n. 527.

532. *Somnium Scipionis*, VI, 22: «Ipsi autem, qui de nobis loquuntur, quam loquentur diu?»

533. Cf. *Rerum memorandarum*, II, xiv, 5; frente a ello, *De remediis*, II, ci, pág. 219, y *Seniles*, VIII, ii, pág. 919.

revocando los timbres de gloria de antaño: y cuanto más rebaja a los mayores, tanto más se encumbra.[534] Súmese que la envidia persigue sin tregua a quien emprende tareas honrosas,[535] que se odia a la virtud y el talento está malquisto de la plebe, que el juicio del vulgo es inconstante.[536] Súmese que los sepulcros se desmoronan, aun por la simple fuerza de una higuera (como caricaturiza Juvenal),[537] en ruina que el propio poeta, no sin elegancia, llamó por boca ajena «segunda muerte»:

> mox ruet et bustum, titulusque in marmore sectus
> occidet: hínc mortem patieris, nate, secundam (202).[538]

Hete aquí la gloria preclara e inmortal: ¡una piedra la derrumba! (204). Súmese que se destruyen los libros donde figura el nombre (Agustín transita otra vez del singular al plural), sea quien fuere quien lo haya inscrito.[539] Tal destrucción puede parecer tanto

---

534. «Semper quoque subcrescens novorum laus hominum, que flore suo nonnichil interdum veteribus titulis derogat, quantumque maiores deprimit tantum ipsa sibi videtur assurgere» (202). Inevitablemente recordamos que la versión dantesca del perenne problema de los «homines novi» se da también en el curso de un dicterio de la fama: «Oh vana gloria de l'umane posse! / com' poco verde in su la cima dura, / se non è giunta da l'etati grosse! / Credette Cimabue ne la pittura / tener lo campo, e ora ha Giotto il grido, / sì che la fama di colui è scura. / Così ha tolto l'uno a l'altro Guido / la gloria de la lingua; e forse è nato / chi l'uno e l'altro caccerà del nido» (*Purgatorio*, XI, 91-99; y sigue la exclamación sobre la inestabilidad del «mondan romore» y la cortedad de un milenio frente «a l'etterno»).

535. La idea, trillada ya en Roma, de Horacio a Séneca y Estacio, se repite obsesivamente en Petrarca: valga de muestra la monotonía con que aparece (hasta 1373) al tratarse de la coronación; vid. E. H. Wilkins, *The Making of the «Canzoniere»*, págs. 66-69.

536. Vid. J. E. Seigel, *Rhetoric and Philosophy in Renaissance Humanism*, pág. 51, n. 54.

537. Se cita aquí a Juvenal, *Sátiras*, X, 145.

538. *Africa*, II, 431-432; es sugerencia de Boecio, *De consolatione Philosophiae*, II, VII, versos 25-26: «cum sera vobis rapiet hoc [nomen] etiam dies, / iam vos secunda mors manet». Cf. *Triumphus Temporis*, 143 («chiamasi Fama ed è morir secondo»); *Metrice*, III, XXXIII, 11-16 («inania nomina bustum / conteget exiguum; longo mox parta labore / fama cadet, cinerum custos intercidet, urna, / aura feret cineres, attrito in marmore nomen / vix leget acclinis concisum in frustra viator. / Cunta premet tempus ...»): la *Metrica* se escribió hacia el verano de 1352 y muestra claros contactos con el *Triumphus Temporis* (cf. E. H. Wilkins, *Studies...*, pág. 203); es, pues, otro indicio para aproximar el *Secretum*, III, los *Triumphi* y el *Africa*, II, 334-530.

539. «Adde librorum interitum, quibus vel propriis vel alienis manibus

más tardía cuanto más persistente la memoria de los libros que la de los sepulcros, pero es inevitable; pues los libros, como todo, están sujetos a los estragos de la naturaleza y de la fortuna (Petrarca no solo da la vuelta a Macrobio, arrimándose a Boecio, sino añade también el toque personal del filólogo y «ardens explorator» de códices).[540] Sí, también para los libros hay vejez y muerte.

> Mortalia namque
> esse decet quecunque labor mortalis inane
> edidit ingenio.

Las mismas palabras de Francesco deben convencerlo de su pueril error, recalca el Padre. «Quid ergo? adhuc ingerere tibi non desinam versiculos tuos», le espeta, sin darle respiro:

> libris equidem morientibus ipse
> occumbes etiam; sic mors tertia restat.[541]

Ese es el dictamen de Agustín sobre la «gloria», expuesto —aclara— más por largo de lo necesario para sí o para Francesco, y menos de lo requerido por la categoría del tema. Al humanista, desde luego, no le ha tocado el ánimo como cosa de fábula, antes le ha inspirado un sentimiento nuevo de arrojar viejos lastres. Casi todo lo tenía sabido y oído de tiempo atrás, por supuesto:

---

vestrum nomen insertum est» (204). Seguramente Petrarca recordaba la paradoja de Cicerón, *Tusculanas*, I, xv, 34, y *Pro Archia*, XI, 26 («Ipsi illi philosophi etiam in iis libellis quos de contemnenda gloria scribunt nomen suum inscribunt»), que acotó en un manuscrito (vid. G. Billanovich, «Petrarca e Cicerone», pág. 91) y evocó en la *Collatio Laureationis*, VII, 2, pág. 19 (y cf. *De viris*, XXI, x, 45, líneas 339-341).

540. Contradiciendo la seguridad de Macrobio, *Comentario*, II, x, 8 («litterarum usus, quo solo memoriae fulcitur aeternitas»), Boecio, *De consolatione*, II, vii, 13, inquiere: «Quanquam quid ipsa scripta proficiunt, quae cum suis auctoribus premit longior atque obscura vetustas?» (cf. P. Courcelle, *La Consolation de Philosophie...*, pág. 123). En la carta a Homero, *Familiares*, XXIV, xii, 10-12, Petrarca combina y singulariza varios de los tópicos presentes en nuestro contexto: las barreras naturales prohíben la difusión del nombre (cf. n. 523); la queja «de ... librorum interitu»; la constancia de que «nichil manet» y muchas «homerice·vigilie perierunt».

541. *Africa*, II, 455-457, 464-465 (el «autem» de toda la tradición, en 464, se muda en «equidem» para adaptarlo a la nueva sede).

en formulación de Terencio, «nada se dice no dicho antes»; [542] pero cuánto pesan la dignidad del estilo, el enlace de la exposición, la «loquentis autoritas»...[543]

Fijémonos en la explicación del Santo: «Habes de gloria iudicium meum, pluribus certe quam vel me vel te decuit verbis explicitum, paucioribus vero quam rei qualitas exigebat». Reconocemos en lo último una justificación más de la prisa con que se redactó el núcleo final del *Secretum* (cf. pág. 375). Pero reviste mayor importancia la confesión previa: ni a Agustín ni a Francesco hacía falta discantar o escuchar materia tan trivial. ¿A quién le convenía entonces? Obviamente, al lector, cuya instrucción es propósito esencial de Petrarca. Declarar cuanto acaba de tratarse improcedente para los dos interlocutores anula por un momento la ilusión dramática: neutraliza a los personajes y destaca al espectador. Pues implica que Agustín y Francesco no han hablado tanto entre sí como para alguien a quien el proemio excluía, para un público solo una vez aludido y simultáneamente temido: «ne audiar a quoquam, siquis forte aurem in hos sermones nostros intulerit», (vid. pág. 371). La manoseadísima perorata sobre la fama se entendía de maravilla asimilada (y sin duda lo está) a la denuncia de las contradicciones del humanista, los contenidos de cuya obra llegan a ser incompatibles con los fines de gloria caduca a que aspira con ella.[544] Sin embargo, al excusar la disertación según lo hace, negándole pertinencia para los interlocutores, Petrarca, voluntaria o distraídamente, nos pone ante los ojos al lector, subraya el carácter didáctico del diálogo y, por ende, le roba apariencias de documento íntimo, de *secretum*. Y ello ocurre justamente cuando el protagonista y el autor van a identificarse más, cuando Petrarca va a extremar la apología *pro vita et opere*. Por supuesto, es un detalle. Pero sintomático. Porque nos ayuda a captar en el libro la delicada mezcla de ficción, biografía, objetivo ejemplar, libérrima elaboración intelectual y artística.

542. Terencio, *Eunuco*, 41, repetido en *Familiares*, III, IV, 3.
543. Vid. arriba, pág. 30 y n. 79.
544. Aparte esas miras, las frecuentes citas y la fortísima dependencia de la conclusión del *Africa*, II, probablemente se explican también por la premura con que debía de trabajar Petrarca: el seguir de cerca el discurso del viejo Escipión (y las últimas páginas del *Secretum* son casi un discurso de Agustín solo) facilitaba mucho la redacción.

Francesco, presto a rendirse, testimonia propósitos de ruptura: «abiciendi veteris novum desiderium». Mas antes quiere oír un fallo definitivo y resolutorio del Padre:[545] «iubeas ne ut, omissis studiis meis omnibus, inglorius degam, an vero medium aliquod tibi sit consilium?» ¿Olvidar la gloria, pues, o compaginarla con los quehaceres literarios? Agustín contesta con un planteamiento más riguroso. Nunca aconsejará al humanista —avisa— llevar una vida sin gloria. Sí le recomendará constantemente, en cambio, no buscar más la gloria que la virtud. Francesco no ignora que la gloria es una suerte de sombra de la virtud.[546] Como el cuerpo ha de proyectar sombra cuando le da el sol, la virtud, tocada por la luz de Dios, ha de producir gloria.[547] «Quisquis igitur veram gloriam tollit, virtutem ipsam sustulerit necesse est»: y marginada la virtud, la vida de los hombres que-

---

545. «Ceterum de hac re sententiam tuam ultimam audire velim ...» (204). «Quenam igitur queres mea sit sententia», dice Escipión padre en el *Africa*, II, 496, disertando sobre idénticas cuestiones e implicando una pregunta no expresa igual a la de Francesco.

546. «Nosti enim gloriam velut umbram quandam esse virtutis» (204). E. Carrara remite a *Tusculanas*, I, XLV, 109: «gloria ... virtutem tamquam umbra sequitur». De hecho, Petrarca tiende a contaminar esa frase con la versión de Séneca, *Ad Lucilium*, LXXIX, 13 («Gloria umbra virtutis est; etiam invitam comitatibur») y a considerar la idea patrimonio común; se lee, así, en el *De remediis*, I, XCII, en *Prose*, pág. 636: «Gloria quidem —ut sapientibus placet— quasi quedam umbra virtutis est: illam comitatur, illam sequitur, quandoque etiam antecedit» (Séneca continúa: «Sed quemadmodum umbra aliquando antecedit, aliquando sequitur vel a tergo est ...»); por otro lado, en la obra petrarquesca, parece haber sido más fecunda la variante de Séneca. Amén de en los lugares indicados en las notas 547, 552 y 558, la imagen se encuentra también en *Familiares*, I, II, 25 (1350-1351); XV, I, 8 (otoño, 1352); XV, XIV, 26-27 (otoño, 1352); XXII, XIV, 7 (enero, 1361); XXIII, XI, 1 (hacia 1361); XXIV, X, 34-35 (1365-1366); *Seniles*, XIV, I, pág. 420 (1373). Quizá no cabe preterir que en esa serie de cartas el motivo no aparezca hasta 1350-1351 y se repita en otoño de 1352 en forma muy próxima al *Secretum* (vid. notas 547, 551). Cf. además K. Heitmann, *Fortuna und Virtus*, pág. 222, y A. S. Bernardo, *Petrarch, Scipio...*, págs. 55-57, 66-71, 73-79, etc.

547. «Itaque, sicut apud vos impossibile est corpus umbram sole feriente non reddere, sic fieri non potest virtutem, ubilibet radiante Deo, gloriam non parere» (204). En la citada *Familiaris* XV, XIV, de otoño de 1352, Petrarca explica: «iusti anima sedes est Dei»; y, pasando a la gloria y la virtud, escribe: «quomodo solis radio percussi densi corporis umbra deficeret? equidem unde fama hominis originem ducit et cuius umbra est, virtus ipsa non moritur» (§ 4, 27). Cf. *Africa*, II, 487-490: «Ut sub sole vagum comitatur corporis umbra / ipsa ['gloria'] tui: quocumque gradum tu flexeris, illa / flectitur et stat, si steteris: sic fama volentem / nolentemque simul sequitur».

da desnuda, pareja a los animales, abocada a los apetitos (204), el único estímulo de las bestias (206).[548] Así, este es el precepto que debe cumplir Francesco: «Virtutem cole, gloriam neglige».[549] Porque la gloria, cuanto menos la desee, tanto más la alcanzará: se lee de Catón.[550] Tampoco ahora —admite el Padre— se resiste a emplear contra él las palabras del propio Francesco:

illa vel invitum, fugias licet, illa sequetur.

¿Conoce el versito? Es suyo.[551] Todos juzgarían loco a quien se fatigara en correr al sol del mediodía para verse la sombra y

548. «... qua sublata, relinquitur vita hominum nuda et mutis animantibus simillima vocantemque sequi preceps appetitum, qui unus beluis amor est» (204-206). Dos textos clásicos referidos a la gloria creo que modelan el pasaje. Vid. Salustio, *Catilina*, I: «Omnes homines, qui sese student praestare ceteris animalibus, ope niti decet, ne vitam silentio transeant veluti pecora, quae natura prona atque ventri oboedientia finxit. Sed nostra omnis vis in animo et corpore sita est; animi imperio, corporis servitio magis utimur; alterum nobis cum dis, alterum cum beluis commune est. Quo mihi rectius videtur ingenii quam virium opibus gloriam quarere [cf. n. 553] et, quoniam vita ipsa qua fruimur brevis est, memoriam nostri quam maxume longam efficere»; Cicerón, *Pro Archia*, XI, 28 (es la línea anotada por Petrarca con un «Cave tamen»; cf. n. 445): «qua quidem detracta [*sc*. 'merces laudis et gloriae'], iudices quid est quod in hoc tam exiguo vitae curriculo et tam brevi tantis nos in laboribus exerceamus».
549. La amonestación recuerda una frase de San Juan Crisóstomo que hubo de circular como proverbio: «Si gloriari cupis, gloriam despice» (*apud* J. Lange, *Polyanthea*, col. 1.148).
550. «... illam tamen interea, quod de M. Catone legitur, quod minus appetes, magis assequeris» (206). En Salustio, *Catilina*, LIV; cf. *De civitate Dei*, V, XII, 4: «Melius laudatus est Cato. De illo quippe [Salustius] ait: 'Quo minus petebat gloriam, eo illum magis sequebatur'».
551. *África*, II, 486. Es clara la inspiración senequista (cf. n. 546), como en *Familiares*, XV, XIV, 26: «Hec glorie natura est: fugientes consequitur, celebrat vel invitos et sepe nimium sui cupidos fugitiva destituit». Vid. arriba, pág. 180, n. 195, y G. Peraldo, *Summa de vitiis*, VI, III, 39: «Octava fatuitas [quae est in vane gloriosis] est quod amator vanae gloriae rem istam amat, quam melius posset habere si non amaret; quia, secundum verbum philosophi, hoc solum habet vana gloria, quod se appetentes fugit et se fugientes appetit». Pero ¿quién es el tal «philosophus»? ¿Una combinación de Séneca y Salustio, o un autor independiente de ellos? Pues no puede tratarse de San Gregorio, *loc. cit.* en pág. 180, n. 195: «Nonnulli praesentem gloriam amantes assequi non possunt, quam despicientes assequuntur»; dicho, con todo, que quizá influyó en la formulación petrarquesca del comentario sobre Catón transcrito en la n. 550, si el humanista no tenía presente algún proverbio del tipo de «Gloria spernentem fovet, adversatur amantem» (en H. Walther, *Proverbia sententiaeque...*, número 10.336*b*; cf. Raterio de Verona, en *PL*, CXXXVI, col. 534).

enseñarla a las gentes. Pero no es más cuerdo quien en el bochorno de la vida se obstina en ir dando vueltas penosamente para propagar la gloria. Ande el uno hasta el límite: siempre le seguirá la sombra. Esfuércese el otro tras la virtud: la gloria no le faltará.[552] Valga ello de la gloria «vere virtutis comes». Pues la obtenida por las artes del cuerpo o del ingenio,[553] artes que ha multiplicado la «humana curiositas», esa no merece ni aun el nombre de gloria En resumen: Francesco, escribiendo libros, ¡y en qué siglo!, consumiéndose en semejantes labores, anda extraviado (óigalo con paciencia), se engaña por completo: «procul erras». Agustín define el error en una frase preñada de sentido: «oblitus enim tuarum, alienis rebus totus incumbis».[554] El brevísimo tiempo de la vida se le desliza entre vanas esperanzas de gloria, y el humanista no se da cuenta.

A primera vista, entonces, cabría dar respuesta muy lacónica

---

552. «Insanus profecto videatur, qui die medio per solis ardorem, ut umbram cerneret ostenderetque aliis, cum labore discurreret; atque nichilo sanior est, qui inter estus vite multo cum labore circumfertur, ut gloriam suam late diffundat. Quid ergo? Eat ille ut terminum teneat; euntem tamen umbra consequitur; agat iste ut virtutem apprehendat, agentem gloria non deserit» (206). Cf. *Africa,* II, 490-500: «Sed numquid ineptum / dixeris arenti gradientem in pulvere, ut umbram / aspiciat post terga suam? Non sanior ille est / qui terit etatem frustra corpusque fatigat, / aut animum curis onerat, nichil inde reposcens / ni laudem et vanos populi per compita ventos. / [Vid. n. 545] Dicam. / Ille eat ut metam teneat, licet inter eundum / umbra sequatur iter; virtutis amore laboret / hic alius, celumque sibi sit terminus, et non / gloria, que meritos sequitur, vel spreta, labores» (cf. Livio, I, II, 47: «spreta in tempore gloria interdum cumulatior rediit»).

553. «... ex aliis sive corporis sive ingenii artibus ...» (206). La dualidad sin duda está sugerida por el párrafo de Salustio citado en la n. 548; Agustín rechaza las dos vías de ganar gloria mencionadas allí y se ensaña en particular con la preferida por el historiador: ambas son indignas, y la de aspecto más noble (y más ajustada a las circunstancias de Francesco) nada vale frente a la auténtica gloria.

554. Para la resonancia virgiliana, cf. arriba, pág. 41, n. 8. Leída la frase junto a la siguiente («Ita sub inani glorie spe brevissimum hoc vite tempus, te non sentiente, dilabitur»), se impone el recuerdo de *Canzoniere,* CCLXIV, 75-76: «e parte il tempo fugge / che, scribendo d'altrui, di me non calme»; pero el contacto con el *Secretum* no permite entender «altrui» como referido únicamente a Escipión, el héroe del *Africa* (según propuso ya Bernardino Daniello), ni el lugar de la canción en que aparecen asegura que esos versos aludan solo a Laura (como suele decirse): pienso que «scribendo d'altrui» es por lo menos disémico y contempla tanto las obras dictadas por la pasión amorosa como el *Africa* y el *De viris.*

a las preguntas de Francesco. ¿Abandonar todos los «studia»? Sí. ¿Pasar «inglorius»? No. ¿Probar «medium aliquod»? De ningún modo. Pero la síntesis no sería exacta. Porque, en realidad, el Santo ha llevado la cuestión a un terreno diverso. La clave del asunto está en que ni siquiera cree digna de ser tomada en consideración efectivamente, cuando la eternidad está en juego, la gloria derivada «ex ... ingenii artibus». A él solo le importa la «vera gloria», paralela a la «vera virtus»: ambas de acuerdo con la «vera religio», que no en balde acaba de mencionarse como piedra de toque para aquilatar opiniones de los antiguos (cf. páginas 406-407). Hay que empezar por la virtud, manifiesta «ubilibet radiante Deo». Virtud, por tanto, delimitada ahora sin pretensión alguna filosófica, en términos escuetamente religiosos: virtud don de Dios, luz del sol divino, de la gracia divina.[555] De tal virtud procederá la gloria, forzosamente. El *De civitate Dei* aducía el célebre dictamen ciceroniano: «Honos alit artes omnesque accenduntur ad studia gloria». Y, bordando sobre la continuación («iacentque ea semper quae apud quosque improbantur»),[556] comentaba: «si alicubi iacent, quae apud quosque improbantur, si bona, si recta sunt, etiam ipse amor humanae laudis erubescat et cedat amori veritatis. Tam enim est hoc vitium inimicum piae fidei, si maior in corde sit cupiditas gloriae quam Dei timor vel amor, ut Dominus diceret [San Juan, V, 44]: 'Quomodo potestis credere, gloriam ab invicem exspectantes, et gloriam quae a solo Deo est non quaerentes?'»[557] Pues también el Agustín del *Secretum* sube desde los inútiles a los «bona», «recta studia»; invita a avergonzarse del deseo de alabanza hu-

---

555. Petrarca se extiende a menudo sobre esos principios elementales de la ortodoxia cristiana; cf. en especial *De otio religioso*, págs. 96-98, y *De remediis*, I, x, y II, cix; vid. también K. Heitmann, *Fortuna und Virtus*, págs. 75-77, y arriba, págs. 97, n. 145, y 190, n. 216.
556. *Tusculanas*, I, II, 4.
557. *De civitate Dei*, V, xiv. Otros textos contiguos subyacen seguramente a nuestro desarrollo; así, V, xii, 4 («Gloriam ergo et honorem ... non debet sequi virtus, sed ipsa virtutem»), o V, xvii, 2 («Consideremus quanta contempserint, quae pertulerint, quas cupiditates subegerint pro humana gloria, qui eam tamquam mercedem talium virtutum accipere meruerunt: et valeat nobis etiam hoc ad opprimendam superbiam; ut cum illa civitas, in qua nobis regnare promissum est, tantum ab hac distet, quantum distat caelum a terra, a temporali laetitia vita aeterna, ab inanibus laudibus solida gloria ...»).

mana, a obligarlo a ceder al amor de la verdad; y, con la Biblia, no se fija sino en la gloria que viene de Dios (y a Él revierte). En cuanto a la otra, mortal, ¿para qué hablar? El Padre deja bien claro el abismo que las separa, muestra cómo la inferior no tiene nada que ver con la superior, merced a un sutil proceder: se sirve tácitamente de textos donde Salustio y Cicerón subrayan el valor de la fama (vid. notas 548 y 553), pero refutándolos o aplicándolos... a la virtud.[558] Qué sea la virtud se indica al derecho y al revés. Al derecho, la virtud se da «ubilibet radiante Deo». Al revés, falta la virtud cuando se vive «oblitus [rerum] suarum». Comprendemos en qué consiste ello ya al recordar que la pasión por Laura «Dei suique pariter oblivionem parit» (160), y que la codicia de fama, simétricamente, causa que Francesco, «de aliis scribens», se olvide «sui ipsius» (192), postergando estúpidamente para el último minuto entregarse «Deo sibique» (198), en vez de meditar a cada instante la inminencia de la muerte (*ibid.*). Unos factores implican a los otros: quien se olvida de sí, se olvida de Dios y de la muerte. Contra semejante preterición va a ir, todavía, el largo discurso final de Agustín.

Por de pronto, el Padre ha catalogado las tareas del ingenio que ocupan a Francesco bajo la etiqueta de «curiositas». Noté arriba que la «laboriosa cognitio» de nuestro personaje es prácticamente una con la vana erudición que el *De ordine* agustiniano moteja de «curiositas» (cf. notas 468 y 470). La palabra acaba de salirnos al paso en el párrafo comentado, y conviene traer a colación a uno de los interlocutores del *De ordine* y del *Contra Academicos*: Licencio. En esos diálogos de Cassicíaco, el joven Licencio aparece pasando las noches en vela, embebido en la composición de un poema sobre Píramo y Tisbe, trabajo que irrita a Agustín, porque aparta al muchacho de la verdad. Para acercarlo a ella y alejarlo de la poesía (tanto propia como de

---

558. La contraposición de fama y virtud es tan grave, que hace inviable relacionar nuestro libro con *Canzoniere*, CXIX, pieza que Petrarca sitúa junto a poemas asignados a 1343. De hecho, en el poema la Virtud se concilia con la Gloria, a quien se reserva la estancia final y, en ella, la imagen suntuosa de la coronación del autor: estamos en los antípodas del *Secretum*, pese a algún contacto menor («i' per me sono un' ombra», se define la Gloria, v. 99). Por ello, no creo que el «altro messaggio» aludido al final de la canción, v. 108, pueda identificarse con el *Secretum*.

Virgilio), así, Agustín charla con Licencio (y Trigecio), con la intención de ganarlo para el «studium sapientiae», a que es óptimo guía el *Hortensius* de Cicerón, lectura capital en el proceso de perfeccionamiento del propio Agustín.[559] Prescindamos de todas las diferencias obvias. ¿Acaso no es cierto que ese Licencio conducido por Agustín a dejar las tareas literarias del «curiosus» ofrece excepcionales coincidencias con el Francesco a quien el Padre introduce en la sabiduría ajena a la «curiositas» y prescribe abandonar el *Africa*? No me cabe duda de que en la concepción del *Secretum* como conjunto el *De ordine* y el *Contra Academicos* (igual que otros coloquios de Cassicíaco) desempeñaron un papel no ligero. Pero tengo por evidente que la figura de Licencio contribuyó aun más a modelar la situación en que ahora se halla Francesco.

Descubrir el paralelismo con el caso de Licencio, así, desvanece cualquier duda que aún pudiera albergar el lector sobre el sentido de la contestación del Santo. Pero nuestro personaje se resiste a sacar por sí solo las conclusiones prácticas inmediatas y demanda una sentencia todavía más explícita: «Quid faciam ergo?» ¿Interrumpir los trabajos en curso? ¿O quizá será preferible apresurarse a darles la última mano, si Dios lo permite, y, libre ya de tales preocupaciones, orientarse sin embarazos «ad maiora»? Porque ¡cuán penoso dejar a mitad de camino una obra de tanto aliento! [560]

Mas el Padre sabe demasiado bien (y lo expresa con salado modismo) de qué pie cojea Francesco: «Te ipsum derelinquere mavis, quam libellos tuos»; [561] y piensa cumplir hasta el final la

---

559. Cf. San Agustín, *De ordine*, I, III, 6, 8, y I, v, 12; *Contra Academicos*, II, IV, 10; III, I, 1, y III, IV, 7; H.-I. Marrou, *Saint Augustin et la fin de la culture antique*, pág. 166. Para el motivo de la «curiositas» como fase previa e impedimento de una conversión, P. Courcelle, *Les «Confessions» de Saint Augustin...*, págs. 101-109.

560. «Labores ne meos interruptos deseram? An accelerare consultius est, atque illis, si Deus annuat, summam manum imponere, quibus curis exutus, espeditior ad maiora proficiscar? Tantum enim ac tam sumptuosum opus vix possum equanimiter medio calle deserere» (206). Cf. *Africa*, II, 501-502, donde, tras lo citado en la n. 552, dice Escipión padre: «Ergo age, nate, viam, tibi quam super ardua monstro, / ingredere, aut potius ceptum ne desere callem».

561. Tras el «Quo pede claudices agnosco», el texto no puede menos de llevarnos a *Familiares*, XVI, XIV, 9 (16 setiembre 1353): «Cum enim eloquentia sit paucorum valde, virtus autem omnium, quod est paucorum omnes appetunt,

misión encomendada por la Verdad: si «feliciter», el escritor sabrá, pero desde luego «fideliter». Va a pronunciar, pues, un veredicto sin sombra de ambigüedad. Tome buena nota Francesco:

> Abice ingentes historiarum sarcinas: satis romane res geste et suapte fama et aliorum ingeniis illustrate sunt. Dimitte Africam, eamque possessoribus suis linque; nec Scipioni tuo nec tibi gloriam cumulabis; ille altius nequit extolli, tu post eum obliquo calle niteris ... (206).

Agustín se embarca en seguida en otro dilatado parlamento que perfila las consecuencias de esa postura y resume las alternativas que supone; el humanista enunciará después remordimientos, temores e ilusiones. Sin embargo, tan tajante (pese a la elegancia del estilo), tan apodíctica suena ahora la amonestación del Padre, que vale la pena precipitarse al desenlace (a costa de sacrificar la creciente expectación mantenida por los párrafos interpuestos) y adelantar la última toma de posición de Francesco. Quien, a la postre, y con los matices que veremos, ha de optar por la segunda posibilidad que él mismo ha sugerido: quitarse de encima rápidamente la improba carga de la historia y de la poesía, para entregarse con ardor, libremente, a tareas provechosas, salvadoras.

> Neque aliam ob causam propero nunc tam studiosus ad reliqua, nisi ut, illis explicitis, ad hec redeam (214).

Procuremos calar con alguna hondura en semejante secuencia. Agustín prescribe dejar el *De viris illustribus* y el *Africa*, y dejarlos al punto (ha quedado claro y volverá a subrayarse), a beneficio de superiores empeños. El protagonista acepta el principio: abandonar las empresas históricas y poéticas, consagrarse «ad

---

quod est omnium nemo. Ne enim hoc grammatice tantum exprobatum putes, quem michi poetam dabis qui non prius eligat vita claudicare quam carmine? [cf. Agustín, *Epístolas*, XXVI, 2, a Licencio] quem historicorum qui, cum res omnium seculorum literis memorieque mandaverit, quid reges egerint aut populi, que rerum series, que temporum alios docuerit, quid ipse agat rerumque suarum ordinem viteque brevis reddere rationem velit aut valeat?»

maiora». Con todo, no se decide a aplicarlo al momento: difiere ponerlo en acto para un instante próximo (no en vano habla de «accelerare», de «properare»); para muy pronto, si bien no *in continenti*; para cuando haya rematado, en un vuelo, los libros en el telar. Es una dilación asumida a conciencia de los riesgos anejos: pero no la sumamente «periculosa dilatio» de retrasar las buenas determinaciones «extremis particulis» (196), tan zaherida por el Santo; sino una dilación conjugada ya con una metamorfosis espiritual, relativamente más cauta, más breve, que Agustín, a falta de mejor perspectiva, puede tolerar e incluso, *sub conditione,* apostillar con un auspicio favorable, con una promesa (cf. págs. 444, 449). Mas ¿qué se entiende por «maiora»? Recordemos el proemio, allí donde se explica por qué se puso por escrito el *Secretum*: «Non quem annumerari aliis operibus meis velim, aut unde gloriam petam—*maiora* quedam mens agitat ...» (26). En el prólogo y en nuestro pasaje, «maiora» son las actitudes y actividades virtuosas, ajenas a cualquier ambición de fama: cristalizadas, concretamente, en unos «studia», en unas labores literarias, cuyo fin (se nos auguraba) ya no será la gloria, como lo ha sido «usque nunc» (96); [562] y avocadas, no obstante, a procurar a Francesco un vivir muy otro que «inglorius», resplandeciente con la «vera gloria» de la luz divina y aun con la inevitable aura de esa gloria terrena que seguía a Catón por no buscarla: un prestigio que viene del cultivo de los «bona» y «recta studia» sancionados por el *De civitate Dei*, del legítimo «studium sapientiae» recomendado en los diálogos de Cassicíaco (vid. págs. 412-416).

¿Cómo leer ese pasaje central, donde se anudan tantos hilos, en las coyunturas de la acción y de la redacción del *Secretum?* En cuanto a la acción, no hay problema. El texto sitúa en el porvenir cercano de Francesco una «mutatio» solidaria de las muchas otras coincidentes con la cuarentena: superada la etapa de las *nugae* insustanciales, de las frivolidades del versificador y erudito curioso, de quien espiga superficialmente «omnis eloquentie flosculos» (192), Petrarca va a entregarse a obras más serias, trascendentes para sí y para los demás (obras cuya pri-

---

562. Cf. arriba, págs. 179-180, y, para similares profecías introducidas con «hactenus» y «nondum», 221, 242, 308, 374.

mera muestra el lector debía reconocer en el propio *Secretum*). Es, en una palabra, la «mutatio» del retor en filósofo, del artista docto en docto pensador moral (cf. págs. 434-437). Pero es «mutatio» que no desdeña por entero la fase previa, que concede una cierta validez a los frutos de un estadio intelectualmente ya rebasado, y hasta los reivindica con algún orgullo, reconociéndolos insuficientes, mas no sin quilates estéticos y (digamos) *scholarly distinction*.

En cuanto a la coyuntura de la redacción, el panorama es más complejo. No olvidemos que una de las razones fundamentales que inclinaron a Petrarca a regresar a Provenza, en 1351, era el propósito de concluir el *Africa* y el *De viris*: «Nichil autem me vehementius movit quam spes ingens supremam opusculis quibusdam meis imponendi manum, ut hic incepta Deo auspice, hic eodem duce finiantur».[563] En efecto, nos consta, directa o indirectamente, que se ocupó en el *De viris* (vid. n. 478); y respecto al trabajo en el *Africa*,[564] respecto a las zozobras y perplejidades en torno a la epopeya, contamos con varios preciosos testimonios justamente extendidos entre febrero y noviembre de 1352. Petrarca confesaba que aún había mucho por hacer en el poema, incompleto y de realización más penosa de lo previsto: «Atqui necdum Scipio meus ad summum meo perductus est carmine et Africa, diutius michi possessa et laboriosius exarata quam credidi, nondum tamen supremo sarculo culta est; nondum glebas inutiles rastris attrivi; nondum superductis

---

563. *Familiares*, XI, XII, 6 (julio, 1351). Adviértase la importante coincidencia con nuestro texto: «atque illis, si *Deus* annuat, *summam manum imponere* ...» (206). La coincidencia confirma la identificación de los «opuscula» propuesta por E. H. Wilkins, *Studies...*, págs. 84-85 (y vid. 130); por otra parte, según la nueva cronología del coloquio, es lícito preguntarse si en el citado pasaje de la carta Petrarca no pensaría también en el *Secretum* (ya he señalado varios contactos entre este y aquella: cf. págs. 40, n. 7; 243, n. 380; y las anteriores notas 343, 440).

564. En Provenza, entre 1351 y 1353, debieron de escribirse los lugares del poema posteriores a la visita a Roma en otoño de 1350 (cf. G. Martellotti, «Linee di sviluppo...», págs. 64, n. 2, y 67, n. 1); como noté, también puede datar de entonces el final del discurso de Escipión padre (vid. n. 526); y de esa época, en que Petrarca pensaría unas veces en completar el *Africa* y otras veces en marginarlo, quién sabe si concebida al tiempo que la definitiva versión del *Secretum*, quizá sea la idea de incluir el episodio en torno a la Verdad mencionado en el proemio (cf. arriba, págs. 23-24, n. 57).

cratribus scabrioris agelli cumulos coequavi; nondum frondator luxuriantes pampinos et hirsutam sepem falce compescui».[565] Le dolía que no progresara tal «opus ... immodico labore confectum», y, apesadumbrado, soñaba con terminarlo y librarse de la obsesión: «quod inter manus meas diutius iam pependit et quod unum, siqua spes salutis est, anheli sitim pectoris puto vel leniet vel extinguet».[566] Y, evidentemente, vacilaba. Temía haber llegado al límite de las fuerzas creadoras y consideraba la eventualidad de dar de una vez un retoque y preterir el *Africa* sin más; pues, si quizá había tocado techo en capacidades literarias, sí estaba dispuesto a irse perfeccionando día a día, a aprender las lecciones éticas de la vejez. «Dehinc forte aliud consilii capiam incumbamque 'lima ultima', nam et multa que remorabantur, 'ablata' sunt et ego, nisi fallor, iam sum quicquid ut essem ex alto permissum erat, quamvis usque ad novissimum vite diem progredi non desinam quantum sinar, nec desperem pigre etiam magisterio senectutis doctior ac melior fieri, 'quotidieque aliquid addiscens senescere'».[567]

¿No se nos transparenta en ello una circunstancia similar a la del *Secretum*? Claro, hay diferencias menores entre la realidad de 1352 y la elaboración dramática del diálogo. Pero en ningún momento el trance de Francesco en nuestra tercera jornada tuvo análogo más ceñido que en las postrimerías de la residencia en Provenza. Desde luego, no era el caso en 1343, cuando, seguro de sí, Petrarca se aventuraba a entregar a Barbato da Sulmona el episodio de Magón.[568] Ni en 1347, cuando la máxima oferta que podía hacer a Cola di Rienzo era interrumpir

---

565. *Familiares*, XIII, xii. 5 (setiembre, 1352); en la fatiga del trabajo abunda en seguida el párrafo 7: «Uberrima, fateor, mundi pars est Africa; virorum optimus est Scipio, sed nulla tanta viri virtus, nulla telluris tanta fertilitas, que solicito cultore non egeat; nec coluisse semel sufficit, sed semper insistere oportet qui singularem aliquem vel agri vel animi fructum cupit».

566. *Familiares*, XIII, vii, 4 (noviembre, 1352).

567. *Familiares*, XII, vii, 6 (febrero, 1352), con citas de Ovidio, *Tristes*, I, vii, 29-30, y Cicerón, *De senectute*, VIII, 26.

568. Recuérdese solo *Seniles*, II, i, en *Prose*, págs. 1.030 y sigs., teniendo presente el carácter airado y polémico de la carta; y no se descuide que hacia 1342 Petrarca no temía prestar a Pierre Bersuire por lo menos un amplio fragmento del canto III: cf. E. H. Wilkins, «Descriptions of Pagan Divinities from Petrarch to Chaucer», en *Speculum*, XXXII (1957), págs. 511-522.

la composición del *Africa,* grata y absorbente, para servirlo con la pluma.[569] Ni siquiera en 1349 (aunque para entonces asomaban ya el desencanto y la impaciencia), cuando repasaba el poema, animoso, admirado de lo escrito y presto a rematarlo con el mismo entusiasmo inicial.[570]

Los documentos de 1352, por el contrario, nos avecinan en extremo a la escena del *Secretum.* En las *Familiares* de ese tiempo, hallamos a un Petrarca a quien el *Africa* se aparece como un esfuerzo duro, gigantesco, asfixiante, una pesadilla que le oprime y que quisiera vencer. En el coloquio, se marca el acento sobre el cansancio y la desmesura del quehacer, sobre la desazón y la fatiga del humanista, fiel al antiguo proyecto antes por el puntillo de despacharlo que por el placer de irlo cumpliendo (cf. páginas 389-390). En las epístolas, contemplamos a un Petrarca dudoso; en particular, las líneas donde se refiere a la posibilidad de someter la epopeya a una «lima ultima» equivalen a una renuncia: renuncia a alcanzar la meta ideal, modo de dejar de una vez el enojoso asunto; un desistir de grandes aspiraciones literarias (pues falta aliento), para aumentar, sin embargo, en bondades más sólidas. En el *Secretum,* la duda es cristalina. También se conjetura que Francesco quede «utroque inexpleto opere» (192), también se delibera si debe continuar o no. Agustín se decanta por la negación; el personaje, en el minuto final, se decide por la afirmación. Mas no se decide con plenitud, sin reservas: liquidará la cuestión apresurada, velozmente, y se dará a cosas de más fuste. En resumidas cuentas, ¿no es esa, igualmente que en la *Familiaris* citada, una renuncia a la meta ideal, al programa primitivo, y no se compensa igualmente con un designio de «melior fieri» a medida que se entra en la senectud? Por otra parte, ¿de veras terminará Francesco el *Africa* y el *De viris illustribus*? Notemos bien que se trata del único lugar del *Secretum* en que el discípulo no se pliega completamente a

---

569. Vid. *Varias,* XXXVIII; y compárese, v. gr., *Bucolicum carmen,* I, 110-123.

570. Cf., así, *Familiares,* VIII, III, 11 (texto gamma): «*Africam* cepi, tanto impetu tantoque fervore animi, ut modo limam per eadem referens vestigia, ipse propriam audaciam et magna operis fundamenta quodammodo perhorrescam»; X, IV, 34: «*Africa,* utinam tam felici exitu claudendus seni quam magno animo ceptus est iuveni».

los consejos del maestro.[571] A tal luz, por simetría, al lector le cabe sospechar que las posiciones contrastadas del desenlace son un recurso para prestarle vivacidad, emoción, intriga (según la inteligentísima manera platónica), y que en definitiva, en una instancia posterior, Francesco, como acostumbra, no osará desobedecer al Padre; pero también le cabe, naturalmente, atenerse a la letra y admitir que por excepción el humanista atenderá solo en parte las recomendaciones de Agustín. En cualquier caso, la antinomia ahora planteada (¿interrumpir las obras o no interrumpirlas?) y la ambigüedad de la respuesta (arrinconarlas, aunque no al punto; y no interrumpirlas, mas concluirlas de una forma precipitada que en el fondo significa una ruptura) son trasunto de una oscilación, de un titubeo, tan inconcebible hacia 1343 como ostensible hacia 1353.

Atemos cabos. En los últimos meses de estancia en Provenza, Petrarca abandonó abruptamente el *De viris illustribus*;[572] y en ese mismo entorno hubo de suspender el trabajo regular en el *Africa*.[573] Hizo, en suma, lo que Agustín amonestaba hacer a Francesco. Es obvio, con todo, que llevaba sufridas muchas dudas, y, por ahí, tampoco se atrevería a predecir resueltamente el futuro: «forte aliud consilii capiam ...», le oíamos. Pues bien, en el *Secretum* esa irremediable incertidumbre halla eco en la equívoca posición de Francesco y en el interrogante que, al caer el telón del diálogo, tenía que formularse el lector medianamente cuidadoso: ¿persistiría el protagonista en la intención de acabar «uterque opus» (como fuera, a corto plazo, aprisa y corriendo) o de nuevo, cual siempre, volvería a doblegarse ante las

---

571. Solo hay otro momento parcialmente similar (cf. pág. 147), sobre la soberbia, donde se inserta el afán de gloria (pág. 250).

572. También en nuestro pasaje, obsérvese, considerado en la variante solo romana (cf. n. 478). Añadiré que el «satis romane res geste et suapte fama et aliorum ingeniis illustrate sunt» de nuestro texto (206) probablemente refleja los comentarios del *De civitate Dei*, V, XII-XX, sobre la justicia de la fama obtenida por los romanos: merecida, pero terrena («perceperunt mercedem suam»).

573. Que el *Africa* era entonces preocupación (si no ocupación) continua lo certifican las reiteradas menciones en la correspondencia de 1352, frente al silencio posterior (Petrarca llega al extremo de suprimir una cita de la epopeya en la recensión alfa de *Familiares*, XII, II, 7); las adiciones y mejoras que aportara una vez vuelto a Italia sin duda serían muy ocasionales (vid. así G. Martellotti, «Stella diforme», en *Tra latino e volgare. Per Carlo Dionisotti*, Padua, 1974, págs. 569-584).

enseñanzas del Santo? Tal interrogante convenía al Petrarca de 1353: si algún día llegaba a difundir *Africa* y *De viris*, para el conocedor del *Secretum* quedarían como anteriores a la gran «mutatio» del escritor, y sus defectos serían perdonables en quien había trabajado con las miras puestas ya más arriba; si nunca los concluía, nuestro coloquio daba las altas razones que le impulsaron a relegarlos. En ambos casos —en ambas hipótesis—, el *Secretum* encierra una apología por los dos libros tan entrañablemente queridos, a lo largo de tantos años: una apología por sus faltas y por su manquedad. En parejo sentido, el coloquio es una coartada: y hasta osaré decir que todos los núcleos del *Secretum* convergen en medida relevante hacia nuestro episodio; que el *Secretum*, y no secundariamente, se pensó para explicar y disculpar que el poema épico y el «liber historiarum» jamás se publicaran; que el *Secretum* mitifica la insatisfacción y el desengaño de Petrarca respecto al *Africa* y al *De viris illustribus*, el sentimiento de frustración propia (tras tantas esperanzas) y el temor a la crítica ajena (tras tanta expectación) que le impidieron divulgarlos.

No veamos tampoco ahora un anacronismo en la transferencia a la acción de circunstancias contemporáneas de la redacción (cf. págs. 348-349). Tengamos presente cuánta invención hay en la anécdota del *Secretum,* cuánta recreación imaginativa exigía pintar el cuadro de esa «mutatio» que el autor se complacía en poner en los alrededores de los cuarenta años. No perdamos de vista, en particular, que el *Secretum* anuncia un porvenir: y en el porvenir de 1343 se incluía de algún modo el presente de 1353. Ni la atención a la verdad biográfica nos ciegue para otros planos de significación de la página analizada. Fijémonos, así, en la coincidencia en las admoniciones de Agustín: «sequestranda vetus hec curarum sarcina» (166), decía de Laura; «abice ingentes historiarum sarcinas» (206), insiste ahora. De suerte que la homología enlaza fuertemente las cadenas del amor y de la fama, afianzando la unidad de la jornada tercera.

Realcemos, principalmente, el substrato ideológico del debate, respetando el propósito didáctico de Petrarca (tan manifiesto en el empleo de los tópicos sobre la pequeñez del mundo, archisabidos por los interlocutores y, por ende, útiles solo para los lectores). En efecto, el contraste de gloria y virtud es una ilustración concreta, una versión personal, «novelesca», de la secular disputa entre elocuencia y filosofía.[574] Francesco, autor de *Africa* y *De viris*, es encarnación de la elocuencia,[575] de la cultura literaria (gramática —indisociable de la historia—,[576] poesía, retórica...). Agustín no condena la elocuencia, pero la juzga insuficiente: valga haber extraído de ella nociones beneficiosas («vero iam pridem vite simul et morti necessaria didicisti», 190); mas en un cierto momento hay que ponerle el límite que por sí no tiene (vid. n. 468), seguir hacia adelante, no pararse en el nivel del «senex puer», no convertirse en un «elementarius senex» (cf. n. 472). En breve: la elocuencia es legítima solo como propedéutica de la filosofía. Pues bien, tras el razonamiento del Padre, Francesco está de acuerdo con semejante programa (avalado de sobras por clásicos y cristianos)[577] y se prepara a progresar «ad maiora». Si se empecina en terminar las dos grandes obras iniciadas de joven es, también, porque en sí no son desdeñables; porque, si bien el Santo las considera una «dilatio» reprensible, tampoco les niega valor objetivo. Pero la jerarquía fundamental se establece firmísimamente: ceda la elocuencia a la filosofía, crezca la *eruditio* y hágase *sapientia*. No otra cosa planeaba y en parte daba por hecha Petrarca en los comienzos de 1353: y, por añadidura, creo, con esencial alusión al *Secretum* (cf. págs. 435-437).

Justamente Agustín pasa a ofrecer un pujante esbozo de la vida del filósofo, del sabio. 'Descárgate del *De viris illustribus*, deja el *Africa*', recomendaba al humanista; y al punto continúa:

---

574. Cf. solo J. E. Seigel, *Rhetoric and Philosophy in Renaissance Humanism*, págs. xii-xvi y *passim*.

575. Sobre la idea de la elocuencia en Petrarca hay útiles reflexiones en F. Tateo, *Retorica e poetica fra Medioevo e Rinascimento*, Bari, 1960, pág. 222-229.

576. Tal asociación tiene un *locus classicus* en el *De ordine*, II, XII, 37: texto y contexto con eco en el *Secretum* (cf. n. 468, al fin).

577. Junto a las huellas del *De ordine*, advertíamos reminiscencias de Séneca (cf. notas 467, 471); recordemos ahora que en las *Epístolas a Lucilio*, LXXXVIII, se defiende largamente el programa en cuestión; y nótese que la diatriba agustiniana contra la «curiositas» se ha relacionado con el estoicismo latino: vid. A. Labhardt, «*Curiositas*, notes sur l'histoire d'un mot et d'une notion», en *Museum Helveticum*, XVII (1960), págs. 206-224; R. Joly, «Curiositas», en *L'Antiquité classique*, XXX (1961), págs. 33-44 (y arriba, n. 559).

His igitur posthabitis, te tandem tibi restitue atque, ut unde movimus revertamur, incipe tecum de morte cogitare, cui sensim et nescius appropinquas (206).

Cabía esperarlo. Ese «te ... tibi restitue» preceptivo, en efecto, es solidario de los diagnósticos recién pronunciados a propósito del ansia de gloria: «deque aliis scribens, tui ipsius obliviscerís»; «oblitus enim tuarum, alienis rebus totus incumbis». Es también, naturalmente, consejo donde confluye toda una serie de reproches extendida a lo largo del *Secretum,* desde el mismo arranque del debate: «Miseriarum ne tuarum sic prorsus oblitus est? An non te mortalem esse meministi?» (28). Y es, desde luego, eco de múltiples voces cuyos acentos han sonado en las páginas del libro: eco del «attende tibi» bíblico; [578] del «in te ipsum redi» del *De vera religione,* gustosamente vinculado por Petrarca al ideario senequista,[579] y del «crede veritati ..., revertere in te», de los *Soliloquia*; [580] del socratismo cristiano tan enraizado en la espiritualidad medieval...[581] Pero ¿en qué consiste exactamente 'se sibi restituere'? No hay duda: significa «de morte cogitare». Con buen tino, en el punto de llegada, remite el Padre al punto de partida, recordándonos por ende el más fuerte hilo conductor del coloquio: la «meditatio mortis humaneque miserie» (34). Esencia e implicaciones de tal noción han quedado expuestas de sobras en cuanto se lleva hablado; y Agustín, así, puede ahora limitarse a evocarlas en un protréptico emocionado, lleno de notas impresionistas, donde el sentimiento y la razón se incitan mutuamente.

La exhortación del Santo es briosa: 'disipa ya las nieblas' (el protagonista, cierto, aparecía en escena ciego y a oscuras),

---

578. Vid. en especial I Timoteo, IV, 16: «Attende tibi, et doctrinae: insta in illis. Hoc enim faciens, et teipsum salvum facies, et eos qui te audiunt», y nótese que Agustín concluirá: «Illi pare, si salvum te ... esse cupis» (212; cf. n. 625).
579. Cf. arriba, págs. 80, n. 90, y 222; abajo, 444 y n. 637.
580. *Soliloquia,* II, xix, 33.
581. Véase pág. 136 y, por ejemplo, San Bernardo, *De consideratione,* II, iii, 6: «A te tua consideratio inchoet, ne frustra extendaris in alia te neglecto ... Etsi sapiens sis deest tibi ad sapientiam, si tibi non fueris ... Quocumque evagetur [consideratio tua], ad te revocaberis cum salutis fructu. Tu primus tibi», etc. (*PL,* CLXXXII, cols. 745-746).

'piensa en la muerte'. «Rescissis velis tenebrisque discussis, in illam oculos fige» (206). Ni día ni noche deben transcurrir sin traerle a la memoria el momento supremo (208), a él ha de referir cuanto se le presente a la vista o al ánimo. Esa repetición literal de cosas dichas arriba [582] parecería apuntar a una recapitulación de motivos tan fiel al diálogo previo como el apóstrofe que clausuraba la disputa sobre el amor a Laura (cf. págs. 369-373). Pero no. Agustín prefiere dar una variación del asunto central, la «cogitatio mortis», en clave casi lírica. El trozo de bravura del discurso tiene poco menos que técnica de *canzone*: un tema dominante se desarrolla a través de una variedad de cotejos con elementos de la naturaleza, en vaivén de comparación a comparado.[583] En una prosa rica en simetrías, anáforas y cadencias, de ritmo prácticamente estrófico,[584] con gran arte, pese a la libertad del proceder, el Padre va aislando factores y datos del mundo exterior y enseña a interiorizarlos, a tomar en ellos una lección de caducidad. La víspera había fustigado la vana inquisición de la naturaleza (y de la historia),[585] «curiositas» sometida a crítica en el *De vera religione* (Petrarca subrayó el pasaje en cuestión)[586] y en las *Confessiones* (en torno a cuyo texto perti-

---

582. «Cave ne ulla dies aut nox transeat, que non tibi memoriam supremi temporis ingerat. Quicquid vel oculis vel animo cogitantis occurrit, ad hoc unum refer» (208). Cf. los textos de 188 y 62 citados en la última n. 426 («Nulla dies, nulla nox ... transigenda est ...») y en la pág. 106 («Quicquid video ..., quicquid cogito ad hoc unum refero»).
583. Cf., verbigracia, *Canzoniere*, L, CXXVII, CXXXV, CCCXXIII; y A. Noferi, *L'esperienza poetica del Petrarca*, págs. 421-423.
584. Como señala muy bien R. Amaturo, *Petrarca*, pág. 137, n.
585. Vid. arriba, págs. 135-137.
586. P. P. Gerosa, *Umanesimo cristiano del Petrarca*, pág. 97, y A. Noferi, *ibid.*, pág. 42, han visto el germen del fragmento que nos interesa en el *De vera religione*, XXIX, 52: «Non enim frustra et inaniter intueri oportet pulchritudinem caeli, ordinem siderum, candorem lucis, dierum et noctium vicissitudines, lunae menstrua curricula, anni quadrifariam temperationem quadripartitis elementis congruentem, tantam vim seminum species numerosque gignentium et omnia in suo genere modum proprium naturamque servantia. In quorum consideratione non vana et peritura curiositas exercenda est, sed gradus ad immortalia et semper manentia faciendus»; esas líneas, en efecto, fueron destacadas con un trazo marginal en el Parisino Latino 2.201, y en el *Secretum* va a tratarse en seguida de la «vicissitudo temporum», las estaciones, los «pulcerrima spectacula ... noctis», el plantarse y crecer de los árboles. Pienso, pues, que aunque Petrarca no tuviera el *De vera religione* sobre la mesa, el fragmento sí le rondaba por la cabeza.

nente gira la epístola de la subida al Ventoux, indisociable de nuestro lugar del *Secretum*).[587] Ahora muestra cómo practicar una inquisición provechosa, cómo extraer «sententie utiles» (vid. pág. 239) del *liber Naturae*,[588] cómo valorar la naturaleza interpretándola en tanto modelo de conducta y signo de verdades trascendentes.[589]

El cielo, la tierra, los mares cambian —prosigue, así, Agustín—. ¿Qué puede esperar el hombre, «fragilissimum animal»?[590] Los tiempos alternan el ir y el venir a la carrera, sin permanecer jamás: «tu, si permanere posse putas, falleris», se oye advertir Francesco, tantas veces reo del mismo pecado, víctima del engaño profundo denunciado por los estoicos (y manifiesto, en particular, en el primer coloquio). Con elegancia lo dijo Horacio (y una habilísima poda lo mejora):

> damna tamen celeres reparant celestia lune;
> nos ubi decidimus ...[591]

Cuantas veces vea el poeta mudarse el paisaje, según se suceden las estaciones, diga entre sí: 'Volverá todo, mientras yo me iré sin retorno' (resumamos mejor que intentar verter la belleza del período);[592] cuantas veces contemple el ocaso y el crecer de las

---

587. Vid. arriba, pág. 135, n. 47.

588. La alusión no es gratuita: el tema del *liber Naturae* aparece con extraordinaria frecuencia unido al del *liber conscientiae*, a un socratismo cristiano parejo al propuesto en el *Secretum* (vid. pág. 136 y la última n. 250).

589. Para los grandes hitos de esa interpretación, cf. en particular H. Gelzer, «*Nature*». *Zum Einfluss der Scholastik auf den altfranzösischen Roman*, Halle, 1914; A. Pellicer, *Natura. Étude semantique et historique du mot latin*, París, 1966; *La filosofia della natura nel medioevo*, Atti del terzo congresso internazionale di filosofia medioevale..., Milán, 1966; G. D. Economou, *The Goddess Natura in Medieval Literature*, Cambridge, Mass., 1972.

590. No se olvide que en la segunda jornada se demostró «ex cuntis animalibus egentissimum esse hominem»: vid. págs. 170-174.

591. Horacio, *Odas*, IV, VII, 13-14; con admirable tino, Petrarca interrumpe la cita, dejando el sentido en suspenso, para sugerir la caída brusca e inesperada; la impresión de ruptura se acusa al advertir que antes se han recordado los versos 17-18 (cf. n. 496) y ahora se omiten los intermedios, 15-16, donde se lee el dicho («pulvis et umbra sumus») repetidísimo por nuestro poeta (vid. *Africa*, II, 349; *Canzoniere*, CCXCIV, 12; *Psalmi penitentiales*, VII, 16; *Rerum memorandurum*, III, 80, 2). Comp. n. 599.

592. «Quotiens igitur floribus vernis estivam segetem, quotiens estivis solibus autumni temperiem, quotiens autumni vindemiis hibernam subcessisse ni-

sombras, dígase: 'Mañana, el sol será el mismo, y el hoy se me habrá ido sin remedio'.⁵⁹³ ¿Quién pintará las hermosuras de la noche serena, tan favorable a los malos como sagrada para los buenos? Pues cual el piloto troyano, y en navío no más seguro, levantándose Francesco a medianoche, mire «deslizarse los astros todos por el cielo silencioso»: corren hacia occidente, lo arrastran junto a ellos; y no tiene otra esperanza —no lo olvide— sino vivir en Quien ni se mueve ni declina.⁵⁹⁴

Hay más. Antes, el Santo zahería el necio gozo de tropezar con un «non senex» que afirmara haber conocido a Francesco niño (182). Ahora, abriendo un nuevo capitulillo con sugerencias de Séneca,⁵⁹⁵ da la vuelta a esa moneda: cuando el protagonista

---

vem vides, dic tecum: 'Ista pretereunt, sed sepius reversura. Ego autem irrediturus abeo'» (208). Nótese que la anadiplosis progresiva o *gradatio* (común para sugerir el encadenamiento de un proceso: v. gr., Virgilio, *Églogas*, II, 63-64) se potencia aquí con el «quotiens» anafórico y el paralelismo de las cláusulas; creo muy probable, por otro lado, que Petrarca tuviera en mente a Séneca, *Ad Lucilium*, XXIV, 26: «Diem nox premit, dies noctem, aestas in autumnum desinit, autumno hiemps instat, quae vere conpescitur: omnia sic transeunt ut revertantur».

593. «Quotiens vergente ad occasum sole umbras montium crescere conspicis, dic: 'Nunc vita fugiente umbra mortis extenditur; iste tamen sol cras idem aderit; hec autem michi dies irreparabiliter effluxit'» (208). Cf. Virgilio, *Églogas*, I, 83 («maioresque cadunt altis de montibus umbrae»), comentado en el códice Ambrosiano, fol. 3 vo., recordado en *Familiares*, IV, I, 24, e imitado en *Canzoniere*, L, 15-17, y CLXXXVIII, 5-9; y recuérdese especialmente Catulo, *Carmina*, V, 46 («Soles occidere et redire possunt: / nobis, cum semel occidit brevis lux, / nox est perpetua una dormienda»), y Horacio, *Carmen saeculare*, 9-11 («Sol ... /aliusque et idem / nasceris»). Vid *Familiares*, XVI, XI, 3 (agosto, 1353): «nullum, quod meminerim, diem ignorans perdidi; non elapsa sunt tempora, sed erepta, ita ut in mediis vel occupationum laqueis vel ardoribus voluptatum dicerem: 'heu, dies hec michi irreditura subripitur'».

594. «... media nocte consurgens 'sidera cunta nota tacito labentia celo' [*Eneida*, III, 515; cf. *Familiares*, II, VII, 4], que, dum ad occidentem festinare circumspicis, scito te cum illis impelli [vid. nota 378] nullamque, nisi in Eo, qui non movetur quique occasum nescit, superesse fiduciam subsistendi» (208). Por supuesto, se trata de la sabidísima invitación a observar el cielo para obtener un vislumbre de la divinidad, de la eternidad (cf. solo A. S. Pease, ed. Cicerón, *De natura deorum*, págs. 630-631). Comp. aún *De vita solitaria*, en *Prose*, pág. 312: «hic noster [solitarius] ..., fugientis temporis cursum videns et cupiens illic esse ubi sine fluxu temporum ac sine metu mortis degitur ..., nunquam occidentis vite gloriam ... poscit ... Nec ita multo post labentem celo diem seque simul collabentem humi cogitans ...»

595. En *Ad Lucilium*, XII, 1-3, Séneca ve «argumenta senectutis meae» en el desmoronarse de la granja, la consunción de los árboles, el encuentro con Felición («'Quis est ... iste decrepitus ...?' 'Ego sum Felicio, cui solebas sigi-

encuentre en ascenso por los escalones de la edad a quienes ha visto de chicos, sepa que él va de descenso, envejece y cae «eoque celerius quo secundiore natura fit omnis gravium casus».[596] Ante unas antiguas murallas, pregúntese: «Ubi sunt, quorum illa congesserunt manus?» (y el trilladísimo tópico cobra sentido peculiar en la pluma de Petrarca, el anticuario, y en vísperas del gran brote renacentista de poesía de las ruinas);[597] y ante otras recientes: «Ubi mox futuri sunt?» Interróguese igualmente frente a los árboles, cuyos frutos quizá no recoja quien los planta y cuida, mientras sí darán sombra (testigo Virgilio) a los lejanos nietos.[598] Al ver los ríos velocísimos, y para no aducirle siempre los ajenos, acúdale al punto un versillo suyo (208):

flumina nulla quidem cursu leviore fluunt, quam
tempus abit vite (210).[599]

---

llaria adferre. Ego sum Philositi vilici filius, deliciolum tuum'»); no puede ser casual que Petrarca ensarte (aunque por otro orden) tres motivos rigurosamente paralelos.
596. Cf. *De remediis*, I, v, pág. 11: «Natura ferme rerum omnium hec est, ut cum ad summam pervenerint descendant, idque non equo gressus, ascensus enim lentior, descensus preceps».
597. Para el tópico en cuestión, M. Liborio, «Contributi alla storia del *ubi sunt*», en *Cultura neolatina*, XX (1960), págs. 141-209 (Petrarca, 179-181); *Miscelánea Comillas*, VI (1966), págs. 5-117. En las versiones petrarquescas del *ubi sunt* tienen singular relieve las menciones de los monumentos del pasado; cf. en especial *De remediis*, I, cxviii, pág. 119, y *De otio*, págs. 60-63 (y abajo, n. 606). Sobre los otros aspectos aludidos, R. Weiss, «Petrarch the Antiquarian», en ... *Studies*... *Ullman*, II, págs. 199-209, y *The Renaissance Discovery of Classical Antiquity*, Oxford, 1969, págs. 30-38; B. W. Wardropper, «The Poetry of Ruins in the Golden Age», en *Revista Hispánica Moderna*, XXXV (1969), págs. 295-305 (con orientaciones bibliográficas). Vid. también arriba, pág. 85, n. 110.
598. Aquí se cita a Virgilio, *Geórgicas*, II, 58, y en el Ambrosiano, fol. 26 vo., se glosa: «Hunc versum allegat Seneca, epystola 86ª [§ 15], ubi docet 'quamvis vetus arbustum posse transferri' [*ibid.*, 14], ut huius scilicet versus denuntiata vitetur expectatio senibus presertim». (Séneca dice también ahí: «Hoc nobis senibus discere necessarium est, quorum nemo non olivetum alteri ponit».) Cf. *De vita solitaria*, en *Prose*, pág. 320: «Atqui dure dicimus conditionis agricolam, qui cum labore serit arborem cuius fructum nunquam sit visurus. 'Quis enim' ait Apostolus [I Corintios, IX, 7] 'plantat vineam, et de fructu eius non edit?' Qui tamen sortem suam consolari potest, eo quod alteri saltem seculo profuturus sit ...»; al fondo del pasaje, como en el *Secretum*, se trasluce el verso de Cecilio Estacio copiado por Cicerón, *De senectute*, VII, 24: «serit arbores quae alteri saeculo prosint».
599. *Metrice*, I, IV, 91-92; la sentencia (centrada en una imagen popula-

No lo engañen la pluralidad de los días ni la prolija división de la edad (cf. n. 380): la vida humana, aun cuando más se dilata, no pasa de un día, y ni siquiera entero. Mejor vuelva a menudo sobre la semejanza aristotélica que tanto le gusta e impresiona.[600] Cicerón la expone con estilo más brillante y apto «ad persuadendum» (la idea y el cotejo fueron importantes para Petrarca),[601] y el Padre lamenta no poder citarlo a la letra, por no tener las *Tusculanas* al alcance (el comentario quizá nos intrigue en la acción, pero nos ilumina no poco la redacción del *Secretum*):[602]

---

rísima: cf. solo *Rerum memorandarum*, III, 80) forma parte de las reflexiones que Petrarca atribuye a Roberto de Nápoles, al borde del Sorga: ahí está de acuerdo, pues, con la admonición de Agustín; y el poema continúa: «Superant tamen illa per evum / de scatebris renovata suis; nos vita relinquens / quo fugit?» (92-94); cf. el texto de Horacio comentado en la n. 591.

600. «Memorata michi sepius et laudata naturalis historia», en efecto, se la llama al aducirla en *Familiares*, XXIV, 1, 28-29 (1360), donde sigue un comentario igual al que la introduce en nuestro texto: «Distinguamus utlibet, multiplicemus annorum numeros, fingamus etatum nomina: tota vita hominis dies unus est, nec estivus quidem sed hibernus dies ...» (cf. n. 381, 605, y *Triumphus Temporis*, 61-62: «Che più d'un giorno è la vita mortale? / Nubil' e breve e freddo ...»; *Seniles*, I, III, pág. 815: «Quid enim nisi dies unus est vita hec, isque hibernus, brevis, turbidus?»); vid. también *Metrice*, III, xxv, 53 (1349): «Hypanis parve gignens animantia vite».

601. Cf. ya arriba, pág. 149 y n. 90.

602. «... quam clariori eloquio et ad persuadendum aptiori in *Tusculano* quidem a Cicerone relatam invenies, aut his verbis aut profecto similibus, neque enim libri nunc illius copia est ...» (210). Es obvio que Petrarca hubiera querido citar el pasaje a la letra: no en vano elogia el «eloquium» del original, y porque lo elogia precisa que no puede reproducirlo fielmente. También parece evidente que no pretendía dar una paráfrasis (contra la opinión de H. Baron, *From Petrarch to Leonardo Bruni*, págs. 54-55), que no habría requerido ninguna explicación; por otro lado, cuando en la citada *Familiaris* XXIV, 1, 28-29, sí parafrasea el texto, la transcripción de la glosa final («Confer ... reperiemur»), sin embargo, es absolutamente exacta, mientras ahora aparece con graves divergencias (cf. n. 604). De ahí resulta claro que al escribir nuestra página no le era accesible la obra de Cicerón, tan importante en la génesis del *Secretum*, que R. Sabbadini llegó a definirlo como «quasi un centone delle *Tusculanae*» («Note filologiche...», pág. 26). Cabe relacionar el dato con otros errores y deficiencias que se acumulan en la segunda mitad del libro tercero: la confusión de Augusto con Tiberio, la imperfecta cita de las *Quaestiones naturales*, la irregular mención del *De senectute* (vid. notas 373, 403, 495). Tales máculas quizá se deben solo a la prisa con que Petrarca redactó esa segunda mitad (cf. pág. 375), prisa de la que inmediatamente vamos a leer un nuevo testimonio. Pero también es posible que siquiera parcialmente estén motivadas por una dificultad de consultar las fuentes necesarias. En nuestro caso, por lo me-

«Apud Hypanim» inquit «fluvium, qui ab Europe parte in Pontum influit, bestiolas quasdam nasci scribit Aristotiles,[603] que unum diem vivant; harum que oriente sole moritur, iuvenis moritur; que vero sub meridie, iam etate provectior, at que sole occidente senex abit, eoque magis si solstitiali die. Confer universam etatem nostram cum eternitate, in eadem propemodum brevitate reperiemur ac ille».[604]

La «assertio» se le antoja a Agustín tan cierta, que no le extraña que de los filósofos pasara al vulgo. Porque hasta los rudos, en el habla cotidiana, dicen de un niño: «Huic sol oritur»; y, pro-

---

nos, la confesión es inequívoca: «neque enim libri nunc illius copia est». Semejante carencia se explica bien en el período que todo tiende a asignar a la porción final del *Secretum*: los últimos días de la estancia en Provenza, en 1353, cuando el humanista ya había decidido regresar a Italia (vid. n. 339). Viviría entonces de forma un tanto provisional, haciendo preparativos y empaquetando el equipaje (ya a propósito de la frustrada partida del otoño anterior revelaba andar «compositis sarcinulis, quas hoc tempore valde sepe circumfero», *Familiares,* XV, II, 1, e *ibid.,* III, 3, habla más concretamente de la «predulcis librorum sarcinula»); y, en esas circunstancias, no le sería cómodo deshacer un bulto, desordenar un cofre o revolver entre un montón de manuscritos, para confrontar una referencia. Sabemos que Petrarca «usa sempre scrupulosamente ricontrollare» (U. Bosco, «Il Petrarca e l'umanesimo filologico», pág. 109) y, cuando no le es posible, no vacila en disculparse como ahora (así en *Seniles,* XVI, I, pág. 1.048: «quarum ['las *Institutiones* de Quintiliano'] quodam loco hec plane sententia sua est, nam et liber abest et verba non teneo ...»; y cf. G. Billanovich, ed., *Rerum memorandarum,* pág. ccxxiv). Por otra parte, en nuestro paso queda constancia de que hubiera preferido citar literalmente. Por todo ello, creo poco dudoso que a revisar el *Secretum* después de 1353 habría subsanado el defecto. Porque, desde luego, se diría inconcebible que la página, tal como está, date de 1347 o 1349.

603. *Historia animalium,* V, 19; resumen en Plinio, *Naturalis historia,* XI, XLIII, 121.

604. Compárese con el auténtico texto de *Tusculanas,* I, XXXIX, 94: «Apud Hypanim fluvium, qui ab Europae parte in Pontum influit, Aristoteles ait bestiolas quasdam nasci, quae unum diem vivant. Ex his igitur hora VIII quae mortua est, provecta aetate mortua est; quae vero occidente sole, decrepita, eo magis, si etiam solstitiali die. Confer nostram longissimam aetatem cum aeternitate: in eadem propemodum brevitate qua illae bestiolae reperiemur». Carrara edita: «... reperiemur ac ille»; pero traduce: «'... che quelle bestiole'. Così Cicerone». En el ms. Laurenziano, fol. 242 vo., parece haberse escrito primero «hec ille» y corregido luego la abreviatura de la primera palabra en forma que no logro descifrar en la reproducción fotográfica que poseo. Las *Opera* de 1554, pág. 415, traen «Haec ille». Naturalmente, uno diría preferible «ac ille», *lectio difficilior,* con *ac* comparativo (cf. n. 215).

gresando con parejas comparaciones, comentan de un anciano: «Ad vesperam atque ad solis occasum iste pervenit».[605]

El Santo invita a Francesco, «fili carissime», a rumiar incansable tales cosas y cuantas otras por el estilo se le presenten: muchas debe haber, pero esas se le han ocurrido a Agustín en el pronto. El «ex tempore», al lado de semejante apostilla, equivale a una declaración paladina de la prisa con que se corre hacia la conclusión; revela la soltura de un discurso que se improvisa con el apoyo de unas intuiciones centrales, pero sin un esquema minucioso: con un horizonte nítido, pero sin un plano detallado. Tanto es así, que con la premura al Padre se le ha olvidado un consejo valioso (de vaga inspiración ciceroniana, aunque bien inserto en los módulos del *contemptus mundi*), y lo introduce ahora (cuando la sección ya estaba cerrada) en forma harto veloz, sin excesiva maña. Contemple el humanista las tumbas de los antiguos, mas todavía con mayor celo las de quienes vivieron con él [606] (la advertencia está muy en la línea del

---

605. Cf. *De remediis*, II, cxx, pág. 240: *Dolor*. —«Morior ante diem». *Ratio*.— «Non intelligo quid sit 'ante diem' mori, nisi quod vulgo dicitur: 'ante lucem', seu 'cum primum elucescit' ...» Por lo demás, no sé precisar a qué modismos concretamente «in quotidiani sermonis usum» alude Petrarca; ni tan excepcional conocedor de lengua y estilo coetáneos como Gianfranco Contini, *Letteratura italiana delle origini*, Florencia, 1970, pág. 648, al reproducir y anotar el pasaje, indica nada al respecto. En cualquier caso, nuestro autor a menudo usa con supremo gusto la «similitudo» en cuestión: así en *Metrice*, I, xiv, 110-117 («Preteriitque tue tibi iam pars magna diei, / iam ruit eterne prenuntia vespera noctis. / ... Tu longum senior curas extendis in evum, / ... properantem respice solem / litus ad occiduum et male perdita tempora defle, / dum licet, ac patriam versus vestigia volve, / lumen adhuc celo breve dum tibi fulget ab alto»); o la combina con el motivo del sucederse de las estaciones, *Canzoniere*, CXXVII, 19-28 («Onde s'io veggio in giovenil figura / incominciarsi il mondo a vestir d'erba, / parmi vedere in quella etate acerba / la bella giovenetta, ch' ora è donna; / poi che sormonta riscaldando il sòle, / parmi qual esser sòle / fiamma d'amor che'n cor alto s'endonna; / ma quando il dí si dole / di lui che passo passo a dietro torni, / veggio lei giunta a' suoi perfecti giorni»); vid. aún notas 381, 600, y Aristóteles, *Poética*, 1457 *b*.

606. «Sepulcra veterum, sed eorum qui tecum vixere diligentius, contemplare ...» (210; Carrara puntúa: «vixere, diligentius contemplare»). Cf. *De otio*, págs. 62 y 63, donde, junto a múltiples contactos con el *Secretum* (vid. solo arriba, págs. 84, 103, etc.) y al hilo del «ubi sunt», se escribe: «Querite vero de istis ubi habitant. Ostendentur vobis exigua sepulcra exornata ... Illa [contemplatio] cuius II *De legibus* [= II, II] Cicero meminit, ubi ait sibi delectabiles Athenas 'non tam operibus magnificis exquisitisque antiquorum artibus quam recordatione summorum virorum, ubi quisque habitare, ubi sedere,

precepto de abandonar el *De viris*), seguro de que le aguarda la misma morada.

> Tendimus huc omnes. Hec est domus ultima cuntis.[607]

Sí, también pisarán el suyo, como él pisa los sepulcros ajenos «nunc etate florida superbus».

Agustín se apresta a acabar, sucinta, rápidamente, pero con palabras riquísimas de sentido:

> Hec cogita, hec diebus ac noctibus meditare, non solum ut hominem sobrium ac nature sue memorem, sed ut philosophum decet; atque ita teneas intelligi debere, quod scribitur: «Tota philosophorum vita commentatio mortis est» (210).

El ideal del hombre bien templado, atenido a la naturaleza, consciente de sí, capaz de ver el alma, se había definido en las dos primeras jornadas según coordenadas limpiamente filosóficas. El núcleo para la realización de ese ideal se fijó en la meditación de la muerte y de la miseria humana, y al varón con brío para cumplirlo se le trató de «sapiens» (cf. pág. 224). Ahora se avanza un paso, para resumir y especificar hasta el máximo, por obra de una celebérrima sentencia, fácil de adivinar al fondo de todo el diálogo, pero cuidadosamente reservada para el final. Pues con el dictamen de Platón, enmarcado en el cuadro estoico de las *Tusculanas*,[608] queda claro de una vez para siempre que

---

ubi disputare esset solitus', addens et 'eorum se sepulcra contemplari' ... Illud aliud spectaculum horrendum sed efficacissimum ad salutem, apertio scilicet sepulcrorum precipue recentium eoque magis si sint hominum notorum ...» Para el interés de Petrarca por los antiguos monumentos funerarios, cf. los trabajos de R. Weiss citados en la n. 597.

607. Anota Carrara: «è un esametro, probabilmente dello stesso Petrarca»; no, sino de Ovidio, *Metamorfosis*, X, 34, con la sustitución de «vosque ...» por «cuntis».

608. *Tusculanas*, I, xxx, 74, según *Fedón*, 67 d. Aparte de en los lugares citados arriba, págs. 82, 88-89, y en la próxima n. 610, Petrarca recuerda ese dicho (subrayado en el códice de Troyes: cf. P. de Nolhac, *op. cit.*, pág. 238) en *Familiares*, III, xii, en contexto no remoto del *Secretum*: «sedatis passionibus firmatoque proposito et primeve insolentie tumore compresso, per modestiores atque sereniores etatis annos tutissime pergitur ad salutem ... Compendiosam semitam ad virtutem visam esse philosophis, ut tales effici studeamus quales cupimus apparere, et illud, quod nichil reor efficacius: quoniam, ut eisdem placet, 'tota doctorum hominum vita nonnisi commentatio mortis est'» (§§ 8-9).

cuanto el Padre ha venido recomendando a Francesco debe entenderse como instigación a convertirse en *philosophus*. Cierto: Agustín predica una conversión a la filosofía, y el protagonista, tras una breve «dilatio», se propone obedecerle fielmente.[609]

En particular ser filósofo significa ser «nature ... memor», frente a cualquier culpable 'oblivio'; significa 'se sibi restituere', es decir, «de morte cogitare» (vid. arriba, pág. 425). Proclamar «vita omnis meditatio mortis» es una concepción de la filosofía que asume cristianamente el pensamiento clásico: «Quod si philosophie visum fuit antique, quid nunc nove pietati, que summa philosophia et vera est sapientia, videatur?»[610] Esa filosofía reconcilia vida y obra, funde teoría y práctica (disociadas en Francesco, como sabemos): entre muchas razones, porque implica una univocidad de designios («*tota* philosophorum vita ...») que lleva a conjugar «mores et verba» (según soñaba Petrarca y no lograba nuestro personaje),[611] porque supone velar por sí y adoctrinar a los demás, perfeccionarse y hacer mejores a los otros.[612]

---

609. La crítica finisecular vio a veces en las palabras de Agustín una incitación al monacato, a seguir las huellas de Gherardo Petrarca: es una especulación gratuita, sin apoyo en el texto. Harto más justamente estudia la cuestión, por ejemplo (y aunque yo no siempre coincida con él), F. Tateo, *Dialogo interiore...*, págs. 69-77. Vid. abajo, págs. 481-482, n. 92.

610. *De remediis*, II, CXVII, pág. 234.

611. En *Familiares*, I, IX, 3, verbigracia, se escribe del filósofo: «Quoniam nisi primum desideria invicem nostra conveniant, quod preter sapientem scito neminem posse contingere, illud necesse est ut, dissidentibus curis, et mores et verba dissident. At bene disposita mens instar immote serenitatis placida semper ac tranquilla est: scit quod velit, et quod semel voluit, velle non desinit»; y en el *De vita solitaria*, en *Prose*, págs. 384-386, tras una serie de citas del *De vera religione*, se afirma: «Certum et semper unum velle, sapientis est signum; votorum inconstantia summum stultitie argumentum est». Es evidente el contraste con el retrato de Francesco: incapaz, por el momento, de «cupere» profundamente, de poner fin «aliis desideriis» y extinguir «omnes cupiditates» a beneficio de un solo propósito; vacilante entre «ascendere et ... permanere»; desgarrado «multis ... et variis ac secum sine pace pugnantibus curis», por la «pestis ... fantasmatum» descrita en el *De vera religione*, etc., etc. (cf. solo págs. 78-81, 119-121, y J. E. Seigel, *op. cit.*, págs. 47-49). Por otro lado, la inadecuación de «mores et verba» en Francesco se subraya en repetidas ocasiones, especialmente enfrentándolo con asertos de sus propios escritos (vid. simplemente págs. 405, 409, 410), según la técnica de Séneca, *Ad Polybium*, XI, 5-6 (en particular: «Lege quanto spiritu ingentibus intonueris verbis: pudebit te subito deficere et ex tanta orationis magnitudine desciscere»). Cf. pág. 48, n. 23.

612. Tal es la idea de la misión del filósofo uniformemente mantenida por Petrarca: cf. pág. 87, n. 118, y P. P. Gerosa, *Umanesimo cristiano...*, páginas 225-245.

«Animi cura philosophum querit».[613] Y ello vale para uno mismo y vale para quienes le atienden: «Hi sunt ergo veri philosophi morales et virtutum utiles magistri, quorum prima et ultima intentio est bonum facere auditorem ac lectorem ...»[614] La actividad del filósofo, en efecto, pese a centrarse en un «reflectendum ... ad se animum», se proyecta sobre un público; pero no aspira al aplauso, antes «circa contemptum inanis glorie versatur».[615] Así, volverse filósofo es alzarse «ad maiora», realizar el «gloriam neglige» prescrito por el Santo (cf. págs. 412, 418). Empeño anejo, por supuesto, a la superación del estadio del poeta e historiador «curiosus»; forma de alcanzar la madurez, relegando la puerilidad de malgastar «verborum studio tempus»; arte de envejecer, sin quedarse en «senex puer», en «elementarius senex» (vid. págs. 138, 424). En la *Posteritati*, Petrarca declaraba que con el pasar de los años había postergado la «poetica» (vale decir, los ámbitos de la «eloquentia») para consagrarse a la filosofía moral, bajo la guía de las letras sacras:

> Ingenio fui ... ad moralem precipue philosophiam et ad poeticam prono; quam ipse processu temporis neglexi, sacris literis delectatus ..., poeticis literis non nisi ad ornatum reservatis (pág. 6).

Pues bien, la *paraínesis* a la filosofía pronunciada por Agustín y aceptada por Francesco sitúa en la coyuntura ideal del *Secretum* el cambio que proclama la *Posteritati*. Cambio ése, tránsito a filósofo, en el cual se articulan diagnósticos y pronósticos del diálogo entero: remedio para el penoso ayer y anuncio del favorable mañana del protagonista.

En las *Invective contra medicum*, Petrarca (con Séneca) afirmaba: «ut eas [liberales artes] didicisse laudabile, sic in eisdem senescere puerile est»; y, en consecuencia, acusaba al chillón contrincante de haberse hecho decrépito «inter puerilia», aunque con pretensiones de filósofo, siendo así que la auténtica filosofía consiste en la perpetua «cogitatio mortis», como enseñan concordes

---

613. *Familiares*, I, IX, 1.
614. *De ignorantia*, ed. Capelli, pág. 70, y en *Prose*, pág. 746.
615. *De vita solitaria*, cit. arriba, págs. 137-138.

paganos y cristianos.[616] En realidad, completaba, «doctus fieri non potest, nisi qui se noverit», comenzando por advertir doloridamente las propias faltas. Por ello, Petrarca no niega haber ambicionado «olim, iuveniliter», el título de poeta. Pero el tiempo no corre en vano, y ahora ya ni lee poesía (aunque no se le haya borrado de la memoria). Cierto, no parece bien «in eisdem studiis agere senectutem, in quibus adolescentia acta est». De suerte que la «maturitas» lo ha conducido a otras ocupaciones. ¿Qué hace, entonces? «Melior fieri studeo, si possim», pidiendo la ayuda del cielo y complaciéndose «in sacris literis». ¿Qué hace? Lucha por enmendar los errores de antaño: «Nitor non sine multo labore preteriti temporis errata corrigere». ¿Qué hace? «Non poetas lego, sed scribo quod legant qui post me nascentur ..., raro plausore contentus». A la postre, le importa solo saber «maturescere». Justamente al revés del médico: «elementarius senex irrisus a Seneca —le increpa—, ibi senectutem agis, ubi pueritiam exegisti», en medio de lacios silogismos.[617]

Las páginas de las *Invective* donde se hallan semejantes manifestaciones fueron compuestas en los primeros meses de 1353.[618] Y el programa vital e intelectual que en ellas se dice en desarrollo coincide ceñidamente con el programa que el *Secretum* sugiere para el porvenir inmediato del Francesco mudado en filósofo (amén de convenir —parece obvio— con la nueva etapa de Petrarca definida en la *Posteritati*). En efecto, las *Invective* y nuestro coloquio apuntan a un trocar los estudios paralelo al avanzar en edad: la meta es la meditación de la muerte y el conocimiento de sí; la madurez trae la renuncia a la poesía y el ansia de perfeccionamiento ético; [619] el «senescere» se acompaña del intento de corregir los yerros pasados y escribir algo que nada tiene que ver con los poetas, ni gozará sino «raro plau-

---

616. *Invective contra medicum*, págs. 52-54 (el editor no advierte la dependencia de Séneca, *Ad Lucilium*, LXXXVIII, 2); cf. arriba, págs. 86, n. 114, y 89, n. 122.
617. *Ibid.*, págs. 73-75; para ese «ibi ..., ubi ...», vid. arriba, pág. 158, n. 118.
618. Cf. E. H. Wilkins, *Studies*..., pág. 152; y abajo, págs. 500 y sigs.
619. Nótese además que esa es exactamente la tesitura de *Familiares*, XII, VII, 6, con fuertes concomitancias literales con las *Invective*: vid. texto correspondiente a la n. 567.

sore». ¿Qué escrito puede ser ése tan estrechamente asociado a los planes ínsitos al *Secretum,* tan vinculado al propósito del *Secretum* de reparar los «preteriti temporis errata» en una vejez mejor, tan afín al *Secretum* en el designio de apartarse de la poesía y desdeñar la fama vulgar? Para mí, hay pocas dudas: debe tratarse del *Secretum* mismo, cuya redacción definitiva, según todos los indicios, se data a principios de 1353.[620] En esos meses, la imagen del presente que ofrecen las *Invective* es esencialmente idéntica a la imagen del futuro que promete el *Secretum*: un Petrarca filósofo, al margen ya de puerilidades literarias, entrando serenamente en el otoño del vivir.

El Padre concluye ya: únicamente le resta un par de consideraciones, tan sumarias cuanto densas. La «cogitatio» largamente ilustrada, insiste, mostrará a Francesco «mortalia facta contemnere» (210) y le enseñará qué otro camino tomar en la existencia (212). No hay dudas sobre la interpretación: aquí, más explícitamente quizá que en cualquier otro pasaje, por la fuerza de la letra, la «*cogitatio* mortis» se vincula a la veta del «*contemptus* mundi» (vid. págs. 89, 94). La dinámica toda del diálogo determinada completamente por la tensión entre transitoriedad y permanencia (cf. solo pág. 397), nos revela además que esa «alia ... via» propuesta como solidaria de un «mortalia ... contemnere» no puede ser sino la enderezada «ad eterna» (vid. págs. 21-22).[621] En breve: la contemplación de la muerte, inseparable de un 'se

---

620. Para otros contactos muy marcados con las *Invective,* cf. ya págs. 150, n. 94, y 210, n. 286. Adviértase ahora, con perspectiva complementaria de la indicada en la n. 478, que Wilkins, *loc. cit.,* fecha las *Invective* II, III y IV «almost certainly within the first quarter of the year [1353]». Ahí, pág. 45, se dice en gestación el *De viris* 'universal', también aludido en el *Secretum,* II, 72. Ello tiende a colocar hacia abril el cambio de criterio o las dudas que llevaron a mencionar el *De viris* 'romano' en el *Secretum,* III, 192. Volvemos así, verosímilmente, a los días inmediatos al comienzo de la primavera: al momento en que la decisión de partir para Italia forzó a apresurar la parte final del *Secretum* (cf. n. 339). Vid. abajo, págs. 464-471.

621. También en el parlamento de Escipión padre, repleto de concomitancias con la última sección del *Secretum,* se dice casi al final: «Ergo age, nate, viam, tibi quam super ardua monstro, / ingredere» (*Africa,* II, 501-502); es fácil reconocer ahí la sugerencia del *Somnium Scipionis,* III, 16 («Ea vita [en especial, de servicio a la patria] via est in caelum ...»), seguida todavía más de cerca en otro lugar de la epopeya (I, 487: «vita via in celum est»; cf. P. Courcelle, «La postérité chrétienne du *Sônge de Scipion*», en *Revue des études latines,* XXXVI [1958], pág. 231, y mi n. 623).

sibi restituere', no se distingue de la contemplación de la inmortalidad.

La idea no nos coge de nuevo (cf. por ejemplo, págs. 184-186), ni a nosotros ni al personaje. Tanto es así, que Agustín, adelantándose a una pregunta inútil sobre tal «via» y los senderos para alcanzarla, ataja: «Respondebo tibi longis te monitionibus non egere». Desde luego, el dar por innecesarias 'largas recomendaciones' al respecto revela una vez más la premura con que se terminó el *Secretum*. Pero, aunque excusa solapada, no es impertinente. De hecho, el contexto no tolera incertidumbre en cuanto a los objetivos a que ha de dirigirse Francesco. Y, por otra parte, el Santo quiere acabar en tonos decididamente agustinianos, evocando aún la doctrina de la iluminación interior: de la verdad que se presenta al alma, que aclara el entendimiento, cuando se la busca con buena voluntad.[622] Doctrina, pues, cuya propia naturaleza la hacía muy susceptible de ser meramente evocada, y no expuesta con prolijidad.

En efecto, el Padre amonesta: «Audi modo vocantem iugiter hortantemque spiritum et dicentem: 'Hac iter est in patriam'». Nos las habemos, por supuesto, con el «vere immortalitatis iter» mencionado en el inicio del debate sobre la gloria (188). Porque a la auténtica «patria» de la Ciudad de Dios, y no a los fáciles halagos de la fama,[623] convocan las llamadas constantes del es-

---

622. Para los textos esenciales y una inmejorable presentación del tema, vid. É. Gilson, *Introduction à l'étude de Saint Augustin*, con ayuda del índice, pág. 358, s.v. «illumination»; y cf. arriba, págs. 79-80, 135.

623. El motivo de la 'patria celeste' es trivial (cf., verbigracia, *Metrice*, I, XIV, 116, cit. en la n. 605; o *Familiares*, XVII, III, 7 [setiembre, 1353], comentando el lugar ciceroniano aducido en la n. 621, y también con concatenación que recuerda nuestro contexto: «Quo dicto quid intendit aliud nisi, quod nostri loquuntur [¿II Corintios, V, 6-8?], viatores nos ostendere, quibus sit ad celum, ubi patria est nostra, bonorum alis operum bonarumque cogitationum gressibus ascendendum? Quod facilius fiet ut eidem placet [*Somnium Scipionis*, IX, 21], 'si iam nunc dum sumus in corpore, eminebimus foras et ea que extra sunt contemplantes, quam maxime nos a corporibus abstrahemus'?»); sin embargo, hallarlo donde aparece, en el desenlace del capítulo sobre la gloria, lleva a pensar en una cierta inspiración del *De civitate Dei*, V, XVI: «... ut cives aeternae illius civitatis, quamdiu hic peregrinantur, diligenter et sobrie illa intueantur exempla, et videant quanta dilectio debeatur supernae patriae propter vitam aeternam, si tantum a suis civibus terrena dilecta est propter hominum gloriam».

píritu. Él sugiere qué rutas seguir y qué desvíos evitar: [624] prestarle oídos es obtener la salvación y la libertad.[625] «Non longis deliberationibus opus est», remacha y apremia Agustín. El enemigo hostiga por la espalda y acomete de frente, estrecha el cerco, y tiemblan los muros. Francesco no debe vacilar ya. ¿De qué le sirve cantar dulcemente para los demás, si no se oye a sí mismo? «Effuge scopulos, eripe te in tutum», finaliza el Santo; «sequere impetum animi, qui cum sit turpis ad reliquia, ad honesta pulcerrimus est».

Ese lenguaje impresionista, y uno diría que arrebatado por un 'impulso del alma' parejo al que agustinianamente se desea inculcar, se vuelve preciso al recordar los momentos del coloquio que le sirven de fondo y a los cuales nos remite ahora la reiteración de imágenes y conceptos. Las metáforas bélicas, así, nos llevan al «conflictus curarum» denunciado desde el epígrafe, al combate del protagonista contra «fantasmas» y pecados capitales (vid. págs. 124-125); las metáforas marineras, al trance del Francesco navegante por olas de tormenta, con la esperanza puesta en la misericordia de la diestra divina, única capaz de sacarlo al puerto de la serenidad, prestándole fuerza para aplacar los tumultos de la mente (págs. 100, 104, 244). «Quid tibi prodest dulciter aliis canere, si te ipse non audis?», le ha interrogado el Padre, y es solo variación de una pregunta de la víspera (página 138).[626] Pero en ambos casos la respuesta la dio ya en la primera jornada, cuando le preceptuaba «tibi non aliis laborare», «ad vite tue regulam» (pág. 58); como en ambos casos se implica la necesidad de trabajar combinando provecho propio y ajeno: «scribendoque aliis te doceas».[627] Por coda, la alusión al *élan*

---

624. Se ha dicho: «... aliamque vivendi viam, quam arripias, monstrabit»; y se añade: «Scis quid ille tibi suggerit, quas vias et que devia, quid sequendum vitandum ve pronuntiet» (210-212). Cf. *Psalmi penitentiales,* IV, 17: «Ostendisti viam, qua gradiendum foret ...; monuisti quid cavendum atque unde declinandum sit» (y Salmos, XXXI, 8, en n. 203); *Familiares,* II, IX, 13: «lux divine veritatis..., quid sequendum declinandum ve sit docens».
625. «Illi pare, si salvum te, si liberum esse cupis» (212); vid. n. 578 y especialmente el texto de Séneca transcrito en la pág. 175, n. 182.
626. Cf. *Familiares,* X, IV, 15: «iam canere didicisse, ita ut laudetur ab aliis, licet ipse sibi nondum placeat»; y abajo, págs. 491-493, notas 131-137.
627. *De remediis,* I, XLIV, pág. 57; ahí, en el prólogo, pág. 4, Petrarca dice haber buscado «non tam scribentis laus, quam legentis utilitas», al par

del espíritu, ya «turpis», ya «pulcerrimus»,[628] nos remonta a las reflexiones sobre el alma, cuyo noble origen la atrae «ad celum», mientras la carne y las tentaciones la arrastran a la tierra; ansiosa de ver con ojos no sensibles y turbada por quimeras corpóreas: problemática que se dilucidaba al arrimo de Platón y la Biblia, Virgilio y el *De civitate Dei*, Cicerón y el *De vera religione* (págs. 80-82, 107-122).

Francesco lleva mucho tiempo sin apenas abrir la boca. En general, en el análisis en torno a la gloria ha intervenido notablemente menos que en cuanto precede; y, en concreto, en la última porción de ese análisis no ha pronunciado sino unas pocas palabras, pequeño pábulo para extensas disertaciones de Agustín. La causa de tal enmudecer ¿habrá que atribuirla solo a la contundencia de las razones del Padre? ¿O no será más bien que a Petrarca le urgía despachar la obra y no temía sacrificar la animación del coloquio para exponer velozmente las cuestiones que juzgaba de mayor importancia? Como sea, nuestro personaje, convicto de haberse engañado, arrepentido, asiente con un suspiro al postrer discurso de Agustín: «Utinam hec michi ab initio dixisses, priusquam his animum studiis addixissem!» Mejor le hubiera ido, sí, de no entregarse tan insensatamente a la poesía y a la historia; pero no puede protestar de que no le advirtieran. Porque el Santo corrige que lo hizo a menudo y, nada más empezar, viéndole tomar la pluma, le anunció ser la vida breve e incierta, el esfuerzo largo y cierto, grande el quehacer, mínimo el logro;[629] mas lo había ensordecido el clamor de las gentes, a la vez odiado y seguido, sorprendentemente (cf. n. 467). No pre-

---

que en *Familiares*, XVII, v, 3 (octubre, 1353), explica haber compuesto *De vita solitaria* y *De otio religioso* «non tam aliis quam michi»; y comp. n. 372.

628. En esa dualidad seguramente hay un eco del planteamiento de San Agustín, de acuerdo con el cual los afectos son legítimos o reprobables según sea bueno o malo el fin a que se ordenan: cf. solo *De civitate Dei*, XIV, VII, y arriba, págs. 182-183.

629. «Dixi equidem sepe; et in ipsis primordiis, ubi te calamum arripuisse vidi, prefatus sum, quod vita brevis et incerta, quod longus et certus labor, quod opus grande, quod fructus exiguus foret» (212). Un paralelo muy próximo se halla en *Familiares*, I, I, 8, cit. en la n. 483; por lo demás, probablemente se recuerda el popularísimo dicho hipocrático: «Vita brevis, ars longa, occasio praeceps, experimentum periculosum, iudicium difficile» (*Aforismos*, I, 1).

tendamos determinar exactamente cómo recibió parejos anuncios «in ipsis primordiis». Es coincidencia impresionante que el más antiguo autógrafo petrarquesco conservado sean las notas al *De civitate Dei,* leído por el humanista, veinteañero, con particular atención a los capítulos sobre la gloria.[630] Pero obviamente no se trata aquí de una anécdota menor de ese género. Como aseguran unas palabras contiguas (n. 632), la referencia a los tempranos consejos del Padre, orientados a disuadir a Francesco de andar el camino de los afanes literarios, responde básicamente a un perpetuo deseo de Petrarca de poner bajo la enseña de Agustín (y aun según el modelo de Agustín, incluso si *ex contrario*) los puntos cruciales de su ideal evolución, de su biografía pública (prurito responsable de más de una contradicción): la coyuntura ilustrada por la «Responsio» a Giacomo Colonna (*Familiares,* II, IX); la capital revelación en la cumbre del Ventoux (*ibid.,* IV, I); la inclinación «ad amorem veri» y a las Escrituras,[631] etc., etc. Y en el etcétera, naturalmente, el lugar de honor corresponde al conjunto del mismo *Secretum.*

La despedida del Santo, obligada, «quia satis multa contulimus», es una súplica: perdónele Francesco cualquier posible aspereza; pero antes, por encima de todo, si algo tiene que agradecerle, no consienta consumirse en la inacción y en la pereza, «ne patiaris situ desidiaque marcescere». El protagonista, desde luego, da gracias encendidas: por tantas otras deudas y especialmente por los tres días de la conversación que se cierra.[632] Porque Agustín le ha limpiado los «caligantia lumina» y disipado la «densam circumfusi erroris nebulam». Ha cumplido, pues —entendemos—, con el encargo de la Verdad, apiadada de los «erro-

---

630. Vid. en A. Petrucci, *La scrittura di F. Petrarca,* tav. I, la reproducción del fol. 45 vo. del ms. 1.490 de la Biblioteca Universitaria de Padua, con el texto del *De civitate Dei,* V, XVII-XVIII, y abundantes apostillas, sumarios y subrayados de Petrarca.
631. Cf. *De otio religioso,* pág. 104 (y arriba, págs. 75-76); *Seniles,* VIII, VI, pág. 928.
632. «Ego vero tibi, tum pro aliis multis, tum pro hoc triduano colloquio magnas gratias ago ...» (212); cf. 136: «sprevisse nequeo, cuius ['de Agustín'] et sepe alias et his presertim proximis diebus sana consilia sum expertus»; en pareja perspectiva entran también, por ejemplo, las palabras de Agustín en 32 (vid. pág. 58): «si illas philosophorum ... sententias, quas mecum sepe relegisti ...»

res» de un Francesco «caligantibus oculis» (22). Mas a ella, «huic», a la Verdad, testigo diligente de cada frase del coloquio, ¿cómo mostrarle la gratitud adecuada? Reconociéndola como quien es y según ha obrado, fuente de toda claridad, única (vid. n. 72), imprescindible para los dos interlocutores:

> Que si usquam faciem avertisset, operti tenebris per devia vagaremur, solidumque nichil vel tua contineret oratio, vel intellectus meus exciperet.

Es característica actitud agustiniana: «En réalité, les maîtres ne font qu'exposer à l'aide de paroles les disciplines qu'ils font profession d'enseigner; ensuite, ceux que l'on nomme 'élèves' examinent en eux-mêmes si ce que les professeurs leur disent est vrai. Ils font cet examen les regards fixés, selon la mesure de leurs forces, sur la vérité intérieure, et c'est par là qu'ils s'intruisent, en constatant par eux-mêmes que ce qu'on leur dit est vrai. Qui donc est alors le vrai maître? Est-ce le professeur? Mais le professeur est à l'égard de la vérité dans la même situation que son disciple: beaucoup moins un enseignant qu'un enseigné. Le vrai maître, c'est cette Vérité qui n'est ni celle du professeur, ni celle du disciple, mais commune à l'une et l'autre, présente à l'un et l'autre et qui, les instruisant de la même manière, les conduit nécessairement à s'accorder».[633] No en vano el Padre podía invitarle a que comprobara dentro de sí una materia en litigio y Francesco había de conceder: «Vera esse que dicis» (44); y no en vano las semillas del diálogo van a dar fruto pleno al concentrarse el escritor en la interioridad.

Ya en el proemio, por otro lado, se realzó el linaje celestial de la Verdad, inmediata y simétricamente mencionado de nuevo ahora; igual que vuelve aquí a brillar, al agudizarse la conciencia de la iluminación, el resplandor «ethereum» que allí refulgía sobrenaturalmente (cf. págs. 21-25). Hay entera coherencia con las enseñanzas del San Agustín histórico: «C'est donc comme origine

---

[633]. É. Gilson, *Introduction à l'étude de Saint Augustin*, pág. 99. No sabría sustituir la admirable síntesis de Gilson: puntualizaré solo que el proceso de iluminación de la inteligencia resumido ahí y en el texto copiado en seguida, siempre según el sistema de Agustín, es rigurosamente paralelo al de iluminación de la conciencia moral y al conducente a descubrir a Dios.

de l'accord entre les esprits que Dieu reçoit le titre de 'maître interieur' dans la doctrine de Saint Agustin. Ébauchée dès la conclusion du *De vita beata*; suggérée dans les *Soliloques,* cette doctrine se déploie dans le *De magistro* tout entier et s'affirme explicitement dans sa conclusión. Dans tout ce que nous apprenons, nous n'avons qu'un maître: la vérité intérieure qui préside à l'âme même, c'est-à-dire le Christ, vertu immuable et sagesse éternelle de Dieu ... C'est donc Lui qui, lorsque je parle ou que l'on me parle, manifeste à la pensée de celui qui parle et de celui qui écoute une seule et même vérité».[634] Y tengámoslo bien presente: la Verdad, «dux, consultrix, domina, magistra» (26), ha recibido los mismos adjetivos que Petrarca aplicaba a Cristo (vid. pág. 28).

No otro es el sentido profundo de la andadura alegórica del *Secretum*. Ni el respeto por lo más sagrado, ni la convención literaria, ni el tacto y un elemental sentido de las proporciones, ni siquiera el buen gusto, permitían imaginar una confrontación de Francesco con el Señor, fingir artísticamente una experiencia milagrosa. Pero debía quedar diáfano que el proceso de conocimiento y perfeccionamiento requiere el auxilio divino. De ahí el recurso a las figuras interpuestas: el Agustín santo, la Verdad venida «celitus» (24). El auxilio divino hubiera resultado menos patente en un escrito a una voz (las mismas *Confessiones* están *dichas* a Dios, cuya respuesta es la gracia). El monólogo revelador, avocado a una transformación, además, no podía brotar de quien aparecía esencialmente sumido en el «error» y, por ende, sin fuerzas para levantarse (vimos despacio la convergencia de inspiraciones en que se examinaba esa situación: fundamentalmente, convergencia de estoicismo y agustinismo). En la cima del Ventoux, la luz suprema llegaba a través de las *Confessiones*. En nuestro libro, se va más allá: Agustín no habla en un texto, sino en persona y, sobre todo, bajo la guía expresa de la Verdad.

---

634. Gilson, *ibid*. P. P. Gerosa, *op. cit.,* pág. 352, relaciona el texto que he destacado con *Confessiones,* XII, xxv, 35: «Si ambo videmus verum esse quod dicis et ambo videmus verum esse quod dico, ubi, quaeso, id videmus? Nec ego utique in te nec tu in me, sed ambo in ipsa quae supra mentes nostras est incommutabili veritate»; son múltiples los pasajes similares que cabría aducir: pero lo importante es notar la impregnación agustiniana de nuestra página, y Gerosa sin duda está en la *impostazione* correcta.

Porque saber es siempre un conversar con la Verdad que se alberga en la intimidad del hombre a la vez que en el cielo: comprenderlo constituye lección capital del *Secretum* y clave mayor para apreciar la forma de diálogo que adopta.

El epílogo continúa en semejante dirección. La Verdad y Agustín han de alejarse, «quoniam sedes vestra celum est»; Francesco ha de quedarse en la tierra, ignora por cuánto, «et in hoc pendeo anxius» (donde la confesión certifica que ha asimilado las lecciones centrales del coloquio y ya no cabe acusarle de desatender el «impendens periculum» de la muerte). Así nace el ruego fervoroso: por caridad, aunque separados por inmensa distancia, que no lo abandonen, «ne me ... deseratis». Pues sin Agustín, «pater optime», la vida sería desabrida; sin la Verdad, «nulla foret». El Santo no tiene inconveniente en prometerle tal ayuda, siempre y cuando se mantenga fiel a las premisas recién subrayadas, vale decir, mientras se haga cargo de que velar por sí y contar con la iluminación de la Verdad divina son una sola cosa: «Impetratum puta, modo te ipse non deseras»; si no, se hallará justamente abandonado (212). Francesco, con firmeza, se obliga a obrar en consecuencia:

> Adero michi ipse quantum potero, et sparsa anime fragmenta recolligam, moraborque mecum sedulo (214).

La decisión así formulada asume en quintaesencia núcleos y principios de las grandes avenidas de pensamiento que confluyen en el *Secretum*.

«Adero michi», «moraborque mecum sedulo»... Es inequívoco el sabor estoico. Como en Horacio, cuando, al fustigar a quien no se resuelve a ser «sapiens», le reprocha: «non ... tecum esse potes».[635] Como en Persio, quien, despreciando la inanidad de la fama literaria, prescribe: «nec te quaesiveris extra»; e invitando a rechazar los elogios del vulgo, aconseja: «Tecum habita».[636] Como en Séneca, muy particularmente, con incansable insistencia: «Primum argumentum conpositae mentis existimo posse consistere et secum morari»; «sapiens ... in se reconditur,

---

635. Horacio, *Sátiras*, II, vii, 112.
636. Persio, *Sátiras*, I, 7 y IV, 52; cf. K. Heitmann, *op. cit.*, págs. 177-178.

secum est»,[637] etc., etc. Pero tampoco es dudoso el timbre agustiniano; Francesco, en suma, se dispone a realizar el programa de los *Soliloquia* y del *De vera religione*: «noli foras ire, in te ipsum redi; in interiore homine habitat veritas» (cf. pág. 425). Cierto, «la verité est toujours à notre portée, grâce au Maître intérieur qui nous l'enseigne, pourvu seulement que nous prêtions attention à ce qu'il nous enseigne».[638] No prestarle esa atención es desperdigarse, apartarse de Dios y de sí; reintegrarse sucede de la mano del Señor: «colligens me a dispersione, in qua frustatim discissus sum, dum ab uno Te aversus in multa evanui». Parejamente, toda «cogitatio» auténtica significa «ea ... colligere ..., in ipsa memoria, ... sparsa ...»[639] Hacia ahí apunta Francesco (sumando una resonancia bíblica),[640] hacia el propósito de anular cualquier dispersión, ya lleve hacia fuera, ya se produzca dentro: «sparsa anime fragmenta recolligam».[641] También ahora concurre Séneca: «mobilis enim et inquieta homini mens data est; nusquam se tenet, spargitur, et cogitationes suas in omnia

637. *Ad Lucilium*, II, 1, y IX, 16; Petrarca cita el primer texto en *De remediis*, II, xcv, pág. 214, y comentándolo en *Familiares*, XV, iv, 2 (febrero, 1352), señala que hay muchos «animo ... et cogitationibus semper vagos et instabiles» (cf. notas 646, 651). Podrían acumularse muchos otros lugares senequistas de análogo contenido, aunque menos próximos en la letra. Pero es inexacto decir que el «adero michi» recuerda «la difinizione senechiana dell' uomo intrepido, dello stoico, 'qui adest dolori suo'» (R. Amaturo, *Petrarca*, pág. 118): por el contrario, ese texto de *Ad Marciam*, VII, 2, y aun más ostensiblemente el de *Ad Polybium*, XVIII, 4 («noli adesse dolori tuo»), señalan la actitud no estoica, reprensible. Cf. A. Noferi, *L'esperienza...*, págs. 127-135, para varios engarces de Agustín, Séneca y Petrarca (aunque sin mención de nuestra página); y abajo, págs. 475, n. 74, y 492, n. 134.
638. É. Gilson, *op. cit.*, pág. 100.
639. *Confessiones*, II, i, 1, y X, xi, 18. El pasaje aducido en primer término sigue en el original al «Recordari volo transactas foeditates ...» que Petrarca, *Familiares*, IV, i, 20, seleccionaba como posible epígrafe de una autobiografía (cf. pág. 74; y abajo, n. 647).
640. Cf. Juan, VI, 12: «Colligite, quae superaverunt fragmenta, ne pereant».
641. Se ha dicho que la frase «anticipa il titolo latino del *Canzoniere*, *Rerum vulgarium fragmenta*, e il primo verso del sonetto proemiale» (así Amaturo, *ibid.*); pienso que sí hay alguna conexión: sin entrar en más detalles, adelantaré que «fragmenta», en aquel título, acarrea un cierto matiz peyorativo y define las *Rime sparse* no solo formalmente, sino además como muestra de una peripecia caracterizada por la dispersión, frente a la consistencia y coherencia del «sapiens» (cf. n. 611); para la cuestión, así como para otras variantes petrarquescas de la fórmula 'sparsa colligere', vid. el artículo cit. en la n. 83.

nota atque ignota dimittit, vaga et quietis impatiens ...»[642] La faz negativa y la faz positiva del proceso se describen óptimamente en una obra bien familiar a Petrarca [643] y donde es fácil ver cómo se amalgaman las tradiciones antigua, patrística y medieval acendradas en el *Secretum*. El pseudoagustiniano *De spiritu et anima*, en efecto, en un párrafo que el humanista llegó a copiar de puño y letra, plantea el problema y ofrece la solución en forma tan afín a nuestro texto, que sirve de glosa excelente a las palabras de Francesco: «Mens etenim caeca et vaga est ... cumque stare in semetipsa nititur, a semetipsa aliquo modo etiam nesciendo derivatur ... Ad Deum quippe solum suspensa est, a quo formata est. Sed quia omne quod infra appetit minus est, iure ei non sufficit quidquid Deus non est. Hinc est quod huc illuc dispergitur et per infinita distrahitur, quaerens requiem ubi non est ... Propterea necesse est ut mentem nostram per diversa sparsam colligamus et in uno aeternitatis desiderio componamus».[644] En el diálogo primero el mal del protagonista se identificaba con la «pestis illa fantasmatum ... discerpens laceransque cogitatus», hasta impedir la meditación de la muerte y, por ende, el ascenso «ad unum solum summumque lumen» (64-66). Ahora, cuanto se dice y cuanto meridianamente se implica busca aportar el remedio condigno, en coincidencia con el deseo que también clausuraba el relato de otro ficticio trance imaginado al arrimo de San Agustín, la narración de la subida al Ventoux, forjada en 1353, antes de dejar Provenza:[645] «ora, queso, ut tandiu vagi et instabiles [cogitatus] aliquando subsistant, et inutiliter per multa iactati, ad unum, bonum, verum, certum, stabile se convertant.»[646]

642. *Ad Helviam*, VI, 6; y vid. arriba, pág. 425.
643. Precisamente la menciona en un escolio al *De vera religione*, XXXIV, 64 («... date mihi, qui videat sine ulla imaginatione visorum carnalium»), relacionándola con un *leitmotiv* del *Secretum*; y en el mismo códice, fols. 19 vo.-21, en nota al *De anima* de Casiodoro, transcribe, con su contexto, el pasaje inmediatamente aducido. Cf. arriba págs. 112 y 91, n. 128.
644. *De spiritu et anima*, LIX-LX, en *PL*, XL, col. 824.
645. A 22 de febrero de 1353, en *Familiares*, XV, III, 8 (epístola con abundantes indicios para reconstruir la última redacción del *Secretum*), Petrarca pone en boca de un sirviente vuelto de Italia la preocupación que entonces le dominaba: «quot in partes distrahendus animus quem colligere meditaris».
646. *Familiares*, IV, I, 36. G. Billanovich, «Petrarca e il Ventoso», que

Así, pues, con las inevitables debilidades («... quantum potero»), Francesco va a poner en práctica las instrucciones del Padre. La convicción y el propósito son inquebrantables, aunque no falten impedimentos a corto plazo: «Sane nunc, dum loquimur, multa me magnaque, quamvis adhuc mortalia, negotia expectant».[647] El contexto hace obvio que entre tales «negotia» figuran sobre todo el *Africa* y el *De viris illustribus* (vid. páginas 386-388). Por lo demás, la alusión queda deliberadamente imprecisa. No es arduo comprender por qué. Petrarca quería distinguir dos estadios en su itinerario intelectual: uno, «olim, iuveniliter», centrado en la elocuencia; otro, maduro, vuelto a la filosofía moral (cf. págs. 435-437). A grandes rasgos, la diferencia estaba clara, y el *Secretum* ponía la época del cambio en los alrededores de la cuarentena. Pero el escritor no podía pretender que la mutación se hubiera realizado en un abrir y cerrar de ojos; no podía señalar un «dí sesto d'aprile»,[648] un momento extremadamente exacto, para el tránsito de una a otra etapa. Por ello

---

data la epístola «alla fine di questo soggiorno» provenzal, «press'a poco in questi mesi [verso la metà del 1353]» (pág. 399), señala (pág. 397) el contacto con *Canzoniere,* LXII, 13: «Reduci i pensier' vaghi a miglior luogo» (precisado por el verso siguiente: «ramenta lor come oggi fusti in Croce»). Hemos hallado la «mens vaga» en Séneca y el *De spiritu et anima*; muchos equivalentes se acotan en el *corpus* petrarquesco, particularmente en la lírica; cf. en especial *Familiares,* XXI, II, 1, si bien en diverso contexto: «me vagis usqueaque distractum et, ut sic dixerim, sparsum curis, ad te unum cogitandum ... collegisti»; y notas 637, 651.

647. «Michi quidem multum adhuc ambigui molestique negotii superest», se dice Petrarca en *Familiares,* IV, I, 21, al repasar las «mutationes» sufridas tras dejar Bolonia, inmediatamente después de aludir a la idea de escribir una autobiografía con lema agustiniano (cf. n. 639) e inmediatamente antes de considerar la esperanza de «ad virtutem accedere» a los cuarenta años (vid. página 193).

648. Repárese en que incluso eludió la mención concreta de esa fecha archisabida y se limitó a sugerirla en términos genéricos: «Medio sub adolescentie fervore et, si aliquantisper expectas, quotus michi tunc etatis annus ageretur facile recordabor. —Non tam exactum calculum requiro ...» (152, y cf. páginas 302-308). A Petrarca no le interesaba tratar en el *Secretum* la minucia de un dato: aspiraba a esbozar las encrucijadas más relevantes de una vida, de suerte que prefirió hablar de «pueritia», «adolescentia», «senectus»..., sacrificando la biografía estricta a la ejemplaridad, diluyendo el caso peculiar en una amplia categoría humana. De ahí, también, la salvaguardia última de Francesco: señalar un entorno típico para la «mutatio animi» (hacia los cuarenta años), pero rehuir (con el expediente de la parva «dilatio» en cuestión) el pormenor nimio y, por lo mismo, comprometido y de escasa significación didáctica.

concede a Francesco un chico período de adecuación, un reajuste intermedio: con metas trascendentes ya perfiladas con nitidez, mas todavía requerido por «magna ... negotia».

Por supuesto, para Agustín no hay asunto «maius», sea cual fuere la opinión vulgar. Ningún pensamiento más útil, ninguno más fructífero. «Relique enim cogitationes possunt fuisse supervacue; has autem semper necessarias inevitabilis probat exitus». Es una oportuna reaserción. El *incipit* del coloquio sentenció: «ad ... componendum ... animum nichil efficacius reperiri quam memoriam proprie miserie et meditationem mortis assiduam» (28). El *explicit,* en continuidad sin fisuras con el cuerpo del libro, ilustra briosamente aquel punto de partida, con finos matices sobre varios aspectos del «componere animum» (vid. también pág. 226): 'se sibi restituere', 'illi [= spiritui] parere', 'adesse sibi', 'sparsa anime fragmenta recolligere', 'morari secum'. Por supuesto, esas operaciones y actitudes se presentaban uniformemente como facetas de la básica «commentatio mortis» inherente al filósofo. Ahora, por si subsistiera la menor ambigüedad, el Padre insiste por enésima vez: el desenlace ineludible corrobora no haber preocupación más pertinente ni más esencial que la *cogitatio mortis*. La *cogitatio mortis,* pues, compendia todas las directrices del *Secretum*: es la primera y la postrera, la constante enseñanza de Agustín.

Francesco concuerda por completo: «Fateor». Por ello mismo se precipita a quitar obstáculos de en medio, a terminar la epopeya y el «opus immensum» histórico, para consagrarse rápidamente, sin estorbos, a empeños de más sustancia (vid. págs. 416-423). Por supuesto, sabe muy bien cuánto mejor sería darse de lleno al «studium» que le recomienda el Santo, tomar sin desvíos el recto camino de la salvación:[649] «sed desiderium frenare non valeo». Notémoslo cuidadosamente, sin embargo: ese «deside-

---

[649]. «... non ignarus, ut paulo ante dicebas, multo michi futurum esse securius studium hoc unum sectari et, deviis pretermissis, rectum callem salutis apprehendere» (214). Análogamente, en la ascensión al Ventoux, Petrarca se demora en rodeos, en vez de tomar la senda derecha; piensa entonces en las «tenebre et umbra mortis», y justamente esa reflexión le da fuerzas para llegar a la cumbre: «Hec michi cogitatio incredibile dictu est quantum ad ea que restabant et animum et corpus erexerit» (*Familiares,* IV, 1, 14-15); es una espléndida demostración simbólica (desarrollada luego) de la virtualidad de la «cogitatio mortis».

rium» no es ya el ciego, obsesivo «appetitus», de que se reconocía culpable en el comienzo del debate sobre la gloria (vid. pág. 376). Francesco ha aceptado la reprimenda del Padre y proclamado, sin sombra de reticencia, la intención de desistir de la desalada carrera tras la fama literaria, de postergar las labores de retor: «veteris abiciendi novum desiderium» (204). El «appetitus» vehemente ha quedado reducido a la mínima expresión: a un punto de testarudez, al disgusto ante la tarea inconclusa, al prurito de salvar de algún modo (incluso desmañada, defectuosamente) el trabajo tan largo y penoso. Porque el escritor, sí, quisiera acabar *Africa* y *De viris* (aunque parezca lícito preguntarse si en verdad lo hará), mas a costa de «accelerare», de «properare nunc», según le hemos oído: a costa de un apresuramiento que de hecho es una renuncia (cf. págs. 421-423). No importa demasiado que se conceda esa breve «dilatio» (en buena parte, impuesta a Petrarca por la incertidumbre sobre el destino definitivo de las dos obras incriminadas y por la imposibilidad de marcar una frontera absolutamente rígida entre los dos estadios que se proponía señalar en su evolución). Importa en cambio sobremanera que Francesco haya asumido sin reservas el correcto orden de valores y ganado una conciencia clarísima de la jerarquía de la «inanis immortalitas» de la gloria respecto a la «vera immortalitas» (188).[650] Haberlo conseguido es el último y quizá mayor triunfo de Agustín.

No sorprende que el Padre, eludiendo recaer «in antiquam litem», oponga un reparo: «voluntatem impotentiam vocas». Pero la referencia explícita a la polémica inicial sobre el *nolle* y el *non posse* es simultáneamente un recordatorio de que Francesco confesó entonces hallarse engañado al respecto y una tácita exhortación a obrar en consecuencia con el principio que hizo suyo: «Desiderium potentia consequitur» (vid. págs. 65-66). En cualquier caso, si por el momento el escritor vacila, no le faltará el auxilio que ha pedido a Agustín, y en la forma más valiosa, con ferviente plegaria de la gracia divina: «Sed sic eat, quando aliter esse non potest, supplexque Deum oro ut euntem comitetur, gressusque, licet vagos, in tutum iubeat pervenire».[651]

650. Vid. también F. Tateo, *Dialogo interiore...*, pág. 76.
651. Fácilmente se aprecia aquí la coincidencia de lenguaje y tono con la

Francesco vibra al eco de tal oración, y la prolonga doblándola en promesa. Frente a los «ceci duces» que lo extraviaban, frente a una Laura falsamente imaginada «dux»,[652] ahora cifra la esperanza en el Guía seguro, ruega a Dios que lo encauce a escapar indemne de entre tanta tortuosidad como amenaza la peregrinación del hombre por la tierra, el «iter ... in patriam» (cf. n. 623). Va a seguir la llamada del Señor sin nublarse los ojos a sí mismo, sin mentirse, ajeno a cualquier «opinio perversa», con la mirada limpia, humildemente.[653] De suerte que se le aplaque el oleaje del alma y, por ende, cese el alboroto del mundo y la fortuna: porque lo uno decide lo otro, sabemos, la paz interior prevalece ante el disturbio exterior.[654]

> O utinam id michi contingat, quod precaris; ut et duce Deo integer ex tot anfractibus evadam, et, dum vocantem sequor, non excitem ipse pulverem in oculos meos; subsidantque fluctus animi, sileat mundus et fortuna non obstrepat.

---

despedida de la *Familiaris* IV, 1 (cf. n. 646). Por otro lado, N. Iliescu, *Il «Canzoniere» petrarchesco...*, pág. 65, observa: «Racconta Sant' Agostino che, ad un certo momento della sua vita, la madre ... aveva chiamato il vescovo, con la speranza che questi potesse indurre il figlio a migliore strada. Il vescovo, però, conoscendo l'ostinazione e le capacità intellettuali del giovane Agostino, si rivolse alla madre, dicendo: 'Sed sine illum ibi et tantum roga pro eo Dominum; ipse legendo reperiet quis ille sit error et quanta impietas' (*Confessiones*, III, XII, 21). Ora, a noi sembra che l'atteggiamento del vescovo verso Agostino si ripeta tale quale nella chiusura del *Secretum*, dove Agostino, vescovo e santo, ripone la sua fiducia nella preghiera e nell'insegnamento, che il poeta trarrà dall' esperienza che desiderava proseguire, anziché in un ennesimo richiamo teorico a Dio». Todo lo cual me parece muy plausible.

652. Cf. págs. 42 y n. 12; 291 y n. 144; 310 y n. 203.

653. La imagen usada por Petrarca ('excitare pulverem in oculos'), aparte otras connotaciones (son obvias las referidas a la «caligo», la ceguera, el «error» capital de la «opinionum perversitas»: vid. pág. 42), se aplica en particular a la soberbia; cf. G. Peraldo, *Summa de vitiis*, VI, III, 39: «et sicut pulvis oculum corporis incidens gravat vel caecat, sic vana gloria oculum intentionis»; «gloria etiam carnalis est velut pulvis calens oculos hominum excaecans»; y vid. *Familiares*, XIV, IV, 31 (octubre, 1352): «Latrent utlibet et sufflantes in terram pulverem in oculos suos excitent».

654. Ese es ya el tema del primer episodio del debate (cf. solo págs. 43-48); pero recuérdese singularmente el epílogo de la segunda jornada, donde calmar los «mentis ... tumultus» se presenta como remedio mayor contra el «externus fragor» y modo de «cum fortuna ... in gratiam redire», según el magisterio estoico de Séneca (120, 126-128; vid. págs. 232, 244-245 y n. 382).

Francesco Petrarca pone punto con igual nobleza de talante que de estilo: [655] resuelto, sereno, mas consciente del riesgo. En los *Soliloquia,* desde el principio tan cercanos al *Secretum,* la Razón concluye con la certeza de que Dios siempre asistirá en la búsqueda de la verdad: «Deus aderit»; y Agustín dice amén: «Fiat ut speramus». [656] La situación se repite en nuestra escena: el *Secretum* se cierra con confianza, en el nombre de Dios.

Explicit liber 3us domini Francisci Petrarche
de secreto conflictu curarum suarum.

---

655. La exclamación inicial se despliega en una geminación bien equilibrada («ut et ... et ...»), para remansarse el período en un grupo trimembre, con el broche del *cursus tardus* («fortuna non obstrepat»); hay una admirable sugerencia del progresivo aquietarse del espíritu, según se baja el tono y se apaga la voz.

656. *Soliloquia,* II, xx, 35. No se descuide que la Razón de los *Soliloquia* es paralela al Agustín del *Secretum;* y el Agustín de los *Soliloquia,* paralelo al Francesco del *Secretum* (cf. págs. 36-37, 49 y n. 27).

ET SIC LIBER *DE SECRETO CONFLICTU* CONTINET TRES LIBROS

Acción y redacción, principio y final del *Secretum* aparecen seguramente enlazados. De hecho, el prólogo es un epílogo:[1] presenta la redacción como consecuencia y prolongamiento de la acción, para mostrar sutil pero inequívocamente hasta qué punto el Petrarca autor hace suyas las enseñanzas que Agustín ha dado a Francesco, el Petrarca actor. El diálogo concluía anunciando un cambio de rumbo en la obra del protagonista: de la elocuencia a la filosofía moral. Al pasar la última página, el lector puede poner en tela de juicio, no solo cómo y cuándo, sino incluso si Francesco terminará realmente *Africa* y *De viris illustribus*. Mas sí se le ofrece una evidencia: en las manos tiene un texto tan distante de la epopeya y el «liber historiarum» cuanto inserto en el género de actividad intelectual que preceptuaba Agustín. Tras el *explicit,* «Francesco» es ya Petrarca: confluyen el escritor y el personaje, la distinción «dramática» se desvanece (aunque, naturalmente, si salimos del mundo artificioso del coloquio, con rigor de biógrafos positivistas, reconocemos en el retrato de Petrarca que se nos propone varios rasgos no menos ficticios que algunos característicos de «Francesco»). Así, Petrarca, el Francesco del porvenir esbozado a lo largo de la conversación, compone el libro que el Francesco del *incipit*, confuso e inmerso en el error, era incapaz de concebir. O bien (si tomamos la fantasía enteramente a la letra, si nos confinamos en el marco imaginario) Petrarca se goza en asumir las doctrinas del Padre —destinadas a servirle de guía— levantando un acta minuciosa del debate que Francesco inició con protestas, incom-

---

[1]. Por supuesto, cuanto digo en los párrafos siguientes ha de leerse en relación con mis comentarios al *Prohemium*, págs. 7-38.

prensiones y aun malhumores. En cualquier caso, la sola existencia del *Secretum* 'demuestra' la eficacia del *Secretum*, 'prueba' que la transformación de Francesco está ya empezando a realizarse.

Por otra parte, el proemio coloca la redacción en un momento inmediato a la acción, «nuper» (22); cuando el diálogo está fresco en la memoria y urge consignarlo, «ne forte dilaberetur», por que no se pierda ni una palabra y Petrarca pueda siempre revivir con dulzura «unumquodque ... dictum» (26). Es un momento, pues, a todas luces situado en el único período que el autor señala con precisión: todavía en el año decimosexto del amor por Laura, «in sextum decimum annum» (136); y más en concreto, sabemos (si con información no común entre los lectores de la época), después de la ida de Barlaam Calabro: entre noviembre de 1342 y abril de 1343.

Pero ¿habremos de admitir que la redacción verdadera es contemporánea de la acción fabulosa? Ni un elemento históricamente firme lleva hacia ahí; muchos, en cambio, nos conducen a tiempos más tardíos. En particular, las notas petrarquescas copiadas en el Laurenziano XXVI sin. 9 (notas cuidadosas hasta el extremo de fechar una simple relectura) no mencionan en absoluto ni 1342 ni 1343. Pero una apostilla del humanista al conjunto del *Secretum* sí aporta tres datas decisivas: «1353. 1349. 1347».

Podemos comprender el significado de esas cifras.[2] En cabeza va «1353», porque, al contemplar el todo unitario del libro, Petrarca evocó al punto, y tan solo, el año en que le dio la forma que pervive. Va en cabeza, porque el autor veía 1353 como el año esencial en la elaboración del *Secretum*, porque entonces

---

2. Vid. arriba, págs. 9-16, para los aspectos que ahora no es necesario tomar en cuenta y perfilar. El único punto que se presta a la duda es si el «Modo 3. 1353. 1349. 1347» se insertó en 1353 o en la relectura de 1358. Como apunté, el paralelismo con la apostilla al epígrafe (en ambos casos, la acotación parte de un elemento del texto primitivo y sobrentiende la palabra «libros»: «facturus totidem libros» > «fac ... totidem»; «continet 3 libros» > «Modo 3.») y el mismo hecho de tratarse de una apostilla (no de una noticia integrada en el colofón) me deciden a atribuir el «Modo 3 ...» al repaso de 1358. Mas claro está que la cuestión —sea cual fuere la respuesta— en nada afecta a mis conclusiones.

alcanzó el diálogo el estadio atestiguado por el códice Laurenziano. Va en cabeza, porque en 1353 no se hicieron meros retoques o adiciones sueltas, sino se reescribió la obra entera. Para Petrarca el *Secretum* era sustancialmente un producto de 1353: por ello, en el pronto, no debió fijarse más que en tal fecha, ni debió ocurrírsele que cupiera asignarle ninguna otra. Luego, presumiblemente en seguida, en el acto, repararía en que el libro pasó por dos etapas previas, anuladas por el *remaniement* de 1353; y ya que había comenzado por el final, para no romper la serie, las apuntó en orden cronológico inverso, aunque en harmónica jerarquía de importancia, de mayor a menor: «1349. 1347». Que pensara primero en 1353 implica que en aquel año no se limitó a un trabajo parcial, de inserciones y enmiendas, antes bien rehizo la obra por completo. Y, pues «1353» no puede remitir a una labor fragmentaria, «1349» y «1347» —en continuidad y equivalencia respecto a «1353»— han de referirnos a versiones comparables, al linaje de las redacciones y refundiciones totales.[3] Vale decir: a 1347 se remonta la redacción inicial; a 1349, una versión intermedia; a 1353, la refundición definitiva.[4]

No he encontrado medio de descubrir con certeza las peculiaridades y contenido de los textos de 1347 y 1349. Es de suponer que en la última fase Petrarca aprovecharía ideas, pasajes, hallazgos expresivos de las ediciones precedentes; desplazaría, suprimiría y, desde luego, añadiría múltiples materiales... Pero ni una línea del Laurenziano se nos impone necesariamente como escrita en 1347 o 1349, mientras sí comprobamos a menudo que tal o cual página, tal o cual sección, son posteriores a uno de esos años. Otra cosa parece clara: igual que en la apostilla al colofón «1347» y «1349» se postergaron a favor de «1353», los ingredientes que procedieran de 1347 y 1349, en tanto integrados en el capital *rifacimento* de 1353, hubieron de perder en buena medida entidad propia. El nuevo contexto tuvo que asimi-

---

3. Es obvio que «1353. 1349. 1347.» no indican tres revisiones de un escurridizo original anterior: inconcebible tanta minucia en datar las revisiones y ni la mínima atención al original.

4. En los términos de ecdótica petrarquesca consagrados por Vittorio Rossi, podríamos hablar, respectivamente, de etapas gamma, beta y alfa.

lárselos, robarles especifidad. Por ende, no es sencillamente la dificultad de deslindar los estadios primitivos, sino el carácter que todo atribuye a la postrera refundición el motivo que permite arriesgar que en cuanto tiene de orgánico, en cuanto atañe a su unidad y sentido global, por mucho que arrastrara de ocasiones previas, el *Secretum* puede considerarse obra de 1353.

Corroboremos observaciones hechas hasta aquí, puntualicemos o afiancemos ciertos asertos e intentemos unas conclusiones aceptables, recordando y conjugando varios datos ya aducidos, amén de sumarles otros. Así, abundan las pruebas de que determinados párrafos o desarrollos se escribieron después de abril de 1343; pero aun son más los factores que simultáneamente avecinan a 1353. Atendamos, verbigracia, a algunas citas o noticias que cabe marcar con un *terminus ante quem non*. Petrarca no conoció las *Controversiae* de Séneca hasta verano de 1343, ni el *De finibus* hasta el otoño próximo; el sonado descubrimiento de la correspondencia de Cicerón ocurrió en mayo de 1345. Tenemos, pues, apoyos seguros para atribuir un límite *post quem* a la polémica sobre el griego y el latín apuntalada con la autoridad de *Controversiae* y *De finibus*, en el libro segundo; o, en el tercero, para atribuírselo a los dos lugares donde se airean palabras o informaciones extraídas de las epístolas *Ad Atticum*.[5] Ahora bien, si hilamos más delgado, advertimos que la fórmula introductoria de los versos recogidos del epistolario ciceroniano se repite casi a la letra, con los versos en cuestión, en una carta de 1352, mientras las variantes de esa fórmula —asociada a las *Ad Atticum*— solo vuelven a documentarse en el *corpus* petrarquesco en otras dos *Familiares*: de 1347 y (en modo particularmente cercano al *Secretum*) de 1353.[6]

De tal forma, un *post quem* indudable para 1345, en la perspectiva de elementos complementarios, tiende a retrasarse hacia los años indicados en el manuscrito Laurenziano. Veamos un ejemplo parejo. Nuestro humanista no leyó la *Naturalis historia* sino en estío de 1343, cuando pudo manejarla transitoriamente en la biblioteca papal: tan transitoriamente, que apenas nada

---

5. Cf. págs. 141 y n. 68; 140 y n. 64; 288 y n. 136; 317 y n. 225.
6. Nótese bien la fecha de los paralelos transcritos en las págs. 288-289, n. 136: 1352 (*Familiares*, XII, vi), 1353 (*ibid.*, XVI, xii), 1347 (*ibid.*, VII, iv).

retendría en la memoria, pues los préstamos de Plinio desaparecen de los *Rerum memorandarum* en cuanto el autor deja Avignon. Únicamente al regresar a Provenza, a finales de 1345, y concedérsele de nuevo el acceso al ejemplar pontificio, se aprecia en sus obras un «riaffiorare di citazioni pliniane» (según certifica Giuseppe Billanovich); y únicamente tras obtener un ejemplar propio, en 1350, las reminiscencias se multiplican y tornan copiosas. Pero sucede que en el *Secretum* hay evidentes y reiterados ecos de la *Naturalis historia*, muestra de una intimidad con el clásico que Petrarca no poseyó antes de 1346; y, por otro lado, un comentario que el diálogo pone en boca de Agustín se explica ajustadamente como extensión y escenificación de una glosa inserta en el códice adquirido en 1350.[7] Por lo mismo, los rastros de Plinio en el *Secretum* no guían simplemente más acá de 1343: nos proyectan mejor a los aledaños de 1353. Porque, naturalmente, las apostillas del apógrafo Laurenziano convierten un *post 1350* en un claro envío a 1353.

En ocasiones, los términos no toleran vacilación: una cita de una línea del *Africa*, originariamente compuesta para una *Metrica* de entre 1346 y 1348, y solo luego incorporada a la epopeya;[8] una alusión a Quintiliano, descubierto en 1350,[9] etcétera, sientan hitos indiscutibles. Otras veces, la cronología revelada por la copia de fray Tedaldo hace prácticamente ciertos los indicios que sin ella permitirían una última duda. Petrarca sentía tanto desapego respecto a César hacia 1342 cuanto entusiasmo hacia 1350; en principio, pues, las favorables referencias que le dedica en el *Secretum* nos conducen a la fecha más tardía.[10] No obstante, sería lícito postular (aunque arduo expli-

---

7. Vid. págs. 170-174 (en especial, n. 166), 401-403 (y n. 520).
8. Cf. pág. 366, n. 399 (y no se descuide que es posible que la incorporación se hiciera en 1349 o ya en Provenza [comp. pág. 405], dada nuestra ignorancia de la primera forma de *Familiares*, VII, VII, 5-6).
9. Vid. pág. 351, n. 348 (con la confirmación de la nota 349).
10. Cf. págs. 223, n. 326, y 358, n. 368. [H. Baron, «Petrarch: His Inner Struggles and the Humanistic Discovery of Man's Nature», en *Florilegium Historiale: Essays Presented to W. K. Ferguson*, Toronto, 1971, págs. 18-51 (donde vuelve a tratarse del aprecio petrarquesco de César), me ha llegado solo cuando mi libro estaba compuesto totalmente y compaginado en buena parte: no puedo, pues, discutir ahora las interpretaciones del *Secretum* que ahí se dan.]

car) un par de excepciones ocasionales a la regla. Pero, ante el «1349» y el «1353» del Laurenziano, la hipótesis más económica y coherente, la respuesta a todos los problemas planteables al propósito, consiste en entender los elogios a César («Quid enim illustrius?») como fieles a la regla, y no como intrigantes excepciones: perfectamente propios de un contexto acorde por completo con el pensamiento petrarquesco en esos años.

Al caso de una idea, unamos los de un dato erudito y un motivo léxico. En 1343, el humanista confundía al Lelio «minor» del *De amicitia* con Lelio «maior»; y no hay signo de que los distinguiera hasta 1350-1352, cuando la diferencia se hace presente en las *Familiares*: cual en el *Secretum* y con ceñidos contactos con el *Secretum*.[11] O bien Petrarca no comenzó a llamar «sentina» a Avignon —según hace en nuestro libro— sino en 1348; y prodigó el denuesto en 1352.[12] Entonces, ¿no sería absurdo establecer con exactitud considerable la época en que se consolida una idea, se encuentran las primeras documentaciones de un dato o se registra la preferencia por un motivo, y no relacionar con ello la interpretación más probable de la acotación cronológica del Laurenziano, coincidente y satisfactoria en cualquier terreno?

Desde luego, no se trata de un razonamiento circular, sino de una comprobación mutua. En los ejemplos recién subrayados, al igual que en cantidad de otros similares,[13] efectuamos dos operaciones independientes. Por un lado, determinamos el período de aparición o mayor incidencia de un factor; por otra parte, tropezamos con ese mismo factor en el *Secretum*, y el «1353. 1349. 1347.» del Laurenziano, sin más, nos exige situarlo en tal período. Por fin, notamos que las dos operaciones arrojan idénticos resultados, confirmándose recíprocamente, de suerte

---

11. Vid. págs. 283-284, n. 121.
12. Cf. pág. 230 y n. 346 (con el motivo gemelo registrado ahí mismo, nota 345).
13. Así, en la utilización de Horacio (cf. págs. 227-231, 277 y n. 101), el juicio sobre la Coronación (pág. 323 y n. 247) o, por destacar una de las frecuentísimas coincidencias con escritos de hacia 1350, la continua vinculación con *Familiares*, IV, I, desde el punto de partida (págs. 73-74, 78-79) al desenlace (págs. 446-451), pasando por componentes fundamentales (pág. 193) y decenas de pormenores

que la una controla la escrupulosidad de la otra. Difícilmente caben más garantías de rigor.

Individualicemos todavía unos cuantos testimonios singularmente ilustrativos. El *Secretum*, así, se despliega desde el núcleo de un silogismo inicial: saberse mísero supone querer ser feliz; querer, esforzarse por conseguirlo; esforzarse, inexcusablemente, lograrlo. En términos filosóficos, el protagonista no vacila en identificar ese núcleo como «estoico». Nos consta que la predilección de Petrarca por el estoicismo, la insistencia en defender y apropiarse las doctrinas estoicas, es fenómeno no anterior a 1347, acusado en las *Familiares* ficticias de 1350 o 1351, explayado con énfasis a lo largo del *De remediis* (ya a principios de 1354).[14] En detalle, la premisa estoica esencial del núcleo del *Secretum*, el saberse mísero, estriba en anular la «hominum perversa ... libido se ipsos fallendi»; y semejante premisa fue realzada particularmente por Petrarca en textos de hacia 1351, incluso repitiendo la letra de nuestro diálogo (cf. pág. 60). Pues bien, dentro del ámbito estoico del silogismo inicial y en harmonía con el estoicismo de infinidad de matices, la premisa estoica de la «opinionum perversitas»[15] reaparece sistemáticamente para explicar las grandes cuestiones del debate. Es, claro, una llave del libro primero. En el segundo, se dictamina «opinionem ... perversam causam esse malorum omnium» (108), ser causa de los pecados capitales de que se va tratando, y señaladamente de la acidia, que los recapitula. En la tercera jornada, las dos cadenas de Francesco se consideran «cum opinionibus falsis persuasio funesta» (132): y si el amor del personaje es «opinio fedissima atque falsissima»

---

14. Vid. págs. 43-44, 46-55.

15. Asociada también, por supuesto, a las otras vetas teóricas fundamentales: la «opinio perversa», a la luz de las *Tusculanas*, se curaba por la «meditatio conditionis humanae», en quien «inbecillitatem generis humani cogitat»; y Petrarca enlazaba ese tratamiento con la «consideratio» agustiniana capaz de hacer aflorar «totam miseriam» y con la tradicional «meditatio mortis» y «memoria proprie miserie» (cf. solo págs. 67, 69); pero la «cogitatio mortis» es una cosa con la reflexión sobre Dios y sobre uno mismo, metas que impiden alcanzar los siete pecados, el amor a Laura y a la fama. Etc., etc. Seguir las implicaciones de la «opinionum perversitas» nos obligaría a recordar toda la trama conceptual del *Secretum*, amén de las concreciones anecdóticas: baste aquí sugerir la complejidad del asunto y la trabazón que presta al coloquio.

(134), la pasión por la fama le muestra reo de «iudiciorum perversitas» (190).[16] Según ello, no ya un aspecto de más o menos volumen, pero suceptible de ser desechado como interpolación aislada, sino un material constructivo, un hilo conductor bien engarzado en el tapiz filosófico del *Secretum*, se nos revela característico de los años de 1347 a 1354; y, al tiempo, por otra vía, en tanto ingrediente central del coloquio, la cronología expresa en el Laurenziano nos lo coloca en «1353. 1349. 1347».

Pasemos a un orden de cosas distinto. He anotado un alto número de coincidencias entre el *Secretum* y las *Familiares*, VIII, II-V. Es bien sabido que ese grupo de epístolas procede de la fragmentación y reelaboración de una sola carta de mayo de 1349.[17] Y sucede que el diálogo, de extremo a extremo, ofrece concomitancias a la vez con ese texto gamma original y con la posterior versión alfa. Pero también de punta a punta ofrece otras aun de más bulto *exclusivamente* con alfa, la refundición definitiva. En efecto, esta añade párrafos fielmente plegados al fondo y la forma del *Secretum*; completa una cita de Horacio con otra gemela, para obtener una pareja idéntica a la concordada en nuestro libro; redondea un pasaje introduciendo la paráfrasis de la misma fuente; corrige el léxico de suerte que queda igual en ambos lugares, y hasta inserta un adverbio temporal decisivo en la secuencia paralela del *Secretum*; agrega allí un *exemplum* usado aquí casi *verbatim*, reiterándose la divergencia respecto a Séneca, de donde procede la información, etc.[18] La corrección alfa debe de ponerse en algún momento de la última estancia en Provenza o de la primera mitad del asentamiento en Milán.[19] Como sea, ahora importa solo que se data después de mayo de 1349.

---

16. Cf. págs. 154, 207, 253-254, 271, 383.
17. Por ahora, cf. A. S. Bernardo, «Letter-splitting in Petrarch's *Familiares*», en *Speculum*, XXXIII (1958), págs. 236-241; U. Dotti, «L'ottavo libro delle *Familiari*», en *Belfagor*, XXVIII (1973), núm. 3, págs. 271-294 (artículo muy discutible).
18. Vid. así págs. 84, n. 106; 102, n. 165; 151, n. 95; 155-156, n. 110; 168, n. 154; 217, n. 307; 329, n. 262.
19. Por Provenza se inclinan V. Rossi, ed. *Familiares*, I, pág. xii; G. Martellotti, «Linee di sviluppo...», pág. 70, y ed. *De viris illustribus*, pág. cxxxiii. Por Milán, G. Billanovich, *Petrarca letterato*, I, págs. 9, 11-15, y E. H. Wilkins, *Petrarch's Eight Years in Milan*, pág. 237, entre otros.

Porque creo indisputable (la objetividad del criterio legitima el adjetivo) que el *Secretum* no pudo estar escrito tal como lo conocemos en mayo de 1349. De ser así, no habría medio de explicar que coincida con la revisión alfa mejor que con el estadio gamma de *Familiares*, VIII, II-V; que las adiciones vengan a convertir el texto primitivo en otro amplia y regularmente más afín al *Secretum*. Si el coloquio tal como lo conocemos hubiera existido ya en mayo de 1349, las concomitancias se darían sólo con gamma (y con alfa sólo al través de gamma), nunca (o apenas por excepción) preferentemente con alfa, con las singularidades de alfa:[20] nada haría comprensible que alfa, la etapa tardía, tienda a acercarse más y más al *Secretum*. En cambio, si el *Secretum* tal como lo conocemos es posterior a gamma, son bien lógicas las concomitancias con los factores nuevos aportados en alfa (fuere cual fuere la prelación entre ambos): disertando sobre cuestiones análogas,[21] Petrarca incorporó a uno razones, autoridades, precisiones fraseológicas, experimentadas en el otro con fortuna y con gusto. Por fin, que las concomitancias ocurran a todo lo largo del diálogo prácticamente descarta la posibilidad de que sean interpolaciones y, por tanto, arrastra a pensar que la versión del *Secretum* en que se acumulan fue una refundición completa, y no el producto de algunos retoques e inserciones.[22]

20. La situación —útil contraprueba— es diametralmente opuesta: de las dos docenas de coincidencias apuntadas, solo en un caso concuerdan gamma y el *Secretum* frente a alfa, en un tópico manoseadísimo tras 1348 (cf. pág. 277, n. 101).
21. La presencia de esas cuestiones análogas nos tienta con la hipótesis de que el *Secretum* de 1349 (no el conservado) surgiera en el entorno del original gamma. Pero un solo test ya basta a desanimarnos: a propósito de un tema tan relevante en el diálogo como el cambio de vida al llegar las canas y la vejez, el *Secretum* muestra fuertes contactos en unos casos con gamma al par que con alfa... y en otros solo con alfa (págs. 221, n. 320; 367, n. 404, y abajo, notas 171-175).
22. Cabe conjeturar que el proceso de composición del *Secretum* fuera homólogo al que llevó las mentadas *Familiares* de la fase gamma a la fase alfa (quizás hasta en la escisión en partes de un texto continuo). Proceso bien resumido por A. S. Bernardo, art. cit., págs. 238-239: «Letter 2 is composed primarily of paragraphs 5-7 of the Gamma form; 3 of paragraphs 20-21 and 23-37; 4 of paragraphs 8-10, 12-14, 16-18, 40-47 and 63; and 5 of paragraphs 48-52 and 55-62. Thirteen of the sixty-four original paragraphs were omitted altogether in the transcription. On the other hand, twenty-one paragraphs were added: one in Letter 3, sixteen in 4 and four in 5. Furthermore, of the para-

Y habida cuenta de que tal refundición *da capo* hubo de acometerse después de mayo de 1349, la mayor probabilidad, según la apostilla cronológica del Laurenziano (aparte ahora otras pistas), corresponde a 1353.[23]

Variemos el enfoque. La sección del libro tercero dedicada a la muerte de Laura nos lleva ostensiblemente más allá del año de la peste: por el tema biográfico, por la teoría, por el detalle.[24] En las coordenadas que se nos van delineando, nos lleva por lo menos a 1349. Cuesta imaginar un *Secretum* sin reflejo de la desaparición de la amada. Por ende, si hubo —según todo indica— una primera redacción de 1347 y una reelaboración de 1349, se diría probable que las páginas sobre la pérdida de Laura se remonten a 1349. Cabe además rastrear ahí levísimos justificantes a una sospecha de «interpolación».[25] Creeríamos hallarnos en circunstancias óptimas para detectar un fragmento del *Secretum* introducido en el estrato de 1349. Pero las cosas no son tan sencillas. Para empezar, esa sección se presenta en una continuidad perfecta con el conjunto de la obra. El acento se carga más en la categoría que en la anécdota: el centro de atención no es tanto la muerte de la dama, cuanto la demencia de someter el ánimo inmortal a una criatura mortal, que incita y no sacia ni perdura «in finem» (proposición confirmada *ex experimento*, ahora sí, por el caso de Laura y Francesco). Pues

---

graphs carried over, the fifth of Letter 3 is the only one transferred without modifications. All others show signs of extensive reworking, not only in the way of grammatical and syntactical changes but in lengthy additions of new matter as well». Opino (sobre la base de tal constatación y de otras similares) que así pudo gestarse también el *Secretum*: en una reelaboración de pies a cabeza.

23. Son tantos y tan ejemplares los problemas que plantea la relación del coloquio y nuestras cartas, que he juzgado interesante ampliar lo dicho aquí y adelantar materia del volumen segundo en una contribución al congreso petrarquesco de Liège, noviembre de 1974 («En el taller de Petrarca: de las *Familiares*, VIII, II-v, al *Secretum*»). [Compaginado el presente tomo, se ha suspendido el congreso: espero publicar mi comunicación como artículo de revista.]

24. Cf. págs. 274-286; con admirable puntería escribe Gianfranco Contini, *Letteratura italiana delle origini*, pág. 646, que «la protratta insistenza di Agostino sull'infallibile morte di Laura appare un po' una profezia *post eventum*».

25. Vid. págs. 287, n. 128; 298, n. 168; 312, n. 207; y la siguiente n. 31.

bien, tal categoría se vincula indisolublemente al *leitmotiv* definido desde el mismo pórtico del *Secretum*: el contraste de «mortalia» y «eterna» (22). Aun más: las reflexiones sobre la muerte de *madonna* constituyen la formulación esencial de ese *leitmotiv* en la parte del libro tercero relativa al amor; y, a semejante título, amén de por cuanto dicen del «nature ordo», son imprescindibles para obtener la simetría con la parte relativa a la gloria,[26] con la parte de plena evidencia escrita en 1353 (hemos de apoyarnos en la fecha de esta porción, pero podemos hacerlo tranquilamente, gracias al peso de los argumentos al respecto). Por otro lado, dichas reflexiones dependen de modo inequívoco del agustiniano *De vera religione*, fuente continua del diálogo, del *incipit* al *explicit,* venero de donde brotan doctrinas que sustentan desarrollos cruciales de las tres jornadas.[27] Sucede también que la sección consagrada a Laura «moriture» extiende notablemente la crítica de los *Rerum vulgarium fragmenta*, haciéndola marcar hincapié en los poemas «in morte»; mas si objeto primario de la discusión en torno al amor es evocar polémicamente el *Canzoniere* todo (así llegan a traducirse al latín versos tanto «in vita» como «in morte»)[28] y ello supone un avanzado estadio en la compilación (más propio de 1353 que de 1349), una sola frase de las páginas que nos ocupan nos remite en línea recta al soneto prologal y a las dos últimas piezas de las *Rime sparse* (cf. página 276). Por si fuera poco, súmese que nuestra sección desempeña un papel básico para dar al libro tercero una arquitectura conforme con los *Trionfi* punto por punto:[29] arquitectura del libro tercero donde es indispensable el capítulo *de gloria*, sin duda de 1353, en tanto «l'immaginazione e lo sviluppo dei *Trionfi*» se data hoy «esattamente nel 1351 e '52» ...[30] En suma: esa sección con muchas posibilidades de ser de 1349 resulta

---

26. Cf. en especial págs. 397-398.
27. Particularmente, claro, en el libro primero, para sentar los cimientos teóricos comunes al segundo y tercero; pero la influencia del *De vera religione* se prolonga hasta moldear la misma conclusión: vid. págs. 425 y n. 579; 426 y n. 586; 445.
28. Como recordatorio, sirvan un par de casos de la segunda especie, «in morte»: cf. págs. 312, n. 210; 371, n. 419.
29. Vid. págs. 396-400.
30. Cito a G. Billanovich, *Petrarca letterato*, I, pág. 170.

integrada, embebida, diluida en un contexto global que únicamente en 1353 pudo cobrar la forma que mantiene; y en tal medida, que no se concibe cómo aislar la una del otro,[31] que la una no alcanza entero significado sin el otro. Vale decir: la refundición de 1353 se nos corrobora como extraordinariamente honda y ancha.

Pero entremos ya en tal refundición de 1353. Precisamente en la mitad del libro tercero (130-214), una página capital (172) cifra en la huida a Italia la salvación de Francesco. Siguiendo la serie tópica de los *remedia amoris*, concreta ahí Agustín que la «mutatio loci» más adecuada al poeta es el regreso a la Península. Y le exhorta a emprender el viaje recordándole las alabanzas que ha cantado a la patria en una *Metrica* del 1349 tardío y citándole cierto versículo que ha escrito en los *Psalmi penitentiales*, compuestos en un día no anterior a 1347 o 1348. El *terminus post quem*, doble y sólido, no permite incertidumbres. Mas Agustín, al par, esboza las circunstancias y perspectivas del protagonista de modo coincidente por entero con la situación y horizontes de Petrarca en el último año pasado en Provenza. Lo hace, además, con las mismas palabras que Petrarca usaba por entonces para tratar idéntico asunto: tanto es así, que el pasaje resulta un mosaico fabricado con fragmentos de las *Familiares* de 1352 y 1353. Un cúmulo de factores incontrovertibles data nuestra página en el período final de la residencia de Petrarca en Provenza.[32]

En las primeras semanas de abril de 1353, el humanista se

---

31. Quizá la solución sea que en 1349 no se trataba de la muerte de Laura, o se trataba de una manera harto diversa de la actual. Al rehacer la obra en 1353, Petrarca, de momento, no colmó tal 'laguna', repasó el texto de 1349 de modo insuficiente o, escribiendo uno de nueva factura, lo incluyó en sitio distinto del que ahora ocupa. Luego, *en el mismo curso de la redacción*, siempre en 1353, volvió atrás e introdujo las páginas en cuestión donde aún se hallan, (bien componiéndolas *ad hoc* para ese lugar, bien desplazándolas ahí desde otro, según el caso). De ser así, no nos hallaríamos propiamente con una «interpolación», sino con una revisión, un ajuste sobre la marcha; pero del ajuste provendrían entonces los ligeros indicios de sutura (cf. n. 25). La hipótesis, sin embargo, no me satisface, particularmente por rozar casi la frontera del tipo de especulaciones que se me antojan prohibidas, a falta de más datos.

32. Vid. págs. 340-349; y, para los *Psalmi*, abajo, n. 156.

había decidido firmemente a tornar a Italia. Con seguridad, la resolución estaba tomada ya el 18 de ese mes, cuando salió para Montrieux, a despedirse de Gherardo. De vuelta, llegó a Vaucluse el 22 o el 23; y del 26 al 28 despachó algunos compromisos en Avignon.[33] Justamente el 28 de abril dirigió una carta a Zanobi da Strada comunicándole la intención de retirarse aún «in solitudine mea ..., sed diebus octo, non pluribus» (*Familiares*, XVI, x, 4), y partir en seguida a Italia. Parejo ir con los días contados [34] se corresponde con la brevedad de la epístola y con la declaración explícita de andar apresurado, «festinabundus» (*ibid.*). Pero esa brevedad otorga largo relieve al hecho de que la misiva (limitada a cuatro párrafos cortos) ofrezca varias e importantes coincidencias literales con el núcleo del *Secretum* ahora en cuestión;[35] mientras esa declaración de andar apresurado no puede sino destacar la premura patente en la segunda mitad del libro tercero.

En efecto, desde nuestra página, en el resto de los *remedia amoris* y en todo el capítulo sobre la gloria, se aprecia que Petrarca trabajaba a vuela pluma. No deja ello de confesarse paladinamente: «hoc est quod ... dicendum tempus obtulerat» (184). «pro brevitate autem temporis satis multa ... dicta sunt» (188).[36] Por confesiones valen también explicar que se abrevia una materia, contentándose con seleccionar «pauca» entre «multa» (174), no haciendo justicia a la «rei qualitas» (204); admitir que se improvisa «ex tempore», picoteando libremente en un vasto repertorio (210); insistir en que bastarán parvas contestaciones a interrogantes ni siquiera formulados: «Respondebo tibi longis te monitionibus non egere», «non longis deliberationibus opus est» (212).[37] No menos prisa revelan los olvidos arreglados sobre la marcha (172, 210); la confusión de Augusto y Tiberio (180); las citas irregulares de Séneca y Cicerón, incluso contra los *usus* más tenaces de Petrarca (184, 198).[38] La rapidez

---

33. Cf. E. H. Wilkins, *Studies...*, págs. 161-164.
34. Comp. también § 1: «post paucos dies ..., hoc ipso die ..., nudiustertius ...»
35. Vid. en particular págs. 346, n. 330-331, y 347, n. 335.
36. Cf. págs. 368, 375.
37. Vid. págs. 353 (y n. 355), 410, 432, 438-439.
38. Cf. págs. 350, 432; 359, n. 373; 367, n. 403; 394, n. 495.

de la composición se echa de ver igualmente en la exigüidad de la sección *de gloria*; en la menor vivacidad del coloquio, progresivamente convertido en monólogo de Agustín (hasta hacerse obvio que el autor buscaba concluir resumiendo velozmente los aspectos fundamentales); en el calco del discurso del viejo Escipión según el *Africa*, en dependencia que simplificaba la labor; en la agudísima concentración del epílogo.[39] Ni puede ser casual que la acción transparente un obstáculo de la redacción (no tener a mano las *Tusculanas*) explicable solo en el precipitado vivir de Petrarca hacia abril de 1353.[40] Como no puede serlo que el Padre subraye la imagen de un Francesco que escribe *frettoloso* («dum ... festinas ...», 192), en tanto el personaje piensa en «accelerare» las obras no acabadas (206) y termina reconociendo: «neque aliam ob causam propero nunc ...» (214).[41]

Así, la decisión de escapar a Italia se manifiesta en el *Secretum* aduciendo un texto de cuando declinaba el 1349 y rigurosamente en los términos empleados por las *Familiares* de los últimos meses en Provenza; desde tal punto, la premura domina la segunda mitad del libro tercero. En la coyuntura de 1353, Petrarca asumió la decisión en los comienzos de abril, antes del 18; y la premura se trasluce en todos sus movimientos en torno a ese día y se acusa en una epístola del 28 notable por las concomitancias con el *Secretum*. Es necesario, pues, deducir que la segunda mitad del libro tercero —básicamente, nuestra página y cuanto la sigue— [42] se compuso en un período muy próximo al 18 y el 28 de abril, hacia el principio de la primavera de 1353.

39. Cf. especialmente págs. 375, 440; 410, n. 544; 439, 444-449.
40. Vid. págs. 430-431, n. 602.
41. Vid. págs. 386, 416-418, 421-422, 448. Por supuesto, el «accelerare» mira a *De viris* y *Africa*, mas la coincidencia es sintomática.
42. Claro está que no pretendo delimitar matemáticamente esa «segunda mitad»: aunque es un hecho que el ritmo se precipita solo después de nuestra página, también lo es que ella viene preparada por todo el examen de la «mutatio loci», dentro de la sarta de los *remedia amoris*. Atrae y resulta económica la conjetura de que Petrarca tomara definitivamente la decisión de partir al reflexionar *en el diálogo* sobre el *remedium* de la «mutatio loci». En cualquier caso, la resolución de abandonar Provenza encaja admirablemente en el futuro —abarcador del presente de la redacción— que Petrarca reconstruía desde el ficticio pasado de la acción: supuesto lo cual, repárese en que al final del *Secretum* se acumulan las transparencias del momento en que escribía el humanista.

Naturalmente, nuestra página no puede ser una interpolación, ni ella y cuanto la sigue se dejan entender como adición destinada a completar un libro interrumpido años atrás. No cabe imaginar una interpolación ocasional que viniera a dar cuenta tan exacta de las peculiaridades y el ritmo apresurado del resto del capítulo. Tampoco es comprensible que Petrarca, justamente cuando se hallaba urgido por la prisa, se pusiera a completar atropelladamente una obra arrinconada hacía años. En cambio, es bien lógico que, antes de iniciar la nueva etapa vital que avizoraba, deseara rematar una tarea de *rewriting* sumamente adelantada y cuyo esquema tenía claro en la cabeza.

Porque veía ese esquema con nitidez, le importaría más acabar de realizarlo y pudo lograrlo sin que la prisa dañara la coherencia de la trama y la unidad de sentido profundo (pese a afectar, sí, a la textura superficial y a la calidad estética). Pues la segunda mitad del libro tercero funciona impecablemente en el mecanismo cabal del *Secretum*. Nuestra página lleva a la culminación el consejo de la «mutatio loci», engarzado con pulcritud en el rosario *standard* de los *remedia amoris*, prolongando la concordancia de Cicerón y Ovidio; [43] y si en ella se acumula un par de citas del propio Petrarca es porque responde absolutamente al común denominador del libro tercero, al enfoque del protagonista en tanto escritor: enfoque igualmente continuado en el resto de la segunda mitad, asimismo con profusión de citas petrarquescas.[44] Como en la víspera se anunciaron los dos núcleos de la jornada final, «amor et gloria» (enlazados incluso por el modelo de las *Tusculanas* y la biografía de San Agustín),[45] la primera mitad anuncia la segunda; [46] y el núcleo sobre la gloria consolida el conjunto del libro de acuerdo con una estructura homologa a la de los *Triumphi*, asentada ya en la primera mitad.[47] Inútil insistir: a cada paso hemos destacado en esa segunda mitad la persistencia y plenitud de las líneas de fuerza del *Secretum*.

43. Cf. solo pág. 331, n. 268, sobre la objeción de H. Baron.
44. Vid. pág. 259.
45. Cf. págs. 250; 254, n. 19; 260.
46. «At quo fame clarioris avidum per illam te factum esse gloriaris, compatior errori tuo. Siquidem ex animi tui sarcinis, nullam tibi funestiorem esse monstrabo. Sed nondum eo pervenit oratio» (146); cf. pág. 254.
47. Vid. n. 29.

Baste, entonces, recordar simplemente que en tal marco (todavía tratando del amor) un parlamento del Padre recapitula y hasta reitera *ipsissimis verbis* decenas de cuestiones examinadas previamente; [48] y que no solo las inferencias de la porción en torno a la gloria son el fructificar de los grandes motivos germinales del diálogo, sino que la última intervención de Agustín, exactamente la última, es una referencia explícita al problema inicial del *nolle* y el *non posse*.[49] No existe sombra de duda sobre la vinculación de la segunda mitad del libro tercero a la totalidad del *Secretum*. Y, desde luego, nuestra página se data en 1353; pero, aun sin ella, cuanto la sigue muestra copiosos indicios de pertenecer a ese año: por dar un ejemplo único, el centro del capítulo *de gloria* resulta ininteligible si no se consideran la actitud petrarquesca hacia *Africa* o *De viris illustribus* y la situación de ambas obras en 1352 y 1353.[50]

Por ende, nuestra página y cuanto la sigue nos avecinan al principio de la primavera de 1353; mas, *rebus sic stantibus*, también cuanto precede debe ser de fecha inmediatamente anterior. Hasta nuestra página no hay señales de prisa; sí, y muchas, después. Ahora bien, semejante premura supone un proceso seguido de composición, no se explica más que por el anhelo de acabar un texto en curso de redacción y hacerlo dentro de un tiempo limitado, en una etapa que se cierra. En Provenza, por tanto. Pues en Milán, por el contrario, una etapa se abría: no existían razones para apresurarse; al revés, todo invitaba a embarcarse en quehaceres de tan largo aliento como el *De remediis*. Las pistas y las pruebas convergen: la refundición del *Secretum*, intensa y decisiva, del *incipit* al *explicit*, se efectuó en Provenza, en el invierno y en días próximos al principio de la primavera, en 1353.

Tal es la conclusión que creo segura,[51] y no a otra nos guían

---

48. Cf. págs. 369-372.
49. Vid. pág. 449.
50. Cf., así, págs. 387-388, n. 478; 405, n. 526; 408, n. 538; 411; 417-423.
51. La inevitable aspiración a hilar más delgado respecto al *rifacimento* de 1353, redondeando lo dicho aquí y en las págs. 340-349, nos sume en un mar de hipótesis sobre hipótesis. § Desde las postrimerías de 1352 (recordemos el fallido intento de noviembre), Petrarca sintió con especial intensidad el

las notas cronológicas del códice Laurenziano. La copia de fray Tedaldo nos habla además de un original de 1347 y una versión intermedia de 1349, amén de documentar que Petrarca releyó el *Secretum* en 1358. Ya he reconocido mi incapacidad de des-

afán de regresar a Italia; en algún momento, no obstante, estuvo a punto de desistir del proyecto, viéndolo poco factible. Así, en febrero de 1353, consta que, deprimido, consideraba la posibilidad de permanecer en Provenza, en Vaucluse, evitando pisar Avignon (aunque lo último era irrealizable; cf. páginas 345-346, 349 y n. 342); en abril, en cambio, la determinación fue tajante, sin reservas y efectiva. Pero, en el libro II, Agustín intimida a Francesco advirtiéndole que Dios podría castigarlo con una vejez —le dice— «ubi ... pueritiam exegisti», aunque luego no solo le ofrece lenitivos para tan terrible eventualidad, sino que le enseña a superarla por obra de una voluntad plena, a «emergere», a ponerse a salvo «insistens sicco litori» (vid. págs. 158, 242-244). Frente a ese panorama, en el libro III no hay duda en ninguno de los interlocutores: Francesco va a irse a Italia. Como apuntaba (pág. 347, n. 336), sería tentador, según ello, situar el libro II en febrero (y la segunda mitad del libro III, hacia abril). Pero es obvio, insisto, que entre enero y abril el escritor conocería más de una alternativa de desánimo y confianza; por otro lado, el progreso de la vacilación a la firmeza y el reservar la declaración para el contexto tradicional de la «mutatio loci» (tópico de los *remedia amoris*) se insertan con justeza en el desarrollo paulatino y orgánico del *Secretum*. No es lícito, entonces, presentar la conjetura más que como no contradicha por ningún dato accesible (cf. págs. 90, n. 126; 387-388, n. 478; 437, n. 620). § En cuanto a la segunda mitad del libro tercero (cf. n. 42), la he juzgado escrita «en días próximos al principio de la primavera, en 1353»: por lo inequívoco del propósito de volver a Italia, de acuerdo con las expectativas de ese momento; porque la premura señala que Petrarca procedía con el tiempo justo, atento a un plazo que no pudo estar fijado sino hacia el 18 de abril; por las coincidencias con la carta del 28 (*Familiares*, XVI, x). Pero ¿antes o después del 18 o el 28, íntegra o parcialmente? Imposible averiguarlo. En la citada epístola, el humanista anuncia que pasará en Vaucluse solo ocho días, aunque quizá se demoró algo más (cf. Wilkins, *Petrarch's Eight Years in Milan*, pág. 7): como fuese, era bastante para acabar el libro. La dificultad de consultar las *Tusculanas* y otras deficiencias se entienden mejor después del 18 (cf. pág. 430, n. 602). No hay, sin embargo, elementos de juicio sólidos. § En fin, he supuesto, dadas las circunstancias de invierno y primavera de 1353, que el *Secretum* se redactó mayormente en Vaucluse (pág. 348, n. 340). No obstante, nótese que en la misiva del 28 de abril Petrarca relata así la gestación de la *Familiaris* XVI, ix: «in illa devotissima heremo conceptam [Montrieux, 20-21] et post dies paucos in Elicone nostro scribi ceptam [Vaucluse, 23-25], hoc ipso die —sic quieti fortuna invidet— in Babilone complevi» [Avignon, 28]. Esa accidentada forma de composición es bien comprensible en la coyuntura apresurada que vivía el humanista (incluso cabe que la segunda mitad de nuestro libro III, si en todo o en parte es posterior al 18, conociera una peripecia similar a la de *Familiares*, XVI, IX). Pero nada impide que también algún fragmento del *Secretum* se escribiera durante las rápidas estancias en Avignon, en invierno.

cubrir las particularidades de los textos de 1347 y 1349. En la refundición final sin duda persistirían orientaciones y elementos de los estadios previos, en tanto otros quedarían orillados.[52] Pero los factores persistentes se asimilaron tan íntimamente al *rifacimento* de 1353, que hubieron de perder mucha entidad y no hay modo de individuarlos: apenas aquí o allá puede sospecharse un punto de sutura,[53] apenas ciertos contactos o consideraciones sobre la trayectoria petrarquesca nos permiten algunas inferencias. Menos aun cabe especular, naturalmente, en torno a los retoques que quizá Petrarca introdujera en las redacciones de 1347 y 1349, antes de la reelaboración completa de 1353. Después de ella, si se hizo algún cambio, sería minúsculo. Pues es manifiesto que el diálogo se ha conservado tal como sustancialmente quedó hacia abril de 1353. El autor —decía— lo releyó en 1358.[54] Pero tuvo que ser un repaso sumamente ligero. Tedaldo della Casa, tan diligente en dejar constancia de «cancellature, richiami, foglietti aggiunti» en los autógrafos petrarquescos, no proporciona ninguna indicación de que hubiera revisiones en el *Secretum*; ni siquiera se halla en el Laurenziano rastro de los *attende* con que el humanista marcaba frases o palabras destinadas a un perfeccionamiento y que el laborioso franciscano reproducía alertamente:[55] si de las huellas de la relectura de 1358 Tedaldo transcribió solo las apostillas inicial y final, fue porque no había otra cosa. Cierto, Petrarca no enmendó errores, no sanó defectos.[56] Ni falta algún rasgo con fortísimo valor de *terminus ante quem*. Sabemos que el *Secretum*, desde el falso mirador de 1342 o 1343, contempla y describe el 'porvenir' del escritor en la circunstancia de los últimos meses en Provenza: y, de haber insertado en la obra algún nuevo material entre 1353 y

---

52. A Petrarca le costaba sacrificar un pasaje «che avesse portato a un grado di elaborazione soddisfacente», observa muy bien G. Martellotti, «Stella difforme», pág. 572; mas, por otra parte, y por ejemplo, no se olvide que al refundir las *Familiares*, VIII, II-v, prescindió enteramente (aparte las demás manipulaciones) de un veinte por ciento de los párrafos primitivos: cf. notas 22, 155.
53. Cf. págs. 87, n. 117; 104, n. 167; y la anterior nota 25.
54. Vid. págs. 11-12.
55. Cf. G. Billanovich, ed. *Rerum memorandarum*, págs. xii-xvi (y arriba, págs. 9-10).
56. Vid. así págs. 103, n. 167; 359, n. 373; 394, n. 495; 431, n. 602.

1358, durante la estancia en Milán que tanto se le censuró, es inimaginable que Petrarca renunciara a efectuar las modificaciones imprescindibles para explicar o excusar el asentamiento en Lombardía.[57]

En breve. El «Secretum» fue compuesto originalmente en 1347; pasó por otra versión en 1349; adquirió la forma actual, en una refundición íntegra, en invierno y en días vecinos al principio de la primavera de 1353. Petrarca no lo revisó posteriormente; al releerlo en 1358, se limitó a poner las apostillas marginales que revelan las tres etapas en la génesis del diálogo y el año de la relectura (a salvo la posibilidad de alguna corrección insignificante en el texto).[58]

La ignorancia nos veda fantasear sobre las inaprensibles redacciones de 1347 y 1349. Mas, postulada la persistencia de ciertos factores, sí parece legítimo intentar una aproximación al clímax que culminó en el *Secretum* de 1353. Una aproximación, desde luego, parcial y provisional. Pues no se trata de repasar prolijamente las peripecias interiores y exteriores de Petrarca entre 1347 y 1353. Ni poseemos tampoco toda la perspectiva necesaria y asequible: son muchos los aspectos importantes de esa época que no estaremos en condiciones de apreciar sino a lo largo o al cabo de los volúmenes segundo y tercero de la presente obra. En particular, el estudio de los epistolarios habrá

---

57. Cf. págs. 347-348, n. 337.

58. Casi es superfluo repetir que semejante reconstrucción se funda en el apógrafo Laurenziano, al que he querido seguir hasta en el *explicit* de cada libro y en el título del presente capítulo. No conozco rastro seguro de una tradición anterior ni posterior al estadio representado por el texto de fra Tedaldo (cf. pág. 11, n. 9). Por supuesto, la aparición de un *Secretum* preparado después de 1353 (o, a nuestros efectos, después de 1358) y desconocido del laborioso franciscano pediría estudio aparte, sin afectar a mis conclusiones actuales. Caso parejo se nos ofrecería si Petrarca hubiera hecho enmiendas *sobre una copia* del autógrafo, sin tocar el original de 1353: copia, digamos, destinada a algún amigo (cf. pág. 33, n. 94). Quizá sea esa última posibilidad la más susceptible de ser esclarecida por el examen exhaustivo de los manuscritos, con vistas a la imprescindible edición crítica.

de proporcionarnos puntos de referencia esenciales. A reserva de volver sobre algunas cuestiones y matizar otras, a conciencia de tomar solo en cuenta un número reducido de elementos sintomáticos, al tanto de las lagunas en nuestra información (ya reparables, ya sin remedio), procuremos establecer unos cuantos vínculos entre la gestación del *Secretum* y la aventura intelectual de Petrarca en el decenio de los cuarenta a los cincuenta años.

En Verona, en mayo de 1345, el humanista desempolva en la biblioteca capitular las cartas *Ad Atticum*, *Ad Brutum*, *Ad Quintum fratrem*. El descubrimiento lo fascina. De pronto, se le ha brindado la oportunidad de entrar en el círculo íntimo de Cicerón, de convivir con él. Inmerso, implicado en tal ambiente, la primera reacción es escribir al clásico, como si fuera un contemporáneo suyo. Pero ya en semejante plano, equiparándose a Cicerón por el mero hecho de escribirle, Petrarca concibe fácilmente el proyecto de incidir en el mismo género literario en el cual el maestro le ha revelado quién era en verdad (mejor —le dice—, «quis tu tibi esses»),[59] rumia el designio de coleccionar en modo comparable el propio epistolario en prosa. Deslumbrado, abandona los *Rerum memorandarum*; y a finales de año, de nuevo en Provenza, debe tener bien meditadas las líneas mayores de la recopilación: justamente al dirigir entonces otra carta a Tulio se expresa en los términos de quien ve clara la ordenación del libro («Si te *superior* offendit epystola ...»).[60] Es obvio que en Vaucluse no simplemente pule la idea de «quella serie di lettere agli antichi che sempre vide connessa saldamente allo sviluppo delle due sezioni dell' epistolario» y se ocupa en «compiere un catalogo e una cernita delle vecchie lettere»,[61] sino también que pensando en la colección compone ya en distinta tesitura no pocas misivas de ese período. De retorno en Italia, la correspondencia enderezada a los clásicos continúa con la carta a Séneca, desde Parma, en agosto de 1348; y seguirá con otras a Varrón, Livio, Virgilio, Quintiliano... Las cuatro primeras «ad

---

59. *Familiares*, XXIV, III, 1.
60. *Ibid.*, IV, 1.
61. G. Billanovich, *Petrarca letterato*, I, pág. 5. El especialista advertirá al instante cuánto debo al trabajo de Billanovich en torno a las *Familiares*: inútil multiplicar los envíos a las págs. 3-55 de ese estudio fundamental.

quosdam ex illustribus antiquis» las reúne en principio con las datas falseadas, tanteando a través de ellas el replanteamiento de varios hitos de un itinerario cultural y espiritual. Porque a Petrarca cada vez le place más mirar atrás, andar creadoramente *à la recherche du temps perdu* y aun inventar el pasado. «Et quid», se interroga en enero de 1350, al dedicar a «Sócrates» las *Familiares*, «et quid ... prohibet ... in terga respicere et gradatim adolescentie tue curas metientem recognoscere?»[62] En efecto, entre 1350 y 1351, fabrica las epístolas imaginarias de la adolescencia, las sesudas *consolatoriae* y *hortatoriae* estoicas, las diatribas «contra senes dyaleticos», las lecciones retóricas: textos donde a menudo son tan ficticios los azares biográficos que relata como imposibles en la fecha que les atribuye las doctrinas sustentadas. De Cicerón ha aprendido, *ex contrario,* a no dejar máculas que afeen la figura; de Séneca, a destilar moralidades. Y se aplica a ofrecer a los lectores una imagen de sí depurada de ciertas sombras y con abundantes significaciones didácticas. Por última vez en Provenza, de 1351 a 1353, selecciona «con sottile gioco d'arte e spesso di diplomazia tra le tante lettere conservate le poche degne di formare una raccolta memoranda»[63] y las revisa con iguales criterios que había usado para pergeñar los dos primeros libros de la compilación o todavía emplea ahora para forjar algunas piezas esenciales. Así la celebérrima narración de la subida al Ventoux, compuesta exactamente en los meses de la postrera refundición del *Secretum*. Ya en la *Familiar* dada por más temprana (teóricamente, de 1326; en realidad, de 1350) Petrarca destaca a «Augustinus noster» de entre los Padres de la Iglesia ejemplares por «virtus et literarum divina et admirabilis ubertas».[64] En fecha no lejana, la «Responsio» a Giacomo Colonna (asignada a 1336) se consagra a presentar a San Agustín como maestro que desde el cielo vela amoroso por el humanista (pues las juventudes de ambos han sido similares) y que algún día habrá de prestarle ayuda «adversus ... Lauream» (y es inequívoco anuncio del *Secretum*).[65] Ahora, siguiendo el plan de

62. *Familiares*, I, i, 4.
63. Billanovich, *loc. cit.*, pág. 54.
64. *Familiares*, I, ii, 13.
65. *Ibid*, II, ix; vid. arriba, págs. 28, n. 73, y 261.

ligar al Santo a etapas capitales de la trayectoria petrarquesca, la carta del Ventoux, al par que anticipa una mutación «quadragesimo etatis anno», achaca al incitamiento de las *Confessiones* la coyuntura en que el escritor se contempla a sí mismo con agudísima intensidad: «in me ipsum interiores oculos reflexi».[66]

El emerger de las *Familiares*, desde Verona hasta las últimas semanas en Provenza, esboza un contexto donde el *Secretum* se inserta perfectamente, solidario y complementario. El punto de partida de la colección epistolar coincide con el deseo de acusar recibo y dar respuesta a las cartas de Cicerón,[67] de trabar con él una suerte de diálogo a través de los siglos; e idéntica actitud cristaliza en el resto de la correspondencia a los antiguos «quasi coetanei sui essent».[68] Gustó a Petrarca confrontarse «cum omnium seculorum viris»[69] y humanizar los libros, personificarlos cual si con amigos se las hubiera.[70] Ese talante, por supuesto, se concreta en el capítulo XXIV de las *Familiares*; mas importa advertir que la deliciosa fantasía que lo inspira —el motivo de la conversación e intimidad con los ilustres de antaño— es rasgo insistente y típico del Petrarca de nuestro período.[71] Por entonces, define con nitidez el placer de «versari passim et colloqui cum omnibus qui fuerunt gloriosi viri».[72] Por entonces, precisa-

---

66. *Familiares*, IV, i, 23, 29; cf. solo págs. 193 y 74.
67. Harto indicativa ya la fórmula inicial de *Familiares*, XXIV, III, 1: «Epystolas tuas ... avidissime perlegi».
68. Para tal epígrafe, cf. V. Rossi, ed. *Familiares*, I, pág. xc y n. 1; en general, v.gr., E. Carrara, *Studi petrarcheschi ed altri scritti*, págs. 137-179, y F. Tripet, *Pétrarque ou la connaissance de soi*, págs. 130-136.
69. Vid. arriba, pág. 377 y n. 439.
70. Cf. solo E. H. Wilkins, *Life of Petrarch*, pág. 273, s.v. «Books as persons». El más notable precedente clásico, creo, es el juicio de Horacio, *Sátiras*, II, i, 30-31, sobre Lucilio: «ille velut fidis arcana sodalibus olim / credebat libris»; y en la más célebre formulación del tema en la plenitud renacentista, la carta de Machiavelli a Francesco Vettori (10 diciembre 1513), me parecen reconocibles reminiscencias de Petrarca (también presentes, sospecho, en un sermón de San Bernardino de Siena en la Cuaresma de 1425).
71. Antes (pero cf. pág. 352) no lo encuentro sino en *Metrice*, I, vi, en especial 181-183, 188-189: «comitesque latentes, / quos michi de cuntis simul omnia secula terris / transmittunt ...»; «Nunc hos, nunc illos percontor; multa vicissim / respondent, et multa canunt et multa loquuntur».
72. *De vita solitaria*, en *Prose*, pág. 356, junto a varios contactos con el *Secretum* (cf., v.gr., arriba, pág. 41, n. 9); comp. aún *ibid.*, págs. 442, 556, y, larga y vívidamente, *Familiares*, XII, viii (abril, 1352).

mente cuando debía refundir el *Secretum,* en febrero de 1353, invita a Niccolò di Paolo dei Vetuli a acompañarlo en Vaucluse, prometiéndole: «Versaberis cum sanctis, cum philosophis, cum poetis, cum oratoribus, cum historicis»;[73] porque no otra cosa está haciendo él mismo: «hic omnes ... amicos ... qui multis ante me seculis obierunt, solo michi cognitos beneficio literarum, ... ex omnibus locis atque omni evo in hac exiguam vallem sepe contraho cupidiusque cum illis versor quam cum his qui sibi vivere videntur».[74] Sueña Petrarca con una auténtica comunicación con los viejos maestros; y dice a Séneca: «Iuvat vobiscum colloqui, viri illustres ... Certe ego quotidie vos loquentes attentius quam credi possit audio; forte non improbe ut ipse a vobis semel audiar optaverim».[75] O bien razona que se sirve de los «exempla» para convivir «cum maioribus nostris»; y en tanto suma prueba de cuánto vale esa disposición de ánimo y de cuánto le aprovecha aduce el episodio de la conversión de Agustín, la escena que da vida a toda la primera jornada y origina la dinámica del *Secretum*.[76] Pero ¿no resulta obvio que el *Secretum*

---

73. *Familiares,* XVI, VI, 25; nótese que el poner por delante a 'santos' y 'filósofos' recuerda en seguida el orbe del *Secretum*. He apuntado, por otra parte, diversas relaciones de la epístola y el diálogo (cf. págs. 41, n. 9; 49, n. 26; 55, n. 42; 168, n. 152); añado y preciso una, la concordancia del texto de 30 citado en mi pág. 47 con el párrafo 4: «Multiplicibus quidem telis impetimur: hinc importuna *paupertas,* hinc divitie graves *premunt,* hinc vel nostra vel *amicorum* improvisa *calamitas,* hinc cor urens cura egerque animus, *egrum corpus* et *multi* ac varii fortune impetus, quos ne dicam *ferre* sed *numerare difficile est*».

74. *Familiares,* XV, III, 14, igualmente de febrero de 1353. Inmediatamente después de esas líneas, Petrarca escribe: «quotiens possum mecum sum» (§ 15); vid. para ello pág. 444 (y abajo, n. 134), y únase la coincidencia a las varias pistas de la carta que nos remiten al *Secretum* (págs. 345, n. 324; 346, n. 330; 347, n. 336).

75. *Familiares,* XXIV, v, 2. No sorprende que Petrarca desarrollara el motivo con particular vivacidad en la epístola a Séneca, pues en Séneca tenía versión memorable: «cum libellis mihi plurimus sermo est» (*Ad Lucilium,* LXVII, 2).

76. *Familiares,* VI, IV (posterior a 1345); cf. págs. 75 y 359, n. 372 (aparte 118, n. 211, y 363, n. 384). No es cosa de multiplicar los ejemplos, pero, tratándose del *Secretum,* vale la pena aducir un paso del *De remediis,* II, XCVII, pág. 217, donde se equiparan el hablar consigo mismo y el hablar con los antiguos: «tecum loquere, ciceroniani memor illius, 'qui secum loqui potest, sermonem alterius non requiret' [*Tusculanas,* V, XL, 117], quamvis et colloqui surdo quoque permissum, legendo scilicet scribendoque; cum antiquis nempe loquitur qui legit et cum posteris qui scribit ...»

responde al espíritu de tales declaraciones, centradas en una época inconfundible y culminantes incluso en invierno de 1353? Pues el coloquio con el Padre no es sino la forma extrema de parejo afán de diálogo, del anhelo de ser oído por aquellos a quienes tanto se oye, de la elección de Agustín como óptima muestra de la eficacia de un trato estrecho «cum maioribus». Con otra analogía de relieve: si inicialmente, en 1350, Petrarca tergiversa las datas de las epístolas a Cicerón, Séneca, Varrón, atribuyéndolas a 1340, 1341 y 1343,[77] también el *Secretum*, de entre 1347 y 1353, se sitúa ostensiblemente hacia la frontera de 1342 y 1343; en ambos casos se dibuja un camino distinto del verdadero en la relación con los antiguos.

La correspondencia de Cicerón lleva a Petrarca a probar la mano en igual género literario, a intentar una autobiografía en fragmentos; descubrir 'quis Tullius sibi esset' sin duda contribuye a que se formule más ahincadamente una cuestión similar; advertir cuánto lustre pierde Cicerón en las *Ad Atticum* le recomienda velar por que no le ocurra a él cosa parecida, al exponerse a ojos de todos. La construcción de las *Familiares* es un largo recorrido por los pasillos de la memoria y una forzosa reflexión sobre sí mismo: «in terga respicere», «curas ... recognoscere». La labor en el epistolario instaura el *ego* como tema mayor de la prosa petrarquesca (hasta entonces no había tenido en ella sino un papel escaso), adiestra en el escrutinio de la subjetividad. Tanto es así, que el humanista alberga el propósito de conjugar las cartas con la redacción de cierta «animi mei effigies» (pronto atenderemos a ella). Disponer una biografía en una serie de epístolas, rehechas o de nueva factura, implica además una perspectiva peculiar: asumir artificiosamente una postura de otro momento, jugar a reencarnarse en quien se ha sido o se ha podido ser, colocarse *in mediis rebus* y contemplar la escena desde dentro. No es fácil, y justamente al hacerlo se aprecia mejor la distancia entre ayer y hoy. Mas como revivir el ayer es la única ocasión de corregirlo según las ilusiones y los imperativos de hoy, surge espontáneamente el impulso de escribir ahora las cartas nunca escritas. De tal suerte, sabemos, nacen en nuestro

---

77. Vid. G. Billanovich, *Petrarca letterato*, I, págs. 32-35.

período muchas espléndidas *Familiares* ficticias: y brotan por ímpetu artístico, por el placer de competir con autores queridos, por el ansia de romper las barreras del tiempo y dominar la propia historia, «per fare bella figura» (no necesariamente figura digna de aplauso: sí, atractiva, interesante, rica). No puedo, aquí, extenderme sobre el epistolario de esos años, ni menos sobre el posterior, objetos del siguiente volumen. Pero juzgo que basta lo dicho para comprobar qué harmónicamente se instala el *Secretum* en el ámbito deslindado por las *Familiares* de hasta 1353. En el uno y en las otras, autobiografía y primera persona campan triunfales en la prosa petrarquesca. El uno supone un proceso homólogo al desarrollo de las otras, con el repaso de las cartas auténticas, la composición de las imaginarias y el cuidado por el retrato que el conjunto ha de sugerir. El uno y las otras obligan a tomar un punto de vista desde dentro, a penetrar en el corazón del momento evocado, a adoptar una disposición «dramática». Sin embargo, es *paradoxe du comédien* controlar la aproximación al personaje con un indefectible distanciamiento. Las *Familiares* atestiguan de cien maneras el «drama» y la distancia: el *Secretum* los sublima en la forma dialogada.

La afinidad se acentúa al recordar (aun someramente) el carácter de las epístolas ficticias aludidas. En la dedicatoria a «Sócrates», Petrarca afirma haber prescindido de muchos detalles ya irrelevantes, «memor in hoc irrisum a Seneca Ciceronem»; él, asegura, normalmente ha seguido a Cicerón más que a Séneca, quien «quicquid moralitatis in omnibus fere libris suis erat, in epystolis congessit»; pero le place no poco la manera de Séneca.[78] De hecho, tal confesión es casi superflua: pues los dos primeros libros de las *Familiares* rebosan de «moralitas» al estilo senequista, y en ambos resulta especialmente visible que el autor se esfuerza por trascender la anécdota a beneficio de un amplio didactismo, por dar generalidad a casos y cosas. Lugar destacado tiene ahí la «lunga catena di *consolatoriae* e di *hortatoriae*» transidas de un estoicismo tan prominente, que parece obvio que

---

78. *Familiares*, I, i, 32. [Alude al asunto U. Dotti, «I primi sei libri delle *Familiari* del Petrarca», en *GSLI*, CL (1973), págs. 1-20, que leo mientras corrijo galeradas y cuyas opiniones examinaré en el vol. II.]

Petrarca lo disfruta y explaya con entusiasmo de neófito.[79] La más hermosa de las cartas fabricadas en nuestros años y atribuidas a una época muy anterior, el relato de la escalada al Ventoux, puede ilustrar adecuadamente, en cifra, cómo el dato particular se carga de un vasto simbolismo. Petrarca se dice, por ejemplo: «Quod totiens hodie in ascensu montis huius expertus es, id scito *et tibi accidere et multis*, accedentibus ad beatam vitam»; o bien aplica así la pretendida experiencia: «imperfectum *meum* flebam et mutabilitatem *comunem* humanorum actuum miserabam».[80] Todavía en ese texto capital, la admonición que el escritor cuenta haber encontrado en las *Confessiones* se corrobora y completa con una cita de Séneca.[81] Es, desde luego, conciliación paralela a la concordancia de agustinismo y estoicismo decisiva en el *Secretum*. Mas ¿no hemos hallado también en el *Secretum*, una y otra vez, que el rasgo supuestamente singular se difumina en una categoría universal? Comprobamos la licitud de definir el *Secretum* como *consolatio*,[82] y apenas hace falta sino mencionar qué a menudo cobra tono de *hortatoria*, más elevado cuanto más nos acercamos a la conclusión.[83]

La elaboración de las *Familiares* hasta el final de la residencia en Provenza, pues, nos brinda abundantes claves para comprender el nacimiento del *Secretum* entre 1347 y 1353, fija unas coordenadas en las cuales adquiere pleno sentido, nos revela importantes «linee di sviluppo dell'umanesimo petrarchesco» (para decirlo con el título de un estudio capital). Iguales inspiraciones y tendencias convergen en el *Secretum* y en las *Familiares* de esos años: el anhelo de diálogo con los maestros de la antigüedad clásica y cristiana, como si de contemporáneos se tratara; la contemplación de sí mismo, el descubrimiento del *ego* en tanto tema de la prosa, el gusto por hacer *obra* de la *vida* y también —al recrear o inventar el pasado desde dentro, al asumirlo como presente para revisar o forjar un texto— vida de la obra; la yuxtaposición de datos personales y significados generales, etc., etc. El

---

79. Cf. arriba, pág. 51, n. 30.
80. *Familiares*, IV, 1, 12 y 24.
81. Vid. G. Billanovich, «Petrarca e il Ventoso», pág. 394 y n. 1.
82. Cf. pág. 38.
83. Vid. notablemente págs. 425 y sigs., 438 y sigs.; y abajo, n. 155.

Secretum y nuestras *Familiares* —decía— son solidarios y complementarios. Y no solo por la comunidad de orientaciones recién subrayada o por las innumerables coincidencias en letra y espíritu recogidas páginas atrás. Ni tampoco solo porque la pretendida «Responsio» a Giacomo Colonna remita al coloquio tercero o la carta del Ventoux sea un prólogo a todo el libro.[84] Esos factores tienen un peso inmenso. Pero hay más.

En efecto, la dedicatoria de las *Familiares* alude al *Secretum* con suficiente claridad. Petrarca pide ahí a «Socrates» que oculte, en especial de censores malévolos, la correspondencia «improvide ... elapsa»; para añadir aún:

> Illam vero non Phidie Minervam, ut ait Cicero, sed qualemcunque animi mei effigiem atque ingenii simulacrum multo michi studio dedolatum, si unquam supremam illi manum imposuero, cum ad te venerit, secure qualibet in arce constituito.[85]

¿Qué puede ser esa etopeya, esa «animi ... effigies», sino el *De secreto conflictu curarum mearum*, probablemente asociado ya al proyecto *De secreta pace animi*? Pienso que solo la rutinaria aceptación de una fecha errónea para el *Secretum* ha impedido reconocer la alusión. Pero hallarla donde se halla e identificarla resulta sumamente revelador. Por un lado, cierto, confirma que el *Secretum* y las *Familiares* surgen de una misma vena; que la «animi ... effigies» del uno matiza y perfecciona la presentación

---

84. Vid. las notas 65 y 66.
85. *Familiares*, I, I, 37. Para la cita de Cicerón, V. Rossi envía a *De oratore*, II, XVII, 73; me parece más probable que se trate de *Paradoxa*, pról., 5: «non est hoc opus tale ut in arce poni possit quasi ... Minerva Phidiae». Fracassetti y Foresti leían «secura ... in arce»; pero mientras el primero traducía «quella sì, potrai porre alla vista di chicchessia in luogo eminente e sicuro», el segundo interpretaba: «quella bada a riporre in qual ti piaccia luogo ben vigilato e sicuro» (vid. E. Carrara, *Studi petrarcheschi ed altri scritti*, pág. 54 y n. 1). La fuente que indico, aparte el contexto meridiano, convalida la traducción de Fracassetti. Así las cosas, observaré que la invitación a exhibir la «animi ... effigies», en tanto el *Secretum* se dice no destinado a la divulgación, no implica contradicción mayor que el ruego a «Socrates» de mantener celadas las *Familiares* (!): son mohínes retóricos, decorativos, ya con precedentes clásicos (cf. así W. Kroll, *Studien zum Verständnis der römischen Literatur*, Stuttgart, 1964², págs. 117 y sigs.).

del «animi mei status» que son las otras; [86] que ambos sirven al designio de erigir una imagen pública del escritor. Por otra parte, la duplicidad de la referencia («animi ... effigies», «ingenii simulacrum») nos apunta el doble valor del coloquio, mixto de realidad y ficción, testimonio (más del momento de la redacción que de la época de la acción) y obra de arte (trasunto y muestra de dotes intelectuales, imaginación, estilo). El movimiento del período acusa justamente ese último aspecto, al contraponer la hipotética rusticidad de las *Familiares* [87] a la atención refinada puesta en el *Secretum*. Petrarca lo proclama «multo studio dedolatum» y, sin embargo, aún no llevado a término. Tal declaración es de enero de 1350 (data de la carta proemial) y concuerda con cuanto hemos averiguado: el «multum studium» hubo de concentrarse en las versiones de 1347 y 1349; la insatisfacción por lo hecho hasta enero de 1350, el deseo de rematar cuidadosamente la empresa, desemboca en la intensa refundición de 1353.[88]

Contamos además con algún otro indicio para entrever el alumbramiento de la «animi ... effigies» del *Secretum*: con una pista que nos conduce hacia la Cuaresma de 1347, cuando se redactaba el *De otio religioso* y se delineaban las *Familiares*. En el tratado, en una página no sospechosa de interpolación y toda ella fiel al mismo propósito de dar noticia y explicación de sí que el humanista explaya en el *Secretum*,[89] Petrarca enuncia la idea de

---

86. *Familiares*, I, I, 33; y cf. n. 136, para el *De vita solitaria*.
87. *Ibid.*, 35, 37: «pauca ... admodum exquisite, multa familiariter ... scripta», «simplex et inelaborata narratio»; «horridula hec».
88. Arriba, pág. 419, n. 563, me preguntaba si, al hablar de volver a Provenza con la «spes ingens supremam opusculis quibusdam meis imponendi manum» (*Familiares*, XI, XII, 6; de 1351), Petrarca no tendría también en mente el *Secretum*; el «si unquam supremam illi manum imposuero» del pasaje citado se diría que apoya la conjetura; mas, si el párrafo aducido en aquel lugar incluye efectivamente referencia a nuestra obra, habrá que deducir que, dentro de 1347, la primera redacción del *Secretum* se realizó en Vaucluse, no en Italia (cosa que sin más ya llevan a presumir las circunstancias y caracteres de las estancias en cada sitio durante ese año, aparte tal cual rastro inmediatamente comentado).
89. Cf. G. Martellotti, pról. a la ed. de Rotondi, pág. xii. El texto forma parte del epílogo, donde Petrarca, glosando motivos del prefacio, refiere cómo aprendió a amar la Biblia: tal «autobiographical account ... seems to belong to the original (1347) draft of *De otio*, since the basic design of the work is itself an outcome of the new relationship to the Scriptures» (H. Baron, *From*

componer un libro similar a las *Confessiones* para describir las tormentosas aventuras del ánimo en medio de las cuales ha ido acercándose a la verdad: «inter fluctuationes meas, quas si percurrere cepero et michi confessionum liber ingens ordiendus erit ...»[90] Pero de sobras sabemos que el *Secretum* progresa a partir de un paralelo con las *Confessiones*, deuda teórica y anecdótica que el autor destaca en particular a través de unas palabras de Francesco a Agustín que importa transcribir todavía: «inter procellas meas fluctuationis tue vestigium recognosco ...» (42). Con la perspectiva ya obtenida, podemos reiterar más seguros la conjetura expuesta antes: el *De otio*, en esas líneas, supone que Petrarca rumiaba entonces el esquema del *Secretum*.[91] Y no parece demasiado atrevido arriesgar que la versión original del diálogo —de 1347, según la acotación del Laurenziano— hubo de ser poco posterior al trabajo en el *De otio*. Posterior, porque evidentemente el *Secretum* aún no se había comenzado al trazar las líneas en cuestión («... ordiendus *erit*»); poco posterior, no obstante, porque centrar en las «fluctuationes» el tema del «confessionum liber» transparenta una concepción muy próxima al coloquio primero, donde el cotejo con la «fluctuatio» agustiniana culmina en el análisis de la «mira fluctuatio» del personaje, entendida como «turba curarum» e «intestina discordia», también según modelo de las *Confessiones*.[92]

Petrarch..., pág. 42); problema de otra índole es la datación de los varios períodos de esa «new relationship» aludidos ahí y que desembocan en el *De otio* (cf. abajo, n. 151).
90. *De otio religioso*, pág. 104.
91. Vid. arriba, págs. 75-76 y n. 82.
92. Cf. pág. 120 (y no se olvide cómo tal culminación del coloquio primero gravita —por ejemplo— sobre el desenlace del segundo: págs. 232, 243). No es inverosímil que una cierta cantidad de las docenas de contactos con el *De otio* que he anotado provenga del *Secretum* primitivo. En seguida insisto en diversos asuntos conexos, pero quisiera antes salir al paso de una cuestión que parecen sugerir las *ideés reçues* sobre el diálogo. Tradicionalmente se ha relacionado la supuesta «crisis» de Francesco en 1342-1343 con la entrada en religión de Gherardo Petrarca, aunque a veces se haya hecho con cautela (así R. Amaturo, *op. cit.*, pág. 120): oportuna cautela, porque poco sabemos sobre el episodio, por lo pronto ni siquiera lejanamente aludido en el *Secretum*. Pero la nueva cronología de la obra traslada al momento de la redacción la posibilidad de establecer algún vínculo con Gherardo. La visita de 1347 a Montrieux, de que brota el *De otio*; el papel de «Mónico» (=Gherardo) en el *Bucolicum carmen*, I,

En el *De otio*, pues, se halla la más temprana atestación del *Secretum*, y conviene realzar qué pulcramente enlaza con la cronología señalada en la copia de fra Tedaldo. Imposible mantener el espejismo de una redacción de 1342 o 1343: no cabe atribuir al azar que el apógrafo ponga en 1347 el primer estadio de la obra y a 1347 corresponda la primera alusión a ella.[98] Después,

---

muestran que la figura del hermano en la Cartuja estaba en la mente de Petrarca en el bienio de incubación del *Secretum*: mas ello no significa que el escritor pensara en el monacato (baste recordar cómo marca las distancias en el *De otio*: cf., v.gr., arriba, pág. 114 y n. 197; o releer la égloga primera, versos 46-50, 53-54: *Monicus.* — «O! si forte queas durum transcendere limen! / Quid refugis, turpesque casas et tuta pavescis / otia? Quid frontem obducis? Nemo antra coactus / nostra petit; plures redeunt a limine frustra». *Silvius.* — «Non pavor hic fuerat ...» *Monicus.* — «O! iterum brevem si mecum traducere tempus / contingat ...»; y vid. E. H. Wilkins, *Studies...*, págs. 14-15, para comprobar que cuando más —y no pasa de hipótesis— en 1347 Petrarca pudo proyectar, transitoriamente, instalarse con «Sócrates» cerca de Montrieux, sin renunciar a ninguna prebenda). De 1349, por otra parte, es la *Familiaris* X, III, donde se escriben a Gherardo cosas muy próximas a nuestra jornada tercera (comp. solo arriba, págs. 286, n. 126, y 374, n. 430). En fin, en el último año en Provenza, Petrarca le envía un par de cartas, planea y a la postre consigue verlo de nuevo; pero, sobre todo, compone entonces la epístola del Ventoux, donde el hermano aparece anticipándosele en la subida «ad beatam vitam», en tanto él ha de llegar penosamente, por distinta vía, a encontrar «quod intus inveniri poterat» y buscaba «extrinsecus» (*Familiares*, IV, 1, 12 y 32): sabemos de la relevancia de las *Confessiones* en ese relato, y quizá no cabe trascurar que en el encuentro con Gherardo en abril de 1353 Francesco le prometiera regalarle un ejemplar (y se lo mandó recomendándole: «Perlege et insiste», *Familiares*, XVIII, v, 8; también *ibidem*, X, v, de 1352, Petrarca actúa en parte como preceptor de Gherardo); ni debe olvidarse que si tal encuentro fue una despedida, en vísperas de la anhelada vuelta a la Península, la epístola del Ventoux, de la misma época de 1353 (cf. pág. 446, n. 646), presenta a Francesco suspirando «ad italicum aerem», lleno de «ardor ... patriam revidendi» (§ 18), según aparece al par en la página del *Secretum* (172) escrita indudablemente hacia ese mes. Añadamos que en el coloquio primero tal vez hay un eco de las experiencias de Montrieux, pero con plausible enlace de elementos de 1347 y 1353 (vid. pág. 90, n. 126); como en *Familiares*, X, v, 25-30, se evocan los consejos de Gherardo en el «supremo ... digressu» de 1347. En suma, si Gherardo se deja relacionar de algún modo (no determinante) con el *Secretum*, ha de ser en la medida en que Francesco lo tuviera presente al reflexionar sobre temas y problemas del diálogo, sin darle entrada en él: caso tan comprensible en 1347 como en 1349 o 1353, en conformidad con la datación del Laurenziano y aun aglomerante accesorio de los tres estadios de la obra.

93. El «Composuit ... *Dyalagum* quemdam prosaice» del *Notamentum* boccaccesco (cf. pág. 33, n. 92) no puede ser anterior al segundo trimestre de 1347, pues forma parte del preámbulo a la *Varia* XLIX (y otras piezas), como mínimo del 18 de enero de 1347 (a Barbato da Sulmona) y, obviamente, copiada por

las referencias se multiplican: en enero de 1350, Petrarca confesaba haberse ocupado esforzadamente en nuestra «animi ... effigies» y se prometía pulirla algún día; algo más tarde, en la «Responsio» a Giacomo Colonna, anunciaba el debate en torno a Laura de la tercera jornada;[94] y a principios de 1353, en las *Invective contra medicum*, voceaba estar atareado en un escrito coincidente en forma sustancial con el *Secretum* hoy conservado.[95]

A juzgar por el *De otio*, así, el *Secretum* de 1347 concedía ya papel importante a las «fluctuationes» del protagonista; y es de suponer que para explicarlas se recurriría también ya a la doctrina sobre los «phantasmata» espigada en el *De vera religione*.[96] Hemos comprobado que el libro agustiniano ejerció una fortísima influencia en el *Secretum*; en el *De otio* —añadamos— dejó una huella no menor, de un volumen sin equivalente en ninguna otra obra petrarquesca.[97] Pero es el caso que *Secretum* y *De otio* se complementan, en la dependencia respecto al *De vera religione*, en motivos tan relevantes como el juicio sobre los «phantasmata» en cuanto obstáculo a la búsqueda del bien, la verdad, al cultivo

---

Boccaccio solo al cabo de varios meses, en el mejor de los casos. Lo puntualizo, porque, si bien convencido de que la transcripción íntegra del *Notamentum* «was done not before 1348» (E. H. Wilkins, «Boccaccio's Early Tributes to Petrarch», pág. 82), me resta un último escrúpulo sobre la datación de la *Metrica* I, XIV, el otro texto útil para determinar un *terminus post quem*.

94. Otro tanto se hace en el *Canzoniere*, CCCLX, ya «in morte»; cf. pág. 262 y n. 40.

95. Vid. págs. 435-437. Cuando el *Secretum* debía estar acabado o a punto de acabarse, Petrarca, en la *Familiaris* IV, 1, 19-20, considera la eventualidad de redactar una autobiografía con epígrafe y dechado de San Agustín (págs. 74-75; 445, n. 639; 447, n. 647). Naturalmente, nos las habemos con un plan distinto del ínsito a la «animi ... effigies» de las *Familiares*, I, 1, 37: ahora se acentúa el minucioso carácter narrativo («*eodem quo gesta sunt ordine percurram* ...»), en contraste con nuestro diálogo, pero probablemente para servirle de *background*, desarrollando una posibilidad que se ofrecería al imaginar el *Secretum* (compárese el «fluctuationes ... percurrere» del *De otio*) y que la cristalización final de éste dejaba abierta; como sea, el tal proyecto entronca con el coloquio y las demás piezas creadoras de la aureola agustiniana con que Petrarca deseaba pintarse, según sabemos. Y cabe que un residuo de semejante plan, aun desfigurado y con signo bien diverso, viniera a engarzarse con la *Posteritati*.

96. Vid. arriba, págs. 110-120.

97. Para la documentación de varios puntos mencionados aquí, vid. mi citado artículo «Petrarca y el *De vera religione*», donde estudio además el otro gran momento de incidencia del tratado en los escritos del humanista, en 1353, cuando la postrera refundición del *Secretum*.

de la «meditatio mortis».⁹⁸ E igualmente el *De vita solitaria*, «ubi sane veritas queritur», precave contra los «ficta fantasmata»,⁹⁹ al par que abunda en ecos del *De vera religione* y, en ellos, muestra tal complementariedad con el *De otio*, que ocurre incluso que los fragmentos agustinianos transcritos se cortan cuando llegan al lugar copiado en el *De otio* y prosiguen donde él los termina.¹⁰⁰

Es ese un ligamen notable entre *De vita solitaria*, *De otio religioso* y *Secretum*, y nos sitúa en un período de extraordinaria importancia en la evolución de Petrarca. En efecto, en 1346 y 1347 se produce un cambio decisivo en la actividad del escritor. Para esbozarlo (rápidamente, con escasos matices, pero sin grave inexactitud), pongamos de un lado *Africa*, *De viris illustribus*, *Rerum memorandarum*, las grandes tareas acometidas antes de 1345: predomina en ellas la indagación apasionada del mundo antiguo, para satisfacer una curiosidad libérrima; predominan la narración objetiva, el entusiasmo estético por la grandeza de Roma, la «acerba intransigenza» en la imitación de los modos clásicos.¹⁰¹ Pongamos del otro lado *De vita solitaria*, *De otio religioso* y *Secretum*, los principales empeños de 1346 y 1347: ahí, el mundo antiguo está al servicio de otros intereses; privan el tono subjetivo, las miras éticas; el canon de autores citados, los temas, las formas desbordan los límites clásicos, se empapan de fuentes patrísticas y medievales.¹⁰²

El nuevo rumbo que implican los tres libros de 1346-1347 procede de la integración de facetas de la personalidad petrarquesca que hasta entonces se habían venido manteniendo separadas: por lo menos de puertas afuera, si no de puertas aden-

98. Cf. págs. 112-113.
99. Cit. en pág. 112, n. 191.
100. Vid. abajo, n. 133.
101. Cito la afortunada acuñación de G. Martellotti, en *Prose,* pág. xiii.
102. Por supuesto, cuanto digo en los párrafos siguientes es también especialmente sumario: en otra ocasión espero extenderme sobre todo ello, sin soslayar el examen de las posiciones petrarquescas a la luz de la historia del humanismo posterior (por ejemplo, en cuanto a la acogida del epistolario de Cicerón, a menudo muy diversa de la más característica de Petrarca: vid. así A. Sottili, «La questione ciceroniana in una lettera di Francesco Zabarella a Francesco Petrarca», en *Quaderni per la storia dell' Università di Padova*, VI, págs. 25-57).

tro. Petrarca se afanó en construir una obra latina de irreprochable faz clásica. Confesaba amar obsesivamente la Antigüedad, «unice»,[103] y alardeaba de conocerla como nadie en la época.[104] El disfrute de la «verborum dulcedo ... et sonoritas» de los viejos textos; [105] la pedantería inocente de decirse «harum rerum magister» y ostentar «poete officium atque professionem»; [106] el saberse docto sin rival en *Altertumswissenschaft* y, por ende, el deseo de distinguirse de quienes pasaban por letrados a ojos de los coetáneos; [107] la fantasía entre lúdica y erudita de vivir en la edad pintada por los historiadores que tanto lo deleitaban,[108] todas esas y otras actitudes de raíz artística, de talante literatizado, lo encerraban en un limitado repertorio de asuntos e incluso le vedaban tocar cuestiones sin paralelo en los antiguos.

La situación, por caso, está bien clara en los *Rerum memorandarum*, donde la renuncia a tratar cualquier materia no tomada «ex secularibus literis» se explica como propia de quien es «ignorantie aliarum ... conscius» e incapaz de «a secularibus studiis ... avelli».[109] De hecho, es más cierto lo segundo que lo primero: la exclusión no se debe a la ignorancia, sino a la querencia, a un prurito mimético demasiado estricto. En la célebre conclusión del *De vita solitaria* resulta diáfano que son criterios de imitación a la postre estilística, casi gramatical, léxica, los responsables del escrupuloso carácter profano de los libros petrarquescos anteriores: «Dulce autem michi fuit, preter morem veterum quos in multis sequi soleo, his qualibuscunque literulis meis

---

103. *Posteritati*, pág. 6.
104. Cf., por ejemplo, *Seniles*, IV, v, pág. 872: «ego enim primus, imo solus hac etate et his locis mendacium hoc discussi», etc. (vid. pág. 309, n. 200).
105. *Seniles*, XVI, I, pág. 1.046.
106. Vid. pág. 370, n. 418.
107. Por no hablar sino de letrados en algún modo afines a él, piénsese en su juicio sobre los 'humanistas' del siglo xii (cf. K. Heitmann, en *Romanische Forschungen*, LXVIII [1956], págs. 149-151) o sobre el propio Dante, ante quien solo le urge «rivendicare a sé il merito del nuovo stile (la nuova prosa e poesia latina) e stabilire la superiorità di esso sulla poesia voigare» (como muy bien destaca M. Feo, en *Enciclopedia Dantesca*, IV [1973], pág. 452, sobre *Familiares*, XXI, xv).
108. *Posteritati*, pág. 6: «nisus animo me aliis [*sc.* 'aetatibus'] semper inserere. Historicis itaque delectatus sum ...»
109. *Rerum memorandarum*, I, xxv, 16, y IV, xiv, 1.

sepe sacrum et gloriosum Cristi nomen inserere ...»[110] Sí, silenciar el nombre del Salvador, eludir problemas que exigieran el recurso a la Biblia o a la perspectiva católica, era seguir el «mos veterum»: y obrar de otro modo suponía, primariamente, un pecado de latinidad.

Mas la coda al *De vita solitaria* nos habla también de un deseo cumplido: ha sido «dulce», por fin, citar a Jesús. No nos sorprende: el rigor lingüístico e histórico en la emulación de los clásicos, desterrando de la literatura otras preocupaciones y vivencias, originaba una nostalgia, una sensación de manquedad, de falta de plenitud. Aún en 1363 Petrarca se dolía y defendía de la acusación de haber puesto en boca de Magón moribundo, en el *Africa*, palabras «quasi cristiani hominis»:[111] en suma, de haber incurrido en anacronismo. Pero en el proemio de la epopeya, sea de cuando fuere, no osaba mencionar explícitamente al Crucificado y prometía compensarle, «revertens vertice Parnasi», por cantar a Escipión y no a Él, con «pia carmina».[112]

Comprendemos ambas posturas. Por muchas debilidades y veleidades que tuviera, Petrarca fue siempre un católico, no ya de fe y ortodoxia inquebrantables, sino incluso extremadamente devoto. Sin duda, no quiso ser especialista en teología o en Escritura, y sí en filología antigua. Mas, como creyente y a la vez

---

110. Y sigue, programática y reveladoramente: «quod si fecissent prisci illi nostrorum ingeniorum duces et eloquio humano vim scintillarum celestium miscuissent, delectaret fateor, sed multo amplius delectarent. Nunc mulcet eloquentie prima frons clara verborum luce, sed sententiarum veris orba luminibus, cum diu aures delinierit, neque quietat animum nec perducit ad illam supremam stabilemque dulcedinem ac pacem intellectus ad quam ... nisi per ipsam Cristi humilitatem non est aditus» (*De vita solitaria*, págs. 588-590).

111. *Seniles*, II, I, en *Prose*, pág. 1.048; el humanista puntualiza ahí que en el lamento de Magón no hay «nichil omnino quod non in caput hominis multa experti iamque ad finem experientie festinantis secundum naturale ingenium atque insitam rationem possit ascendere», y enumera posibles deslices que no ha cometido, ilustrando los criterios de imitación que inferíamos del final del *De vita solitaria*: «At nusquam ibi Cristi nomen expressum quod, superis licet atque inferis sanctum ac terribile, illis tamen in literis non habuit locum, obstante temporum ratione; nullus ibi fidei articulus, nullum Ecclesie sacramentum, denique nichil evangelicum ...» (pág. 1.050); con todo, quizá sus impugnadores encontraron en una frase de Magón (*Africa*, VI, 895-897) un sabor demasiado cristiano, más por el uso que por otra razón: cf. arriba, pág. 91, n. 128.

112. *Africa*, I, 14-16.

intelectual, poseía un largo conocimiento de la Biblia, los Padres, la *doctrina communis*; en tanto no limitaba la práctica religiosa a los preceptos de la Iglesia, a la liturgia oficial, antes la extendía a voluntarias y abundantes manifestaciones de piedad. En el mismo lugar del *Africa* recién mentado, donde echaba mano de ambigüedades como «superum ... decus» para esquivar el nombre del Redentor, evocaba el culto de las cinco llagas, típico del fervor franciscano...[113] Vale como síntoma que el más temprano autógrafo del humanista se halle en un códice del *De civitate Dei* o que entre los manuscritos conservados de su biblioteca juvenil sea muy alta la proporción de textos sacros.[114] Vale no menos que la *Collatio laureationis* (deliberadamente preterida luego por el autor) ofrezca ceñidísima estructura de sermón, sin saltarse ni el Avemaría, y bulla en ecos de Viejo y Nuevo Testamento, Lactancio, Jerónimo, Agustín, Isidoro...[115] En efecto, el saber de letras cristianas patente en *De vita* y *De otio* no pudo improvisarse apresuradamente: Petrarca lo llevaba a las espaldas desde años y años atrás; y, cuando lo escondía, era por afectación,[116] para singularizarse como erudito en distinta disciplina. En el *Secretum*, Francesco decía que la lectura reciente del *De vera religione* significaba para él un «peregrinare a patria» (66). En realidad, Petrarca, ya en 1335, incluía el tratado entre los «libri mei peculiares», frente a aquellos otros a los cuales (explicaba, con imagen de Séneca, gemela de la usada en el *Secretum*) «non trasfuga, sed explorator, transire soleo».[117] Sin embargo, sí es exacto que en el papel que Francesco asume en esa página y en tantas más del diálogo, en el papel de clasicista puro que Petrarca se complacía en desempeñar, el *De vera religione*

---

113. *Africa*, I, 10-13; para el franciscanismo de nuestro autor, vid. P. Piur, *Petrarcas 'Buch ohne Namen' und die päpstliche Kurie*, págs. 76-77.
114. Vid. solo arriba, pág. 441, y G. Billanovich, «Nella biblioteca del Petrarca», págs. 15-16.
115. Cf. la bien anotada edición de C. Godi, págs. 13-27, y sus observaciones en *Italia medioevale e umanistica*, VIII (1965), págs. 46-55, para la influencia de las *artes praedicandi*.
116. Harto se echa de ver en el *De otio*, pág. 103, al loar la Escritura: «Et sane quod nunc assero ante non multos annos forte *vel tacite* negassem».
117. Vid. B. L. Ullman, *Studies in the Italian Renaissance*, págs. 117-123, 131-132, y mi artículo citado.

era «patria» ajena: y por ello se usa, pero se disfraza, en los *Rerum memorandarum*.[118]

Con todo, Petrarca rezaba diariamente: «Tibi, Deus meus, commendo cogitationes et actus meos, tibi silentium et sermones, tibi motus et quietem, tibi dies et noctes, tibi sompnum et vigilias, tibi risum et lacrimas, tibi spes et desideria, tibi vite mee tempus et mortis horam ...»[119] Posiblemente se da ahí resonancia del «Domine ..., tibi serviat quidquid utile puer didici, tibi serviat quod loquor et scribo et lego et numero», con que en las *Confessiones* se definía el ideal de una cultura sometida a la religión;[120] en cualquier caso, el espíritu es idéntico. Por otro lado, Petrarca entendía que Agustín legitimaba el estudio de los autores antiguos, mientras condujera sin daño a metas trascendentes: «Quid autem inde divellerer, ubi ipsum Augustinum inherentem video? ... Nemo dux spernendus est qui viam salutis ostendit. Quid ergo studio veritatis obesse potest vel Plato vel Cicero, quorum alterius scola fidem veracem non modo non impugnat sed docet et predicat, alterius libri recti ad illam itineris duces sunt? Eadem et de aliis dici possunt; sed piget in re notissima testes supervacuos conquirere».[121] El humanista había ya concretado esa orientación de concordia, hacia 1336, en una nota introductoria al *De vera religione* (parece oportuno continuar con tal ejemplo); mas la nota y la orientación de concordia no recibieron versión destinada al público sino en 1346 y 1347, en el *De vita solitaria*, en el *De otio,* quizá en el primer *Secretum*.[122] En el ínterin, Petrarca siguió aferrado al «mos veterum» artificioso, sin realizar el ajuste que propugnaba de puertas adentro.

118. Cf. pág. 196, n. 238.
119. *Oratio quotidiana*, pág. 397.
120. *Confessiones*, I, xv, 24.
121. Cito únicamente un pasaje de *Familiares*, II, ix, 8, 11-12, como de pieza tan vecina al *Secretum*.
122. Vid. pág. 117 y n. 120. Nótese, ahí y en la pág. 114, el «peregrinus» de *De vita* y *De otio*, junto al «peregrinatur» del *Secretum* (66; cf. pág. 113): «peregrinus», en aquellos, es Cicerón; «peregrinare», en este, apartarse de Cicerón (acto seguido, sin embargo, puesto de acuerdo con el *De vera religione*), porque en el diálogo Francesco habla todavía en el *rôle* de fanático de la Antigüedad. Compárese *Rerum memorandarum*, IV, xiv, 1: «etsi migraturo similis sepe impedimenta collegerim, migrare tamen hactenus non contigit eoque visco teneor ut a secularibus studiis nequeam avelli ...»

De ahí, de rezarle «Tibi ... sermones» y excluir a Dios del «sermo» literario, presumiblemente, nacería un malestar, una desazón. No queramos medirlo según el *Secretum,* al pie de la letra. El coloquio extrema la firmeza del Padre y la inconsciencia de Francesco. Así, al poner Agustín las bases teóricas para la condena de «amor et gloria», del poeta en vulgar y del escritor en latín, las formulaciones suenan tajantes y angustiosas. Cargar las tintas, claro, forma parte de la *mise en scène.* Pero quién sabe cómo sobrellevaba Petrarca la antítesis al hilo de los días... Con la salvedad del santo, el héroe, el iluminado, todos vivimos imperfectamente nuestras creencias (del orden que sean), por debajo de los imperativos que en los momentos de planteo exigente, cuando los sistematizamos nosotros mismos, admiten menos apelaciones, menos compromisos y licencias de cuanto nos toleramos cotidianamente. En la Edad Media y en el Renacimiento hay infinitos testimonios de pareja condescendencia (a menudo con el remate de clamorosas palinodias).[123] No es necesario, pues, imaginar a un Petrarca torturado en perpetua tensión. Baste la seguridad de que el problema existía para él y con frecuencia lo plasmó en páginas de absoluta verdad artística y doctrinal.

Como fuera, los tres libros de 1346-1347 atienden a superar el hiato entre la «professio» de cultor de la Antigüedad y las incitaciones del sentimiento y el pensamiento cristianos.[124] En ellos se realiza el programa tan nítidamente expuesto más de una vez: utilizar a los clásicos como «via salutis», emplearlos «studio veritatis». Atención: no se trata de condenar las letras seculares, ni de adoptar una tesitura exclusivamente religiosa, sino de entronizar la harmonía de ambos dominios. Vamos hacia vías frecuentadísimas en el Renacimiento. Para no perder la misma po-

---

123. Cf. los excelentes capítulos I y VII de O. H. Green, *Spain and the Western Tradition,* I (Madison y Milwaukee, 1963).

124. Salutati los agrupa significativamente (no sin mención de la correspondencia), dando al *Secretum* el lugar de honor: «In qua quidem sapientia et fidei pietate, si putas Ciceronem, Aristotelem vel Platonem antecelluisse Petrarce, lege librum suum —ut *De vita solitaria* libros et *De otio religioso* et epistolas suas dimittam—, lege librum, inquam, *De secreto conflictu curarum suarum,* et videbis eum non religione solum, fide et baptismate christianum, sed eruditione theologum et gentilibus illis philosophis preferendum» (*Epistolario di Coluccio Salutati,* ed. F. Novati, Roma, 1891-1911; vol. IV, I, pág. 135).

sibilidad de obtener una concordia efectiva y eficaz, había que guardar las bases antiguas en todo cuanto cupiera y rehuir a la vez los tecnicismos modernos excesivos e inútiles. Para delimitar el terreno de entendimiento, había que conceder al hombre una medida de confianza, admitir que en cualquiera podía darse un «anima naturaliter christiana»; y había que confinarse un poco en el sentido común, moverse quizá más ecléctica que sistemáticamente, aun con un norte de preferencias. Así se gestan un laicismo instrumental (valga el adjetivo), un humanismo irrenunciable, una singular filosofía (de múltiples vertientes): venas por donde circula sangre ilustre de la cultura renacentista. Petrarca, en todo caso, nunca se convertirá en un puro exegeta de la Biblia, el dogma o las leyes de la Iglesia (ni siquiera reiterará, en una obra de igual envergadura, la exuberancia escriturística del *De otio*, a la medida de los cartujos de Montrieux). En cambio, sí dilucidará cuestiones ejemplares acordes con la Biblia, ilustrará motivos éticos enderezados a satisfacer los requisitos del dogma, glosará principios convergentes con las leyes de la Iglesia. No deberá tampoco recordar a cada paso cuáles son los pronunciamientos concretos de la Biblia, el dogma, la Iglesia: casi preferirá darlos por supuestos y aportar sencillamente textos e ideas antiguos que los refuercen. Por formación y gusto, lejos de las mismas minucias terministas en cuya disputa se extenuaba buena parte de la clerecía del Trescientos; con la libertad y fluidez aprendida en los maestros latinos; con seguras convicciones e intuiciones, pero sin envaramientos; con la simplicidad generosa del Evangelio mejor que con la estrecha casuística de las escuelas; en pos de una verdad humana esencial [125] necesariamente reflejo de la verdad divina,[126] la nueva prosa de Petrarca celebrará —incluso en forma tácita— la avenencia de clasicismo y cristianismo: la «docta pietas».[127] Con el tiempo, los *studia*

---

125. Es la verdad humana que caracteriza a propósito de Magón: cf. n. 111 y G. Martellotti, en *Prose*, pág. viii. En los *Rerum memorandarum*, III, xxxi, anuncia la intención de discurrir «de comuni hominum sapientia»; mas, a diferencia de cuanto hará en el *De vita solitaria* —digamos—, rechaza todo apoyo de textos cristianos.

126. Vid. págs. 25, n. 62; 270, n. 72.

127. Cf. E. F. Rice, *The Renaissance Idea of Wisdom*, págs. 33-34.

humanitatis cristalizaron en un pentaedro: «quantum ad grammaticam, rhetoricam, historicam et poeticam spectat ac moralem».[128] Para escribir el *De vita solitaria*, el *De remediis*, el *De ignorantia*, Petrarca no tendrá que salirse de ese canon (que vislumbró como tal): en vez de favorecer las cuatro primeras materias, sencillamente, pasará a favorecer la quinta, a privilegiar la filosofía moral de honda dimensión religiosa, enriqueciendo la una con las otras (y viceversa). En resumidas cuentas, se trata de una manera de «reductio artium ad philosophiam», en las huellas de Isócrates, Séneca, Agustín..., en una de las líneas más fértiles del futuro humanismo europeo.

De vita solitaria y *De otio religioso* son muestras de semejante actitud. En ambos se cumplen ya lecciones mayores del *Secretum*: por ejemplo, poner «in actum» (en el acto propio de un escritor), a beneficio de autor y lectores, «illas ... veras saluberrimasque sententias» espigadas en las lecturas clásicas.[129] En ambos se perfilan orientaciones de ese modo de ser «philosophus» que preconizará el *Secretum*: por ejemplo, si el diálogo prescribe «tibi non aliis laborare», si el Padre recomienda a Francesco oírse a sí mismo («Quid tibi prodest dulciter aliis canere, si te ipse non audis?»),[130] Petrarca, en 1347, en el prólogo al *De otio*, confiesa «talia loqui, si forte loquentem ipse me audiat»,[131] mientras en 1353 revelará que aquel «tractatus» y el *De vita* se compusieron «non tam aliis quam michi».[132] Así, el primitivo *De vita*, a zaga de citas del *De vera religione* celosamente complementadas en el *De otio*, fustiga a quien vegeta «sine ulla notitia suimet», fluctuante, y lo contrasta con el «sapiens» de infalible constancia;[133] o bien censura a los falsos «literatissimi» que vi-

---

128. Vid. P. O. Kristeller, *Studies in Renaissance Thought and Letters*, Roma, 1956, pág. 573, n. 58.
129. Cf. págs. 58 y n. 47; 134; 233 y n. 356; 383 y n. 468.
130. Vid. solo pág. 439.
131. *De otio*, pág. 2.
132. *Familiares*, XVII, v, 3.
133. *De vita solitaria*, págs. 384-386 (donde las transcripciones del *De vera religione* se interrumpen dejando huecos sistemáticamente colmados en el *De otio*, págs. 6-7); para la constancia como «sapientis ... signum», ahí y en general en el *Secretum*, vid. arriba, pág. 434, n. 611 (y compárese pág. 48, n. 23), y las próximas notas 134-135, 138-139, 150, 190.

ven en la disparidad «inter linguam et animum, inter doctrinam et vitam», «quia secum esse non possunt».[134] Es obvio que Petrarca empezaba ahí a reflexionar sobre cuestiones capitales del *Secretum*; que meditaba los hitos del itinerario que el coloquio dibuja para Francesco, en el tránsito de la dispersión a la coherencia, la interioridad, el conocimiento de sí, a todo cuanto implica la promesa final del protagonista: «... moraborque mecum sedulo» (214). Ni cabe dudar que parejas preocupaciones concurren con rasgos esenciales del *Secretum* y las *Familiares* de entre 1347 y 1353, rasgos ausentes o muchísimo menos presentes en las grandes obras anteriores a 1346: la morosa mirada sobre el *ego*, el tono meditativo, los matices personales... Por no apartarnos de esa órbita plena de irisaciones autobiográficas, limitémonos a recordar, en el prefacio al *De vita solitaria*, hasta qué punto desasosiega a Petrarca el retrato suyo que el libro exhiba a detractores y admiradores:[135] porque en el volumen se hallará —precisa— «parvo velut in speculo totum animi mei habitum».[136]

No he aducido en balde las *Familiares*. Como advertía, pienso que el designio y la elaboración del epistolario —forzando a hacer balance del pasado, agudizando la percepción de la propia historia, poniendo sobre el tapete la cuestión de la imagen pública del humanista— contribuirían a volver a Petrarca hacia sí

---

134. *De vita*, págs. 292-294; resumen parcial en *Invective contra medicum*, pág. 85 (con otras analogías con el *Secretum*): «Imo vero solitudinem quis non amat, nisi qui secum esse non novit?»; para el «secum esse», vid. n. 74.

135. El texto tiene excepcional interés; *De vita*, pág. 290: «etsi probe norim nil silentio tutius his quibus obtrectantium linguas evadere cura est. Quod ipse mecum reputans, sepe animum, fateor, sepe calamum freno, sepe multa pavens moneo: neu me prodant obsecro, neve ultro non stili tantum sed, quod pergrave est, morum quoque nostrorum cyrographum contra nos promant, forte etiam ad absentes ac posteros perventurum. Qualis enim sermo fuerit, talis vita censebitur quando, rerum sublatis iudiciis, sola verborum supererunt argumenta. Quid multa? persuasissem forsitan ut et sibi et michi et fame nostre parcerent, nisi quia, ut aiunt, iam neque res integra neque silentio liberum est latere. Iam noscimur, legimur, iudicamur, iamque hominum voces evadendi celandique ingenium nulla spes, et seu prodeuntibus in publicum seu domi sedentibus apparendum est». El *De vita solitaria*, pues, se concibe como documento de literatura y de conducta, integra «sermo» y «vita» de un Petrarca (que jamás hubiera dicho lo mismo respecto al *Africa*) bien alerta a la impresión que causará «ad absentes ac posteros», «in publicum seu domi», en tanto individuo, y no solo en tanto escritor.

136. *Ibid.*, pág. 294.

mismo y —añado— lo inclinarían a asumir la postura del «philosophus». Después de asimilar la correspondencia de Cicerón —arranque de las *Familiares*—, le escribía: «quis tu tibi esses agnovi»; y él hubo de sentirse impulsado a probar consigo otro tanto. No es casual que también entonces interrogara a Tulio: «quid enim iuvat alios docere, quid ornatissimis verbis semper de virtutibus loqui prodest, *si te interim ipse non audias?*»[137] Pues justamente eso deseaba lograr con el *De otio*, a eso acabaría por exhortar Agustín a Francesco en el *Secretum* (lo hemos leído pocas líneas arriba). En la carta lamenta sorprender a Cicerón «multa variantem», «immemor et tuorum tot salubrium preceptorum»;[138] lamenta verlo enzarzado en contiendas, sin la paz adecuada al viejo y al filósofo que es, con sed de gloria indigna de quien reúne ambos títulos: «O inquiete semper atque anxie, vel ut verba tua recognoscas, 'o preceps et calamitose senex',[139] ... ubi et etati et professioni et fortune tue conveniens otium reliquisti?»[140] Para deplorar en la despedida: «Ah quanto satius fuerat philosopho presertim in tranquillo rure senuisse, 'de perpetua illa', ut ipse quodam scribis loco, 'non de hac iam exigua vita cogitantem ...'»[141] Frente a cuadro tan penoso, en el *De vita solitaria* contaría: «quid ... Ciceroni solitudo ... contulerit notum

---

137. *Familiares*, XXIV, III, 6. Hallar aquí el motivo (cf. notas 131, 132) dirigido a Cicerón no deja dudas sobre su procedencia: el agustiniano *De doctrina christiana*, IV, XXVII, 59-60 («Habet autem ut oboedienter audiamus [orator], quantacumque granditate dictionis maius pondus vita dicentis ... Ita fit ut eum non oboedienter audiant, *qui se ipse non audit* ...»).
138. *Ibid.*, 1 y 3.
139. La cita de la pseudo-ciceroniana *Epístola a Octavio*, 6, destaca la incompatibilidad de dichos y hechos, según tan a menudo hace Francesco con Agustín (cf. págs. 147, 405, 409-410, 412, etc.) y según censura Petrarca en el *De vita solitaria* en los «philosophi» contemporáneos (cf. n. 134, y *Prose*, págs. 524-526, donde el humanista se insinúa como uno de aquellos «qui semper pauci, nunc nescio an penitus nulli sint, qui quod profitentur exhibeant amorem studiumque sapientie ... Hi tales vel philosophi vel poete, qualem nec unum digito monstrare etsi multos possim cogitatione michi fingere, siquos tamen vel nostra habet etas vel posteritas habitura est, nonne et urbes fugient et solitudines sectabuntur?»).
140. *Familiares*, XXIV, III, 2; la «professio» se aclara inmediatamente: «Quis te falsus glorie splendor ... ad indignam *philosopho* mortem rapuit?»; y sabemos ya que *De vita solitaria* y *Secretum* exigen del auténtico filósofo el desprecio de la gloria (vid. arriba, págs. 137-138, 435).
141. *Ibid.*, 7, con cita de *Ad Atticum*, X, VIII, 8.

est: fecit enim magnum de summo oratore philosophum».[142] Pero en 1346, sensible a las punzadas de la edad, Petrarca se había propuesto envejecer en el «conveniens otium» que Cicerón no supo conservar; «in tranquillo rure», como Cicerón hubiera debido; en la «solitudo» que trocó antaño a Cicerón:

> ... hic otia ruris ameni,
> ... hic sit mea serior etas!
> ... rure ... statui que restant tempora vite
> degere ...
> Nostra sit hic requies ...[143]

Y *De vita solitaria* y *De otio religioso*, por cuanto dicen y por cuanto son, confirman que en esos años de 1346 y 1347, mayormente serenos, el humanista aspiraba a la par a obtener la coherencia del sabio, la conciliación de hechos y palabras que no mantuvo Cicerón; a frenar el ansia de gloria que destruyó a Cicerón;[144] a retraerse, «de perpetua ... vita cogitantem», según cuadraba al Cicerón anciano, «philosopho presertim».[145] Que se ilusionaba, en suma, en realizar la conversión de la «eloquentia» a la «philosophia» que loaba en el Cicerón de otros tiempos:[146] la conversión que anuncia el *Secretum*, más resueltamente que nunca cuando Agustín preceptúa a Francesco «de morte cogitare» (que es «mortalia ... contemnere», atender «Deo sibique»), y no de otro modo alguno, «sed ut philosophum decet» (210).[147]

En tal ambiente, en efecto, tuvo que ir incubándose el *Secretum* de 1347. Si me he fijado en la epístola «Ad Marcum Tullium ...» y en diversos factores constitutivos de las *Familiares*, no por ello pretendo que el hallazgo de la correspondencia ciceroniana y el trabajo en la suya propia sean la 'causa' del clímax que lleva al *De vita solitaria* y al *De otio religioso*, al *Secretum*.

---

142. En *Prose*, pág. 536, junto a una referencia a cómo el *Hortensius* arrastró a Agustín «ad vite mutationem et ad studium veri».
143. *Exul ab Italia*, versos 3, 7, 9-10, 48 (ed. D. Rossetti, II, págs. 60-64; para la fecha, E. H. Wilkins, art. cit. en la pág. 344, n. 321); cf. n. 150.
144. Cf. también arriba, pág. 376 y n. 435.
145. Compárese *Exul ab Italia*, versos 43-44: «Nam mens certa michi, monet hora novissima mortis, / ne nimis alta petam ...»
146. Vid. aún *Rerum memorandarum*, I, xv, 2; *Familiares*, IV, xv, 7.
147. Cf. págs. 415, 433, 437.

Ese hallazgo y ese trabajo, sí, actuarían como catalizadores, coadyuvantes. Pero igualmente veíamos que las premisas de nuestras tres obras —mas no la conclusión— no eran cosa reciente; no por otra razón hablaba del «ajuste» inherente a la nueva tesitura: «ajuste» externo de datos definidos y conjugados desde lustros en el fuero interno. No es imprescindible, pues, buscar 'causas' desencadenantes de una situación cuyos supuestos existían y podían acrecerse en cualquier momento: importa más apreciar la unidad del período y la trabazón de los principales escritos del bienio, dentro de esa etapa cardinal de la evolución petrarquesca que se extiende (*grosso modo*) entre las dos últimas estancias en Provenza.

Hasta que llegan a Avignon las noticias sobre la admirable locura de Cola di Rienzo, hasta las vísperas del regreso a la Península, 1346 y 1347 parecen haber sido para Petrarca años no marcados por peripecias de excesivo relieve. El *De vita solitaria* racionaliza precisamente los «otia» y el «requies» soñados en *Exul ab Italia*;[148] el *De otio religioso* nace para prolongar la dulce calma de Montrieux y bajo un significativo lema bíblico: «Vacate et videte».[149] Cierto, en el origen y en el entorno inmediatos de ambos libros no se hallan eventos sonados, sino anhelos y experiencias de calma y meditación.[150] En Vaucluse, el hu-

---

148. De hecho, el poema debe contemplarse como antecedente próximo del tratado (y es argumento de peso, en apoyo de E. H. Wilkins, para situar aquel a principios de 1346); postergando ahora otras coincidencias, señalaré solo que la nota aneja a *Exul ab Italia* (en un códice Riccardiano), donde Petrarca observa que a dirigirse «alteri ... minus peculiari domino» que Philippe de Cabassoles hubiera redactado la pieza en forma distinta, «sed vobiscum, domine mi, non curo qualiter, sed quid scribam» (*apud* A. Foresti, *Aneddoti...*, pág. 271), enlaza con motivos destacados de la dedicatoria del *De vita* al mismo Obispo de Cavaillon (págs. 286-290).

149. Salmos, XLV, 11, en *De otio*, págs. 2, 4, 43, 80, 106.

150. Naturalmente, tal perspectiva no podía dejar de confrontarse, a poco del regreso a Provenza, con la agitación de 1345 en Parma: pero prácticamente solo *Exul ab Italia* testimonia el contraste; y, ahí, el Petrarca «furiis civilibus actus», que establece «rure ... quae restant tempora vite / degere, nec bellis, nec tristi turbida lite» (versos 1, 9-10), se diría moldeado según el Cicerón de las *Ad Atticum* y de acuerdo con las consideraciones que tras leerlas le hacía nuestro humanista; cf. *Familiares*, XXIV, IV, 2, 6: «neque tamen in vita tua quicquam preter constantiam [cf. n. 133] requiro, et philosophice professioni debitum quietis studium et a civilibus bellis fugam ...»; «cui te, ut idem ipse

manista leería, cavilaría, decantaría ideas. La página del *De otio* que documenta el proyecto del *Secretum* habla de estudios bíblicos y patrísticos progresivamente más extensos e intensos (pero no fecha los puntos de partida ni de arribo).[151] Tal vez convenga reparar mejor, sin embargo, en que esa misma página, donde Petrarca planea agustinianamente «fluctuationes ... percurrere» en un «confessionum liber», calca a su vez el texto de las *Confessiones* que cuenta cómo el *Hortensius* ciceroniano incitó a Agustín a abandonar «libros eloquentiae» y entregarse «ad philosophiam», a un «amor ... sapientiae ..., quo me accendebant illae litterae» (para avanzar luego hacia las Escrituras).[152] Nuestro es-

---

conqueritur [Séneca el Retor, *Controversiae*, I, praef. 11], non 'etas' quidem 'sed bellorum civilium furor eripuit'».

151. En efecto, Petrarca dice vagamente que quizá hubiera aparentado desdeñar la Biblia «ante non multos annos» (cf. n. 116); solo se acercó a ella «sero, iam senior», y «sero licet» terminó por amarla (*De otio*, pág. 104, con cristalina imitación de un motivo agustiniano: vid. arriba, pág. 191, n. 221); y pues el impulso mayor le vino del descubrimiento de las *Confessiones*, ¡descanse eternamente feliz aquel «cuius manu ille michi primum liber oblatus est»! (*ibid.*): mas, aunque suele ponerse en 1333 la amistad con Dionigi da Borgo San Sepolcro y el regalo por este de las *Confessiones*, nada confirma la conjetura, antes es probable que la familiaridad del escritor y el fraile se remonte a tiempos mucho más tempranos (cf. G. Billanovich, «Petrarca e il Ventoso», pág. 396); siguió luego la frecuentación de Ambrosio, Jerónimo, Gregorio, «novissimus oris aurei Iohannes», Lactancio, y además «accessit oportuna necessitas divinas laudes atque officium quotidianum, quod male distuleram, celebrandi, quam ob causam psalterium ipsum daviticum sepe percurrere sum coactus» (*ibid.*): H. Baron opina que la última frase es una interpolación de hacia 1350 referida a la canonjía en Parma, entre 1348 y 1351 (*From Petrarch...*, pág. 44), pero de hecho la «oportuna necessitas» puede aludir incluso a la recepción de la tonsura o a los deberes como «capellanus» del Cardenal Colonna (aparte que las explicaciones de Petrarca sobre su hábito de rezar las «laudes» son poco coherentes: cf. *Familiares*, VII, iii, 11; X, v, 28; XVI, xii, 1; *Seniles*, X, ii, en *Prose*, pág. 1.106; y *De vita solitaria*, págs. 302 y sigs.). Así, no disponemos de ningún dato seguro para ordenar en una secuencia cronológica las noticias del *De otio*. Porque tampoco nos sirve de guía el desdén por el psalterio que «Silvio» muestra en el *Bucolicum carmen*, I, frente al aprecio que confiesa y de que nace el *De otio*: cierto, la acción del poema ocurre en época precedente al año de la redacción (igual que pasa con las églogas segunda o tercera), bastante antes de visitar Montrieux («O! iterum breve si mecum traducere tempus / contingat ...», invita «Mónico»; mas «Silvio» toma otro camino: «nunc ire necesse est»; y «Mónico» desiste: «I sospes, variosque vie circumspice casus»; versos 53-54, 110, 124).

152. *Confessiones*, III, iv, 7-9; la página petrarquesca se inspira también en San Jerónimo y en las *Enarrationes in Psalmos*.

critor, pues, emergió «inter fluctuationes», se despertó «ad amorem veri»,[153] gracias a las *Confessiones*, igual que Agustín se tornó a la filosofía, «amor ... sapientiae», gracias al *Hortensius*[154] del Cicerón a quien la soledad hizo «magnum de summo oratore philosophum» (cf. n. 142) y a quien Petrarca tenía tan presente por esos años como modelo positivo o negativo, el Cicerón cuyos azares le aconsejaban oírse a sí mismo y no olvidar que «qualis ... sermo fuerit, talis vita censebitur» (n. 135), inclinándolo, por ahí, a conseguir la «constantia» debida «philosophice professioni» (n. 150).

Varios caminos, así, nos conducen a lecciones y anécdotas del *Secretum*: a elementos que irían perfilándose hasta 1353, en las tres versiones del diálogo, a través de persistencias y variaciones que se nos escapan. Del original de 1347, no obstante, es lícito conjeturar que contendría ya (sabe Dios en qué forma) una buena parte de los rasgos que enlazan la redacción conocida con *De vita solitaria* y *De otio religioso*, amén de condecir con enfoques que están en el núcleo de las *Familiares* (según se deduce, verbigracia, de las epístolas a Cicerón). Por ende, cabe pensar que el *Secretum* primitivo se concibió también ya como explicación de la *nuova maniera* petrarquesca, de la confluencia de clasicismo y cristianismo, de las nupcias de ética y estética, del cuantioso incremento de la reflexión y subjetividad, al favor de la «philosophia» y a costa de la «eloquentia». Querer averiguar más es por ahora condenarnos a la frustración.[155] Hemos de confor-

---

153. *De otio*, pág. 104; cf. n. 142.
154. Cf. aún *De ignorantia*, ed. Capelli, pág. 69; *Invectiva contra eum qui maledixit Italie*, en *Prose*, pág. 800; y en particular *Seniles*, VIII, VI, pág. 928.
155. Un ejemplo. El largo discurso final del Padre, con la directa instigación a Francesco a comportarse «ut philosophum decet» (210), es rigurosamente una «exhortatio ... ad philosophiam», cual define Agustín el *Hortensius* que lo mudó (*Confessiones*, III, IV, 7). Mas hemos comprobado que el *De otio* calca el cambio de Petrarca, por obra de las *Confessiones*, sobre el cambio de Agustín, por obra del *Hortensius*. Es verosímil, pues, que aquel discurso de «exhortatio» —y no meramente un genérico estímulo a convertirse en «philosophus»— tuviera algún equivalente en el *Secretum* de 1347. Por otro lado, postulado ahí el calco de la conversión de Agustín a la filosofía, resulta probable que se calcara paralelamente el motivo no menos agustiniano de amor y gloria en tanto impedimentos «ne in philosophiae gremium celeriter advolarem» (*De beata vita*, I, 4; cf. pág. 260), así como el de la «curiositas» en tanto obstáculo al

marnos con aproximaciones del vago estilo de las apuntadas: con registrar una atmósfera común a las obras de 1346-1347 y al *Secretum,* cuyo estadio germinal sitúa igualmente en 1347 el apógrafo Laurenziano.

Tal atmósfera, por otra parte, fue adensándose en los años posteriores. El *Secretum* no da sentido entre la Coronación y los *Rerum memorandarum.* Por el contrario, puesto a esa altura, entorpece la comprensión del proceso intelectual de Petrarca (por ejemplo, tendiendo a eternizar vaivenes que se explican harto mejor en una época acotada con suficiente limpieza).[156]

«studium sapientiae» (vid. pág. 416 y n. 559). En resumen: se pueden buscar en 1347 raíces firmes del coloquio tercero. Pero justamente el coloquio tercero ofrece las muestras más incontrovertibles de haber sido redactado unitariamente en 1353... ¿Cómo aspirar, entonces, a una minuciosa reconstrucción del *Secretum* de 1347? Con todo, sí debemos extraer del caso una corroboración nada baladí: las persistencias (ingredientes presumibles en 1347) y las variaciones (ingredientes bien conectados en 1353) apuntan todavía a un crecimiento del *Secretum,* no por retoques o insertos, sino *en refundición total,* semejante a la de *Familiares,* VIII, II-v (cf. notas 22 y 52).

156. Permítaseme una sola ilustración, y a título provisional. Difícilmente habrá una síntesis más inteligente de las «linee di sviluppo» petrarquescas que la «Introduzione» de Guido Martellotti al volumen de *Prose.* Ahí, págs. xi-xiii, se esboza de mano maestra la senda «che dalla contemplazione commossa del mondo antico ... porta invece a un prevalere d'interessi presenti», concretándolo en cuatro libros: *Africa, De viris, Rerum memorandarum* y *De remediis,* «dove il rapporto tra antico e moderno appare quasi capovolto rispetto al *De viris* e all' *Africa*», donde «la conoscenza dell' antichità viene subordinata al frutto che se ne deve trarre nel viver moderno» (pág. xiii). Certísimo. Pero ¿no es asimismo verdad que el *Secretum* presta organicidad y cohesión a esa trayectoria únicamente colocado entre los *Rerum memorandarum* y el *De remediis?* Escribe luego Martellotti que el «contrasto» explayado en nuestro diálogo «rimane fondamentale nella psicologia petrarchesca, dalle rime più antiche fino alla canzone alla Vergine, dal *Secretum* ai *Salmi penitenziali,* alla lettera a Gerardo [*Familiares,* X, III]... e via via fino alle ultime *Senili,* ove esso appare placato soltanto —non superato, non vinto— nell' aspettazione filosoficamente consapevole della morte vicina» (pág. xiv). Las *Rime* exigen discurso aparte. Por lo demás, obsérvese sencillamente como los *Psalmi* resultan ahora ser coetáneos del *Secretum* y se vinculan a él por continuos contactos (cf. págs. 340-341, n. 305); que otro tanto ocurre con la citada carta a Gherardo, de 1349 (vid. n. 92), ligada a la vez a la inmediata *Familiares,* X, IV, en que Petrarca comenta para su hermano el *Bucolicum carmen,* I, cuyo esquema dialógico es en extremo afín al *Secretum*: mas «quando scriveva la prima egloga egli era già pronto, spiritualmente, alla composizione dei *Salmi*» (Martellotti, en *Studi petrarcheschi,* VI, pág. 248), como lo estaba al componer las epístolas en cuestión (donde se esperaría mención segura de los *Psalmi,* de ser anteriores). Nos hallamos, pues,

En cambio, se comprende de maravilla en el arco que trazan las fechas de 1347, 1349 y 1353. En los capítulos previos, consigné innumerables concordancias del coloquio y otros textos del período; unas páginas arriba, hemos distinguido directrices del desarrollo de las *Familiares* hasta el definitivo alejamiento de Provenza idénticas a las fundamentales en nuestra obra. Si nos preguntamos por la incidencia de sucesos externos en el progreso del *Secretum*, al punto advertimos que se produce abundando en los mismos derroteros que habíamos identificado por diversos medios. Verbigracia: nadie dudará que la plaga de 1348 y la muerte de Laura tuvieron repercusión no pequeña en la *Erlebnis* petrarquesca. El diálogo, en efecto, quizá refleja experiencias de la peste [157] y desde luego concede lugar prominente a la pérdida de la amada.[158] Pero no me refiero a una incidencia de ese género, en perspectiva puramente 'documental'. Más bien considero la medida en que semejantes episodios sugieren una especulación, refuerzan una postura o afianzan una disposición de ánimo convergentes con las del *Secretum*. La famosa necrología de Laura brinda un locuaz testimonio. Petrarca la insertó en el Virgilio Ambrosiano, verosímilmente entre 1351 y 1353,[159] con miras bien explícitas:

---

circunscritos en el área temporal del *Secretum*. En cuanto a esa «aspettazione filosoficamente consapevole della morte vicina», extendida a las postreras *Seniles*, ¿no es acaso, perfectamente deslindada, la misma actitud que Agustín prescribe a Francesco, la que el *Secretum* proyecta en el porvenir del protagonista y, en efecto, predominaría en el Petrarca maduro y anciano?

157. Cf. págs. 84-85 y n. 108.
158. Vid. aquí las notas 24-31.
159. Poco revela la caligrafía, pues es obvio que Petrarca escribe con concentración no habitual: «In questo caso, più che in ogni altro, è evidente in lui lo sforzo di adoperare —anzi, meglio, di plasmare— una scrittura esteticamente espressiva del contenuto» (A. Petrucci, *op. cit.*, pág. 44; cursiva mía). A la fecha indicada remite sobre todo el propósito de 'huir de Babilonia', i.e., de Avignon; compárese en particular la página (de 1353) donde el *Secretum* trata de dejar Provenza (172: «quicquid in preteritas curas animum retorquet ... fugiendum est»; «fugamque iam meditor»; «tempus est revertendi ..., verbis tuis te commoneo») con las palabras del obituario («preteriti tempori curas», «tempus esse de Babilone fugendi», «commonear»). En otro caso, habría que entender «Babilonia» como 'el mundo', según hizo N. Zingarelli, a quien contradice H. Hauvette, «Ce que nous savons de Laure», en *Pétrarque. Mélanges... publiés par l'Union Intellectuelle Franco-italienne*, París, 1928, pág. 24, interrogando: «car Pétrarque a-t-il jamais employé le nom de Babylone pour désigner

... ut scilicet nichil esse debere quod amplius michi placeat in hac vita et, effracto maiore laqueo, tempus esse de Babilone fugiendi crebra horum inspectione ac fugacissime etatis estimatione commonear; quod, previa Dei gratia, facile erit preteriti tempori curas supervacuas, spes inanes et inexpectatos exitus acriter ac viriliter cogitanti.[160]

La desaparición de la amada, entonces, impulsaba a Petrarca al *contemptus mundi*, a reflexionar sobre la caducidad de la vida, a esperar la ayuda divina, a contemplar la vanidad de las pasadas *curae*...[161] Diríamos hallarnos ante un índice temático del *Secretum*.

En cualquier caso, un índice aun más pormenorizado [162] se da en las *Invective contra medicum*, allí donde Petrarca, predicando la filosofía de la «cogitatio mortis» y razonando que «defectus proprii cum dolore notitia principium est profectus»,[163] relata haber trocado «studia» en consecuencia, para no hacerse viejo entre puerilidades. Ocurrió ello cuando dejó de suspirar

---

le monde?» En apariencia, sí lo hizo (*Familiares*, X, III, 59: «Nec ideo dum adhuc de Babilone patet exitus, effugio»), pero con una explicación por delante, contraponiendo a la «Jerusalén» en que ahora vive Gerardo la «Babilonia» de donde se liberó, la Avignon de la juventud pecadora de los dos hermanos (*ibid.*, 22: «quid interesset inter Babilonem atque Ierusalem expertus agnosceres»). A la postre, pues, incluso la ecuación de «Babilonia» y 'mundo' nos devuelve a Provenza. Sabemos, por otra parte, de la importante relación del *Secretum* y la carta recién citada (cf. n. 156). En cualquier caso, la nota sobre Laura me parece más inteligible en 1351-1353.

160. Apud P. de Nolhac, *op. cit.*, II, págs. 286-287.

161. Vale la pena subrayar que la nota empareja la «fugacissime etatis estimatio» y el descubrir la futilidad de los antiguos afanes. Otro tanto trae el desenlace del coloquio: «nichil est ... quod possit fructuosius *cogitari*. Relique enim *cogitationes* possunt fuisse *supervacue*; has ['sobre la brevedad de la existencia, la muerte'] autem semper necessarias inevitabilis probat *exitus*» (214). Donde cuenta la comunidad de *atteggiamento*, no la repetición de estilemas triviales; y donde el «curas ... cogitare», pariente del «curas ... recognoscere» de las *Familiares* (vid. n. 62), implica mantener una «curarum ... mens conscia» (196), realizar un examen de conciencia penitencial, inconfundible con cualquier delectación morosa, antes enderezado a extirpar toda pervivencia de los errores pretéritos (cf. págs. 280, n. 110; 339, n. 300; 372, n. 425). Nótese, en fin, que el movimiento del *Secretum*, 186-188, corresponde en medida no despreciable al citado final de la necrología de Laura (comp. págs. 369-373).

162. Vid. arriba, págs. 435-437.

163. *Invective contra medicum*, pág. 73.

por el «poete nomen» (aunque no lo rehusará «si ... forsan ultro contigerit»)[164] e incluso de leer poesía (pese a recordarla y estimarla en justicia):

> Poteram, ut aiunt, de calumnia iurare me poetarum libros ante hoc septennium clausisse, ita ut eos inde non legerim, non quod legisse peniteat, sed quia legere iam quasi supervacuum videtur. Legi eos dum tulit etas ... Maturitas quedam, ut pomorum, ut frugum, sic studiorum ac mentium debet esse ...[165]

El humanista escribía esas líneas a comienzos de 1353, mientras se ocupaba en el *rifacimento* del *Secretum*, precisamente aludido en tal contexto; y databa la nueva coyuntura siete años atrás. «Ante hoc septennium.» Nos vamos, pues, a los inicios de 1346, al diseño de las *Familiares*, al *De vita solitaria*, en seguida al *De otio religioso*: al ámbito del primer *Secretum*.

Los detalles biográficos recién aducidos y cuantos los acompañan en el mismo capítulo de las *Invective* forman parte de una ágil apología *pro vita et studiis* y se entreveran de buenas enseñanzas. Dante habría alabado el proceder. «Non si concede per li retorici —aseveraba en el *Convivio*— alcuno di sè medesimo sanza necessaria cagione parlare ... E intra l'altre necessarie cagioni due sono più manifeste: l'una è quando sanza ragionare di sè grande infamia o pericolo non si può cessare ..., e questa necessitate mosse Boezio di sè medesimo a parlare, acciò che sotto preteso di consolazione escusasse la perpetuale infamia del suo essilio ... L'altra [cagione] è quando per ragionare di sè grandissima utilitade ne segue altrui per via di dottrina; e questa ragione mosse Agostino ne le sue *Confessioni* a parlare di sè, chè per lo

---

164. El inciso, obviamente, es una salvaguardia, una coartada, análoga a la que el *Secretum* propone con respecto al *Africa*: cf. págs. 422-423.
165. *Invective*, pág. 74.

processo della sua vita, lo quale fu di [non] buono in buono ...,
ne diede essemplo e dottrina...»[166] Es obvio que en las *Invective*
Petrarca se defiende, atacando, amonestando, instruyendo, de la
«grande infamia» lanzada por el médico de Clemente VI. No quisiera forzar el paralelo: pero creo seguro que el *Secretum* lleva un
fin parejo y responde aun más de cerca al planteo del *Convivio*.
No parece fortuito (está en la visión intelectual del Trescientos)
que el Alighieri cite solo dos fuentes capitales del *Secretum* en
tanto muestra de un lícito hablar «di sè medesimo»: el *De consolatione Philosophiae* y las *Confessiones*. Porque, en nuestro libro,
también Petrarca intenta evitar una «infamia» y, al hacerlo, dar
«essemplo e dottrina».

Hemos comprobado que la preeminencia del *ego* en los latines del humanista supone una corrección de rumbos (orientados
ahora a la interioridad provechosa) y sirve igualmente al deseo
de revisar la imagen pública (ajustándola a la nueva actitud).
Introspección y extroversión son cara y cruz de la moneda: de
ese *ego* que se quiere coherente en la exigencia teórica, en la
concreción literaria y en la repercusión *luce palam*. Las *Invective*
de frente y el *Secretum* al sesgo marchan hacia ahí. Pues —insisto— no dudemos que Petrarca aspira en el diálogo a 'scusare
infamia'. Ni nos sorprenda que se trate de excusar acusándose,
porque, en resumidas cuentas (todavía con Dante), el «essemplo»
viene de que el «processo della sua vita ... fu di [non] buono in
buono».

Mas ¿excusar qué «infamia»? Volvamos a los pasajes pertinentes de las *Invective*. Petrarca martillea al médico con reproches: «senuisti ... inter puerilia», sin dejar los rudimentos de
las artes, los silogismos, «has ineptias», hecho «'puer centum
annorum' maledictus a Deo et 'elementarius senex' irrisus a
Seneca», sin más amigo «quam puerile stramen». El humanista,
en cambio, ha decidido no envejecer en estudios de adolescente:

---

166. Dante Alighieri, *Convivio*, I, II, ed. G. Busnelli-G. Vandelli, apénd.
de A. E. Quaglio, Florencia, 1968, vol. I, págs. 12-17. A Petrarca, desde luego,
le eran conocidísimas la problemática y las fuentes de ese contexto dantesco:
cf. *Rerum memorandarum*, III, 74, 3 (y nota de Billanovich); *Invective*,
págs. 94-98 (donde el «gloriari et de se ipso predicare» se contrapesa declarando:
«ego tamen, ut tibi verum fatear, meipso iudice, nichil sum», etc.). En general,
vid. H. Friedrich, *Montaigne*, París, 1968, págs. 238-239, 406-407.

con la madurez, se propone conocerse pecador y «melior fieri», trocar los poemas por las letras sacras, corregir errores, escribir no en pos del aplauso, sino del perfeccionamiento moral.[167] Repasemos a continuación la escena del *Secretum* en que Agustín esgrime el «pudor» y la «cogitatio» como *remedia amoris*. Avergüence al poeta de Laura mudar el cuerpo sin mudar el ánimo, «in has ineptias». ¡Qué disparate, «inter iocos ... senescere»! No imite a los «nonagenarios pueros ... de rebus vilissimis altercantes, pueriliaque nunc etiam sectantes studia». En particular, «pudeat ... senem amatorem dici»: y si no teme la ignominia, libere por lo menos a los amigos «ab infamia mentiendi», con una «vite ... mutatio». Francesco debe velar por la fama, «tantus de te loquentium populus». Abandone las «pueriles ineptias». Mude, sí, el ánimo, con el cuerpo. Piense, «iam senior», en la cortedad de la vida, en el huir del tiempo, en la certeza de la muerte. Piense cuán torpe es verse señalado con el dedo, ser fábula del vulgo. «Cogita quam professio tua discordet a moribus.» ¿Acaso no tiene ocupaciones que atender «utilius et honestius»? Mejor dése a ellas, en vez de dilapidar malamente el breve punto de la edad...[168] Y en el párrafo inmediato Agustín inicia el ataque contra la sed de gloria del escritor, para descubrirle que nada lo aparta tanto «ab omnibus melioribus curis» y ofrecerle la alternativa de una vía «ut philosophum decet».[169]

Pues bien, la «infamia o pericolo» que Petrarca procura esquivar con el *Secretum* es del género que denunciaba en el médico de las *Invective*: envejecer entre puerilidades. Sin desdeñar la cómoda falsilla dantesca, precisemos los términos. Petrarca pretendía que nadie pudiera enrostrarle la inquietante pregunta de Agustín a Francesco: «Quid ergo? mutavit ne animum ... corporis conspecta mutatio?» (178). La «infamia» a que sale al paso en el diálogo es la posibilidad de ser tildado de viejo necio, incriminado de discordancia entre años y costumbres, entre vida

167. *Invective*, págs. 53, 74-75, con citas de Isaías, LXV, 20, y Séneca, *Epístolas*, XXXVI, 4 (vid. pág. 385, n. 472).
168. Cito de 178-188; cf. en general págs. 354-372.
169. Vid. págs. 391 y 433. Años después, en una circunstancia de matización de las premisas sentadas en el *Secretum* (la estudiaré en el vol. II), Petrarca contrapondría también: «... ut qui iuvenilibus iuventam studiis dedi, maturiorem etatem melioribus curis dem» (*Familiares*, XXII, x, 2).

y obra. Con ello, al par, construye y exhibe una «effigies» de sí mismo tan sugestiva cuanto llena de implicaciones didácticas. El *Secretum* anuncia una múltiple «mutatio» de Petrarca: el autor apunta en él metas por alcanzar, culpas teóricamente reparadas; y a «tantus ... populus» como le observa presenta el retrato con que sueña para su madurez.

Creía el humanista especialmente graves los vicios seniles [170] y juzgaba imprescindible prepararse para la ancianidad con un profundo cambio de horizontes. «Variante capillo, turpe est variantia non firmare consilia», decía en una epístola afinísima al *Secretum*;[171] y en seguida, en estrecha correspondencia con el diálogo, enumeraba los «consilia» que cumplía adoptar: conciencia de la caducidad corporal y de la inminencia de la muerte (sin engañarse jamás imaginándola lejana),[172] búsqueda de la paz de espíritu [173] y de la «vera libertas»,[174] obediencia a las leyes de la naturaleza...[175] En el *Secretum*, desde luego, es un importante *leitmotiv* el excluir del futuro de Francesco (y del presente de Petrarca) el espectro terrible de una vejez indigna.

Pues hemos tomado el hilo de las *Invective*, recordemos algunos lugares atingentes. En la primera jornada, por caso, el reverso de la filosofía que Agustín inculca al protagonista son los decrépitos dialécticos a quienes se apostrofa («iuvat invehi») con ímpetu: «Quid, obliti rerum, inter verba senescitis, atque inter

---

170. Vid. solo el índice de las *Familiares,* cuidado por U. Bosco, *s.v.* «vecchiaia, vecchi».
171. *Familiares*, VIII, IV, 13 (vid. pág. 367, n. 404, y la última n. 21); y continúa: «Aggrediamur itaque iantandem et cogitemus acriter quo in statu res nostre sunt, nec nostre solum res, sed quorumcurque mortalium».
172. *Ibid.*, 14-17 (cf. págs. 84, n. 106, y 102, n. 165).
173. *Ibid.*, 23 (vid. pág. 221, n. 320, y abajo, n. 190).
174. *Ibid.*, 23-24: «An quod uni quondam domino ['el Cardenal Colonna'] obsequentes fecimus, id nobis viventes non audebimus, plusque in nobis potuit servitutis studium, quam libertatis amor poterit? etsi enim nobis ea servitus libertate qualibet gratior foret ..., tamen esse sub altero, parere alteri, alieno vivere, videri possunt servitutis honestioris, vere autem libertatis utique non sunt. En, invisa licet, contigit libertas, aliquantoque citius quam optavimus nostri sumus ...» Como indiqué (pág. 342, n. 310), es quizá tal texto, *en la secuencia* en que lo restauro, el que mejor vincula el general «vivere aliis» y la específica «servitus» a los Colonna, de suerte que la libertad augurada a Francesco nos lleva en la realidad por lo menos a 1347 (comp. págs. 221-222, 242).
175. *Ibid.*, 24 (vid. pág. 176, n. 184, y el trabajo citado en la última n. 23).

pueriles ineptias albicantibus comis et rugosa fronte versamini?» (52). En el coloquio segundo, en el arranque del examen de los pecados capitales, el centro de la diatriba contra la soberbia aplica directamente a Francesco idénticas reconvenciones: «Quid enim, queso, puerilius imo vero quid insanius quam, in tanta rerum omnium incuria tantaque segnitie, verborum studio tempus impendere ...?» (74).[176] En el libro tercero, según leíamos hace un instante, se reiteran la tesitura y el lenguaje: «inter iocos ... senescere», «puerilia ... studia», «ineptias pueriles abice», etc., etc. Pero, si nos fijamos en otros elementos, obtendremos iguales inferencias. Al escrutinio de la soberbia, así, en la lista de los siete pecados, sigue el análisis de la avaricia: al propósito, el Padre conmina a Francesco con una «miserabilis senectus», si no mejora oportunamente, y lo increpa con las palabras ciceronianas sobre la estúpida «avaritia senilis»; el personaje se escuda justamente en la intención de allegar subsidios «fatigate etati»; y Agustín, recriminándole el erróneo temor «de senili paupertate» y comparándolo en son de burla con la «inopis metuens formica senecte», le enseña un camino preferible para llegar «ad etatem provectiorem ..., que sic consilia hominum alternat» (86-90).[177] Ese «consilia ... alternare», por supuesto, es solidario del «firmare consilia» que (en la carta citada en el párrafo anterior) cifraba Petrarca en lograr una «vera libertas» (junto a otros objetivos también con análogo en el *Secretum*). No extraña, entonces, que la lección de Agustín en torno a la avaricia muestre a la vez cómo ser auténticamente «liber» (94).[178] En el fondo de ambos textos, cierto, suena la divisa de Amiclas en el *Bucolicum carmen*: «Triste senex servus! Sit libera nostra senectus».[179] O bien notamos en la jornada tercera que las páginas de transición entre «amor et gloria», donde se recapitulan las objeciones contra el lírico del *Canzoniere* y se aprestan las armas para combatir al clasicista vanidoso del *Africa*, acentúan tenazmente cuán mal conciertan la edad y las veleidades de Francesco, fundiendo las alusiones al riesgo de parar en viejo entrega-

---

176. Vid. págs. 86-87, 138-139.
177. Cf. págs. 158, 164, 168.
178. Comp. págs. 175, 224, etc.
179. *Bucolicum carmen,* VIII, 27.

do a estudios de niño y la destacada referencia al título de «senex amator» que debe enrojecer al escritor.

Es harto significativo el modo en que ese título denigrante y la insistencia en el declinar de Francesco encajan en el debate sobre la pasión por Laura. Al comenzarlo, la coyuntura del diálogo se dató «in sextum decimum annum» tras el encuentro con la dama (136); después, se situó «medio sub adolescentie fervore», en tal encuentro, «illa morum ... confusio», «tanta morum varietas», el extravío del protagonista (150-152); a quien, por fin, asustándolo con el escarnio de «senex amator», se induce a una «vite ... mutatio» (182). El conjunto tiene un riguroso homólogo en el libro segundo. Allí se pinta cómo Francesco se descarrió en la adolescencia, «mutatis moribus», desacatando las leyes de la naturaleza, quebrando el freno de la razón; y se le intimida con la amenaza de una «miserabilis senectus», si no rectifica el lamentable «error» (86-88). Pero tal homología se proyecta sobre el entero *Secretum* y, consolidada con abundantes materiales, imprime la misma dirección a cuanto se evoca o se vaticina del personaje: desde la perdición en la encrucijada de la adolescencia (de acuerdo con el símbolo de la Y pitagórica) [180] hasta la enmienda en vísperas de la senectud por obra de una «mutatio animi» (según se la denomina con inspiración agustiniana).[181]

Por descontado, nos la habemos con un esquema ideal, «essemplo e dottrina» para cualquier hombre, pero engranado en el caso singular, en la cronología canónica de Petrarca. La «exhorbitatio» de Francesco en la adolescencia coincidió «in tempus» (152) con el enamorarse de Laura, en 1327. No a otra época atribuye las graves «morum ... mutationes» la epístola del Ventoux, ambientada en 1336: «Hodie decimus annus completur, ex quo ... Bononia excessisti; et, o Deus immortalis, o immutabilis Sapientia, quot et quantas morum tuorum mutationes hoc medium tempus vidit!» [182] El «conflictus» del *Secretum* se des-

---

180. Vid. págs. 163, 304-306, y abajo, n. 239.
181. Cf. en especial págs. 355-356 (y 313, 363, 366, 368); y abajo, n. 230.
182. *Familiares*, IV, I, 19 (nótese el contraste de «immutabilis» y «mutationes», en relación con *De vera religione*, X, 18, cit. arriba, pág. 356); las líneas que siguen nos guían claramente hacia el *Secretum*: cf. solo notas 95 y 183.

arrolla en el umbral de los cuarenta años del protagonista, con la esperanza de arribar a puerto en las «senectutis ... relique».[183] También aquí concurren los planes de Petrarca en el Ventoux: «Si tibi forte contingeret per alia duo lustra volatilem hanc vitam producere, tantumque pro rata temporis ad virtutem accedere quantum hoc biennio, per congressum nove contra veterem voluntatis, ab obstinatione pristina recessisti, nonne tunc posses, etsi non certus at saltem sperans, quadragesimo etatis anno mortem oppetere et illud residuum vite in senium abeuntis equa mente negligere?»[184] La *Posteritati* destaca un factor anexo de extraordinario interés: «Mox vero ad quadragesimum etatis annum appropinquans, dum adhuc et caloris satis esset et virium, non solum factum illud obscenum, sed eius memoriam omnem sic abieci, quasi nunquam feminam aspexissem».[185] La falsedad es reveladora. En el *Secretum*, los polos esenciales («adolescentia» frente a «senectus») estaban claros. Pero la única fecha suficientemente explícita, el «in sextum decimum annum», se da en el capítulo *de amore*, en la primera parte del tercer coloquio, y no en otro sitio, porque la pasión por Laura era la más importante manifestación de las llamas de la lujuria[186] y, en el diseño de Petrarca, la ruptura con la lujuria ocurría «ad quadragesimum etatis annum appropinquans».[187] Unamos todos los elementos compendiados: en la suma hallaremos la causa de la datación ficticia del *Secretum* hacia finales de 1342 o comienzos de 1343.

183. Vid. págs. 73-75 y 221, n. 320, para el enlace del *Secretum*, la carta del Ventoux y la *Familiaris* VIII, IV, en cuanto al «portus» y las «reliquie»; cf. también *De vita solitaria*, pág. 546 («propter brevissimas et incertas senectutis reliquias ...») y lugar citado en la n. 190.
184. *Familiares*, IV, I, 23.
185. *Posteritati*, en *Prose*, pág. 4 (vid. arriba, págs. 193-194).
186. Cf. págs. 250 y n. 4, 255, 275, 307-308.
187. Por la misma razón, la otra pista cronológica, menos paladina (el recuerdo de las lecciones de Barlaam), se proporciona en la sección donde la lujuria entra en serie con los restantes pecados capitales (cf. págs. 8-9, 184, 186-187). En *Seniles*, IV, v, págs. 867-874, la interpretación de la *Eneida*, también organizada según el modelo del «homo viator» (vid. n. 225), se centra en la vuelta del héroe «ad ... rectum iter» al triunfar sobre Venus, la «voluptas circa tempus vite medium ferventior atque acrior» (compárese págs. 195-196; y ahora M. Feo, en *Enciclopedia Dantesca*, IV, pág. 453). Es evidente que Petrarca atendió muy en especial al problema de la lujuria al situar la acción del *Secretum* en 1342-1343.

En semejante perspectiva, el *Secretum* es un prólogo a la vejez, el 'manifiesto' de la compleja «mutatio» que permitirá afrontar serenamente una limpia senectud.[188] Un testimonio precioso al respecto aporta Barbato da Sulmona, el único amigo que en vida de Petrarca muestra un conocimiento exacto de la obra. Pues en 1361 se la pedía precisamente como beneficioso aviamiento a la vejez: «saltem libellum illum trialogum *De conflicto curarum*, semper mihi gratissimum, sed NUNC SENESCENTI PERUTILEM, ut mittere digneris exoro».[189] Obviamente, si Barbato creía el *Secretum* apropiado en particular para tal fin, es porque así se lo había descrito el propio autor: en tanto *ars senescendi* a través de una transformación avocada a la «secreta pax animi».[190]

188. Hallábamos en *Familiares*, IV, I, 23: «illud residuum vite in senium abeuntis *equa mente* negligere»; y en el *Secretum*, 180: «*equo animo* tolerare canitiem bone indolis inditium est»; cf. pág. 361 (y n. 376, para ese giro de sabor estoico).

189. Ed. M. Vattasso, *loc. cit.* arriba, pág. 33, n. 94 (retoco el feo «mictere» del texto). Frente a las vagas menciones de Boccaccio y Nelli, *ibid.*, notas 92 y 93, Barbato señala que se trata de un «trialogus» (ya pensara en la tripartición, ya en la presencia de la Verdad, ya en ambas cosas), da el título correctamente y subraya un aspecto del contenido efectivamente esencial.

190. Vale la pena traer otra vez aquí el paso de *Familiares*, VIII, IV, 23: «Nos vero quis impedit quominus has vite reliquas [cf. n. 183], quantulequnque sunt, simul *in pace animi* bonarumque artium studiis transigamus, et 'si in freto viximus', ut ait Seneca, 'moriamur in portu'». Es, claro, el programa de Francesco al caer el telón del *Secretum*. Por ende, se diría tolerable especular que la realización de ese programa que anuncian de diversos modos el diálogo y la epístola (cf. notas 171-175) debiera ser el 'argumento' del proyectado *De secreta pace animi* (vid. págs. 10, 12, 14). Compárese aún con dicha carta *De vita solitaria*, pág. 568: «Sive itaque Deo servire volumus, que una libertas [cf. n. 174] est atque una felicitas; sive *artibus bonis* ingenium excolere ..., fugiamus, oro, iantandem et id *quantulumcunque quod superest* in solitudine *transigamus,* omni studio caventes, ne, dum opem ferre naufragiis videmur, ipsi rerum humanarum *fluctibus* obruamur, scopulis allidamur. Denique quod probamus id agamus, ne, qui morbus est publicus quodque in aliis sepe reprehendimus, committamus, ut iudicia sermonesque nostri ab actionibus discrepent»; pero en el epílogo al *De vita* Petrarca explaya ese ideal de «constantia» (vid. n. 133) explicando que la elocuencia, sin las luces de la verdad, sin la humildad de Cristo, no puede llegar «ad pacem intellectus» (*apud* n. 110): todo lo cual, también contemplado en el *Secretum*, nos orienta en alguna medida a temas presumibles en el *De secreta pace animi*. En cambio, el «De pace animi sperata», en el *De remediis*, I, CXXI, págs. 120-121, corresponde más bien al mismo estadio previo a la «pax animi» que refleja el *Secretum* (léase, v.gr., la interpelación de la «Ratio»: «Quid sperare mavis quam habere pacem? hanc mox ut bona fide velle ceperis invenies»; y cf. arriba, págs. 63 y sigs., con la cita de *Confessiones*, VIII, VIII,

Por supuesto, cuando hablo del *Secretum* como «prólogo a la vejez» o «explicación de la *nuova maniera*» del escritor, realzando una de las significaciones que Petrarca otorgó al libro (para sí y ante los demás), atiendo a la *Einstellung* hacia el futuro característica de la acción y recojo cuanto nos revelan las fechas de la redacción. La una y las otras se confirman mutuamente, y la concordancia presta ayuda decisiva para entender el coloquio. Sabemos, por ejemplo, que el *Secretum* recurre a infinidad de expedientes —a menudo de sutil ingenio— para mostrarnos la época posterior a la acción y colmar de vislumbres favorables el porvenir de Francesco.[191] Pero también sabemos que ese porvenir del protagonista (en general sugerido como presente del autor) no tiene por qué coincidir con la auténtica anécdota biográfica de Petrarca. Pues es responsable relevante de la datación ficticia, baste recordar que el rechazo de la lujuria, con tanta claridad atribuido a la víspera de los cuarenta años, sucedió de hecho harto después.[192] Mas, con tal enfoque 'factual', si el Francesco del porvenir es demasiado rosa, el de la acción es demasiado negro. Incluso se echa de ver que Petrarca, en forma especialmente ostensible, le realza muchos trazos torpes para no ser identificado con él. Cierto, mostrarlo en una escandalosa obstinación, cometiendo un desliz elemental, boquiabierto ante métodos familiarísimos a nuestro humanista, *e via via*,[193] son otros tantos modos en que el autor se aleja del personaje. No nos sorprende. Al tanto del período de composición del *Secretum*, comprendemos que apartarse del Francesco de la acción, entenebreciéndolo, y acercarse al Francesco del futuro, iluminándoselo, reflejan una ilusión personal y una toma de posición doctrinal, servidas por los claroscuros de una paleta impresionista.

20, en la pág. 67). Puesto a hacer conjeturas sobre la planeada continuación del *Secretum,* pienso que hay elementos para sospechar que Petrarca pudo concebirla apoyada en la base de la «dignitas hominis», contrapesando la carga de «miseria humane conditionis» en nuestro diálogo (un ten con ten similar ocurre entre las dos partes del *De remediis*): vid. págs. 170 y notas 160-161; 241, n. 374; y en especial 369, n. 413.

191. Vid. notablemente págs. 73, 76-77, 106-107, 180, 191-192, 221, 242, 244, 284-285, 308, 341-343, 373-374, 418, 444, 449.
192. Cf. págs. 194-195.
193. Compárese, *e.gr.,* págs. 149, 208, 234.

Porque Francesco —repitámoslo— es y no es Petrarca, con ambigüedad que convenía al escritor, en privado y en público: verbigracia, por obvias razones de pudor y ejemplaridad, al dejarlo libre de asumir o rehusar ya las facetas positivas, ya las facetas negativas del protagonista, para edificar a los lectores con humildad de pecador (encarrilado a la salvación, sin embargo) o con satisfacción de converso (aunque indisociable de una modestia penitencial), sin comprometerse excesivamente con ninguna de las posibles versiones.[194] Esa deliberada ambigüedad nos obliga a emplear una clave múltiple para descifrar la relación de Petrarca con los dos interlocutores,[195] ni unívoca ni constante. Revisemos unas cuantas eventualidades.

Así, Francesco, en la circunstancia del diálogo, puede ser la interpretación de un estadio teórico rebasado desde las exigencias y esperanzas de Petrarca entre 1347 y 1353, manifiestas en la figura de Agustín. Agustín, por otra parte, sufrió trances similares a los de Francesco y salió al puerto a que Francesco debe tender (y en esa similitud hay una «spes certa», una promesa de buen logro,[196] entre tantas más convergentes). Francesco, por ejemplo, es víctima de una estimativa viciada de raíz, de una «perversa opinio», según los criterios estoicos de Petrarca en los aledaños de 1350.[197] En efecto, hacia 1342 el humanista no ha-

---

194. Vid. n. 164, para una oscilación del mismo tipo, con fines bien concretos. Petrarca era maestro en el manejo de las polisemias; recuérdese el *praefatio* a las *Sine nomine*, pág. 164: «Equidem liber ille [*Bucolicum carmen*, poemati genus ambigui] ad quorundam manus maximorum hominum pervenit. Dumque eam partem legerent qua maxime tangebantur, quid ibi sensisse percontatos memini meque de industria transtulisse sermonem». *Mutatis mutandis,* al escritor le cabía obrar en forma parecida con el *Secretum,* desde cuya introducción se apunta una dualidad que no sería demasiado ilícito parafrasear con palabras de Ernest Hemingway, *A Moveable Feast,* Nueva York, 1967, pág. ix: «If the reader prefers, this book may be regarded as fiction. But there is always the chance that such a book of fiction may throw some light on what has been written as fact».

195. En las observaciones que siguen atiendo mayormente a la figura de Francesco, malinterpretada con excesiva frecuencia. Mas claro está que también Agustín es y no es Petrarca (cf. págs. 50, 52, 56, etc.), combina generalidad y singularidad (en fluctuante ligazón con el Agustín histórico), y en resumidas cuentas reúne las condiciones de la *dramatis persona* según la estética de nuestro humanista.

196. Vid. págs. 72-73, 76-77, 192, etc.

197. Indicaciones en las notas 14-16.

bía adoptado tales criterios: por ahí, la ceguera de Francesco (en el marco de la acción) y la lucidez de Agustín (futuro del personaje, eco del autor) son biográficamente 'verdaderas'. Pero, por lo mismo que Petrarca en puertas de los cuarenta años no había definido las coordenadas estoicas que luego manejará con predilección, el coloquio, en nuestro caso, no retrata un «conflictus» del escritor hacia 1342. El debate de Francesco y Agustín, al propósito, es mejor el «conflictus» conceptual de dos imágenes de Petrarca perfiladas —con incidencia recíproca, determinándose entre sí— del 1347 al 1353.

Ese carácter conceptual queda enteramente al desnudo en otra instancia polémica: cuando un largo parlamento se declara tan inútil para Francesco como para Agustín, los dos interlocutores se reducen al grado cero de la significación anecdótica y cobran la máxima significación teórica, a beneficio pedagógico de un público en principio excluido de cualquier conocimiento del *Secretum*.[198] No sucede ello en ocasión trivial: sucede cuando Francesco se aproxima más a Petrarca, cuando comparece en tanto el poeta del *Africa* y el historiador *De viris illustribus*; cuando el Francesco de la acción, inmerso en el quehacer erudito, coincide en el fervor clasicista con el Petrarca de hacia 1342, y el Francesco del porvenir vaticinado es la visión que Petrarca quería para sí al escribir las páginas del *De otio religioso* y las *Invective contra medicum* donde alude al *Secretum*; y, por remate, cuando el **texto transparenta inequívocamente** dudas de 1353 respecto a *Africa* y *De viris*.[199]

Repasemos el lugar. A la ambición de conseguir la fama con un «preclarum opus», Agustín opone la exigüidad de espacio y tiempo terrenos. ¡Fábula inconvincente!, salta Francesco; y, al replicar, acalorándose, intenta salvar un «nonnisi mortalia concupisco» groseramente ofuscado alegando que no desdeña, sino difiere el buscar los bienes «semper mansura» (196). El Padre arguye que los hombres ignoran cuándo van a morir e inquiere —«ex te ..., itidem ex cuntis mortalibus»— el porqué de esa necia dilación. La respuesta de Francesco —«pro me ipse et pro

---

198. Cf. pág. 410. De hecho, la difusión de la obra se debió mayormente al contenido didáctico; vid. abajo, n. 263.
199. Vid. págs. 386-388, n. 478, y 418-423.

cuntis»— es prueba de la común «spes stulta» (198) que ha engañado a «mille hominum milia», condenado «innumerabiles animas» (200). Y Agustín la combate con tópicos sobre el cosmos y la condición humana que dice trillados para el protagonista, adereza con versos del *África* (y con cita propia, «in libris *De civitate Dei*, quos te legisse non dubito», *ib.*), enuncia en plural *vos* o *vester*. Son las generalidades que Francesco había calificado de fábulas y, no obstante, lo conmueven ahora hasta infundirle el deseo de abandonar la epopeya y el *De viris*: deseo que nos lleva al futuro que inmediatamente le recomienda y le pronostica el Santo, a la nueva «effigies» pública de Petrarca.

Los datos, a fuer de elocuentes, apenas requieren glosa. Con la información ya reunida, fácilmente distinguimos ahí al Petrarca de 1342 en diálogo con el Petrarca de 1353: el primero esbozado de acuerdo con los imperativos, las expectativas, las incertidumbres del segundo; el primero simplificado retrospectivamente en cuanto reverso negativo del *deber ser* positivo del segundo. Francesco y Agustín, tan concretos como para tener sendas bibliografías,[200] llegan sin embargo a presentársenos limitados a portavoces de una controversia ideológica, de un planteo «pluribus certe quam vel me vel te decuit verbis explicitum» (204). Francesco se bosqueja con una pasión singular que lo hace excluir, «expertus», unos argumentos «magis speciosa quam efficacia» (194), o cometer un lapsus del que en seguida habrá de retractarse, para caer en otro yerro... Pero a la vez se equipara a «todos los mortales», se disuelve entre «miles de millares de hombres» e «innumerables almas», y el ardor que lo animaba se apaga con unas nociones genéricas que recibe pasivamente y a la postre sí resultan «eficaces»...

En el episodio se compendian pautas fundamentales del

---

200. Al respecto, adviértase que los pasajes del *África* transcritos en nuestro contexto pertenecen a una sección probablemente compuesta o rehecha entre 1349 y 1352 (vid. págs. 404-405 y 422, n. 573), mientras la referencia al *De civitate Dei* parece escenificar un escolio al códice de Plinio adquirido en julio de 1350 (pág. 402, n. 520). De ser así, el enfrentamiento de Francesco consigo mismo que se procura al aducir el *África* (cf. n. 139) y el enfrentamiento con el Padre que acentúa la mención del *De civitate Dei* se nos acusarían como enfrentamiento de imágenes de Petrarca formadas en la época de la redacción y trasladadas al cuadro de la acción, en polaridad temporal afín a tantas otras ya señaladas.

Secretum. El proemio había recalcado una de grave pertinencia: en las tres jornadas, «multa» se dirigen «adversus seculi nostri mores» y versan «de comunibus mortalium piaculis», de suerte que se pueden entender como destinadas «non tam michi —subraya el escritor— quam toti humano generi».[201] Por ende, en Francesco se reconoce con frecuencia al «Homo», a un representante de la humanidad: o, matizando, si no al *Everyman* de la pieza inglesa, si al *Whicheverman* favorito de tanta alegoría medieval, sin exceptuar la más alta, la *Divina Commedia*.[202] De ahí, como en el lugar repasado, la continua asimilación del protagonista «cuntis mortalibus», los insistentes y sintomáticos plurales,[203] las pertinaces referencias paradigmáticas. Las lecciones primordiales del *Secretum* estriban justamente en someter las variables del individuo a las constantes de la especie. No en vano la panacea a todos los males de Francesco es la «meditatio mortis humaneque miserie» en términos arquetípicos (aun el 'se sibi restituere' que le prescribe el Santo significa «de morte cogitare», ser «nature ... memor»).[204] No en vano el proceder regular consiste en invocar un patrón filosófico, ético, religioso, para encasillar en él la actitud del personaje, y no en vano unas catego-

---

201. Cf. págs. 30-31.
202. Para Dante, dentro de un vasto enfoque de conjunto, vid. el artículo seminal de Leo Spitzer, «Note on the Poetic and the Empirical 'I' in Medieval Authors», en *Traditio*, IV (1946), págs. 414-422 (notablemente, 416-417), cuya explicación se ha difundido sin embargo gracias a C. S. Singleton (v.gr., *Viaggio a Beatrice*, Bolonia, 1968, págs. 11-12, etc.); sobre el «divario ... tra prima plurale (*nostra*) e prima singolare (*mi ritrovai*)» en el arranque de la *Commedia*, al que tantos análogos hemos hallado en el *Secretum*, cf. además G. Contini, *Varianti e altra linguistica*, págs. 336-337, 411. Materiales útiles y coordenadas sugestivas se hallarán, por caso, en G. Misch, *Geschichte der Autobiographie*, II² (Frankfurt am Main, 1969-1970), págs. 16-24, 483-500 (y *s.v.* «Ich», «Individuation»), y en P. Zumthor, «Autobiography in the Middle Ages?», en *Genre*, VI (1973), págs. 29-48. Vid. notas 205, 215.
203. Mención relevante merecen aquellos que incluyen a Francesco en el «poetarum chorus» o «scriptorum chorus» (cf. págs. 73, n. 75, y 228 y n. 339); así en 204: «Adde librorum interitus, quibus ... propriis ... manibus vestrum nomen insertum est». Y recuerdo particular corresponde a la única ocasión en que Agustín se engloba con Francesco en un «nos» que abarca —precisamente— a los cultores de la lengua latina: «est ergo, ut vides, de eloquentie principatu non tantum inter nos et Graios, sed inter nostrorum etiam doctissimos magna contentio» (74; vid. pág. 140).
204. Cf. págs. 425, 433-434.

rías van insertándose en otras categorías [205] (así, los «publici errores» que hablan por boca de Francesco, amén de ser trasunto de la costumbre y el «sensus» vulgares, se dejan filiar como peripatéticos [206] y, al manifestarse en una cierta conducta, se clasifican en el dominio de un pecado capital).[207] No en vano cada lance se comenta en perspectiva universal, cada pensamiento remite a sentencias y proverbios que lo amplían en ámbito; [208] y, «above all, we notice the typical procedure of the educator and of the preacher: the variation on a given theme»,[209] el tema del *contemptus mundi*, cuyos motivos dominantes se asientan desde el mismísimo íncipit de la obra.[210]

Tampoco es gratuito el rehuir las precisiones de nombres o asuntos: no se menciona a Barlaam Calabro ni a Ildebrandino Conti, sino a un «preceptor» y a un «amicus»; [211] Avignon no

---

205. No resisto la tentación de recordar aquí el celebérrimo texto de *Die Kultur der Renaissance in Italien*, II, I: «En la Edad Media ... el hombre se reconocía a sí mismo solo en tanto raza, pueblo, bando, corporación, familia u otra cualquiera categoría general» («oder sonst in irgendeiner Form des Allgemeinen»); texto que debiéramos leer junto a la proclamación de Petrarca por Hegel como iniciador de la «Selbstbewusstsein» (en W. Handschin, *Francesco Petrarca als Gestalt der Historiographie*, Basilea, 1964, pág. 134), con atención al ya no dudoso hegelianismo de Burckhardt (cf. E. H. Gombrich, *In Search of Cultural History*, Oxford, 1969, págs. 14-25), en la controvertida historia e historiografía del «descubrimiento del individuo» (vid. así H. Friedrich, *Montaigne*, págs. 220-270, y 432, *s.v.* «Pétrarque»; C. Morris, *The Discovery of the Individual, 1050-1200*, Nueva York, 1973; W. Ullmann, *Individuo e società nel Medioevo*, Bari, 1974), a la luz de varias interpretaciones recientes de nuestro autor (v.gr., A. Tripet, *Pétrarque ou la connaissance de soi*), etc., etc. De algunas de esas cuestiones habrá que hacerse cargo —en cuanto tengan verdadera entidad— tras el estudio de los epistolarios petrarquescos, en el volumen segundo. Vid. notas 202, 215.

206. Cf. págs. 48-50.

207. Tal la avaricia: y aduzco el ejemplo, porque a ese propósito se han visto «very specific references» anecdóticas donde no hay más que una pura proposición de la *Ética a Nicómaco* (vid. págs. 151-153).

208. Típico que no se juzgue suficiente un dicho de Cicerón (limitado a «nonnulli») y deba completarse con un verso de Ovidio «regulam afferens generalem» (162, cf. pág. 329; y comp. pág. 228, n. 339; sobre Horacio, *Epístolas*, II, II, 77).

209. M. R. Lida de Malkiel, *Two Spanish Masterpieces: The «Book of Good Love» and «The Celestina»*, Urbana, 1961, pág. 28, entre inteligentes reflexiones sobre la literatura didáctica medieval.

210. Vid. págs. 18-19.

211. Puesto que ha sido necesario destacar las relaciones del *Secretum* con

pasa de «hec ipsa civitas»; los negocios promovidos por la avaricia se quedan en «rei familiaris cure», etc., etc. Pues con esa situación casa que los achaques supuestamente más peculiares de Francesco —«adhuc quoque unus ex multis»— se difuminen como una «de comunibus publica ... querela» y se juzguen «trita materia» merecedora solo de un «vetus remedium» (por aducir el arranque del examen de la acidia, conducido luego por idénticas sendas).[212] «Specie nel secondo libro si sviluppa la patetica confessione [del Petrarca, che] si rivela nella più gelosa intimità». Tal opinaba Salvatore Battaglia.[213] Pero leamos «confessione» pensando menos en Rousseau que en las *summae confessorum* y obraremos cuerdamente.[214] La «intimità», en efecto, aflora ahí adscrita al canon de los siete pecados, traducida a planos supraindividuales. La *Selbstsuche* petrarquesca es harto más «schematizzata» y «astratta» de cuanto ha solido reputar la crítica: [215] a menudo se reduce a apelar a una norma o a un principio teórico y, desde ellos, definir a Francesco escueta, vagamente. Verbigracia: ¿en qué consiste, en ese libro segundo, el análisis de la lujuria? En afirmar que los apetitos carnales existen y apartan «ab agnitione divinitatis» (según el dictamen de Platón adivinado en el *De vera religione*), en proclamar la continencia dura e imposible de obtener «nisi ... Deus dederit» (como enseña la Biblia). El punto de partida y de llegada —las «libidines» del cuerpo ve-

---

las *Familiares*, VIII, ii-v, no se olvide la larga poda de nombres propios en el paso de la versión gamma a la versión alfa de las epístolas (cf. notas 21 y 23).

212. Vid. págs. 202, 210-211, etc.

213. S. Battaglia, *Mitografia del personaggio*, Milán, 1970³, pág. 56.

214. Cf. págs. 128-130 y M.-D. Chenu, *L'éveil de la conscience dans la civilisation médiévale*, págs. 25 y ca. En conexión con las cuestiones planteadas en la n. 92, aduciré, sin hincapié, *Familiares*, X, v, 27: «in primis abditas scelerum meorum sordes, que funesta segnitie longoque silentio putruerant, in apertum manibus salutifere confessionis elicui, idque sepius facere atque ita omnipotenti medico cecum animi mei vulnus ostendere, in consuetudinem adduxi».

215. «Così A. Viscardi [*Francesco Petrarca e il Medioevo*, Génova, 1925, págs. 14-19] vi scorge uno dei tratti che più lo distinguono dalla mentalità propria del Medioevo, e lo fa risaltare in paragone con la *Vita Nova* di Dante: questa, pur essendo un libro personalissimo, ci mostra una psicologia schematizzata e generalizzata, quale si conveniva alle attitudini antipsicologiche ed intellettualistiche proprie di quell' età, mentre nel *Secretum* e negli altri scritti del suo autore campeggia l'anima, non più astratta e teorica, ma particolare, concreta di Francesco» (P. P. Gerosa, *Umanesimo cristiano del Petrarca*, pág. 245, con otros juicios similares).

dan el acceso «ad pervidenda divinitatis archana»— lo dice el protagonista avalado por «autoritas et ratio et experientia»: mas el testimonio que ofrece de la última —tautológicamente, haciéndola también «autoritas et ratio»— es aseverar sin más que ocasionalmente ha alcanzado «platonici dogmatis experientiam»; y la ilustración oportuna no la suministra con ninguna profunda indagación psicológica, antes explanando en instructiva prosa un pasaje de la *Eneida*. ¿«Rivela» Petrarca «la più gelosa intimità» o intereses doctrinales y literarios? Por otro lado, ¿«gelosa intimità», cuando la bella recreación de un capítulo del Agustín real, forzando el paralelismo de los interlocutores, sirve para anunciar *coram populo* una imaginaria conversión a la castidad «ad quadragesimum etatis annum appropinquans»? ¿Cuando el único factor relativamente bien determinado —la alusión a Barlaam— se arrea de forma que insinúe a Petrarca con bastantes más saberes griegos de los que poseyó? [216] Entonces, ¿«intimità» o publicidad?

De cualquier manera, henos aquí de nuevo con generalidad y singularidad, abstracción y concreción, cambiantes reverberos de Petrarca. Desde luego, aislar cada una de esas dimensiones y facetas solo es legítimo propedéuticamente, para reaccionar frente a la indiscriminada aceptación del *Secretum* en bloque como copia fiel, pura y simple de la «patetica» coyuntura del humanista hacia finales de 1342.[217] Porque el diálogo se organiza unitariamente fundiendo intenciones didácticas, impulsos artísticos y resonancias biográficas de diverso rango. Así, Francesco, complejo en tanto se acrecientan en él las significaciones generales (de «Homo» a espécimen de una cierta postura ideológica, por adhesión u omisión), no es menos complejo en tanto se aboceta con rasgos singulares (sugeridos o rechazados para el autor y, en los dos casos, factualmente verdaderos o falsos, ya miren a pasado, presente o porvenir). Pero todos los matices —todas las propuestas de interpretación— se suman y estructuran en la entidad coherente de una *dramatis persona*.

Pues Francesco, uno y múltiple, realiza perfectamente la con-

216. Vid. respectivamente págs. 192 y 184, 186, 195-196.
217. No otra actitud, en el fondo, sigue alimentando la leyenda de la «crisis» petrarquesca en ese año.

cepción petrarquesca de la *persona* propia de la literatura. No hace falta moverse del *Secretum* para señalar algunos elementos básicos de tal concepción. Disertando de la «comunis hominum natura», Agustín trae a colación al Aqueménides de Virgilio y advierte que al hacerle hablar para describirse el poeta atendía «ad populares mores vel ad ipsius forte, qui loquebatur, animum» (84): donde es patente que el valor general convive con el valor singular, no en contraposición sino en harmonía, y que ambos debe tener en cuenta el hermeneuta. También el Padre nota que los amores de Dido y Eneas son «fabulosa narratio», mas «ad nature ... ordinem respexit ille [Virgilius], dum fingeret» (152): si la 'fictio', por tanto, se atiene «ad comunem hominum naturam», no importa que se permita libertades con la realidad, la verosimilitud universal priva sobre la verdad histórica.[218] Desdeñemos ahora que tan sustancioso comentario surja glosando el emblema de la Y pitagórica y en un paralelo entre el «primus aspectus» de Dido y Eneas y el «occursus» de Laura y Francesco, el lírico del *Canzoniere*. Como quiera, nuestro protagonista incorpora los requisitos de la creatura congenial a la poética de Petrarca: constatarlo no anima a perseverar en una lectura del *Secretum* lisa y llanamente documental.

Al propósito, no olvidemos que Petrarca manejó siempre con desenvoltura la materia autobiográfica. Por añadir otro ejemplo atingente al «trialogus», baste pensar con qué desparpajo contaba haber abandonado de joven la poesía romance y gastado únicamente las primicias de la adolescencia en una empresa similar a la dantesca;[219] y eso lo proclamaba en 1359, mientras trabajaba en los *Triumphi* y cuando el códice chigiano iba a difundir un *Canzoniere* con poemas cuya data explícita desmentía tales

---

218. Cf. pág. 309, notas 200 y 201. Casi es inútil recordar que los mismos principios se discantaron hasta la saciedad en el Renacimiento, normalmente al arrimo de Aristóteles y con frecuencia ilustrados también con el caso de Dido y Eneas: vid., como muestra, C. G. Osgood, *Boccaccio on Poetry*, págs. 173-174, y M. R. Lida de Malkiel, *Dido en la literatura española*, Londres, 1974; para las grandes líneas del asunto, B. Weinberg, *A History of Literary Criticism in the Italian Renaissance*, Chicago, 1961.

219. Al señalar el parentesco del *Secretum* con *Familiares*, XXI, xv, no reparo en coincidencias menores (cf. pág. 150, n. 93), sino realzo que ambos textos se pueden entender como «purgatio ... calumnie» y apología de un cambio de rumbo literario al quedar atrás la mocedad.

asertos...[220] Si obraba en pareja forma hablando de sí mismo sin figura interpuesta, ¿qué no haría en el *Secretum,* cuando varios filtros lo separaban del protagonista? Un párrafo del proemio —veíamos— invitaba a enderezar las censuras del coloquio no tanto a Petrarca «quam toti humano generi». Pero el prólogo entero, con la decoración alegórica, con la Verdad y San Agustín bajados del cielo, proyectaba desde el principio luces de ficción sobre la escena; al par que la insistencia en dar por auténtica la fantasía,[221] de rebote y paradójicamente, desrealizaba en buena medida los eventuales ingredientes históricos del diálogo, originando una ambigüedad —valga reiterarlo— muy conveniente al escritor. Prescindiendo por un instante de los fines que con ello buscaba, nótese además que situar la acción en 1342 o 1343 suponía adoptar una disposición artificiosa desde la cual se desataría fácilmente la vena inventiva, era asumir un papel que incitaba a la improvisación. Antes lo apunté respecto a las epístolas *faked* entre 1347 y 1353, y el discurso podría dilatarse en torno a los *Rerum vulgarium fragmenta.* Pues, verbigracia, si el *Secretum* y las *Rime* contienen textos compuestos o rehechos «in morte» y donde Laura sale viva, ambos incluyen también profecías *post eventum* de la muerte de la dama.[222] Mas, en esos laberintos temporales, ¡cuánto margen para la inspiración del momento, para el goce de la creación sin ataduras! El *Secretum* manipula no pocos hechos (el camino a la Coronación, los viajes de 1333, etc., etc.) con suelta despreocupación.[223] ¿Será más puntual cuando no trata de hechos, sino de sentimientos, ideas, sueños, a la postre en el marco de una visión y con la cobertura de un Francesco de límites tan generosos que llega a confundirse con 'la Humanidad'? ¿Cuando el autor se quiere 'alter', en el pasado y en el presente, cuando se desdobla en dos interlocutores y erige la «mutatio» en elemento constitutivo, básico, del libro?

No se descuide que la libertad con que trabajaba Petrarca

---

220. Cf. el art. cit. en pág. 272, n. 83 [y ahora *Il Codice Chigiano L. V. 176 autografo di Giovanni Boccaccio,* intr. de D. de Robertis, Roma-Florencia, 1974].
221. Vid. págs. 17, n. 24, y 32.
222. Cf. solo págs. 284-285, n. 123.
223. Vid., así, págs. 322-323 y 332, n. 271.

tendía sin embargo a encauzarse según querencias especulativas, retóricas, estéticas. Del protagonista «adhuc adolescentulus», por caso, se narra una existencia idílica que el autor no conoció en tal época.[224] Pero el episodio se introduce para ilustrar el modelo arquetípico del «homo viator in bivio» [225] (apegado en principio a la virtuosa «frugalitas») y se colorea con motivos de bucólica y calcos de *memorabilia* clásicos.[226] Del mismo modelo tradicional (en la adolescencia cumple optar por mantenerse en el «dextrum iter» o torcer por el camino de la «luxuria») depende la «morum varietas» de Francesco «medio sub adolescentie fervore», el extravío pintado en parte notable de acuerdo con el dechado del «adolescens luxuriosus» de la comedia latina.[227] Demos por bueno el encuentro con Laura en 1327, y que acarreara a Petrarca una «confusio»: aun así, sería ingenuo atribuirle el alcance catastrófico que corresponde a la «exhorbitatio» de Francesco, trastornamiento súbito y absoluto. Nuestro personaje, «iam senior», encadenado por el amor y el deseo de gloria, ejemplifica una taxonomía estoica de las «perturbationes» y reproduce una etapa en la evolución de San Agustín.[228] El estadio siguiente, delineado con claridad, se concibe *ex contrario* como un evitar los moldes convencionales del «luxuriosus senex» y del «elementarius senex»; [229] y se cifra mayormente en una entrega a la filosofía, a imitación de Tulio, Agustín —siempre—, Licencio...[230] Todo en Francesco va aliado a paradigmas teóricos y

224. Cf. págs. 161-162.
225. Vid. pág. 304, n. 182; de la ingente difusión literaria de ese modelo pueden dar idea, aparte la bibliografía ahí citada, G. B. Ladner, «*Homo viator:* Mediaeval Ideas on Alienation and Order», en *Speculum,* XLII (1967), páginas 233-259; J. Hahn, *The Origins of the Baroque Concept of Peregrinatio,* Chapel Hill, 1973; D. Thompson, *Dante's Epic Journeys,* Baltimore, 1974, por mencionar unos pocos trabajos recientes.
226. Cf. págs. 159-160.
227. Vid. págs. 306-307; 310, n. 201; 324-325; y repárese aún en el paralelo con Agustín, de acuerdo con *Familiares,* II, IX, 14: «si adolescentie sue meminit, quam vagam et aberrantem miseratus Omnipotens retraxit ad rectum iter ...»
228. Cf. págs. 254, n. 19, y 260.
229. Vid. págs. 195, 307, 364; 86-87, 138, 363, 384-385, 424, 435, y aquí, notas 162-165, 167, 176, 230, 244.
230. Cf. notas 137 y sigs. (Cicerón), 152-154 (Agustín), y págs. 415-416 (Licencio). Conocemos de sobra las continuas huellas de Boecio, en marco y

plantillas literarias. Retrocedamos a las líneas iniciales, al perfil del escritor absorto: «qualiter in hanc vitam intrassem, qualiter ve forem egressurus ...» Desde ahí se extiende el doble hilo conductor del *Secretum*, la «meditatio mortis humaneque miserie». Cuando se explanan, el «qualiter ... intrassem» se universaliza en un retablo de la «humana miseria» parafraseado de Plinio; el «qualiter ... egressurus», en una «meditatio mortis» enhebrada con un rosario de préstamos a los *de contemptu mundi*, o, si se prefiere peculiarizar, se imagina conforme a la muerte de Virgilio y dando la vuelta a la leyenda de Platón.[231] De la

---

modo del diálogo, organización de algunas secciones, detalles, etc., etc. (vid. solo págs. 18 y sigs., 36, 210, 226-227); nótese ahora que la dependencia formal convierte también al *Secretum* —indirecta mas inequívocamente— en una «consolatio PHILOSOPHIAE»; adviértase en particular que Boecio aparece como autor de «carmina», junto a las Camenas, que, «gloria felicis olim viridisque iuventae, / solantur maesti nunc mea fata senis», mientras «venit enim properata malis inopina senectus»; y la Filosofía llega a sustituir el consuelo de la musa poética por otro de más fuste, para sanar a un Boecio en quien «intempestivi funduntur vertice cani» (*De consolatione*, I, I, 1, 7-9, 11): al fin, es la situación de Francesco, en la transición de la poesía a la filosofía (vid. incluso pág. 105 y n. 172, en conexión con el «properata malis», y págs. 354 y sigs., para el tema de las canas). E igualmente es la situación de Horacio en una pieza calcada en el *Secretum* (cf. pág. 232), sin que falte en el latino la declaración de ser la poesía cosa pueril (*Epistolas*, II, II, 141-142: «Nimirum sapere est abiectis utile nugis / et tempestivum pueris concedere ludum ...»). El pseudo Ovidio del *De vetula* (vid. pág. 278, n. 104), análogamente, deja las niñerías amorosas, para no ser tratado de viejo ridículo, y se entrega a la filosofía; cf. simplemente III, 1-18: «Iste sunt cause propter quas amodo nolo / vivere sicut eram solitus, nec subdere collum / plus intendo iugo [vid. págs. 106, n. 176, y 330, 343] nervos carpentis amoris. / Sed quoniam non usque caret matura senectus / insidiis, et adhunc temptatio plurima restat, / quid faciam? Repetamne iocos quibus ante vacabam? / Delicias, quibus utebar, iuvenilibus annis? / Non repetam, quia tunc etiam non relevabant / a care cura, nec eis oblivio cure / talis inest, desiderium potius revocarent, / et dici potest: 'Vetulus iam desipit iste' [cf. texto *ad* n. 168]. / Sed scio quid faciam; studio complectar anhelo / lucem, quam mecum dixi prius esse reclusam, / lucem doctrine, que rerum sedula, causas / rimatur, sublimis apex in philosophia. / Lucem doctrine, que cum sit celica [cf. pág. 24] terras / non dedignatur, sed in exilio peregrinat / isto nobiscum, solacia vera ministrans». Justamente el *De vetula* lleva por subtítulo *De mutatione vitae*: y ya he indicado que el motivo de la «vite ... mutatio» se vincula también respecto a San Agustín con el tópico del «senex amator» y el consagrarse «ad amorem veri» (vid. pág. 364 y n. 395; aquí, notas 142, 153). Una tradición multisecular, de tal modo, confluye en el *Secretum*.

231. Cf. págs. 170-174; 91-95; 159, n. 122, y 389, n. 480.

cuna al sepulcro, así, la aventura de Francesco se trenza con la trayectoria de la condición humana, se hace plural al responder a planteos abstractos, se descubre vicaria en tanto remedo de tal o cual *auctoritas*.

¿Cómo no iba Petrarca a dar rienda suelta al impulso de fabulación? «Persino nelle età succesive —tanto più libere nel lasciar irrompere la personalità dell' artista nella sua opera— la deformazione autobiografica e passionale (dal Folengo all' Alfieri e dal Foscolo al D'Annunzio) è una legge costante e ubbidiente alle tendenze e alle mode sentimentali e culturali».[232] Pero tal ley se agudizaba para el humanista, consciente de moverse en un terreno ambiguo [233] y habituado a la fantasía de equipararse «claris ... comitibus», de encarnar los más dispares papeles a través de «exempla».[234] No es solo cosa de expresión (de la inercia del lenguaje heredado), sino de percepción y pensamiento: de contemplar y discurrir con la mediación de modelos y cánones, convertidos en *formae mentis* por el largo andar entre libros.[235] No basta decir, entonces, que Petrarca se apropiaba una *falsariga*: la *falsariga* también se había apropiado a Petrarca. En el *Secretum*, por ende, realidad e ideal se determinan mutuamente, en un *tertium quid* de fascinante densidad.

Francesco, verbigracia, sin duda recoge detalles biográficos exclusivos de Petrarca (hasta con énfasis: «tu ... solus etatis tue ... coronam gestare meruisti ...»)[236] y sin duda en conjunto mira a 'explicar' a Petrarca, a sugerir una visión de la carrera humana e intelectual de Petrarca «ab annis puerilibus» (158). Sin embargo, Francesco no cobra cuerpo entero, no posee uni-

---

232. V. Branca, *Boccacio medievale,* pág. 207 (aunque, naturalmente, todo el clásico estudio «Schemi letterari e schemi autobiografici», págs. 191-249, es interesante en nuestro contexto: y aun me lisonjearía que se sintiera mi deuda para con ese trabajo, así como con G. Billanovich, *Restauri boccacceschi,* Roma, 1945).

233. Sin las coerciones de género —vale decir— que declara Edwin Muir, *An Autobiography,* Nueva York, 1954, pág. 154: «I could follow these images freely if I were writing an autobiographical novel. As it is, I have to stick to the facts and try to fit them in where they fit in».

234. Cf. págs. 358-359; aquí, n. 76.

235. Siempre valiosas las observaciones de N. Sapegno, *Il Trecento,* páginas 189-192, 222-223, y U. Bosco, *F. Petrarca,* págs. 112-117.

236. Vid. págs. 73, n. 75, y 322, n. 342.

dad y consistencia, sino gracias a la elaboración ficticia, novelesca: en tanto *dramatis persona* cuya cohesión no depende de la posibilidad de traducirla a los azares de la biografía petrarquesca, antes bien ofrece todas las señas de identidad necesarias.[237] El artista y el pedagogo, al cabo, ganan al cronista. Así, autónomamente, el cuadro del diálogo tiene siempre congruencia y sentido, permite una lectura válida aun dejando a trasmano a Petrarca (ya que no al 'nuevo escritor' que deviene Francesco en virtud de la conversación con Agustín). En cambio, reducido a la aparente clave biográfica, a relato de eventos, a transcripción de un «conflictus curarum» de finales de 1342, el libro se desintegra: no cabe casar la historia de Francesco con la historia de Petrarca, el coloquio es ininteligible si persistimos en darlo por compuesto «in decimum sextum annum» y juzgarlo reflejo de ese período.

Pero, junto a la lectura 'autónoma' relativamente válida, hay otra más completa; junto a la clave biográfica aparente, hay otra más sólida. Apuntémoslo en dos líneas. Los lectores a quienes poco o nada se les alcanzara de Petrarca verían a «Francesco» perderse de adolescente y regresar a la senda derecha «etate provectior»: del episodio y de cuanto lo flanquea extraerían copiosas enseñanzas. Los abundantes lectores mejor informados y harto curiosos («tantus de te loquentium populus», 184) captarían además la imagen que el autor pretendía: reconocerían a Petrarca, «in sextum decimum annum», tras tocar la cumbre de la Coronación, a punto de entrar en la cuarentena relegando las «pueriles ineptias» y dispuesto a trocarse en «philosophus» (tal como ya había preferido mostrarse desde 1347). Para nosotros, aspirantes a lectores de mayor hondura, la auténtica clave biográfica es la intención y el modo de proceder petrarquescos que daban ocasión a una y otra lectura: el designio de comunicar unas enseñanzas, el deseo de exhibir cierta imagen de sí y el arte que sirve a ambos propósitos, entre 1347 y 1353.

En plata: el principal valor biográfico del *Secretum* consiste en cuanto nos revela sobre el escritor en la época de la redacción.

---

237. Incluso *ex silentio*, callando nombres propios que solo hubieran sido significativos para unos cuantos o a costa de enojosas dilucidaciones (cf. n. 211).

El aserto sonaría tautológico, y no solo trivial (porque trivial es concluir que el significado más importante de toda deposición de implicaciones autobiográficas es el mismo hecho de prestarla),[238] para una obra en que coinciden la época de la acción y la época de la redacción (según viene aceptándose sin crítica). Pero desvanecer el espejismo de tal coincidencia da una fuerza inédita al aserto corriente y, complicando los términos en juego, nos obliga a un cambio radical en la comprensión del diálogo.

Al hilo de las páginas anteriores, echemos un vistazo a un texto en que el humanista compendia lecciones centrales del *Secretum* y se nos presenta con la imagen que el coloquio fuerza a inferir para el futuro de Francesco: analogías y diferencias nos serán útiles para deslindar todavía algún aspecto de ese valor biográfico del *Secretum* referido a la época de la redacción. En una epístola de 1352, Petrarca exhorta a Zanobi da Strada a instalarse en Nápoles, al arrimo de Niccolò Acciaiuoli: «ut scolis grammatice dimissis, altius aspiret». En efecto —dice—, a todos, «intrantibus viam vite huius», se nos ofrece un «grande discrimen» en el largo trayecto: optar por el camino «arduus, angustus», de la derecha, senda «ad sidera», o bien torcer por el camino «latior» de la izquierda, conducente «ad inferos»; así lo muestra la «exemplaris litera» de Pitágoras y Virgilio.[239] La empresa no debe atemorizarnos, y Petrarca atiende a ello reservando el sumo amor para la filosofía de cuño estoico;[240]

---

238. Cf., por ejemplo, G. Gusdorf, «Conditions et limites de l'autobiographie», en *Formen der Selbstdarstellung. Analekten zu einer Geschichte des literarischen Selbsportraits. Festgabe für Fritz Neubert*, Berlín, 1956, págs. 118-119 (incidentalmente: no tiene mucho interés la contribución de A. Buck a ese volumen, págs. 35-52, «Das Lebensgefühl der Renaissance im Spiegel der Selbstdarstellungen Petrarcas und Cardanos»); J. Starobinski, *J. J. Rousseau: la transparence et l'obstacle*, París, 1971, págs. 236-237; G. Mercadier, ed. Torres Villarroel, *Vida*, Madrid, 1972, págs. 30-33; F. R. Hart, «Notes for an Anatomy of Modern Autobiography», en R. Cohen, ed., *New Directions in Literary History*, Londres, 1974, págs. 222, 226, etc.

239. *Familiares*, XII, III, 5-7 (con cita de *Eneida*, VI, 542-543, como en 150: cf. pág. 303); compárese 152: «[leva] proclivior videbatur et latior; dextera enim et ardua et angusta est».

240. *Ibid.*, 9-10: «ob eam causam in primis philosophiam amo; non illam loquacem scolasticam ventosam qua ridiculum in modum literatores nostri superbiunt, sed veram et non in libris tantum sed in animis habitantem, atque in rebus positam non in verbis, cuius illud precipuum munus reor *Tusculanis*

mas tan poco tolerable como el temor es el necio descuido, «in hac via subsistere aut vagari aut divertere ...».[241] Piense, pues, Zanobi, distraído en las humildes labores del gramático,[242] en consagrarse a «maius ... negotium».[243] Postergue las artes liberales, donde un ingenio noble envejece indignamente. Porque «'elementario sene nil turpius', ut doctis senibus placet», porque «melium est puerum mori quam inter puerilia senescentem vivere». Venturosamente —le urge Petrarca—, «adhuc mutandi consilii tempus habes». Entonces, abrace mejores empeños, materia superior, «quod viri probent».[244] En suma, cual Séneca a Lucilio (y con próxima sujeción al estoico cordobés), Petrarca aconseja a Zanobi cambiar las artes por la filosofía, pasar de la «eloquentia» a la «sapientia».

Pero ¿acaso es otra la *paraínesis* de Agustín a Francesco? ¿Y no se inserta de idéntica forma en el plan del diálogo? Reconocemos en seguida los motivos: el «qualiter in hanc vitam intrassem», el «iter» de la existencia humana, el bivio de la Y pitagórica, el contraste de «res» y «verba», el modelo negativo

---

disputationibus [II, IV, 11] insertum, quod scilicet 'medetur animis, inanes solicitudines detrahit, cupiditatibus liberat, pellit timores'». En Séneca, *Ad Lucilium*, LXXXVIII, 32, se inspira el contraste de la filosofía que «res tradit, non verba», como en el *Secretum* (cf. n. 176); ya señalé que en esa carta de Séneca se halla el programa contemplado al final de nuestro coloquio (pág. 424, n. 577); y también en ella, 3, en concordancia con el lugar de las *Tusculanas* citado por Petrarca y de modo tan pertinente al caso de Zanobi como al de Francesco, se exponen las tareas del «grammaticus» (así «circa historias ..., circa carmina ...»), para preguntar: «Quid ex his metum demit, cupiditatem eximit, libidinem frenat?»

241. *Ibid.*, 11 (y sigue: «propriisque vix usibus suffecturum ingratis pueris tempus impendere»; cf. págs. 138 y 396, n. 502); el «in hac via subsistere ...» viene claramente del agustiniano *De doctrina christiana* (vid. solo págs. 297, n. 165, y 305, n. 187) y se apoya en una nutridísima tradición (n. 225).

242. Petrarca usa aquí, 12, un «nullusque unquam erit finis» paralelo al que Agustín aplica en el *Secretum* al trabajo de Francesco, siempre según la Biblia (cf. pág. 383, n. 468).

243. *Ibid.*, 13 (vid. Séneca, *loc. cit.*, 1: «tamdiu enim istis [liberalibus studiis] inmorandum est, quamdiu nihil animus agere maius potest»); y unas líneas después, 14: «verum altius aspirare suadeo quibus id ex alto permissum est» (con el giro, nótese, que el humanista repetía por las mismas fechas, en *Familiares*, XII, VI, 6, hablando de dejar el *Africa* y «melior fieri» con la vejez; cf. págs. 420, n. 567, y 436, n. 619).

244. *Ibid.*, 18-21 (con la consabida cita de Séneca: cf. n. 167); en 17 se lee: «melioribus incumbe vigiliis» (comp. n. 169).

del «elementarius senex ... inter puerilia», el tránsito a la sabiduría merced a una «mutatio» mientras hay tiempo... También entre generalidades y particulares, Petrarca, en la misiva, es el «Agustín» de Zanobi, ante quien obviamente se propone como dechado (con elegante delicadeza, mas sin romper las distancias);[245] y, al par, Zanobi es el «Francesco» de Petrarca, por cuanto se halla en un trance similar al que el humanista implica haber resuelto («in primis philosophiam amo»): en un «discrimen» en buena parte igual al de Francesco en el *Secretum*.[246]

Claro, la preocupación por la «mutatio» previa a la senectud, obsesiva en el *Secretum*, nos separa de 1342 para avecinarnos a la última estancia en Provenza: a la epístola a Zanobi, las *Invective contra medicum*, la carta del Ventoux... Solo por entonces se explica y se entiende la convergencia y la afinidad de todas esas piezas.[247] Los comunes denominadores son patentes: la aspiración de Petrarca a verse y ser visto en la tesitura halagüeña del «philosophus», ahuyentando las imágenes desfavorables, transferidas a otra figura o a otra etapa; la imposición de un orden ideal a la biografía, para hacerla doctrinalmente significativa; el acentuar la discrepancia entre las nociones contrapuestas y el plasmarlas en estereotipos, perdiendo inevitablemente en la exactitud del retrato cuanto se gana en fuerza docente; la vivacidad con que el juego de polaridades cobra forma en diversos géneros literarios y se despliega en términos ya sincrónicos, ya diacrónicos... En tales líneas se hallan los testimonios innegables que proporciona el *Secretum*: respecto al Petrarca de hacia 1353.

Es notorio, por otro lado, que en semejante marco hay una

---

245. Generalidad y distancia se aprecian, por ejemplo, en el empleo del mismo plural que tantas veces el Padre dirige a Francesco: «ut enim vos dicere soletis ...» (*ibid.*, 21).

246. No se descuide que también en el *Secretum* el paso a la «sapientia» va unido a una «mutatio loci» (e, incluso, que también Petrarca, como Zanobi, había sido invitado por Acciaiuoli a aposentarse en Nápoles: cf. pág. 346, n. 329).

247. Como de otras muchas epístolas de 1351-1353 —algunas fragmentariamente aducidas en el presente volumen—, cuya reagrupación e interpretación nos permitirá —en el tomo segundo— aportar nuevos complementos al contexto literario y vital del *Secretum*. Desde luego, insisto en la última estancia en Provenza, porque, según he mostrado, a 1353 corresponde la decisiva refundición del diálogo, y solo entonces pudieron cobrar el sentido global que mantienen los materiales procedentes de las versiones de 1347 y 1349.

voluminosa cargazón de «polémica ideológica».²⁴⁸ Por ende, en ese ámbito, enunciar ciertas cuestiones equivalía a solventarlas. El mentado debate de la «eloquentia» y la «sapientia», verbigracia, se concreta de modo prominente (no, exclusivo) en la duda de Francesco sobre si arrinconar o continuar *Africa* y *De viris illustribus*. Nos consta que la duda transparenta unas circunstancias de las postrimerías de la morada en Provenza y se desplaza a 1342-1343 para insertarla en la gran «mutatio» de los cuarenta años (amén de disculpar la imperfección de la epopeya y el «liber historiarum»).²⁴⁹ Pero discutir el asunto en el *Secretum* —componiendo o recomponiendo las páginas al propósito— zanjaba el dilema en medida enjundiosa: era *de facto* cultivar la «sapientia» en detrimento de la «eloquentia» inferior.²⁵⁰

De alguna manera, todo el *Secretum* responde a un planteamiento parejo. Petrarca pinta ahí —*di macchia*, con distinto cariz «di lontano» que «da presso»—²⁵¹ los preámbulos de una redentora entrega a la filosofía: de tal suerte, no obstante, que la simple pintura supone realizar la conversión. Para él, competía al filósofo ocuparse en la instrucción moral de los demás y en el conocimiento de sí mismo.²⁵² Petrarca cumplía evidentemente ambos requisitos al escribir el *Secretum*: no ya por prodigar las oportunas lecciones, sino por el mero sacarse a escena; no ya por predicar el «nosce te ipsum», sino por aplicárselo a sí. Tradicionalmente venía recurriéndose a un *ego* didáctico, artificial, al «*yo* del maestro que para mayor eficacia presenta como vivido u observado en propia persona el caso abstracto sobre el que dogmatiza»,²⁵³ marcando el énfasis en los

---

248. Para decirlo con el afortunado giro de Francesco Tateo (cf. pág. 44, nota 16, etc.).
249. Vid. notas 50, 164.
250. Natalino Sapegno, *op. cit.*, págs. 227 y 230, escribió que las «confessioni petrarchesche ... sono appunto una liberazione progressiva dalla miseria morale attraverso il dominio intellettuale di essa e l'espressione letteraria» y que «la soluzione della crisi petrarchesca ... è appunto ... nel libro stesso»; pienso que hay mucho de certero en tales palabras. Cf. también U. Bosco, *F. Petrarca*, págs. 98-100, y A. Tripet, *Pétrarque...*, págs. 177-185.
251. G. Vasari, *Le vite...*, ed. G. Milanesi, VII (Florencia, 1906), pág. 452.
252. Cf. págs. 434-435.
253. M. R. Lida [de Malkiel], «Notas para la interpretación, influencia,

rasgos desairados.²⁵⁴ Nuestro autor remachaba, con Sócrates: «doctus fieri non potest, nisi qui se noverit atque oderit ignorantem».²⁵⁵ Instruir a los demás y conocerse a sí mismo, pues, era uno con proclamarse «ignorans», mientras llegar a «doctus» recomendaba, al sacarse a escena, abultar la ceguera y el error de Francesco. El «conflictus» esencial en el *Secretum* quedaba solucionado por la forma de exponerlo.

Quedaba solucionado ¿hasta qué punto? Al encarnar los factores negativos en una *dramatis persona* de amplia dimensión teórica y fluctuante relación consigo mismo, Petrarca los novelizaba, los hacía ajenos, pero manteniendo un vínculo que otorgaba virtudes catárticas a la confesión de Francesco y a las acusaciones de Agustín. Como en un rito mágico, fabricaba una figura de cera y se liberaba de los rasgos desagradables por el procedimiento de exagerarlos para mejor conjurarlos. Cuanto más castigara esa fisonomía, sin robarle un parecido con la suya, más limpio se miraba... y, al acrecerse la distorsión distanciadora, menos servía la terapéutica.²⁵⁶ En tanto se reconociera en Francesco, Petrarca *asumía* los factores negativos y los expiaba a beneficio de inventario penitencial. Pero los asumía *superados*, no solo por disueltos en la generalidad del «Homo» y en un disfraz de creatura literaria, sino especialmente por transpuestos al pasado: implicando, pues, un presente y un futuro demasiado hermosos. Tales ambigüedades, útiles ante los demás, hubieron de producirle ante sí mismo alguna inquietud. Sobre todo porque, dado el plano de exigencia en que discurría el diálogo, ¿cómo apropiarse satisfactoriamente los factores positivos consecuentes a la superación intelectual de los negativos? Dilemas y proble-

---

fuentes y texto del *Libro de buen amor*», en *Revista de filología hispánica*, II (1940), pág. 109.

254. A la postre, el modelo estaba en San Pablo, II Corintios, XII, 9 (y *ca.*): «Libenter igitur gloriabor in infirmitatibus meis, ut inhabitet in me virtus Christi». Comp. G. Misch, *op. cit.*, I, págs. 543-544, 682; II, págs. 529, 597, etc.; y vid. n. 166.

255. *Invective contra medicum*, pág. 73, introduciendo la frase copiada *ad* n. 163 y en el párrafo que desemboca en una alusión al *Secretum*.

256. Pues he establecido una comparación con la magia, acotaré que no faltaría quien gustara de discutir la materia en el terreno del psicoanálisis; cf., así, P. Lejeune, *L'autobiographie en France*, págs. 91-104, 246-262, y arriba, pág. 37, n. 113.

mas fundamentales en el *Secretum* —indicaba— se resolvían por el hecho de exponerlos o en la forma de exponerlos: mas quizá únicamente —añado— en el momento de exponerlos. En tal perspectiva, se comprenden las tres redacciones del libro, consignadas en la apostilla al códice Laurenziano: la insistencia de Petrarca en rehacer el *Secretum* era un modo de rehacerse con él. Y se comprende que al contemplar el conjunto del coloquio un poco desde fuera —al inscribir el título o en una relectura—, al alejarse del sortilegio de las palabras con poder de actos, el humanista no reprimiera un leve suspiro, también atestiguado por el apógrafo: «facturus totidem libros de secreta pace animi, si pax erit», «si pax sit usquam».[257]

Petrarca, en 1347, 1349 y 1353, escribe el *Secretum* para fijar su biografía en un esquema ideal, para presentarla y representársela reducida a la unidad de un diseño literariamente elaborado, para imprimirle un *pattern* no solo de alcance docente, sino también —en dominio íntimo— con valor de purificación, acendramiento teórico, y de programática formulación de principios. De la concreción de aquel esquema y de esos principios, a ojos del lector tanto como del autor, es momento decisivo la propia composición del diálogo. Vida y obra de Petrarca se equiparan al darse la una en función de la otra (y por añadidura con exquisito brío en la plasmación artística de las *dramatis personae*, por conveniencias doctrinales, con miras a afianzar una cierta «effigies» del humanista, por la gustosa inercia del trance creativo). Pero ocurre además que la reconciliación de vida y obra «ut philosophum decet» es tema último y esencial del *Secretum*.

No en vano hemos comprobado que la preocupación por la filosofía (filosofía, al modo petrarquesco), el enfoque filosófico, es factor constitutivo del debate. Desde el arranque: desde que Agustín entra en materia con un planteamiento de vigor silogístico, cuya inteligencia exige tener presentes «illas philosophorum ... sententias» y proceder con «consequentia» de filósofo, para inferir precisamente que de la convicción intelectual resultan por fuerza liberadoras secuelas prácticas.[258] Hasta el desen-

---

257. Cf. págs. 10, 12, 14, 55-56; aquí, n. 190.
258. Vid. págs. 43 y sigs.; para la «vis sillogistica», abajo, n. 276.

lace: hasta tomar la conclusión «ex ore philosophorum», para definir una forma de existencia modélica que no es sino la mismísima «philosophorum vita».[259] Desde el arranque hasta el desenlace, en breve, no hay asunto ni episodio sin substrato filosófico (así por el *leitmotiv* de la «opinio perversa»), sin color de escuela (la gama puede ir de los «stoicorum precepta a la ockhamista «dyaleticorum garrulitas»), sin apelación al testimonio de los filósofos (entre Sócrates y los «moderni» dignos de respeto).[260]

Naturalmente, esa filosofía que aglutina el diálogo es en gran medida ética y, por ende, también 'teología'. No descuidemos que según Coluccio Salutati el *Secretum* mostraba a un Petrarca «eruditione theologum et gentilibus illis philosophis preferendum».[261] Discípulo y amigo tan allegado como Lombardo della Seta era tajante y lapidario al calificar nuestro libro: «hic theologicus est».[262] La circulación del coloquio confirma tales juicios tempranos y autorizadísimos: cierto, el *Secretum* se difunde máximamente como lectura espiritual, devota;[263] «in un contesto puramente ascetico»[264] de misceláneas donde se codea con San Agustín o San Bernardo; agrupado con los escritos petrarquescos de más directa intención edificante; bajo el epígrafe *De contemptu mundi*;[265] unido a un apócrifo cual los *Psalmi confessionales* que revela de maravilla qué imagen del escritor se había consolidado... No sorprende, entonces, que cuando Francesco da Legname, obispo de Ferrara, se propuso «mutare la vita», «nel principio della sua conversione», se apresurara a encargar «uno li-

---

259. Cf. solo págs. 431, 433-434.
260. Pienso especialmente en los moralistas medievales, «moderni», a quienes Petrarca cita y sigue para delimitar la acidia (págs. 197 y sigs.); o comp. págs. 92-95, 97-98.
261. *Epistolario,* cit. en la n. 124.
262. *Apud* G. Billanovich-E. Pellegrin, «Una nuova lettera di Lombardo della Seta e la prima fortuna delle opere del Petrarca», pág. 235.
263. Por el momento, cf. G. Billanovich, *Petrarca letterato,* I, págs. 376-379, 442-444; y los catálogos de manuscritos petrarquescos publicados o en curso de publicación en *Italia medioevale e umanistica* (y luego en volumen aparte), desde 1961.
264. A. Sottili, «I codici del Petrarca nella Germania Occidentale», en *Italia medioevale e umanistica,* X (1967), pág. 415.
265. El mismo epígrafe se usó igualmente para *Seniles,* XI, XI, pág. 779; cf. *Italia medioevale e umanistica,* VIII, pág. 394, y XII, págs. 458-459, por ejemplo.

bretto composto da meser Francesco Petrarca, intitulato *De conflictu curarum suarum*»: pues «col mezo di questo libro si convertì al suo Idio, et mutossi della vita et de' costumi ...»²⁶⁶ Ni sorprende que Giovanni Dominici, en la feroz diatriba contra el clasicismo florentino, salvara elogiosamente a Petrarca: «hic sanctam philosophiam possedit».²⁶⁷

«Ille ... philosophice sanctissimeque voces» (32): a esa doble inspiración, en verdad, se acoge el *Secretum* desde el comienzo (Dominici no se equivocaba). Como indicios, bastaría recordar que tal sentido tiene la simple intervención del Padre, el ser Agustín y no otro el portavoz de la Verdad; o advertir con qué cuidado el lugar de honor, al final de cada jornada, se reserva sistemáticamente a una concordancia de los «vere religionis professores» y los «gentium philosophi».²⁶⁸ Pero, por supuesto, ahí y doquiera la concordancia se vence hacia la interpretación dictada por la fe. La dinámica del diálogo, el crecer de las grandes líneas de desarrollo, es de por sí elocuente. Los elementos sujetos a escrutinio van apareciendo a una luz progresivamente más religiosa, las coordenadas del análisis van extendiéndose más y más en el plano del dogma. Evoquemos un instante el capítulo *de amore*, en el libro tercero. Harto sabemos que trata menos de anécdotas factuales que de problemas lite-

---

266. Vespasiano da Bisticci, *Le vite*, ed. A. Greco, I (Florencia, 1970), págs. 258-259 (y vid. Billanovich, *op. cit.*, pág. 378). Respecto a la *mutatio vitae* (cf. simplemente n. 230, al fin), adviértase todavía la insistencia de Vespasiano: «... in modo ch'era ignuno che non si maravigliassi di tanta mutatione, quanta fece in brevissimo tempo. Fatto questo fermo proposito, et mutata la sua vita, era cosa mirabile a vedere tanta mutatione quanto gli aveva fatta in ogni cosa ...»

267. G. Dominici, *Lucula noctis*, ed. E. Hunt, Notre Dame (Indiana), pág. 365. El texto es más interesante cuando se repara en que Salutati, el impugnador de la *Lucula noctis*, había dicho de Petrarca cosas muy similares... siguiendo sugerencias del mismo Petrarca (vid. así *Epistolario*, I, págs. 178-179, seguramente en deuda con *Familiares*, XII, III, 9-10, cit. en la n. 240).

268. Vid. págs. 117-122 (I), 246-247 (II), 444-446 (III). De cuán meditado es el procedimiento habla que las frases citadas se pronuncien a mitad de la obra, al cerrarse el coloquio segundo (128), para explicar la tripartición del *Secretum* con el carácter sagrado del número tres entre cristianos y paganos, mencionando expresamente a la Santísima Trinidad (y es mención casi obligada en los incontables libros medievales que adoptan pareja estructura: cf. solo E. Reiss, «Number Symbolism and Medieval Literature», en *Medievalia et Humanistica*, n.s., I [1970], págs. 161-174, con buenas referencias a una bibliografía en crecimiento continuo).

rarios y conceptuales: no están en juego los incidentes de una aventura amorosa, sino las implicaciones de perseverar en una labor poética del género del *Canzoniere*.[269] La pasión por la dama se contempla, sí, en la perspectiva de todas las categorías deslindadas en los dos coloquios anteriores: en tanto «opinio ... falsissima» y «error», *affectus* y *perturbatio* (según los tecnicismos canónicos), en relación con el «modus» estoico y el peripatético, asimilada a los «fantasmata» o «species ... rerum visibilium», entre los siete pecados capitales, etc., etc. Mas la reflexión alcanza ahora las cotas superiores de pertinencia religiosa y, recogiendo cuanto precede, llevándolo a una culminación (provisional), cobra descolladamente el carácter «theologicus» que juez tan seguro como Lombardo della Seta otorgaba al conjunto. En las huellas estrictas de San Agustín, la cuestión de Laura es la cuestión del valor de la «forma corporea» frente al «summum bonum», de la creatura frente al Creador, de carne y alma, de caducidad y permanencia, de amor de Dios y «amor rerum temporalium ...» Cual las otras cosas temporales, cierto, Laura hace a Francesco olvidarse de Dios y de sí mismo. Pero el inmediato capítulo *de gloria* enseña precisamente a buscar la «vera virtus» —manifiesta «ubilibet radiante Deo»— y predica el retorno «Deo sibique» a través de la «commentatio mortis» donde se cifra «tota philosophorum vita». La filosofía de la «cogitatio mortis», guiada por el imperativo «te ... tibi restitue» y orientada a un «mortalia ... contemnere» de transcendencia divina, ha de lograr al protagonista, «ut philosophum decet», la decisiva coherencia de vida y obra: la reintegración —vale decir— de los «sparsa anime fragmenta». Así se anudan todos los hilos del *Secretum*.

Y se enlazan con un trenzado tan sutil y rico en matices, que quizá no tiene igual en el telar petrarquesco. Limitemos la muestra a una mínima aproximación, al sesgo, a algunos fundamentos

---

269. La importancia de la nueva datación queda aquí bien de relieve: sabiendo que el *Secretum* debe considerarse substancialmente escrito «in morte», es obvio que la «clave biográfica» no nos remite a la Laura de la realidad (sea cual fuera), antes a la lírica que Petrarca seguía dedicándole, incluso con óptica «in vita» (cuando más no, ya en el trabajo de lima y organización), y a las connotaciones teóricas de tal actividad.

y valores del estilo. Proclama el Padre y acaba Francesco por aceptar que el pretendido «non posse» es lisa y llanamente «nolle», porque, en el terreno moral, «desiderium potentia consequitur». Son ideas —nos consta— espigadas en textos estoicos y agustinianos. ¿Cómo llega a admitirlas el renuente protagonista? Gracias a un *exemplum*, de múltiple significado personal (pues se pone en la boca y en la experiencia de Agustín para establecer un paralelo con el Francesco de la acción y prometerle un futuro acorde con la imagen deseada por Petrarca en el tiempo de la redacción). En efecto, el Santo relata que de nada le sirvieron los suspiros cuando se propuso mudar de vida: «*idem ille qui fueram mansi*, donec alta tandem meditatio omnem miseriam meam ante oculos congessit»; solo entonces fue capaz de transformarse «in alterum Augustinum».[270] Pero conviene aducir el comentario de Petrarca a las obras éticas de Aristóteles: «Que cum didici, scio plusculum quam sciebam; *idem tamen est animus qui fuerat, voluntasque eadem, idem ego*. Aliud est enim scire atque aliud amare, aliud intelligere atque aliud velle. Docet ille, non infitior, quid est virtus; at stimulos ac verborum faces, quibus ad amorem virtutis vitiique odium mens urgetur, lectio illa vel non habet, vel paucissimos habet. Quos qui querit, apud nostros, precipue Ciceronem atque Anneum, inveniet ...»[271] El cotejo es ilustrativo. En el *Secretum*, el autor busca convencer y conmover al lector, como se convencen y conmueven los interlocutores,[272] no ya con diversas ideas que Aristóteles, sino con diverso estilo: con el estilo que había bebido en las fuentes estoicas de Cicerón y Séneca, en el manantial de San Agustín. Por todas partes hallamos en el *Secretum* la impugnación de teorías peripatéticas; nuestra viñeta prologa un violento ataque contra los dialécticos terministas de la época; hacia el final tropezamos con una noticia de Aristóteles que se afirma expuesta en las

---

270. Vid. arriba, págs. 65-77.
271. *De ignorantia*, pág. 68, y en *Prose*, pág. 744, para referirse en seguida al impacto del *Hortensius* sobre Agustín (cf. notas 152-155).
272. Nótese también cómo lamenta Francesco que la «cogitatio mortis» no le aproveche: «ego autem idem sim adhuc qui fueram» (58; cf. pág. 101, n. 160); en rigor, todo el resto del *Secretum* se consagra a dilucidar qué obstáculos le impiden obtener ese objetivo, a enseñarle a devenir otro merced a la meditación sobre la muerte.

Tusculanas «clariori eloquio et ad persuadendum aptiori».²⁷³ No nos sobran esos datos, pero tampoco nos harían demasiada falta ahora. Porque aun sin ellos debiéramos comprender que el mero estilo del *Secretum* es una toma de posición intelectual: frente al aristotelismo antiguo y moderno, a favor del estoicismo aliado a la buena retórica (y para Petrarca la bondad de la retórica consistía exactamente en tal alianza con la filosofía),²⁷⁴ a zaga de Agustín (aún más: en convergencia con una corriente de espiritualidad medieval largamente abrevada en Agustín y que en los siglos oscuros fue singularmente sensible a la tradición clásica).²⁷⁵ El arte de dibujar a las *dramatis personae*, animar la escena, aderezar argumentos y réplicas, discursos y narraciones, así, realiza ya estilísticamente el modo de «sapientia» que el Padre recomienda a Francesco y el humanista, en 1353, defendía en las *Invective contra medicum*: es el arte propio del filósofo cabal, «pueritiam pretergressus», ducho en movilizar con miras más altas los recursos de las disciplinas propedéuticas.²⁷⁶ También el estilo del *Secretum* es una manera de la filosofía que reconcilia vida y obra.

Nos hallamos sin duda ante un Petrarca en plenitud de dotes creativas. Valga a realzarlo, por coda, una última prueba del al-

---

273. Cf. pág. 430. Desde luego, la observación se enuncia con terminología retórica bien familiar; comp. H. Lausberg, *Handbuch der literarischen Rhetorik*, Munich, 1960, § 258, para los tres grados del *persuadere* («docere», «delectare» y «movere»), admirablemente ligados en el *Secretum*.

274. Vid. J. E. Seigel, *Rhetoric and Philosophy in Renaissance Humanism*, págs. 47-48, etc. (aunque el *Secretum* bastaría a refutar que «the philosophical school which Petrarch regarded as most in harmony with rhetoric was Peripateticism», pág. 56; y el propio prof. Seigel reconoce, *ibidem*: «Petrarch seems never to have quoted Cicero's direct statements on the harmony of Peripatetic ethics with the tasks of the orator», en tanto «Petrarch's espousal of a Stoic viewpoint conformed to the principles of rhetoric in another sense»).

275. Cf. el excelente libro de J. Leclercq, citado arriba, pág. 98, n. 147.

276. Vid. únicamente *Invective*, pág. 75, junto a la referencia al *Secretum*, en el contexto cuya enjundia venimos advirtiendo (notas 162-165, 167, 255): «Itaque libellos meos omelias vocas, quasi nomen infame meditatus, quod sanctissimis tamen atque doctissimis viris placuisse notum est ... O semper scolastice literator, nunquam literatus aut magister —quis enim literatus ista scriberet?— lege philosophorum libros, vel interroga qui legerunt: quis unquam hunc scribendi morem tenuit? Inest quidem verbis illorum vis ingens sillogistica: sillogismus nunquam aut perraro; quippe, pueritiam pretergressi, loquuntur ut viri. Efficacior est autem dissimulata callide, quam inaniter ostentata sutilitas ...»

cance semántico y sintomático de la andadura formal. ¿Nos sorprenderá, en efecto, que un libro que prescribe e ilustra el «nosce te ipsum» discurra por los cauces del diálogo? Pues bien, un maestro de lingüistas, Émile Benveniste, ha observado: «La conscience de soi n'est possible que si elle s'éprouve par contraste. Je n'emploie *je* qu'en m'adressant à quelqu'un, qui sera dans mon allocution un *tu*».[277] La constatación del científico se empareja impecablemente con el atisbo del poeta: ganar «conscience de soi», preguntaba Paul Valéry, «n'est pas sentir que l'on pourrait être tout autre?»[278] El *Secretum* da la razón a Benveniste y a Valéry. Petrarca refleja «par contraste» el proceso de la «conscience de soi» y el inherente imaginarse «tout autre»: en relación a un ideal término positivo, necesariamente definidor de un término negativo y a la vez definido por él. De ahí la forma dialogada; de ahí las figuras de los interlocutores, sincrónicamente dispares, diacrónicamente análogas (Agustín fue como es Francesco, Francesco ha de ser como es Agustín). El acento temporal de esa disparidad y esa analogía se acrecienta, clarificándose, cuando se descubre el extenso hiato entre el momento ficticio de la acción (1342-1343) y el año de la redacción definitiva (1353). En tanto Petrarca se encarna en Francesco —en la circunstancia de la acción—, Agustín aparece como el porvenir querido; en tanto se encarna en Agustín —desde la época de la redacción—, Francesco es el pretérito superado. Mas ninguno de los dos papeles se encarna sino «par contraste», ningún *yo* cobra sentido sino por referencia al *tú*; no hay identificación sin distanciamiento, el ayer y el mañana se dan siempre en incidencia mutua. ¿Dónde queda el presente del autor? Está, desde luego, en la ambigüedad de la revelación, en el recíproco determinarse de las *dramatis personae*, en el *Lust zu fabulieren*, en la intención didáctica... Todo es uno y lo mismo, obviamente. Petrarca, por caso, fabula con designios ejemplares (incluso para pintar un modelo que ofrecerse a sí mismo) y porque se desea «tout autre», en público y en privado, retrospectivamente y para el futuro. Por supuesto, la ecuación puede desarrollarse partiendo de cual-

---

277. *Problèmes de linguistique générale*, París, 1966, pág. 260.
278. *Apud* G. Gusdorf, *La découverte de soi*, París, 1948, pág. 260.

quiera de las tres dimensiones —personal, docente, artística— que unitariamente estructuran el *Secretum*. Y desde cualquiera de ellas se corrobora la pertinencia del recurso al diálogo. No en balde es una «mutatio» el factor argumental evocado con mayor insistencia, mientras la intriga se deja reducir al conflicto del «vetus homo exterior et terrenus» frente al «homo novus interior et celestis».[279] No en balde, digo, porque ambos rasgos conducen al género dialogístico, subrayando una dicotomía, apuntando a un desdoblamiento y una contraposición. Pero, en suma, ¿el libro entero no muestra —al análisis— el juego parejo de unos componentes de ficción y doctrina concertados con una variable orientación a la realidad? ¿No es justo, entonces, afirmar que en el *Secretum* dialogan vida y obra de Petrarca?

---

279. Tales sumarios (junto a otras notas, fruto también de atenta lectura) puso Petrarca al margen del *De vera religione*, XXVI, 48-49. Trata ahí Agustín de cómo algunos hombres «renascuntur interius, et ceteras eius partes suo robore spiritali et incrementis sapientiae corrumpunt et necant, et in caelestes leges ... astringunt. Iste dicitur novus homo et interior et caelestis habens et ipse proportione non annis, sed provectibus distinctas quasdam spiriales aetates suas»; esas «etates spiritales» (según la acotación de nuestro humanista) suponen un progreso en la virtud: en la tercera, así, el «novus homo» abraza la continencia, «ut iam recte vivere non cogatur, sed etiamsi omnes concedant, peccare non libeat» (Petrarca destacó el pasaje con un elegantísimo monograma), y en la quinta (correspondiente a la «senectus») disfruta «in opibus et abundantia incommutabilis regni summae atque ineffabilis sapientiae ...» Aun sin seguirlo puntualmente, es fácil que Petrarca tomara en cuenta ese proceso de crecimiento espiritual, a propósito del «animum ... mutari» y la «vite ... mutatio» de tanto peso en el *Secretum*, y por inspiración agustiniana (cf. solo n. 181; y F. Rico, «Petrarca y el *De vera religione*», números 45-48, 102, 144). Pues tampoco cabe preterir que el epílogo al *De vera religione*, cuando enseña que desde la «curiositas» debe ascenderse «ad investigandam veritatem» (XLIX, 95), eludiendo los «phantasmata» (*ibid*.; cf. arriba, págs. 111-113) y alimentándose en la Biblia (LI, 100), equipara tal ascenso con la «[reformatio] ex vita veteris hominis in novum hominem» (LII, 101). Vid. *Familiares*, II, ix, 17: «Sic adversus interiorem hominem exterior pugnat», etc.

ÍNDICES *

* Compilados y revisados por Juan Alcina Rovira, cuya colaboración agradezco vivamente. El volumen final comprenderá tablas recapitulativas de temas, *notabilia varia* y manuscritos. F.R.

I

OBRAS DE PETRARCA

Africa, 11, 23, 33, 147, 259, 283, 365, 386, 389, 390, 405, 413, 416-417, 419-424, 447, 449, 453, 457, 466, 468, 484, 492, 498, 501, 505, 511, 512, 524, 526
I, 10-13 : 487; I, 14-16 : 486; I, 309 : 105; I, 327-328 : 147; I, 387 : 44; I, 487 : 437; I, 517-518 : 356; II : 410; II, 73 y sigs. : 126; II, 140-141 : 382; II, 282-283 : 62; II, 303-312 : 405; II, 334-530 : 404, 408; II, 349 : 427; II, 352-353 : 361; II, 360 y sigs. : 402; II, 361-363 : 401; II, 364-365 : 403; II, 392-394 : 403; II, 394-396 : 404; II, 431-432 : 408; II, 443 : 377; II, 455-457 : 409; II, 460-461 : 407; II, 464-465 : 409; II, 470-471 : 392; II, 478-482 : 393; II, 486 : 412; II, 487-490 : 411; II, 490-500 : 413; II, 496 : 411; II, 501-502 : 416, 437; III, 87-264 : 23; III, 242 y sigs. : 98; V, 35-37 : 275; V, 56-57 : 275; V, 629-631 : 274; V, 680 : 289; VI, 765 : 311; VI, 895-897 . 91, 486; VII, 292 : 366; IX, 116 : 321; IX, 117-119 : 360; IX, 211 : 42; IX, 229-241 : 259
Bucolicum carmen, 510
I : 481-482, 498; I, 46-50 : 482; I, 50-52 : 243; I, 53-54 : 482, 496; I, 110 : 496; I, 110-123 : 421; I, 124 : 496; II : 496; III : 136, 309, 496; III, 9 : 313; III, 86-87 : 275; VIII : 222; VIII, 4 : 41; VIII, 10 : 364; VIII, 19 : 343; VIII, 27 : 505; VIII, 49-50 : 344; VIII, 56 : 343; VIII, 75 : 343; VIII, 76-78 : 377; VIII, 107-108 : 344; VIII, 123-125 : 156; IX : 210; IX, 54-59 : 402; IX, 90 y sigs. : 306; X : XIV, 290; X, 24-27 : 292; X, 237 : 307; X, 239 : 312; X, 273-274 : 312; X, 355 : 321; X, 362-364 : 360; X, 386 : 364; XI, 3-6 : 204; XI, 31-32 : 277; XI, 53 : 306; XI, 67-70 : 257
Collatio... coram... Iohanne, Francorum rege, 245
Collatio laureationis, 137, 321-322, 323, 360, 487
II, 8 : 77; II, 10 : 370; VII, 2 : 378, 409; VIII, 4 : 370; IX, 5-8 : 196-197; XI, 1 : 73
Collatio inter Scipionem, Alexandrum, Hanibalem et Pyrrum, 360
Canzoniere, 7, 15, 37, 59, 106-107, 253, 255-257, 259, 261, 268, 272, 285, 291, 308, 317-318, 320-321, 325, 329, 350, 365, 374, 385, 400, 445, 463, 498, 505, 517, 518, 531
I, 4 : 101, 276; I, 6 : 40; I, 9-11 : 365; I, 11-12 : 276; I, 14 : 40; II, 9-13 : 206; III, 10 : 339; V, 9-10 : 316; VI : 311; XII : 308; XV : 336; XV, 13 : 335; XXII, 31-36 : 313; XXIII, 25 : 251; XXIII, 48 : 321; XXIII, 66 : 252; XXIV, 1-2 : 360; XXX, 25-27 : 367; XXXIII, 10 : 339; XXXIV, 2 : 321; XXXV, 1 : 319; XXXV, 3-4 : 319; XXXVI : 319; XXXVII, 52 : 278; XXXVII, 93-94 : 289; XLI : 319;

XLI, 1-8 : 360; XLII : 319; XLII, 1-6 : 360; XLIII : 319; XLIX, 7-14 : 319; L : 426; L, 3 : 402; L, 15-17 : 428; L, 21-22 : 157; LV : 337; LVI, 3 : 105; LX, 12-13 : 360; LXII, 3 : 267; LXII, 13 : 447; LXX : 301; LXX, 41-50 : 302; LXXI, 11-14 : 290; LXXI, 102-105 : 289; LXXII : 295; LXXII, 9 : 291; LXXIV, 8 : 318; LXXVI : 251; LXXVII : 320; LXXVIII : 320; LXXVIII, 5 : 320; LXXXI, 12-14 : 256; LXXXI, 88 : 102; LXXXIX : 251; XC, 9-11 : 275; XCIV : 290; XCIX, 6 : 338; C : 338; C, 12-13 : 335; CIV, 14 : 320; CV, 84 : 370; CXII : 338; CXIII : 337; CXIII, 5-11 : 360; CXVIII, 7-8 : 285; CXIX : 415; CXIX, 9 : 101, 415; CXIX, 108 : 415; CXX : 105; CXXII, 5-7 : 367; CXXVII : 335, 426; CXXVII, 19-28 : 432; CXXVIII, 99 : 43; CXXIX, 27 y sigs. : 335; CXXX : 320; CXXX, 5-6 : 204, 318; CXXXV : 426; CXXXVI, 5-6 : 337; CXXXVIII, 5 : 337; CXXXVIII, 7 : 230; CXLII, 10-12 : 360; CXLVI, 3 : 275; CLVI, 1 : 275; CLVI, 1-2 : 283; CLIX, 5 : 287; CLXXXVIII, 5-9 : 428; CXCV, 1-2 : 367; CCV, 8 : 290; CCIX, 9-14 : 332; CCXI, 12-13 : 8; CCXII : 308; CCXII, 1-4 : 371; CCXIII, 2 : 283; CCXIII, 4 : 274; CCXV, 13 : 319; CCXVI, 1-4 : 318; CCXXI : 308; CCXXIII : 318; CCXXIV, 6 : 319; CCXXVI, 5 : 204; CCXXIX, 14 : 205; CCXXX, 4 : 275; CCXXXII, 12 : 181; CCXXXIV, 9 : 34; CCXXXIV, 12-13 : 351; CCXLIII, 3 : 283; CCXLIV, 3 : 273; CCXLVI-CCLIV : 284; CCLII, 1-2 : 174; CCLV, 6-7 : 319; CCLXIV : 256; CCLXIV, 6-8 : 256; CCLXIV, 7-8 : 260; CCLXIV, 9-13 : 65; CCLXIV, 19 : 280; CCLXIV, 23-31 : 280; CCLXIV, 27-31 : 281; CCLXIV, 37-38, 48-54 : 21; CCLXIV, 68-69 : 382; CCLXIV, 72 : 257; CCLXIV, 75-76 : 413; CCLXIV, 84-85 : 257; CCLXIV, 99-101 : 294; CCLXIV, 115-116 : 367; CCLXIV, 120-123 : 305; CCLXIV, 134-136 : 121; CCLXV, 1 : 252; CCLXVIII, 1-2 : 326; CCLXVIII, 6 : 326; CCLXVIII, 35-36 : 283; CCLXVIII, 65 : 326; CCLXVIII, 73-77 : 371; CCLXIX, 10-11 : 319; CCLXX : 330; CCLXXI : 308; CCLXXVII, 1-2 : 367; CCLXXVII, 14 : 367; CCLXXIX : 335; CCLXXXI : 335; CCLXXXII : 279; CCLXXXII : 338; CCLXXXIII : 280; CCLXXXIII, 3 : 274; CCLXXXVII : 313; CCLXXXVIII : 338; CCLXXXVIII, 9-14 : 203; CCLXXXIX, 5-11 : 312; CCXC, 1-2 : 313; CCXCI : 313; CCXCII, 4 : 288; CCXCIV, 12 : 427; CCCI : 338; CCCVI, 7 : 319; CCCXIV : 285; CCCXV : 368; CCCXV, 1-2 : 308; CCCXV, 9-10 : 308; CCCXVI : 308; CCCXVI : 368; CCCXVI, 9-10 : 367; CCCXVII : 308, 368; CCCXVII, 14 : 367; CCCXVIII, 7-8 : 284; CCCXIX, 12 : 367; CCCXXIII : 426; CCCXXIX, 5-8 : 284; CCCXXX, 5-8 : 284; CCCXXXI, 1-3 : 332; CCCXXXI, 31-36 : 284; CCCXXXI, 43-45 : 278; CCCXXXI, 60 : 367; CCCXXXI, 31-34 : 318; CCCXXXV, 5-6 : 274; CCCXXXVIII, 7: 289; CCCLI, 6 : 275; CCCLVII, 2-4 : 291; CCCLX : 33, 267, 318, 483; CCCLX, 2-4 : 262; CCCLX, 9-10 : 306; CCCLX, 15 : 319; CCCLX, 17-18 : 319; CCCLX, 17-19 : 292; CCCLX, 25-30 : 292; CCCLX, 29 : 261, 290; CCCLX, 31-32 : 294; CCCLX, 31-34 : 292; CCCLX, 39-40 : 292; CCCLX, 41-42 : 367; CCCLX, 45 : 318; CCCLX, 46 y sigs. : 332; CCCLX, 46 : 296, 319; CCCLX, 51 : 125; CCCLX, 61-68 : 318; CCCLX, 72-73 : 318; CCCLX, 88-89 : 289; CCCLX, 89 : 291; CCCLX, 98 : 262; CCCLX, 101-102 : 291; CCCLX, 110 : 291; CCCLX, 112 : 290; CCCLX, 112-114 : 289; CCCLX, 121-130 : 289;

CCCLX, 127 : 290; CCCLX, 128 :
290; CCCLX, 133-134 : 262;
CCCLX, 136-143 : 295; CCCLX,
143 : 262, 290; CCCLX, 149-150 :
262; CCCLX, 150 : 262; CCCLX,
157 : 262; CCCLXII, 1 : 257;
CCCLXII, 7-8 : 367; CCCLXIV :
308; CCCLXIV, 5-6 : 292; CCCLXV,
1-3 : 276; CCCLXV, 9-10 : 105;
CCCLXV, 14 : 123; CCCLXVI, 79-
80 : 371 ; CCCLXVI, 98-99 : 316;
CCCLXVI, 117 : 269; CCCLXVI,
121 : 276
Elegia ritmica in morte di Laura, 277
5 : 279; 7 : 204; 9-10 : 278
Epístolas, véase *Familiares, Metrice, Miscellaneae, Posteritati, Seniles, Sine nomine, Variae*
Exul ab Italia, 495
1 : 495; 3 : 494; 7 : 494; 9-10 :
494, 495; 43-44 : 494; 48 : 494
Familiares, 16, 160, 217, 231, 458-460,
466, 477-478, 480, 492, 497, 499, 501
I, 1 : 33; I, 1, 2 : 103; I, 1, 4 : 473;
I, 1, 6 : 385; I, 1, 8 : 390-391, 396,
440; I, 1, 9 : 390; I, 1, 15-16 : 137;
I, 1, 32 : 141, 477; I, 1, 33 : 480;
I, 1, 35 : 480; I, 1, 37 : 479-480,
483; I, 1, 41 : 227; I, 1, 44 : xiv,
159; I, ii : 86; I, ii, 10 : 285; I, ii,
13 : 473; I, ii, 18 : 86; I, ii, 21 :
387; I, ii, 25 : 411; I, ii, 29 : 182,
383; I, iii, 4 : 385; I, iii, 6 : 390;
I, iii, 6-7 : 141; I, iii, 8 : 134; I,
iii, 10 : 145, 394; I, iv, 10 : 312;
I, vi, 2 : 311; I, vi, 8 : 179; I, vii :
86; I, vii, 3 : 62, 77; I, vii, 13 : 52;
I, vii, 15-18 : 87; I, vii, 17 : 385;
I, viii, 9 : 383; I, viii, 10 : 132,
157; I, viii, 19 : 386; I, viii, 20 :
138; I, viii, 24 : 386; I, ix, 1 : 382,
435; I, ix, 3 : 434; I, xii : 86; II :
51, 216; II, i, 23 : 397; II, ii-viii :
51; II, ii, 6 : 60; II, iii, 3 : 54;
II, iii, 25 : 124; II, iv, 11-12 : 55;
II, iv, 4 : 60; II, iv, 25 : 222; II,
v, 4 : 107; II, vi : 284; II, vi, 3 :
283; II, vi, 4 : 334; II, vi, 5 : 283;
II, vi, 9 : 360; II, vii, 4 : 428; II,
vii, 5 : 364; II, ix : 28, 33, 261,
441, 473; II, ix, 2 : 136; II, ix, 3 :
213; II, ix, 8 : 488; II, ix, 13 : 439;
II, ix, 11-12 : 488; II, ix, 14 : 519;
II, ix, 14-15 : 28; II, ix, 15 : 114;
II, ix, 16 : 40; II, ix, 16-20 : 99;
II, ix, 17 : 76, 99, 535; II, ix, 18 :
255, 261, 321; II, ix, 20 : 261, 308,
321; II, ix, 31 : 106; II, xv, 1 : 274;
III, i, 8 : 403; III, i, 15 : 136; III,
ii, 1-2 : 40; III, ii, 3 : 333; III, iv,
3 : 410; III, iv, 4 : 355; III, vi,
1 : 52; III, vi, 3 : 270; III, vi, 7 :
134; III, viii, 6 : 91; III, x, 7 : 90;
III, x, 9 : 103; III, x, 10 : 360;
III, xi, 7 : 138; III, xii, 8-9 : 433;
III, xiv, 1 : 167; III, xiv, 7 : 216;
III, xv, 1 : 25; III, xv, 3 : 182;
III, xviii, 6 : 141; III, xix, 2 : 243;
IV, 1 : 33, 51, 73, 76, 195, 307, 441,
450, 458; IV, 1, 12 : 167, 478, 482;
IV, 1, 13 : 79; IV, 1, 13 : 80; IV, 1,
14-15 : 448; IV, 1, 15 : 68; IV,
1, 18 : 482; IV, 1, 19 : 506-507;
IV, 1, 19-20 : 74, 483; IV, 1,
20 : 445; IV, 1, 21 : 447; IV,
1, 23 : 193, 221, 474, 507-508; IV,
1, 24 : 428, 478; IV, 1, 27 : 135; IV,
1, 28 y 29 : 74; IV, 1, 29 : 135, 474;
IV, 1, 30-31 : 74; IV, 1, 32 : 74, 81,
109, 482; IV, 1, 36 : 446; IV, iii, 1 :
309; IV, xi, 2 : 105; IV, xii, 28 :
42; IV, xv : 52, 386; IV, xv, 7 :
494; IV, xv, 17 : 385; V, ii, 1 :
243; V, iii, 1-7 : 323; V, iii, 7 :
219; V, vi, 6 : 331; V, viii : 307;
V, viii, 1 : 324; V, viii, 3 : 337;
V, viii, 10 : 374; V, ix : 195, 307;
V, ix, 1 : 307; V, ix, 5 : 365; V,
xvii, 4 : 30; V, xvii, 8 : 132; V,
xviii, 3 : 107; V, xviii, 5 : 145,
146; VI, 1, 1 : 77; VI, 1, 12 : 127,
199; VI, 1, 14 : 152, 154; VI, iii,
8 y sigs. : 355; VI, iii, 14 : 159;
VI, iii, 21 : 360; VI, iii, 32 : 357;
VI, iii, 33 : 355; VI, iii, 42 : 152;
VI, iii, 69 : 179, 319; VI, iii, 70 :
156; VI, iii, 89 : 216; VI, iv : 76,
475; VI, iv, 1 : 118; VI, iv, 2 :
359; VI, iv, 3 : 75; VI, iv, 5 : 359;
VI, iv, 6 : 363; VI, iv, 10 : 359;
VI, iv, 13 : 75; VI, iv, 14 : 75;
VI, v, 1 : 246; VI, viii, 2 : 169;

VII, III, 8 : 158; VII, III, 11 : 496; VII, IV : 456; VII, VII, 5-6 : 366, 457; VII, VII, 7 : 344; VII, VII, 13 : 325; VII, XI, 2 : 230; VII, XII, 1-2 : 95; VII, XII, 2 : 41; VII, XII, 5 : 334; VII, XII, 6-7 : 289; VII, 14 : 251, 277; VII, XII, 16 : 206; VII, XII, 17 : 277; VII, XVII, 1 : 163, 305; VII, XVII, 1-2 : 310; VIII, I, 10 : 104; VIII, I, 18 : 364; VIII, II : 102; VIII, II-IV : 151; VIII, II-V : 460-462, 470, 498, 515; VIII, II-V, *m* : 277, 344; VIII, III, 1 : 329; VIII, III, 8 : 361; VIII, III, 11 : 421; VIII, III, 12 : 387; VIII, III, 12-13 : 351; VIII, III, 13 : 276; VIII, III, 18 : 243; VIII, IV : 85, 507; VIII, IV, 9 : 366; VIII, IV, 10 : 370; VIII, IV, 13 : 367, 504; VIII, IV, 14 : 84; VIII, IV, 15-16 : 102; VIII, IV, 17 : 102; VIII, IV, 23-24 : 342; VIII, IV, 23 : 104, 221, 508; VIII, IV, 24 : 176; VIII, IV, 26 : 156; VIII, IV, 27 : 168; VIII, IV, 27-28 : 217; VIII, IV, 28 : 151, 154; VIII, VII : 85; VIII, VII, 1 : 85; VIII, VIII, 5 : 40; VIII, IX, 8 : 204; IX, III : 158; IX, III, 7 : 331; IX, IV : 269; IX, IV, 1-2 : 310; IX, IV, 2-6 : 353; IX, IV, 3 : 311; IX, IV, 6 : 106; IX, IV, 7 : 315; IX, IV, 8 : 311; IX, IV, 9 : 324; IX, IV, 11 : 312, 353; IX, IV, 12 : 353; IX, IV, 14 : 353; IX, IV, 15 : 353; IX, IV, 17 : 309, 310; IX, IV, 20 : 313, 353; IX, V, 43 : 251; IX, V, 45 : 152; IX, IX, 2 : 277; IX, XIII : 343; IX, XIII, 3 : 354; IX, XIII, 9 : 402; IX, XIV, 2 : 346; IX, XIV, 5-6 : 103; IX, XV, 2 : 245; X, I, 6 : 394; X, II, 3 : 252; X, III : 482, 498; X, III, 5 : 98; X, III, 11 : 102; X, III, 12-13 : 145; X, III, 15 : 370; X, III, 17 : 365, 374; X, III, 17-25 : 286; X, III, 21 : 365; X, III, 24 : 308; X, III, 25 : 315; X, III, 26 : 256; X, III, 56 : 59; X, III, 58 : 256; X, III, 59 : 500; X, IV : 498; X, IV, 9 : 159; X, IV, 15 : 439; X, IV, 24 : 316; X, IV, 27 : 378; X, IV, 34 : 421; X, V : 86, 482; X, V, 4-5 : 68; X, V, 6-7 : 230; X, V, 10 : 336; X, V, 18 : 312; X, V, 19 : 272; X, V, 25-30 : 482; X, V, 25-29 : 194; X, V, 27 : 515; X, VI, 1 : 382-383; XI, I, 10 : 52; XI, III, 10 : 54; XI, V, 11-12 : 349; XI, VI, 6 : 173; XI, VI, 8 : 331; XI, XII, 1 : 350; XI, XII, 4 : 377; XI, XII, 6 : 243, 419, 480; XI, XII, 9 : 40; XI, XIV, 2 : 242; XI, XVI, 22 : 360; XII, II, 6 : 126; XII, II, 7 : 422; XII, III, 5-7 : 80, 523; XII, III, 9-10 : 523, 530; XII, III, 9 : 385; XII, IV, 2 : 296; XII, IV, 8 : 335; XII, III, 11 : 524; XII, III, 12 : 524; XII, III, 13 : 524; XII, III, 14 : 524; XII, III, 17 : 524; XII, III, 18-21 : 524; XII, V, 2-3 : 139; XII, V, 4 : 289; XII, VI : 456; XII, VI, 5 : 288; XII, VI, 6 : 524; XII, VII, 1 : 277; XII, VII, 5 : 391; XII, VII, 6 : 390, 420, 436; XII, VIII : 474; XII, VIII, 4 : 351; XII, IX, 5 : 230; XII, IX, 6 : 277; XII, XI, 4 : 243; XII, XI, 7-8 : 345; XII, XIII, 1 : 179; XII, XIV, 3 :181; XIII, I, 15 : 204; XIII, IV, 4 : 334; XIII, IV, 22 : 156; XIII, IV, 24 : 158; XIII, V, 14 : 382; XIII, V, 7 : 159; XIII, VII, 1 : xiv; XIII, VII, 4 : 390, 420; XIII, VIII, 4 : 299; XIII, VIII, 16 : 229, 349; XIII, XII, 5 : 420; XIII, XII, 7 : 420; XIV, III : 284; XIV, III, 3 : 383; XIV, III, 8 : 283; XIV, IV : 152; XIV, IV, 16-17 : 158; XIV, IV, 31 : 450; XIV, VII, 8 : 159; XV, I, 8 : 411; XV, II, 1 : 431; XV, III : 347; XV, III, 3 : 431; XV, III, 8 : 446; XV, III, 9 : 345, 346; XV, III, 11 : 25; XV, III, 14 : 475; XV, III, 15 : 475; XV, IV, 2 : 445; XV, IV, 13 : 109; XV, IV, 15 : 199; XV, V, 8 : 40; XV, VII, 21 : 54; XV, VIII : 347; XV, VIII, 1 : 209; XV, VIII, 3-4 : 346; XV, VIII, 5 : 338, 345, 346, 349; XV, VIII, 9 : 174; XV, VIII, 10 : 347; XV, VIII, 14 : 346; XV, VIII, 15 : 346; XV, VIII, 15-17 : 345; XV, VIII, 16 : 345; XV, VIII, 16-17 : 346; XV, XII, 2 : 150; XV, XIV, 4 :

411; XV, XIV, 8 : 127, 199; XV, XIV, 26 : 412; XV, XIV, 26-27 : 411; XVI, II, 6 : 90; XVI, III, 3 : 214; XVI, III, 3-5 : 217; XVI, III, 8 : 164; XVI, IV : 242, 369; XVI, IV, 5 : 132; XVI, VI : 49; XVI, VI, 4 : 475; XVI, VI, 14 : 55; XVI, VI, 19 : 41; XVI, VI, 24 : 168; XVI, VI, 25 : 475; XVI, VI, 26 : 256; XVI, VII, 5 : 351; XVI, VIII, 6 : 150; XVI, IX : 469; XVI, X : 348, 469; XVI, X, 1 : 347; XVI, X, 2 : 345-346; XVI, X, 4 : 465; XVI, XI, 3 : 428; XVI, XI, 4 : 397; XVI, XII : 456; XVI, XII, 1 : 496; XVI, XII, 7 : 252; XVI, XII, 8 : 289; XVI, XIV : 86; XVI, XIV, 9 : 416; XVI, XIV, 13 : 87; XVI, XIV, 14-15 : 351; XVII, III, 7 : 438; XVII, III, 42 : 103, 354; XVII, IV, 13 : 54; XVII, V, 3 : 32, 440, 491; XVII, VIII, 5 : 159; XVII, VIII, 8 : 159; XVII, X : 48; XVII, X, 4 : 54; XVII, X, 12-13 : 120; XVII, X, 15 : 72; XVII, X, 15 y sigs. : 68; XVII, X, 21 : 120, 199; XVII, X, 22 : 68; XVII, X, 24 : 68; XVII, X, 26 : 163; XVII, X, 28 : 157; XVIII, III, 1 : 159; XVIII, V, 8 : 59, 482; XVIII, XIV, 6 : 270; XVIII, XIV, 8-9 : 141; XVIII, XVI, 7 : 246; XIX, V, 3-4 : 224; XIX, IX, 4 : 246; XIX, XVI, 3 : 195, 308, 313; XIX, XVI, 10-11 : 126; XIX, XVI, 12 : 175; XIX, XVI, 23 : 361; XX, I, 1 : 355; XX, I, 5 y sigs. : 126; XX, I, 8 : 195; XX, I, 26 : 354; XX, VII, 4 : 277; XX, VIII, 16 : 165; XX, XIV, 16 : 270; XXI, II, 1 : 447; XXI, IX, 18 : 54, 209; XXI, IX, 20 : 124; XXI, X, 7 : 155; XXI, X, 12 : 25; XXI, X, 20 : 181; XXI, XIII, 5 : 181; XXI, XV : 485, 517; XXI, XV, 5 : 150; XXII, III, 2 : 280; XXII, V, 2 : 347; XXII, V, 7 : 357; XXII, XII, 12 : 394; XXII, X, 2 : 503; XXII, X, 11 : 159; XXII, XIII, 7 : 246; XXII, XIV, 7 : 411; XXIII, II, 13 : 363; XXIII, III, 13 : 107; XXIII, V, 11 : 361; XXIII, IX, 4 : 256; XXIII, XI, 1 : 411; XXIII, XII : 48-49; XXIII, XII, 6 : 165; XXIII, XII, 11 : 29; XXIII, XII, 14 : 64; XXIII, XII, 20 : 99; XXIII, XII, 23 : 105; XXIII, XII, 31 : 358; XXIV : 474; XXIV, I, 1-9 : 386; XXIV, I, 1-8 : 370; XXIV, I, 4 : 363; XXIV, I, 7 : 151; XXIV, I, 8 : 394; XXIV, I, 9 : 385; XXIV, I, 9-10 : 234; XXIV, I, 11 : 96; XXIV, I, 12 : 22; XXIV, I, 24 : 101; XXIV, I, 24 : 105; XXIV, I, 28-29 : 430; XXIV, III, 1 : 472, 474, 493; XXIV, III, 2 : 378, 493; XXIV, III, 3 : 493; XXIV, III, 6 : 439, 493; XXIV, III, 7 : 493; XXIV, IV, 1 : 150, 472; XXIV, IV, 1 : 472; XXIV, IV, 2 : 475, 495; XXIV, IV, 4 : 141; XXIV, IV, 6 : 495; XXIV, V, 3 : 140; XXIV, VI, 4 : 154; XXIV, VI, 5 : 77; XXIV, VI, 5 : 317; XXIV, X, 34-35 : 411; XXIV, XII, 10 : 404; XXIV, XII, 10-12 : 409; XXIV, XII, 37 : 382; XXIV, XIII, 8 : 288

De gestis Cesaris, 174, 215
De ignorantia, 11, 13, 46, 77-78, 100, 116, 135-136, 149, 376-377, 435, 491, 497, 532
Invectiva contra eum qui maledixit Italie, 7, 117, 140, 154, 165, 497
Invectiva contra quendam magni status hominem, 222
Invective contra medicum, 25, 87-89, 150, 158, 196, 210, 319, 385, 387, 388, 435-437, 483, 492, 500-504, 511, 525, 527, 533
Laurea occidens, véase *Bucolicum carmen,* X
Laurus amena, véase *Elegia ritmica*
Liber sine nomine, véase *Sine nomine*
Metrice, 457, 464

I, I : 272; I, I, 47 y sigs. : 101; I, I, 58-59 : 365; I, I, 60-63 : 313; I, I, 64-65 : 276; I, IV, 74-75 : 156; I, IV, 91-92 : 429; I, VI : 352; I, VI, 5-6 : 216; I, VI, 7-9 : 216; I, VI, 16-17 : 148; I, VI, 20-26 : 145; I, VI, 39 : 371; I, VI, 44 : 251; I, VI, 45-46 : 106; I, VI, 47 : 101; I, VI, 61-62 : 336; I, VI, 64 y sigs. : 332; I, VI, 94-97 : 337; I, VI, 100 : 331;

I, VI, 100-155 : 337; I, VI, 101-102 : 333; I, VI, 110 : 335; I, VI, 114-115 : 275; I, VI, 143 y sigs. : 335; I, VI, 152 : 335; I, VI, 152-154 : 374; I, VI, 152-155 : 100; I, VI, 181-183 : 474; I, VI, 188-189 : 474; I, VIII, 12-16 : 139; I, VIII, 17-20 : 337; I, X, 1 : 98; I, X, 121-122 : 360; I, XIV : 33, 237, 352, 483; I, XIV, 1-2 : 98; I, XIV, 7-8 : 85; I, XIV, 20, 22 : 85; I, XIV, 53-55 : 84; I, XIV, 80-81 : 151; I, XIV, 99 y sigs. : 170; I, XIV, 110-117 : 432; I, XIV, 112 : 364; I, XIV, 116 : 438; I, XIV, 117-118 : 105; I, XIV, 122-123 : 100; I, XIV, 137-138 : 256; II, I, 47 : 137; II, III : 228-229; II, III, 11-51 : 229; II, III, 23-24 : 231; II, III, 26-27 : 231; II, III, 43 : 228; II, III, 57-65 : 136; II, VII, 14 : 331; II, X, 214-216 : 238; II, X, 224-226 : 196; II, X, 254-255 : 378; II, XIV : 366; II, XVI, 39-41 : 156; III, XI, 9-10 : 206; III, XV : 340; III, XV, 17 : 230; III, XVI : 340; III, XVII, 14-19 : 145; III, XVII, 15-16 : 382; III, XVIII : 163, 346; III, XXI, 2 y sigs. : 229; III, XXIII, 28-29 : 219; III, XXIV, 11 : 347; III, XXV : 340-342; III, XXV, 13 : 340; III, XXV, 53 : 430; III, XXVII, 1 : 343; III, XXVII, 13-14 : 343; III, XXVII, 15 y sigs. : 367; III, XXVII, 26 : 364; III, XXVII, 26-27 : 365; III, XXVII, 27 : 343; III, XXVII, 28 y sigs. : 101; III, XXVII, 29-30 : 365; III, XXVII, 30 : 370; III, XXXIII, 4 : 359; III, XXXIII, 7-9 : 354; III, XXXIII, 11-16 : 408. Véase también *Exul ab Italia*

Miscellaneae, IX : 33; XI : 105

Oratio quotidiana, 20-21, 65, 83, 100, 107, 112, 123, 190, 488

De otio religioso, 19, 21, 31, 33, 53, 62, 64, 69, 74-76, 79, 82, 84, 88, 93, 99, 103, 105, 112-115, 117, 125, 127-128, 136, 152-153, 170, 172, 186, 190, 196-197, 199-200, 236-237, 251, 270, 280, 358, 364, 372, 377, 387, 392, 403, 414, 429, 432, 440, 441, 480-484, 487-491, 493-497, 501, 511

Philologia, 307, 364

Posteritati, 30, 39, 127, 137, 158, 160-161, 179, 181, 193-195, 212, 229, 307-308, 313, 323, 331-332, 341-342, 359, 435-436, 483, 485, 507

Psalmi confessionales (apócrifos), 529

Psalmi penitentiales, 340-342, 464, 498 I, 2 : 306; I, 9 : 306; I, 12 : 107, 332; I, 17 : 251; I, 19 : 95; I, 20-22 : 191; I, 27 : 100; II, 11-12 : 59; II, 16 : 51; III, 1 : 373; III, 4 : 395; III, 7 : 100; III, 10 : 340; IV, 10 : 158; IV, 14 : 92; IV, 17 : 439; IV, 21 : 132; IV, 23 : 123; V, 6 : 61; V, 10 : 98; VI, 1 y sigs. : 124; VI, 10 : 121; VII, 15 : 61, 95; VII, 16 : 427

De remediis utriusque fortune, 19, 51, 203-204, 206, 235-236, 239-240, 253, 274, 323, 336, 358, 371, 375, 392, 459, 468, 491, 498, 509 I, praef. : 126, 144, 174; I, I : 103-105; I, II : 61, 142, 145, 296, 299, 367; I, V : 429; I, X : 414; I, XII : 144; I, XIII : 132; I, XXX : 157; I, XXXVII : 136; I, XL : 272; I, XLIV : 58, 382, 439; I, LXIX : 116, 252, 270, 289, 300, 312, 315-316, 327, 365; I, LXXIII : 142; I, XC : 105; I, XCII : 370, 372, 392, 403, 407, 411; I, XCVI : 219, 223; I, CXVII : 378; I, CXVIII : 429; I, CXIX : 123; I, CXX : 382; I, CXXI : 68, 509; II, praef. : 107, 270; II, I : 299; II, VII : 223-224; II, VIII : 134, 224; II, X : 127, 199; II, XIII · 53; II, XVIII : 199; II, XXXIII : 181; II, XL : 93; II, LXIV : 107; II, LXVII : 252; II, LXVIII : 401; II, LXXV : 120; II, LXXVII : 54; II, LXXIX : 131; II, LXXXIII : 363, 364, 395; II, LXXXVII : 174; II, XC : 360; II, XCIII : 64, 170, 203, 219, 233, 241, 369; II, XCV : 445; II, XCVI : 360; II, XCVII : 475; II, CI : 407; II, CII : 140; II, CV-CXI : 127; II, CVII : 181; II, CIX : 199, 243, 414; II, CXI : 130, 174; II, CXVII : 87, 146, 389, 434; II, CXVIII : 125; II, CXX : 432; II, CXXIV : 60

Rerum familiarium libri, véase *Familiares*

Rerum memorandarum libri, 9, 53, 127, 128, 141, 172, 231, 386, 431, 457, 470, 472, 484, 488, 498
I, I : 23; I, II : 156; I, VI : 242; I, XIV : 77; I, XIV, 3 : 317; I, XV, 2 : 494; I, XXV, 16 : 127, 485; I, XXV, 25 : 159; I, XXXVII, 9 : 323; II, XIV, 5 : 407; II, XVI : 197; II, L, 3 : 274, 368; II, LXXIII, 2 : 367; II, XCI : 77; III, XXXI : 490; III, XXXV, 3 : 145; III, XLVII, 3 : 87; III, L : 196; III, LXII, 14 : 212; III, LXIII : 136; III, LXXI, 25-28 : 334; III, LXXIV, 3 : 502; III, LXXVII, 6 : 155; III, LXXVII, 8 : 155; III, LXXVII, 9 : 219; III, LXXVII, 10 : 155; III, LXXVII, 11 : 46, 271; III, LXXIX : 381; III, LXXX : 430; III, LXXX, 5 : 105; III, LXXX, 2 : 427 ; III, LXXXII, 2 : 127; III, LXXXIV, 2 : 199; III, LXXXVII : 197; III, XCIII, 2 : 150; III, XCVI, 17 : 204; IV, XIV, 1 : 485, 488; IV, XXIV, 3 : 157; IV, XXXI, 2: 270
Rerum senilium libri, véase *Seniles*
Rerum vulgarium fragmenta, véase *Canzoniere*
Rime sparse, véase *Canzoniere*
Seniles, 194, 498, 499
I, III : 430; I, IV : 350; I, V : 25, 89, 174; II, I : 361, 390, 420, 486; III, I : 204, 319; IV, V : 102, 173, 196, 238, 239, 309, 317, 363, 373, 485, 507; V, II : 179, 272, 390; VI, VII : 159; VII, I : 25; VIII, I : 99, 357, 362; VIII, II : 362, 407; VIII, III : 60, 207, 245; VIII, VI : 59, 75, 441, 497; X, II : 7, 496; X, III : 161; XI, V : 319; XI, XI : 529; XII, I : 307, 362; XII, II : 87, 141; XIII, VIII : 148; XIII, XI : 366; XIII, XIV : 103, 132, 217; XIV, I : 175, 394, 411; XV, III : 53, 86, 102, 165, 172, 335; XVI, I : 431, 485; XVI, VIII : 100; XVI, IX : 170, 199, 312; XVII, II : 159, 355, 404; XVII, III : 158
Sine nomine, 229
praef.: 151, 510; I : 39, 365, 370; **VI** : 229; VIII : 230; IX : 55;

XI : 213; XIV : 230, 335; XV : 229; XVI : 230; XVII : 230; XVIII : 195, 213, 337
De sui ipsius et multorum ignorantia, véase *De ignorantia*
Testamentum, 83, 91, 103, 316
Triumphi, 106, 312, 399-400, 405, 408, 463, 467, 517
Triumphus Cupidinis, 399, 400; I, 10-11 : 32; I, 29 : 398; I, 70-73 : 377; I, 71 : 398; I, 87 : 398; III, 62-66 : 329; III, 139-162 : 290; III, 157 : 338; IV, 79-81 : 323; IV, 82-87 : 311, 313; IV, 139-141 : 271; *Triumphus Pudicitie,* 311, 313, 399, 400; 10-12 : 309; 76-90 : 311; 122 : 251; 154-159 : 309; *Triumphus Mortis,* 399; I, 22-23 : 275; II, 130-131 : 371; *Triumphus Fame,* 399; III, 20 : 141; *Triumphus Temporis,* 399; 34-35 : 370; 60 : 362; 61-62 : 430; 67-68 : 397; 70-71 : 397; 79-84 : 397; 118-120 : 361; 143 : 408; *Triumphus Eternitatis,* 399; 3-5 : 397; 10-15 : 397; 19-20 : 407; 82-84 : 398; 94 : 370
Variae, IX : 101; XVII : 246, 251; XIX : 204; XXII : 402; XXV : 8; XXXII : 199, 204; XXXVI : 331; XXXVIII : 344, 402, 421; XL : 150; XLIX : 33, 230; XLIX : 482
De viris illustribus, 134, 259, 283, 385-387, 388-389, 413, 417, 419, 421-424, 437, 447, 449, 453, 460, 466-468, 484, 498, 511, 512, 526
Prob., 6 : 137; I, XLIII : 270; II, I : 356; XVI, XX : 360; XVII, XXVI : 360; XXI, VI, 75 : 190; XXI, VIII, 27 : 311; XXI, X, 45 : 409; XXI, XI, 10-11 : 377; XXI, XI, 12-15 : 377; XXI, XI, 19 : 157; XXI, XIII, 3 : 151; XXII, XVI : 117; *Jason,* 309
De vita solitaria, 28, 32, 34, 39, 42, 53, 72, 92-93, 112, 117-118, 127-128, 138, 140, 156-157, 163, 167, 170, 175, 179-180, 199, 219, 222, 228, 230, 241, 242, 270, 335, 351-352, 370, 376, 379, 387-388, 394, 428-429, 434-435, 440, 474, 484-497, 501, 507-508

II

PRINCIPALES NOMBRES Y TEXTOS CITADOS

A

Abelardo, Pedro, 36, 260
Abraham, 387
Abrahams, P., 372
Acciaiuoli, Niccolò, 523, 525
Accursio, Mainardo, 344
Adelardo de Bath, 26
Agustín, San, 24, 40, 46, 77, 101, 110, 118-120, 130, 177, 183-184, 192, 204, 232, 238, 245-247, 253, 260-261, 281, 300, 314, 333, 360, 380, 416, 438, 442, 445, 467, 473, 475, 483, 487, 488, 491, 494, 496, 506, 510, 512, 516, 519, 520, 529, 532-534
  Contra Academicos, 37, 245, 415
   II, iv, 10 : 416; III, i, 1 : 416; III, iv, 7 : 416
  De beata vita, 37, 443
   I, 4 : 260; IV, 32 : 225; I, 4 : 497
  De Civitate Dei, 53, 68, 109-110, 116, 126, 172, 273, 302, 381, 398, 418, 440, 487, 512
   V, xii-xx : 422; V, xii : 377; V, xii, 3-4 : 380; V, xii, 4 : 412, 414; V, xiii : 377, 380; V, xiv : 414; V, xv : 380; V, xvi : 380, 438; V, xvii-xviii : 441; V, xvii, 2 : 414; VI, 2 : 317; VI, xiv-xv : 393; VII, xxix : 168; VIII, viii : 80; IX, iv, 3 : 66; IX, v : 62; IX, xiii : 133; XII, x-xiii : 407; XII, x, 1 : 407; XII, xi : 407; XII, xii : 406; XII, xiii, 2 : 407; XIV : 109; XIV, iii : 108; XIV, vii : 440; XIV, vii, 2 : 198; XIV, viii : 78; XIV, ix, 1 : 62; XIV, ix, 3 : 182; XIV, ix, 5 : 183; XIV, xiii, 1 : 132; XIV, xix : 236; XV, xxii : 296, 298; XVI, ix : 402; XIX, i, 1 : 80; XIX, iv : 171; XIX, iv, 2-3 : 120; XIX, iv, 4 : 69; XIX, v : 61, 324; XXI, iv, 4 : 252; XXII, xxii : 171; XXII, xxii, 3 : 173
  Confessiones, 37, 59, 66-71, 73-76, 79, 81, 97, 126, 135, 183, 186, 239, 373, 426, 474, 478, 481-482, 496, 501-502
   I, xiii, 22 : 309; I, xv, 24 : 488; II, i, 1 : 74, 445; III, ii : 205; III, iv, 7-9 : 496; III, iv, 7 : 497; III, vii, 12 : 111; III, xii, 21 : 450; IV, iv, 9 : 203; IV, v, 10 : 203; IV, v, 11 : 277; IV, vii, 12 : 203, 333; IV, xvi, 28 : 87; VI, vi, 9 : 260; VI, xi, 19-20 : 191; VI, xi, 19 : 260; VI, xvi, 26 : 67; VII, i, 1 : 111; VIII, vii, 17-18 : 191; VIII, viii-x, 19-22 : 67-68; VIII, viii : 72; VIII, viii, 19 : 34; VIII, viii, 20 : 508-509; VIII, ix, 21 : 243; VIII, x, 23 : 76; VIII, xii, 28 : 67; X, iii, 4 : 67; X, viii, 15 : 135; X, xi, 18 : 445; X, xxi, 31 : 48; X, xl, 63 : 180; XII, xxv, 35 : 443
  De doctrina christiana, 398, 524
   I, iii, 3 : 268, 293, 305; I, iv, 4 : 293, 296; I, x : 42; I, xxii, 20 : 80; I, xxii, 20-21 : 293; I, xxvii, 28 : 268, 293; I, xxiii,

NOMBRES Y TEXTOS CITADOS 547

36 : 297; I, xxvii, 28 : 268; III,
x, 16 : 263; III, xxxii, 38 : 239;
IV, xxvii, 59-60 : 493
Enarrationes in Psalmos, 496
CII, 6 : 19; CXX, 1 : 256
Epistulae, XXVI, ii : 417;
CXXXVII, ii, 5 : 119
De gratia et libero arbitrio, 97
I, xiii : 70; I, xiii, 29 : 70
In Iohannis Evangelium, XVII, 11 :
34; XXXII, 2 : 317; C, 1 : 381;
C, 2-3 : 393; CV, 3 : 381
De magistro, 443
XI, 38 : 80
De ordine, 37, 415
I, iii, 6 : 416; I, iii, 8 : 416; I,
v, 12 : 416; II, xi, 31 : 88; II,
xii, 37 : 384; II, xii, 37 : 424
Retractationes, I, 2 : 245
Soliloquia, 36, 38, 49, 443, 445
I, i, 1 : 18, 26, 31; I, x, 17 :
260; I, xiv, 24 : 37; I, xv, 27 :
24; II, i, 1 : 37, 123; II, vii, 14 :
37; II, xix, 33 : 425; II, xx, 35 :
451; XIV, xxv : 241
De spiritu et littera, XXXI, 53 : 70
De vera religione, 40, 68, 82, 83,
100, 110, 111, 113-117, 126, 143,
185-187, 196, 225, 242, 247, 274,
281-282, 287, 292, 294, 336, 353-
355, 368-369, 373, 425, 434, 440,
445, 463, 483-484, 487-488, 491,
515, 535
II, 2-III, 3 : 115; III, 3 : 41;
III, 3 : 111; III, 3 : 185; III,
4 : 116, 281; III, 5 : 62, 115;
V, 7 : 187; VII, 12 : 62; X, 18 :
112, 119, 356, 506; X, 19 : 298;
XI, 21-22 : 298; XII, 23 : 298,
299 : XIV, 27 : 64; XV, 29 : 281,
XVI, 31 : 116; XX, 40-XXI, 41 :
112; XX, 40 : 282, 286, 302;
XXI, 41 : 119; XXIII, 44 : 70;
XXIV, 45 : 296; XXVI, 48-49 :
535; XXIX, 52 : 426; XXX, 55 :
116; XXXI, 57 y sigs. : 116 ;
XXXIII, 62 : 298; XXXIII, 62
y sigs. : 300; XXXIV, 63-64 :
298; XXXIV, 63 : 112; XXXIV,
64 : 446; XXXV, 65 : 112, 281;
XXXVI, 67 : 297; XXXVII, 68 :

298; XXXVIII, 69 : 112;
XXXIX, 72 : 80, 116; XXXIX,
73 : 112; XL, 74-75 : 282; XL,
74 : 112, 317; XLV, 83-85 :
278; XLV, 83 : 273; XLV, 84 :
142; XLIX, 95 : 112, 535; L,
99 : 112; LI, 100 : 112, 535;
LII, 101 : 535; LIV, 104 : 115;
LIV, 105 : 112; LV, 107 : 112
Agustín, Pseudo
 De spiritu et anima, 91, 447
 XXXII : 111; LIX-LX : 466
Alain de Lille, 171
Alcibíades, 143
Alcuino
 De animae ratione, IV : 239
Alegret, 264
Alejandro Magno, 140, 360
Alfieri, 521
Alfonso el Sabio, 264, 355
Alighieri, véase Dante
Allen, D. C., 196, 197, 238
Alonso, A., 56
Alverny, M. T. d', 171
Amaturo, R., 316, 319, 426, 445-446,
 481
Ambrosio, San, 205, 496
 Consolatio de obitu Valentiniani,
 203
 De excessu Satyri, II, 35 y ss. : 89;
 II, 40 : 89
 De virginitate, I, 6 : 278
Ambrosio, Pseudo
 De vocatione omnium gentium, 97
Andrea, Giovanni d', 386
Andrés el Capellán, 264, 326
Andrieu, J., 35-36
Aneo Sereno, 279
Anglade, J., 264
Aníbal, 275, 360, 366
Anselmo, San
 Liber meditationum et orationum,
 171
Anselmo, Pseudo (Roger de Caen), 84,
 91, 143
Antonio Abad, San, 74-75
Apeles, 95
Apolo, 321
Appel, C., 205
Apio Ciego, 360
Aqueménides, 517

Aquino, Tomás de, véase Tomás
Arcipreste de Hita, véase Ruiz, Juan
Areopagita, véase Dionisio, Pseudo
Arezzo, Guittone d', 315
Ariès, P., 95
Ariosto, 376
Aristóteles, 46, 49, 140, 149, 166, 182, 352, 430, 517, 533
  Del Cielo, Ai, 268a : 247
  Ética a Nicómaco, 514, 532
    1.098b 11 : 270; II, vii, 4 (1.107b 8-14) : 153; II, viii, 2 (1.108b 15-23) : 153; III, vi, 6 (1.115a 27) : 90; IV, i y sigs. (1.119b 19 y sigs.) : 153; 1.179a : 176
  Historia de los animales, V, 19 (550b 22-552b 25) : 431
  Poética, XXI (1.457b) : 432
  Retórica, 1.382a 25-27 : 102
  Fragmento 59 : 143
Arnaut Daniel, 301
Artajerjes, 327
Asensio, E., 303
Atilio, 288
Augsburgo, David de, véase David
Augusto, 242, 359, 430, 465
Averroes, 136
Avesani, R., 128
Azaïs, G., 269
Azzo da Correggio, 343-344

B

Barbato da Sulmona, 33, 140, 280, 420, 482, 508
Barberi Squarotti, G., 197
Bardon, H., 288
Barlaam (Calabro), 8-9, 152, 187-188, 307, 352, 454, 507, 514, 516
Baron, H., 11, 12, 14, 32-33, 52, 134, 147, 151-154, 159, 162, 163, 177-179, 193, 214, 216, 218, 223, 226, 228-229, 231, 234, 236, 239, 331, 338, 341, 343, 350, 376, 430, 457, 467, 480, 496
Basile, J., 321
Bataillon, M., 271
Bath, Adelardo de, véase Adelardo
Battaglia, S., 179, 515
Baudri de Bourgueil, 372

Bavel, T. van, 281
Baxandall, M., 268
Beaty, N. L., 93
Beauvais, Pierre de, 138
Belerofonte, 319
Bellarmino, Roberto, 295
Bembo, Pietro, 264
Benveniste, É., 534
Beringen, Luis Santo de, véase «Sócrates»
Bernardino de Siena, San, 474
Bernardo, San, 91-93, 265, 529
  De consideratione, II, iii, 6 : 425; II, iv, 7 : 88
  Sermo de miseria humana, 171
Bernardo, A. S., 24, 57, 257, 259, 275, 305, 321, 376, 411, 460-461
Bernardo de Cluny
  De contemptu mundi, I, 819 : 382
Bernardo, Pseudo, 94
Bernart Martí, 264
Bernat de Ventadorn, 205
Beroaldo, Filippo, 319
Bersuire, Pierre de, 420
Bertola, E., 136
Betti, F., 106
Bianchi, E., 139, 361
Biblia, 24, 97, 110, 116, 126, 135-136, 137, 199, 239, 310, 382, 384, 440, 441, 480, 486-487, 490, 496, 515
  Antiquum Testamentum:
  Canticum Canticorum, 316
  Ecclesiastes, I, 8 : 139; I, 9-10 : 407; I, 17-18 : 144; I, 18 : 383; II, 17-20 : 154; IV, 2-3 : 174; XII, 12 : 383
  Ecclesiasticus, 92; I, 16 y sigs. : 304; VII, 40 : 88; X, 15 : 130; XI, 34 : 300; XXX, 22 : 200; XXXIV, 4 : 313
  Genesis, I, 31 : 302; III, 16 : 278; XXIV, 56 : 310
  Isaias, XXIV, 16 : 34; XL, 18 : 266; XL, 25 : 266; XLVI, 5 : 266; LXV, 20 : 503
  Ieremias, V, 8 : 311
  Iob, IX, 29 : 86; XXXIX, 16 : 86
  II *Machabeorum*, XII, 2 : 122
  Proverbia, XIV, 13 : 102; XXX, 8 : 152
  Psalmi, 100, 109, 496; II, 6 : 79;

XVI, 30 : 230; XXXI, 8 : 310, 439; XXXI, 9 : 311; XXXV, 10 : 25; XLV, 11 : 495; LIV, 7 : 256; LIV, 16 : 230; LXI, 4 : 204; LXXIII, 23 : 132; LXXVI, 11 : 374; LXXXIII, 8 : 79; LXXXIX, 6 : 204; CXXXVI, 9 : 373
Sapientia, VIII, 21 : 189, 191; IX, 15 : 108
Novum Testamentum:
Apocalypsis, XXI, 1 : 407
Corinthios I, VII, 7 : 190; IX, 7 : 429; X, 4 : 373; XV, 31 : 89
Corinthios II, IV, 18 : 116, 300 : V, 6-8 : 438; VII, 10 : 201, 241; XII, 9 : 527
Galatas, V, 1 : 107; V, 17 : 109; VI, 6 : 281
Iohannem (Evangelium secundum), V, 44 : 414; VI, 12 : 445
Marcum (Evangelium secundum), VIII, 23 : 310
Matthaeum (Evangelium secundum), V, 28 : 314; VI, 19 : 281; VII, 13 : 310; VII, 14 : 80; XIII, 3-8 : 119; XIV, 24-34 : 100; XV, 14 : 42; XXIII, 27 : 143; XXVI, 41: 109
II B. Petri, II, 10 : 132
Philippenses, I, 23 : 89
Romanos, I, 20 : 21, 295; I, 21-32 : 294; I, 25 : 298; VII, 19 : 121; XI, 33 : 190; XIV, 7-8 : 222
Timotheum I, IV, 16 : 425; VI, 8 : 152
Bigi, E., 173, 303, 317
Bigne, M. de la, 201
Billanovich, G., xv, 9, 10, 12, 19, 33, 36, 51-52, 73, 77, 78, 105, 127, 140-141, 159, 172, 195, 203-204, 222, 224, 231, 256, 285, 317, 332, 348, 356, 359, 364, 378, 381, 387, 400, 409, 431, 446, 457, 460, 463, 470, 472, 473, 476, 478, 487, 496, 521, 529-530
Bisticci, Vespasiano da, 530
Blatt, F., 311
Blecua, J. M., 86
Bloomfield, M., 128-129, 212
Boas, G., 133
Boase, T. S. R., 95

Bobbio, A., 155, 166, 208, 222, 233
Boccaccio, 8, 52, 92, 99, 194, 239, 295, 309, 376, 390, 400, 402, 508, 518, 521
Corbaccio, 327
De vita et moribus domini Francisci Petrarchi, 33
Notamentum, 33, 482-483
Boecio, 25, 37, 177, 210, 227, 232, 236, 257, 281, 380, 391, 501, 519
De consolatione, 23, 36, 235, 146, 502 I, ɪ, vers. 1 : 520; I, ɪ, vers. 7-9 : 520; I, ɪ, vers. 8 : 18; I, ɪ, vers. 11 : 520; I, ɪ, 1-2 : 18; I, ɪ, 8 : 18; I, ɪ, 13 : 20, 24; II, ɪɪ, vers. 26-27 : 21; I, ɪɪ, 1 : 20, 21; I, ɪɪ, 2 : 20, 23; I, ɪɪ, 3-4 : 25; I, ɪɪ, 6 : 21; I, ɪɪɪ, vers. 3, 9, 10 : 20; I, ɪɪɪ, 1-2 : 26; I, ɪɪɪ, 3 : 24, 26; I, ɪɪɪ, 5 : 26; I, ɪɪɪ, 13 : 206; I, ɪᴠ, vers. 1 y sigs. : 244; I, ɪᴠ, vers. 1-4 : 210; I, ɪᴠ, 2 : 227; I, ɪᴠ, 3 y sigs. : 210; I, ᴠ, vers. 28 y sigs. : 210; I, ᴠ, 10 : 210; I, ᴠ, 11 : 211; I, ᴠɪ, 10 : 125; I, ᴠɪ, 14-15 : 87; I, ᴠɪ, 17 : 27; I, ᴠɪ, 18 : 69; I, ᴠɪ, 21 : 42, 69, 211; II, ɪɪ, 12 : 227; II, ɪᴠ, 12 : 280; II, ɪᴠ, 20-21 : 280; II, ᴠ, 16 : 154; II, ɪᴠ, 20 : 101; II, ɪᴠ, 23 : 167; II, ᴠɪ, 5 : 142; II, ᴠɪɪ, vers. 25-26 : 408; II, ᴠɪɪ, 3 : 392, 401; II, ᴠɪɪ, 5 : 401, 403; II, ᴠɪɪ, 6-7 : 404; II, ᴠɪɪ, 6 : 392; II, ᴠɪɪ, 8-9 : 404; II, ᴠɪɪ, 10 : 404; II, ᴠɪɪ, 13 : 409; II, ᴠɪɪ, 15-16 : 406; II, ᴠɪɪ, 16 : 392, 407; II, ᴠɪɪ, 18 : 406; II, ᴠɪɪ, 19 : 383; III, ɪ, 1 : 211; III, ɪ, 2 : 210; III, ɪ, 5 : 22; III, ɪɪ, 2 : 80; III, ɪɪɪ, 9 : 167; III, ɪɪɪ, 19 : 154; III, ᴠ, 14 : 61; III, ᴠɪɪ, vers. 1 : 27; III, ᴠɪɪ, 3 : 102; III, ᴠɪɪɪ, 9-11 : 143; III, x, 7 y sigs. : 81; III, xɪ, vers. 1 y sigs. : 75; III, xɪ, vers. 15-16 : 109; IV, ɪ, 7 : 71; IV, ɪ, 9 : 256; IV, ɪɪ, 2 y sigs. : 71; IV, ɪɪ, 24 : 71
Bolgar, R. R., 183, 235, 240
Boll, F., 361
Bombasi, Tommaso, 316

Boni, M., 104
Bonora, E., 328
Borges, J. L., 3-4
Borgo San Sepolcro, D. da, 496
Bosco, U., xvii, 16, 32, 52, 78, 103, 105, 106, 177, 180, 205, 255, 257, 274, 276, 319, 351, 368, 405, 431, 521, 526
Boulogne, Gui de, 349
Bourgueil, Baudri de, 372
Boyancé, P., 380
Braga, Martín de, véase Martín
Branca, V., 87, 309, 390, 400, 521
Bruni, Leonardo, 11, 32, 134, 177, 214, 234
Bruno, Giordano, 267
Bruto, 223
Bruyne, E. de, 197, 238
Buck, A., 45, 197, 523
Buenaventura, San
  Soliloquium, II, 12 : 290
Bultot, R., 94
Burana, véase *Carmina*
Burckhardt, J., 514
Burke Severs, I., 158
Burnaby, J., 281

C

Cabassoles, Felipe de, 376, 495
Caione, G., 106
Calabro, Barlaam, véase Barlaam
Calcaterra, C., 160, 177, 256, 297, 311, 312, 321, 361, 399, 400
Calcidio
  Commentarius in Timaeum, CCIX : 86
Calderón de la Barca, Pedro, 133
Camporesi, P., 62
Capellanus, Andreas, véase Andrés el Capellán
Capelli, L., 135, 136, 149, 377, 435, 497
Caplan, H., 171
Carlini Minguzzi, E., 14
Carmina Burana, X : 355
Carnéades, 380
Carrara, E., 9-11, 16, 18, 27, 66, 79, 80, 81, 101, 103, 123, 142, 145, 147, 150, 223, 238, 241, 274, 278, 279, 303, 314, 323, 328, 331, 343, 352, 381, 390, 411, 431-433, 474, 479
Casa, Tedaldo della, véase Tedaldo
Casali, M., 104, 341
Casiodoro, 109
  De anima, 446; VII : 246
Cassiano
  Collationes Patrum, V, 4 : 202; IX : 241; XXIV, 15 : 239
Cassirer, E., 270
Castelvetro, 262, 320
Catón, 36, 224, 380, 412, 418
Catulo, 353
  Carmina, V, 4-6 : 428
Cavalcanti, Guido, 263, 301, 408
Celano, Tomás de, véase Tomás
Cercamon, 264
César, Julio, 85, 140, 222, 223, 358, 457-458
Châtillon, F., 304
Chaucer, 158, 251, 311, 314
Chenu, M.-D., 64, 136, 325, 515
Chiappelli, F., 287, 321
Cicerón, 29, 34, 44, 53-54, 60, 77, 78, 80, 100, 103, 109, 117-119, 139-141, 143, 149, 154, 157-160, 184, 186, 195, 198-199, 207, 242, 246, 257, 259, 270, 285, 300, 325, 327-328, 331, 334, 354, 364, 370, 381, 391, 401-403, 415, 440, 465, 467, 472, 473, 474, 476, 477, 484, 488, 489, 493, 494, 505, 514, 519, 532
  De amicitia, véase *Laelius*
  Pro Archia, X, 23 : 141; XI, 26 : 409; XI, 28 : 378, 412
  Ad Atticum (Epistulae), 289, 456, 472, 476, 495
    IX, xvii, 39 : 288; IV, xviii, 41 : 288; VII, iii, 10 : 289; IX, x, 10 : 359; X, viii, 8 : 493; XIII, xiii : 317; XIV, xx, 3 : 288
  Ad Brutum (Epistulae), 472
  Consolatio, 171-172
  Epistulae, véase *Ad Atticum*, *Ad Brutum*, *Ad Quintum*
  De finibus, 52, 165, 456
    I, iii, 10 : 140-141; I, xviii, 60 : 43; II, xi : 176; II, xiv : 168; III, xvii : 380; V, xxviii, 83 : 48

Hortensius, 48, 416, 494, 496-497, 532
De inventione, 127, 128
  II, 166 : 381
Laelius, 36, 284, 458
  I, 3 : 35; I, 4 : 36; III, 16 : 283; IV, 15 : 277; XXVII, 102-103 : 284; XXVII, 102 : 283
De legibus, II, II : 432
Pro Marcello, II, 7 : 245; VIII, 26 : 381
De natura deorum, 141, 236, 428
  I, v, 10 : 185; II, XLVI : 407; II, LIV y sigs. : 92
De officiis, 159
  II, XXI, 75 : 144; III, I, 1 : 156; III, III, 11 y sigs. : 168
Orator, 354
  III, 10 : 42
De oratore, I, I, 1 : 17; I, XI, 47 : 62; II, XVII, 73 : 479
Paradoxa, pról., 5 : 479; II : 54; V : 224; V, 34 : 224; V, 39 : 279; VI : 224
Partitiones oratoriae, 35
Philippicae, III, 12 : 221; III, 36 : 221
Ad Quintum fratrem (Epistulae), 472
Pro C. Rabirio Postumo, XXXVI : 313
De re publica, 82
  V, 7 : 377; VI : véase *Somnium Scipionis*
De senectute, 395, 430
  II, 5 : 179; VII, 24 : 395; VII, 24 : 429; VIII, 26 : 420; XVIII, 66 : 158; XIX, 67-68 : 395; XIX, 67 : 43, 394; XIX, 68 : 102; XX, 73 : 382; XX, 74 : 43, 91, 394; XXIII, 85 : 271
Pro P. Sestio, LVI, 119 : 385
Somnium Scipionis (De rep., VI), 361, 380
  III, 16 : 392, 437; IV, 17 : 21; VI, 20 : 392, 403; VI, 21 : 401-402; VI, 22 : 404, 407; VII, 23-25 : 406; VII, 23 : 407; VII, 24-25 : 392; VII, 25 : 392, 393; IX, 21 : 438; IX, 29 : 82
Tusculanae, 36, 45, 54, 70, 89, 118-119, 126, 198, 200, 233, 288, 337, 353, 430, 459, 466, 467, 469, 533
  I : 109, 116; I, II, 4 : 414; I, IV, 8 : 35; I, X, 20 : 236; I, XV, 34 : 382, 409; I, XVI, 37-38 : 116; I, XVII, 39 : 185; I, XVII, 40 : 392; I, XXI, 49 : 184; I, XXVI, 64 : 42; I, XXVIII, 69 : 402; I, XXX, 72 y sigs. : 82; I, XXX, 74 : 433; I, XXXIX, 94 : 406, 431; I, XLV, 109 : 411; I, XLVIII, 114-116 : 174; II, IV, 11 : 58, 523-524; II, XII, 29 : 47; II, XV, 35 : 141; II, XXI, 47 : 236; II, XXI, 48 : 368; II, XXV, 61 : 49; III, I, 2 : 289; III, II, 3-4 : 382; III, II, 3 : 381; III, III, 5-6 : 336; III, III, 6 : 330; III, VII, 14 : 208; III, X, 22 : 175, 197, 202; III, X, 23 : 206; III, X, 25 : 219; III, XI, 25 : 197; III, XIV, 30 : 69, 208; III, XVI, 34 : 69; III, XXV, 60 : 69, 211; III, XXV, 61 : 207; III, XXVI, 63 : 319; III, XXXI, 74 : 165; III, XXXI, 75 : 207; III, XXXII, 77 : 69, 211; III, XXXIII, 79 : 211; III, XXXVIII, 80 : 46; IV, V, 10 : 236; IV, XVII, 38 y sigs. : 165; IV, XXII, 69 : 315; IV, XXVII y sigs. : 326; IV, XXVII, 58 : 330; IV, XXXIII, 70 : 299; IV, XXXIV, 71 : 299; IV, XXXV, 74 y 75 : 328; IV, XXXV, 74 : 331, 371; IV, XXXV, 75 : 317, 329; IV, XXXV, 76 : 64, 324, 327; IV, XXXVIII, 82-83 : 46; IV, XXXVIII, 83 : 240; V, I, 1 : 47; V, II, 6 : 42; V, VI, 15-16 : 47; V, VI, 29 : 47; V, IX, 24-25 : 47; V, X, 29 : 47; V, X, 31 : 48; V, XIII, 39 : 47; V, XIV, 40 : 47; V, XVIII, XXI, XXII, XXIV-XXVI : 48; V, XXV, 72 : 47; V, XL, 116 : 360; V, XL, 117 : 475
  In Verrem, II, I, 15 : 61
Cicerón, Pseudo
  Epistula ad Octavianum, 6, 493
Cicognani, A. G., 92
Ciego, Apio, 360
Cimabue, 408
Cimbro, 223
Cino da Pistoia, 266, 274-275, 301

Cipriano, San, 53
Ciro, 329
Cochin, H., 33, 366
Claudiano
  Carmina, XV, 383 : 62
  De laudibus Stiliconis, III, 5-6 : 377
Clemente VI, 502
Cola di Rienzo, 344, 405, 420, 495
Colonna, familia, xv, 332
Colonna, Giacomo, xv, 261, 352, 441, 473, 479, 483
Colonna, cardenal Giovanni, xv, 215, 222, 342, 343, 496, 504
Colonna, Stefano, xv
Compostela, Pedro de, véase Pedro
Conley, J., 38
Conti, Ildebrandino, 340-341, 514
Contini, G., 5, 94, 266, 283, 303, 315, 316, 432, 462, 513
Correggio, Azzo da, 343-344
Coulet, J., 264
Courcelle, P., 18, 19, 24, 26, 37, 38, 72, 76, 99, 108, 136, 146, 191, 210, 251, 257, 304, 333, 383, 409, 416, 437
Crasso, Marco, 360
Crisipo, 380
Crisolora, Manuele, 8
Cristiani, Luca, 344
Croce, B., 368
Curcio, Quinto
  Historia Alexandri, III, v, 1-4 : 360; VI, III, 11 : 300
Curtius, E. R., 18, 62, 325

D

Dafne, 313, 321
Damián, Pedro, véase Pedro
Damon, P., 30, 304
Daniello, Bernardino, 413
Dante Alighieri, 3, 99, 197, 258, 263, 273, 301, 305, 322, 364, 485, 507, 517, 519
  Convivio, 501
    I, II : 502
  Divina commedia, 3, 513
    Inf. II, 104-105 : 291; II, 140 : 28; XI, 45 : 101; XVIII, 133 : 274; Purg. XI, 91-99 : 408; XI, 100-101 : 382; XVII, 95-105 : 268; XXXI, 22-63 : 301
  Vita nuova, 285, 286, 515
    III : 26; XVIII : 316
Daur, K.-D., 115
David de Augsburgo, 202, 203, 209, 211
  Formula vitiorum, L : 200-201
Delhaye, P., 87
De Lubac, véase Lubac
Demóstenes, 140
Denomy, A. J., 269
Delisle, L., 20, 42, 65, 83, 107, 109, 112, 117, 190, 246, 360
Deutz, Ruperto de, 89
Devoto, D., 212
Didier, M.-A., 304
Dido, 309, 517
Diekstra, F. N. M., 236
Dietz, M. R., 93
Diógenes, 380
Dionisio, Pseudo, 24
Dionisotti, C., 422
Ditis, 339
Doglio, M. L., 315
Domiciano, 145, 356-357
Dominici, Giovanni, 530
Donato
  Vita Vergilii, 37-41 : 389
Dotti, U., 321, 460, 477
Dronke, P., 24, 62, 205, 260, 263-265, 311, 327
Du Cange, Ch., 185
Durling, R. M., 321
Dutoit, E., 62

E

Economou, G. D., 427
Egerton, F. N., 355
Elie, Maître, 326
Elorduy, E., 198
Enrique de Settimello, 26
Ennio, 362, 377, 382
Epicuro, 18, 46, 155, 165, 299
Erasmo, 29, 98, 128, 329
Ermengau, Matfre, véase Matfre
Escipión (Africano), 147, 151, 156, 157, 159, 190, 257, 275, 366, 377, 404,

NOMBRES Y TEXTOS CITADOS 553

410, 411, 413, 416, 419, 437, 466, 486
Escipión (Emiliano), 283
Escoto Eriúgena, Juan, 296
Estacio, 408
  Thebais, XII, 812-819 : 378
Estacio, Cecilio, 429
Estilicón, 357
Eurídice, 340
Eurípides, 8

F

Farinelli, A., 40
Faulhaber, C., 128
Favez, C., 38
Feltrinelli, A., 364
Feo, M., 136, 309, 313, 485, 507
Ferguson, W. K., 457
Ferrari, M., 11
Festa, N., 62, 390
Festugière, A. J., 92, 392
Ficino, Marsilio, 247
Fidias, 320, 479
Filipo, 360
Filón de Alejandría, 146
Finoli, A. M., 326
Fleming, J. V., 269
Fletcher, A., 20
Floriano da Rimini, 340
Floro, 228, 232
Foffano, T., 313
Folengo, T., 521
Foresti, A., 7, 343, 479, 495
Foscolo, U., 521
Fracassetti, G., 101, 479
Francesco da Legname, véase Legname
Francisco, San, 95
Frappier, J., 263
Freud, S., XVII
Friedrich, H., 502, 514
Fubini, M., 328
Fucilla, J. G., 62
Fulgencio, 196

G

Galbiati, I., 108
Galinsky, H., 295

Gandillac, M. de, 263
Gaos, J., 205
García, F., 37
García-Borrón, J. C., 155, 166
Garin, E., 86, 95, 136, 270
Garzo, 316
Gatieu-Arnoult, M., 264
Gay-Crosier, R., 263
Geanakoplos, D. J., 8
Gelio, Aulo, 78
  Noctes Atticae, XVII, XIV : 77
Gelzer, H., 427
Génova, Juan de, véase Juan
Gentile, G., 86
Gerardo de Lieja, 327
Gerl, B., 379
Gerosa, P. P., 25, 80, 86, 97, 112, 132, 134, 135, 173, 197, 426, 434, 443, 515
Gill, J. E., 133
Gilson, É., 136, 263, 265, 281, 290, 438, 442-443, 445
Giotto, 95, 268, 408
Giovanni d'Andrea, 386
Giovanni Dominici, véase Dominici
Glaser, E., 136
Glossa ordinaria, 373
Godi, C., 73, 137, 197, 245, 321-322, 360, 366, 487
Goldin, F., 142
Gombrich, E. H., 514
Gracián, B., 312
Greco, A., 530
Green, O. H., 489
Green, W. M., 130
Gregoire, R., 94
Gregorio, San, 131, 186, 406, 496
  Moralia, 180, 412
Gregory, T., 296
Gui de Boulogne, 349
Guilhelm de Sant Gregori, 301
Guilhem Molinier, 258
Guilhem de Montanhagol, 264, 269
Guillén, J., 5
Guillermo de Lorris, 269
Guillermo Peraldo, véase Peraldo
Guinizzelli, Guido, 266, 316, 408
Guiraut Riquier, 264
Guittone d'Arezzo, 315
Gusdorf, G., XIII, 523, 534

H

Hahn, J., 519
Hallinger, K., 90
Handschin, W., 514
Harms, W., 304-305
Hart, F. R., 523
Hartmann, N., 281
Hauvette, H., 279, 499
Hegel, 514
Heitmann, K., 25, 50, 53, 54, 55, 60, 68, 70, 71, 81, 87, 88, 89, 97, 108, 110, 115, 116, 125, 130, 131, 134, 135, 146, 154, 165, 170, 173, 174, 176, 182, 183, 190, 208, 214, 215, 235, 236, 238, 245, 246, 270-271, 296, 305, 336, 355, 358, 361, 366, 376, 392, 411, 414, 444, 485
Hemingway, E., 510
Herczeg, G., 253
Hermes Trismegisto, 92, 392
Hernadi, P., 20
Heródoto, 137, 329
Hipócrates
   Aforismos, I, 1 : 440
Hirzel, R., 29
Holstenius, L., 90
Homero, 140, 245, 360, 409
   Ilíada, VI, 201-202 : 319
   Odisea, XVIII, 130 : 174
Horacio, 149, 151, 213, 216, 219, 221, 231, 232, 242, 257, 285, 408, 430, 458, 460
   De arte poetica, 7-8 : 19
   Carmen saeculare, 9-11 : 428
   Epistulae, I, II, 56 : 168; I, II, 62-63 : 181; I, IV, 13 : 370; I, XI, 25-26 : 334; I, XI, 27 : 334; I, XIV, 14 : 333; I, XVIII, 106-108 : 220; I, XVIII, 109-110 : 152; I, XVIII, 110 : 220; II, II : 231; II, II, 65-66 : 228; II, II, 70-75 : 228; II, II, 70-77 : 230; II, II, 77 : 228, 514; II, II, 79-80 : 228; II, II, 84-86 : 228; II, II, 141-142 : 520; II, II, 191 : 217
   Epodon liber, XI, 7-8 : 365
   Odarum libri, I, III, 8 : 277; I, IV, 15 : 151; I, XI, 6-7 : 151; I, XI, 7-8 : 105; I, XXXI, 19-20 : 152; II, IX, 10-12 : 364; II, X, 5-8 : 215; II, X, 9-12 : 215; II, XI, 1 : 364; II, XI, 5 : 364; II, XIV, 25-28 : 154; II, XVI, 19 : 333; II, XVII : 277; III, III, 1 y sigs. : 244; III, XXIV, 5-7 : 252; III, XXX, 1 : 379; IV, VII, 13-14 : 427; IV, VII, 15-16 : 427; IV, VII, 17-18 : 395, 427
   Satyrae, II, I, 30-31 : 474; II, VII, 83-84 : 224; II, VII, 112 : 444
Howard, D. R., 93
Hugo de San Víctor, 201, 211, 238
Hunt, E., 530

I

Ignacio, San, 93
Iliescu, N., 37, 59, 76, 177, 203, 253, 256, 262, 325, 450
Inocencio III, 93, 173
   De miseria humane conditionis, 19, 94, 170
   I, VI : 278; I, XII : 144; II, II, 6 y sigs. : 167; I, XXII : 102; II, XXXI : 131; II, XXXVII : 143; III, XX y XVIII : 96
Isidoro, San, 487
   Differentiae, I, 218 : 382
   Etymologiae, véase *Origines*
   Origines, V, XXVII, 26-27 : 382; X, IX : 159; XII, I, 4 : 252; XVI, XIII, 2 : 252
   Synonyma, II, 42 : 380
Isócrates, 491

J

Javelet, R., 263
Jeauneau, E., 263
Jenofonte, 133, 169
Jerónimo, San, 373, 487, 496
   Epistulae, XXII, 27 : 180; LX, 14 : 89, 102; LX, 19 : 105; CXXXIII; 1-2 : 169
   Adversus Iouinianum, I, 43 : 309
Joly, R., 424
Josefo, Flavio, 327, 355, 387
Journon, M., 333
Joyce, J., 3

Juan I de Francia, 245
Juan Crisóstomo, San, 54, 69, 412, 496
Juan de la Cruz, San, 290
Juan de Génova, 103
Juan Manuel, don, 212
Julia, 368
Jung, C. G., 29
Justino
  Historiae Philippicae, VII, vi, 14-16 : 360; XVIII, vi, 1-7 : 309
Juvenal, 150
  Saturae, I, 161 : 150; VI, 360-361 : 164; IX, 126-129 : 363; X, 145 : 408; X, 172-173 : 143; XIV, 135-137 : 153

K

Katzenellenbogen, A., 126
Kessler, E., 359
Klapper, J., 316
Knight, W. F. J., 66
Kohls, E.-W., 98
Kristeller, P. O., 46, 86, 128, 136, 184, 491
Kroll, W., 479

L

Labhardt, A., 424
Laboa, J. M., 241
Lactancio, 133, 487, 496
  Institutiones diuinae, VI, iii-iv : 304-305, 310
Ladner, G. B., 519
Laín Entralgo, P., 19, 27
Langbehn-Rohland, R., 251
Lange, J., 125, 381, 412
Lattimore, R., 99
Laude di Cortona, 94
Laura, 255-258, 261-262, 267, 274-279, 282-286, 288-289, 295, 298, 300, 302-303, 308-309, 312, 314, 316, 318-319, 321, 325, 330, 335, 338, 342-343, 350, 365, 367, 371, 373-374, 376, 397-400, 413, 415, 423, 426, 450, 459, 462-464, 483, 499, 500, 503, 506, 507, 517-519, 531

Lausberg, H., 533
Lawrence, N. G., 322
Lazar, M., 205, 264, 269
Lazzari, F., 94, 144, 186, 270
Leclerq, J., 98, 239, 325, 533
Lechner, J. M., 128
Leeman, A. D., 382
Legname, Francesco da, 529
Lehmann, P., 34
Lejeune, Ph., 57, 527
Lelio «maior», 283-284, 458
Lelio «minor», 283-284, 458
Leo, U., 376, 382
León, fray Luis de, 20
Leonzio Pilato, 8, 295
Levi, G. A., 70, 71, 93, 97, 112, 115, 131, 190, 193, 204, 297
Levin, H., 3
Lewis, C. S., 264
Liber de nativitate Mariae, IX, 2 : 20
Liborio Ferruci, M., 91, 392, 429
Licencio, 384, 415, 416, 417, 519
Lida, R., 212
Lida de Malkiel, M. R., 146, 278, 297, 316, 379, 514, 517, 526
Lieja, véase Gerardo de
Lindholm, G., 17
Lille, véase Alain de
Lipsio, J., 183
Livia, 274, 368
Livio, Tito, xv, 137, 222, 472
  Ab urbe condita, praef., 4 : 387; I, ii : 413
Lombardo della Seta, 10, 529, 531
Lo Parco, F., 402
López de Ayala, Pero, 129
Lorris, Guillermo de, 269
Lot-Borodine, M., 263
Lothario de' Segni, véase Inocencio III
Lovejoy, A. O., 133, 295
Lowes, J. L., 273
Lubac, H. de, 325
Lucano
  Pharsalia, IV, 381 : 165; V, 343 : 222; V, 757 : 277; VII, 405 : 229; IX, 980 : 366
Lucius, H., 17
Lucrecio
  De rerum natura, III, 1.053-1.075 : 333
Luis de León, fray, véase León

M

Maccarrone, M., 19, 131
Macedonia, J. M., 264
Macek, J., 344
Macrobio, 78, 88, 380
  Commentarii in Somnium Scipionis,
  I, III, 2 : 17; I, XI, 11 y sigs. :
  109; I, XIII, 5-8 : 82; I, XVI, 6 :
  392; II, V-IX : 401; II, V, 7 :
  401; II, V, 11 : 401; II, V, 18 :
  403; II, V, 22-27 : 402; II, VII,
  10-11 : 77; II, IX : 401; II, IX,
  4 : 407; II, IX, 5 y sigs. : 403;
  II, IX, 11 : 392; II, X, 3 : 392,
  404; II, X, 8 : 409; II, X, 14 :
  407; II, XI, 4 : 392
  Saturnalia, I, *praef.* 2 : 358; II, V,
  6 : 368; V, XVI, 8 : 245; V,
  XVIII : 309; VI, I, 20 : 362-363
Machiavelli, N., 474
Magón, 486, 490
Magrini, D., 366
Mainardo Accursio, 344
Maître Elie, véase Elie
Mallary Masters, G., 304
Mandonnet, P., 265
Mann, C. N. J., 183, 235, 240, 358
Manrique, Jorge, 146
Maravall, J. A., 270
Marcabru, 264, 269
Marco Crasso, 360
March, J., 5
Margunio, Massimo, 8
Marrou, H.-I., 238, 260, 264, 360, 384,
  416
Martellotti, G., 7, 17, 24, 137, 140,
  141, 223, 283, 290, 305, 307, 312,
  340, 360, 387-388, 402, 419, 422,
  460, 470, 480, 484, 490, 498
Marti, M., 266
Martín de Braga, 30
Martini, Simone, 320
Massèra, A. F., 33
Matfre Ermengau, 264, 269, 287
Mattesini, F., 10
Máximo, véase Valerio
McCulloch, F., 138
Mecenas, 277
Mehus, L., 11, 13
Mela, Pomponio, 203

  Chorographia, 12
Mercadier, G., 523
Mercati, G., 159
Mesnard, P., 128
Metrodoro, 203
Mexía, Pero, 361
Michaelson, L. W., 198
Milanesi, G., 526
Miller, R. P., 311
Minio-Paluello, L., 82
Misch, G., 513, 527
Mohrmann, C., 382
Moisés, 239
Molinier, véase Guilhem M.
Mommsen, T. E., 83, 103, 305
Mondolfo, R., 270
Monfrin, J., 260
Montaigne, XVII, 502, 514
Montanari, F., 314, 321
Montanhagol, véase Guilhem de M.
Moos, P. von, 38, 93, 204
Moricca, U., 37
Morris, C., 514
Muir, E., 521
Müllner, K., 379
Mussato, Albertino, 322

N

Napoli, G. di, 94
Nardi, B., 273
Nelli, Francesco, 33, 152, 366, 508
Nelson, J. C., 267
Néstor, 364
Newman, F. X., 263
Niccoli, N., 313
Nietzsche, F., XVII
Noferi, A., 58, 63, 113, 136, 177, 197,
  205, 267, 281, 291, 297, 302, 318,
  319, 320, 352, 426, 445
Nolhac, P. de, 12, 32, 59, 95, 97, 100,
  124, 140, 159, 185, 194, 197, 204,
  231, 238, 278, 289, 309, 321, 351,
  355, 386, 388, 402, 407, 433, 500
Novati, F., 277, 489
Numa Pompilio, 356-357

O

Ockham, Guillermo de, 86, 529
Olney, J., XIV

Orcibal, J., 290
«Orfeo», 340
Orsini, Fulvio, 13
Ortega y Gasset, J., xiv
Osgood, C. G., 239, 517
Othlón de Ratisbona, 240
Ovidio, 79, 259, 285, 313, 327, 331, 334, 336, 353, 467, 514
　Amores, I, ii, 30 : 251; I, x, 13 : 300; I, xi, 15 : 105; I, xv, 17-18 : 307; II, xvi, 11 : 273; III, i, 21-22 : 365
　Ars amatoria, I, 42 : 290; II, 349-372 : 335; II, 357 : 335
　Fasti, II, 771-774 : 338
　Metamorphoseon libri, I, 45-51 : 404; VII, 20-21 : 121; X, 34 : 433; X, 75 : 204; X, 522-523 : 362; XV, 868 : 279; XV, 875-879 : 378
　Ex Ponto, I, iv, 1 y sigs. : 364; III, i, 35 : 78
　Remedia amoris, 326
　　135 y sigs : 371; 213 : 251; 213 y sigs : 330; 215-218 : 336; 229-231 : 335; 238 : 334; 441-446 : 329; 579-580 : 351; 621-623 :337; 621 y sigs. : 330; 622 : 338; 725-726 : 338; 727-728 : 338; 729-730 : 338; 730 : 339; 732 : 339; 733-734 : 339; 738 : 338
　Tristia, I, vii, 29-30 : 420; I, xi, 23 : 85; IV, iii, 37-38 : 204
Ovidio, Pseudo
　De vetula, 264, 278, 279
　　III, 1-18 : 520

P

Pablo, San, 89, 100, 108, 189, 190, 300 (véase Biblia)
Pamphilus, 101
Panofsky, E., 270, 304, 361
Paoli, U. E., 311
Paparelli, G., 88
Paris, G., 263
Pastore Stocchi, M., 402
Pattison, W. T., 251
Pauly-Wissowa, 168
Pease, A. S., 141, 236, 428

Pedro, San, 100
Pedro de Blois, 289
Pedro de Compostela, 37
Pedro Damián, 92, 93
Peebles, B. M., 100
Pellegrin, E., 53, 97, 224, 241, 360, 529
Pellicer, A., 427
Peraldo, Guillermo
　Summa de virtutibus, V, 4 : 304; VI, v, 1, 3 : 143
　Summa de vitiis, 379
　　III, iv, 1 y sigs. : 327; III, iv, 4 : 186; IV, iii, 5 : 152; VI, ii, 5 : 132; VI, ii, 7 : 384; VI, ii, 11 : 382; VI, iii, 3 : 143; VI, iii, 4 : 148; VI, iii, 23 : 133; VI, iii, 24 : 382; VI, iii, 39 : 381, 382, 383, 392, 406, 412, 450
Pérez de Oliva, F., 171, 242
Persio
　Saturae, I, 7 : 444; I, 28 : 370; IV, 52 : 444
Pertusi, A., 8, 295
Petracco, Ser, 226
Petrarca, Francesca, 193
Petrarca, Gherardo, 90, 194, 286, 316, 374, 434, 465, 481-482, 498, 500
Petrarca, Giovanni, 152
Petrucci, A., 53, 231, 387, 441, 499
Phillips, D., 46, 81, 90, 98, 111, 171
Piccolomini, Eneas Silvio, 315
Pico della Mirandola, G., xvii
Piehler, P., 20, 28, 29, 30, 37
Pierio Valeriano, 311
Pierre de Beauvais, 138
Pilato, Leonzio, 8, 295
Pinto, Héctor, 136
Pirro, 360
Pistoia, Cino da, 266, 274-275, 301
Pitágoras, 184-185, 247, 303-304, 506, 517, 523-524
Piur, P., 10, 11, 13, 39, 487
Platina, B., 241
Platón, 24, 41, 80, 89, 108-110, 115-117, 126, 140, 152, 159, 160, 184, 185-188, 195-196, 238-239, 296, 340, 352, 389, 422, 440, 488, 489, 515, 516, 520
　Banquete, 290
　Cratilo, 400c : 146
　Fedón, 35, 88, 89, 92

62b : 146; 65a : 82; 66a, 67e,
80e : 82; 67d : 433
Fedro, 290
  245a : 352
Timeo, 12, 406
  22c y sigs. : 407; 69 y sigs. : 236
Plauto, 307, 311, 312
  Asinaria, 157 : 219
  Bacchides, 433 : 273
  Captivi, 52
  Cistellaria, 310
    68 : 353
  Mercator, 82 : 312
Plauto, Pseudo
  Querolus, 210, 242
Plinio, 84, 95, 133, 175, 320, 403, 405,
  512, 520
  Naturalis Historia, 456-457
    II, LXV, 161 : 402; II, LXVII,
    167 : 403; II, LXVII, 170 : 403;
    II, LXVIII, 172 : 401; II, LXVIII,
    174 : 392, 403; VII : 170, 172;
    VII, *praef.* 2 : 172, 173; VII,
    praef. 3 : 173; VII, *praef.* 4 : 172-
    174; VII, *praef.* 5 : 173; VII,
    XXXVII, 124 : 360; X, XXIX, 43 :
    138; XI, XLIII, 121 : 431;
    XXXVII, IV, 59 : 252
Plutarco, 140, 181
Poggio, 313
Polenton, Sicco, 130
Poliziano, Angelo, 173
Pontano, G., 153
Ponte, G., 85, 194, 237, 256, 303
Praxiteles, 320
Prete, S., 52, 312
Propercio, 353
  Carmina, I, XII, 11 : 101; I, XVIII,
  1 : 319; II, VII, 19 : 290; II, VIII,
  11-12 : 371; II, XXV, 1-3 : 371
Prudencio, 126
  Peristephanon, X, 955 : 20
Pseudo..., véase el autor correspondiente
Publilio Siro, 77-78

Q

Quaglio, A. E., 16
Quevedo, Francisco de, 85, 183

Querolus, véase Plauto, Pseudo
Quintiliano, 53, 457, 472
  Institutiones, 431
    X, III, 22-25 : 351; XII, X, 27 :
    140

R

Raimbaut d'Aurenga, 251
Raterio de Verona, 412
Razzolini, L., 134, 174, 215
Reiss, E., 530
Renan, E., XIII
Reynolds, L. D., 103
Ricard, R., 136, 198
Ricci, P. G., 194, 342, 361, 388
Rice, E. F., 135, 384, 490
Rienzo, Cola di, 344, 405, 420, 495
Rimbaud, A., XVII
Rimini, Floriano da, 340
Riquier, véase Guiraut R.
Rist, J. M., 71
Rizzi, F., 366
Robathan, D. M., 278
Robertis, D. de, 518
Roberto de Nápoles, 215, 285, 322
Robertson, Jr., D. W., 251, 311, 314
Rodríguez-Moñino, A., 212
Roger de Caen, véase Anselmo, Pseudo
Romberg, B., 56
Rómulo, 386, 387
Rorario, 133
Rosenfield, L. C., 422
Rossetti, D., 331, 494
Rossi, A., 110, 151, 307, 312, 392
Rossi, V., 169, 289, 370, 455, 460, 474
Rotondi, G., 236, 480
Rousseau, J. J., 515, 523
Rudolf, R., 93
Rüegg, W., 29
Ruiz, Juan, Arcipreste de Hita, 264
Ruodlieb, IV, 226 : 311
Ruperto de Deutz, véase Deutz

S

Sabbadini, R., 11-12, 14, 34, 78, 101,
103, 226, 227, 352, 356, 361, 389,
430

Safo, 205
Saint Victor, G. de, 87
Saitta, G., 86, 155
Salimbene da Parma, 316
Salinas, Francisco, 20
Salomón, 152
Salustio, 246, 355, 370, 413, 415
  De coniuratione Catilinae, I : 412;
  VII : 377; VIII, 1 : 245; LIV :
  412
  De bello Iugurthino, II, 3 : 354
Salutati, Coluccio, 390, 489, 529
Sambin, P., 341
Sánchez de Arévalo, R., 241
San Pedro, Diego de, 251
Sant Gregori, véase Guilhelm de S. G.
San Víctor, véase Hugo de S. V.
Sapegno, N., XVII, 209, 521, 526
Sapori, A., 91
Sarri, F., 10
Sartre, J. P., XIV, XVI
Saunders, J. L., 183
Saxl, F., 270
Scarano, N., 205, 251, 272, 275
Schalk, F., 273
Schirò, G., 8
Schloezer, B. de, XIV
Schwartz, B., 205, 241
Segre, C., 326
Segrè, C., 13
Seigel, J. E., 45, 138, 408, 424, 434, 533
Seminara, Barlaam de, véase Barlaam
Séneca, 22, 45, 80, 140, 149, 154, 155, 156, 166, 176, 181, 184, 199, 213, 214, 221, 227, 233, 254, 311, 370, 384, 408, 412, 425, 435, 439, 445, 447, 450, 460, 465, 472, 473, 475-478, 487, 491, 502, 508, 524, 532
  De beneficiis, I, IV, 4 : 311; I, XI,
  5 : 166; II, XXXIV, 2 : 139; II,
  XXXV, 3 : 166
  De brevitate vitae, II, 4-5 : 222;
  III, 1 : 393; III, 5 : 394, 395;
  IV, 1 y sigs. : 242
  Consolatio, véase *Helviam* (Consolatio ad) *Marciam* (Consolatio ad), *Polybium* (Consolatio ad)
  Epistulae ad Lucilium, I, 2 : 103, 394; II, 1 : 333, 445; II, 3 : 353;
  II, 6 : 166; IV, 2 : 363; V, 5 :
166; V, 8 : 174; IX, 3 : 166;
IX, 16 : 445; X, 2 : 351; XII, 1-3 :
428; XII, 1 : 85; XIII, 4 : 165;
XIV, 1 : 166; XV, 10 : 212; XV,
11 : 212; XVI, 7-8 : 155; XVI,
8 : 154; XVI, 9 : 155; XIX, 2 :
104; XXI : 380; XXI, 5 : 378;
XXII, 14-17 : 18; XXIV, 26 :
428; XXV, 4 : 165; XXV, 5 :
351; XXVIII, 1-4 : 333, 334;
XXVIII, 9 : 46; XXXIII : 385;
XXXIII, 1-7 : 384; XXXIII, 7 :
385; XXXVI, 4 : 385, 504;
XXXVII, 3 : 175; XXXIX, 6 :
253; XLV, 7 : 213; XLIX, 3 :
362, 372; LI, 4 : 335; LII : 380;
LII, 11 : 383; LV, 5 : 222; LV,
11 : 335; LVI, 1 : 232-233; LVI,
3 : 244; LVIII : 140; LVIII,
22 : 105; LXIII, 2, 4 : 203;
LXIII, 14 : 279; LXV, 21 : 146;
LXVI, 1-4 : 299; LXVII, 2 : 475;
LXVII, 4 : 49; LXIX, 3 : 337;
LXIX, 4 : 339; LXXI, 2 : 361;
LXXI, 30 : 176; LXXIV, 17 :
166; LXXIX : 380; LXXIX, 13 :
411; LXXXVI, 15 : 429;
LXXXVIII : 424; LXXXVIII,
2 : 436; LXXXVIII, 3 : 524;
LXXXVIII, 32 : 524; LXXXVIII,
36 : 358; XCIV, 27 : 136; XCIX,
25 y sigs. : 203; CII : 380; CII,
1-2 : 271; CII, 30 : 335; CIV, 7 :
333; CXV, 4-5 : 23; CXV, 6 :
299; CXVI, 8 : 71; CXX, 18 :
278; CXXIII, 16 : 371
  Fedra, 195 y sigs. : 315; 249 : 123
  Ad Helviam (Consolatio), V, 1-2 :
  169; VI, 6 : 446; XVI, 1 : 166
  De ira, III, I, 1 : 182; III, XXI, 1-3 :
  329; III, XXX, 1, 3 : 212; III,
  XXX, 4-5 : 223; III, XLII-XLIII :
  182
  Lucilium, Epistulae ad, véase *Epistulae*
  Ad Marciam (Consolatio), IV, 1 :
  166; VII, 2 : 445; XXI, 2 : 392;
  XXI, 7 : 103
  Naturales quaestiones, 430
  I, *praef*. 8, 11 : 392; I, XVII, 4 :
  367

Ad Polybium (Consolatio), XI, 1 :
   85; XI, 5-6 : 434; XVIII, 4 :
   445
De tranquillitate animi, 233
   I : 218; I, 4 : 208; I, 15-16 : 61;
   I, 15 : 288; II, 3 : 169; II, 13-
   14 : 333; X, 2 : 243; X, 4 : 222;
   XV, 1 : 208; XVIII, 10 : 352
De vita beata, I, 1 : 49; XVI, 1 :
   176; XXI-XXV : 166
Séneca, Pseudo, 311
   Formula vitae honestae, I : 30
   Octavia, 557-558 : 315
   De remediis fortuitorum, 236
Séneca el retor, 141
   Controversiae, 456
   I, praef., 6 : 141; I, praef., 11 :
   496; II, VI, 4 : 307
Sereno, Aneo, 279
Servio, 196, 238, 356
   In Vergilium commentarius (ad
   Aen.), 187; I, 57 : 238; VI, 808 :
   356; (ad Buc.), 356; VIII, 75 :
   247
   Vita Vergilii, 389
Seta, Lombardo della, 10, 529, 531
Sette, Guido, 49, 99
Settimello, Enrique de, 26
Severino, 357
Seznec, J., 197, 239
Shapiro, N. R., 326
Shumaker, W., 56
Silvestre, H., 304
Simone, F., 407
Singleton, C. S., 263, 266-268, 283, 513
Siro, Publilio, véase Publilio
Snyder, S., 125
Sócrates, 35, 82, 115, 117, 144, 203,
   333, 425, 427, 527, 529
«Sócrates» (Luis Sanctus de Beringen),
   209, 344, 473, 477, 479, 482
Soldanieri, 179
Soler Fisas, E., 5
Sottili, A., 484, 529
Southern, R. W., 239
Spanneut, M., 69
Spitzer, Leo, 513
Starobinski, J., XIII, 150, 523
Statuta Ordinis Carthusiensis, 90
Stäuble, A., 307
Stelzenberger, J., 69, 127

Strada, Zanobi da, 465, 523, 524, 525
Strong, E. B., 129
Suetonio, 387
   Vita duodecim Caesarum, Caesar,
   XLV : 358; LXXXII : 223;
   LXXXIV-LXXXV : 85; Tiberius,
   XLIII : 195; LXIX : 359; Ves-
   pasianus, XVI : 367; Domitianus,
   XVIII : 145, 356
Sulmona, Barbato da, 33, 140, 280,
   420, 482, 508

T

Talleyrand, Elie de, 349
Tasso, Torcuato, 197
Tassoni, 320
Tateo, F., 29, 37, 40, 44-45, 48, 50,
   55, 61, 63, 78, 93, 121, 123, 139,
   147, 149, 153, 206, 208-209, 218,
   238, 424, 434, 449, 526
Tatham, E. H. R., 226
Tedaldo della Casa, 9-13, 15, 16, 52,
   102, 104, 284, 289, 292, 341-342,
   347, 457, 470, 482
Tenenti, A., 93, 95
Teofrasto, 370
Teognis, 371
Terencio, 52, 150, 307, 310, 312, 330
   Andria, 306
   68 : 150; 218 : 312
   Eunuchus, 274, 307
   41 : 410; 56 : 325; 57-58 : 325;
   59-61 : 323-324; 61-63 : 324; 70-
   73 : 325; 73 : 326
   Heautontimorumenos, I, I, 25 : 392
   Phormio, V, VIII, 57 : 312
Testard, M., 119
Thompson, D., 519
Tiberio, 195, 359, 430, 465
Tibulo, 353
Tito, 386-387
Todorov, T., 3-4
Toja, G., 301
Tomás de Aquino, Santo, 46, 133, 153,
   183, 265
   Summa contra gentiles, I, V : 392
   Summa Theologiae, I, LXXIX, LXXXV :
   110; II-IIae, xxx 100 II IIae,
   LXXXI, 7 : 296

NOMBRES Y TEXTOS CITADOS 561

Tomás de Celano, 225
Trajano, 140
Trapp, J. B., 321
Traversari, Ambrosio, 11
Trigecio, 415
Trinkaus, C., 69-71, 93, 108, 130, 170, 197, 200, 305, 384
Tripet, A., 50, 80, 106, 136, 190, 205, 305, 474, 514, 526
Tuve, R., 126
Tynjanov, J., 5

U

Ubertino, don, 152
Ullman, B. L., 100, 176, 290, 351, 360, 487
Ullmann, S., 212
Ullmann, W., 514

V

Valency, M., 258, 264
Valeriano, Pierio, véase Pierio
Valerio Máximo, 386
    Rerum memorandarum libri, VII, II, ext. 2 : 212
Valéry, P., 534
Valla, Lorenzo, 35
Varrón, M. Terencio, 77-78, 140, 472, 476
Vasari, G., 526
Vasoli, C., 86
Vattasso, M., 33, 508
Velli, G., 382
Verbeke, G., 68
Vergerio, Pier Paolo, 390
Vermeulen, A. J., 382
Vettori, Francesco, 474
De Vetula, véase Ovidio, Pseudo
Vetuli, Niccolò di Paolo dei, 475
Víctor, Hugo de San, véase Hugo
Victorino, 75
Viëtor, K., 20
Vinge, L., 142
Virgilio, 17, 23, 99-100, 108-110, 116, 126, 139-140, 146, 196-197, 199, 226, 238, 245-247, 257, 275, 277, 305, 335, 357, 386, 389, 413, 415, 472, 517, 520

    Aeneis, 109, 187, 225, 240, 373, 378, 507, 516
    I, 327-328 : 23, 275; I, 328-329 : 287; I, 613 : 309; II, 52-59 : 237; II, 265 : 362; II, 361-369 : 196; II, 368-369 : 85; II, 604-606 : 196; II, 622-623 : 196; II, 726-729 : 244; III, 44 : 331; III, 515 : 428; III, 649-650 : 154; IV, 3 : 335; IV, 23 : 338; IV, 45 : 334; IV, 69-73 : 332; IV, 83 : 334; IV, 101 : 309; IV, 267 : 41; IV, 449 : 66; V, 647-648 : 274; V, 648-649 : 275; V, 849 : 104; VI : 99; VI, 126-127 : 339; VI, 365, 370-371 : 98; VI, 428-429 : 279; VI, 515-516 : 362; VI, 540-543 : 303; VI, 542-543 : 310, 523; VI, 652-655 : 115; VI, 674-675 : 156; VI, 730-734 : 107-108; VI, 733 : 198; VI, 808 : 356; VII, 646 : 382; VIII, 334 : 245; VIII, 385-386 : 125; IX, 188 : 363; IX, 236 : 363; IX, 641 : 44; X, 549 : 104
    Bucolica, I, 28 : 356; I, 83 : 428; I, 24 : 23; II, 63-64 : 428; III, 93 : 338; VIII, 75 : 247; VIII, 108 : 289
    Georgica, 159, 386, 404
    I, 186 : 164; I, 233 : 401; I, 235-236 : 401; I, 243 : 402; II, 58 : 429; II, 136-139 : 340; II, 504 : 179; III, 9 : 382; IV, 130-131 : 157; IV, 485 y sigs. : 340
Viscardi, A., 515
Visconti, familia, 222, 348
Vitry, Felipe de, 343
Vives, L., XVII
Voelke, A. J., 71
Voigt, G., 13, 376
Vossler, K., 265

W

Wadsworth, J. B., 326
Wallach, L., 171
Walther, H., 78, 125, 154, 288-289, 313, 412
Wardropper, B. W., 429

Weidhorn, M., 17
Weinberg, B., 517
Weiss, R., 429, 433
Wenzel, S., 127, 129, 131, 198, 200, 202, 205, 220, 227 239, 241, 243, 326
Wilkins, E. H., xiii, xvi, 7, 12-13, 15, 33, 48, 52-53, 92, 105, 147, 171, 194-195, 197, 200, 202, 204, 207, 215, 217, 222, 226, 227, 229, 230, 236, 256, 272, 277, 285, 316, 318, 321-323, 343, 344-350, 376, 387, 400, 408, 419, 420, 436-437, 460, 465, 469, 474, 482-483, 494-495
Wilmart, A., 91
Wind, E., 247
Wyss Morigi, G., 17, 29, 37

Y

Yunck, J. A., 355

Z

Zabarella, Francesco, 484
Zabughin, V., 197
Zanobi da Strada, véase Strada
Zanta, L., 183
Zeuxis, 320
Zimmermann, A., 86
Zingarelli, N., 499
Zini, A., 92
Zumthor, P., 301, 513

EN LOS TALLERES DE EDICIONES ARIEL,
ESPLUGUES DE LLOBREGAT, BARCELONA,
A 28 DE NOVIEMBRE DE 1974,
EN EL SEXTO CENTENARIO DE LA MUERTE
DE FRANCESCO PETRARCA

The Department of Romance Studies Digital Arts and Collaboration Lab at the University of North Carolina at Chapel Hill is proud to support the digitization of the North Carolina Studies in the Romance Languages and Literatures series.

www.ingramcontent.com/pod-product-compliance
Lightning Source LLC
Chambersburg PA
CBHW031842220426
43663CB00006B/469